新 坐 标 法 学 教 科 书

新坐标法学教科书

民法总论

杨代雄 著

北京大学出版社
PEKING UNIVERSITY PRESS

编委会

主编

李昊　江溯

委员

陈璇	崔国斌	丁晓东
董坤	巩固	何志鹏
雷磊	刘斌	任重
宋华琳	杨代雄	尤陈俊
张凌寒	张翔	朱晓喆

序　言

《民法典》的施行对于我国民法教义学的发展具有里程碑意义,其为民法教义学奠定了实证法基础。民法教科书是民法教义学的重要载体。鉴于此,本书致力于融合民法一般理论与《民法典》规范,尤其是《民法典》总则编的规范。

与国内既有的民法教科书相比,本书采用新的编写体例。首先,每节的开头设置了一个或者数个教学案例,提出若干问题,引导学生思考,在寻找答案的过程中学习民法原理。其次,对于民法总论中的重要概念体系,本书制作了大量图表,帮助学生形成逻辑记忆。最后,本书以不同的字体区分了学生必须掌握的民法基本原理与可以拓展、深化的民法原理或者比较法、法律史方面的知识。希望借助上述手段,可以帮助学生对民法总论进行立体式的观察,降低民法总论学习的难度。

在本书撰写过程中,王珏同学、陈道宽同学、朱丽芸同学分别在图表制作、注释修订、目录制作等方面提供协助,付出辛勤劳动,在此表示感谢。

杨代雄
2022 年仲夏于上海苏州河畔格致楼

简 目

第一编 民法导论

第一章 民法概念论 ... 003
  第一节 作为私法的民法 ... 003
  第二节 民法的核心概念 ... 006
第二章 民法体系论 ... 029
  第一节 民法体系概述 ... 029
  第二节 民法的外部体系 ... 030
  第三节 民法的内部体系:民法基本原则 ... 035
第三章 民法方法论 ... 055
  第一节 民法的法源 ... 055
  第二节 民法的解释 ... 065
  第三节 民法的续造 ... 074
  第四节 民法案例的处理方法:请求权基础思维 ... 081

第二编 权利主体

第四章 自然人 ... 091
  第一节 作为权利主体的自然人 ... 091
  第二节 自然人的民事权利能力 ... 097
  第三节 自然人的民事行为能力 ... 111
  第四节 自然人的住所 ... 145
第五章 法 人 ... 148
  第一节 法人的概念与本质 ... 148

第二节　法人的分类 ··· 153
　第三节　法人目的范围与法人民事能力的关系 ············· 159
　第四节　法人的民事权利能力 ···································· 164
　第五节　法人的民事行为能力与过错能力 ···················· 182
　第六节　法人的机关 ··· 186
　第七节　法人的住所 ··· 198

第六章　非法人组织 ··· 199
　第一节　非法人组织概述 ··· 199
　第二节　非法人组织的设立 ·· 201
　第三节　非法人组织的内部关系 ·································· 203
　第四节　非法人组织的外部关系 ·································· 212
　第五节　非法人组织的变更 ·· 217
　第六节　非法人组织的终止 ·· 224

第三编　权利客体

第七章　物和其他权利客体 ·· 229
　第一节　民法上的物 ··· 229
　第二节　其他权利客体 ·· 241

第四编　权利变动

第八章　权利变动概述 ·· 247
　第一节　权利变动的样态 ··· 247
　第二节　权利变动的原因 ··· 251

第九章　法律行为与意思表示的一般原理 ···················· 257
　第一节　法律行为的概念与分类 ·································· 257
　第二节　意思表示的构成 ··· 279
　第三节　意思表示的发出与到达 ·································· 290
　第四节　意思表示的解释 ··· 303
　第五节　意思与表示不一致 ·· 316

第六节	意思表示不自由	338
第十章	**法律行为的成立与生效**	**352**
第一节	法律行为的成立	352
第二节	法律行为的生效	359
第十一章	**法律行为的效力障碍**	**365**
第一节	法律行为无效	365
第二节	法律行为效力待定	395
第三节	法律行为可撤销	402
第四节	法律行为附条件与附期限	410
第十二章	**法律行为的归属**	**424**
第一节	法律行为归属的一般原理	424
第二节	代理的基本概念	426
第三节	代理的法律效果	436
第四节	代理权	439
第五节	无权代理	458
第六节	表见代理	468
第七节	无权代表与表见代表	479
第八节	使用他人名义实施法律行为	482

第五编　权利救济

第十三章	**权利救济**	**489**
第一节	救济请求权	489
第二节	私力救济	497

第六编　权利的时间维度

第十四章	**民法上的时效**	**509**
第一节	时效概述	509
第二节	诉讼时效的客体	512
第三节	诉讼时效的效力	516
第四节	诉讼时效的期间	521

第五节 诉讼时效的障碍 ………………………………………… 527
第十五章 期间与期日 ………………………………………… 535
第一节 期间与期日的概念 ……………………………………… 535
第二节 期间的计算 ……………………………………………… 535

详　目

第一编　民法导论

第一章　民法概念论 ······ 003
第一节　作为私法的民法 ······ 003
一、公、私法的划分 ······ 003
二、民法在私法中的地位 ······ 005
第二节　民法的核心概念 ······ 006
一、民法上的权利 ······ 007
二、民法上的义务与责任 ······ 021
三、民事法律关系 ······ 024

第二章　民法体系论 ······ 029
第一节　民法体系概述 ······ 029
第二节　民法的外部体系 ······ 030
一、法学阶梯式民法体系 ······ 030
二、潘德克顿式民法体系 ······ 032
三、我国《民法典》的体系构造 ······ 034
第三节　民法的内部体系：民法基本原则 ······ 035
一、平等原则 ······ 036
二、私法自治原则 ······ 038
三、诚实信用原则 ······ 047
四、公序良俗原则 ······ 051
五、信赖保护原则 ······ 052

第三章 民法方法论 ·· 055
第一节 民法的法源 ·· 055
一、制定法 ··· 055
二、习惯法 ··· 058
三、关于"法官法" ·· 062
第二节 民法的解释 ·· 065
一、民法解释的对象 ·· 065
二、民法解释的目标 ·· 066
三、民法解释的方法 ·· 067
第三节 民法的续造 ·· 074
一、什么是民法的续造 ······································· 074
二、制定法内的法续造(漏洞填补) ···························· 074
三、超越制定法的法续造 ····································· 080
第四节 民法案例的处理方法:请求权基础思维 ···················· 081
一、概述 ··· 081
二、请求权的主体与目标 ····································· 082
三、请求权基础思维的外在结构 ······························ 083
四、请求权基础思维的内在结构 ······························ 085

第二编 权利主体

第四章 自然人 ·· 091
第一节 作为权利主体的自然人 ·································· 091
一、人的个体存在形式与团体存在形式 ······················· 091
二、自然人与公民 ·· 096
第二节 自然人的民事权利能力 ·································· 097
一、自然人民事权利能力的起点 ······························ 097
二、自然人民事权利能力的终点 ······························ 100
第三节 自然人的民事行为能力 ·································· 111
一、民事行为能力的概念与功能 ······························ 112
二、完全民事行为能力 ······································· 118
三、限制民事行为能力 ······································· 119

四、无民事行为能力 …………………………………… 126
　　五、监护 ……………………………………………… 126
　　六、宣告失踪 ………………………………………… 142
　第四节　自然人的住所 …………………………………… 145
　　一、住所的意义 ……………………………………… 145
　　二、住所与居所 ……………………………………… 146

第五章　法　人 ………………………………………………… 148
　第一节　法人的概念与本质 ……………………………… 148
　　一、法人的概念 ……………………………………… 148
　　二、法人的本质 ……………………………………… 149
　第二节　法人的分类 ……………………………………… 153
　　一、学理上的分类 …………………………………… 153
　　二、立法上的分类 …………………………………… 155
　第三节　法人目的范围与法人民事能力的关系 ………… 159
　　一、比较法上的学说与制度考察 …………………… 159
　　二、我国法律的规定及学说 ………………………… 161
　　三、法人目的范围不影响其民事能力 ……………… 162
　　四、法人目的范围的法律意义 ……………………… 163
　第四节　法人的民事权利能力 …………………………… 164
　　一、法人民事权利能力的范围 ……………………… 164
　　二、法人民事权利能力的起始 ……………………… 165
　　三、关于设立中法人 ………………………………… 169
　　四、法人民事权利能力的消灭 ……………………… 174
　　五、法人的变更 ……………………………………… 178
　　六、法人人格否认 …………………………………… 179
　第五节　法人的民事行为能力与过错能力 ……………… 182
　　一、法人的民事行为能力 …………………………… 182
　　二、法人的过错能力 ………………………………… 183
　第六节　法人的机关 ……………………………………… 186
　　一、法人机关概述 …………………………………… 187
　　二、法人的权力机关 ………………………………… 188

三、法人的执行机关与代表机关 ……………………… 195
　　四、法人的监督机关 …………………………………… 198
　第七节　法人的住所 ……………………………………… 198

第六章　非法人组织 ……………………………………… 199
　第一节　非法人组织概述 ………………………………… 199
　　一、非法人组织的类型 ………………………………… 199
　　二、非法人组织的民事权利能力 ……………………… 200
　第二节　非法人组织的设立 ……………………………… 201
　　一、设立人 ……………………………………………… 201
　　二、设立行为 …………………………………………… 202
　　三、设立登记及主管机关的批准 ……………………… 202
　第三节　非法人组织的内部关系 ………………………… 203
　　一、非法人组织成员的义务 …………………………… 204
　　二、非法人组织成员的权利 …………………………… 207
　第四节　非法人组织的外部关系 ………………………… 212
　　一、非法人组织的代表 ………………………………… 213
　　二、非法人组织的债务 ………………………………… 214
　　三、非法人组织的债务与责任的相对独立性 ………… 215
　第五节　非法人组织的变更 ……………………………… 217
　　一、成员变更 …………………………………………… 218
　　二、组织形式变更 ……………………………………… 223
　第六节　非法人组织的终止 ……………………………… 224
　　一、非法人组织终止的原因 …………………………… 224
　　二、非法人组织的清算 ………………………………… 225
　　三、非法人组织终止后的债务清偿责任 ……………… 225

第三编　权利客体

第七章　物和其他权利客体 ……………………………… 229
　第一节　民法上的物 ……………………………………… 229
　　一、物的概念 …………………………………………… 229

二、物与财产 ································· 233
　　三、物的分类 ································· 236
　第二节　其他权利客体 ····························· 241
　　一、知识产权与债权的客体 ······················· 241
　　二、关于人格权、身份权与继承权的客体 ············· 242

第四编　权利变动

第八章　权利变动概述 ····························· 247
　第一节　权利变动的样态 ··························· 247
　　一、权利的静态与动态 ························· 247
　　二、权利的取得 ······························· 247
　　三、权利的变更 ······························· 249
　　四、权利的丧失 ······························· 250
　第二节　权利变动的原因 ··························· 251
　　一、作为权利变动原因的法律事实 ················· 251
　　二、法律事实的分类 ··························· 251

第九章　法律行为与意思表示的一般原理 ··············· 257
　第一节　法律行为的概念与分类 ····················· 257
　　一、法律行为的概念 ··························· 257
　　二、法律行为的分类 ··························· 267
　第二节　意思表示的构成 ··························· 279
　　一、意思表示的主观构成要件 ····················· 280
　　二、意思表示的客观构成要件 ····················· 283
　第三节　意思表示的发出与到达 ····················· 290
　　一、有相对人的意思表示与无相对人的意思表示 ······· 291
　　二、意思表示的发出 ··························· 291
　　三、意思表示的到达 ··························· 295
　第四节　意思表示的解释 ··························· 303
　　一、意思表示解释的概念与功能 ··················· 303
　　二、意思表示解释与合同解释的关系 ················· 304

三、意思表示解释的原则 ………………………………… 304
四、补充性意思表示解释的一般问题 …………………… 309
五、意思表示解释的方法 ………………………………… 310
六、格式条款解释的特殊规则 …………………………… 315
第五节 意思与表示不一致 …………………………………… 316
一、意思表示瑕疵概述 …………………………………… 317
二、故意的意思与表示不一致 …………………………… 318
三、无意的意思与表示不一致：意思表示错误 ………… 325
第六节 意思表示不自由 ……………………………………… 338
一、欺诈 …………………………………………………… 339
二、胁迫 …………………………………………………… 346

第十章 法律行为的成立与生效 … 352
第一节 法律行为的成立 ……………………………………… 352
一、为何区分法律行为的成立与生效 …………………… 352
二、法律行为的一般成立要件 …………………………… 353
三、法律行为的特别成立要件 …………………………… 354
四、法律行为的约束力 …………………………………… 357
第二节 法律行为的生效 ……………………………………… 359
一、法律行为的一般生效要件 …………………………… 359
二、法律行为的特别生效要件 …………………………… 360
三、法律行为的效力状态 ………………………………… 361

第十一章 法律行为的效力障碍 … 365
第一节 法律行为无效 ………………………………………… 365
一、法律行为无效的概念与事由 ………………………… 366
二、违反禁止性（强制性）规定的法律行为 …………… 373
三、违背公序良俗的法律行为 …………………………… 381
四、关于恶意串通的法律行为 …………………………… 387
五、无效法律行为转换 …………………………………… 389
六、法律行为无效的后果 ………………………………… 392
第二节 法律行为效力待定 …………………………………… 395

一、法律行为效力待定的事由 ············· 395
　　二、效力待定法律行为当事人的权利配置 ············· 396
第三节　法律行为可撤销 ············· 402
　　一、撤销事由：关于显失公平 ············· 402
　　二、撤销权的行使 ············· 406
　　三、撤销权的消灭 ············· 407
第四节　法律行为附条件与附期限 ············· 410
　　一、一般问题 ············· 411
　　二、条件的构成要件 ············· 413
　　三、条件的种类 ············· 415
　　四、条件的成就与不成就 ············· 417
　　五、条件成否未定期间当事人的法律地位 ············· 420
　　六、附期限法律行为 ············· 422

第十二章　法律行为的归属 ············· 424
第一节　法律行为归属的一般原理 ············· 424
　　一、民法上的归属规范 ············· 424
　　二、作为法律行为归属规范的代理法 ············· 426
第二节　代理的基本概念 ············· 426
　　一、代理的含义 ············· 426
　　二、代理的构成 ············· 427
　　三、代理的本质 ············· 432
　　四、代理的分类 ············· 433
第三节　代理的法律效果 ············· 436
　　一、代理对于被代理人的法律效果 ············· 436
　　二、代理对于代理人的法律效果 ············· 436
　　三、意思瑕疵与知情归属问题 ············· 437
第四节　代理权 ············· 439
　　一、代理权的性质 ············· 440
　　二、代理权的分类 ············· 441
　　三、代理权的授予 ············· 445
　　四、代理权行使的限制 ············· 450

五、代理权的消灭 ································· 455
第五节　无权代理 ····································· 458
　　一、概念 ··· 459
　　二、被代理人与相对人的关系 ················· 459
　　三、无权代理人与相对人的关系 ············· 461
　　四、无权代理人与被代理人的关系 ·········· 467
第六节　表见代理 ····································· 468
　　一、概念 ··· 469
　　二、表见代理的构成要件 ······················· 470
　　三、关于容忍代理 ································ 478
　　四、表见代理的法律效果 ······················· 479
第七节　无权代表与表见代表 ······················ 479
　　一、代表行为与代理行为的关系 ············· 479
　　二、无权代表的法律效果 ······················· 480
　　三、表见代表构成要件的特殊性 ············· 481
第八节　使用他人名义实施法律行为 ············ 482
　　一、概念 ··· 482
　　二、使用他人名义实施法律行为的类型 ···· 483
　　三、使用他人名义实施法律行为效果的判定基准 ···· 484
　　四、使用他人名义实施法律行为的法律适用 ······· 485

第五编　权利救济

第十三章　权利救济 ································· 489
第一节　救济请求权 ·································· 489
　　一、基于绝对权的请求权 ······················· 489
　　二、损害赔偿请求权 ····························· 494
第二节　私力救济 ····································· 497
　　一、概念 ··· 497
　　二、正当防卫 ······································ 498
　　三、紧急避险 ······································ 500
　　四、自助行为 ······································ 504

第六编　权利的时间维度

第十四章　民法上的时效 …………………………………… 509
第一节　时效概述 ……………………………………………… 509
　　一、诉讼时效与取得时效 ……………………………………… 509
　　二、时效的功能 ………………………………………………… 511
　　三、诉讼时效规范的强制性 …………………………………… 512
第二节　诉讼时效的客体 ……………………………………… 512
　　一、比较法考察 ………………………………………………… 513
　　二、我国民法上的诉讼时效客体 ……………………………… 513
第三节　诉讼时效的效力 ……………………………………… 516
　　一、规范模式 …………………………………………………… 516
　　二、诉讼时效抗辩 ……………………………………………… 517
　　三、诉讼时效期间届满后权利的效力 ………………………… 519
第四节　诉讼时效的期间 ……………………………………… 521
　　一、普通诉讼时效期间 ………………………………………… 522
　　二、特殊诉讼时效期间 ………………………………………… 522
　　三、最长诉讼时效期间 ………………………………………… 522
　　四、诉讼时效期间的起算 ……………………………………… 523
第五节　诉讼时效的障碍 ……………………………………… 527
　　一、概述 ………………………………………………………… 527
　　二、诉讼时效中断 ……………………………………………… 528
　　三、诉讼时效中止 ……………………………………………… 532
　　四、诉讼时效期间的延长 ……………………………………… 534

第十五章　期间与期日 ……………………………………… 535
第一节　期间与期日的概念 …………………………………… 535
第二节　期间的计算 …………………………………………… 535
　　一、期间的计算方法 …………………………………………… 535
　　二、期间的起点 ………………………………………………… 536
　　三、期间的终点 ………………………………………………… 536

第一编

民 法 总 论

民法导论

第一章 民法概念论

第一节 作为私法的民法

教学案例:甲市 A 区政府与相邻的乙市 B 区政府订立《合作协议》,就环境保护的相互协作达成若干约定。为履行该协议,A 区政府与 C 公司订立《承包合同》,约定将相关环境治理工程发包给 C 公司。该工程施工完毕,A 区政府委托 D 公司对工程进行验收,D 公司出具意见认为工程质量不合格,A 区政府遂向 C 公司发出《工程质量整改通知书》,要求 C 公司在 1 个月内通过整改使工程质量达标,同时要求 C 公司支付 30 万元工期延误赔偿金。试问:

(1)A 区政府与 B 区政府的《合作协议》是民法上的合同吗?

(2)A 区政府与 C 公司的《承包合同》、与 D 公司的委托合同是民法上的合同吗?

(3)A 区政府向 C 公司发出的《工程质量整改通知书》是民法上的行为吗?

(4)A 区政府要求 C 公司支付 30 万元工期延误赔偿金,这是民法上的责任吗?

一、公、私法的划分

(一) 划分标准

在法的各种分类中,公法与私法的划分最为重要。此种分类源于罗马法。古罗马法学家乌尔比安有言:"公法是涉及罗马公共事务状态的法,私法是关于个人利益的法。"(D.1.1.1.2) 在他看来,公法由神圣法、有关宗教祭司的制度、有关执法官的制度组成,私法由自然法规则、万民法规则、市民法规则组成。① 公法与私法的划分被现代法理论普遍接受,但关于其划分标准,则始终存在争议。主要有三种学说:利益说、隶属说与主体说。

1. 利益说

上述乌尔比安的观点就是利益说的起源。该说以法律涉及的利益类型为标准划分公法与私法。涉及公共利益的法律是公法,涉及私人利益的法律是私法。批评者认为,私法也经常涉及公共利益,如私法中的婚姻制度、不动产物权登记制度、涉及交易安全保护或者社会弱者保护的法律规范等;反之,公法也并非都不涉及私人利益,关于道路建设、公共卫生、行政诉讼的法律在很大程度上也保护私人利益。因此,以利益为标准划分公法和私法并不清晰。②

2. 隶属说

隶属说认为,私法调整平等关系,公法调整隶属关系(不平等关系)。这一划分标准也不精确。因为,私法中也存在隶属关系,如父母与未成年子女的关系,社团法人内部的管理关系;反之,公法中也存在平等关系,在教学案例中,A区政府与B区政府就环境保护问题订立的《合作协议》,两个主体也是平等的,但却属于公法合同。

3. 主体说

目前主流观点是主体说。该说认为,在法律所调整的关系中,如果至少有一方当事人以公权力主体的身份参与,则该法律属于公法,不符合此项条件的法律皆属于私法。据此,国家机关虽享有公权力,但若与企业订立买卖合同,则其并非以公权力主体身份参与合同关系,所以该合同关系属于私法关系;反之,两个地方政府为行使公权力订立的合同,仍属于公法关系。③

相较之下,主体说对于划分公法与私法具有更强的解释力。当然,公法与私法的划分并非泾渭分明,二者之间始终存在模糊区域。尤其在当

---

① 参见《学说汇纂》(第一卷),罗智敏译,中国政法大学出版社2008年版,第7页。
② 参见〔德〕迪特尔·梅迪库斯:《德国民法总论》,邵建东译,法律出版社2000年版,第11页;〔德〕卡尔·拉伦茨:《德国民法通论》,王晓晔等译,法律出版社2003年版,第4页。
③ 参见〔德〕卡尔·拉伦茨:《德国民法通论》,王晓晔等译,法律出版社2003年版,第9页。

代法中,出现了不少混合性法律,既包含私法因素,也包含公法因素。比如反不正当竞争法、劳动法等。

【案例解析】在教学案例中,A区政府与C公司的《承包合同》、与D公司的委托合同都是民法上的合同,确立了私法关系。同理,A区政府要求C公司支付30万元工期延误赔偿金以及向C公司发出《工程质量整改通知书》都是民法上的行为。在实施上述行为时,A区政府都不是向相对人行使行政权力,而是行使民事权利。

(二) 划分意义

尽管无法绝对划分公法与私法,但对二者予以大致区分仍有重要意义。从价值理念看,公法与私法存在根本区别。公法注重秩序与管制,私法则崇尚自由。对于私法关系,在合理的界限内应当交由私人自由决定,避免用公法思维和公法手段予以规制。从实践角度看,公法关系与私法关系的辨别决定了案件管辖问题,即究竟应由负责行政审判的法庭管辖抑或由负责民事审判的法庭管辖。就我国而言,这个问题在房屋拆迁补偿纠纷、国有土地使用权出让合同纠纷、国家机关职务侵权纠纷等案型中表现得尤其突出。

二、民法在私法中的地位

(一) 民法的语源

从法律史看,民法这个词来源于古罗马的市民法(ius civile)。不过,古罗马的市民法最初具有身份色彩,仅适用于具有罗马市民身份的人。至于罗马境内的异邦人(外国人)与罗马市民之间的关系以及异邦人相互之间的关系,则适用万民法(ius gentium)。在欧洲中世纪的中后期,市民法成为与教会法相抗衡的世俗法。及至近代欧洲,教会法逐渐衰弱,市民法开始主导世俗社会,其身份色彩也被淡化,不再强调特定的市民身份。法国大革命后,"市民"被理解为"公民",市民法遂成为一个无等级社会中适用于全体人的法。[1]

---

[1] Vgl. Franz Wieacker, Privatrechtsgeschichte der Neuzeit, 2. Aufl., 1967, S. 461.

清末变法过程中,汉语"民法"一词由日本传入。据考证,该词系由日本学者津田真道从荷兰语 Burgerlykregt 翻译过来。①

(二) 民法是私法的核心部分

我国学者通常将民法定义为调整平等主体之间的人身关系和财产关系的法律规范的总称。② 我国《民法典》第 2 条规定遵循了此种定义。③ 就其性质而言,民法无疑是私法,而且,民法在概念上曾经等同于私法。后来随着社会的发展,越来越多的特别私法相继产生,民法遂被视为一般私法,与之相对的是仅适用于特定领域的特别私法。④ 因此,私法体系由民法与特别私法构成,民法在其中处于核心地位,尤其是《民法典》。特别私法未规定的私法问题,应当适用民法规定。特别私法包括公司法、破产法、票据法、保险法、海商法等商法以及劳动法、消费者权益保护法、反不正当竞争法等。

第二节 民法的核心概念

教学案例:甲与乙订立买卖合同,约定甲将 3 枚"开元通宝"以 15 万元价格卖给乙,甲声称均为真品。乙当时支付 1 万元定金,约定余款等 5 日后交付"开元通宝"时支付。次日,甲将该 3 枚"开元通宝"以 18 万元价格卖给丙,立即交付,丙支付了 16 万元价款,约定 3 日后支付 2 万元余款。丙取得"开元通宝"后,花钱委托丁鉴定,丁发现其中 1 枚是赝品,但丁趁丙不备,将另一枚铜钱调换为赝品,故向丙声称有 2 枚是赝品。丙遂找甲交涉。试问:

(1) 乙对甲享有何种权利?

---

① 参见〔日〕穗积陈重:《法窗夜话》,曾玉婷、魏磊杰译,法律出版社 2015 年版,第 148 页。

② 反对观点参见徐国栋:《民法对象研究》,法律出版社 2014 年版,第 421 页;蔡立东:《"平等主体关系说"的弃与留——未来〈民法典〉调整对象条款之抉择》,载《法学论坛》2015 年第 2 期。

③ 参见杨代雄主编:《袖珍民法典评注》,第 2 条边码 1(杜生一执笔),中国民主法制出版社 2022 年版,第 1 页。

④ 参见〔德〕汉斯·布洛克斯、〔德〕沃尔夫·迪特里希·瓦克:《德国民法总论》(第 41 版),张艳译,中国人民大学出版社 2019 年版,第 13 页。

(2) 甲可否请求丙支付 2 万元余款?
(3) 丙对 3 枚"开元通宝"享有何种权利?
(4) 丙是否侵害了乙的权利?
(5) 丙对丁享有何种权利?

一、民法上的权利

(一) 权利的概念

民法上的权利(民事权利、私权)是指法律赋予民事主体的可以实现某种利益的意思力(Willensmacht)。[①]

在学说史上,关于权利的本质,存在不同的观点。最有代表性的是法力说与利益说。法力(Rechtsmacht)说与意思支配说在本质上相同,因为所谓意思支配就是意思力。该说认为权利是法律赋予权利人的一种力量。萨维尼、普赫塔、温德沙伊德等倡导该说。与此相对,利益说认为权利是受法律保护的利益。耶林倡导此说。晚近的学者多认为,上述两种学说均未能全面揭示权利的本质。利益说仅涉及权利的目的,一方面失之狭隘,因为权利人行使权利未必都是追求自己的利益;另一方面失之宽泛,因为在没有权利的情况下,利益也可能得到保护。法力说仅涉及权利的内容。因此,需要将法力说与利益说结合起来,才能完整揭示权利的本质。[②]

融合了法力说与利益说的权利概念可以称为折中说。对此概念,可以从如下方面理解:

首先,权利是法律赋予的。在伦理道德层面上允许做某事,并不当然意味着在法律上有权利做某事。从法律实证主义的立场看,权利只能在法体系内部产生。自然法意义上的所谓天赋权利必须通过实证法体系才能发挥作用。为此,法体系中的"法"应作宽泛理解,不仅包括制定法规则的明文规定,还包括作为制定法规则体系之基础的法价值原则以及习惯法、法官法等。

其次,权利是法律上的力量。权利使权利主体可以依自己的意思决

[①] Vgl. Brox/Walker, Allgemeiner Teil des BGB., 44. Aufl., 2020, S. 282.
[②] Vgl. Enneccerus/Nipperdey, Allgemeiner Teil des Bürgerlichen Rechts, 15. Aufl., 1960, S. 429.

定为或者不为一定行为。此项意思决定体现权利主体的自由,是受法律保障的可能性,是法律赋予权利主体对人或者对物施加作用的力量。

最后,权利的目的是实现人的利益。利益既包括物质利益,也包括精神利益(如名誉)。利益通常是权利主体自己的利益,但也可能是他人的利益。例如,监护权、财产代管人的管理权皆以实现他人利益为目的。

权利的效力内容可能包含若干方面,比如,所有权的效力内容包含占有、使用、收益、处分等。虽然在理论与实践上经常将此类效力内容称为"权利"(占有权、收益权、处分权),但其在本质上并非权利,而是权能(Rechtsbefugnis)。①

依不同标准,可以对民法上的权利予以不同的分类。

(二) 绝对权与相对权

以义务人的范围为标准,可以将权利分为绝对权与相对权。绝对权亦称对世权,是指可以对抗任何人的权利。绝对权的义务人是世间任何人,任何人均有义务尊重且不侵害绝对权。物权、人格权、知识产权等皆为典型的绝对权。

相对权亦称对人权,是指仅以某个特定人为义务人的权利。债权是相对权,只有特定的债务人才负担给付义务。依据债的相对性原则,债权不对第三人发生效力。

绝对权的义务人违反义务的,权利人享有排除妨害请求权、消除危险请求权等救济权利;义务人因过错导致权利损害的,权利人还享有侵权损害赔偿请求权。相对权的义务人违反义务的,权利人享有债务不履行损害赔偿请求权。通常而论,侵害相对权不发生侵权损害赔偿请求权。例外是,第三人侵害债权的归属或者故意以违背公序良俗的方式侵害债权的,构成侵权。前者如未获授权的第三人受领了债务人的给付并据为己有,在符合信赖保护要件的情况下,法律使债务人的给付行为发生清偿效力,债权因此而消灭;后者如第三人纯粹以搞垮债权人为目的,诱使债务人违约。

【案例解析】在教学案例中,丙在甲向其交付后,取得3枚"开元通宝"的所有权,该权利是绝对权、对世权,其义务人为除丙以外的任何人。反之,乙因甲未向其完成交付,所以未取得3

---

① Vgl. Larenz/Wolf, Allgemeiner Teil des bürgerlichen Rechts, 9. Aufl., 2004, S. 232.

枚"开元通宝"的所有权,其仅对甲享有债权,该权利为相对权。乙可请求甲交付3枚"开元通宝",甲不能交付的,乙可请求甲赔偿损害,并可请求甲双倍返还定金(《民法典》第587条)。丙以更高的价格从甲手中购得3枚"开元通宝",属于正常的市场竞争行为,并非故意以违背公序良俗的方式侵害乙的债权。

(三) 支配权、请求权、抗辩权与形成权

民法原理上另一种常见的权利分类是支配权、请求权、抗辩权与形成权。

1. 支配权

支配权是指对特定客体予以直接支配的权利。物权、知识产权是典型的支配权。人格权与身份权是否为支配权,存在争议。德国法目前通说认为人格权与身份权并非支配权,因为人不能对自己或者他人进行支配。① 我国学者大都把人格权与身份权视为支配权,其分别支配人格利益与身份利益。② 与物权的支配不同,人格权、身份权的支配并非表现为处分与利用人格利益、身份利益,而是表现为对此类利益的维护。

【案例解析】在教学案例中,丙对3枚"开元通宝"享有的所有权是支配权,丙可以对其予以直接支配,无须他人协助。

2. 请求权

(1) 请求权的概念。

请求权是指请求特定人为或者不为一定行为的权利。从法律史看,请求权概念由德国法学家温德沙伊德从罗马法上的诉权改造而来。③ 依通说,债权是典型的请求权。不过,更为准确的说法是债权包含请求权内容,即债权请求权。除了请求权,债权还有其他效力内容,如受领力、执行力、处分力。但是,并非只有债权才包含请求权,物权、人格权、

---

① 参见〔德〕汉斯·布洛克斯、〔德〕沃尔夫·迪特里希·瓦尔克:《德国民法总论》(第41版),张艳译,中国人民大学出版社2019年版,第338页;〔德〕卡尔·拉伦茨:《德国民法通论》,王晓晔等译,法律出版社2003年版,第379、380页。

② 参见王利明:《民法总则研究》(第3版),中国人民大学出版社2018年版,第422页;梁慧星:《民法总论》(第5版),法律出版社2017年版,第151页。

③ Vgl. Bernhard Windscheid, Die Actio des römischen Civilrechts vom Standpunkte des heutigen Rechts, 1856, S. 6-7.

知识产权等绝对权亦包含请求权。从这个意义上说,请求权实际上并非一项独立的权利,而是物权、人格权、知识产权、债权等绝对权与相对权的效力内容,即权能。此类权利皆包含请求权、处分权等权能,区别在于,请求权在债权中处于核心位置,而在物权、人格权等绝对权中处于边缘位置,隐而不显,仅在权利受侵害时才发挥作用。与此相应,支配权实际上也仅为物权、知识产权等绝对权的核心内容,并非其全部内容。比如,物权人除了可以对权利客体实施占有、使用、收益、处分等直接支配行为,在权利受侵害时还可以行使排除妨害请求权等救济请求权。

当然,按照约定俗成的用法,至少在债法领域,"请求权"与"债权"这两个词语经常同义。比如,说到"损害赔偿请求权"时,指的就是损害赔偿债权,该债权不仅包含请求力,还包含受领力和执行力。

(2)请求权竞合。

请求权竞合是指权利人对同一义务人享有数项**内容相同**的请求权①,且只要其中一项得到满足,其余均因目的实现而归于消灭。最典型的请求权竞合是加害给付导致违约损害赔偿请求权与侵权损害赔偿请求权竞合(《民法典》第186条)。

> 【**深化与拓展**】关于请求权竞合的效果,当代民法学上主要有两种学说,即请求权自由竞合说(请求权竞合说)与请求权规范竞合(Anspruchsnormenkonkurrenz)说。自由竞合说认为,在请求权竞合中,权利人享有数项独立的请求权,它们互不影响且根据各自的请求权基础进行判断。② 反之,请求权规范竞合说则认为,权利人享有的仅仅是一项请求权,只不过该项请求权可以基于不同的请求权基础(规范)而成立。③
>
> 在结果上,两说的区别首先体现在请求权的让与中。若严

---

① 就此而论,请求权竞合区别于选择性竞合(alternative Konkurrenz),后者当事人可以选择的数项请求权内容不同,如瑕疵责任中的修理、更换、赔偿请求权。请求权竞合也区别于请求权聚合(Anspruchshäufung),后者当事人可以同时请求数项不同的给付,如所有权人同时请求无权占有人返还所有物以及返还该所有物产生的收益。

② Vgl. Gregor Bachmann, in: Münchener Kommentar BGB, 8. Aufl., 2019, § 241 Rn. 41.

③ 参见〔德〕卡尔·拉伦茨:《德国民法通论》,王晓晔等译,法律出版社2003年版,第354—355页。

格贯彻请求权自由竞合说,则两项独立的请求权可以分别让与。① 但若根据请求权规范竞合说,则权利人自始只有一项请求权,故不产生分别让与的问题。很显然,允许分别让与的结果是不可接受的,因为这过分加重义务人的负担。对此,请求权自由竞合说基于保护义务人之需要禁止请求权分别让与。②

在数项请求权(基础)相互影响的问题上,两说的解释力也有所不同。这种相互影响主要体现在两个方面:诉讼时效与责任减轻。就诉讼时效而言,若采请求权规范竞合说,则由于本就只有一项请求权,故时效等问题可以通过特别法优先于一般法的逻辑解决,例如在船舶租赁合同加害给付的情形中,《海商法》第259条(二年时效期间)即构成该法第188条第1款的特别法,因而优先适用。反之,由于请求权自由竞合说的基本主张是存在两项相互独立、互不影响的请求权,所以在时效问题上难以协调两个请求权的时效期间。③

就责任减轻而言,《民法典》第660条第2款(赠与人赔偿责任)、第897条第2句(无偿保管人赔偿责任)与第929条第1款第2句(无偿受托人赔偿责任)等责任减轻规定均位于合同编,因此逻辑上仅能直接适用于因违约导致的损害赔偿。但是,若仅凭此就认为,债权人选择以侵权主张权利的,不受上述规定的限制,则无疑架空了这些规定优待无偿债务人的规范目的。因此,在结果上,上述规定必须一体适用于违约请求权与侵权请求权。对此,若采请求权自由竞合说,则只能通过类推适用的方式实现,但若采请求权规范竞合说,则同样根据特别法优先于一般法的原理即可解决。④

综上,从实体法角度看,请求权规范竞合说相较于请求权自由竞合说

---

① Vgl. Jörg Neuner, Allgemeiner Teil des bürgerlichen Rechts, 12. Aufl., 2020, S. 261.
② Vgl. Reinhard Bork, Allgemeiner Teil des Bürgerlichen Gesetzbuchs, 4. Aufl., 2016, Rn. 293.
③ 参见杨代雄主编:《袖珍民法典评注》,第186条边码14(谢德良、黄禄斌执笔),中国民主法制出版社2022年版,第166页。
④ 参见杨代雄主编:《袖珍民法典评注》,第186条边码16(谢德良、黄禄斌执笔),中国民主法制出版社2022年版,第166页。

具有优势。不过,请求权竞合的理论需要与程序法上的诉讼标的理论、既判力理论协调。实体法上采用请求权规范竞合说的,程序法上宜采用新诉讼标的理论,以诉之声明(或者结合生活事实)为诉讼标的。同时,为避免不当牺牲原告的利益,应由法官全面检索与原告诉之声明(如"请求赔偿100万元损失")相关的请求权基础,只要符合其中一个请求权基础之要件,即应判决支持原告的诉讼请求。① 反之,实体法上采用请求权自由竞合说的,程序法上宜采用旧诉讼标的理论,以实体法上的请求权为诉讼标的。据此,原告选择行使违约损害赔偿请求权的,该请求权即为诉讼标的,法官仅须审查该请求权的构成要件是否满足以及是否存在相应的抗辩。如果判决驳回违约损害赔偿请求权,则侵权损害赔偿请求权并不被该判决的既判力覆盖,原告仍可另行起诉主张侵权损害赔偿请求权。

相较之下,在"请求权规范竞合说+新诉讼标的理论"模式下,法官的负担较重,原告的负担较轻但风险较大,一旦败诉判决生效,就不得另行起诉;在"请求权自由竞合说+旧诉讼标的理论"模式下,法官的负担较轻,原告的负担(选择负担、论证负担、诉讼成本)较重但风险较小。两种模式各有优劣。最糟糕的是如下模式,一方面认为基于同一事实发生的违约损害赔偿请求权与侵权损害赔偿请求权是两个相互独立的请求权,另一方面认为原告诉请违约损害赔偿的败诉判决生效后,不得就同一事实再提起侵权损害赔偿之诉。司法实务中法院经常采用这种模式,在立案环节严格区分各种实体法请求权,但在既判力上则不作严格区分,导致原告既承受较重的负担,又承受极大的风险。值得注意的是,最高人民法院最近倾向于采用旧诉讼标的理论,有利于降低原告的诉讼风险。②

【案例解析】在教学案例中,丙对丁享有基于合同的债权请求权。二者订立了承揽合同,承揽人丁有义务将委托物(3枚"开元通宝")如数返还给丙,但丁却通过调换扣留了1枚真品,丙有权请求丁返还该枚铜钱。丙对丁亦享有物权请求权。

---

① 参见〔德〕卡尔·拉伦茨:《德国民法通论》,王晓晔等译,法律出版社2003年版,第352、353页。

② 参见最高人民法院民事审判第一庭编著:《最高人民法院新民事诉讼证据规定理解与适用》,人民法院出版社2020年版,第500页。

丙是3枚"开元通宝"的所有权人,丁在鉴定完毕后本应将该3枚铜钱返还给丙,但却以"掉包"方式扣留其中1枚,构成无权占有,丙对丁享有所有物返还请求权。此外,丙对丁还享有侵权请求权。丁扣留丙所有的1枚铜钱并试图据为己有,该行为侵害了丙的所有权,构成侵权行为,丙有权请求其承担侵权责任,返还古钱。以上三项请求权构成请求权竞合。

3. 抗辩权

抗辩权与请求权对应,是请求权的阻力。除抗辩权之外,民法上还存在一个更为宽泛的概念,即抗辩。① 抗辩有两种,一是无须主张的抗辩(Einwendung),二是须主张的抗辩(Einrede)。② 前者可以由法官依职权主动适用,即便被请求人(被告)没有明确主张抗辩,只要被请求人或者请求人(原告)在诉讼过程中提到与该抗辩相关的事实,法官就应依证明责任规则对该事实予以审查,抗辩成立的,法官应径行适用。后者不能由法官依职权主动适用,仅在被请求人积极主张抗辩的情况下,法官才能审查该抗辩是否成立。

无须主张的抗辩包括权利阻止(rechtshindernde)抗辩与权利消灭(rechtsvernichtende)抗辩,二者统称为权利否定抗辩。权利阻止抗辩事由导致权利不发生,如行为人欠缺行为能力、通谋虚伪表示、法律行为违背公序良俗或者欠缺法定形式。权利消灭抗辩事由导致曾经存在的权利归于消灭,如清偿、抵销、免除。须主张的抗辩是权利阻碍(rechtshemmende)抗辩。③ 此种抗辩并未否定权利的发生与存续,仅使被请求人(义务人)取得一项给付拒绝权,学理上称之为反对权,据此可以合法地阻碍请求权发挥作用。唯有此种抗辩才可以称为抗辩权,因为抗辩是否启动并发挥作用取决于被请求人的自由决定,易言之,法律赋予被请求人一项意思力,即权利,该权利的行使本身产生对抗请求权的法律效果。反之,权利阻止抗辩与权利消灭抗辩是否启动并不取决于被

---

① 应当注意的是,抗辩并非仅与请求权对应。个别抗辩与形成权相关,如除斥期间抗辩、关于解除权人已经放弃解除权之抗辩等。

② 在德国法上,Einrede 有时用于统称诉讼法与实体(私)法意义上的各种抗辩,包括了 Einwendung 与狭义的 Einrede,后者仅指权利阻碍抗辩,如消灭时效抗辩。Vgl. Brox/Walker, Allgemeiner Teil des BGB., 44. Aufl., 2020, S. 296-230.

③ Vgl. Brox/Walker, Allgemeiner Teil des BGB., 44. Aufl., 2020, S. 296-298.

请求人的自由决定。此类抗辩的主张本身并不产生实体法层面上的效果,权利的不发生或者消灭是既定事实,并未因被请求人主张或者不主张抗辩而改变,抗辩的主张只是在程序法层面上避免法官作出不符合真实法律状况的裁判(如判令被告履行已经消灭的债务)而已。

同时履行抗辩权、先履行抗辩权、不安抗辩权、先诉抗辩权等皆为权利阻碍抗辩,所以法律上顺理成章地称之为抗辩权。诉讼时效抗辩亦属于抗辩权。

【案例解析】在教学案例中,按照合同约定,甲有义务先向丙交付符合合同要求的3枚"开元通宝",但甲实际上仅向丙交付2枚符合合同要求的"开元通宝",所以甲并未完全履行债务,丙可以行使先履行抗辩权,拒绝支付2万元余款。

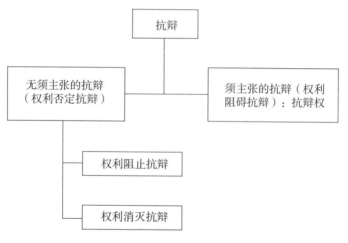

图1-1 抗辩的分类

4.形成权

(1)概念。

形成权是指通过单方意思改变特定法律状况的权利。所谓改变法律状况既包括直接使既存的法律关系发生变动,也包括使一项法律行为成立或者效力状况发生变化,进而导致法律关系变动。前者如,抵销权的行使导致债权债务关系消灭,减价权(《民法典》第582条)的行使导致价款债务的减少,合同续期选择权(Optionsrecht)的行使导致合同债权债务关系期限延长,选择之债的选择权(《民法典》第515条)的行使导致债务标的之变动。后者如,继续性合同的解除权(终止权)的行使导致合同效力终止,撤销权的行使导致法律行为的效力溯及消灭,追认权的行使导致法律行为由效力待定变为有效①,买回权、卖回权(Wiederverkaufsrecht)或者先买权的行使导致权利人与相对人之间成立一项买卖合同。②

追认权、买回权等形成权行使行为属于辅助法律行为③,其为单方法律行为,与其所辅助的法律行为(买卖合同等主法律行为)在概念上相互独立。不能说买回权、卖回权、先买权等形成权的行使直接产生买卖债权债务关系,无须承认权利人与义务人之间成立买卖合同。因为,在买卖债权债务关系产生之后,债务的履行、对价风险的承担、瑕疵担保责任、合同的解除等问题仍须适用《民法典》中的买卖合同规则以及合同编通则的规定。如果说此类形成权的行使直接产生债权债务关系,则该债权债务关系就成为单方允诺之债而非合同之债。

(2)分类。

形成权包括单纯形成权与形成诉权(Gestaltungsklagerecht)。前者仅依权利人的单方意思表示即可发生形成效力,如抵销权人的抵销表示到达相对人即发生债权债务消灭的效果,买回权人的买回表示到达相对人即成立买卖合同。后者须由权利人以起诉或者申请仲裁的方式行使形成权,借此表达其欲改变特定法律状况的意思,如意思表示瑕疵情形中的撤销权、债权人撤销权、破产撤销权、《民法典》第580条第2款规定的解除权、情势变更情形中的变更权与解除权、婚姻撤销权、婚姻终止权(离婚权)④、《民法典》第1114条第2款与第1115条规定的收养关系解除权等。之所以如此,一方面是因为此类形成权对当事人的利益影响重大,另一方

---

① 我国民法通说认为追认权属于形成权。参见王泽鉴:《民法总则》(2022年重排版),北京大学出版社2022年版,第115页;梁慧星:《民法总论》(第5版),法律出版社2017年版,第74页;王利明:《民法总则研究》(第3版),中国人民大学出版社2018年版,第436页。

② Vgl. Medicus/Lorenz, Schuldrecht Besonderer Teil., 18. Aufl., 2019, S. 126—131.

③ 参见[德]维尔纳·弗卢梅:《法律行为论》,迟颖译,法律出版社2013年版,第1065页。

④ Vgl. Gernhuber/Waltjen, Familienrecht, 5. Aufl., 2006, S. 228—229;史尚宽:《民法总论》,中国政法大学出版社2000年版,第26页。

面是因为此类形成权是否具备构成要件经常发生争议,需要由裁判机关通过审查相关事实作出判定。

从效力上看,有的形成权使法律关系发生、使法律行为成立或者使法律行为确定发生效力,此为积极形成权,如买回权、卖回权、先买权、优先承租权、受遗赠人对遗赠的接受权、共同居住(经营)人对租赁合同的承受权(《民法典》第732条)、追认权等。有的形成权使法律关系消灭或者使法律行为丧失效力,此为消极形成权,如抵销权、解除权、消费者撤回权、撤销权、债务免除情形中债务人的拒绝权(《民法典》第575条)、债务加入情形中债权人的拒绝权(《民法典》第552条)、利他合同中第三人的拒绝权(《民法典》第522条第2款)、共有物分割请求权等。有的形成权使法律关系变更,如情势变更情形中的变更权、选择之债中的选择权、合同续期选择权、减价权等。

【案例解析】在教学案例中,甲与丙订立合同时声称3枚"开元通宝"均为真品,但实际上其中有1枚是赝品。如果甲对此明知,则构成欺诈,丙有权撤销买卖合同。该撤销权是形成权。此外,甲交付给丙1枚赝品,构成瑕疵给付,丙依据《民法典》第582条享有减价权。该减价权亦为形成权。丙可以选择行使撤销权,使合同丧失效力,也可以选择行使减价权,减少自己的价款债务数额。

(四)人身权与财产权

1.人身权

(1)人格权。

人身权亦称非财产权,包括人格权与身份权。人格权是权利主体对其人格利益享有的排除他人侵犯的权利。人格权体现为一种受尊重权,任何人都必须尊重他人人格,不得对其实施干扰、侵害。人格权可以分为一般人格权与具体(特别)人格权。

【深化与拓展】具体(特别)人格权是指法律专门予以具体规定的人格权,如《民法典》第990条第1款列举并在人格权编第二章及以下各章予以具体规定的生命权、身体权、健康权、姓名权、名称权、肖像权、名誉权①、隐私权等权利。一般人格权是指法律虽未具体规定但自然人基于人格尊严与自由亦应享有的不受侵害的权利。《民法典》第990条第2款对此予以一般规定。在实践中,人格权纠纷优先考虑适用具体(特别)人格权之规定。仅当不符合各种具体(特别)人格权构成要件时,才由法院对《民法典》第990条第2款予以具体化,以决定是否保护当事人的人格利益。

(2)身份权。

身份权亦称亲属权或者家庭权(Familienrecht),是指在特定的身份关系中当事人对其身份利益享有的权利。身份权主要包括亲权、监护权、配偶权及其他亲属权。

【深化与拓展】亲权是指父母对未成年子女予以抚养、管教和保护的权利。《民法典》第1068条对此予以规定。监护权是指监护人对被监护人的人身和财产予以照顾、保护和管理的权利。大陆法系民法通常严格区分亲权与监护权,监护权的主体不包括未成年人的父母。我国民法没有严格区分亲权与监护权,二者存在交叉之处,父母对未成年子女亦享有监护权。配偶权是指以夫妻在共同生活中以相互忠诚、相互协作、相互扶持为内容的权利。②该权利一方面指向配偶另一方,另一方面指向不特定第三人,两方面的义务人皆须尊重夫妻共同生活。③《民法典》第1043条第2款第1分句的规定在一定程度上体现了配偶权。其他亲属权是指除父母子女、配偶外的其他近亲属相互享有的身份权。亲权、监护权等亲属权的特殊性在于,其不仅是权利,而且也包含义务内容。例如,父母对未成年子女的管教与照顾既是权利,也是义务。因此,有学说将其称为"义务权"(Pfli-

---

① 我国民法学界通说曾经认为荣誉权是一种身份权,但《民法典》第990条第1款已将荣誉权归入人格权。学说参见郭明瑞主编:《民法》(第2版),高等教育出版社2007年版,第199、200页。

② 参见王泽鉴:《人格权法》,北京大学出版社2013年版,第45页。

③ 参见[德]卡尔·拉伦茨:《德国民法通论》,王晓晔等译,法律出版社2003年版,第284页。

chtrecht)。① 另一个特殊性在于,此类权利既有相对权属性,也有绝对权属性。前者着眼于亲属之间的关系,体现了权利的内部效力,后者着眼于亲属与第三人之间的关系,体现了权利的外部效力。②

2. 财产权

财产权包括物权、债权、股权、知识产权、继承权。其中有些权利虽为财产权,但与人身权关系密切。知识产权中的著作权包含了人格权因素,如署名权、发表权。继承权是基于特定身份关系的财产归属权(参见本书权利客体部分,第242—244页)。③

【深化与拓展】所谓归属权(Anfallsrecht),是指使权利人在特定前提条件具备时即可自动取得一项财产权利之权利。权利人无须为取得该财产权利实施特定行为。最典型的是动产或者不动产所有权人取得孳息的权利,孳息一旦与原物分离,即自动归属于原物所有权人,除非其他人依法或者依约定有权取得孳息——此时,归属权由其他人享有。在附合或者混合情形中,主物所有权人取得附合物、混合物所有权,所以,其亦享有归属权。④ 在继承情形中,继承人享有归属权,其自动取得遗产的前提条件是被继承人死亡。与归属权具有类似功能但又有所区别的是先占权(Aneignungsrecht),即某人享有的对无主物予以先占从而取得其所有权的排他性权利,如捕鱼权、狩猎权。⑤ 与归属权的区别在于,先占权人取得某物的所有权需要其实施先占

---

① Vgl. Gernhuber/Waltjen, Familienrecht, 5. Aufl., 2006, S. 19.
② Vgl. Enneccerus/Nipperdey, Allgemeiner Teil des Bürgerlichen Rechts, 15. Aufl., 1960, S. 471.
③ 按照萨维尼的观点,继承权是财产权在家庭关系基础上的自我发展,财产在本质上是个人力量的拓展,当财产权人死亡时,由延续其个性的近亲属继承其财产是顺理成章的。Vgl. Friedrich Carl von Savigny, System des heutigen Römischen Rechts, Bd. I, 1840, S. 380-382.
④ Vgl. Jörg Neuner, Allgemeiner Teil des bürgerlichen Rechts, 12. Aufl., 2020, S. 243.
⑤ 参见〔德〕卡尔·拉伦茨:《德国民法通论》,王晓晔等译,法律出版社2003年版,第292页。

行为。关于先占权的性质,学理上存在争议。① 我国民法学界通说将先占权定性为一种特许物权或者准物权。

股权以股东身份为基础,是一种综合性的权利。② 其中包含以财产给付为客体的权利,如分红请求权、公司剩余财产返还请求权,也包含不以财产给付为客体的权利,如表决权、知情权、派生诉讼的诉权、瑕疵决议撤销权、提议召开临时股东会的权利、强制解散请求权。前者具有债权的属性,后者属于参与管理权(Mitwirkungsrecht)。参与管理权是一种共益性的组织性权利,与股东作为社员的地位不可分离③,具有一定的身份权色彩。

股权是一种社员权。除公司以外,其他社团法人或者非法人社团的成员也享有社员权。就非营利社团(如学术团体)而言,社员权通常不涉及财产给付,甚至也不涉及财产管理,所以,此类社员权的身份权色彩更为浓厚。

(五) 原权利与救济权

救济权是因其他权利受侵害、妨害或者有受妨害之虞而发生的旨在救济该权利的权利。获得救济的其他权利即原权利。物权请求权、人格权请求权、身份权请求权、知识产权请求权、损害赔偿请求权等皆为救济权;物权、人格权、身份权、知识产权、合同债权等皆为原权利。

【案例解析】在教学案例中,乙对甲的铜钱交付请求权、丙对甲的铜钱交付请求权、丙基于合同对丁享有的铜钱返还请求权、丙对铜钱享有的所有权皆为原权利。乙对甲的违约损害赔偿请求权、乙对甲的双倍返还定金请求权、丙对丁的所有物返还请求

---

① 德国有学者将先占权、归属权与期待权统称为取得权(Erwerbsrecht),其皆以取得某物或者某项权利为目的。Vgl. Larenz/Wolf, Allgemeiner Teil des bürgerlichen Rechts, 9. Aufl., 2004, S. 274.

② 由于股权包含多项具体权利,所以不易定性。德国法上比较有影响力的观点认为股权虽非绝对权与支配权,但其属于受侵权法保护的"其他权利",此外,股权中的份额权(Anteilsrecht)作为财产标的,可以被处分和继承。Vgl. Larenz/Wolf, Allgemeiner Teil des bürgerlichen Rechts, 9. Aufl., 2004, S. 273-274.

③ 参见[德]卡尔·拉伦茨:《德国民法通论》,王晓晔等译,法律出版社2003年版,第289页。

权、丙对丁的侵权请求权皆为救济权。

（六）完整权与期待权

完整权（Vollrecht）是指要件已经完全具备的权利，亦称既得权。期待权是指受法律保护的对于取得完整权之期待。① 这种期待原则上不可被剥夺。② 附停止条件法律行为在条件成就与否未定期间，法律行为拟创设的权利尚未发生，但当事人已经享有期待权。在所有权保留买卖情形中，标的物所有权让与附停止条件，所以买受人在价款支付完毕之前也享有期待权。期待权是完整权的预备阶段，距完整权仅一步之遥（仅欠缺特定条件之成就），可以发生完整权的预先效力，所以期待权可以处分、可以成为强制执行标的，旨在取得绝对权的期待权（物权性期待权）可以成为侵权行为的客体、可以善意取得。③

【深化与拓展】绝不能把期待权理解为涉及期待利益的权利。如此宽泛的定义将会把债权包含在期待权之内，但债权实际上是完整权，其取得要件已经完全具备，权利已经存在，只是行使期限可能尚未届至，所以体现为债权人"可以期待"将来取得履行利益。因此，不动产买受人基于买卖合同对将来取得不动产所有权的期待仅为债权的体现，既非债权的期待权，亦非所有权的期待权。即便买受人已经占有不动产，亦不能说其权利距所有权仅一步之遥，因为取得不动产所有权尚需物权合意、登记申请、登记等步骤。

（七）主权利与从权利

就有特别担保的债权而言，债权是主权利，抵押权、质权、保证债权等担保权是从权利。就地役权而言，需役地物权是主权利，地役权是从权利。主权利与从权利遵循"从随主"规则。从权利与主权利共命运，从权利的发生以存在主权利为前提，主权利移转或者消灭的，从权利随同移转或者消灭。《民法典》第380条、第407条等对此有明文规定。

---

① Vgl. Medicus/Petersen, Allgemeiner Teil des BGB., 11. Aufl., 2016, S. 38.
② Vgl. Helmut Köhler, BGB Allgemeiner Teil., 44. Aufl., 2020, S. 255.
③ 参见〔德〕鲍尔、〔德〕施蒂尔纳：《德国物权法》（下册），申卫星、王洪亮译，法律出版社2006年版，第687—698页。

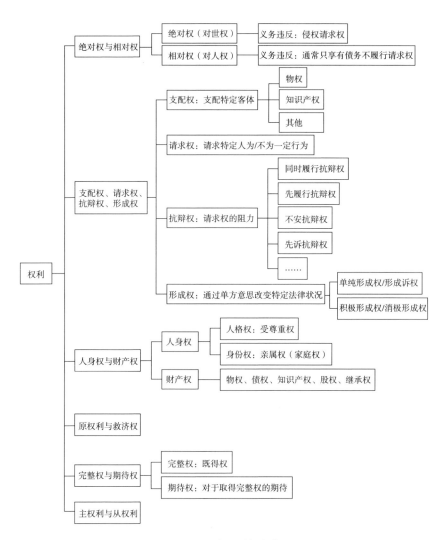

图 1-2 权利的分类

二、民法上的义务与责任

(一) 义务

义务是指为或者不为某种行为的法律上的必要性。某人负担义务,意味着其在法律上必须做或者不做特定事情。

【深化与拓展】义务最重要的分类是作为义务与不作为义务。前者的义务人必须积极地实施某种行为,如交付标的物、提供劳务;后者的义务人仅须消极地不作为,如不实施妨害他人物权的行为、不实施与他人竞争的行为、不泄露他人的秘密。与债权对应的义务大都是作为义务,但也有不作为义务。与支配权对应的义务是权利人以外的任何其他人的一般不作为义务,其内容是任何人皆不得实施侵害他人支配权的行为。

义务的另一种重要分类是法定义务与意定义务,分类标准是义务的发生原因。意定义务是指因法律行为而发生的义务,如因买卖合同、租赁合同等双方法律行为或者因单方法律行为(如捐助行为)而发生的义务。此类义务是否发生,取决于当事人的自由意思。法定义务是指非因法律行为而发生的义务。此类义务要么纯粹因法律规定而发生,如亲属之间的扶养义务;要么直接从权利中推导出来,如法律保护所有权意味着所有权人之外的其他人皆负担不得侵害所有权的义务;要么因存在满足法定要件的法律行为之外的法律事实而发生,如侵权损害赔偿义务、不当得利返还义务。

民法上存在一种不真正义务。其特殊性在于,对方当事人不可请求义务人履行义务,义务人不履行的,无须承担损害赔偿责任,仅须承担对自己不利的法律后果,比如丧失请求权。典型的不真正义务如债权人的减损义务(《民法典》第591条)、买受人的瑕疵通知义务(《民法典》第621条)、保险标的转让通知义务(《保险法》第49条)。因违反不真正义务而承担不利后果,通常要求义务人存在过错,此为"对自己的过错"[①]。

(二) 责任

民法上的责任主要有两种含义。第一种意义上的责任是指债务履行的担保。债务发生之后,债务人的全部财产(不可扣押者除外)都可能成为债权人强制执行的标的,以此保障债权的实现。可以说"债务人以其财

---

① Vgl. Larenz/Wolf, Allgemeiner Teil des bürgerlichen Rechts, 9. Aufl., 2004, S. 235.

产为其债务负责"①,此即所谓债务的一般担保。

【深化与拓展】之所以称之为一般担保,是因为债务人的任何债务都从其财产中得到担保。债务人的财产即责任财产。以全部财产作为责任财产的,该责任为无限责任。反之,仅以特别财产作为责任财产的,该责任为有限责任。② 典型的有限责任如在限定继承原则下,继承人仅以遗产为限对被继承人的债务承担责任(《民法典》第1161条第1款),遗产债权人不得对继承人的其他财产予以强制执行。更为特殊的有限责任是物的责任(Sachhaftung)。债务人或者第三人以特定物设立抵押权、质权等担保物权的,该特定物为主债务承担责任,债权人可以对其予以变价并优先受偿。同时,债权人仅对该特定物享有变价权与优先受偿权,对未设立担保物权的其他财产并无此类权利。与一般财产责任相比,物的责任除具有优先效力之外,还有另一个优势,即追及力。设立担保物权后,担保物转让给他人的,其仍为原债务承担责任(《民法典》第406条第1款)。与此不同,债务人一般责任财产中的某个物转让给他人后,即脱离责任财产,债权人不得对其予以强制执行,除非债权人享有并行使撤销权。

第二种意义上的责任是指当事人必须为其行为或者为其支配的危险源给他人造成的损害负责,即承担(广义的)损害赔偿义务。侵权责任、债务不履行责任、无权代理人的赔偿责任等皆属之。此种意义上的责任在本质上也是义务,即因违反第一性义务(合同债务、一般不作为义务)而发生的第二性义务(次义务)。

【案例解析】在教学案例中,甲对乙的债务不履行责任、甲对

---

① 在法律史(无论西方法还是东方法)的早期,债务人不履行债务时,债权人有权通过司法机关抓捕债务人[南朝宋武帝刘裕年少时曾因欠债被债权人刁逵抓捕,参见(唐)李延寿:《南史》(卷一),中华书局1975年版,第1页],对其进行关押甚至出卖,以确保债权的实现。在此种模式下,债务人以其人身为其债务负责。随着法律文明的发展,财产责任逐渐取代人身责任,责任拘束的客体由人身转变为财产。

② Vgl. Karl Larenz, Lehrbuch des Schuldrechts, Bd.1, 14. Aufl., 1987, S. 22-23.

丙的债务不履行责任、丁对丙的侵权责任皆为第二种意义上的责任。此类责任所由发生的第一性义务分别为甲对乙的合同债务、甲对丙的合同债务、丁对丙的一般不作为义务（任何人皆不得侵害他人所有权！）。在甲不依判决向乙、丙支付损害赔偿金的情况下，乙、丙可向法院申请对甲的财产予以强制执行，甲为此承担第一种意义上的责任。

三、民事法律关系

（一）法律关系的概念

法律关系是以权利、义务等为要素的人与人之间的关系。

【深化与拓展】法律关系理论由萨维尼奠基。他认为，法律关系是指由法律规则予以规定的人与人之间的关系，其实质要素是当事人之间的事实关系，形式要素是法律的规定，它使得事实关系升格为法律形式。权利是通过抽象从法律关系中分离出来的一个方面（Seite）。法律关系是一个有机的整体，这种有机性一方面表现为其各个组成部分之间的互相依赖与互相制约关系，另一方面表现为发展性，即法律关系的产生与消灭。法律关系之活生生的结构是法律实践的精神要素，法官必须在对法律关系各要素进行整体性观察的基础上对个案作出判决。此外，只有把案件事实与一般性的规则联系起来，才能针对某项权利作出判决。这种一般性的规则通常被称为客观法。一如个案判决必须通过对法律关系的观察寻求根基与说服力，法律规则也能够通过对法律制度的观察找到深厚的基础。法律制度是一个具备体系性与发展性（历史性）的有机整体。通过深层次的观察，可以发现每个法律关系都处于相应的作为类型的法律制度（如物权法、债权法）之下，并受其支配，就如法律判决受法律规则的支配那样。其中，第二种隶属关系取决于第一种隶属关系。① 据此，萨维尼在法律判决（针对权利）、法律关系、法律规

---

① Vgl. Friedrich Carl von Savigny, System des heutigen Römischen Rechts, Bd. I, 1840, S. 7-10.

则、法律制度之间建立了一个四边形结构：

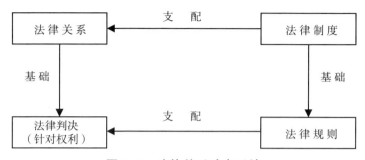

图1-3 法律关系动态系统

这个四边形结构是一个动态系统，针对某一项权利的判决以法律关系为基础并最终扎根于法律制度，同时，该判决须从法律规则那里获取效力，最终也需要溯源于法律制度。显然，法律制度是这个系统的中枢，它透过法律规则向蕴含于法律关系之中的权利输送正当性。①

萨维尼以法律关系为逻辑主线构建民法体系。后世亦有部分学者依循此种做法，但更多学者倾向于以权利（私权）为逻辑主线构建民法体系。尽管如此，绝大多数民法总论著作在阐述权利理论的同时都提及法律关系，因为权利终究只是法律关系的一个要素。有争议的是，可否将法律关系定义为"由法律规定的生活关系"。对此，拉伦茨持否定说，他认为，尽管法律关系和与之对应的生活关系之间相互影响，但二者并不等同。②梅迪库斯则认为，法律关系由法律调整和对现实生活关系的撷取这两个方面构成。③

笔者认为，法律关系具有如下属性：

首先，法律关系具有规范性，包含了应然判断（比如"某甲应当向某乙

---

① 参见杨代雄：《萨维尼法学方法论中的体系化方法》，载《法制与社会发展》2006年第6期。
② 参见〔德〕卡尔·拉伦茨：《德国民法通论》，王晓晔等译，法律出版社2003年版，第258、259页。
③ 参见〔德〕迪特尔·梅迪库斯：《德国民法总论》，邵建东译，法律出版社2000年版，第50—52页。

支付价款"),与此不同,生活关系是一种事实关系,对生活关系的描述是一种实然判断(比如"某甲向某乙购买一辆车")。法律关系是对生活关系进行评价后形成的一种新的关系,如果说生活关系是基础,则法律关系就是"上层建筑"。生活关系是事实世界中的存在,法律关系是规范世界中的存在,其为法秩序的组成部分。

其次,法律关系是人与人之间的关系。部分学者认为,法律关系包括人与人之间的关系,也包括人与物之间的关系,物权体现的是人与物之间的关系。[1] 实际上,只要承认物权关系是权利义务关系,就必然要将其视为人与人之间的关系。因为义务必须有主体,而物只能是客体,不能成为义务主体,义务主体只能是物权人之外的其他人。所有权最具代表性。绝不能说"某物向其所有权人负担义务",只能说"任何其他人就某物向其所有权人负担义务",该义务即不得侵害所有权之一般不作为义务。因此,所有权关系是所有权人与任何其他人之间的关系,由于其中的义务是一般不作为义务,所以该法律关系隐而不显,以至于经常不被人视为法律关系。[2]

总之,法律关系是人与人之间的关系,该关系要么以特定物为媒介(物权关系),要么不以特定物为媒介。法律关系是法律规则对生活关系进行调整后的产物,是抽象的法律规则在具体生活世界中的投射。调整某种法律关系的若干具有内在关联的法律规则构成法律制度(如买卖合同制度、担保物权制度),而若干具有内在关联的法律制度则构成法律体系,小者如债权法体系,大者如民法体系乃至整个法律体系。

(二) 法律关系的要素

法律关系的要素即法律关系的组成部分,包括权利、义务、不真正义务、责任(担保意义上的责任)。

【深化与拓展】拉伦茨认为,法律关系的要素还包括法律拘束(rechtliche Gebundenheit)。在一方当事人享有形成权的情况

---

[1] 参见〔德〕汉斯·布洛克斯、〔德〕沃尔夫·迪特里希·瓦尔克:《德国民法总论》(第41版),张艳译,中国人民大学出版社2019年版,第273页;Helmut Köhler, BGB Allgemeiner Teil., 44. Aufl., 2020, S. 252。

[2] 正因如此,有学者称此种法律关系为潜在法律关系(latente Rechtsverhältnisse)。Vgl. Larenz/Wolf, Allgemeiner Teil des bürgerlichen Rechts, 9. Aufl., 2004, S. 228.

下,对方当事人并不负担与此对应的义务,包括容忍义务,因为容忍义务仅适用于义务人本可以阻止的行为(如所有权人未将物出租之前本可以阻止他人对物的使用),行使形成权导致法律关系变动这一结果的发生并非相对人本可以阻止的行为,相对人对此并非应当容忍,而是应当接受该结果,使其(违背意愿地)对自己发生效力。相对人的此种状态即为法律拘束。①

通说认为,任何一个法律关系至少都包含一个权利。② 但其实未必如此,有些法律关系仅由义务构成,不包含权利。比如先合同义务关系,在缔约阶段,当事人负担通知、协助、照顾等保护义务,但不能说对方当事人享有请求其通知、协助或者照顾的权利。尽管违反先合同义务导致对方当事人取得损害赔偿请求权,但该请求权并非与先合同义务对应,而是与损害赔偿义务对应。情谊行为如果产生保护义务,亦形成仅以义务为要素的法律关系。法律关系的要素有多种组合模式,主流模式是"权利—义务"结构,其他模式包括"权利—责任"结构、"权利—法律拘束"结构、"义务—(权利+不真正义务)"结构以及先合同关系中的单要素结构。

在大多数情况下,法律关系并非仅由一个或者两个要素构成,而是由多个相同类型或者不同类型的要素构成(有机整体)。比如,买卖合同关系包括买受人的交付请求权、移转标的物所有权之请求权、从给付请求权、附随义务、不真正义务,出卖人的价款请求权、附随义务、不真正义务;此外,在符合条件的情况下,一方或者双方当事人还享有解除权、选择权、抵销权等形成权,与此相应,另一方当事人则负担法律拘束;在一方当事人不履行给付义务的情况下,还发生次给付(损害赔偿)义务。一方当事人所拥有的上述全部要素共同构成了其在该法律关系中的法律地位。除这种整体性的法律关系之外,学理上通常认为其中单个权利义务关系也是一个法律关系。前者被称为广义法律关系,后者被称为狭义法律关系。③ 例如,上述买卖合同关系的整体在债权法上被称为广义债务关

---

① Vgl. Larenz/Wolf, Allgemeiner Teil des bürgerlichen Rechts, 9. Aufl., 2004, S. 234.
② Vgl. Reinhard Bork, Allgemeiner Teil des Bürgerlichen Gesetzbuchs, 4. Aufl., 2016, S. 124; Jörg Neuner, Allgemeiner Teil des bürgerlichen Rechts, 12. Aufl., 2020, S. 225.
③ Vgl. Reinhard Bork, Allgemeiner Teil des Bürgerlichen Gesetzbuchs, 4. Aufl., 2016, S. 124.

系,而"价款请求权—价款义务"则被称为狭义债务关系。①

【案例解析】在教学案例中,甲与丙之间的买卖合同关系即为广义债务关系,包含了甲的价款请求权、丙的铜钱交付请求权、丙的减价权、丙的解除权、甲的法律拘束、甲的价款返还义务、丙的损害赔偿请求权等要素。

无论广义法律关系还是狭义法律关系皆可变动。狭义法律关系的变动即单个权利或者义务的移转、变更或者消灭。其可能导致广义法律关系的变动,也可能不导致广义法律关系的变动。前者如所有权移转导致包括权利、各种负担在内的法律关系要素整体移转。后者如买卖合同价款债权转让不导致买卖合同关系移转,出卖人仍为合同当事人,负担交付标的物并移转所有权的给付义务以及其他义务,合同解除权、撤销权等形成权亦不移转。此种情形中,广义法律关系的变动有其独特原因。广义法律关系的变动包括意定变动与法定变动。意定变动如合同转让,即当事人将合同关系整体转让给第三人,该转让须经对方当事人同意(《民法典》第 555 条);再如双方当事人合意解除合同。法定变动如因继承、企业合并、买卖不破租赁(《民法典》第 725 条)等事由导致合同关系依法移转。广义法律关系意定或者法定移转的,承受该法律关系的第三人取得原当事人享有的法律地位。

---

① 参见[德]迪尔克·罗歇尔德斯:《德国债法总论》(第 7 版),沈小军、张金海译,中国人民大学出版社 2014 年版,第 4、5 页。

第二章 民法体系论

第一节 民法体系概述

民法体系包括外部体系和内部体系。外部体系即以民法概念为基础而构建的体系。比较具体的民法概念(如天然孳息、抵销、承租人)是民法规则的构成要素。各民法规则借助于比较抽象的民法概念(如物、债的消灭、债权人)组成民法规范群,如关于物的规范群、关于债的消灭的规范群。这些规范群又以更为抽象的民法概念为逻辑支点构成各个领域的民法制度,如权利客体制度、权利变动制度、权利主体制度。这些制度构成一个完整的民法外部体系。内部体系即由体现一定民法价值的民法原则组成的体系[①],该原则体系隐藏在民法规则之下,成为民法规则的正当基础。几乎任何一条民法规则都是某一项或某几项民法原则的体现,因为民法规则是立法者对某种社会关系进行价值评判的结果,立法者借助于民法概念将其价值判断表述为民法规则,而作为评判依据的立法者之价值追求(如自由、公平)则借助于立法或者学理被表述为民法原则。

如果把民法比作人,则民法概念如同骨骼,民法规则如同血肉,民法原则如同灵魂。民法概念与规则使民法获得人的形体,而民法原则使民法获得人的思想。形体是外在的、可见的东西,而思想则是内在的、不可见的东西,只能由思想进行领悟。正是在这个意义上,我们说民法概念体系以及植基于其上的民法规则体系是民法的外部体系,而民法原则体系是民法的内部体系。研习民法必须同时掌握民法的外部体系与内部体系。如果只掌握民法的概念与规则,没有对民法原则进行深入体察,没有领悟其中所蕴含的民法基本价值理念,则必然导致对民法的机械式理解

---

① 参见〔德〕卡尔·拉伦茨:《法学方法论》,陈爱娥译,商务印书馆 2003 年版,第 348—351 页。

与运用。反之,如果只掌握民法原则,不熟悉民法的概念与规则,则会导致民法思维缺乏确定性。

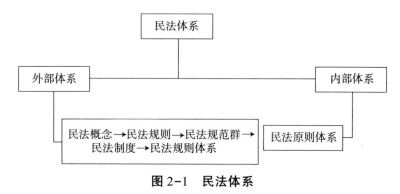

图 2-1 民法体系

第二节 民法的外部体系

民法的外部体系包括宏观层面上的体系与微观层面上的体系。宏观体系即全部民法规则按照一定逻辑关系组成的民法体系,它是体系化的民法之整体。微观体系即关于某一个或某一类民法问题的规则体系,比如关于物权变动的规则体系、关于意思表示的规则体系。此处仅介绍民法的宏观体系。民法宏观体系的构造有两种基本模式,一是法学阶梯式民法体系,二是潘德克顿式民法体系。①

一、法学阶梯式民法体系

(一) 法学阶梯式民法体系的起源

法学阶梯式民法体系源于古罗马法学家盖尤斯的教科书《法学阶梯》。

【深化与拓展】盖尤斯指出:"我们所使用的一切法,或者涉

---

① 这是民法著作或者民法典的编纂(写)体系。对于民法规则,还可以借助其他逻辑主线予以体系化。例如,以请求权为主线,把所有的民法规则划分为合同请求权规范及其辅助规范和反对规范、类合同请求权规范及其辅助规范和反对规范、物权请求权规范及其辅助规范和反对规范、侵权请求权规范及其辅助规范和反对规范、不当得利请求权规范及其辅助规范和反对规范。

及人,或者涉及物,或者涉及诉讼。"① 据此,这本教科书被划分为人法、物法、诉讼法三大部分。当然,主要出于篇幅均衡的考虑,盖尤斯将其《法学阶梯》分为4卷。② 第1卷主要论述人法,其逻辑结构以身份的各种分类为基础。物法被分为两卷:第2卷与第3卷。在第2卷的开头部分,盖尤斯论述物的各种分类:神法物与人法物;有体物与无体物;要式物与略式物。对于整个物法体系的安排具有重要意义的是第二种分类。盖尤斯认为,无体物表现为某种权利,比如遗产继承(权)、用益权与债(权)。第2卷的后半部分论述遗嘱继承与遗赠。第3卷的前半部分论述无遗嘱继承,后半部分论述债,换言之,这些部分都在论述无体物。整个第4卷都在论述诉讼问题,包括诉的各种类型、抗辩、令状等。

公元533年,东罗马帝国皇帝优士丁尼组织编写了一部《法学阶梯》,以取代此前使用的盖尤斯《法学阶梯》。优士丁尼《法学阶梯》的体系基本上沿袭了盖尤斯《法学阶梯》的"人法—物法—诉讼法"的三分式体系。③ 在诉讼法部分,优士丁尼《法学阶梯》略去纯粹程序性内容,把论述的重点放在诉权、抗辩、反抗辩、令状等包含更多实体性因素的问题,为后世的民事实体法与程序法的区分埋下伏笔。

(二) 法学阶梯式民法体系在中世纪的发展

中世纪评注法学派的突出贡献是开始把债法从物法中分离出来。他们趋向于把《法学阶梯》的三分式体系改为:人法—物法—债与诉讼法。这样,物法的内容只留下我们今天称为物权法与继承法的那些规范了。④

评注法学派之后的人文主义法学派受文艺复兴与人文主义思潮的影响,逐步尝试按照新的秩序组织罗马法素材。比较有代表性的是雨果·多勒鲁斯。他在1589年之后陆续出版的28卷本《市民法评注》中把法学阶梯式体系改造为"人法—物法—债法"的三分式民法体系。

---

① 参见〔古罗马〕盖尤斯:《法学阶梯》,黄风译,中国政法大学出版社1996年版,第4页。
② Vgl. Friedrich Carl von Savigny, System des heutigen Römischen Rechts, Bd. I, 1840, S. 403.
③ 参见〔古罗马〕优士丁尼主编:《法学阶梯》(第3版),徐国栋译,商务印书馆2021年版,第45页。
④ Vgl. Jolowicz, Roman Foundations of Modern Law, 1957, pp. 62-63.

(三)《拿破仑法典》对法学阶梯式民法体系的承继

1804年的《拿破仑法典》被分成3卷。第1卷是"人法",第2卷是"财产及对于所有权的各种限制",内容主要包括财产(物)的分类、所有权、使用权、居住权、地役权等,第3卷是"取得财产的各种方法",内容主要包括继承、契约之债、非契约之债、担保物权、债的强制执行、时效、占有等。① 与人文主义法学派的民法体系模式相比,《拿破仑法典》的逻辑体系更忠实于《法学阶梯》体系,对物权与对人权的区分并未成为其体系安排的逻辑基础,债法并未被定性为"对人权法",没有成为民法体系中的一个独立部分。

(四)法学阶梯式民法体系在现代的发展趋向

自19世纪中期以来,欧洲、拉丁美洲、北非诸国陆续开展民法典编纂活动。其中有很多国家沿袭法学阶梯式民法体系,当然,都在不同程度上作了改造,有些沿着人文主义法学派开辟的道路继续前行,有些则受《拿破仑法典》的启发,有些甚至吸收了德国民法潘德克顿式体系的若干元素。属于第一种情形的代表性民法典是《秘鲁民法典》(1852年)、《智利民法典》《哥斯达黎加民法典》(1886年)。属于第二种情形的代表性民法典是《乌拉圭民法典》(1868年)。属于第三种情形的代表性民法典是《阿根廷民法典》与《埃塞俄比亚民法典》。

总体上看,法学阶梯式民法体系在现代的发展趋向是继承法逐渐从"物法"中分离出来,使得"物法"成为纯粹的物权法,传统法学阶梯式民法体系中的广义"物法"走向解体。

二、潘德克顿式民法体系

(一)潘德克顿式民法体系与法学阶梯式民法体系的主要区别

以《德国民法典》为代表的民法体系被称为潘德克顿式民法体系。②《德国民法典》分为五编:总则、债权法、物权法、家庭法、继承法。这种体系模式对19世纪末期之后的各国民法典编纂产生重大影响,其最

---

① 参见李浩培等译:《拿破仑法典》,商务印书馆1979年版,目录。
② 参见梁慧星:《民法总论》(第2版),法律出版社2001年版,第15页;徐国栋:《民法典草案的基本结构》,载徐国栋主编:《中国民法典起草思路论战:世界民法典编纂史上的第四大论战》,中国政法大学出版社2001年版,第67页。

为忠实的追随者是《日本民法典》、我国民国时期的民法典、《苏俄民法典》(1922年)以及《葡萄牙民法典》。

与法学阶梯式民法体系相比,潘德克顿式民法体系的主要特征有三个:一是存在总则编;二是家庭(亲属)法独立成编,在法学阶梯式民法体系中,家庭法规范被置于"人法"之中;三是物权法、债权法与继承法相互独立,而在法学阶梯式民法体系中,三者都隶属于"物法"。彼得·斯坦认为,上述第一个特征是最重要的特征。① 民法体系模式之所以发生这些重大变化,主要原因在于近代德国出现了古典私权一般理论,即关于私权主体、私权客体、私权变动原因、私权救济、私权的时间限制等私权一般问题的理论。这种理论形态从18世纪末19世纪初开始,逐渐影响了民法的体系构造。

(二)私权一般理论与潘德克顿式民法体系的形成

1. "总则+分则"结构模式的形成

以《德国民法典》为代表的潘德克顿式民法体系采用"总则+分则"结构模式。这种结构是19世纪德国潘德克顿法学派民法教科书结构的翻版,其源头可以追溯至德国古典自然法学家普芬道夫与沃尔夫。从普芬道夫开始,法学著作逐渐出现了总论与分论的划分趋向。18世纪后期的法学家约翰·斯特凡·普特在其法学方法论中倡导罗马法教科书也应当区分一般论述与特殊论述。他认为,一般论述主要应包括:人的各种身份及其对权利的影响、物作为权利义务客体之规则、权利义务的基本原则。② 20余年后,民法学家达贝罗在《现代民法体系》中践行了普特的上述方法论主张,对人、物、行为、权利义务的概念与分类等私权一般问题进行阐述。人被理解为权利主体,物被理解为权利客体,行为被理解为权利变动的原因。权利主体、客体、变动原因是各种权利的共同要素,关于这些要素的原理是关于各种权利的具体论述的共同前提,相对后者而言,前者属于一般论述。按照思维的规律,这些论述自然要被放在民法教科书的第一部分,达贝罗称之为一般部分(Allgemeiner Theil)。③ 同一时代德

---

① Vgl. Peter Stein, The Character and Influence of the Roman Civil Law, 1988, p.80.

② Vgl. Johann Stephan Pütter, Neuer Versuch einer Juristischen Encyclopädie und Methodologie, 1767, S. 82-83.

③ Vgl. Christoph Christian von Dabelow, System des gesammten heutigen Civil-Rechts, 2. Aufl., 1796, S. 1f..

国的很多民法学者也开始尝试以权利为主线对民法一般问题进行探索,如特文纳、施玛尔茨、蒂堡、阿诺德·海泽等。由此形成了古典私权一般理论。①

很显然,民法总论(总则)诞生的主要原因在于私权一般理论的形成。民法总论是私权一般理论的容器,私权一般理论构成民法总论的核心内容。事实上,所谓的"总论"就是"一般部分",其所包含的当然是一般理论。19世纪前期,随着古典私权一般理论的勃兴,"总论+分论"结构模式成为德国民法教科书的标准结构。到19世纪中后期,这种教科书的结构模式开始被立法采用。1863年颁布的《萨克森王国民法典》的第一编即为"总则"。

如果说《萨克森王国民法典》的总则是早期潘德克顿法学私权一般理论的产物,那么,《德国民法典》总则就是后期潘德克顿法学私权一般理论的立法应用。其总则与温德沙伊德《潘德克顿法教科书》第二编"权利的一般"高度相似。这一方面是因为温德沙伊德是后期潘德克顿法学的领军人物,另一方面,温德沙伊德本身就是德国民法典起草"第一委员会"的委员,自然会把自己的理论移植到民法典草案之中。

2. 民法分则的体系构造

潘德克顿式民法分则体系由古斯塔夫·胡果首创。胡果1789年出版的《现代罗马法阶梯》划分为五个部分:物权、债权、家庭权、继承权、程序。显然,这个体系是以私权分类理论为基础的。稍晚一些,阿诺德·海泽在《普通民法体系纲要——潘德克顿教程》中把民法分论划分为物权法、债权法、物权性对人权(家庭权)法与继承法。②

随着古典私权一般理论在民法学中的基础地位日益巩固,胡果与海泽的民法分论体系逐渐成为主流模式③,最终被《德国民法典》采用。

三、我国《民法典》的体系构造

我国《民法典》分为七编,包括总则编、物权编、合同编、人格权编、婚

---

① 参见杨代雄:《古典私权一般理论及其对民法体系构造的影响》,北京大学出版社2009年版,第70—76页。

② Vgl. Arnold Heise, Grundriss eines Systems des Gemeinen Civilrechts zum Behuf von Pandecten Vorlesungen, 3. Ausg., 1819, S.1f.。

③ 当然,在此过程中也有一些争论,焦点在于人格权法应否成为民法中的独立部分。普赫塔持肯定说,萨维尼则持否定说。参见杨代雄:《主体意义上的人格与客体意义上的人格——人格的双重内涵及我国民法典的保护模式选择》,载《环球法律评论》2008年第4期。

姻家庭编、继承编、侵权责任编。这种体系采用"总则+分则"模式,是潘德克顿式民法体系的变种。变化主要在于:其一,没有统一的债权法编,债权法规范被分置于合同编与侵权责任编,合同编通则发挥了债权法总则的作用;其二,人格权独立成编。

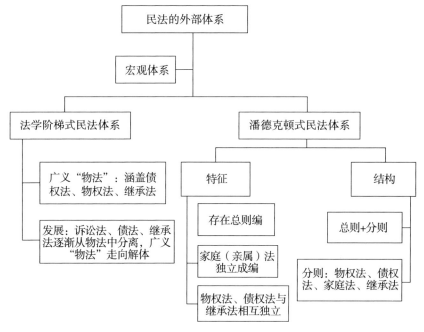

图 2-2　民法的外部体系

第三节　民法的内部体系:民法基本原则

教学案例 1:B 公司在郊区设立一个加工厂,向 A 电力公司申请订立供电合同为该加工厂供电。A 电力公司负责人以 B 公司总部曾经多次拖欠电费为由拒绝订立供电合同。对此,B 公司可以行使何种权利?

教学案例 2:甲公司持有乙公司 90% 股权。某日,甲公司与丙公司订立设备采购合同,甲公司为买受人。合同约定,买卖价款 1000 万元由乙公司向丙公司支付。乙公司未在该合同上签章。丙公司是否有权请求乙公司支付1000万元价款?

教学案例3:甲、乙的宅基地相邻,双方素来不睦。乙斥资建造房屋,因丈量错误,有一面墙越界50厘米占用了甲的宅基地,甲知道但未予阻止,打算等竣工后再要求乙拆房。竣工后,甲可否行使排除妨害请求权?

如前所述,民法的内部体系即由体现一定民法价值的民法原则组成的体系。民法原则可以划分为民法基本原则与民法特别原则。前者普遍适用于民法的多个领域,后者仅适用于民法的某一个特定领域,如过错责任原则适用于损害赔偿法领域,公示公信原则适用于物权法领域。此处仅介绍民法基本原则。依据《民法典》的有关规定,我国民法基本原则包括平等原则、私法自治原则、公平原则、诚实信用原则、公序良俗原则、绿色原则。需要重点阐述的是平等原则、私法自治原则、诚实信用原则、公序良俗原则。此外,对于近年来广受关注的信赖保护原则也将予以探讨。

一、平等原则

《民法典》第4条规定:"民事主体在民事活动中的法律地位一律平等。"平等原则是由民法调整对象以及民法基本理念决定的,也是宪法关于"公民在法律面前一律平等"精神的具体化。它既适用于人身关系,也适用于财产关系。

平等原则主要包括如下内容:

(一) 民事主体的人格一律平等

人格平等是现代社会的一个基本信条,也是现代法区别于古代法的基本特征,从古代法到现代法就是一个从人格等级制到人格平等化的逐步演进历程。用英国法学家梅因的话说,就是从身份到契约的演进历程。身份有等级之分,而契约则是天生的平等派,讲究平等对话。

所谓人格平等实际上就是权利能力平等。《民法典》第14条明确规定:"自然人的民事权利能力一律平等。"在民事生活领域,任何自然人,不论其民族、种族、性别、年龄、宗教信仰、社会地位以及文化程度存在何种差别,都平等地享有民事权利能力。即使被剥夺了政治权利的罪犯,亦不丧失其民事权利能力。民事权利能力与生俱来,为自然人终身享有,并且其在范围上是平等的。除法律特别规定以外,任何单位和个人不得限制或者剥夺自然人的民事权利能力。

(二) 在具体民事法律关系中当事人的法律地位平等

不论是国家机关还是自然人,不论是国有企业、集体企业、私营企业,还是个体工商户,一旦参与民事活动,缔结民事法律关系,其法律地位都是平等的。尽管在现实生活中,民事主体在经济实力、社会地位上往往存在一定差别,在行政关系上可能存在隶属关系,在亲属关系上可能存在长幼尊卑之分,但从民法视角看,他们依然是平等的民事主体。平等原则要求民事主体在民事法律关系的产生、变更和消灭上,任何一方都不得将自己的意志强加给对方,双方应当平等协商,互相尊重,每个民事主体都应当"做一个人,并尊重他人为人"。

(三) 对各类民事主体应当平等对待

平等对待包括强式意义上的平等对待和弱式意义上的平等对待。前者是指尽可能避免对人进行分类,对各类群体给予平等待遇,侧重于形式平等。后者是指针对不同情况,要区别对待,侧重于实质平等。近代民法重视强式意义上的平等对待,而现代民法既重视强式平等对待,也重视弱式平等对待。例如,合同法既确立了合同自由原则,又兼顾合同正义,而合同正义的实现就建立在弱式意义上平等对待的基础上。①

【深化与拓展】《劳动合同法》在权利配置时向劳动者倾斜,体现的就是一种弱式意义上的平等。比如,我国《劳动合同法》第37条规定,劳动者可以任意解除合同,不需要提出任何理由,只要提前三十日以书面形式通知用人单位即可。反之,用人单位不享有任意解除权。按照《劳动合同法》第39—41条的规定,用人单位只有在劳动者严重违反规章制度,严重失职,不能胜任工作且经培训、调整岗位后仍然不能胜任工作,企业经营严重困难或转产等特殊情况下,才能单方解除合同。显然,在合同解除问题上,劳动者与用人单位享受不同的法律待遇,劳动者得到优待。之所以如此,是因为劳动者在劳动关系中处于弱者地位,与用人单位存在事实上的不平等关系,国家必须在立法上关

---

① 参见王利明:《民法总则》,中国法制出版社2006年版,第43页。

照劳动者,以法律上的形式不平等来矫正事实上的不平等关系,从而达到法律上的实质平等。

(四) 在权利救济上民法应当充分贯彻平等性

民法对于民事权利应当实行平等保护,无论权利人是谁,在社会地位、政治地位、经济实力上具有何种差异,当其权利受到侵害时,都应当一视同仁。任何主体都不能比其他主体享有更多保护,即便公有财产从政治层面上讲神圣不可侵犯,但在民法中也应与私人财产受到同等保护,不能厚此薄彼。

《民法典》第1180条规定:"因同一侵权行为造成多人死亡的,可以以相同数额确定死亡赔偿金。"该条规定确立了"同命同价"规则,充分体现了权利救济上的平等性。2022年修订的《最高人民法院关于审理人身损害赔偿案件适用法律若干问题的解释》(法释〔2022〕14号)第15条更进一步,规定死亡赔偿金一律按照城镇居民人均可支配收入标准计算。

二、私法自治原则

(一) 私法自治的含义

私法自治也称为意思自治,是指民事主体在不违反强行法和公序良俗的前提下,有权自由地决定或者处分自己的事务,有权根据自己的意志设立、变更、消灭民事法律关系或者发生私法上的其他效果。《民法典》第5条规定的自愿原则实际上就是私法自治原则的核心内涵。自愿原则主要以双方当事人之间的关系为视角,当事人应当在自愿的基础上与他人建立民事法律关系。私法自治除此之外,还着眼于民事主体与国家之间的关系。具体而言,民事主体通常是私人利益的享有者,以私人利益为中心的私人生活领域在本质上属于私域,民事主体在该领域内享有充分的自由,有权实行自治,公权力原则上不得介入私域,除非私人的行为危及公共利益,或者为了协调私域与私域之间的关系、维持良好的社会整体秩序。依据私法自治原则,国家公权力对民事主体自由的限制必须有明确的法律依据,只要法律没有明确禁止,而且不违背公序良俗、不损害他人权利,民事主体即可自由行动。

【深化与拓展】私法自治原则以承认民事主体具备理性能力

为前提。作为一个理性的人,民事主体在社会生活中能够对自己的事务作出合理判断,形成最有利于实现自己利益的决策,并据此采取相应的行动。民法尊重民事主体的独立人格与理性能力,赋予民事主体充分的决策与行动自由。行为自由主要表现为法律行为自由,即民事主体可以通过法律行为设立、变更、消灭民事法律关系,这可以称为"法律关系形成自由"。私法自治、法律行为与民事法律关系这三个概念具有内在关联。法律行为是私法自治的主要工具,民事法律关系是法律行为的结果,在法律行为的实施过程中,民事主体实现私法自治。就民事主体相互间的关系而言,法律行为的内容具有相当于法律的效力,民事主体自由地达成一项法律行为相当于私人立法——制定一项在双方当事人内部具有约束力的"法律"作为其自治的准则,由此产生的以权利义务为内容的民事法律关系就是一种自治性的私法秩序,其在效力上优先于任意性民法规范。民法的主要任务是赋予这种私法秩序以合法性与安定性。这种意义上的私法自治主要体现在合同自由、遗嘱自由、婚姻自由等方面。

(二) 私法自治的内容

从逻辑上看,法律行为自由意义上的私法自治包括四个层面:

其一,当事人可以依自己的意思设计、处置民事法律关系,即"可以自治"。具体而言,当事人可以自由决定是否实施法律行为(决定是否缔约的自由),自由选择法律行为的相对人,自由决定法律行为的内容(内容自由),自由选择法律行为的形式(形式自由),自由选择行为的时间、地点等。合同自由(契约自由)一般指的就是这些内容。当然,合同自由不仅体现在合同订立阶段,还体现在合同存续期间。合同成立后,各方当事人可以自由地达成合意,对合同进行解除、变更或者更新。此为法律行为变动自由。

【深化与拓展】合同订立与变动原则上须由各方当事人共同决定,例外的是一方当事人依法或者依约享有合同订立或者合同变动的单方决定权,此即形成权,如解除权、选择权(Optionsrecht)。所谓选择权,是指权利人可以依据自身需要选择通过单方意思表示订立或者变更一份合同的权利。选择权由双方当事人预先在合同中创设。通过行使选择权订立或者变更合同并未违反合同自由原则,因为选择权基于合意而产生,一方当事人自愿给予另一方当事人选择权,等于自愿放弃了将来在订立或者变更主合同时的决定权。买回权是一种选择权①,买卖合同附买回权条款的,出卖人依约作出的买回意思表示到达买受人时,即成立买回合同。

其二,当事人只受自己意思的约束,不受不能归属于自己的他人意思或者不自由、不真实意思的约束,即"不受他治"(Schutz vor Fremdbestimmung)。主要表现为:无权代理行为效力待定,无行为能力人实施的法律行为无效,限制行为能力人实施的法律行为效力待定,受欺诈或者胁迫实施的法律行为可撤销,意思表示错误的法律行为可撤销。这些情形中的意思表示都不体现当事人的真实意思。合同是双方意思表示的一致,当事人必须遵守合同意味着必须遵守双方的意思,其中包括对方的意思,但这不等于说其受对方意思的约束。合同中尽管存在两个意思表示,但双方都仅受各自意思的约束,对方的意思表示只有经过自己的同意才能产生约束力,此时该当事人实际上是受自己的同意的约束。或者说,对方的意思表示只有与自己的意思表示一致才能产生约束力,此时该当事人实际上仍然是受自己意思表示的约束。

其三,当事人应当受自己意思的约束,对自己的意思表示负责(自我负责),即"必须受治于己"。其典型表现是"合同必须严守",当事人必须按照约定履行义务,不得任意撤销、解除或者变更合同,除非各方当事人达成解除或者变更合同的合意,或者一方当事人依据法律规定享有撤销权、解除权。

其四,当事人的意思只能约束自己,不能约束他人,即"不能治他"。主要表现为合同的相对性,即,合同原则上只能在双方当事人之间产生效力,尤其不能给第三人设定义务,否则,从第三人的角度看,导致其受他人意思的约束,"受治于他人",违背前述第二层含义。正因如此,民法上不承认"第三人负担合同"②。《民法典》第523条虽规定当事人可以约定由

---

① Vgl. Jürgen Ellenberger, in: Palandt Kommentar BGB, 79. Aufl., 2020, Vor § 145 Rn. 23.
② Vgl. Christian Grüneberg, in: Palandt Kommentar BGB, 79. Aufl., 2020, Einf. v. § 328 Rn. 10.

第三人向债权人履行债务,但该约定并未使第三人负担一项对债权人的义务。该条中的"债务人应当向债权人承担违约责任"表明,债权债务关系仍然存在于债务人与债权人之间,并未因该约定而改变。此种约定如果由债务人与第三人达成,则属于履行承担合意,第三人是该合意的当事人,通过该合意为自己设定负担,该合意并非真正意义上的"第三人负担合同"。与此不同,民法承认"第三人利益合同",即利他合同。《民法典》第 522 条第 2 款对此有明文规定。利他合同是合同相对性原则的例外,双方当事人通过此种合同为第三人创设一项债权,合同对第三人发生效力。即便如此,第三人的私法自治仍未被完全排除,因为《民法典》第 522 条第 2 款第 1 分句规定第三人享有拒绝权,可以在合理期限内明确拒绝接受债权。

【案例解析】在教学案例 2 中,丙公司无权请求乙公司支付 1000 万元价款。设备采购合同的双方当事人为甲公司与丙公司,依据私法自治原则,该合同只能约束甲公司与丙公司,不能约束未参与缔约的乙公司。尽管乙公司是甲公司控股的子公司,但乙公司具有法人资格,是法律上独立的主体,不因母公司的意思表示而向丙公司负担债务。

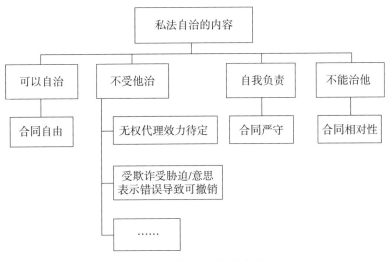

图 2-3　私法自治的内容

(三) 私法自治的限度

私法自治并非绝对的、无限制的。任何自由都是相对的、有限度的,即便是在旗帜鲜明地奉行个人主义的近代民法中,私法自治也受一定限制,比如公序良俗原则的限制。现代民法的立法者意识到,自治以平等为前提,只有双方当事人地位平等,自治才能产生正当的结果①,这里所谓的平等主要是事实上的平等,而不仅仅是规范意义上的平等。近代民法立法者观念中的平等是规范意义上的平等,即"当事人的法律地位应当是平等的"。作为一种价值追求,规范意义上的平等当然值得推崇,但不能简单地从这种意义上的平等(应然平等)推导出应当完全放任当事人进行自治之结论。真正可以支撑私法自治的是实然平等,即当事人的社会经济地位与能力在事实上的平等。如果国家发现在某一民事生活领域中显然不存在这样的实然平等,就应当考虑以某种方式介入当事人之间的关系,对不均衡的关系结构予以矫正。

基于以上保护弱者的考虑以及维护社会经济秩序等方面的考虑,现代各国普遍在民法中加强了对私法自治的限制,主要表现为:

1. 格式条款的规制

格式条款是一方当事人为了重复使用而预先拟定,并在订立合同时未与对方协商的条款。在现代交易活动中,格式条款被普遍使用。大企业单方面拟定合同条款,相对人只能全盘接受。虽然在理论上也可以选择不做交易,即"全盘不接受",但相对人有时在不充分知情的状态下选择了全盘接受,有时不得不做这样的交易,没有选择余地,因为对方是垄断企业,如电信公司、电力公司、银行,双方的磋商平等性不复存在。② 由此达成的交易往往包含不公平的内容,是一种虚假的自治,需要国家公权力介入,纠正或者取缔某些条款,对合同进行内容控制,以实现合同公正。这是对私法自治内涵中的"公权力不得介入私人关系"以及"必须受治于己(自我负责)"的突破。我国《民法典》第496—498条在格式条款订入、格式条款解释等方面对格式条款予以规制,保护格式合同相对人的利益。

---

① 参见王轶:《民法原理与民法学方法》,法律出版社2009年版,第41页。
② Vgl. Jan Busche, in: Münchener Kommentar BGB, 8. Aufl., 2018, Vor § 145 Rn. 7.

2. 强制缔约

依据强制缔约理论,当事人在某些情形中将会被迫与他人订立合同,其合同自由在很大程度上被限制①,包括决定是否缔约的自由、选择与何人缔约的自由,甚至决定以何种内容缔约的自由也受到限制。后者意味着强制缔约义务人应当订立包含权利人可以合理期待之适当内容的合同,否则,义务人很可能通过提出权利人难以接受的交易条件架空强制缔约义务。②

以强制缔约义务的规范基础为准,强制缔约可以分为一般强制缔约与特别强制缔约。特别强制缔约是指法律规则特别规定在某种情形中一方当事人负担强制缔约义务。一般强制缔约是指在欠缺特别规定的情况下,从法律的一般规则中推导出强制缔约义务。

> **【深化与拓展】**我国法律中有不少条文规定了特别强制缔约,如《民法典》第648条第2款和《电力法》第26条第1款规定供电企业的强制缔约义务,《民法典》第810条规定公共运输承运人的强制缔约义务,《执业医师法》(已失效)第24条以及《医疗机构管理条例》第30条规定了执业医师和医疗机构的强制缔约义务③,《机动车交通事故责任强制保险条例》第10条第1款规定从事机动车交通事故责任强制保险业务的保险公司的强制缔约义务。此外,按照《劳动合同法》第14条第2款的规定,符合条件的劳动者要求用人单位订立或者续订劳动合同的,用人单位有义务与其订立劳动合同。此处用人单位订立劳动合同的义务也是强制缔约义务,其立法目的是保护处于弱势地位的劳动者。④
>
> 应当注意的是,《民法典》第494条第3款并非关于一般强制缔约的规定。该款中的"依照法律、行政法规的规定负有作出

---

① 此处探讨的强制缔约是法定强制缔约,不包括意定强制缔约。所谓意定强制缔约是指当事人通过一项合意使自己负担缔约义务,如预约。Vgl. Jürgen Ellenberger, in: Palandt Kommentar BGB, 79. Aufl., 2020, Vor §145 Rn. 9; Christian Armbrüster, in: Erman Kommentar BGB, 15. Aufl., 2017, Vor §145, Rn. 27.

② Vgl. Reinhard Bork, in: Staudinger Kommentar BGB, 2015, Vor §§145-156 Rn. 15.

③ 参见王利明:《合同法研究(第1卷)》(第3版),中国人民大学出版社2015年版,第314页。

④ 参见全国人大常委会法制工作委员会编:《中华人民共和国劳动合同法释义》,法律出版社2007年版,第44页。

承诺义务"表明,当事人并非因该款规定负担承诺义务,而是因其他法律、行政法规的规定负担承诺义务。也就是说,该款本身并非承诺义务的规范基础,适用该款的前提是当事人因其他法律、行政法规的规定负担承诺义务。此种承诺义务显然是特别强制缔约。与此不同,《反垄断法》第22条第1款第3项可以视为一般强制缔约的规范基础。依该项规定,禁止具有市场支配地位的经营者"没有正当理由,拒绝与交易相对人进行交易",该行为构成滥用市场支配地位的行为。既然无正当理由拒绝缔约被法律所禁止,那么,在无正当拒绝理由的情况下,具有市场支配地位的经营者就有义务缔约。反过来说,交易相对人对具有市场支配地位的经营者享有强制缔约请求权。至于不具有市场支配地位的经营者在特定条件下是否负担强制缔约义务,由于不能适用《反垄断法》第22条第1款第3项,所以只能考虑采用迂回的教义学构造,即侵权责任。当然,对此应当采取克制立场,予以谨慎认定。

以强制缔约义务的主体为准,强制缔约可以分为强制要约与强制承诺。通常意义上的强制缔约是指强制承诺。① 我国《民法典》同时规定了强制要约(第494条第2款)和强制承诺(第494条第3款)。所谓强制要约是指义务人须及时发出合理要约,使相对人可以通过承诺订立合同。按照参与《民法典》起草工作的人士的解释,属于强制要约的是上市公司强制要约收购。②《证券法》第65条第1款、第73条第1款对此有所规定。

【案例解析】在教学案例1中,A公司是具有垄断地位的电力企业,在其业务范围内,B公司对其具有依赖性,只能与其订立供电合同。因此,A公司有强制缔约义务,不得拒绝B公司的缔约请求。尽管B公司总部曾经拖欠A公司电费,但该情况不足以排除B公司的强制缔约请求权。

---

① 参见王利明:《合同法研究(第1卷)》(第3版),中国人民大学出版社2015年版,第312页。
② 参见黄薇主编:《中华人民共和国民法典合同编解读》(上册),中国法制出版社2020年版,第113页。

3. 租赁合同关系中承租人的特殊保护

现代民法对处于弱势地位的承租人给予特殊保护。比如"买卖不破租赁"规则,租赁物所有权变动不影响租赁合同的效力(《民法典》第725条),承租人可以继续占有、使用租赁物,这意味着租赁合同可以对第三人(买受人)发生效力,这是对私法自治内涵中的"不能治他"的突破,或者说是对合同相对性的突破。再如,《民法典》第726条规定了房屋承租人的优先购买权。出租人出卖房屋的,承租人在同等条件下有优先购买权。这是对出租人"选择缔约相对人的自由"的限制,在相对人的选择上,出租人不能完全自治。此外,《民法典》第734条第2款还规定房屋承租人在租期届满时享有优先承租权,以维持其居住关系的稳定。

4. 劳动合同关系中劳动者的特殊保护

劳动者与企业在社会经济地位上差距悬殊,缺乏与企业平等对话的能力,所以需要国家公权力的介入,对契约自由予以必要的限制,以维护劳动者的正当利益。比如,按照我国《劳动合同法》第19条第1款的规定,劳动合同期限三个月以上不满一年的,试用期不得超过一个月;劳动合同期限一年以上不满三年的,试用期不得超过二个月;三年以上固定期限和无固定期限的劳动合同,试用期不得超过六个月。再如,按照《劳动合同法》第14条第2款的规定,在特定情形下,劳动者提出或者同意续订、订立劳动合同的,用人单位应当与其订立无固定期限劳动合同。这些都是关于合同期限约定自由的限制。除此之外,国家关于劳动者最低工资标准的规定也体现了公权力对合同自由的限制。

5. 合同关系中消费者的特殊保护

消费者与经营者的对话能力通常不平等。这一方面是因为双方经济地位不平等,另一方面是因为信息不对称。消费者对于交易事项通常缺乏足够的认识,容易在信息不充分、时间仓促,甚至受到经营者诱导的情况下轻率地作出意思表示,其决断自由受到妨碍。为保护消费者的决断自由,维护合同公正,当代各国法律普遍对消费者予以特殊保护,规定了有利于消费者的缔约控制。[①] 最具代表性的是赋予消费者一项撤回权。在一定期间(冷静期)内,消费者对于已经订立的合同可以反悔,任意撤回意思表示,无需任何理由。这是对"契约必须严守"原则的突破。

---

① Vgl. Jan Busche, in: Münchener Kommentar BGB, 8. Aufl., 2018, Vor § 145 Rn. 8.

我国法律也赋予消费者撤回权。按照《消费者权益保护法》第25条的规定,经营者采用网络、电视、电话、邮购等方式销售商品,消费者有权自收到商品之日起七日内退货,且无须说明理由。当然,相较之下,我国法律上的消费者撤回权适用范围略显狭窄。一方面,在交易标的上,《消费者权益保护法》第25条仅规定商品交易适用消费者撤回权,未规定服务交易(如在线购买美容、健身、培训等服务)也适用撤回权。实务中对于服务交易,可以类推适用《消费者权益保护法》第25条。另一方面,《消费者权益保护法》第25条仅规定远程交易适用消费者撤回权,未规定上门交易适用消费者撤回权,而在上门交易情形中,消费者的决断自由同样值得保护。

除了消费者撤回权之外,《消费者权益保护法》第26条还规定,经营者不得以格式条款、通知、声明、店堂告示等方式,作出排除或者限制消费者权利、减轻或者免除经营者责任、加重消费者责任等对消费者不公平、不合理的规定,否则,此类规定无效。这是有利于消费者的合同内容控制。与格式条款规制的一般规则(《民法典》第497条)相比,《消费者权益保护法》第26条的规制力度更大,条文中没有"主要权利"之类的限制性表述。

6. 强制保险制度

最有代表性的是机动车交通事故责任强制保险,要求任何拥有机动车的人都必须投保这种险(《道路交通安全法》第17条、《机动车交通事故责任强制保险条例》第2条)。这是对当事人决定是否缔约之自由的限制,其目的是分散风险,确保受害人得到及时救济。

7. 情势变更原则

所谓情势变更,是指合同成立生效之后,因不可归责于双方当事人的原因导致作为交易之基础或者环境的客观情势发生异常变动,如果继续按照合同约定履行债务显然有失公平。情势变更的法律后果是允许处于不利地位的当事人请求变更或者解除合同。传统民法奉行"契约必须严守"原则,认为双方当事人订立合同后,应当自己承担交易风险,无论交易环境发生何种异常变动,都不影响合同的效力。进入现代社会后,诸如世界大战、金融危机之类的大规模突发性事件曾经几度造成社会经济形势剧烈动荡,很多本来公平的合同由于货币贬值、物价暴涨等原因丧失了公平性。① 为此,现代民事立法或者判例普遍确立情势变更原则,对丧失公平的合同予以矫正。情势变更原则是基于公平原则与诚信原则对契约自由的一种限制。《民法典》第533条明确规定了情势变更原则。

8. 反垄断法对私法自治的限制

市场资源的日益集中导致某些大企业取得垄断地位,这些垄断企业对市场具有很强的控制力,如果完全放任它们自由地行动,将会破坏市场的平等竞争机制,使小企业以及消费者处于任人宰割的境地。为此,现代各国均制定了反垄断法,对垄断企业的契约自由予以限制,以维护其他市场主体的经济自由。我国也不例外。按照《反垄断法》第17条等条款的规定,企业之间不得达成分割市场的协议,不得达成定价协议以维持垄断地位。

9. 不动产物权人自由的限制

在现代民法中,出于环境与自然资源保护的考虑,不动产所有权人与用益物权人的自由受到越来越多的限制,比如土地用途管制、环保义务、城乡建筑规划等。这些限制使得不动产所有权人与用益物权人不能在不动产上为所欲为,其物权的权能被压缩。

以上分析表明,私法自治在现代民法中受到诸多限制。当然,从总体上看,私法自治作为民法基本原则的地位并未被根本动摇。

三、诚实信用原则

(一) 诚实信用原则的含义

诚实信用是民法上一项古老的原则,在罗马法中即已实行该原则。罗马法中用以指称诚实信用的词语是 bona fides,bona 意指"好",fides 意指"信",直译为"良信"。

【深化与拓展】据考证,在罗马法文献中 bona fides 一词被用于两个领域,一是诉讼法,二是物法。在诉讼法中有诚信诉讼,它与严法诉讼相区别。依诚信诉讼,承审员可以斟酌案情自

---

① 物价暴涨如双方当事人签订合同时柴油价格为每吨550元,两年后结算工程款时柴油价格涨至每吨1250元,若仍按两年前的柴油价格计算工程款显失公平。判例参见沈阳高等级公路建设总公司与孙某某建设工程施工合同纠纷案,最高人民法院(2017)最高法民申3108号民事裁定书。

由裁量,根据当事人在法律关系中依诚信应为的标准调整其权利义务,不必严守法律规定和拘泥形式,而应当按照公平正义精神为恰当的判决。在物法中,bona fides 指的是"善意",如善意占有、善意买受人。诚信诉讼中法官据以调整当事人之权利义务的正当行为标准被学者称为客观诚信,而物法中的 bona fides 则被学者称为主观诚信。① 在德国民法中,分别使用不同的术语指称客观诚信与善意,用于指称物权法上的善意的是 guter Glaube,这是对拉丁文 bona fides 的直译,而用于指称客观诚信的是 Treu und Glauben,该词直译为中文即"诚实信用"。

在现代民法教义学中,被作为民法基本原则予以探讨的是客观诚信。"善意"(主观诚信)通常适用于物权法,有时也适用于债权法等领域,作为某些法律规则的要件,具有确定的含义(不知道且不应当知道),很少有人将其提升为一项抽象、普适性的基本原则。

客观诚信的含义比较宽泛。有学者将客观诚信的要点概括为:其一,它是一种课加给主体的行为义务,该义务具有明显的道德内容;其二,该义务要求,除了为保护自己的合法利益之必要外,不得损害他人之利益;其三,为了评价主体的行为,要抛弃其自身的尺度而使用一个客观的标准;其四,这种客观标准由主体行为与典型的中等社会行为的对比构成。②

本书认为,诚实信用原则在本质上就是好人原则,其要求当事人在民事活动中做一个诚实善良的人,能够从公平正义、互助友爱等人类基本价值观出发,自觉地维持自己与他方当事人之间的利益均衡。另一方面,诚实信用原则也意味着立法者授权法官在法律存在漏洞时,以好人的标准去衡量、约束当事人,为当事人配置权利义务。易言之,诚实信用原则既是民事主体的行为准则,也是法官的裁判准则。该准则来源于商业社会的基本伦理,把诚实信用作为民法的基本原则,是对这项基本伦理准则的法律化。

---

① 参见徐国栋:《诚实信用原则研究》,中国人民大学出版社 2002 年版,第 11—54 页。
② 参见徐国栋:《诚实信用原则研究》,中国人民大学出版社 2002 年版,第 41 页。

当然,诚实信用原则下的好人标准不宜定得太高,以至于一般人都做不到。好人不等于道德高尚的人,诚实信用原则毕竟是法律上的原则而不是纯粹的道德原则,其对人的要求应当稍低于道德原则。诚实信用原则下的好人首先不应当做损人不利己的事情;其次,不应当做损人利己的事情,除非为了实现自己的合法利益不得不使他人的利益受损失;最后,在具体的法律关系中还应当在不过分增加自己负担的前提下给予对方当事人必要的关照。无论如何,诚实信用原则下的好人标准都不是"仗义疏财、舍己为人",那是德高望重的圣贤标准。诚实信用原则只要求当事人做一个厚道的人。

(二) 诚实信用原则在民法制度中的体现

诚实信用原则具有广泛的适用性。在合同法中,诚实信用原则的作用最为突出,很多制度都以之为基础。择其要者,分述如下:

(1) 合同关系中的附随义务。现代合同法普遍承认合同当事人在给付义务之外,还应当履行附随义务。所谓附随义务,是指合同虽无明确约定,但基于诚实信用原则在债之关系发展过程中所发生的义务,其目的在于增进给付义务或者保护相对人的人身财产利益。我国《民法典》第509条第2款规定的就是附随义务。比如,电信用户出现巨额电信费用时,电信公司应及时通知电信用户,以免出现电话被盗用现象,此为附随义务中的通知义务。再如,甲从乙商店购买的货物较重,乙商店在人手充足的情况下应当帮助甲把货物装上车,此为附随义务中的协助义务。

(2) 先合同义务。在交易过程中,当事人除了需要负担合同义务之外,还应负担先合同义务,即缔约过程中当事人依诚实信用原则对相对人负担的通知、告知、协助、照顾、保密等义务。不履行先合同义务的,需要承担缔约过失责任。

(3) 后合同义务。《民法典》第558条规定:"债权债务终止后,当事人应当遵循诚信等原则,根据交易习惯履行通知、协助、保密、旧物回收等义务。"此即为后合同义务。如在劳动合同终止后,应劳动者要求,用人单位有义务为其提供工作经历证明等材料。

(4) 减损义务。在债务人违约的情况下,债权人应当及时采取适当措施防止损失扩大,否则债务人对扩大的损失不承担责任。这就是所谓的减损规则,我国《民法典》第591条对此有明文规定。

(5)在约定不明确时,只要不给自己带来过多的负担,债务人应当选择对债权人最为有利的方式或者有利于实现合同目的的方式履行债务。例如,甲公司与乙公司订立一份合同,约定甲公司向乙公司购买50吨水泥,由乙公司派车送货上门。某日,乙公司依约派员工张某开车运送10吨水泥到甲公司。张某到达甲公司后,嫌甲公司的收货人员态度不好,就把水泥卸在刚进甲公司大门不远的空地上。甲公司派人把水泥搬到仓库,但由于突降大雨,部分水泥在途中被雨淋坏。依据诚实信用原则,张某应当选择对甲公司最为有利的方式履行债务,将货物送至甲公司的仓库。其为泄私愤,将货卸于半道上,导致被雨淋坏,显然违背诚信原则。

(6)情势变更制度。情势变更制度与诚实信用原则也有内在关联,在作为合同订立之基础的客观情势发生异常变化时,当事人应当依诚实信用原则调整合同的内容,以维持利益平衡。

(7)一部履行与提前履行规则。一般而言,债务人应当按照合同约定的数额和时间履行债务,既不能只履行部分给付,也不能提前履行,否则债权人有权拒绝。但如果一部履行或者提前履行不损害债权人的利益,债权人不得拒绝。我国《民法典》第530、531条对此有明文规定,该规定亦体现诚实信用原则。

(8)权利不得滥用。权利不得滥用在本质上是诚实信用原则在权利行使领域的一种体现。①《民法典》第132条对权利不得滥用作了专门规定。按照《最高人民法院关于适用〈中华人民共和国民法典总则编若干问题的解释〉》(以下简称《民法典总则编若干问题的解释》)第3条的规定,对于滥用民事权利,人民法院可以根据权利行使的对象、目的、时间、方式、造成当事人之间利益失衡的程度等因素作出认定。行为人以损害国家利益、社会公共利益、他人合法权益为主要目的行使民事权利的,人民法院应当认定构成滥用民事权利。构成滥用民事权利的,人民法院应当认定该滥用行为不发生相应的法律效力。滥用民事权利造成损害的,依照侵权责任规则处理。

【案例解析】在教学案例3中,乙越界盖房对甲的土地物权构成妨害,甲享有排除妨害请求权。但甲明知乙正在实施妨害

---

① 参见〔德〕莱因哈德·齐默曼、〔英〕西蒙·惠特克主编:《欧洲合同法中的诚信原则》,丁广宇、杨才然等译,法律出版社2005年版,第486—488页。

行为而未及时制止,打算等房屋竣工后行使排除妨害请求权,其行使权利的主要目的并非为了维护自己的土地物权,而是为了给乙造成重大损失,所以应认定为滥用权利。此种情形本属于越界的相邻关系,鉴于我国民法未专门规定越界的相邻关系,实践中可依《民法典》第132条处理,不允许滥用权利的当事人行使排除妨害请求权,其只能行使金钱损害赔偿请求权。

四、公序良俗原则

(一) 公序良俗原则的流变

公序良俗原则具有悠久的历史,在罗马法中就已存在。按照罗马法的规定,违反善良风俗的法律行为要么无效,要么由裁判官赋予被告一项恶意抗辩(exceptio doli,亦称欺诈抗辩),以对抗原告的诉权。究竟产生何种后果,取决于法律行为的种类以及法律行为中违背了善良风俗的因素。[①]《法国民法典》在罗马法的"善良风俗"之外增加了"公共秩序",形成一条完整的公序良俗原则。

>【**深化与拓展**】近代大陆法系各国(地区)民法普遍规定了公序良俗原则,通常将其规定于法律行为制度中,作为法律行为效力的评判原则,有时也作为侵权行为的判定依据。其中,有的仅规定善良风俗,如《德国民法典》第138、826条(违反善良风俗的故意侵害);有的遵循法国民法的模式,同时规定了公共秩序和善良风俗,如《瑞士债务法》第19、20条,《日本民法典》第90条,《意大利民法典》第1343条,《葡萄牙民法典》第280、281条,我国台湾地区"民法"第72条。相较之下,法国模式是主流模式。

我国《民法典》第8条明确规定了公序良俗原则,第153条第2款亦体现了该原则。

(二) 公序良俗原则的内涵

公序良俗包括两个方面的内容:公共秩序与善良风俗。公共秩序是

---

① Vgl. Max Kaser, Das römische Privatrecht, 2. Aufl., 1971, S. 251.

指政治、经济、文化等社会生活领域的基本秩序,其体现了社会全体成员的共同利益。对公共秩序的维护,在法律上大都有明确的规定,危害社会公共秩序的行为通常也就是违反强行法规定的行为。不过,强行法规定不可能涵盖无余。有时,当事人实施的法律行为并不违反强行法的明文规定,但该行为却危害公共安全和秩序,因此也应当被宣告无效。从这个意义上说,维护公共秩序之原则有助于弥补强行法规定的不足。善良风俗是指在社会中占主导地位、被社会成员普遍认可的道德准则和信念。不同时代、不同国家和民族所认可的道德体系不尽相同,因此,善良风俗具有较强的历史性。当然,善良风俗也有一定的普遍性,尤其是在以全球化为特征的当代,各国人民的生活模式与道德信念互相影响,在一定程度上出现了趋同化的现象。

五、信赖保护原则

信赖保护原则体现在诸多私法制度中,尤其是法律行为制度。就法律行为制度中的信赖保护而论,我们最熟悉的莫过于缔约过失责任,但这其实只是信赖保护的一种,即消极信赖保护,保护的效果是使信赖方的利益恢复至缔约之前的状态。除此之外,还存在另一种信赖保护,即积极信赖保护(positiver Vertrauensschutz),[①]保护的效果是使法律行为发生约束力或者使其效果归属于一方当事人从而使信赖方获得预期利益。

> 【深化与拓展】奥地利法学家莫里茨·韦斯帕赫的《对民法中的外部事实构成的信赖》一书的出版标志着现代意义上的积极信赖保护理论体系的形成。韦斯帕赫主张,现代民法奉行如下原则:基于对依据法律或者交易观念构成一项权利、法律关系或者其他法律要素的表象形式的外部事实构成之信赖而实施法律行为的人,其信赖受保护。此项原则的适用范围包括但不限于意思表示、无权代理。就无权代理而论,如果 A 将 B 置于一个依交易观念涉及代理权的地位,或者 A 向外界公开其授予 B 代理权之事实,则第三人的信赖值得保护,即便 A 实际上没想授权 B,也应认定代理权存在。就意思表示而论,相对人可以信

---

① 关于积极信赖保护与消极信赖保护的区分,详见:Claus-Wilhelm Canaris, Die Vertrauenshaftung im deutschen Privatrecht, 1971, S. 5。

赖意思的外在符号,所以错误原则上由表意人承担不利后果。① 韦斯帕赫甚至认为,一个精神病人订立的合同是有效的,除非其证明相对人在缔约时知道其欠缺行为能力。在人与人之间的外部法律交往中,作为权利和行为之规范的不能是内在、隐蔽的东西,只能是外在、可识别的东西。②

德国法学家卡纳里斯把积极信赖责任归结为两类,一是权利表象责任(Rechtsscheinhaftung),二是基于法伦理必要性的信赖责任。权利表象责任主要包括代理权的表象责任、滥用空白证书的表象责任、债权让与中的表象责任、家庭法上的权利表象责任、关于某种法律状况继续存在的表象责任、商事登记中的表象责任、商事合伙中的表象责任、表象商人与表象船主、商法上的表见代理、票据法上的权利表象责任、劳动法上的权利表象责任等。③ 基于法伦理必要性的信赖责任是依据诚实信用原则,为了保护心存信赖的善意相对人,使可归责的当事人承受某种对其不利的法律后果。比如,当事人明知法律行为欠缺形式要件而不告知相对人的,不得主张该法律行为无效。

积极信赖保护理论对20世纪的私法制度产生了深远影响。法律行为领域中的代理权表象责任(表见代理、容忍代理)得到普遍承认,意思瑕疵情形中表意人的撤销权受到更多限制。按照《意大利民法典》第1428条的规定,仅当错误能够被相对人识别时,才导致意思表示可撤销。按照《荷兰民法典》第3编第35条规定,对于一个在特定意义上理性地理解一项表示的人,不得主张意思之欠缺。据此,在意思与表示不一致时,法律给予积极信赖保护。④《欧洲合同法原则》(PECL)第4-103条亦从相对人的可归责性以及表意人的可归责性两个方面限制意思表示错误情形中的撤销权。

---

① Vgl. Moriz Wellspacher, Das Vertrauen auf äußere Tatbestände im bürgerlichen Rechte, 1906, S. 267-271.
② Vgl. Ebenda, S. 102-119.
③ Vgl. Claus-Wilhelm Canaris, Die Vertrauenshaftung im deutschen Privatrecht, 1971, S. 3f..
④ Vgl. Peter Loser, Die Vertrauenshaftung im schweizerischen Schuldrecht, 2006, S. 36-44.

就我国而言,《民法典》第 65 条规定的法人登记中的善意相对人保护、第 149 条规定的第三人欺诈情形中的善意相对人的保护、第 172 条规定的表见代理、第 311 条规定的善意取得、第 504 条规定的表见代表、第 763 条规定的通谋虚伪表示无效不得对抗善意保理人,皆为积极信赖保护。

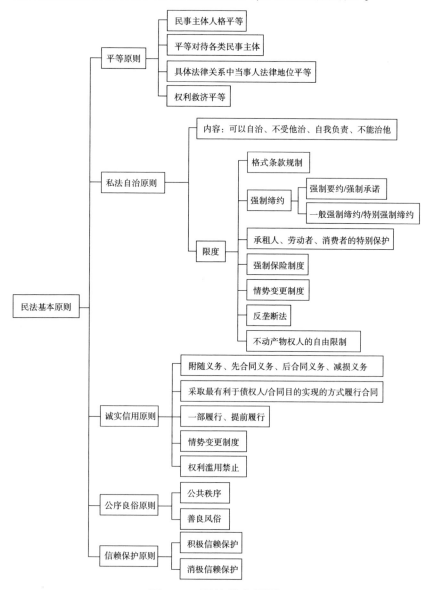

图 2-4　民法基本原则

第三章 民法方法论

第一节 民法的法源

教学案例：甲整理房间后，清理出10本旧书，决定将其淘汰，遂将其装在塑料袋里扔到小区垃圾房墙角。邻居乙路过，俯身查看后觉得旧书尚有用处，将其拎回家中。甲看到后，想起平日里乙对自己不够友善，遂要求乙返还旧书。甲对乙是否享有旧书返还请求权？

民法的法源（法律渊源）是指可以作为裁判依据或者裁判理由的法律规范的来源。通说认为，民法的法源包括制定法和习惯法[①]，《民法典》第10条规定了这两种法源。此外，对于由我国法院管辖的涉外民事案件而言，相关的国际公约、国际条约中的民事规范也是民法的法源。至于司法解释、司法政策、指导性案例等"法官法"是否属于法源，则有疑问。

一、制定法

（一）制定法的概念

制定法（Gesetz）是指由国家立法机关制定的成文法律规范。依据《立法法》第2条的规定，制定法包括法律、行政法规、地方性法规、自治条例、单行条例、部门规章、地方政府规章。其中"法律"是狭义的制定法，特指全国人民代表大会或者其常务委员会制定的法律规范。《民法典》第10条中的"法律"应当解释为广义的制定法。[②]

[①] 参见〔德〕汉斯·布洛克斯、〔德〕沃尔夫·迪特里希·瓦尔克：《德国民法总论》（第41版），张艳译，中国人民大学出版社2019年版，第8页。

[②] 相反观点参见李宇：《民法总则要义：规范释论与判解集注》，法律出版社2017年版，第52页。

行政法规的主要目的虽然并非调整民事主体之间的关系,但某些行政法规确实包含了涉及民事主体之间的关系的法律规范,如《城镇国有土地使用权出让和转让暂行条例》《医疗事故处理条例》《计算机软件保护条例》等。没有理由不承认此类行政法规可以成为民法的法源。地方性法规、自治条例、单行条例亦然。从最高人民法院《关于裁判文书引用法律、法规等规范性法律文件的规定》(法释〔2009〕14号)第4条的规定看,法律、行政法规、地方性法规、自治条例、单行条例都可以作为民事案件的裁判依据。至于部门规章与地方性规章,依据该司法解释第6条的规定,虽不能作为裁判依据,但经法院审查后可以作为裁判理由。这种只能作为裁判理由加以援引的法律规范在学理上被称为"作为裁判理由的法源"或者"准规范法源"。①

【深化与拓展】争论比较大的问题是,宪法可否成为民法的法源。从比较法看,该问题在德国法上亦颇有争议,关于宪法上的基本权利,存在直接第三人效力说、间接第三人效力说之分歧。尼佩代(Nipperdey)倡导直接第三人效力说,认为宪法上的基本权利具有绝对效力,违背基本权利的法律行为应依《德国民法典》第134条认定为无效。间接第三人效力说认为,基本权利不能直接规范私人关系,而只能作为解释与适用民法规范的价值导向,透过民法规范间接地影响私人关系。② 值得注意的是,在上述两种学说之外,卡纳里斯提出了一种新观点,认为基本权利对私人行为既无直接效力亦无间接效力,所以直接第三人效力说与间接第三人效力说皆不可取。在他看来,基本权利只能约束国家权力,其对私法的影响方式为:法院作出民事裁判时行使的是国家权力,此项权力行使行为应当遵循基本权利规范。③ 该说可称为"裁判权约束说"。直接第三人效力说在德国并未成为主流,因此,目前德国通说认为宪法并非民法的

---

① 参见朱庆育:《民法总论》(第2版),北京大学出版社2016年版,第36页。
② 参见〔德〕迪特尔·施瓦布:《民法导论》,郑冲译,法律出版社2006年版,第60页。
③ 参见〔德〕施蒂芬·格伦德曼、〔德〕卡尔·里森胡贝尔主编:《20世纪私法学大师:私法方法、思想脉络、人格魅力》,周万里译,商务印书馆2021年版,第861页。

法源。①

就其本质而论,宪法上的基本权利体现的是公民与国家之间的关系,是公民对于国家公权力的防御权,因此,基本权利显然不应直接对私人关系发生效力。当然,基本权利对于私人关系并非毫无影响,至于如何影响,德国法上的第三人间接效力说与裁判权约束说皆有可取之处,可资借鉴。我国司法实践曾经出现"宪法司法化"倾向,在"齐玉苓案"中,山东省高级人民法院依据《最高人民法院关于以侵犯姓名权的手段侵犯宪法保护的公民受教育的基本权利是否应承担民事责任的批复》(法释〔2001〕25号,已失效),直接在民事判决主文中援引《宪法》第46条作为裁判依据,判令被告承担侵害原告受教育权的损害赔偿责任。该判决在学界引起巨大争议。《最高人民法院关于废止2007年底以前发布的有关司法解释(第七批)的决定》(法释〔2008〕15号)废止了该批复。此后,2016年《人民法院民事裁判文书制作规范》明确规定民事裁判文书不得引用宪法规定作为裁判依据。据此,宪法在我国不具有民法法源地位。

(二)《民法典》与民事特别法

就狭义的制定法而言,《民法典》处于基础位置。在《民法典》施行之前,我国的民事法律体系由《民法通则》《物权法》《合同法》《侵权责任法》《婚姻法》《继承法》《收养法》《农村土地承包法》《合伙企业法》《著作权法》《专利法》《商标法》等法律构成。若在广义上理解民事法律体系,则《公司法》《票据法》《保险法》《破产法》《证券法》《信托法》《海商法》等民事特别法亦包含在内。《民法典》施行后,《民法通则》《物权法》《合同法》《侵权责任法》《婚姻法》《继承法》《收养法》等法律废止,未纳入《民法典》的《农村土地承包法》《著作权法》等皆成为民事特别法。因此,民事法律体系由《民法典》与民事特别法构成。

《民法典》自2021年1月1日起施行,总共有1260条规定。《民法典》的编纂与施行在我国民法史上具有里程碑意义,使我国民法的体系更

---

① Vgl. Reinhard Bork, Allgemeiner Teil des Bürgerlichen Gesetzbuchs, 4. Aufl., 2016, S. 10.

为完备,为民法教义学的发展提供坚实基础。

二、习惯法

按照《民法典》第 10 条的规定,不违背公序良俗的习惯是民法的法源。此处习惯即通常所谓习惯法。习惯法自古即为法源。

>【深化与拓展】究竟何为习惯法,学理上存在分歧。以德国法为例,在 19 世纪,萨维尼、普赫塔等法学家将习惯法视为民族信念的体现,习惯法在法源体系中处于极其重要的地位。在萨维尼看来,罗马法在德意志最初就是以一般习惯法的方式取得法源地位。① 一直到 19 世纪末,在德国法文献中习惯法依然保持着与制定法并驾齐驱的地位。不过,随着《德国民法典》的颁布实施,习惯法逐渐退居次要地位,而且习惯法的范围逐渐被限缩。依目前德国通说,习惯法的构成须符合两个条件。其一,它是一项长期持续的实践(Übung);其二,依法律共同体成员的法律信念,此项实践具有约束力。② 甚至有不少学者认为,习惯法通常或者只能通过法院判例而形成。③

将习惯法明确规定为民法的法源,在近代始于《瑞士民法典》第 1 条第 2 款。我国《民法典》第 10 条以及我国台湾地区"民法"第 1 条借鉴了该立法例。瑞士民法主流学说尽管也强调严格认定习惯法,但并未将其限定为只能通过法院判例而形成。④ 此种立场值得肯定。得到长期遵循的法院判例中包含的规则固然可能构成习惯法,但法院判例并非习惯法形成的唯一途径,否则就意味着在法院首次遇到某种法律纠纷时根本不存在可资适用的习惯法。习惯法既可能因法院的长期判例而形成,亦可能因民众在社会生活中的长期实践与法律信念而形成。后者并非被法院

---

① 参见〔德〕弗里德里希·卡尔·冯·萨维尼:《当代罗马法体系Ⅰ》,朱虎译,中国法制出版社 2010 年版,第 69、70 页。

② 该通说与罗马法上的学说基本一致。Vgl. Heinrich Honsell, in: Staudinger Kommentar BGB, 2013, Einleitung zum Bürgerlichen Gesetzbuch, Rn. 234.

③ Vgl. Helmut Köhler, BGB Allgemeiner Teil., 44. Aufl., 2020, S. 3; Reinhard Bork, Allgemeiner Teil des Bürgerlichen Gesetzbuchs, 4. Aufl., 2016, S. 10.

④ Vgl. Heinrich Honsell, in: Basler Kommentar ZGB I, 2006, Art. 1 N23.

创造的习惯法,而是被法院发现的习惯法。

在法律已经高度成文化的当代法治社会中,习惯法通常仅为补充性法源,其地位次于制定法。习惯法的法源地位受到如下限制:其一,依《民法典》第10条规定,仅当(广义)法律对某个问题没有规定时,才可以适用习惯法。例如,依《民法典》第279条规定,业主将住宅改变为经营性用房的,应当经有利害关系的业主一致同意。在实践中,未经有利害关系的业主一致同意而将住宅改变为经营性用房的做法十分普遍,已经成为一种习惯,但由于法律对该问题已有明确规定,所以不得以此种习惯为依据处理业主之间的纠纷。习惯法的地位甚至低于司法解释,在司法解释有规定时,通常亦不适用习惯法。习惯法不具备更改制定法的效力,即便制定法的明文规定在个案中体现出不妥之处,亦不得径行适用习惯法,而只能考虑通过法的续造使习惯法规则在个案中发挥作用。其二,习惯法不得违背公序良俗。公序良俗体现了受国家认可的主流价值观,社会生活中的某种习惯做法即便符合一定范围内的民众法律信念,但若违背主流价值观,亦不得作为习惯法被适用。

值得注意的是,通说区分了习惯法与习惯。习惯是在一定范围内长期重复的做法,该做法可能以民众普遍法律信念为基础,也可能不以此为基础。只有前者才构成习惯法。①

【深化与拓展】我国《民法典》除第10条提到"习惯"之外,很多条文亦提到"习惯"。包括:①第140条第2款、第142条规定的作为意思表示解释依据的交易习惯;②第289条规定的相邻关系中的当地习惯;③第321条第2款规定的据以确定法定孳息归属的交易习惯;④第480条、第484条第2款规定的据以认定意思实现的交易习惯;⑤第509条第2款规定的据以发生附随义务的交易习惯;⑥第510条规定的据以填补合同漏洞的交易习惯;⑦第515条第1款规定的据以确定选择权归属的交易习惯;⑧第558条规定的据以发生后合同义务的交易习惯;⑨第599条规定的据以发生出卖人单证、资料交付义务的交易习惯;⑩第622条第1款规定的涉及买卖物检验期限的交易

---

① Vgl. Helmut Köhler, BGB Allgemeiner Teil., 44. Aufl., 2020, S. 3-4.

习惯;⑪第680条第3款规定的据以确定借款合同利息的交易习惯;⑫第814条规定的据以确定客运合同成立时间的交易习惯;⑬第888条第2款规定的据以认定保管合同成立的交易习惯;⑭第891条规定的据以排除保管凭证出具义务的交易习惯;⑮第1015条第2款规定的涉及少数民族自然人姓氏的风俗习惯。上述条文中的"习惯"与《民法典》第10条中的"习惯"是何关系,其是否皆为习惯法,值得探究。

除上述第二种和第十五种情形中的"习惯"外,其他情形中的"习惯"都可能包括仅存在于双方当事人之间的交易习惯,此类个别习惯显然不构成习惯法。至于上述情形中某个地区或者某个行业的普遍交易习惯,是否构成习惯法,则有疑问。从功能上看,第二种情形中的当地习惯对制定法具有补充作用,与《民法典》第10条中的"习惯"相同。第十五种情形中的风俗习惯具有优先地位,可排除制定法规则(《民法典》第1015条第1款)的适用,与《民法典》第10条中仅具有补充功能的"习惯"不同。第四、七、十、十二、十三、十四种情形亦然。由于此类情形中的习惯具有排除功能,所以,即便其构成习惯法,亦非属于《民法典》第10条之法源一般规定中的习惯法,而属于因法律特别规定而具备(优先)法源地位的习惯法。第一、六、十一种情形中的"习惯"是意思表示解释和补充性解释的依据,辨别其是否构成习惯法没有意义,因为其通过意思表示的内容发生权利义务关系,而非直接作为权利义务关系的来源。

第二、三、五、八、九种情形中的"习惯"与《民法典》第10条中的习惯法具有交叉之处。若此类习惯在某个地区或者行业具有普遍性,可据以确定权利义务关系,则构成习惯法。例如,上海的房屋中介人做租房居间业务,在房屋租期届满时,通常都会上门抄写水、电、煤气表的数值并为双方当事人核算水、电、煤气费用。照理,中介合同已因成功地媒介缔约而履行完毕并且终止,抄表核算服务发生于中介合同终止之后,所以是中介人履行《民法典》第558条中的后合同义务。上述行业惯例是该义务的基础,属于习惯法。

在处理合同关系时,作为习惯法之要件的"民众普遍法律信念"应当理解为依社会一般观念,将某种习惯做法视为合同权利义务关系的内容符合双方当事人的本意。如此,则《民法典》第509条第2款、第558条、第599条等条款中的交易习惯无论是个别化交易习惯还是普遍性交易习惯,均与假想的当事人意思建立联系。此项意思即为愿意受交易习惯约束的意思。不同的是,就个别化交易习惯而言,当事人的约束意思是纯粹个体性的;反之,就普遍性交易习惯而言,当事人的约束意思是"民众普遍法律信念"的一部分。

在合同关系之外,作为习惯法之要件的"民众普遍法律信念"应当理解为在一定范围内,民众普遍认为某种习惯做法是法律所要求的行为模式从而愿意受其约束。① 此种约束意思接近于受法律约束的意思。《民法典》第10条中的习惯法以民众的此种约束意思为基础。一般社会交往领域中的习惯做法由于欠缺此种约束意思,所以不构成习惯法。例如,早高峰时段小区里的车辆有出有进,若因道路狭窄只能由一辆车通行,则通常返回小区的车辆避让离开小区的车辆,因为后者车主往往赶时间出去上班或者办事。尽管这是很多小区的习惯做法,但业主们对此并不具有法律意义的约束意思,所以不能认定为习惯法。

《民法典总则编若干问题的解释》第2条第1款规定:"在一定地域、行业范围内长期为一般人从事民事活动时普遍遵守的民间习俗、惯常做法等,可以认定为民法典第十条规定的习惯。"该司法解释中的"从事民事活动"应当理解为从事在民法上具有法律意义的活动,从而排除民众欠缺法律约束意思的习俗和惯常做法。

【案例解析】在教学案例中,甲将旧书扔到垃圾房墙角,应认定为抛弃旧书所有权。旧书因此成为无主物。乙将旧书捡回家,构成无主物的先占。依先占原理,乙取得旧书所有权。甲既已丧失旧书所有权,当然无权请求乙返还旧书。我国民法虽未明确规定先占可取得所有权,但此种所有权取得方式无时不有、无处不在,显然符合民众的普遍法律信念,所以应当将此认定为

---

① Vgl. Jörg Neuner, Allgemeiner Teil des bürgerlichen Rechts, 12. Aufl., 2020, S. 22.

一项习惯法,依据《民法典》第 10 条承认其所有权取得效力。

三、关于"法官法"

(一) 什么是"法官法"

"法官法"(Richterrecht)这一概念来源于德国,是指法官在填补法律漏洞时形成的法。[①] 按照克莱默的三阶层论,法官的法律发现分为三个阶层。一是(狭义的)法律解释,即法官在法律规范可能的文义范围内获取法律规范的意义;二是受约束的法官法,即当存在法律漏洞时,法官基于现行法中具体可证明的法律评价通过类推或者目的论限缩等方法填补法律漏洞;三是超越法律的法官法,即当存在法律漏洞且缺乏可从中获取法律评价的其他具体规定时,法官如同立法者提出解决案件的规则。[②] 此种意义上的法官法实际上就是法官的法续造(法官造法)。拉伦茨将其分为制定法内的法续造和超越制定法的法续造。[③] 依目前德国通说,法官法并非民法的法源。即便是最高法院的判决,对下级法院亦无法律约束力,充其量仅有事实上的约束力,除非最高法院持久判例已经成为习惯法。[④]

如果仅在上述狭隘意义上使用"法官法"概念,则在我国的语境中,"法官法"是否具备法源地位之问题可以表述为:最高人民法院在个案裁判中创设的规则或者在其发布的指导性案例中包含的规则是否属于民法的法源?显然,此项设问无法完全涵盖我国最高人民法院所创设的规则的法源地位问题。因为,最高人民法院创设规则的主要方式并非通过个案裁判,而是通过制定司法解释与司法政策。就后者而论,规则由法官团体以组织化的方式创设,在本质上也是"法官法"。"法官法"这一概念在我国必须予以广义理解,包括最高人民法院通过司法解释、司法政策、个案裁判、指导性案例等方式对法律规范予以具体化或者进行漏洞填补甚至进行"超越制定法的法续造"而形成的成文或者不成文规则。此类规则是否具备民法的法源地位,不可一概而论,需要具体分析。

---

① Vgl. Helmut Köhler, BGB Allgemeiner Teil., 44. Aufl., 2020, S. 4.
② 参见〔奥〕恩斯特·A.克莱默:《法律方法论》,周万里译,法律出版社 2019 年版,第 150、152 页。
③ 参见〔德〕卡尔·拉伦茨:《法学方法论》,黄家镇译,商务印书馆 2020 年版,第 460、461 页。
④ 参见〔德〕汉斯·布洛克斯、〔德〕沃尔夫·迪特里希·瓦尔克:《德国民法总论》(第 41 版),张艳译,中国人民大学出版社 2019 年版,第 10 页。

(二) 司法解释与司法政策

按照1981年全国人民代表大会常务委员会《关于加强法律解释工作的决议》的规定,对于法院审判工作中具体应用法律、法令的问题,由最高人民法院进行解释。按照《人民法院组织法》第18条的规定,最高人民法院可以对属于审判工作中具体应用法律的问题进行解释。上述规定表明,最高人民法院对法律具有解释权。按照最高人民法院《关于司法解释工作的规定》(法发〔2021〕20号)第6条的规定,司法解释的形式分为"解释""规定""规则""批复"和"决定"五种。对在审判工作中如何具体应用某一法律或者对某一类案件、某一类问题如何应用法律制定的司法解释,采用"解释"的形式。根据立法精神对审判工作中需要制定的规范、意见等司法解释,采用"规定"的形式。对规范人民法院审判执行活动等方面的司法解释,采用"规则"的形式。对高级人民法院、解放军军事法院就审判工作中具体应用法律问题的请示制定的司法解释,采用"批复"的形式。修改或者废止司法解释,采用"决定"的形式。

尽管在学理上关于司法解释的法源地位尚有争议[①],但在司法实践中,基于最高人民法院的某些规定,司法解释已经取得法源地位。按照最高人民法院《关于司法解释工作的规定》第5条,最高人民法院发布的司法解释具有法律效力。按照最高人民法院《关于裁判文书引用法律、法规等规范性法律文件的规定》第4条,民事裁判文书应当引用司法解释。按照《人民法院民事裁判文书制作规范》的相关规定,司法解释可以作为裁判依据。从立法权与司法权区分的角度看,由法院在判决或者裁定中适用自己制定的规则有"既当运动员又当裁判员"之嫌,但考虑到我国特殊国情,司法解释在一定程度上可以解决立法粗放、滞后的问题,所以赋予其法源地位未尝不可。近年来,司法解释在引领我国民法发展方面发挥了重要作用。当然,对于《民法典》及其他法律已有明确、具体规定的民事法律问题,司法解释应当采取谦抑立场,不宜轻易予以更改,否则将违背法治原则。

除了司法解释,最高人民法院还制定了大量指导性文件、审判工作会议纪要以及与其他部门联合下发的文件等,此类文件可以统称为司法政

---

① 参见舒国滢、王夏昊、雷磊:《法学方法论》,中国政法大学出版社2018年版,第297页。

策。按照《人民法院民事裁判文书制作规范》的相关规定,此类文件虽不能成为裁判依据,但其体现的原则与精神可以在裁判理由部分予以阐述或者援引。由此可见,司法政策在我国属于作为裁判理由的法源。

(三) 最高人民法院的裁判和指导性案例

按照《人民法院组织法》第18条的规定,最高人民法院可以发布指导性案例。按照最高人民法院《关于案例指导工作的规定》(法发〔2010〕51号)第2条的规定,指导性案例,是指各级法院裁判已经发生法律效力,并符合以下条件的案例:①社会广泛关注的;②法律规定比较原则的;③具有典型性的;④疑难复杂或者新类型的;⑤其他具有指导作用的。

法官在指导性案例的裁判文书中对法律进行的解释与续造获得最高人民法院以组织化方式的认可。发布指导性案例表明最高人民法院希望各级法院对于同类案件按照与指导性案例相同的原则、精神裁判,从这个意义上说,指导性案例具有与司法政策中的指导性文件类似的功能。按照最高人民法院《关于案例指导工作的规定》第7条的规定,各级人民法院审判类似案例时应当参照指导性案例。按照《人民法院民事裁判文书制作规范》的相关规定,正在审理的案件在基本案情和法律适用方面与最高人民法院颁布的指导性案例相类似的,应当将指导性案例作为裁判理由引述,并写明指导性案例的编号和裁判要点。由此可见,指导性案例在我国属于作为裁判理由的法源。

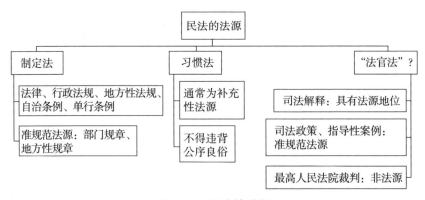

图 3-1 民法的法源

与指导性案例不同,最高人民法院本身作出的裁判未必属于作为裁判理由的法源:一是因为最高人民法院的裁判未必皆由审判委员会讨论通过,二是因为该裁判的作出并不表明最高人民法院想要赋予其普遍指导意义。当然,如果最高人民法院作出的裁判被纳入指导性案例予以发布,则另当别论。

第二节 民法的解释

教学案例:甲把一套房屋出租给乙,6月1日订立租赁合同,约定10天后交付房屋,租期1年。同年6月5日,甲在该房屋上为丙登记设立了一项抵押权。抵押权担保的债权届期未受清偿,丙向法院申请实现抵押权,将该房屋拍卖。此时乙的租期剩余3个月。房屋拍卖时,乙是否有权主张"买卖不破租赁"?

法科学生需要掌握法律技能,尤其是法律检索、法律解释和法律推理。法律检索能力是指遇到法律问题时,能够迅速、准确地寻找用于解决该问题的法律规范。法律解释能力是指对于检索到的法律规范,能够正确理解其含义。法律推理能力是指把经过解释的法律规范适用于个案,得出裁判结论。对此,需要运用逻辑三段论。需要在此予以探究的是民法解释的基本问题。

一、民法解释的对象

民法解释的对象是民法的法条(规则)。法条之所以需要解释,是因为法条使用的词语或多或少具有不精确性,有一个可能的意义范围。适用法律时,需要在这个范围之内,依据个案的具体情况确定其含义。例如,《民法典》第320条规定:"主物转让的,从物随主物转让,但是当事人另有约定的除外。"其中"从物"这个词的含义就具有弹性。一般认为,从物指自身没有独立的功用,但经常辅助他物发挥效用的物;主物指从物所辅助的物。尽管存在学理上的定义,但该定义中依然使用了弹性词语,比如"经常辅助"。所以,即便依该定义去判断实践中哪些物属于从物,也不能得出毫无争议的结论。厨房里的抽油烟机究竟是房屋的从物还是重要成分?空调机、衣柜是否为房屋的从物?这些问题都需要结合个案具体情况,依据社会一般观念,甚至基于价值考量,予以裁断。裁断的过程其实就是法律解释过程。

二、民法解释的目标

长久以来,关于法律解释究竟以探究历史上的立法者的主观意思还是以探究法律在当下应有的意义为目标,存在争议。主张以前者为目标的学说被称为主观论或主观主义,主张以后者为目标的学说被称为客观论或客观主义。

> 【深化与拓展】19世纪末20世纪前期,主观主义与客观主义势均力敌。主观主义的代表包括温德沙伊德、比尔林、恩内克策卢斯等人,客观主义的代表包括宾丁、拉德布鲁赫、宾德尔、尼佩代等人。① 对此,拉德布鲁赫有一句名言:"解释者可以比立法者更好地理解法律,法律可以比其制定者更聪明——它甚至必须比其制定者更聪明。"② 20世纪后半期,客观主义逐渐占据上风。不过,主观主义并未被完全排除。目前处于主导地位的是以拉伦茨、比德林斯基等人为代表的折中说,其倡导以客观解释为主、以主观解释为辅。③

笔者赞同客观说。法律解释的目标不应是探究历史上立法者的意思,而应是探究法律规范在当下应具备的适当意义。如果说历史上立法者的意思还有作用的话,其作用主要体现在法律施行的最初阶段。此时,历史上立法者就是当代立法者,其意思通常代表了那个时代法律共同体的主流价值观,所以,裁判者对其意思的探寻通常相当于依据该主流价值观对法律规范予以解释。随着时间的流逝,裁判者的世界与历史上的立法者渐行渐远,二者价值观的重叠部分越来越少,所以历史上的立法者之意思在法律解释中扮演的角色也变得越来越不重要。对于一部年代久远的法律进行解释时,通常无须探究或者推断历史上立法者的意思,除非

---

① 参见〔德〕卡尔·拉伦茨:《法学方法论》,陈爱娥译,商务印书馆2003年版,第197页。
② Gustav Radbruch, Rechtsphilosophie, 8. Aufl., 1973, S. 207.
③ 参见〔德〕卡尔·拉伦茨:《法学方法论》,陈爱娥译,商务印书馆2003年版,第198页;Franz Bydlinski, Grundzüge der juristischen Methodenlehre, 2. Aufl., 2012, S. 34。

待解释的法律规范比较生僻,很少有适用的机会以至于尚未形成与之相关的主流价值观,或者待解释的法律规范蕴含的历史上立法者的规定意向已经成为法律上的结构性原则且此项原则迄今未变,例如《民法典》第215条中的物权变动与原因行为区分原则。在后一种情形中,历史上立法者的意思实际上与当代法律共同体的共同价值原则吻合,通过立法史料对前者的考察只不过是对该价值原则的一种温习而已。

三、民法解释的方法

民法解释的方法(基准)主要包括文义解释、体系解释、反面解释、当然解释、历史解释、目的解释(客观目的论解释)。反面解释与当然解释究竟属于法律解释抑或法的续造,存在争议。德国、瑞士、奥地利学者多将其视为法的续造。① 我国学者多将其视为法律解释②,但也有学者将其视为法的续造。③

(一) 文义解释

文义解释是指依一般语言用法或者可查明的特殊语言用法确定词语的意义,借此阐明法律条款的意义。④ 法律解释始于文义解释,因为在成文法国家,法律的内容是用文字表达出来的,文字是法律规则的载体,通过破解文字的意义,一般就能确定法律的内容。

【深化与拓展】可以把一般语言用法称为一般文义,把特殊语言用法称为特殊文义。一般语言用法是指普通大众对词语的理解,确切地说,是普通大众对词语的主流理解,因为不可能每个人对某个词语都有完全相同的理解,具有决定性的只能是大多数人的理解。多数情况下,应当依据一般语言用法解释法律,因为法律通常是为普通大众制定的,立法者应考虑到普通大

---

① 参见〔德〕罗尔夫·旺克:《法律解释》(第6版),蒋毅、季红明译,北京大学出版社2020年版,第146—153页;〔奥〕恩斯特·A.克莱默:《法律方法论》,周万里译,法律出版社2019年版,第168—178页;〔德〕卡尔·拉伦茨:《法学方法论》,黄家镇译,商务印书馆2020年版,第489—492页。
② 参见王利明:《法律解释学导论:以民法为视角》,法律出版社2009年版,第265页;杨仁寿:《法学方法论》,中国政法大学出版社1999年版,第114页。
③ 参见梁慧星:《民法解释学》(第4版),法律出版社2015年版,第215页。
④ 参见〔德〕卡尔·拉伦茨:《法学方法论》,陈爱娥译,商务印书馆2003年版,第200页。

众的理解。

不过,有时具有决定性的是特殊语言用法。一方面,立法上使用了大量的法学术语,这些术语具有特殊的含义,与其在日常生活中的含义不尽相同。解释法律时应以该特殊含义为准。比如,民法上有很多规则保护善意第三人,不保护恶意第三人。恶意在民法上指的是第三人知道或者应当知道真实的法律状况,比如处分人没有处分权。而在日常生活中,符合这种特征的第三人未必都被理解为恶意。因为在日常用语中,恶意一般指的是某人具有邪恶的意图,比如以损害他人的利益为唯一或者主要目的,至少可以说,第三人不知道但应当知道处分人没有处分权时,依一般语言用法,其并非恶意的。另一方面,法律有时也会使用经济学或者其他领域的术语。比如,我国《典当管理办法》第39条规定的"续当"、第40条规定的"绝当"就是典当行业的术语。

文义解释在法条所用词语的可能的文义范围内展开。文义范围可以划分为核心区域与边缘区域。对词语的解释若限于前者,即属于狭隘(enge Auslegung)或者限缩解释,若也包括后者,即属于宽泛(weite Auslegung)或者扩张解释。① 无论第一种解释抑或第二种解释,在本质上皆为文义解释。与之不同的是目的论限缩和目的论扩张,此二者属于法的续造。

(二) 体系解释

有时,仅依据某一法条所用词语的文义无法确定该法条所指何意。因为个别法条可能本来就没有完整的内容,必须与其他法条结合为一个整体才能获得完整的内容。有的法条虽然具有完整的内容,但其具体含义模糊不清,也需要将其放在立法文本的脉络关联中,才能阐明其确切含义。德国法学家鲁道夫·施塔姆勒有一句名言:"适用一个法条就是在适用整部法律。"② 这句话并不夸张,只有在体系脉络中法条的意义才能得到完整的显现。这种基于法条体系的解释就是体系解释。

---

① 参见〔德〕卡尔·拉伦茨:《法学方法论》,黄家镇译,商务印书馆2020年版,第445页。

② Ernst A. Kramer, Juristische Methodenlehre, 2. Aufl., 2005, S. 77.

【深化与拓展】在我国民法上,体系解释的一个范例是《民法典》第 225 条的解释。依文义解释,《民法典》第 225 条的语词组合提供给我们的意义是:对于机动车等交通工具的物权变动,登记是对抗第三人的必要条件。至于交通工具物权变动的生效须具备何种条件,未交付的情况下是否发生物权变动效果,并不在该条的文义范围之内。依体系解释,该条位于《民法典》物权编第二章第二节"动产交付"之下,该节包括第 224—228 条。第 225 条尽管没有明确提到"交付",但这并不意味着交通工具物权变动一律不需要交付(合意生效+登记对抗),只能说该条本身的文义没有要求交付。既然第 224—228 条同处于"动产交付"这一节之下,那就表明它们之间存在关联,联结点是"交付",即它们都与交付有关。具体言之,第 224 条规定交付生效主义,第 226—228 条是关于交付方式的特殊规定,第 225 条是对交付效力的限制:依第 224 条的规定,交付后,动产物权变动发生效力,既包括让与人与受让人之间物权变动的形成力,也包括对于第三人的对抗力,但依第 225 条规定,交通工具物权变动以登记为对抗要件,交付在此种场合对于善意第三人不再具有对抗力。但第 225 条并未明确"剥夺"交付对于交通工具物权设立与转让的形成力,关于这部分效力,仍然适用第 224 条的一般规定。应当注意的是,第 224 条的但书"法律另有规定的除外"表明,如果有其他条款规定交通工具物权设立与转让不以交付为生效要件,则另当别论。而《民法典》第 403 条结合第 395 条第 1 款第 6 项确实有特别规定:以交通工具抵押的,抵押权自抵押合同生效时设立,未经登记,不得对抗善意第三人。易言之,交通工具抵押权的设立不以交付为生效要件。

综上,由体系解释可以得出结论:在《民法典》中,交通工具物权的设立与转让一般以交付为生效要件,以登记为对抗要件,即采用"交付生效+登记对抗"的规范模式。

(三) 反面解释

反面解释亦称反对解释,即依据法律规定的文字,推论其反面之结果。按照法学方法论上的定理,只有在法律规范中的构成要件是法律效果的必要条件或者充要条件的情况下,才能进行反面解释。① 究竟是否符合该要求,本身也需要依解释而确定。

【深化与拓展】拉伦茨和卡纳里斯认为,仅当立法者显然想把法律效果限定于构成要件 T 或者依法律目的可以如此限定的情况下,才允许反面解释。如果法条中明确包含了"仅"字,无疑可以进行反面解释。② 不过,绝大多数法条并未使用"仅"或者"仅当"字样。所以,法条中的构成要件是否为法律效果的必要条件,通常需要将该法条置于法律规则的脉络关联中甚至借助于法律目的考量才能确定。从这个意义上说,反面解释往往需要与其他解释(体系解释、目的解释)相结合。由于反面解释的适用前提是否具备或多或少具有不确定性,所以不能贸然对法条进行反面解释,其适用前提的认定须慎重,解释结论不得违背"本质相同的事实相同处理"原则。如果法律未明确规定的事实与法律明确规定的事实在本质上是相同的,应当类推适用。仅当法律未明确规定的事实与法律明确规定的事实在本质上是不同的,才能作反面解释。反面解释与类推恰好相反。至于两个事实究竟是同质还是异质,往往需要借助于价值考量,所以,反面解释其实介于法律解释与法的续造之间。正因如此,在德国法学方法论中,反面解释通常被视为法的续造。

反面解释的范例是《民法典》第 405 条。该条规定先出租且交付、后抵押的情况下,抵押不破租赁。反面解释的结论是:先抵押、后出租或者后交付的情况下,抵押破租赁。

【案例解析】在教学案例中,甲虽然把房屋先出租给乙,但在交付之前,又把房屋抵押给丙,所以,不适用《民法典》第 405 条的正面文义,应当适用该条反面解释的结论,抵押破租赁。在抵押权人丙申请法院拍卖房屋时,乙无权主张"买卖不破租赁",房屋买受人无须承受租赁合同。

---

① 参见梁慧星:《民法解释学》(第 4 版),法律出版社 2015 年版,第 279、280 页。
② Vgl. Larenz/Canaris, Methodenlehre der Rechtswissenschaft, 3. Aufl., 1995, S. 209.

(四) 当然解释

当然解释是指对于某一事实,法律虽无明文规定,但依法律目的,其较法律明文规定的事实更有理由适用该规定,所以同样适用该规定。在我国古代法中就已经存在当然解释,即所谓"举重以明轻、举轻以明重"。《唐律》第六卷第六条"断罪无正条"规定:"诸断罪而无正条,其应出罪者,则举重以明轻;其应入罪者,则举轻以明重。"[①]

> 【深化与拓展】在我国民法上,当然解释的范例是《合伙企业法》第44条。《合伙企业法》第22—23条未规定合伙份额转让后,受让人是否对此前发生的合伙债务承担责任,而《合伙企业法》第44条规定入伙人对入伙前的合伙债务承担无限连带责任。入伙人与此前合伙企业的经营活动本无任何关系,尚且应当对此前的合伙债务负责,份额受让人从原合伙人手中继受合伙份额,该合伙份额参与了合伙企业的经营活动,与合伙债务具有密切关系,所以,份额受让人更应当对此前的合伙债务负责,对《合伙企业法》第44条理应作当然解释。

(五) 历史解释

历史解释,也称主观目的论解释、法意解释,是指通过探究历史上的立法者的价值判断、立法目的及规范想法,阐明法律规则的意义。之所以称之为主观目的论解释,是因为依据的是历史上的立法者欲实现的目的,而不是法律在当代应当追求的目的。在主观主义方法论占主导地位的时代,历史解释是非常重要的解释方法。在当代法学方法论中,历史解释方法已被弱化。一般而言,在距离立法越近的时代,历史解释的作用越大;在距离立法越远的时代,其作用越小,因为随着时间的流逝,立法者的想法一方面越来越难以查明,另一方面与当代社会生活状况日益脱节,对解释者的约束力当然越来越小。

> 【深化与拓展】拉伦茨认为,立法者的规定意图和目的可以由法律本身、法律的前言、指导性规定、标题、法律的意义脉络及

---

① (清)薛允升:《唐明律合编》,法律出版社1999年版,第78页。

由此显现的价值决定得到体现。此外,不同的草案、讨论记录及附加于草案中的理由说明也是辅助材料。① 比德林斯基则认为,所有能够表明立法者意志和意图的迹象都是历史解释的材料。其中包括待解释规范制定之前的法律状况,通过前后对比经常能发现是否以及哪些东西应当被更改;包括与待解释规范相关的法学文献,学术观点可能对法律起草产生重要影响;包括先前的草案;也包括该法律的政治出发点。最有价值的是立法资料,包括关于从某个机关或者专业委员会就法案草拟提出最初动议或者项目直至在国会中进行审议的立法过程的全部书面材料。②

应当注意的是,如果采用纯粹客观主义的解释立场,则历史解释无用武之地。

(六) 客观目的论解释

与主观目的论解释不同的是客观目的论解释,即依据法律的客观目的阐明其意义,历史上的立法者是否意识到该目的,在所不问。法律的客观目的实际上是解释者赋予法律规则的,它是一个理性的解释者认为的应当以待解释的法律规则为手段去实现的目标。目标的确定在很大程度上包含了价值考量的因素。当然,与其说这个价值考量纯粹依据法官的个人偏好,毋宁说,法官应当依据其所处的时代占主导地位的法价值观作出判断。"法官应当尽可能地作为负有论证义务的法律共同体代表行事。"③

客观目的论解释的标准除了法价值(原则),还包括法律调整的事物领域的结构,也就是连立法者也不能改变的既存状态。

【深化与拓展】甲把 20 万元钱交给乙,委托乙炒股,一年后,亏了 8 万元。甲认为有几次股票买卖乙本应征求其意见,但乙却擅自处理,导致亏损严重,所以要求乙赔偿损失。甲援引《民法典》第 922 条第 1 句"受托人应当按照委托人的指示处理

---

① Vgl. Larenz/Canaris, Methodenlehre der Rechtswissenschaft, 3. Aufl., 1995, S. 151.
② Vgl. Franz Bydlinski, Grundzüge der juristischen Methodenlehre, 2. Aufl., 2012, S. 35.
③ Franz Bydlinski, a.a.O., S. 42.

委托事务"。从文义上看,该句有两种解释的可能性:一是,受托人只能按照委托人的指示处理委托事务,未得到指示,不得擅自处理;二是,对于委托事务,委托人如果有指示,受托人应当按照其指示处理,如果没有指示,受托人可自行决定。仅采用文义解释方法,无法确定该句的意义。依客观目的论解释,《民法典》第922条第1句规范的是委托关系,某人之所以委托他人处理事务,是因为自己缺乏时间或者相关知识、技能、经验,受托人具备这些东西,可以帮其处理,代其作出决定。如果每件具体事务都由委托人作出指示,则委托关系形同虚设。因此,在没有特别指示的情况下,受托人可以就委托事务自行作出决定。这是《民法典》第922条第1句调整的委托关系的基本结构(事物的性质)。该句的解释结论应当符合该基本结构。为了实现这一目的,应当采用上述第二种解释。

(七) 各种解释方法的位阶关系

法律解释始于文义解释,因此,文义解释在解释方法体系中处于第一位。如果通过文义解释已经获得确定的解释结论,通常无须求助于其他解释方法,解释工作到此为止。反之,如果通过文义解释不能获得确定的解释结论,则须求助于体系解释等方法。体系解释在位阶上次于文义解释。历史解释与反面解释须慎用,因为前者在当代法学方法论上日趋式微,后者适用之前提不易判断。与此不同,当然解释具有更高的确定性,只要具备相应条件,即可果断适用。客观目的论解释除可以独立适用之外,还具有辅助作用,可以用于检验依其他解释方法得出的结论是否正当。

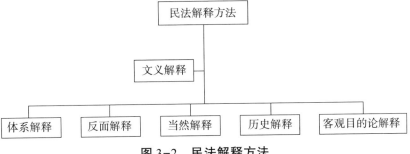

图3-2 民法解释方法

第三节　民法的续造

一、什么是民法的续造

任何法律都不可能涵盖需要由其规范的所有具体问题，法律难免存在漏洞。对于法律未明文规定的问题，法官不得拒绝裁判，否则将违背其职责。因此，现代法学方法论普遍承认法官有权进行法的续造。依通说，法的续造包括制定法内的法续造（gesetzesimmanente Rechtsfortbildung）和超越制定法的法续造。如此，则从方法论视角看，法官的工作分为三个阶段：法律解释、制定法内的法续造（漏洞填补）、超越制定法的法续造。第一阶段和第二阶段的界限是法条的可能的文义范围，第二阶段和第三阶段的界限是制定法内在的计划和目的。[①]

二、制定法内的法续造（漏洞填补）

（一）法律漏洞的概念与类型

制定法内的法续造即法律漏洞填补，其前提是存在法律漏洞。所谓法律漏洞即制定法存在的违反计划的不圆满性。[②] 通俗而言，就是从制定法应实现的目的看，对于某个问题本应规定而未予规定，或者本不应规定而予以规定。制定法的目的可以从包含于该制定法内的涉及类似问题的规则或者一般原则中提炼出来。毫无疑问，法律漏洞的认定本身就包含评价因素。

法律漏洞可以分为显性漏洞与隐性漏洞（verdeckte Lücke）。显性漏洞亦可称为开放型漏洞，是指制定法对本应规定的问题未予规定，要么因为法律规则的适用范围过窄，要么根本欠缺法律规则。隐性漏洞亦可称为隐蔽型漏洞、隐藏漏洞，是指制定法对本不应规定的问题予以规定，即其适用范围过宽。之所以称之为隐性漏洞，是因为从表面上看，关于系争问题存在法律规则，似乎不存在漏洞，但从法律目的上看，本应设置一项限制性规定，将系争问题排除在法律规则适用范围之外。因此，就其本质

[①]　Vgl. Larenz/Canaris, Methodenlehre der Rechtswissenschaft, 3. Aufl., 1995, S. 245.
[②]　Vgl. Larenz/Canaris, Methodenlehre der Rechtswissenschaft, 3. Aufl., 1995, S. 197.

而言,隐性漏洞是法律规则欠缺限制性规定。①

法律漏洞还可以分为自始漏洞与嗣后漏洞。自始漏洞是指在立法之时,由于立法者的疏忽等因素而导致的法律漏洞。② 嗣后漏洞是指因技术、社会经济的发展而出现立法者当初无法想象的新问题,依法律的客观目的,此类问题需要由其调整但却欠缺相应规则,由此形成法律漏洞。

(二) 法律漏洞的填补方法

1. 目的论限缩

对于隐性漏洞,可以通过目的论限缩予以填补。例如,《民法典》第312条第2句中的"受让人"在外延上既包括善意受让人,也包括恶意受让人,但依法律目的,恶意受让人显然不应享受该句规定的优待,遗失物所有权人对恶意受让人的返还请求权不应受到二年期间的限制,也无须向恶意受让人支付费用。③ 因此,该句规定的文义范围过于宽泛,存在隐性漏洞,应当将"受让人"目的论限缩为善意受让人。

2. 类推与目的论扩张

(1) 类推与目的论扩张的关系。

对于显性漏洞,主要通过类推或者目的论扩张予以填补。关于类推与目的论扩张的关系,方法论上存在较大争议。有学说认为二者无法区分或者没有区分之必要,德国学者温德沙伊德、蒂堡、赫克、扬·施罗德、旺克等人持该说④,吕特斯则把目的论扩张视为类推的一种类型。⑤ 另有学说认为有必要区分二者且能够区分,卡纳里斯、拉伦茨、克莱默、梁慧星

---

① 参见〔德〕卡尔·拉伦茨:《法学方法论》,黄家镇译,商务印书馆2020年版,第474页。
② 参见王利明:《法律解释学导论:以民法为视角》,法律出版社2009年版,第470页。
③ 参见杨代雄主编:《袖珍民法典评注》,第312条边码11、14(杨代雄执笔),中国民主法制出版社2022年版,第256、257页。
④ 参见〔德〕扬·施罗德:《类推与目的性扩张之区别》,钟嘉儿译,载王洪亮等主编:《中德私法研究(17):司法造法与法学方法》,北京大学出版社2018年版,第170页;〔德〕罗尔夫·旺克:《法律解释》(第6版),蒋毅、季红明译,北京大学出版社2020年版,第78、79页。
⑤ Vgl. Rüthers/Fischer/Birk, Rechtstheorie mit Juristischer Methodenlehre, 6. Aufl., 2011, S. 527.

等人持该说。① 至于如何区分二者,亦有不同观点。第一种观点是历史法学派通说,其认为,类推体现为在个案中从针对事实 A 的既存规则中提炼出更高层次的一般原则,并将其适用于法律未予以规定的类似事实 A′。② 第二种观点认为,目的论扩张与类推的区别在于,类推以未规定事实和已规定事实的相似性为基础,目的论扩张则不以此种相似性为基础。③ 第三种观点认为,目的论扩张与类推的区别在于,目的论扩张需要将法条构成要件扩张于未规定事实,类推则不需要扩张法条的构成要件,而是把法条规定的法律效果转用于未规定事实。④ 第四种观点认为,需要对法条进行目的论扩张时,该法条规定的构成要件或者法律效果不足以实现其立法目的,所以该法条存在瑕疵,而在类推情形中,被类推法条中的构成要件足以实现其立法目的,所以该法条本身不存在瑕疵。⑤

上述四种观点分别从不同角度揭示目的论扩张与类推的区别。前三种观点侧重于形式层面,第四种观点侧重于实质层面。四种观点皆有一定的合理性,这也表明目的论扩张与类推确实是两种不同的方法。

【深化与拓展】在我国民法中,目的论扩张的范例是《民法典》第 409 条第 1 款第 3 句,该句中的"其他抵押权人"覆盖范围过窄,不足以实现该款的立法目的,因为抵押动产上不仅可能竞存其他抵押权,还可能竞存其他担保物权(如质权)或者非典型担保权利,抵押人与抵押权人变更抵押权,同样可能影响到此类担保权利人的利益,其也需要保护,所以应当对"其他抵押权人"进行目的论扩张,使之涵盖其他类型的担保权利人。

---

① 参见 Claus-Wilhelm Canaris, Die Feststellung von Lücken im Gesetz, 2. Aufl., 1983, S. 89f.;〔德〕卡尔·拉伦茨:《法学方法论》,黄家镇译,商务印书馆 2020 年版,第 500、501 页;〔奥〕恩斯特·A.克莱默:《法律方法论》,法律出版社 2019 年版,第 173 页;梁慧星:《民法解释学》(第 4 版),法律出版社 2015 年版,第 282 页。

② 参见〔德〕扬·施罗德:《类推与目的性扩张之区别》,钟嘉儿译,载王洪亮等主编:《中德私法研究(17):司法造法与法学方法》,北京大学出版社 2018 年版,第 170 页。

③ Vgl. Claus-Wilhelm Canaris, Die Feststellung von Lücken im Gesetz, 2. Aufl., 1983, S. 90.

④ 参见〔奥〕恩斯特·A.克莱默:《法律方法论》,周万里译,法律出版社 2019 年版,第 173 页。

⑤ 金可可教授在"第十八届费彝民法学论坛暨首届紫金法解释学论坛"(2016 年南京)所作的《个别类推与目的性扩张》的主题报告中提出此种观点。

类推的范例是《民法典》第 763 条。该条规定在保理合同领域明确承认了"通谋虚伪表示无效不得对抗善意第三人"规则。对于其他领域,《民法典》并无类似规定,因此,至少在债权转让的一般情形中,为了保护善意的债权受让人,应当类推适用该条规定。再如,依《民法典》第 524 条第 2 款规定,债权人接受有利害关系的第三人履行后,其对债务人的债权转让给第三人,但该款未规定该债权移转不得损害债权人的利益。在第三人仅进行部分清偿的情况下,只有部分债权依法移转于第三人,剩余债权仍归属于债权人。若债务人的责任财产不足清偿全部债务,则第三人的受偿顺位理应劣后于债权人,否则将损害债权人的利益。因此,为了保护债权人的利益,对于第三人清偿,应当类推适用《民法典》第 700 条但书"不得损害债权人的利益"。①

《民法典》第 763 条处于合同编"保理合同"章下,目的在于规范保理人与债权人、债务人之关系,其构成要件"应收账款债权人与债务人虚构应收账款作为转让标的,与保理人订立保理合同"足以实现该目的,"债权人与债务人虚构债权,与保理人以外的人订立债权转让合同"虽不在该要件适用范围之内,但绝不能据此断言该法条存在瑕疵。将该法条类推适用于保理交易之外的债权转让,并未改变其构成要件,只是将其转用于另一种法律事实而已。反之,对《民法典》第 409 条第 1 款第 3 句中的"其他抵押权人"进行目的论扩张,导致该构成要件变成"其他担保权人"。目的论扩张与类推的区别一目了然。

(2)个别类推与整体类推。

法学方法论上通常将类推区分为个别类推与整体类推,亦有称之为法律类推(Gesetzesanalogie)与法类推(Rechtsanalogie)。② 所谓整体类推是指从一系列类似法律规则中归纳出一般原理原则,将其适用于此类规则未予明文规定的其他类似法律事实。

---

① 参见杨代雄主编:《袖珍民法典评注》,第 524 条边码 13(谢德良执笔),中国民主法制出版社 2022 年版,第 449 页。
② 参见〔奥〕恩斯特·A.克莱默:《法律方法论》,周万里译,法律出版社 2019 年版,第 174 页;Karl Engisch, Einführung in das juristische Denken, 11. Aufl., 2010, S. 255。

【深化与拓展】在德国法上，最具代表性的整体类推范例是，关于不同类型继续性债务关系的一系列法律规则均规定任何一方当事人基于重大事由都有权终止合同，通说从此类规则中归纳出一条普遍原则，即在所有继续性债务关系中，当事人都享有基于重大事由的终止权。此项普遍原则可以适用于法律未明确规定的所有其他继续性债务关系。①

整体类推与个别类推的主要区别在于，在操作方式上，个别类推虽探究法律规则背后的法律目的，该目的亦具有一般性，但终究未将其上升为具有法律规范属性的一般原则，而整体类推则具有此种功能。从结果看，整体类推产生的一般原则具有开放性，普遍适用于不特定的类似法律事实②，而个别类推则"就事论事"，仅将法律规则转用于另一个特定法律事实。究其实质，个别类推是以相似性和法律目的为媒介，从特别到特别的推导过程；反之，整体类推则是以法律目的为基础，从特别归纳出一般，再从一般演绎出特别，表现为归纳与演绎的综合运用。

由于整体类推将产生一条普适性法律原则，所以须慎重考量系列规则究竟是否存在共同的法律目的、该目的可被普遍化的程度、个别案型是否存在特殊性从而应作不同评价等因素。若无十分把握，则可以先对其中一条规则作个别类推，以解决法律未规定的个案问题。③ 就《民法典》第700条但书而言，《民法典》第519条第2款第1句但书亦有类似规定，此可谓系列规则。若将其整体类推于第三人清偿案型，须审查其中蕴含的"部分债权法定移转不得影响债权人剩余债权之实现"这一法律目的可否适用于各种类型的债权法定移转。实际上，既然通过个别类推《民法典》第700条但书即可解决个案问题，无须冒着风险通过整体类推创设一般原则。

---

① 参见〔德〕卡尔·拉伦茨：《法学方法论》，黄家镇译，商务印书馆2020年版，第482页。

② 正因如此，卡纳里斯不把整体类推归入类推范畴，而是将其视为另一种方法，即一般法律原则的归纳。Vgl. Claus-Wilhelm Canaris, Die Feststellung von Lücken im Gesetz, 2. Aufl., 1983, S. 97f.

③ 参见〔德〕卡尔·拉伦茨：《法学方法论》，黄家镇译，商务印书馆2020年版，第485、486页。

(3)类推适用的前提。

类推体现了"同类事实相同处理"的平等原则,通过类推可以实现法律评价的统一性。类推适用的前提是法律未规定的事实 A′ 与法律已规定的事实 A 存在相似性。所谓相似性并非指事实 A′ 与事实 A 在所有方面都相似,而是指二者在对于法律评价具有决定意义的方面一致,而且二者在其他方面的差别不足以排除法律上对其予以相同评价。若事实 A′ 与事实 A 在某些方面的差别足以排除法律上对其予以相同评价,则不应进行类推。在此种情形中,反而可能需要基于法律目的审查应否对关于事实 A 的法律规则进行反面解释。反面解释即反推,是类推的对立面,二者有时仅一线之隔。

在上一节的教学案例中,"先抵押、后交付租赁物"与《民法典》第 405 条明确规定的"先出租且交付、后抵押"相比,差别在于租赁物在抵押前交付抑或在抵押后交付。此项差别关乎设立抵押权时债权人有没有机会通过察看抵押物的占有状况来判断其是否已被出租。这个因素对于法律评价至关重要,其决定了对于"先抵押、后交付租赁物"与"先出租且交付、后抵押"应当作不同评价而不是作相同评价,所以应当对《民法典》第 405 条进行反面解释而不是类推。

【深化与拓展】长久以来,有一种颇有影响力的观点认为,例外(特别)规定不得扩张解释或者类推,否则将有架空法律所确立的一般规定与例外规定之关系的危险。该观点在当代法学方法论上备受质疑。主流学说认为,例外规定并非一律不得类推或者扩张解释。具有决定意义的依然是法律目的或者法律评价。① 如果依例外规定的法律目的,将其适用于未被规定的法律事实是正当的,则没有理由不允许类推或者目的论扩张。反之,如果例外规定是背离法秩序基本价值的"异常规范",则不得予以类推或者目的论扩张。② 在这方面,与一般规定相比,例外规定的特殊之处仅表现为,其"例外性"提醒解释

---

① Vgl. Claus-Wilhelm Canaris, Die Feststellung von Lücken im Gesetz, 2. Aufl., 1983, S. 181; Karl Engisch, Einführung in das juristische Denken, 11. Aufl., 2010, S. 256-258.
② 参见〔奥〕恩斯特·A.克莱默:《法律方法论》,周万里译,法律出版社 2019 年版,第 184、185 页。

者须注意审查其是否存在特殊的立法目的以及此项特殊目的是否排斥将其适用于其他法律事实。易言之,"例外"充其量只是一个类似于"小心滑倒"的危险标识,不是类似于"禁止吸烟"的禁止标识。

3. 依据法律原则填补漏洞

在欠缺可资类推或者目的论扩张之法条的情况下,可以通过援引制定法中包含的法律原则来填补法律漏洞[①],例如诚信原则(含权利不得滥用原则)、信赖保护原则等。《民法典总则编若干问题的解释》第1条第3款规定:"民法典及其他法律对民事关系没有具体规定的,可以遵循民法典关于基本原则的规定。"此为依据法律原则填补漏洞的规范基础。

三、超越制定法的法续造

对于某种案型,制定法没有规定但又不能说这是"违反计划"的,则不构成法律漏洞,法官不能进行漏洞填补。尽管如此,如果从法秩序的基本价值和社会经济需求看,法官必须对此类案型中的权利义务予以承认的,则法官责无旁贷。法官为此作出的裁判虽然超出了制定法的框架,但仍在整体法秩序的价值原则框架之内,所以属于超越制定法的法续造。与漏洞填补不同,超越制定法的法续造仅在具有特别重大事由时才被允许。[②] 超越制定法的法续造在大多数情况下表现为通过裁判创造一个新的法律制度,该制度甚至与制定法的固有规则体系存在冲突,例如让与担保制度。

---

① 参见〔德〕罗尔夫·旺克:《法律解释》(第6版),蒋毅、季红明译,北京大学出版社2020年版,第155页。
② 参见〔德〕卡尔·拉伦茨:《法学方法论》,黄家镇译,商务印书馆2020年版,第461页。

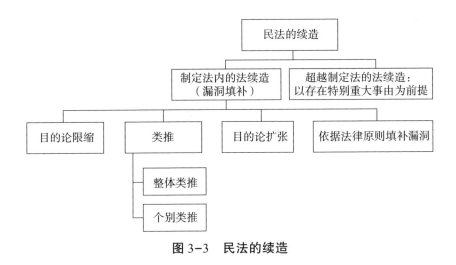

图 3-3　民法的续造

第四节　民法案例的处理方法:请求权基础思维

一、概述

面对一个诉讼案件,律师或者法官可以用多种不同的方法予以处理。这些方法可能通过学校教育习得,也可能通过职场培训(行业培训、单位培训、团队培训)习得,甚至可能通过个人经验习得。虽不能说不同的方法之间存在正误之分,但仍可以从合理性、精确性、效率等角度辨别其优劣高下。目前比较受推崇的方法是源于德国的请求权基础方法,该方法适合于成文法国家。① 在法律教育上,其有助于训练严谨的法律思维;在法律实务上,其有助于提高法律适用的精确性与统一性。

请求权基础方法分为练习版与实战版。练习版请求权基础方法适用于课堂训练,案件事实(三段论小前提)是事先给定的,学生仅须针对案件事实检索请求权规范(三段论大前提)以及与之相关的辅助规范和反对规范。所谓请求权规范是指创设请求权的法律规范,包含构成要件和法律

---

① 近年来,我国最高人民法院下属的国家法官学院与德国专家合作,在法院系统开展请求权基础方法的培训,并有相应的出版物。例如,国家法官学院、德国国际合作机构:《法律适用方法:侵权法案例分析方法》(第 2 版),中国法制出版社 2015 年版。

效果,属于完全法条。① 应当注意的是,除了法律规范,法律行为尤其是合同也可以成为请求权基础。对于无名合同而言,这一点尤为重要。② 无名合同约定一方对另一方享有某种给付请求权,可以该合同条款结合《民法典》第 509 条第 1 款作为请求权基础。当然,根据情况也可以通过《民法典》第 467 条第 1 款的媒介,以类似合同的给付请求权法律规范作为请求权基础。所谓反对规范是指关于请求权之抗辩的法律规范,亦称抗辩规范、防御规范。所谓辅助规范是指对请求权规范的构成要件或者法律效果予以进一步说明的规范,也包括对抗辩的构成要件及其他细节予以进一步说明的规范。前者为请求权规范的辅助规范,后者为反对规范的辅助规范。

实战版请求权基础方法适用于法律实务,在德国被称为法庭报告技术/关联分析法,在练习版的基础上,还需要运用证据规则对案件事实进行查明、认定和裁剪。③

以下仅简要介绍练习版请求权基础方法。

二、请求权的主体与目标

以请求权基础方法分析案例,有两种体裁:一是鉴定体(Gutachtenstil),二是裁判体或者说判决体(Urteilstil)。④ 裁判体采用法官视角,把结论置于开头,然后论证该结论的正当性。鉴定体侧重于律师视角,先提出假设结论(如"甲或可请求乙支付 100 万元款项"),再检索请求权基础,审查是否符合其构成要件(如"其依据为《民法典》第 626 条,该规定的构成要件是"),最后得出确定结论(如"甲有权请求乙支付 100 万元款项")。

裁判体无须考虑以谁作为请求人(Anspruchsteller)和被请求人(请求

---

① 参见王泽鉴:《民法思维:请求权基础理论体系》(2022 年重排版),北京大学出版社 2022 年版,第 42 页。
② 参见〔德〕汉斯·布洛克斯、〔德〕沃尔夫·迪特里希·瓦尔克:《德国民法总论》(第 41 版),张艳译,中国人民大学出版社 2019 年版,第 288 页。
③ 参见吴香香:《请求权基础:方法、体系与实例》,北京大学出版社 2021 年版,第 17—19 页。
④ 参见吴香香:《请求权基础:方法、体系与实例》,北京大学出版社 2021 年版,第 13、14 页;王泽鉴:《民法思维:请求权基础理论体系》(2022 年重排版),北京大学出版社 2022 年版,第 109 页。

权相对人),也无须考虑以何为请求权目标,因为起诉状中已经写明原告与被告是谁、原告提出了什么诉讼请求,法官仅须审查该原告对该被告就此项诉讼请求是否享有请求权即可。鉴定体需要考虑以哪些人作为被请求人、以何为请求权目标。因为,陷入纠纷的一方当事人向律师求助,律师听其陈述之后需要帮其考虑"告谁""告什么"。有时,一个案件中有多个人可以成为被请求人,所以必须分别审查请求人对每个被请求人就某个目标是否享有请求权。所谓请求权目标即请求什么内容,如物的返还、损害赔偿、支付价款、不作为等。

在多个被请求人、多个请求权目标和多个请求权基础相互交织的情况下,比较合理的分析顺序是:①区分被请求人;②区分请求权目标;③区分请求权基础。如:甲对乙就目标A(物的返还)的请求权,甲对乙就目标B(损害赔偿)的请求权;甲对丙就目标B的请求权。有时还可能存在多个请求人,形成更为复杂的关系。例如,有甲、乙两个请求人,有丙、丁两个被请求人。对此,应当两两相对分别审查,如先审查甲对丙的请求权、甲对丁的请求权,再审查乙对丙的请求权、乙对丁的请求权。[①] 当然,究竟应当先审查哪一对当事人之间的请求权,有时需要考虑谁是关键当事人,比如谁与谁之间的法律关系更具先决性,是其他当事人之间的法律关系的前提。[②]

三、请求权基础思维的外在结构

民法上有多种请求权,如合同请求权、侵权请求权、无因管理请求权、不当得利返还请求权等。一个案件可能符合其中一个请求权的构成要件,也可能符合多个请求权的构成要件。就练习版请求权基础方法而言,为确保没有遗漏,应当按照一定的顺序逐个检索全部请求权类型。通说认为,多个请求权的检索顺序为:

(一)基于合同的请求权

之所以把基于合同的请求权放在第一顺位,是因为"越特别的请求权

[①] 参见〔德〕迪特尔·梅迪库斯:《请求权基础》,陈卫佐等译,法律出版社2012年版,第15、16页。
[②] 参见王泽鉴:《民法思维:请求权基础理论体系》(2022年重排版),北京大学出版社2022年版,第117页。

必须越早审查",基于合同的请求权在各种请求权中最为特别。合同关系的成立排除了无因管理关系,有时亦可排除所有物返还请求权与不当得利返还请求权。此外,作为意定法律关系,合同法律关系在具体内容上也比侵权责任关系等法定法律关系更为特别。依据契约原则,民法仅在个别情况下才承认单方法律行为可以发生债权关系。如果个案中涉及基于单方法律行为的请求权,也应放在第一顺位。

基于合同的请求权包括两种:一是原请求权(Primäransprüche)或者说原给付请求权,二是次请求权(Sekundäransprüche)或者说次给付请求权。原给付请求权即合同的履行请求权,如买受人对出卖人的交付请求权,出借人对借款人的借款返还请求权。次给付请求权包括因合同债务不履行而发生的损害赔偿请求权和因合同解除而发生的恢复原状(如返还给付)请求权。瑕疵给付情形中的补正履行请求权究竟属于原给付请求权抑或次给付请求权,有待斟酌。[1]

(二) 类合同请求权

类合同请求权(Ansprüche aus vertragsähnlichen Verhältnissen)即类似合同关系中的请求权,包括基于缔约过失的请求权、违反后合同义务而产生的请求权[2]、无因管理请求权、无权代理中的履行请求权与损害赔偿请求权、附保护义务的情谊行为中因违反保护义务而发生的损害赔偿请求权以及法律特别规定的请求权等。法律特别规定的请求权如婚姻家庭法上的扶养请求权、公司法上的法定请求权(如《公司法》第 74 条规定的异议股东对公司的股份回购请求权)。

(三) 物权法上的请求权

物权法上的请求权包括物权请求权、占有保护请求权,还包括所有人—占有人关系(EBV)中的请求权,如所有人对占有人的损害赔偿请求权、收益返还请求权以及占有人对所有人的费用偿还请求权。所有人—占有人关系中的请求权并非物权请求权,比如所有人可以把收益返还请求权转让给第三人但自己仍然保留物的所有权,而物权请求权则不允许

---

[1] 王泽鉴先生将补正履行(如修理)请求权视为次给付请求权。参见王泽鉴:《民法思维:请求权基础理论体系》(2022年重排版),北京大学出版社2022年版,第361页。

[2] 参见吴香香:《请求权基础:方法、体系与实例》,北京大学出版社2021年版,第11页。

脱离物权被转让。在本质上,所有人—占有人关系中的请求权通常是在无权占有期间因某种事由而发生的债权请求权。鉴于此类债权请求权与物权关系存在密切关联,而且与侵权请求权、不当得利返还请求权等相比,其在效果上具有特殊性,所以将其置于物权请求权同一顺位。

(四) 侵权请求权

因侵权行为而发生的请求权(侵权责任)应作广义理解。一方面,侵权责任既包括过错侵权责任,也包括不以过错为要件的危险责任,如饲养动物致人损害的责任、高度危险作业责任。① 另一方面,侵权请求权的内容是广义的损害赔偿,即恢复原状和金钱赔偿。本来意义上的损害赔偿是恢复原状,致害人须将受害人的利益状态恢复到损害事件发生前的状态。恢复原状的措施包括物的返还、修复、人的治疗等。金钱赔偿是对恢复原状的替代。

(五) 不当得利返还请求权

不当得利返还请求权具有衡平功能,旨在矫正欠缺正当性的利益变动,所以应作为兜底性请求权置于最后。不当得利分为给付型不当得利与非给付型不当得利,后者包括权益侵害不当得利、追偿不当得利、支出费用不当得利。由于给付型不当得利原则上排除了在同一得利客体上成立其他类型不当得利的可能性,所以其应当被优先审查。②

四、请求权基础思维的内在结构

请求权基础思维的外在结构表现为各种请求权的检索顺序,而请求权基础思维的内在结构则表现为单个请求权内部的审查步骤。通说认为,须依次审查如下事项:

(一) 请求权的发生

首先需要审查案件事实是否符合请求权基础的各项构成要件。为此,经常需要结合辅助规范予以判断。例如,《民法典》第 598 条是买受人主给付(交付并移转所有权)请求权的规范基础,该请求权的成立要求请

---

① 参见杨代雄主编:《袖珍民法典评注》,第 1236 条边码 3(陈道宽执笔),中国民主法制出版社 2022 年版,第 1086 页。
② 参见〔德〕汉斯·布洛克斯、〔德〕沃尔夫·迪特里希·瓦尔克:《德国民法总论》(第 41 版),张艳译,中国人民大学出版社 2019 年版,第 369 页。

求人与被请求人之间成立一份有效的买卖合同。关于合同成立的法律规范是辅助规范,包括《民法典》第471—472条、第474条结合第137条、第479条、第483条、第484条结合第137条等,其中既有上一级辅助规范,也有次一级辅助规范(辅助规范的辅助规范)。

其次需要审查是否存在权利阻止抗辩,该抗辩阻止请求权发生。涉及此类抗辩的反对规范如《民法典》第144条(无民事行为能力人实施的法律行为无效)、第146条(通谋虚伪的法律行为无效)、第153条(违反强制性法律规定或者违背公序良俗的法律行为无效)、第155条(被撤销的法律行为自始无效)。分析案例时需要审查上述规范的构成要件是否满足。

(二) 请求权未消灭

如果在第一个步骤中得出结论,请求权不发生,则审查到此为止。反之,如果结论是请求权发生,则还需要进一步审查请求权是否已消灭。涉及权利消灭抗辩的反对规范如《民法典》第557条(债权因履行、抵销等事由而消灭)、第545条及其以下各条规定(债权人因转让债权而丧失债权)、第551条(债务人因免责的债务承担而不再负担债务)、第555条(当事人因合同转让而丧失权利或者不再负担义务)、第693条(保证期间届满导致保证责任消灭)、第697条第1款(债务承担未经保证人书面同意导致保证责任消灭)、第698条(一般保证人的特别免责事由)等。分析案例时需要审查上述规范的构成要件是否满足。

(三) 请求权的可实施性

如果请求权已发生且未消灭,则需要进一步审查请求权是否可实施,或者说是否存在权利阻碍抗辩。同时履行抗辩权(《民法典》第525条)、先履行抗辩权(《民法典》第526条)、不安抗辩权(《民法典》第527条)、先诉抗辩权(《民法典》第687条第2款)、诉讼时效抗辩(《民法典》第192条第1款)等皆为权利阻碍抗辩。此类抗辩虽不能导致请求权消灭,但使被请求人取得给付拒绝权。

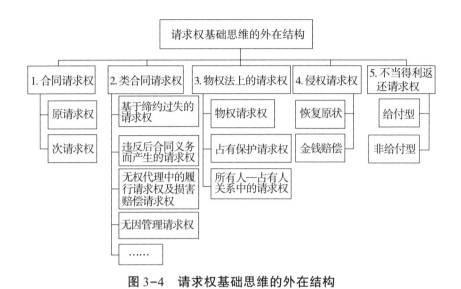

图 3-4 请求权基础思维的外在结构

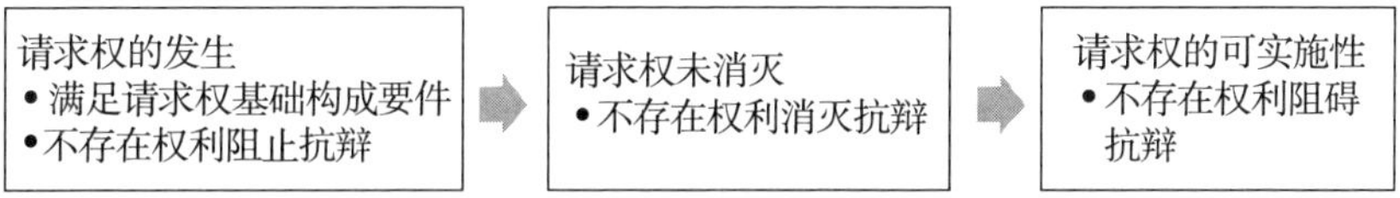

```
请求权的发生          请求权未消灭          请求权的可实施性
• 满足请求权基础构成要件  →  • 不存在权利消灭抗辩  →  • 不存在权利阻碍抗辩
• 不存在权利阻止抗辩
```

图 3-5 请求权基础思维的内在结构

第二编

民法总论

权利主体

第四章 自然人

第一节 作为权利主体的自然人

教学案例:王某,独身,开了一家美发店,性质为个体工商户,营业执照上登记的字号为"卿本佳人美发店"。该美发店与 A 美发集团订立《加盟协议》,协议约定了特许经营事项,并约定该美发店有义务维护 A 美发集团的良好商业形象,如果发生纠纷由 B 市仲裁委仲裁。此后,双方合作不愉快,王某多次在其个人微博上发表言论,宣称 A 美发集团存在赖账、欺诈、偷税漏税等现象。经查证,此等言论皆不属实。A 美发集团是否有权向 B 市仲裁委申请仲裁,请求"卿本佳人美发店"承担违约责任?

一、人的个体存在形式与团体存在形式

(一) 概述

人参与私法生活的方式有两种:一是以个体的方式参与私法生活,即自然人;二是以联合体的方式参与私法生活,最典型的是成立一个具备法人资格的组织体。在自然人与法人这两端之间,分布着若干类型的组织化程度低于法人的联合体。按照组织化或者独立性程度从低到高排列,可以形成不同的联合体序列。第一个序列涉及财产基础,依次排列如下:按份共有共同体、共同共有共同体、法人。第二个序列不以财产基础为决定性因素,依次排列如下:临时合伙、遗产继承共同体、普通民事合伙、婚姻或者家庭共同体、合伙企业、无权利能力社团、法人。

(二) 团体的序列

法人以外的团体包括如下几种:

1. 临时合伙

所谓临时合伙,即为了实施一项具体的法律行为或者具体的计划而临时形成合伙关系①,在合伙期间,可能并未形成财产共有关系。例如,甲、乙约定共同租赁一辆汽车用于自驾游,为期一周;两家公司约定共同研发一项技术。临时合伙是人与人基于一项合同结成的初级联合体,组织化程度极低。

2. 遗产继承共同体

遗产继承共同体是指继承开始后遗产分割前各继承人形成的共同体。在此期间,依法定继承,存在数个继承人的,遗产由各继承人共同共有,但这是比较弱的共同共有,不以长期存续为目的,实际上介于按份共有与共同共有之间。因此,联合体的紧密度较低,依民法原理,继承人可以自由处分其遗产份额,可以随时要求分割遗产终止共有关系。②

3. 普通民事合伙

普通民事合伙与临时合伙不同,合伙人为实现共同利益,在某个领域进行长期合作,在利益分配、风险分担及事务处理等方面形成了比较稳定的机制。例如,数人共同出资承包一座水库用于养鱼,或者合资购买一辆大卡车从事货物运输。按照《最高人民法院关于适用〈民事诉讼法〉的解释》(2022年修正,以下简称《民事诉讼法解释》)第60条第1句的规定,在诉讼中,未依法登记领取营业执照的个人合伙的全体合伙人为共同诉讼人。此处所谓个人合伙即为普通民事合伙,合伙中的动产、不动产归全体合伙人共同共有。

4. 婚姻或者家庭共同体

婚姻是一种身份关系,基于这种身份关系,夫妻形成一个共同体参与私法生活,对外发生物权关系和债权关系。在共同财产制下,夫妻是物权、债权等财产权利的共同共有人,因共同生活而发生的债务是共有债务,夫妻相互享有家事代理权。只要夫妻身份关系未终止,此种财产法上的共同关系就必须维持,原则上不得分割共有财产。任何一方都不得向第三人转让财产共有份额,因为在婚姻关系存续期间,根本不存在财产共

---

① 参见〔德〕温德比西勒、〔德〕怀克:《德国公司法》(第21版),殷盛译,法律出版社2010年版,第77页。

② 参见〔德〕卡尔·拉伦茨:《德国民法通论》,王晓晔等译,法律出版社2003年版,第195页。

有份额,哪怕像合伙份额那样的抽象份额也不存在。

  夫妻二人除了构成婚姻共同体之外,还可以构成一个家庭共同体。家庭共同体中是否包含子女,在所不问。家庭共同体可能形成财产共同共有关系。如果家庭仅由夫妻二人构成,则家庭共有关系与夫妻共有关系重合。如果家庭中尚有子女且子女对家庭财产的取得有所贡献,则子女对家庭共有财产也享有共有权,形成家庭财产共有关系。① 除此之外,家庭共同体在我国法律中还扮演了若干特殊角色。按照我国《土地管理法》第62条第1款的规定,农村村民一户只能拥有一处宅基地。这表明,农村宅基地使用权须以户的名义取得。所谓户,即家庭共同体。在宅基地使用权的取得过程中,家庭共同体至少在形式上作为一个整体取得权利。类似地,按照《农村土地承包法》第2条、第16条的规定,农村土地承包原则上采用家庭承包的方式,承包方是本集体经济组织的农户。在工商业领域,家庭共同体的特殊角色是个体工商户。按照《民法典》第54条的规定,自然人从事工商业经营,经依法登记,为个体工商户。按照《民法典》第56条第1款及《个体工商户条例》第2条第2款的规定,个体工商户可以个人经营,也可以家庭经营。如果采用家庭经营,则个体工商户就是家庭共同体参与私法生活的另一种形式。

  【深化与拓展】家庭共同体以户的名义参与私法生活的情形中,究竟以家庭共同体作为独立的民事主体抑或以家庭成员(自然人)作为民事主体,不无疑问。对此,学界存在特殊自然人说②、非法人组织说③与合伙说④之分歧。无论是原《民法通则》还是《民法典》,都将个体工商户与农村承包经营户规定在"自然人"这一节。仅从这一立法体例看,个体工商户与农户只是自然人这一民事主体的特殊形态而已,并非独立类型的民事主体。

---

 ① 《民法典》第1153条第2款明确规定了区别于夫妻共有财产关系的家庭共有财产关系。此外,《民法典》第56条也规定了家庭财产。
 ② 参见朱庆育:《民法总论》(第2版),北京大学出版社2016年版,第477页;江平、张佩霖:《民法教程》,中国政法大学出版社1986年版,第31页;苏号朋:《民法总论》,法律出版社2006年版,第131页。
 ③ 参见梁慧星:《民法总论》(第5版),法律出版社2017年版,第116页;房绍坤主编:《民法》,中国人民大学出版社2009年版,第62页。
 ④ 参见王利明主编:《中华人民共和国民法总则详解》,中国法制出版社2017年版,第231页(周友军执笔)。

此外，个体工商户适用个人所得税，不适用企业所得税，似乎也表明其本质上是自然人。不过，民法上的若干具体规定却表明家庭共同体在这些领域具有一定程度的独立性。譬如，按照《民法典》第56条的规定，农村承包经营户的债务以从事农村土地承包经营的农户财产承担，个体工商户采用家庭经营方式的，以家庭财产承担。《最高人民法院关于贯彻执行〈民法通则〉若干问题的意见（试行）》（已失效，以下简称原《民通意见（试行）》）第42—44条将"家庭财产"解释为家庭共有财产。若仍以该解释为准，则家庭共同体以家庭共有财产为责任财产，债权人无权就家庭成员的个人财产受偿债权，家庭共同体具备责任承担上的独立性。此外，《民法典》第396条规定可以设定动产浮动抵押的抵押人仅限于企业、个体工商户、农业生产经营者，不包括纯粹的自然人。《劳动法》第2条及《劳动合同法》第2条规定个体工商户可以成为用人单位，与劳动者形成劳动关系，自然人却只能成为普通的雇主。按照《民事诉讼法解释》（2022年修正）第59条第1款的规定，个体工商户有字号的，以营业执照上登记的字号为当事人，但应同时注明该字号经营者的基本信息。这些规定似乎也表明个体工商户与农村承包经营户具有不同于自然人的特殊法律地位。

当然，上述规定尤其是关于个体工商户与农村承包经营户责任承担的规定是否合理，有待斟酌。在婚姻法上，夫妻共同体虽有共同财产，但依据《民法典》第1089条以及《最高人民法院关于适用〈民法典〉婚姻家庭编的解释（一）》第35条的规定，离婚时，对于夫妻关系存续期间发生的共同债务，夫妻共同财产不足以清偿债务或者共同财产已被分割的，夫妻双方仍应以现有或者将有的个人财产清偿债务。此外，就合伙企业而言，虽有民事主体资格，但合伙人并非仅以合伙财产为限承担责任。准此以言，个体工商户与农村承包经营户即便采用家庭经营方式，该户成员亦不应仅以家庭共有财产为限承担责任。

【案例解析】 在教学案例中，包含仲裁条款的《加盟协议》由"卿本佳人美发店"与A美发集团订立，损害A美发集团商业形象的行为由"卿本佳人美发店"经营者王某实施,所以关键在于判断王某与"卿本佳人美发店"是否具有同一性。《民事诉讼法解释》(2022年修正)第59条第1款虽规定有字号的个体工商户以营业执照上登记的字号为当事人,但这充其量仅表明个体工商户具有诉讼法上的当事人能力,不能表明其具有实体法上的权利能力。从实体法看,个体工商户与其经营者是同一个主体,因此,本案"卿本佳人美发店"订立《加盟协议》等同于经营者王某订立《加盟协议》,其中的义务和仲裁条款约束王某,对于王某实施损害A美发集团商业形象的行为,A美发集团有权申请仲裁请求"卿本佳人美发店"(实际上就是经营者王某)承担违约责任。

5. 合伙企业

与普通民事合伙相比,合伙企业具有更高的组织化程度。对于合伙企业,我国专门制定了《合伙企业法》予以规范。设立合伙企业需要办理登记,与此不同,普通民事合伙的成立只要订立合伙合同即可,无须登记。合伙企业的重心在于组织,而普通民事合伙的重心在于合同。

6. 无权利能力社团

所谓无权利能力社团,是指未经登记从而未被赋予民事权利能力的社会团体。此类社团与社会团体法人的主要区别在于是否经过登记。除此之外,在社团目的及社团内部结构等方面并无本质区别。各种类型的学生社团、未登记的校友会或者同学会、未登记的民间学术或者文艺团体以及乡村老人会等组织均为无权利能力社团。对于无权利能力社团,我国法律未作专门规定。

【深化与拓展】从比较法看,《德国民法典》第54条第1句规定无权利能力社团适用关于合伙的规定。据此,无权利能力社团本身不能享有权利,其权利由全体社员共同共有。不过,近年来德国判例、学说与立法一直致力于弱化《德国民法典》第54条第1句对无权利能力社团的拘束。结果是,无权利能力社团在法律地位上不断接近有权利能力社团。具体而言,无权利能力社团可以自己成为权利主体,可以在不动产登记簿上被登记为所有权人;无权利能力社团的债务由其自己以社团财产承担责任,社员无须承担无限连带责任,但实施具体法律行为的社员须承担个人责任;无权利能力社团具有当事人能力,可以成为原、被告;无权利能力社团须为其社团的行为承担责任。如此,则"无权利能力社团"已经名不副实,称之为"未登记社团"更为合适。[1] 之所以发生如此重大转变,是因为学术界与司法机关认为《德国民法典》第54条第1句旨在促使社团进行登记的初衷已经落空。

就我国法律而论,出于社会管理的考虑,迄今为止依然十分重视登记的意义。因此,登记社团与未登记社团法律地位的趋同化存在诸多难以逾越的障碍,未登记社团恐怕仍应被视为无权利能力社团,不具有权利能力、当事人能力与登记能力。至于社团债务的责任承担,比较妥当的做法是:有权执行社团事务的社员以社团名义或者以自己名义为社团对外实施法律行为产生的债务,以社团财产(社员共有财产)承担责任,行为人承担连带责任;行为人未获授权的,由其个人承担责任,除非构成表见代理;在内部关系中,依据社团章程或者类似文件的规定,或者依据所实施的法律行为与社团目的之关联性以及社员与社团的关系模式,决定行为人承担责任后对其他社员是否享有追偿权。

二、自然人与公民

原《民法通则》将以个体方式参与私法生活的人称为公民,原《合同法》则将其称为自然人,《民法典》亦然。显然,称为自然人更为合适,因为公民是公法概念,自然人则是私法概念。人在法律上具有多重身份,同一个人在私法上是自然人,在公法上则是公民。

当然,自然人与公民在范围上并非完全重叠。按照我国《宪法》第33条第1款的规定,凡具有中华人民共和国国籍的人都是中华人民共和国公民。这表明,我国公民身份的取得以具有我国国籍为前提,不具有我国国籍的人并非我国公民。但是,不具有我国国籍的人可以成为我国民法上的自然人。一个外国人在我国生活期间实施法律行为或者其他民法上

---

[1] 参见〔德〕汉斯·布洛克斯、〔德〕沃尔夫·迪特里希·瓦尔克:《德国民法总论》(第41版),张艳译,中国人民大学出版社2019年版,第333—335页。

的行为,依我国民法享有民事权利,承担民事义务。即便身处国外的外国人与我国民事主体实施法律行为,若以我国民法为准据法,则其亦为我国民法上的自然人。

第二节 自然人的民事权利能力

教学案例 1:甲、乙是夫妻,乙怀孕。亲属丙将赴海外定居,表示把一对金锁赠与胎儿,甲、乙同意,乙受领金锁。数日后,乙家中失窃,金锁被丁盗走。乙受领金锁时,谁取得金锁的所有权?谁对丁享有金锁返还请求权?

教学案例 2:A 下落不明多年,被人民法院宣告死亡。此后,A 的妻子 B 改嫁于 C,女儿被 D 收养。三年后,A 回归故里,此时,B 已与 C 离婚。A 被宣告死亡期间,A 从 E 处借了 5 万元。A 与 B 的婚姻关系是否自动恢复?A 与女儿的亲子关系是否自动恢复?A 与 E 的借款合同是否有效?

民事权利能力是指享有民事权利、承担民事义务的资格。按照《民法典》第 14 条的规定,自然人的民事权利能力一律平等。这表明,只要是自然人,就具有民事权利能力,而且其权利能力不存在大小、强弱之别。对于自然人的民事权利能力,仅须关注其起点与终点。

一、自然人民事权利能力的起点

依据《民法典》第 13 条的规定,自然人的民事权利能力始于出生。因此,出生的时间即为自然人民事权利能力的起点。

(一) 出生的认定标准

对于出生时间的认定标准,法学界存在较大分歧。主要有如下几种学说[①]:①阵痛说,认为孕妇肚子开始阵痛时,即为出生。②分娩说,认为处于分娩过程中的可以存活下来的胎儿,即为已出生,不论身体是否已露

[①] 关于此问题的诸学说,详见徐国栋:《民法总论》,高等教育出版社 2007 年版,第 228、229 页;林诚二:《民法则则》(上册),法律出版社 2008 年版,第 124 页;郑玉波:《民法总则》,中国政法大学出版社 2003 年版,第 102 页。

出。③一部露出说,认为只要胎儿的身体一部分露出母体,就算出生。④全部露出说,认为胎儿的身体必须全部脱离母体,才算出生。⑤断带说,认为胎儿脱离母体后,脐带剪断时,才算出生。⑥独立呼吸说,认为胎儿出生不但应当与母体完全分离,而且胎儿在当时还必须能独立呼吸,以其第一次独立呼吸的时间作为出生的时间。⑦发声说,认为胎儿降生后发出啼哭声时,才算出生。其中,比较有影响力的是一部露出说、全部露出说、独立呼吸说。

【深化与拓展】比较法上,日本刑法判例采一部露出说。① 日本民法学界则以全部露出说为通说②,英国普通法也采全部露出说③。我国台湾地区民法学界以独立呼吸说为通说。④ 对于出生的判断,德国民法学者一般认为,所谓出生是指胎儿与母体完全分离并且保有生命,脐带是否剪断、胎盘是否去除,无关紧要。⑤ 至于何为"保有生命",目前德国通说认为,除了呼吸和心跳之外,脑电波也是一种生命迹象,胎儿脱离母体时即便没有呼吸或者心跳,但存在脑电波,也应当将其认定为有生命。⑥

按照《民法典》第15条的规定,自然人的出生时间以出生证明记载的时间为准;没有出生证明的,以户籍登记或者其他有效身份登记记载的时间为准。有其他证据足以推翻以上记载时间的,以该证据证明的时间为准。至于有关部门在出生证明、户籍登记簿等身份证明文书上记载自然人出生时间时究竟应当以何为准确定出生时间,如果在尚未制作上述文书时即已发生纠

---

① 参见〔日〕我妻荣:《我妻荣民法讲义 I:新订民法总则》,于敏译,中国法制出版社2008年版,第46页。
② 参见〔日〕山本敬三:《民法讲义 I:总则》(第3版),解亘译,北京大学出版社2012年版,第26页。
③ 参见〔英〕彼得·斯坦、〔英〕约翰·香德:《西方社会的法律价值》,王献平译,中国法制出版社2004年版,第232页。
④ 参见王泽鉴:《民法总则》(2022年重排版),北京大学出版社2022年版,第119页。另见林诚二:《民法总则》(上册),法律出版社2008年版,第124页;黄立:《民法总则》,中国政法大学出版社2002年版,第75页。
⑤ Vgl. Jochem Schmitt, in: Münchener Kommentar BGB, 5. Aufl., 2006, §1 Rn. 15.
⑥ Vgl. Ingo Saenger, in: Erman Kommentar BGB, 15. Aufl., 2017, §1 Rn. 1; Brox/Walker, Allgemeiner Teil des BGB, 44. Aufl., 2020, S. 319.

纷,应采用何种出生认定标准,则并无明文规定。对此,有的学者认为我国现行民法已经采独立呼吸说①,有的学者认为我国民法应当采独立呼吸说②。

考虑到现代医学的发展,呼吸已经不再是婴儿生命的唯一表征了,所以独立呼吸说有其局限性。比较妥当的标准是"全部露出并具有生命"(全部露出说),至于是否具有生命,可以采用多元的判断指标,包括心跳、呼吸功能和脑电波,只要具备其中一种迹象,即可认定为有生命。就呼吸而言,只要求婴儿具备用肺呼吸的能力即可,不要求其实际上已经开始独立呼吸,从而也不要求其脐带已经剪断。

(二) 胎儿的法律保护

尽管民法规定自然人的民事权利能力始于出生,但自古以来,民法就没有完全忽视胎儿的保护。古罗马法学家保罗曾经说过:"当涉及胎儿利益时,母体中的胎儿像活人一样被看待。"③现代各国民法都在不同程度上对胎儿予以保护。

按照《民法典》第16条的规定,涉及遗产继承、接受赠与等胎儿利益保护的,胎儿视为具有民事权利能力。但是胎儿娩出时为死体的,其民事权利能力自始不存在。据此,胎儿具有附条件部分(限制)民事权利能力。亦即,在继承、接受赠与等民事领域,胎儿具有民事权利能力,但其民事权利能力附解除条件,娩出时为死体的,民事权利能力自始丧失。按照《民法典总则编若干问题的解释》第4条的规定,父母在胎儿娩出前可以作为法定代理人主张胎儿的相应权利。

【深化与拓展】事实上,对胎儿的保护除了遗产继承、接受赠与之外,还涉及很多其他领域。比如,胎儿在其健康受损害时,是否享有损害赔偿请求权?胎儿在其父亲因他人行为致死时,对于死亡赔偿金是否享有权利?胎儿在母腹中因他人行为致死的,其近亲属是否享有死亡赔偿金请求权,或者说,胎儿此

---

① 参见徐国栋:《民法总论》,高等教育出版社2007年版,第230页。
② 参见王利明:《民法总则研究》(第3版),中国人民大学出版社2018年版,第180页。
③ D.1,5,7.

时是否属于因他人致害而死亡的"人"？《民法典》第16条中的"等"字可否解释为胎儿的民事权利能力已经涵盖了这些领域，不无疑问。为强化对胎儿的保护，我国民法应借鉴德国、日本民法的相关规范与学说，在更大范围内承认胎儿的民事权利能力，比如承认胎儿可以享有扶养请求权、损害赔偿请求权，可以成为利他合同中的第三人。①

【案例解析】在教学案例1中，丙作出向胎儿赠与金锁的意思表示，依据《民法典》第16条，胎儿在此类情形中具有民事权利能力，可以作为受赠人。由于胎儿不具有民事行为能力，所以应由其父母作为法定代理人代理其实施法律行为。甲、乙代理胎儿表示同意接受赠与，赠与合同以及所有权让与合意在丙与胎儿之间成立生效。丙将金锁交付给乙，是向受让人的占有媒介人交付，胎儿因此取得金锁所有权。金锁被丁盗走，丁是无权占有人，胎儿作为所有权人，对丁享有所有物返还请求权与侵权请求权，可以通过其父母代为行使请求权。

二、自然人民事权利能力的终点

自然人的民事权利能力终于死亡。死亡的时间与自然人的民事权利能力密切相关，在法律上具有重大意义。比如决定继承的开始、先后死亡的近亲属之间继承关系的确定、婚姻关系的消灭、人身保险之保险金领取权的发生、何时可以进行器官移植、医院对患者的治疗义务何时终止以及作者死后著作权保护期限的起算等。死亡包括生理死亡与宣告死亡（《最高人民法院关于适用〈民法典〉继承编的解释（一）》第1条）。

（一）生理死亡的认定标准

死亡即自然人生命终止。生物学意义上的人是自然人成为民事主体的前提，生命终止导致这个前提不复存在，民事权利能力当然消灭。关于死亡时间的认定标准，民法上存在脑死亡说与心跳停止说之分歧。心跳停止说认为应当以心脏停止跳动（此时呼吸也停止）的时间作为自然人的

---

① 关于德国、日本民法学说的梳理，详见杨代雄：《民法总论专题》，清华大学出版社2012年版，第54—57页。

死亡时间。这是一种旧的学说。脑死亡说认为应当以人脑停止活动的时间作为自然人的死亡时间,以脑组织不可逆转地坏死作为死亡标准。

【深化与拓展】随着器官移植技术的发展,学者们逐渐对心跳停止说提出质疑。20世纪50年代,人工心肺机在医疗机构开始被使用。利用这种设备,一个脑组织已经彻底坏死的人仍然能够维持心跳和呼吸,但这样的人已经不可能再复苏,而他的心脏仍然处于鲜活状态,可以被移植。按照传统的心跳停止说,医生打开捐赠人胸腔做手术的时候,捐赠人还没死亡,仍然是法律上的人。因此,做手术的过程就是杀人的过程,医生是杀人犯。① 但如果真的这么处理,显然不合理。由此可见,传统的死亡认定标准即心跳停止说是有问题的。

鉴于此,越来越多的人主张采用脑死亡说。比较法上,德国于1997年颁布了《器官移植法》,采用脑死亡说。德国学者普遍认为,该法所采用的脑死亡标准也可以适用于器官移植以外的其他领域(比如继承),作为自然人权利能力终点的判定标准。② 我国台湾地区的法律原则上采用心跳停止说,但在器官移植情形中,可以采用脑死亡标准。③ 美国、加拿大等国采用双重标准,一方面提倡脑死亡说,另一方面也允许医院继续使用心跳及呼吸停止说。总的来看,采用脑死亡说是一种趋势,目前有80多个国家承认脑死亡标准,美国、日本等十多个国家制定了关于脑死亡的法律。④

我国《人体器官移植条例》第20条第1款规定:"摘取尸体器官,应当在依法判定尸体器官捐献人死亡后进行。从事人体器官移植的医务人员不得参与捐献人的死亡判定。"不过,该条并未规定依何种标准对捐献人予以死亡判定。目前我国医学界已开始接受脑死亡说,2003年卫生部发

---

① 参见徐国栋:《民法总论》,高等教育出版社2007年版,第232页。
② Vgl. Jochem Schmitt, in: Münchener Kommentar BGB, 5. Aufl., 2006, §1 Rn. 22; Ingo Saenger, in: Erman Kommentar BGB, 15. Aufl., 2017, §1 Rn. 5.
③ 参见王泽鉴:《民法总则》(2022年重排版),北京大学出版社2022年版,第124页;林诚二:《民法总则》(上册),法律出版社2008年版,第127页。
④ 参见徐国栋主编:《民法总论》,厦门大学出版社2018年版,第95页。

布了《脑死亡判定技术规范(征求意见稿)》》。① 当然,脑死亡说至今仍然没有全面取代心跳停止说,因为死亡的认定毕竟是一件人命关天的大事,采用何种标准,应理性论证,慎重抉择。

(二) 宣告死亡

自然人虽未依脑死亡说或者心跳停止说被认定死亡,但如果长期不知踪迹,生死不明,则其身份关系与财产关系长期悬而未决,对利害关系人将产生不利影响。为此,民法设置宣告死亡制度,使利害关系人可以向法院申请宣告下落不明人死亡,据此发生与死亡相关的法律效果。

1. 申请宣告死亡的要件。

依据《民法典》第46条的规定,申请宣告死亡须符合如下条件:

(1) 自然人下落不明。

所谓下落不明,是指自然人没有音讯的状态。"没有音讯"究竟指自然人离开住所地后没有音讯抑或离开最后居住地后没有音讯,存在争议。原《民通意见(试行)》第26条解释为自然人离开最后居住地后没有音讯。② 与此不同,学理上有观点认为应解释为自然人离开住所或者最后居住地后没有音讯。③ 实际上,没必要强调自然人"离开"何处。即便没有迹象表明自然人离开住所地或者最后居住地,如果长期没有音讯,也可以认定其下落不明。自然人在本地遇害或者意外身亡之事并非没有可能。具有决定意义的并非自然人离开何地后没有音讯,而是利害关系人或者有关机关应以何地为中心判定自然人没有音讯。

依据《民事诉讼法》第191条的规定,申请宣告死亡案件由下落不明人住所地基层人民法院管辖,申请书应附公安机关或者其他有关机关关于该公民下落不明的书面证明。依据该法第192条的规定,人民法院受理案件后,应当发出寻找下落不明人的公告。既然案件的审理、公告的发出都发生于下落不明人的住所地,有关机关出具下落不明的书面证明通常也发生于下落不明人的住所地,则是否"没有音讯"之判断也应以住所地为中心。依据《民法典》第25条的规定,此处所谓住所既包括户籍登记

---

① 参见张玲:《关于我国脑死亡立法的社会学思考》,载《中国医学伦理学》2006年第3期。

② 采用该标准的文献有陈甦主编:《民法总则评注》(上册),法律出版社2017年版,第296页(窦海阳执笔)。

③ 参见朱庆育:《民法总论》(第2版),北京大学出版社2016年版,第391页。

上的住所,也包括其他有效身份登记记载的居所,如居住证上记载的居所。此外,经常居所与住所不一致的,经常居所视为住所。按照最高人民法院《关于适用〈涉外民事关系法律适用法〉若干问题的解释(一)》(以下简称《涉外民事关系解释(一)》)第13条的规定,经常居所是指最后连续居住一年以上的地方。据此,很多情况下,最后居住地与住所是重合的。不与住所重合的最后居住地是自然人居住时间较短的地方,自然人与此地的生活关联度不高,此地的有关机关不大可能出具其下落不明的书面证明,所以此地不适合作为"没有音讯"之状态的坐标原点。当然,这并不意味着认定"没有音讯"时绝对不考虑来自最后居住地的信息,实际上,以住所地为坐标原点收集到的源于最后居住地或者其他地方的信息都是认定"没有音讯"的参考因素。只要尚有涉及下落不明人活动的信息,则该信息所对应的时点之前,就不能认定为"没有音讯"。

从宣告死亡制度的本旨看,其为推定自然人死亡的一种方式,所以,理应以自然人生死不明为宣告死亡之前提。① 通常而论,某人长期不知身居何处,即可认定存在其是否依然生存之疑问。不过,也不能排除如下可能性:虽不知其确切下落,但其偶尔仍有信息传于世间,比如留纸条于某处,或者暗中将物品送至亲友住处。如果仅将"下落不明"解释为不知确切住处,则此种情形构成下落不明,但显然不构成生死不明,不应据此宣告该自然人死亡。因此,应将《民法典》第46条中的"下落不明"限缩解释为"不知身居何处且生死不明",实际上就是没有关于其活动的信息。

(2)下落不明的状态持续一定期间。

依据《民法典》第46条的规定,原则上,下落不明状态须持续四年。因意外事件而下落不明的,下落不明状态须持续二年,但经有关机关证明该自然人不可能生存的,申请宣告死亡不受二年时间的限制。意外事件如空难、雪崩、海啸、意外落水等。有关机关如公安局、海事局等。

按照《民法典总则编若干问题的解释》第17条的规定,自然人在战争期间下落不明的,利害关系人申请宣告死亡的,适用四年期间,该期间自战争结束之日或者有关机关确定的下落不明之日起计算。

---

① 参见史尚宽:《民法总论》,中国政法大学出版社2000年版,第96页。

(3)申请人须为利害关系人。

申请宣告死亡的当事人必须与下落不明人存在利害关系。《民法典》第46条并未明确规定利害关系人的范围。按照《民法典总则编若干问题的解释》第16条的规定,利害关系人包括三类。第一类:①配偶;②父母;③子女;④对公婆、岳父母尽了主要赡养义务的丧偶儿媳、女婿。第二类:被申请人的其他近亲属(如兄弟姐妹、祖父母、外祖父母)以及依据《民法典》第1128条规定对被申请人有继承权的亲属(代位继承人),前提是被申请人的配偶、父母、子女均已死亡或者下落不明,或者不申请宣告死亡不能保护其相应合法权益。第三类:被申请人的债权人、债务人、合伙人等民事主体,前提是不申请宣告死亡不能保护其相应合法权益。在符合各自法定前提的情况下,以上各类利害关系人之间没有先后顺位之分。① 当然,上述法定前提已经表明了利害关系人的层级。

按照《民法典》第47条的规定,对同一自然人,有的利害关系人申请宣告死亡,有的利害关系人申请宣告失踪,符合本法规定的宣告死亡条件的,人民法院应当宣告死亡。对此,可以解释为:如果下落不明人的配偶只愿意申请宣告失踪,而其债权人申请宣告死亡,人民法院应当宣告死亡。这表明,利害关系人申请宣告死亡不受其与下落不明人关系亲疏远近的影响,其相互间并无先后顺位之分。

2. 宣告死亡的程序

按照《民事诉讼法》第192条的规定,人民法院受理宣告死亡案件后,应当发出寻找下落不明人的公告。公告期间为一年。因意外事故下落不明,经有关机关证明该公民不可能生存的,宣告死亡的公告期间为三个月。公告期间届满,下落不明人依然没有音讯的,人民法院应当作出宣告死亡的判决;反之,下落不明人有确切音讯的,应当作出驳回申请的判决。

3. 宣告死亡的效力

(1)推定主义与拟制主义。

从比较法看,宣告死亡的效力有两种规范模式:一是推定主义,即依据死亡宣告推定下落不明人死亡,德国、瑞士及我国台湾地区"民法"采用

---

① 参见梁慧星:《民法总论》(第5版),法律出版社2017年版,第112页;陈甦主编:《民法总则评注》(上册),法律出版社2017年版,第335页(窦海阳执笔)。

此种模式。二是拟制主义,即通过死亡宣告拟制下落不明人死亡,日本民法采用此种模式。两种模式在具体效果上有所区别。在推定主义下,死亡宣告仅产生推定效力,关于死亡采用证明责任倒置,主张下落不明人死亡的人无需证明其确实已经死亡。[1] 不过,此项推定可以被反证推翻,主张下落不明人未死亡的人如果提出确凿证据证明其尚未死亡,则应认定其尚未死亡。保险公司据此可以拒绝支付人寿保险金,同样,遗产管理人也可以拒绝向受遗赠人交付遗赠物。即便死亡宣告尚未被撤销,亦然。反之,在拟制主义下,下落不明人通过死亡宣告被拟制为死亡,此项拟制只有通过一项相反的裁决才能被否定。因此,在死亡宣告被撤销前,即便有确凿证据证明下落不明人尚未死亡,也不得推翻与死亡相关的法律效果,保险公司不得拒付人寿保险金。[2]

【深化与拓展】我国《民法典》第48条规定的宣告死亡的法律效力应如何解释,不无疑问。有学者认为,我国《民法典》第48条中的"视为其死亡的日期"与《日本民法典》第31条中的"视为死亡"之立法表述类似,所以我国民法中的宣告死亡的法律效力应解释为采用与日本民法相同的模式,即拟制主义。[3] 不过,一方面,我国《民法典》第48条中的"视为其死亡的日期"与《日本民法典》第31条中的"视为死亡"在表述上不尽相同。后者侧重于规定死亡这一法律效果,而前者侧重于确定死亡的时间,至于此处所谓的死亡究竟是拟制死亡抑或推定死亡,则未必是该条款的规范重心。另一方面,法条的语言表达方式并非法律解释的唯一依据,不能仅依法条的措辞得出解释结论。我国现行法中使用"视为"这一措辞的法条不在少数,只有一部分条款可以解释为拟制,很多条款则应解释为推断。[4]

从法理上看,推定主义更为合理。所谓拟制,即在法律上将一事物等同于另一事物,比如拟制的同意(《公司法》第71条第2款第2句)、解除

---

[1] Vgl. Caterina Nägeri, in: Basler Kommentar ZGB I, 2006, Art. 38 N 2.
[2] 参见〔日〕我妻荣:《我妻荣民法讲义 I:新订民法总则》,于敏译,中国法制出版社2008年版,第102页。
[3] 参见梁慧星:《民法总论》(第5版),法律出版社2017年版,第113页。
[4] 参见杨代雄:《意思表示理论中的沉默与拟制》,载《比较法研究》2016年第6期。

表示(《企业破产法》第 18 条第 2 款第 2 句)等同于真实的同意、解除表示,这通常是为了保护他人的正当利益而对当事人的决定自由予以限制,而且前提一般是当事人漠视他人的正当诉求。下落不明人及其保险人并不具备此项前提。况且生死之事,非同小可,拟制主义仅依一纸判决确定下落不明人死亡,纵有充分反证,甚至下落不明人已经重现于住所地,非经撤销死亡宣告,仍不得认定其未死亡,显然不近情理。鉴于此,宜将我国《民法典》中的宣告死亡法律效果解释为推定死亡。①

(2)死亡时间的认定。

在宣告死亡情形中,《民法典》第 48 条规定原则上以法院判决作出之日为死亡之日。不过,如果一律以判决作出之日为准,有时会导致不合理的结果。比如,某人投了人身伤亡保险,合同约定保险期间为二年,后来遭遇海难,下落不明。海难发生日期在保险期间之内,但宣告死亡的判决在保险期间届满之后才作出。如果以判决作出之日为死亡时间,则由于不在保险期间之内,保险人可以拒绝理赔。为此,《民法典》第 48 条规定,因意外事件下落不明宣告死亡的,意外事件发生之日视为死亡的日期。所以,在上述案例中,保险人无权拒绝理赔。

【深化与拓展】关于宣告死亡情况下死亡时间的认定,从比较法看,各国(地区)民法的规定不尽相同。按照《德国失踪法》第 9 条规定,推定失踪者自判决确定的时间死亡,该时间一般是通过调查之后认定的死亡可能性最大的时间。② 依据《瑞士民法典》第 38 条规定,推定死亡时间为最后音讯或者遭遇生命危险之时。③ 我国台湾地区"民法"第 9 条也规定以判决所确定的死亡之时为死亡时间,该时间原则上应为死亡宣告之法定期间最后日终止之时。《日本民法典》第 31 条规定以生死不明之法定期间届满之时或者作为死亡原因之危难结束之时为死亡时间。

---

① 采用推定主义的文献参见陈甦主编:《民法总则评注》(上册),法律出版社 2017 年版,第 351 页(窦海阳执笔)。

② 参见〔德〕汉斯·布洛克斯、〔德〕沃尔夫·迪特里希·瓦尔克:《德国民法总论》(第 41 版),张艳译,中国人民大学出版社 2019 年版,第 314 页。

③ Vgl. Caterina Nägeri, in: Basler Kommentar ZGB I, 2006, Art. 38 N 11.

按照《民法典》第1121条第2款的规定,相互有继承关系的数人在同一事件中死亡,难以确定死亡时间先后的,推定没有其他继承人的人先死亡;各自都有其他继承人的,如数个死亡人辈份不同,则推定长辈先死亡;数个死亡人辈份相同的,推定同时死亡,相互不发生继承,由他们各自的继承人分别继承。之所以推定没有其他继承人的人先死亡,是为了避免此人继承遗产之后死亡,陷入遗产无人继承的境地。之所以推定长辈先死亡,是因为晚辈继承长辈的遗产,更符合情理与习俗。

(3)宣告死亡引发的法律效果。

宣告死亡后,下落不明人被推定已经死亡,由此产生一系列与死亡相关的法律效果。比如,婚姻关系消灭(《民法典》第51条),继承开始(《民法典》第53条),子女可以不经其同意而被收养(《民法典》第52条),监护关系消灭,人寿保险金支付义务发生,等等。不过,死亡宣告并未导致下落不明人的民事权利能力消灭。① 宣告死亡只是推定死亡,据此以结以下落不明人住所地为中心的法律关系。事实上,下落不明人可能依然生存,或者虽然已经死亡,但实际死亡的时间晚于推定死亡的时间。在其生存期间,虽已被宣告死亡,但其实施的民事法律行为仍然有效,其仍然可以借此取得民事权利、承担民事义务(《民法典》第49条)。

【案例解析】在教学案例2中,A虽被宣告死亡,但实际上并未死亡,仍然具有民事权利能力。因此,A与E订立的借款合同有效,A应履行借款返还义务。

4. 死亡宣告的撤销

被宣告死亡人重新出现,经本人或者利害关系人申请,人民法院应当撤销死亡宣告。死亡宣告撤销的要件是:①被宣告死亡人重新出现。《民法典》第50条中所谓的重新出现应解释为被宣告死亡人重现于住所地或者利害关系人重新掌握了其确切行踪且知道其依然生存。② ②经本人或者利害关系人申请。本人当然有权申请撤销死亡宣告。利害关系人的范

---

① 参见王泽鉴:《民法总则》(2022年重排版),北京大学出版社2022年版,第127页;朱庆育:《民法总论》(第2版),北京大学出版社2016年版,第393页。
② 参见陈甦主编:《民法总则评注》(上册),法律出版社2017年版,第354页(窦海阳执笔)。

围与申请宣告死亡的利害关系人范围相同,但申请撤销死亡宣告的利害关系人无须为申请宣告死亡的那个利害关系人。比如,债权人申请宣告债务人死亡,债务人重新出现后,可以由债务人的配偶申请撤销死亡宣告。申请应向作出死亡宣告判决的人民法院提出。③人民法院作出撤销死亡宣告的判决。人民法院受理申请后,依据相关证据对被宣告死亡人重新出现之事实予以审查,认定其依然生存的,应作出一项新判决,对原判决予以撤销。

死亡宣告一经撤销,即溯及地丧失效力。基于宣告死亡之推定效力而变动的法律关系应恢复原状,但恢复原状的范围与方式如何,不无疑问。就财产关系而论,按照《民法典》第53条第1款之规定,被撤销死亡宣告的人有权请求依照继承法取得其财产的民事主体返还财产。

【深化与拓展】至于此处财产返还请求权究竟是什么性质的请求权,存在两种观点:第一种观点认为是物权请求权,即《民法典》第235条规定的返还原物请求权;①第二种观点认为是债权请求权,即不当得利返还请求权。② 之所以发生继承,是因为下落不明人被宣告死亡。此项宣告被溯及地撤销,如同自始不存在。相应地,继承丧失依据,不生效力,通过继承取得财产欠缺权利变动原因,不发生权利变动,下落不明人仍然是财产权利人,对占有标的物之继承人享有物权请求权。不过,如果此项财产并非物,而是债权,继承人收取了利息或者受偿了债权,或者此项财产是股权、专利权,继承人收取了股息、许可使用费,则下落不明人就此对其只能享有债权请求权。取得财产为物的,继承人除了应返还原物本身之外,还应返还收取的孳息。如果原物因灭失或者被第三人善意取得而无法返还,依据《民法典》第53条第1款第2句之规定,继承人应给予适当补偿。究竟如何补偿,该句未作具体规定。实践中应根据继承人善意或者恶意予以区别对待。善意继承人仅须偿还现存利益,恶意继承人须偿还全部利益。依据《民法典》第53条第2款,利害关系人隐瞒

---

① 参见李宇:《民法总则要义:规范释论与判解集注》,法律出版社2017年版,第124页。
② 参见陈甦主编:《民法总则评注》(上册),法律出版社2017年版,第367页(窦海阳执笔)

真实情况,致使他人被宣告死亡取得其财产的,除应当返还财产外,还应当对由此造成的损失承担赔偿责任。

就身份关系而论,依据《民法典》第51条第2句,死亡宣告被撤销的,婚姻关系自撤销死亡宣告之日起自行恢复,但是其配偶再婚或者向婚姻登记机关书面声明不愿意恢复的除外。此项规定存在瑕疵。依据该条第1句,婚姻关系自死亡宣告之日起消灭,而依据第2句,婚姻关系自撤销死亡宣告之日起自行恢复。如此,则自死亡宣告之日至撤销死亡宣告之日这段期间,下落不明人与其配偶之间的婚姻关系中断,出现一段真空,显然不合理。由此引发如下难题:存在间隙的两段婚姻是否具有同一性?婚姻关系中断期间,夫妻财产共同共有关系是否存续,抑或先消灭,过一段时间后又重新形成一个共同共有关系?

与原《民通意见(试行)》第37条相比,在配偶未再婚的情况下,《民法典》第51条第2句并未规定婚姻关系无条件自行恢复,而是尊重配偶的意愿,配偶可以选择声明不愿意恢复。① 配偶此项选择权应解释为形成权,因为死亡宣告撤销后,婚姻关系本应自行恢复,但法律允许配偶作出单方意思表示否定此种法律效果的发生,如同继承人在继承开始后表示放弃继承,此种放弃(拒绝)权在民法原理上一般被视为形成权。②

应当注意的是,被宣告死亡期间,配偶再婚的,即便后来又离婚或者丧偶,死亡宣告撤销也不导致原婚姻关系自行恢复。

死亡宣告撤销后,亲子关系也自行恢复。不过,在被宣告死亡期间,子女被他人依法收养的,死亡宣告被撤销后,下落不明人不得以未经本人同意为由主张收养关系无效。在此种例外情形中,亲子关系不能自行恢复。

【案例解析】在教学案例2中,A回归故里后,可以向法院申请撤销死亡宣告。由于B已经再婚,虽然此后又离婚,但撤销死亡宣告并不导致A与B恢复婚姻关系。同样,由于A的女儿已被D收养,其亲子关系终止,撤销死亡宣告亦不导致该亲子关系

---

① 此项规定之立法目的是贯彻婚姻自由。参见石宏主编:《〈中华人民共和国民法总则〉条文说明、立法理由及相关规定》,北京大学出版社2017年版,第107页。

② Vgl. Dietmar Weidlich, in: Palandt Kommentar BGB, 79. Aufl., 2020, §1945 Rn. 2.

恢复。

(三) 死者的民法保护

自然人的民事权利能力终于死亡,这是否意味着死者不再享受民法上的任何保护? 就死者人格中的精神利益保护而言,民法学界存在较大争议,主要有直接保护说与间接保护说之分歧。直接保护说认为,民法保护的是死者自己的人格权。为了克服权利能力障碍,学界提出了无主体权利说、死后部分权利能力说以及人格权继续作用说(德国联邦最高法院的观点)等观点。间接保护说认为,民法保护的是死者近亲属的人格权益,借此间接保护了死者的人格利益。就死者人格中的财产利益(姓名、肖像等的商业化利用)保护而言,目前通说认为财产利益由死者的继承人继承,所以受民法保护的是继承人的权利。①

【深化与拓展】从司法实践看,最高人民法院1988年就天津"荷花女案"作出的《关于死亡人的名誉权应受法律保护的函》([1988]民他字第52号,已废止)认为母亲有权就已死亡的女儿之名誉受侵害,以死者名誉权和本人名誉权被侵害为由起诉。该院1990年就"海灯法师"案作出的复函指出,海灯去世后,其名誉权应依法保护,作为海灯的养子,范应莲有权向人民法院提起诉讼。《最高人民法院关于审理名誉权案件若干问题的解答》(法发[1993]15号,已废止)亦指出,死者名誉受到损害的,其近亲属有权向人民法院起诉。《最高人民法院关于确定民事侵权精神损害赔偿责任若干问题的解释》(法释[2001]7号/法释[2020]17号修正)第3条规定:"死者的姓名、肖像、名誉、荣誉、隐私、遗体、遗骨等受到侵害,其近亲属向人民法院提起诉讼请求精神损害赔偿的,人民法院应当依法予以支持。"该司法解释表明,其所保护的是死者近亲属的精神利益。

《民法典》第994条规定:"死者的姓名、肖像、名誉、荣誉、隐私、遗体等受到侵害的,其配偶、子女、父母有权依法请求行为人承担民事责任;死者没有配偶、子女且父母已经死亡的,其他近亲属有权依法请求行为人承

---

① 学说梳理详见王泽鉴:《人格权法》,北京大学出版社2013年版,第299—302页。

担民事责任。"该条并未明确保护的究竟是死者的人格权(利益)抑或近亲属的人格权(利益)。

笔者认为,权利能力是伦理人的属性,而伦理人以生物人的存在为前提。死者既然已经没有生命,其本身已经不具备生物人的任何属性,所以不应赋予其权利能力,哪怕是部分权利能力。在这一点上,死者尚且不如胎儿,因为胎儿已经具备生物人的很多属性。对死者曾经拥有的人格要素,如姓名、名誉、隐私、肖像、尊严等的尊重与保护有两方面的理由:第一个理由是保护死者近亲属的利益。人虽已死,但在相当长的时间里,近亲属仍然对其怀着深厚的感情,侵害这些人格要素将会导致近亲属的情感受到伤害。而且,对于死者名誉、隐私等的侵害,还可能间接地损害近亲属自身的人格权,因为近亲属之间的人格形象具有一定的连带性,对其中一个人的侵害可能殃及其他人。另外,死者人格中的财产价值部分由近亲属继承,成为近亲属的财产利益。第二个理由是维护公序良俗。对曾经是同类的死者的尊重自古就是人类在伦理上的基本信念,也可以说是一种善良风俗,任何人都不得违背该风俗。

从上述第一个理由可以推导出死者近亲属的民事权益,包括以近亲属对死者的怀念、敬爱等情感为内容的精神利益,与死者生前的人格形象具有牵连关系的近亲属固有的人格权(如涉及人格尊严的一般人格权),近亲属通过继承而取得的对死者人格中的财产价值部分的支配权。从第二个理由可以推导出公法上的义务,包括任何人都需要尊重任何死者(泛指的死者而不仅仅是某一个特定的死者)、不侵害任何死者的义务,这是旨在维护公共秩序的一般不作为义务,如同任何人都不得杀害、抢劫他人的义务;也包括国家对死者(泛指的死者)进行保护以维持公序良俗的义务。总之,对于死者人格应当同时采用民法上的近亲属权利保护与公法上的义务这两种保护方式。

第三节 自然人的民事行为能力

教学案例1:某日,陈某与若干朋友共饮,推杯换盏,严重醉酒。其朋友张某趁机拿出一份《股权转让合同》,让陈某签字,合同包含陈某将持有的某公司股权全部转让给张某的条款。陈某迷迷糊糊中签署了合同。该合同是否有效?

教学案例 2：15 岁的甲以 3500 元低价从乙处购买一辆市价 6000 元的摩托车,随后以 5500 元价格转卖给丙。甲从中获取 2000 元利润。甲、乙的买卖合同是否有效？甲、丙的买卖合同是否有效？

教学案例 3：未成年人 A 的母亲智障,父亲与祖母严重残疾,生活自理方面皆有困难,外祖父母身体不健康且无固定生活来源,没有其他近亲属。应由何人担任其监护人？

一、民事行为能力的概念与功能

(一) 广义民事行为能力与狭义民事行为能力

在民法概念史上,民事行为能力有广义与狭义之分。狭义民事行为能力是指独立实施以意思表示为要素的法律行为的资格,亦称法律行为能力(Geschäftsfähigkeit)。广义民事行为能力(Handlungsfähigkeit)则泛指实施各种法律上的行为的能力,亦称一般行为能力。① 所谓"法律上的行为"既包括以意思表示为要素的法律行为,也包括不以意思表示为要素的合法行为与违法行为。其中违法行为包括侵权行为、债务违反行为等。由于违法行为采用过错责任,所以实施违法行为的能力也称为过错能力(Verschuldensfähigkeit)。②

我国早期民法著作一般也都区分广义民事行为能力与狭义民事行为能力。前者不仅包括实施合法的民事行为并取得民事权利和承担民事义务的能力,也包括因实施违法行为而承担相应民事责任的能力。③ 不过,在阐述民事行为能力时,我国民法文献基本上都围绕其与民事法律行为效力之间的关系。久而久之,使人对民事行为能力这个术语产生狭义的理解,以为其专指独立实施民事法律行为的能力。自 20 世纪 90 年代

---

① Vgl. Larenz/Wolf, Allgemeiner Teil des bürgerlichen Rechts, 9. Aufl., 2004, S. 110.
② Vgl. Enneccerus/Nipperdey, Allgemeiner Teil des Bürgerlichen Rechts, 15. Aufl., 1960, S. 869–870.
③ 参见佟柔主编:《中国民法学·民法总则》,中国人民公安大学出版社 1990 年版,第 99 页;梁慧星:《民法》,四川人民出版社 1988 年版,第 75 页;金平主编:《民法学教程》,内蒙古大学出版社 1987 年版,第 57 页;陈国柱主编:《民法学》,吉林大学出版社 1984 年版,第 34 页;郑立、王作堂主编:《民法学》,北京大学出版社 1995 年版,第 45 页。

后期以来,我国大多数民法著作都仅在狭义上理解民事行为能力概念。① 当然,这并不意味着广义民事行为能力已经丧失了理论价值与实践意义。民法上的行为不限于法律行为,并非只有法律行为才需要以行为人的心智能力为基础。通常而论,对民法上的各种行为予以法律评价都要考虑行为人的心智能力,区别在于要求高低不同。② 法律行为能力(狭义民事行为能力)只是行为人心智能力的一种法定类型,意思通知、观念通知、债务清偿与受领等适法行为以及侵权行为也以心智能力为基础。③

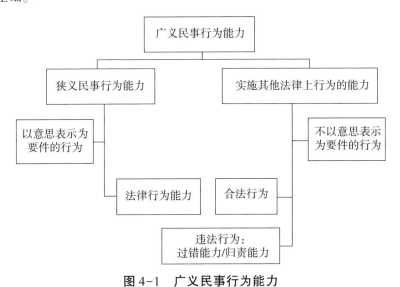

图 4-1　广义民事行为能力

---

① 时至今日,在我国仍然持广义民事行为能力说的民法学者已不多见。代表性文献有,李开国:《民法总则研究》,法律出版社 2003 年版,第 127 页;郭明瑞主编:《民法》(第 2 版),高等教育出版社 2007 年版,第 45 页;李锡鹤:《民法哲学论稿》(第 2 版),复旦大学出版社 2009 年版,第 109—126 页;朱庆育:《民法总论》(第 2 版),北京大学出版社 2016 年版,第 241 页。

② 某些事实行为对行为人的心智能力要求较低,如取得占有,仅要求行为人具有取得占有的自然意思(natürlicher Wille)即可,这是一种 6 岁小孩也具有的最低限度的意思。类似地,无因管理也仅要求管理人具有一种自然的辨识能力,该能力使其可以具有为他人管理事务之意思。Vgl. Hartwig Sprau, in: Palandt Kommentar BGB, 79. Aufl., 2020, Einf. v. § 677.

③ 本书中的"民事行为能力"一词,若无特别说明,通常指法律行为能力。

(二) 民事行为能力与过错能力

在广义民事行为能力的各种类型中,实施违法行为的能力被称为过错能力或者归责能力。在我国民法文献中,则通常被称为民事责任能力或者侵权行为能力。[①] 与法律行为能力一样,过错能力也以行为人的心智能力为基础。很多学者认为,应当在判断标准上对过错能力与法律行为能力区别对待。过错能力对行为人识别能力的要求低于作为法律行为能力之基础的意思能力。[②]

从理论上说,行为人对于其致害行为违法性的认识比对于其法律行为效果的认识通常要容易一些。不过,二者之间的差距并不是那么明显,以至于需要对其认定标准予以严格区分。至少在抽象标准上对于过错能力与法律行为能力不必区分,也就是说,无法律行为能力人与无过错能力人的年龄标准应当一致,否则将导致民法上对于人的年龄划分过于繁杂,有损民法的简明性。

【深化与拓展】关于过错能力,我国现行民法的规定比较特殊。从《民法典》第1188条第1款规定看,无民事行为能力人、限制民事行为能力人不具备过错能力,其致害行为由监护人负责,只有完全民事行为能力人才具备过错能力。该款借用狭义民事行为能力即法律行为能力概念来规范过错能力问题,但所采用的过错能力认定标准显然高于法律行为能力,仅区分有过错能力与无过错能力,不承认限制过错能力。从该条第2款规定看,有财产的无民事行为能力人、限制民事行为能力人需要支出赔偿费用,实际上等于说需要承担赔偿责任,监护人只承担补充责任。是否承担赔偿责任取决于行为人是否拥有财产,不论其是否具有行为的识别能力。哪怕是6岁的儿童,如果有财产,也需要对其行为承担责任,相反,一个17岁的青年,如果没有财产,不需要对其致害行为负责,识别能力强的青年反而比识别能力差的儿童更受法律的优待。

---

① 参见朱庆育:《民法总论》(第2版),北京大学出版社2016年版,第241页。
② 参见李永军:《民法总则》,中国法制出版社2018年版,第183页;龙卫球:《民法总论》(第2版),中国法制出版社2002年版,第239、240页。

对于侵权责任的承担,我国立法者实际上在过错能力之外又确立了另一个责任前提,即财产能力。只要致害人具备过错能力与财产能力这两个责任前提中的一个,就需要承担责任。这种立法模式可以称为"双轨式的侵权责任法律前提"。其立法目的主要是:充分救济受害人,防止监护人财产能力不足的情况下受害人得不到赔偿;减轻监护人的负担,避免出现没有人愿意担任监护人的状况。① 尽管确实有这两个方面的积极意义,但这种立法模式在伦理上难以正当化,不利于维护被监护人的利益。② 让年幼无知或者精神错乱缺乏理性判断能力的人以其财产赔偿他人的损失,而监护人却不承担赔偿责任,即便其严重失职也是如此,显然有失公平。在解释论上,对于《民法典》第1188条第2款中的"有财产"应作严格解释,只有在综合考虑被监护人的当下生计及长远发展等因素之后,认定其财产显然比较宽裕的情况下,才能从中支付赔偿金。

(三) 民事行为能力与意思能力

通常而言,谈论民事行为能力与意思能力之关系时,特指法律行为能力与意思能力之关系。私法自治允许当事人通过法律行为创设、变更或者消灭法律关系,达成法律行为需要作出意思表示,为此,当事人必须具备识别其行为之性质、判断其行为之后果的能力。此种能力即为意思能力③,或者说具体的行为能力。如果在个案中逐一审查当事人是否具备与其所实施法律行为相应的意思能力,据以决定该法律行为的效力,成本过高且有损交易安全。因此,民法通常对行为能力采取类型化的规范模式,原则上依据年龄标准区分行为能力之有无,辅之以精神健康标准。从这个意义上说,民法上规定的行为能力是意思能力的定型化④,完全行为能力与限制行为能力皆以相应的意思能力为基础。

---

① 参见薛军:《走出监护人"补充责任"的误区——论〈侵权责任法〉第32条第2款的理解与适用》,载《华东政法大学学报》2010年第3期。
② 参见杨代雄:《重思民事责任能力与民事行为能力的概念——兼评我国〈侵权责任法〉第32条》,载《法学论坛》2012年第2期。
③ 参见王泽鉴:《民法总则》(2022年重排版),北京大学出版社2022年版,第318页。
④ 参见〔日〕山本敬三:《民法讲义I:总则》(第3版),解亘译,北京大学出版社2012年版,第33页。

【深化与拓展】在有些国家或者地区民法中,除了民事行为能力规则外,还专门规定处于无意识或者暂时精神障碍状态中的当事人作出的意思表示无效,例如《德国民法典》第105条第2款、我国台湾地区"民法"第75条。此类当事人并非法律上规定的无行为能力人或者限制行为能力人,其实施的法律行为之所以无效,是因为其当时欠缺意思能力。这表明,尽管民法上已经对意思能力予以定型化,但意思能力仍有一席之地,尚未被法定类型覆盖的意思能力对法律行为的效力仍有影响。

原《民通意见(试行)》第67条第2款曾规定"行为人在神志不清的状态下所实施的民事行为,应当认定无效"。所谓神志不清相当于《德国民法典》第105条第2款规定的无意识或者暂时精神错乱状态,包括严重醉酒、癫痫病发作、梦游、吸毒后的幻觉等情形。① 《民法典》对此没有类似规定。实践中对于此类情形可以类推适用《民法典》第144条关于无民事行为能力人实施的法律行为无效之规定。② 实际上,如前所述,行为能力本就是意思能力的体现,意思能力与作为其定型化表现形式的行为能力之间的界限并非绝对,依据精神健康标准认定当事人有无行为能力时本就需要考察其精神状态。在这方面,无意思能力与无行为能力的区别仅仅在于精神障碍持续时间的长短。在比较法上,《瑞士民法典》甚至不区分精神障碍持续时间的长短,只要在实施法律行为时存在该障碍,即可认定当事人欠缺判断能力并据此认定其为无行为能力人。③ 从这个视角看,在我国民法中类推适用《民法典》第144条解决无意识或者暂时精神障碍状态中的当事人实施法律行为之效力问题,未尝不可。

【案例解析】在教学案例1中,陈某严重醉酒,在无意识状态中签署了《股权转让合同》,其当时欠缺意思能力,应类推适用《民法典》第144条,认定该合同无效。

---

① Vgl. Dieter Medicus, Allgemeiner Teil des BGB, 10. Aufl., 2010, S. 224;王泽鉴:《民法总则》(2022年重排版),北京大学出版社2022年版,第327页。
② 相同观点参见王利明主编:《中华人民共和国民法总则详解》,中国法制出版社2017年版,第620页(冉克平执笔);李宇:《民法总则要义:规范释论与判解集注》,法律出版社2017年版,第524页。
③ Vgl. Bigler-Eggenberger, in: Basler Kommentar ZGB I, 2006, Art.16 N 31-33.

(四) 结婚能力与遗嘱能力

身份法对当事人的行为能力有特殊要求。此为特殊行为能力,包括结婚能力与遗嘱能力。① 依《民法典》第 1047 条规定,结婚年龄,男不得早于 22 周岁,女不得早于 20 周岁。因此,在我国,22 周岁以上的男子和 20 周岁以上的女子才具有结婚能力,可以实施结婚行为。至于遗嘱能力,从比较法看,《德国民法典》第 2229 条规定 16 周岁以上且无精神障碍的人具有遗嘱能力,我国台湾地区"民法"第 1186 条规定满 16 周岁的人具有遗嘱能力。②《民法典》第 1143 条第 1 款规定无民事行为能力人或者限制民事行为能力人所立的遗嘱无效。据此,在我国民法上,遗嘱能力等同于完全民事行为能力。

(五) 民事行为能力的功能与类型

民事行为能力的功能在于保护民法上的弱者。尽管任何民事主体都享有平等的民事权利能力,但未必都具备同等的为自己行为之后果负责的能力。③ 年龄、精神状态等因素导致部分民事主体缺乏足够的识别与判断能力,在实施行为时不能作出理性的决定或者不能充分自由地控制自己的举动,如果要求其一律为此等行为承担法律后果,显然不符合公平正义的法律理念。因此,民法设置行为能力制度,按照一定标准对民事主体的行为能力予以区分,据此评价民事主体所实施的行为,使欠缺相应行为能力的民事主体免于承受不利的法律后果。

【深化与拓展】在比较法上,民事行为能力的类型化主要有三种模式:一是两级制,将民事行为能力状态区分为完全民事行为能力与限制民事行为能力。代表性立法例是日本民法。④ 二是三级制,将民事行为能力状态区分为三种:完全民事行为能力、限制民事行为能力、无民事行为能力。第二、三种状态在学

---

① 参见〔德〕汉斯·布洛克斯、〔德〕沃尔夫·迪特里希·瓦尔克:《德国民法总论》(第 41 版),张艳译,中国人民大学出版社 2019 年版,第 128 页。
② 参见王泽鉴:《民法总则》(2022 年重排版),北京大学出版社 2022 年版,第 319 页。
③ Vgl. Bigler-Eggenberger, in: Basler Kommentar ZGB I, 2006, Art.12 N 7.
④ 参见〔日〕山本敬三:《民法讲义 I:总则》(第 3 版),解亘译,北京大学出版社 2012 年版,第 36 页。

理上被统称为不完全民事行为能力。① 代表性立法例有德国民法、奥地利民法以及我国台湾地区"民法"。三是四级制,瑞士民法将民事行为能力区分为完全民事行为能力、限制民事行为能力(原则上有民事行为能力,个别法律行为须辅佐)、限制无民事行为能力(beschränkte Handlungsunfähigkeit,相当于德国的限制民事行为能力)、无民事行为能力。②

我国民事行为能力采用三级制。就民事行为能力三种类型与民事法律行为效力之关系而论,依据我国民法相关规定,完全民事行为能力人可以独立实施任何民事法律行为,法律有特别规定的除外;限制民事行为能力人可以独立实施与其意思能力相应的民事法律行为或者纯获利益民事法律行为,经法定代理人同意后也可以实施其他民事法律行为;无民事行为能力人不得独立实施任何民事法律行为,即便经过法定代理人同意,亦然。

二、完全民事行为能力

依《民法典》第 18 条第 1 款规定,成年人为完全民事行为能力人,可以独立实施民事法律行为。所谓成年人,依该法第 17 条规定,是指 18 周岁以上的自然人。应当注意的是,这仅涉及完全民事行为能力的年龄标准。实际上,并非任何一个成年人都具备完全民事行为能力。结合《民法典》第 21 条与第 22 条之规定,准确地说,只有能完全辨认自己行为的成年人才是完全民事行为能力人。

依《民法典》第 18 条第 2 款规定,16 周岁以上的未成年人,以自己的劳动收入为主要生活来源的,视为完全民事行为能力人。依原《民通意见(试行)》第 2 条,所谓"以自己的劳动收入为主要生活来源"是指能够以自己的劳动取得收入,并能维持当地群众一般生活水平。上述条文规定的是拟制完全民事行为能力③,主要考虑我国以 16 周岁为就业的最低年

---

① Vgl. Dieter Medicus, Allgemeiner Teil des BGB, 10. Aufl., 2010, S. 222.
② 参见〔瑞〕贝蒂娜·许莉蔓-高朴、〔瑞〕耶尔格·施密特:《瑞士民法:基本原则与人法》,纪海龙译,中国政法大学出版社 2015 年版,第 214—225 页。
③ 也有学者称之为拟制成年、劳动成年。参见朱广新:《我国民法拟制成年制度的反思与重建》,载《法商研究》2011 年第 1 期;戴孟勇:《劳动成年制的理论与实证分析》,载《中外法学》2012 年第 3 期。

龄(《劳动法》第15条)。法律允许16周岁以上的未成年人成为劳动者,其取得劳动收入作为自己生活主要来源,经过职场考验和社会历练,表明其已经基本具备独立生存能力,足以应付社会生活中的各种通常事务。因此,民法突破年龄限制,将其拟制为完全民事行为能力人。当然,涉及某些可能危及16周岁以上未成年人生计或者未来发展的重大交易(如买卖不动产、大额投资或者举债)时,是否允许其独立实施,不无疑问。此外,16周岁以上的未成年人尽管可以就业,但其初次订立劳动合同时仍须经过其法定代理人同意,因为此时其尚未达到"以自己的劳动收入为主要生活来源"的状态,仍为限制民事行为能力人。

三、限制民事行为能力

(一) 限制民事行为能力的类型

1. 8周岁以上的未成年人

在我国民法上,限制民事行为能力人有两种。第一种是8周岁以上的未成年人。

【深化与拓展】原《民法通则》第12条第1款规定10周岁以上的未成年人是限制民事行为能力人。2015年8月《民法总则草案(室内稿)》、2016年2月《民法总则草案(征求意见稿)》及此后的几个审议稿都以6周岁为限制民事行为能力的年龄下限,2017年3月《民法总则(大会草案)》第20条第1款也是如此。在第十二届全国人民代表大会第五次会议审议期间,立法机关将限制民事行为能力的年龄下限提至8周岁。[①] 原《民法总则》第19条及《民法典》第19条规定8周岁以上的未成年人是限制民事行为能力人。

2. 不能完全辨认自己行为的成年人

第二种限制民事行为能力人是不能完全辨认自己行为的成年人(《民法典》第22条)。在解释上,《民法典》第22条中的"不能完全辨认自己行为的成年人"比"不能完全辨认自己行为的精神病人"的外延更为宽

---

① 参见杜涛主编:《民法总则的诞生:民法总则重要草稿及立法过程背景介绍》,北京大学出版社2017年版,第404页。

泛,除精神病人之外,还包括老年痴呆症人、智力障碍者以及因其他疾病而部分丧失辨识能力的自然人。① 所谓"不能完全辨认",是指对于比较复杂的事物或者比较重大的行为缺乏判断能力,并且不能预见行为后果。

【深化与拓展】间歇性精神病人的民事行为能力如何,不无疑问。有判决认为,间歇性精神病人属于不能完全辨认自己行为的人,即限制民事行为能力人,可以实施与其精神健康状况相适应的民事法律行为,其未发病期间实施的民事法律行为即与其精神健康状况相适应。② 有判决则倾向于认为间歇性精神病人未发病期间属于有民事行为能力人,所实施的民事法律行为有效,其仅于发病期间才欠缺民事行为能力。③ 相较之下,第二种观点更为可取。某人是否能够完全辨认自己的行为应以其实施行为时的心智状态为准予以判断,间歇性精神病人未发病期间的心智状态与常人无异,不宜视为限制民事行为能力人。此外,其发病期间的心智状态也不可一概而论,不能完全辨认自己行为的,应认定为限制民事行为能力人;完全不能辨认自己行为的,应认定为无民事行为能力人。

(二) 限制民事行为能力的认定

1. 申请主体

按照《民法典》第 24 条的规定,对于不能辨认或者不能完全辨认自己行为的成年人,其利害关系人或者有关组织,可以向人民法院申请认定该成年人为无民事行为能力人或者限制民事行为能力人。有关组织包括居民委员会、村民委员会、学校、医疗机构、妇女联合会、残疾人联合会、依法设立的老年人组织、民政部门等。利害关系人应解释为包括配偶、父母、子女、兄弟姐妹、祖父母、外祖父母、孙子女、外孙子女等成年近亲属以及

---

① 参见王利明主编:《中华人民共和国民法总则详解》,中国法制出版社 2017 年版,第 109 页(王雷执笔)。
② 参见陈某某与上海南房(集团)有限公司房屋买卖合同纠纷案,上海市第二中级人民法院(2017)沪 02 民终 2664 号民事判决书。
③ 参见郎某某与蔡某某民间借贷纠纷案,浙江省杭州市中级人民法院(2011)浙杭商终字第 709 号民事判决书。

其他与该成年人有民事权利义务关系的人,如债权人、债务人。①

【深化与拓展】与原《民法通则》第 19 条相比,《民法典》第 24 条增加了"有关组织"作为申请主体。之所以如此,是为了防止在没有利害关系人或者利害关系人不愿意提出申请的情况下,心智障碍者不能及时得到民事行为能力与监护制度的保护。

2. 认定程序

利害关系人或者有关组织既可以在尚未发生诉讼时申请认定成年心智障碍者为限制民事行为能力人,也可以在个案发生诉讼时申请认定。无论何时提出申请,人民法院都应依《民事诉讼法》第 194—197 条规定的特别程序对申请理由予以审查,认为有事实根据的,判决被申请人为限制民事行为能力人。当事人是否患有精神病,人民法院应当根据司法精神病学鉴定或者参照医院的诊断、鉴定确认。在不具备诊断、鉴定条件的情况下,也可以参照群众公认的当事人的精神状态认定,但应以利害关系人没有异议为限。《民事诉讼法》第 195 条也仅规定人民法院"必要时"应当对被申请人的心智能力进行鉴定。由此可见,鉴定并非认定成年人欠缺民事行为能力的必经程序。实践中,依据医院的诊断书认定患者为无民事行为能力人或者限制民事行为能力人的案例不在少数。

(三) 民事行为能力的恢复

成年人被人民法院认定为不完全民事行为能力人,并不意味着其终身皆欠缺民事行为能力。人的心智能力是动态的,障碍持续一段时间后可能因为疾病治愈等原因而消失。相应地,应在法律上认定其已经恢复民事行为能力。按照《民法典》第 24 条第 2 款规定,被人民法院认定为无民事行为能力人或者限制民事行为能力人的,经本人、利害关系人或者有关组织申请,人民法院可以根据其智力、精神健康恢复的状况,认定该成年人恢复为限制民事行为能力人或者完全民事行为能力人。

(四) 限制民事行为能力人实施民事法律行为

限制民事行为能力人在一定限度内或者一定条件下可以实施民事法

---

① 参见陈甦主编:《民法总则评注》(上册),法律出版社 2017 年版,第 162 页(朱广新执笔)。

律行为。具体而论,按照《民法典》第 22 条规定,限制民事行为能力人实施民事法律行为有如下三种情形:

1. 实施纯获利益民事法律行为

如果某一项民事法律行为仅给限制民事行为能力人带来利益,不可能使其利益减损,则不得以行为能力欠缺为由认定该民事法律行为存在效力瑕疵。此处所谓"利益"应解释为法律上的利益,不包括经济上的利益。① 从经济视角看,一项民事法律行为可能对限制民事行为能力人有利,但在法律上却给其带来不利益。民事法律行为在经济上对限制民事行为能力人是否有利,应当由其法定代理人予以判断。法定代理人认为有利的,自会予以追认,使之发生效力。② 着眼于法的安定性,也应当以法律上的利益为准,因为经济上的利益在很多情形中不宜判断。③ 此外,判断一项民事法律行为对限制民事行为能力人是否有利也不取决于其他的事实视角,比如取得的标的物是否具有危险性。如果乙将摩托车赠送给未成年人甲,则甲获得法律上的利益,尽管摩托车对未成年人有危险,但没必要通过法定代理人的同意权在外部关系上防护此种危险,而应借助内部关系中的照管权控制危险。④

所谓纯获利益民事法律行为可以定义为:只给限制民事行为能力人带来法律上的利益,未使其承受法律上的不利益的民事法律行为。法律上的利益即对限制民事行为能力人法律地位的积极影响,既包括增加其权利或者其他有利地位(比如技术秘密),也包括减轻其义务或者其他负担。反之,法律上的不利益是指缩减限制民事行为能力人的权利或者其他有利地位,或者使其承受义务或者负担。应当注意的是,仅当不利益是系争民事法律行为的直接后果时,才导致其成为并非使限制民事行为能力人纯获利益的民事法律行为。如果某种不利益的发生需要系争民事法律行为之外的其他因素介入,则不符合直接性要求。最典型的间接后果

---

① 参见陈甦主编:《民法总则评注》(上册),法律出版社 2017 年版,第 1038 页(朱晓喆执笔)。

② 参见〔德〕迪特尔·梅迪库斯:《德国民法总论》,邵建东译,法律出版社 2000 年版,第 423 页。

③ Vgl. Jochem Schmitt, in: Münchener Kommentar BGB, 5. Aufl., 2006, §107, Rn. 28;王利明主编:《中华人民共和国民法总则详解》,中国法制出版社 2017 年版,第 622 页(冉克平执笔)。

④ Vgl. Hans-Georg Knothe, in: Staudinger Kommentar BGB, 2004, §107, Rn. 2.

是赠与合同被撤销后的赠与物返还义务。取得标的物之后的纳税义务、缴纳管理费义务以及相邻关系中的义务亦然。当然,直接后果与间接后果的区分有时显得过于形式化,需要辅之以法律目的考量,即考虑将系争民事法律行为认定为使限制民事行为能力人纯获利益的民事法律行为是否背离限制民事行为能力人保护之目的。①

【深化与拓展】典型的使限制民事行为能力人纯获利益的民事法律行为包括:①以限制民事行为能力人为受赠人的单纯赠与,受赠人不承担任何给付义务。②免除限制民事行为能力人的债务,或者达成合同承认此项债务不存在(消极债务承认)。③作为出借人的限制民事行为能力人作出终止无偿借贷或者借用合同的表示。④向限制民事行为能力人授予代理权,因为该法律行为(不包括原因行为)仅使其取得一项权限,未使其承担义务。⑤在采用分离原则与抽象(无因)原则的情况下,通过处分行为取得财产权。即便原因行为是双务合同,取得人因此向让与人负担一项债务,也只能说原因行为并非使限制民事行为能力人纯获利益的民事法律行为,而不妨碍取得行为构成使限制民事行为能力人纯获利益的民事法律行为。当然,如果不采用抽象(无因)原则,则须以原因行为为准判断民事法律行为的效力。

某些民事法律行为虽未使限制民事行为能力人获得利益,但也未使其遭受不利益,此即所谓中性行为(neutrale Geschäfte)。中性行为一般仅对第三人发生效果。最典型的是限制民事行为能力人实施的有权代理行为,法律行为归属于被代理人而不是代理人,所以既不会使限制民事行为能力人获得利益,也不会使其遭受不利益。一般认为,中性行为应比照纯获利益的法律行为,无须经过法定代理人同意即可生效。限制民事行为能力人实施的处分他人权利的行为也被视为中性行为,因为处分行为仅导致他人丧失权利,未导致限制民事行为能

---

① 参见〔德〕迪特尔·梅迪库斯:《德国民法总论》,邵建东译,法律出版社2000年版,第425页。

力人本身丧失权利。① 但就无权处分而论,反对意见认为这样将使受让人享受行为能力规则的保护,背离了该规则的目的。② 该反对意见值得赞同。即便采用无因原则,限制民事行为能力人未经法定代理人同意实施的无权处分行为亦不应发生效力,受让人不能善意取得。

2. 实施与心智能力相适应的民事法律行为

限制民事行为能力人可以独立实施与其年龄、智力、精神健康状况相适应的民事法律行为。依《民法典总则编若干问题的解释》第 5 条规定,在个案中,限制民事行为能力人实施的民事法律行为是否与其年龄、智力、精神健康状况相适应,人民法院可以从行为与本人生活相关联的程度,本人的智力、精神健康状况能否理解其行为并预见相应的后果,以及标的、数量、价款或者报酬等方面认定。据此认定限制民事行为能力人可以独立实施的民事法律行为在学理上也被称为"日常生活必需的合同"③。具体而言,一个血管性痴呆症患者将不动产赠与其女儿,该民事法律行为显然超出其心智能力;一个 13 岁的少年订立有息借款合同,该民事法律行为显然超出其心智能力。④

3. 经法定代理人同意后实施民事法律行为

对于非使限制民事行为能力人纯获利益且超出其心智能力范围的民事法律行为,只有经过法定代理人同意后,限制民事行为能力人才能实施。所谓同意,即允许,须在民事法律行为实施之前作出。既可以向相对人作出同意表示,也可以向限制民事行为能力人作出同意表示。同意是不要式意思表示,即便系争民事法律行为是要式的,亦然。⑤ 同意也可以以默示方式作出,比如限制民事行为能力人作出意思表示时,法定代理人

---

① 参见〔德〕维尔纳·弗卢梅:《法律行为论》,迟颖译,法律出版社 2013 年版,第 228 页;朱庆育:《民法总论》(第 2 版),北京大学出版社 2016 年版,第 255 页。
② 参见〔德〕迪特尔·梅迪库斯:《德国民法总论》,邵建东译,法律出版社 2000 年版,第 429 页。
③ 张谷:《略论合同行为的效力——兼评〈合同法〉第三章》,载《中外法学》2000 年第 2 期。
④ 参见宋某某与雍某民间借贷纠纷案,上海市第一中级人民法院(2016)沪 01 民终 12258 号民事判决书。
⑤ Vgl. Jochem Schmitt, in: Münchener Kommentar BGB, 5. Aufl., 2006, §107, Rn. 11.

在场但未作否定表示,从中可以推断其对此同意。

同意包括特别同意和概括同意。前者仅针对某一项民事法律行为,后者针对一定范围内尚未特定化的民事法律行为,比如父母允许未成年人外出旅行,意味着概括同意未成年人在旅途中可以独立实施全部为旅行所必要的民事法律行为,①无论该民事法律行为是否已经由未成年人用父母事先交给他的钱履行完毕。②

一直到民事法律行为实施之前,同意可以被撤回。③ 撤回后,由法定代理人自己实施民事法律行为。

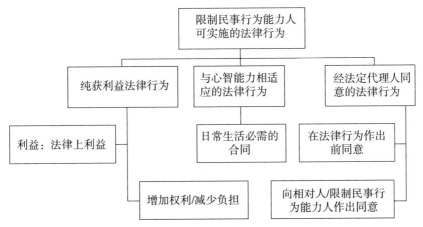

图4-2 限制民事行为能力人可实施的法律行为

【案例解析】在教学案例2中,甲15岁,是限制民事行为能力人。摩托车买卖超出其心智能力,未经其法定代理人同意,不得独立订立合同。由于摩托车买卖合同导致甲承担价款义务或者交付并移转所有权的义务,所以并非使其纯获利益的民事法律行为。尽管甲可以从摩托车的买进与卖出中挣得2000元利

---

① 参见〔德〕迪特尔·梅迪库斯:《德国民法总论》,邵建东译,法律出版社2000年版,第435页。
② 这与所谓的"零用钱条款"不同,此类条款如《德国民法典》第110条。依该条规定,限制行为能力的未成年人未经法定代理人同意以"零用钱"订立合同,只有在其以"零用钱"实际履行该合同给付义务之后,合同才自始有效。
③ 参见〔德〕迪特尔·梅迪库斯:《德国民法总论》,邵建东译,法律出版社2000年版,第433页。

润,但这是经济上的获利,而非法律上纯获利益。因此,甲、乙的买卖合同以及甲、丙的买卖合同未经其法定代理人追认的,均为无效。

四、无民事行为能力

(一) 无民事行为能力人的种类

在我国民法上,无民事行为能力人有两种:一是不满8周岁的未成年人;二是8周岁以上但不能辨认自己行为的成年人或者未成年人。8周岁以上的未成年人本来是限制民事行为能力人,但如果存在严重心智障碍以至于不能辨认自己行为,则与存在严重心智障碍的成年人无异,故《民法典》第21条规定其为无民事行为能力人。第二种无民事行为能力人也涉及无民事行为能力的认定与恢复问题,对此,适用与前述限制民事行为能力的认定与恢复相同的规则。

(二) 无民事行为能力人不能实施法律行为

无民事行为能力人不能实施任何民事法律行为,既不能作出意思表示,也不能受领意思表示。向无民事行为能力人作出的意思表示,自到达其法定代理人时发生效力。① 无民事行为能力人担任公司法定代表人的,其代表公司与他人实施的民事法律行为应认定为无效。② 与限制民事行为能力人不同,无民事行为能力人即便经过法定代理人同意也不能实施民事法律行为。《民法典》第22条仅规定限制民事行为能力人可以实施纯获利益民事法律行为,第21条并未规定无民事行为能力人可以实施此类民事法律行为。

五、监护

(一) 监护的功能与沿革

无民事行为能力人与限制民事行为能力人享有与其他自然人平等的民事权利能力,可以与他人建立各种民事权利义务关系。由于自身缺乏

---

① 参见王泽鉴:《民法总则》(2022年重排版),北京大学出版社2022年版,第326页。
② 参见交通银行股份有限公司泰州分行与泰州市鸿宝消防器材有限公司、江苏省云腾燃料有限公司、陈某某金融借款合同纠纷案,江苏省高级人民法院(2016)苏民终1093号民事判决书。法定代表人在任期间罹患痴呆症,其代表公司对外订立的担保合同无效。

足够的民事行为能力,所以需要有人对其予以辅助。监护人即扮演此种角色。从这个意义上说,监护是民事行为能力的补足手段。当然,监护的功能不限于此,监护人除了对不完全民事行为能力人的民事法律行为进行代理、同意或者追认之外,还需要保护、照管不完全民事行为能力人的人身和财产。

【深化与拓展】从法律史与比较法看,不完全民事行为能力人的能力补足与保护制度不限于监护。在罗马法中,与自然人民事能力相配套的制度是家父权(家长权)、监护与保佐。在现代民法中,家父权被亲权取代,监护与保佐制度在不同程度上被继受。其中亲权是父母对未成年子女的照管权;监护通常适用于不处于亲权之下的未成年人以及因精神障碍欠缺民事行为能力的成年人。

我国民法未严格区分亲权与监护,也未专门规定保佐。监护的适用范围很广,父母对未成年子女的照管权也被纳入监护范畴。实际上,我国的监护制度包含了国外的亲权制度,也包含了保佐制度的一部分,《民法典》使用的是广义监护概念。

(二) 监护的分类

1. 未成年监护与成年监护

以被监护人的年龄为准,可以将监护分为未成年监护与成年监护。在我国民法中,无论父母是否健在,未成年人都要接受监护。成年人仅在因心智障碍欠缺民事行为能力时才需要接受监护。

2. 法定监护、指定监护与意定监护

(1)法定监护。

以监护关系发生的原因为准,可以将监护分为法定监护、意定监护与指定监护。法定监护即直接依据法律规定发生的监护。《民法典》第27条规定父母等近亲属担任未成年人的监护人,即为法定监护。《民法典》第28条规定配偶等近亲属担任成年不完全民事行为能力人的监护人,亦然。同样,《民法典》第32条规定民政部门、居民委员会、村民委员会担任监护人,也是法定监护。此类自然人或者组织担任监护人是其法定义务,只要符合法定条件,即自动成为监护人,无需任何意思要素。

(2)指定监护。

指定监护是指在特定情形中,由有关组织或者机关指定监护人,据此发生监护关系。在我国民法中,有两种情形:一是具备监护资格的数人对担任监护人有争议时,由居民委员会、村民委员会或者法院依据《民法典》第31条之规定指定监护人。二是法院依据《民法典》第36条规定撤销现任监护人之资格后,重新指定监护人。

(3)意定监护。

意定监护是指基于当事人的意思表示而发生的监护。狭义的意定监护仅指《民法典》第33条规定的成年人意定监护,即具备完全民事行为能力的成年人与近亲属或者其他个人、组织达成书面合意,预先为自己选定监护人,在该成年人完全或者部分丧失民事行为能力时,监护关系发生。2012年的《老年人权益保障法》第26条就已经规定此种意定监护,但订立协议的被监护人仅限于老年人。《民法典》第33条扩大了其适用范围。

广义的意定监护泛指任何依当事人意思确定监护人的监护。除了成年人意定监护之外,还包括遗嘱监护与协议监护。[1] 遗嘱监护是指父母担任未成年或者成年子女的监护人时,通过遗嘱为子女指定某人在自己死亡之后继续担任监护人(《民法典》第29条)。[2] 协议监护是指具备监护资格的数人依据《民法典》第30条规定达成协议,确定其中某一个或者某几个人担任监护人。此项协议是以身份关系为标的的合意,本质上是在特定范围内通过意思表示确定监护职责的承担:同一监护资格顺位的数个人本来都可以且应当承担监护职责,但为了更好地照管被监护人,通过合意确定仅由部分人承担监护职责;或者,监护资格顺位在先的人本应承担监护职责,但通过合意将监护职责移转给监护资格顺位在后的人(《民法典总则编若干问题的解释》第8条第2款)。[3] 无论监护职责由整体移转给部分抑或由先顺位移转给后顺

---

[1] 认为遗嘱监护属于意定监护的观点,参见陈甦主编:《民法总则评注》,法律出版社2017年版,第224页(刘明执笔)。

[2] 有学者将遗嘱监护视为指定监护的一种。参见王利明主编:《中华人民共和国民法总则详解》,中国法制出版社2017年版,第138页(孟强执笔)。

[3] 参见陈甦主编:《民法总则评注》(上册),法律出版社2017年版,第213、214页(刘明执笔)。

位,均为基于法律行为的法律关系变动,类似于债的意定概括承受,因此,属于广义的意定监护。①

意定监护在效力上优先于法定监护。如果存在有效的意定监护,则不再适用法定监护规则,直接由意定监护人履行监护职责。意定监护无效,如未成年人的父母与其他具有监护资格的人订立协议,约定免除具有监护能力的父母的监护职责并由其他具有监护资格的人担任监护人,该协议无效;反之,约定在未成年人的父母丧失监护能力时由其他具有监护资格的人担任监护人的,该协议有效(《民法典总则编若干问题的解释》第8条第1款)。

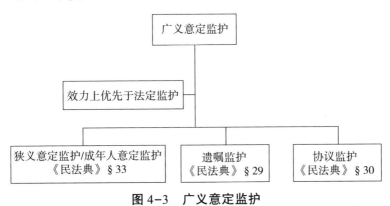

图4-3 广义意定监护

(4)关于委托监护。

在我国民法中,还存在所谓的委托监护。《未成年人保护法》第22条规定:"未成年人的父母或者其他监护人因外出务工等原因在一定期限内不能完全履行监护职责的,应当委托具有照护能力的完全民事行为能力人代为照护;无正当理由的,不得委托他人代为照护。"学理上通常将此情形称为委托监护。《民法典》虽未专门规定委托监护,但按照《民法典》第36条第1款第2项规定,监护人无法履行监护职责并且拒绝将监护职责部分或者全部委托给他人,导致被监护人处于危困状态的,人民法院可以撤销其监护人资格,这表明《民法典》承认委托监护。

---

① 有学者认为,协议监护属于法定监护范畴。参见陈甦主编:《民法总则评注》(上册),法律出版社2017年版,第213页(刘明执笔)。

【深化与拓展】当然,所谓委托监护的性质如何,不无疑问。我国民法学者多认为,委托监护仅体现监护人与受托人之间的事务委托关系,并未在受托人与被监护人之间产生真正意义上的监护关系,受托人并非监护人,委托人仍为监护人。① 从法律关系构造看,委托监护类似于转承揽、转承包、转租等法律关系。转承揽人、转承包人、转(次)承租人并未因合同与定作人、发包人、出租人直接发生法律关系,其法律地位是从承揽人、承包人、承租人的法律地位中派生出来的。同理,委托监护之受托人的法律地位也是从监护人的法律地位中派生出来的。具体言之,监护人是被监护人的法定代理人,在委托监护期间,受托人取得复代理权,监护人仍享有本代理权;受托人占有被监护人所有之物的,构成有权占有,占有权来源于监护人的占有权;受托人为履行职责之需要对被监护人所有之物予以使用或者事实处分的,其行为不具有违法性,不构成侵权,因为作为委托人的监护人有此类权限。总之,尽管在履行受托的监护职责时受托人与被监护人密切接触,但二者之间的关系必须通过监护人与被监护人的法律关系予以解释。所谓委托监护并非与法定监护、指定监护、意定监护处于同一层级的概念。按照《民法典总则编若干问题的解释》第13条的规定,监护人将全部或者部分监护职责委托给他人,当事人主张受托人因此成为监护人的,人民法院不予支持。这表明,委托监护之受托人并非监护人。

3. 单独监护与共同监护

以监护人的数量为准,可以将监护分为单独监护与共同监护。单独监护即仅由一人担任监护人的监护。共同监护即由数人共同担任监护人的监护。同一监护资格顺位的数个人可以共同担任监护人,也可以达成协议确定由某一个人单独监护。监护人之间的协议也可以约定各监护人分别负责某一方面的监护事务②,每个监护人在其负责的事务范围内,有

---

① 参见朱庆育:《民法总论》(第2版),北京大学出版社2016年版,第400页;陈甦主编:《民法总则评注》(上册),法律出版社2017年版,第216页(刘明执笔)。

② 参见陈甦主编:《民法总则评注》(上册),法律出版社2017年版,第215页(刘明执笔)。

权单独作出决定。如果未通过协议予以分工,则共同监护人对各项事务应当共同履行监护职责。此时,涉及数个监护人意见的统一问题。我国民法对此问题未作明文规定。从比较法看,依《德国民法典》第1797、1798条规定,数个监护人意见分歧时,由家事法院决定。

4. 普通监护与临时监护

一般情形中的监护皆为普通监护。临时监护仅适用于特殊情形。其一,按照《民法典》第31条第3款的规定,关于由何人担任监护人存在争议的,在有关组织或者机关指定监护人前,被监护人的人身权利、财产权利以及其他合法权益处于无人保护状态的,由被监护人住所地的居民委员会、村民委员会、法律规定的有关组织或者民政部门担任临时监护人。临时监护是此类组织或者机关的法定职责,在法定情形出现时,其应主动履行职责,无须当事人申请。① 其二,按照《民法典》第36条第1款的规定,人民法院撤销监护人后重新指定监护人前,可以根据需要安排临时监护。

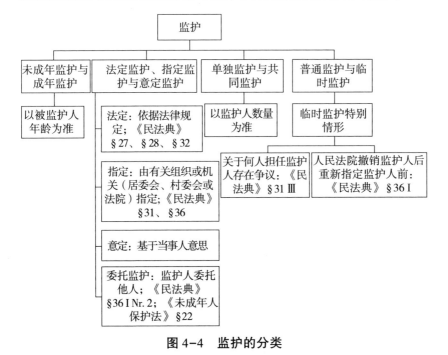

图4-4 监护的分类

---

① 参见陈甦主编:《民法总则评注》(上册),法律出版社2017年版,第225页(刘明执笔)。

(三) 监护的发生

1. 法定监护的发生

符合法定条件的,直接发生法定监护。法定条件包括两个:一是存在被监护人,二是存在具备监护资格的个人或者组织。被监护人即不完全民事行为能力人。未成年人在出生时即成为被监护人。成年人在完全或者部分丧失辨识能力时成为被监护人。①

关于监护资格,《民法典》第27、28、32条有明文规定。按照第27条规定,有资格担任未成年人之监护人的当事人包括:①父母;②祖父母、外祖父母;③兄、姐;④其他愿意担任监护人且经未成年人住所地居民委员会、村民委员会或者民政部门同意的个人或者组织。上述当事人必须具备监护能力。父母的监护资格虽为第一顺位,但如果欠缺监护能力,则不能担任未成年子女的监护人,须由监护资格顺位在后的当事人担任监护人。按照《民法典总则编若干问题的解释》第6条的规定,认定监护能力,应当根据其年龄、身心健康状况、经济条件等因素确定;认定有关组织的监护能力,应当根据其资质、信用、财产状况等因素确定。当然,认定父母缺乏监护能力时应当慎重。如果父母没有离婚,则通常应认定其都具备监护能力,除非其存在精神病等心智障碍或者因严重残疾基本丧失行动能力。如果父母离婚,未与子女共同生活的一方不得因此而被取消监护资格。仅当其存在心智障碍、严重残疾或者与子女长期相隔较远以至于不适合履行监护职责时,才可以认定其缺乏监护能力。

按照《民法典》第28条规定,有资格担任成年不完全行为能力人之监护人的当事人包括:①配偶;②父母、子女;③其他近亲属;④其他愿意担任监护人且经被监护人住所地居民委员会、村民委员会或者民政部门同意的个人或者组织。这些当事人同样必须具备监护能力。

按照《民法典》第32条规定,没有依法具有监护资格的人的,监护人由民政部门担任,也可以由具备履行监护职责条件的被监护人住所地的居民委员会、村民委员会担任。该条所谓"没有依法具有监护资格的人"应理解为"没有其他依法具有监护资格的人",因为民政部门、居民委员

---

① 成年人事实上已经丧失辨识能力但尚未依特别程序被认定为不完全民事行为能力人的,是否自动成为被监护人从而发生监护关系,不无疑问。在此期间,如果具备监护资格的人以监护人身份行使了法定代理权,应认定为有权代理。

会、村民委员会虽然只是"替补",但也具有监护资格。没有监护资格包括因缺乏监护能力而没有监护资格。

【案例解析】在教学案例3中,A的父母、祖母均有心智或者身体上的严重障碍,外祖父母身体不健康且无固定生活来源,这些近亲属均欠缺监护能力。由于A没有其他近亲属,所以应由其住所地的民政部门或者居民委员会、村民委员会担任其监护人。

2. 指定监护的发生

如前所述,指定监护有两种情形。撤销监护人资格后的指定监护将在监护人资格撤销部分阐述,此处仅涉及《民法典》第31条规定的指定监护。

(1)指定监护的申请。

申请指定监护需要一定的事由。依据《民法典》第31条第1款规定,指定监护申请事由是对监护人的确定发生争议。争议既可能表现为数个当事人争相担任监护人,也可能表现为数个当事人相互推诿,都不愿意担任监护人。争议通常因法定监护而发生,但也可能因意定监护而发生。比如,设立意定监护的民事法律行为(遗嘱、协议等)效力有争议。在此种情形中,须由法院就系争民事法律行为的效力予以判断。从理论上说,相关当事人可以仅向法院诉请确认设立意定监护的民事法律行为无效。如果法院认定该民事法律行为有效,则以该民事法律行为所确定的当事人为监护人,监护人确定的争议得以平息。此项监护在性质上仍属于意定监护。如果法院认定该民事法律行为无效,则不能依该民事法律行为发生意定监护。在有其他有效民事法律行为的情况下,依其他民事法律行为确定监护人。否则,还需进一步依法定监护规则或者通过指定监护予以确定。当然,在因意定监护发生争议时,当事人也可以依据《民法典》第31条第1款第2分句直接向法院申请指定监护人,法院依特别程序处理。《民事诉讼法》虽然并未专门规定指定监护特别程序,但以往法院一直依据原《民通意见(试行)》第19条之规定比照《民事诉讼法》上的特别程序处理指定监护案件。

《民法典》未明确规定何人有权提出指定监护申请。学理上一般认为,申请人应当是具有监护资格的当事人。①

(2)指定权主体。

《民法典》规定的指定权主体包括两种:一是被监护人住所地的居民委员会、村民委员会与民政部门,其指定权仅限于因法定监护发生争议;二是法院。法院的指定是终局性的。居民委员会、村民委员会与民政部门的指定并非终局性的,当事人如果对此类组织的指定不服,可以向法院申请指定。至于此种情形中当事人向法院申请指定应否受到期间限制,《民法典》未作明文规定。按照《民事诉讼法解释》(2022年修正)第349条以及《民法典总则编若干问题的解释》第10条第1款之规定,被指定人不服的,应当在接到指定通知之日起30日内向法院提出异议,由法院作出裁判。按照《民法典总则编若干问题的解释》第10条第2款之规定,有关当事人在接到指定通知之日起30日后提出申请的,法院应当按照变更监护关系处理。司法解释仅规定被指定人有权向法院寻求救济。对于《民法典》第31条第1款,应解释为其他具有监护资格的当事人对指定不服的,也有权向法院寻求救济,由法院作出终局性指定。

应当注意的是,依《民法典》第31条第1款之规定,有关组织指定并非法院指定的前置程序。在因意定监护发生争议的情况下,居民委员会等组织反而不得先行指定监护,因为此项争议涉及设立意定监护之民事法律行为的效力问题,居民委员会等组织显然无权对民事法律行为的效力进行裁决,此种裁决权专属于法院。

(3)指定的原则与考量因素。

按照《民法典》第31条第2款之规定,指定监护应当尊重被监护人的真实意愿,按照最有利于被监护人的原则指定监护人。这是指定监护的两项原则。

尊重被监护人的意愿以其具备一定的辨识与表达能力为前提,所以通常适用于限制民事行为能力人的指定监护。至于尊重被监护人的意愿与最有利于被监护人的原则孰先孰后,则不可一概而论。在实践中,须根据不同情况予以斟酌。如果被监护人具备较强的识别与表达能力,则应优先考虑其意愿。反之,如果被监护人的识别与表达能力较弱,则应优先

---

① 参见陈甦主编:《民法总则评注》(上册),法律出版社2017年版,第224页(刘明执笔)。

适用最有利于被监护人的原则。

适用最有利于被监护人的原则时,指定权主体应当综合考量监护人的各种因素,选定合适的监护人。按照《民法典总则编若干问题的解释》第9条第1款的规定,法院在指定监护人时主要应考虑如下因素:与被监护人生活、情感联系的密切程度;依法具有监护资格的人的监护顺序;是否有不利于履行监护职责的违法犯罪等情形;依法具有监护资格的人的监护能力、意愿、品行等。显然,法律上规定的监护资格顺位并非绝对标准,只是参考因素之一。前一监护资格顺位的当事人无监护能力或者对被监护人明显不利的,可以根据情况从后一监护资格顺位的当事人中择优确定监护人。①

按照《民法典总则编若干问题的解释》第9条第2款的规定,法院依法指定的监护人一般应当是一人,由数人共同担任监护人更有利于保护被监护人利益的,也可以是数人。

(4)指定的方式与生效。

居民委员会、村民委员会或者民政部门指定监护的方式是作出指定某个或者某几个当事人为监护人的决定,该决定须以书面或者口头通知被指定人。有关当事人对该指定不服的,向法院申请指定,法院应视情况裁定驳回申请或者判决撤销指定。判决撤销指定的,法院应同时另行指定监护人。有关当事人直接向法院申请指定监护的,法院也应以判决的方式指定监护人。

指定监护的决定到达被指定人时或者法院指定监护的判决生效时,指定监护发生效力。在此之前,如果尚无临时监护,则监护资格顺位在前的当事人应单独或者共同履行监护职责,因为其已经依法定监护规则自动成为监护人。但如果监护资格顺位在后的当事人已经实际掌控了监护事务或已经被居民委员会等组织指定为监护人,则其应继续履行监护职责,维护被监护人的人身安全和财产利益。监护人争议涉及意定监护的,在争议解决之前,应由意定监护人履行监护职责,除非其他有监护资格的当事人已经实际掌控了监护事务,导致意定监护人无从插手。

3. 意定监护的发生

意定监护依据遗嘱、协议等民事法律行为而发生。因此,须存在一项

---

① 参见石宏主编:《〈中华人民共和国民法总则〉条文说明、立法理由及相关规定》,北京大学出版社2017年版,第69页。

有效的民事法律行为。就成年意定监护而言,未来被监护人须与未来监护人订立一项书面协议。此项协议在性质上属于附停止条件的身份行为①,仅当监护原因发生时,该协议才发生效力。② 按照《民法典》第33条之规定,设立意定监护的协议须采用书面形式。订立协议时,未来被监护人须为具有完全民事行为能力的成年人。未来监护人不受法定监护资格限制,可以是未来被监护人的近亲属,也可以是其他愿意担任监护人的个人或者组织。双方当事人须就监护事宜达成合意。③ 协议发生效力的时间是未来被监护人丧失或者部分丧失民事行为能力之时。在此之前,协议没有约束力,任何一方当事人都有权任意解除,《民法典总则编若干问题的解释》第11条第1款第1句对此予以规定。

就遗嘱监护而言,须担任监护人的被监护人父母所立的遗嘱生效。遗嘱生效时,被指定的人不同意担任监护人的,法院应当依据《民法典》第27、28条的规定确定监护人,即适用法定监护。未成年人由父母担任监护人,父母仅有一方通过遗嘱指定监护人,另一方在遗嘱生效时有监护能力,有关当事人对监护人的确定有争议的,法院应当依据《民法典》第27条第1款的规定确定由父母另一方担任监护人。对此,《民法典总则编若干问题的解释》第7条有明文规定。该司法解释规定表明,遗嘱监护存在不确定性,因为遗嘱仅体现遗嘱人的单方意思。

(四) 监护人的职责

1. 监护人的职责范围

监护人的职责在某些场合被称为监护权。实际上,这种称谓并不贴切,因为监护人的职责主要是义务,涉及权利(权力)的仅有法定代理权与管教权。

具体而言,监护人的职责包括:①保护被监护人的人身权益,照顾被监护人的生活。被监护人为未成年人或者需赡养的老年人的,如果监护人与扶养义务人不是同一人,则被监护人生活所需费用由扶养义务人承

---

① 参见李宇:《民法总则要义:规范释论与判解集注》,法律出版社2017年版,第104页。
② 参见杨立新:《我国老年监护制度的立法突破及相关问题》,载《法学研究》2013年第2期。
③ 学者多认为当事人也可以在协议中约定监护的报酬。参见李宇:《民法总则要义:规范释论与判解集注》,法律出版社2017年版,第104页;陈甦主编:《民法总则评注》(上册),法律出版社2017年版,第238页(刘明执笔)。

担,监护人应及时催告扶养义务人支付扶养费,必要时应先垫付。监护人应采取必要措施维持被监护人的身心健康,避免其遭受人身伤害。②管理、经营被监护人的财产。被监护人有财产的,监护人应妥善管理。对于投资性或者营业性财产,监护人在经营过程中应当尽到相当的注意,必要时应当委托专业人士参与经营。在经营、管理财产时,监护人应当严格区分自己的财产与被监护人的财产。③对被监护人进行必要的管教和约束,避免其误入歧途或者伤害他人。在管教和约束过程中,应当尊重被监护人的人格尊严。④担任被监护人的法定代理人,代理其实施民事法律行为或者参与诉讼。

2. 监护人履行职责应当遵循的原则

按照《民法典》第35条之规定,监护人履行监护职责应当遵循两项原则:一是最有利于被监护人原则;二是尊重被监护人真实意愿原则。第一项原则要求监护人的行为以维护被监护人的利益为目标,在起居、医疗保健、教育、财产保值增值等事务的安排上都应争取实现被监护人利益最大化。监护人应当尽量避免自己的利益与被监护人的利益发生冲突。尤其在处分被监护人的财产时,应当慎重。除为维护被监护人利益外,不得处分被监护人的财产。因此,监护人原则上不得将被监护人的财产无偿或者低价处分给自己或者他人,也不得以被监护人的财产担保自己或者他人的债务。监护人违反最有利于被监护人原则行使法定代理权的,构成代理权滥用。

第二项原则适用的前提是被监护人具备一定的识别与表达能力。对于限制民事行为能力被监护人识别能力范围内的事务,监护人应当交给被监护人予以决定和处理。对于被监护人不能独立处理的重大事务,监护人在必要时也应根据情况征求被监护人的意见。

3. 监护人的损害赔偿责任

按照《民法典》第34条第3款之规定,监护人不履行监护职责或者侵害被监护人合法权益的,应当承担法律责任。具体而言,监护人的责任包括:①监护人怠于履行监护职责导致被监护人的利益遭受损失时,监护人应承担损害赔偿责任。比如,未妥善看管导致被监护人的财产丢失,未及时安排就医导致被监护人健康情况恶化。此项责任因监护人违反法定照顾、保护义务而发生,本质上属于债务不履行责任。②监护人怠于履行监护职责导致被监护人侵害第三人权益,监护人应依据《民法典》第1188条对第三人承担侵权损害赔偿责任。① ③监护人利用职权之便侵害被监护人的权益。无论是侵害被监护人的人身权益还是财产权益,都构成侵权,应承担损害赔偿责任。

(五) 监护人资格的撤销

对于已经担任监护人的当事人,在特定情形中,法院可以依申请撤销其监护人资格。按照《民法典总则编若干问题的解释》第 11 条第 2 款的规定,监护人资格的撤销也适用于成年意定监护。

1. 监护人资格撤销的申请事由

按照《民法典》第 36 条第 1 款之规定,有如下情形之一的,有关个人或者组织可以向法院申请撤销监护人资格:①实施严重损害被监护人身心健康行为。比如经常虐待被监护人,出卖、遗弃、性侵被监护人,教唆、利用未成年人实施违法犯罪行为。②怠于履行监护职责,或者无法履行监护职责并且拒绝将监护职责部分或者全部委托给他人,导致被监护人处于危困状态。按照最高人民法院、最高人民检察院、公安部和民政部 2014 年联合发布的《关于依法处理监护人侵害未成年人权益行为若干问题的意见》(以下简称《监护人侵害未成年人意见》)第 35 条之规定,监护人将未成年人置于无人监管和照看的状态,导致未成年人面临死亡或者严重伤害危险,经教育不改的,或者拒不履行监护职责长达六个月以上,导致未成年人流离失所或者生活无着的,或者有吸毒、赌博、长期酗酒等恶习无法正确履行监护职责或者因服刑等原因无法履行监护职责,且拒绝将监护职责部分或者全部委托给他人,致使未成年人处于困境或者危险状态的,有关个人或组织可以申请撤销其监护人资格。③实施严重侵害被监护人合法权益的其他行为,比如侵吞被监护人财产。

2. 申请人

有权申请撤销监护人资格的当事人包括:①其他依法具有监护资格的人;②居民委员会、村民委员会、学校、医疗机构、妇女联合会、残疾人联合会、未成年人保护组织、依法设立的老年人组织;③民政部门。这些申请人之间没有顺位之分。按照《民法典》第 36 第 3 款之规定,上述个人和

---

① 按照《民法典》第 1188 条第 1 款之规定,监护人即便尽到监护职责,仍须承担部分损害赔偿责任。这是立法上的缺陷,对监护人过于苛刻。尤其是父母、配偶以外的当事人担任监护人的,问题更为突出。

民政部门以外的组织未及时向人民法院申请撤销监护人资格的,民政部门应当向人民法院申请。这表明,民政部门不仅有权提出撤销监护人申请,而且在其他主体未及时提出申请的情况下,有义务提出申请。

3. 监护人资格撤销的方式与效果

按照《监护人侵害未成年人意见》第31条规定,申请撤销监护人资格案件,由未成人住所地、监护人住所地或者侵害行为地基层人民法院管辖。这适用于未成年监护情形,在成年监护情形中,可准用此项规定。按照该意见第32条、第35条之规定,撤销监护人资格案件比照民事诉讼法上的特别程序审理,符合撤销条件的,人民法院作出撤销监护人资格的判决。

撤销监护人资格后,原监护关系终止。按照《民法典》第36条第1款之规定,人民法院应在判决中指定新监护人。不过,按照《监护人侵害未成年人意见》第36条之规定,判决撤销监护人资格,未成年人有其他监护人的,应当由其他监护人承担监护职责。仅当没有其他监护人时,才由人民法院指定监护人。此项规定具有一定的合理性,因为被撤销监护人资格的可能只是数个共同监护人之一,其他共同监护人未被撤销资格,仍可以继续担任监护人,无需另行指定监护人。成年监护应准用上述规定。

监护人如果是被监护人的扶养义务人,被撤销监护人资格的,不影响其扶养费支付义务。监护人资格被撤销后,在一定条件下可以恢复。按照《民法典》第38条之规定,被监护人的父母或者子女被人民法院撤销监护人资格后,除对被监护人实施故意犯罪的外,确有悔改表现的,经其申请,人民法院可以在尊重被监护人真实意愿的前提下,视情况恢复其监护人资格。恢复之后,人民法院指定的监护人与被监护人的监护关系同时终止。监护人是父母、子女之外其他人的,监护人资格被撤销后不能恢复。之所以给予父母、子女恢复监护人资格的机会,主要是考虑亲子之间密切的血缘与伦理关系。①

(六) 监护的终止

监护的终止可以分为绝对终止和相对终止。② 绝对终止是指被监护

---

① 《监护人侵害未成年人意见》第38条规定,被撤销监护人资格的各种监护人都可以申请恢复监护人资格,不限于担任监护人的父母、子女。此项规定适用范围过于宽泛。既然此后生效的《民法典》已将可以恢复监护人资格的当事人范围限定于父母、子女,则此项规定应终止适用。

② 参见陈甦主编:《民法总则评注》(上册),法律出版社2017年版,第290、291页(刘明执笔)。

人彻底脱离监护关系,不再需要设置新的监护人。相对终止是指终止的效果仅发生于被监护人与特定监护人之间,被监护人仍需与其他监护人维持监护关系或者形成新的监护关系。监护的相对终止实际上属于监护关系变更范畴①,因为只是监护人变更了而已,被监护人的地位并无变化。

1. 监护的绝对终止

监护的绝对终止事由包括:①被监护人取得或者恢复完全民事行为能力。监护旨在补足被监护人的民事行为能力,照管被监护人的生活,既然被监护人已经具备完全民事行为能力,则当然不再需要监护,监护绝对终止。②被监护人死亡。此时亦不存在需要监护的人,所以监护绝对终止。

2. 监护的相对终止

监护的相对终止事由包括:

(1)监护人死亡。该监护人与被监护人的监护关系终止。如果是数人共同监护,则被监护人与其他共同监护人维持监护关系。如果是单独监护,则被监护人与其他有监护资格的当事人形成新的监护关系。

(2)监护人丧失监护能力。按照《民法典》第39条第1款第2项之规定,此时监护终止。不过,似乎应限缩解释为仅当监护人完全或者部分丧失民事行为能力时,监护才自动终止。如果只是因为监护人的经济条件严重恶化、身体健康状况糟糕、与被监护人的生活联系疏远等事由导致其丧失监护能力,则监护不应当然终止,应由有关当事人申请法院依据《民法典》第36条第1款第2项撤销其监护人资格,或者由法院依据《民法典》第39条第1款第4项认定监护关系终止。

(3)人民法院认定监护关系终止的其他情形。《民法典》第39条第1款第4项规定的此种终止事由应当作何理解,不无疑问。第36条既然已经专门规定了监护人资格的撤销,撤销导致监护关系相对消灭,为何第39条第1款第4项不规定"人民法院撤销监护人资格",而规定"人民法院认定监护关系终止的其他情形"? 参与原《民法总则》立法工作的人士将该项规定解释为包括监护人资格被人民法院撤销以及有正当理由向人民法院申请变更监护人并得到人民法院认可。②

---

① 参见杨大文主编:《亲属法》(第5版),法律出版社2012年版,第289页。
② 参见石宏主编:《〈中华人民共和国民法总则〉条文说明、立法理由及相关规定》,北京大学出版社2017年版,第87页。

【深化与拓展】所谓变更监护,《民法典》并无明文规定。《民法典总则编若干问题的解释》规定了变更监护的三种情形:一是该司法解释第 12 条第 1 款规定:"监护人、其他依法具有监护资格的人之间就监护人是否有民法典第三十九条第一款第二项、第四项规定的应当终止监护关系的情形发生争议,申请变更监护人的,人民法院应当依法受理。经审理认为理由成立的,人民法院依法予以支持。"该款规定表明,《民法典》第 39 条第 1 款第 4 项中的监护关系终止应由相关当事人申请变更监护并由人民法院裁量。二是该司法解释第 12 条第 2 款规定的对指定监护的变更。这一方面要求指定监护人与其他具有监护资格的人达成变更合意,另一方面要求由人民法院尊重被监护人的真实意愿,按照最有利于被监护人的原则作出裁判。三是按照该司法解释第 10 条第 2 款规定,指定监护人接到居民委员会等组织的指定通知之日起 30 日后因不服指定而申请指定监护人的,人民法院应当按照变更监护关系处理。

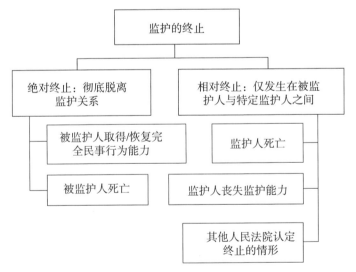

图 4-5 监护的终止

六、宣告失踪

(一) 概述

关于下落不明人，我国民法除了宣告死亡制度之外，还规定了宣告失踪。某人虽下落不明，但尚不符合宣告死亡的条件，或者虽符合条件，但利害关系人不愿意径行申请宣告死亡。此时，利害关系人可以向法院申请宣告下落不明人失踪。法院作出失踪宣告后，失踪人的财产由依法或者依指定产生的财产代管人管理，以保护失踪人以及利害关系人的权益。

【深化与拓展】从比较法看，很多国家或者地区民法均设置失踪人辅助制度。辅助制度的名称各不相同。有的称为失踪人或者不在者财产管理，如我国台湾地区"民法"第10条、《日本民法典》第25条；有的称为不在者保佐（Abwesenheitspflegschaft），如《德国民法典》第1911条；①有的称为不在者辅佐（Beistandschaft），如《瑞士民法典》第392条第1项、第393条。

失踪人辅助制度不是真正意义上的民事行为能力补足制度②，因为失踪人如果仍然生存，既未丧失民事权利能力，也未丧失民事行为能力。不过，失踪人与其住所地之间的联系中断，导致以住所地为中心的法律关系不能及时处理③，其民事行为能力在空间维度上不能顺畅施展，在某种程度上类似于民事行为能力遇到障碍。因此，失踪人辅助制度与民事行为能力补足制度存在密切关联，将其放在民事行为能力部分阐述比较合理。

(二) 宣告失踪的要件

1. 自然人下落不明满二年

下落不明的认定标准与宣告死亡制度中的下落不明基本相同。唯

---

① 在德国法上，所谓不在者不仅指下落不明者（《德国民法典》第1911条第1款），还包括居留地已知但不能返回处理其财产事务的人（《德国民法典》第1911条第2款）；Vgl. Werner Bienwald, in: Staudinger Kommentar BGB, 2017, §1911, Rn. 15。

② 认为宣告失踪是民事行为能力补足制度的观点参见张俊浩主编：《民法学原理(上册)》(第3版)，中国政法大学出版社2000年版，第123页。

③ 正因如此，有学者将宣告失踪放在"住所"部分阐述。参见朱庆育：《民法总论》(第2版)，北京大学出版社2016年版，第414页。

一区别在于,宣告死亡制度中的下落不明应有生死不明之意,而宣告失踪制度中的下落不明不包含生死不明之意,只要行踪不明即可。二年期间从自然人失去音讯之日起计算。战争期间下落不明的,下落不明的时间自战争结束之日或者有关机关确定的下落不明之日起计算。

2. 下落不明人无法定代理人或者意定财产管理人

下落不明人如果是不完全民事行为能力人,因其有监护人作为法定代理人处理财产事务,故无须通过宣告失踪为其安排财产管理人。下落不明人虽为完全民事行为能力人,但失去音讯之前已经通过意思表示授权某人代管自己财产且被授权人愿意代管的,也无须通过宣告失踪另行为其安排财产管理人。

3. 利害关系人向人民法院申请

按照《民法典总则编若干问题的解释》第14条的规定,申请宣告失踪的利害关系人包括:①被申请人的近亲属;②依据《民法典》第1128、1129条规定对被申请人有继承权的亲属,即代位继承人,对公婆尽了主要赡养义务的丧偶儿媳,对岳父母尽了主要赡养义务的丧偶女婿;③债权人、债务人、合伙人等与被申请人有民事权利义务关系的民事主体,但是不申请宣告失踪不影响其权利行使、义务履行的除外。与宣告死亡相比,申请宣告失踪的利害关系人不存在层级之分,因为宣告失踪并不涉及下落不明人的生死问题。

4. 人民法院作出宣告失踪的判决

宣告失踪案件由下落不明人住所地基层人民法院管辖(《民事诉讼法》第190条)。人民法院受理案件后,应当发出寻找下落不明人的公告,公告期间为三个月。公告期间届满,人民法院应当根据事实情况作出宣告失踪的判决或者驳回申请的判决。

(三) 宣告失踪的法律效果

1. 财产代管

宣告失踪的法律效果是财产代管。按照《民法典》第42条之规定,失踪人的财产由其配偶、成年子女、父母或者其他愿意担任财产代管人的人代管。代管有争议,没有前款规定的人,或者前款规定的人无代管能力的,由人民法院指定的人代管。此处涉及两个问题:一是该条规定的财产代管人资格是否存在顺位;二是人民法院应否一律在宣告失踪的同时指定财产代管人。在解释上,学界多认为《民法典》第42条规定的代管人资格并无顺位之分。① 如果采用这种无顺位说,将面临如下问题:宣告失踪后,不能依据法定顺位自动产生财产代管人,如果无人主动承担财产代管人职责,则失踪人的财产处于无人管理状态,可能遭受损失,对此,应由何人依据《民法典》第43条之规定承担财产代管人的损害赔偿责任?为避免陷入权责不明的状态,应由人民法院在判决宣告失踪的同时直接指定某一个或者某几个有资格的人担任财产代管人。《民事诉讼法解释》(2022年修正)第341条规定:"……人民法院判决宣告失踪的,应当同时依照民法典第四十二条的规定指定失踪人的财产代管人。"此项司法解释规定对于《民法典》第42条的适用具有指导意义。该条第2款中的"代管有争议"应当解释为有代管人资格的当事人之间未达成由何人担任代管人之约定。只要未达成此项约定,人民法院在判决宣告失踪的同时就应当在有代管人资格的当事人之中指定代管人,以免事后发生不必要的纠纷。指定代管人时,人民法院应当主要考虑各当事人与失踪人关系的密切程度,兼顾各当事人的管理能力。

如果失踪人的近亲属没有能力代管,也没有其他有能力的自然人愿意代管,则人民法院也可以指定居民委员会、村民委员会等组织担任财产代管人。对此,原《民通意见(试行)》第30条第1款曾有规定,今后可以沿用此种做法。

2. 财产代管人的职责

财产代管人的职责是代为管理失踪人的财产事务,包括对失踪人的财物实施保存行为(如保管、维修和保养)、改良行为以及必要的经营行为和处分行为,包括收取债权、清偿债务,甚至包括提起诉讼。此类行为既有事实行为,也有法律行为。就法律行为的实施而论,学说上多认为财产代管人是失踪人的法定代理人②,其实施的法律行为归属于失踪人。应当注意的是,按照《民法典总则编若干问题的解释》第15条规定,失踪人的财产代管人向失踪人的债务人请求偿还债务的,应当将财产代管人列为原告。债权人提起诉讼,请求失踪人的财产代管人支付失踪人所欠的债务和其他费用的,应当将财产代管人列为被告。经审理认为债权人的诉

---

① 参见王利明主编:《中华人民共和国民法总则详解》,中国法制出版社2017年版,第192页(王雷执笔)。

② Vgl. Werner Bienwald, in: Staudinger Kommentar BGB, 2017, §1911, Rn. 40 (2017).

讼请求成立的,应当判决财产代管人从失踪人的财产中支付失踪人所欠的债务和其他费用。这表明,财产代管人被视为职务上的诉讼当事人,即法定的诉讼担当人。就此而论,该司法解释对财产代管人采用职务说。[①]

财产代管人在履行职责过程中,应当尽到必要的注意。按照《民法典》第43条第3款之规定,财产代管人因故意或者重大过失造成失踪人财产损失的,应当承担赔偿责任。

3. 财产代管人的变更

财产代管人变更有两种情形：一是利害关系人申请变更,二是财产代管人自己申请变更。就前者而言,财产代管人不履行代管职责、侵害失踪人财产权益或者丧失代管能力的,失踪人的利害关系人可以向人民法院申请变更财产代管人。所谓利害关系人与申请宣告失踪的利害关系人范围相同。就后者而言,财产代管人有正当理由的,可以向人民法院申请变更财产代管人。正当理由如财产代管人长期受伤病所困或者因工作、学习等原因离开财产所在地导致无法履行代管职责。财产代管人丧失民事行为能力的,其法定代理人也应代理其申请变更财产代管人。

人民法院变更财产代管人的,变更后的财产代管人有权要求原财产代管人及时移交有关财产并报告财产代管情况。

第四节 自然人的住所

一、住所的意义

民事生活有时间维度与空间维度。就空间维度而言,住所是自然人民事生活的坐标原点。民法在很多场合以住所为准确定民事法律关系的空间效力。例如,失踪的认定、债务的履行地、登记的主管地、案件的司法管辖、涉外法律关系的准据法、法律文书的送达[②]、住所地的有关组织担任监护人、残疾或者死亡赔偿金的计算依据等。

[①] 关于职务说以及诉讼担当人的概念,参见〔德〕罗森贝克、〔德〕施瓦布、〔德〕戈特瓦尔德：《德国民事诉讼法》(上),李大雪译,中国法制出版社2007年版,第247页。

[②] 《民事诉讼法》第89条规定留置送达在受送达人的住所进行。《民事诉讼法解释》(2022年修正)第138条规定公告送达可以在受送达人住所地张贴公告。

二、住所与居所

在民法原理上,区分住所与居所。自然人以长久居住的意思居住于某处所,该处所即为其住所。反之,不以长久居住的意思事实上居住于某处所,该处所即为居所,如学生居住的学校宿舍、老人居住的养老院、犯人服刑的监狱。[1] 我国《民法典》第 25 条规定:"自然人以户籍登记或者其他有效身份登记记载的居所为住所;经常居所与住所不一致的,经常居所视为住所。"该条所谓居所是广义的,既包括长久居住的处所,也包括临时居住的处所,即民法原理上的居所。

关于住所的认定,我国民法特殊之处在于以户籍登记或者其他身份登记为准。学理上称之为客观住所主义。[2] 原《民法通则》第 15 条曾规定以户籍所在地的居住地为住所。此种规范模式的优点是住所的认定清楚明确,不易发生争议,缺点是随着城市化的推进,越来越多的自然人离开户籍所在地,长久在外地谋生,导致其民事生活的重心与住所长期脱离,住所名不副实。鉴于此,《民法典》第 25 条将住所的认定依据由户籍登记扩展于其他有效身份登记。所谓其他有效身份登记是指居住证、军人身份证件、港澳台居民往来内地通行证、外国人有效居留证等。[3]

《民法典》第 25 条第 2 分句沿袭了原《民法通则》第 15 条后半句的规定,只是将"经常居住地"改为"经常居所"。按照《涉外民事关系解释(一)》第 13 条的规定,经常居住地(经常居所)是指自然人离开住所地最后连续居住一年以上的地方。经常居所可能与其他有效身份登记记载的居所重合,也可能不重合。比如某人离开户籍登记记载的住所地到另一地方连续居住一年以上,但未办理居住证,此地本非住所,仅为经常居所。《民法典》第 25 条第 2 分句将此种情形中的经常居所视为住所。学

---

[1] 参见〔德〕迪特尔·梅迪库斯:《德国民法总论》,邵建东译,法律出版社 2000 年版,第 793 页;陈聪富:《民法总则》(第 2 版),元照出版公司 2016 年版,第 83 页。
[2] 参见李宇:《民法总则要义:规范释论与判解集注》,法律出版社 2017 年版,第 95 页。
[3] 参见石宏主编:《〈中华人民共和国民法总则〉条文说明、立法理由及相关规定》,北京大学出版社 2017 年版,第 56 页;陈甦主编:《民法总则评注》(上册),法律出版社 2017 年版,第 172 页(朱广新执笔)。

理上多称之为拟制住所。①

自然人由其户籍所在地迁出后至迁入另一地之前,无经常居所且无其他有效身份登记记载的居所的,仍应以其原户籍所在地为住所。

【深化与拓展】在自然人户籍登记的居所、其他有效身份登记记载的居所、经常居所不一致的情况下,其住所究竟是一个还是数个,不无疑问。《民法典》第25条仅规定三者皆可构成住所,未规定其中一个居所排除其他居所,成为唯一住所。《民事诉讼法》第22条第1款规定:"对公民提起的民事诉讼,由被告住所地人民法院管辖;被告住所地与经常居住地不一致的,由经常居住地人民法院管辖。"这表明,在诉讼管辖问题上,拟制住所具有排他性。不过,这种做法是否妥当,值得推敲。某人的经常居住地在何处,其他人很难切确知悉,在起诉的时候如果一律要求原告调查被告最近一年连续居住于何处,显然过于苛刻。

在民法原理上,还存在"选定居所"之概念。我国台湾地区"民法"第23条规定:"因特定行为选定居所者,关于其行为,视为住所。"例如,甲在A地开办工厂,设住所于A地,但在B地设置联络处用于接受订单,则因该订单达成的法律行为即以B地为选定居所,视为住所。② 此项规定值得借鉴。在实践中,有时当事人除了在合同中写明住所,还注明通讯地址。对此,应当解释为通讯地址排除了住所,作为相关交易函件以及诉讼文书或者仲裁文书的邮寄送达地。此时,合同上注明的当事人通讯地址实际上就是当事人为该合同的通讯行为选定居所。

---

① 参见陈甦主编:《民法总则评注》(上册),法律出版社2017年版,第173页(朱广新执笔);王利明主编:《中华人民共和国民法总则详解》,中国法制出版社2017年版,第123页(王雷执笔)。

② 参见王泽鉴:《民法总则》(2022年重排版),北京大学出版社2022年版,第156页。

第五章 法 人

第一节 法人的概念与本质

教学案例：甲、乙设立 A 有限责任公司，甲持股 99%，乙持股 1%，由甲担任公司执行董事和法定代表人。公司注册资本为 100 万元。A 公司通过甲实施的经营行为累计欠 B 有限责任公司 500 万元债务，B 公司的股东只有 1 人，即丙。B 公司是否有权请求甲向其清偿 500 万元债务的 99%？丙是否有权请求 A 公司向其清偿 500 万元债务？

一、法人的概念

（一）法人的概念史

"法人"这个术语起源于 18 世纪末，但法人作为权利主体则源于罗马法。最初，国家、市政委员会、自由城邦、乡村等政治机构或者团体被罗马法视为权利主体。后来，僧侣会、行业团体、各种商业社团等也逐渐取得法律人格，成为权利主体。① 古罗马法学家盖尤斯在《论行省告示》第三编指出，团体可以像国家那样使用自己的名称，拥有共同财产、共同代表，可以起诉或者被诉。② 乌尔比安在《论告示》第十编认为，如果什么东西应当付给团体，则不应当将其付给团体所属的个人，个人也不应当偿还团体所欠之债；团体的一部分成员更换对团体本身并无影响。③ 这表明，至少在古典法学时期，团体在罗马法中已经普遍具备独立人格。不过，罗马法尚未形成法人的一般理论。

---

① 参见〔意〕彼德罗·彭梵得：《罗马法教科书》，黄风译，中国政法大学出版社 2018 年版，第 43 页。
② D.3.4.1.1.
③ D.3.4.7.1; D.3.4.7.2.

18世纪德国自然法学家克里斯蒂安·沃尔夫从意志论角度对团体的上述基本问题予以诠释,将团体抽象为一个基于其成员的合意,具备统一目的、统一意志与统一行动力量的人,成员的个性被团体的共同意志覆盖,成员的人格在团体事务的范围内被团体的人格吸收,成员的意志借助于表决转化为团体进行自我节制的决议与法律,这些观点为现代法人理论中的法人目的事业理论、法人意思理论、法人机关理论、法人章程理论以及公司法人自治理论提供了重要的思想元素。18世纪末德国民法学深受沃尔夫团体理论的影响,民法文献通常将具备独立人格的团体统称为伦理人(moralische Person)。① 历史法学派开创者古斯塔夫·胡果在1799年出版的《民法课程教科书I:法学百科》中使用法人(juristische Person)这一术语取代伦理人。② 法人逐渐成为19世纪民法教科书中的重要概念。近代欧陆各国民法典普遍对法人予以专门规定。

（二）法人的根本特征

在当代民法学中,一般认为法人是指法律上被赋予权利能力、可以独立享有权利并承担义务的由人或者财产集合而成的组织体。法人的根本特征在于责任的独立性,即法人以其财产独立地为其债务承担责任。债权人原则上不得越过法人,请求法人的设立人或者法人成员承担责任。

【案例解析】在教学案例中,A公司是法人,在法律上具有独立性。500万元债务是A公司的债务,不是甲、乙的债务,所以B公司无权请求甲清偿500万元债务的99%。B公司虽为一人公司,但其人格仍然独立于股东丙,500万元债权是B公司的债权,不是丙的债权,所以丙无权请求A公司向其清偿500万元债务。

二、法人的本质

关于法人的本质,学界一直充满争议。在19世纪,主要有法人拟制说、法人实在说和目的财产说之分歧。

---

① 参见杨代雄:《古典私权一般理论及其对民法体系构造的影响》,北京大学出版社2009年版,第33—37页。

② Vgl. Gustav Hugo, Lehrbuch eines Civilistischen Cursus, Bd.I, Encyclopädie, 2. Aufl., 1799, S. 57.

【深化与拓展】学说概况：①法人拟制说。该说由萨维尼首创。其认为，人的原初概念是与生物人(Mensch)重合的。法人是以拟制的方式人为构造的主体，之所以称之为法人，是因为仅仅出于法律上的目的才把它视为人。对于法人的权利能力，萨维尼认为仅限于财产关系。基于法人仅仅是拟制的主体这一认识，萨维尼得出法人不具有行为能力的结论：行为以人的思想与意志为基础，法人是拟制的而非真正的人，没有思想意志，所以当然没有行为能力。① 法人拟制说在当时有众多追随者，主要是历史法学派罗马法分支学者，如普赫塔、温德沙伊德等。② ②法人实在说。该说由日耳曼法学家贝泽勒、基尔克等倡导。基尔克把权利主体区分为个人与团体人(Verbandsperson)。其认为，团体人与个人一样，在本质上是真正的、完全的人，并非虚构的人。团体人具有权利能力，也具有行为能力，它是活生生的实体，拥有意志且可以实施行为，即由机关作为团体人的一部分对外实施行为，这种方式与代理不同。③ ③目的财产说。德国法学家布林茨倡导该说，认为所谓法人并非真正意义上的人，只是一项独立的目的财产(Zweckvermögen)而已。寺庙、市镇、公司财产等不归属于任何人，但必须为某个目的而归属。该目的取代人，成为此项财产的归属点。④

20世纪以来，学界对于法人的本质问题依然存在争论，有些学者分别尝试对法人拟制说、法人实在说和目的财产说进行完善与发展⑤，法人拟制说与法人实在说的区别主要在于是否承认法人具有行为能力。拟制说否认法人行为能力的理由是法人欠缺思想意志，不可能自己实施行为。

法人拟制说与法人实在说是学理上法人关系的不同构造模式。构造

---

① Vgl. Friedrich Carl von Savigny, System des heutigen Römischen Rechts, Bd. Ⅲ, 1840, S. 89.
② Vgl. Harm Peter Westermann, in: Erman Kommentar BGB, 15. Aufl., 2017, Vor §21, Rn. 2.
③ Vgl. Otto von Gierke, Die Genossenschaftstheorie und die deutsche Rechtsprechung, 1887, S. 623.
④ Vgl. Alois von Brinz, Lehrbuch der Pandekten, Bd.1, 2. Aufl., 1873, S. 200-202.
⑤ Vgl. Werner Flume, Die juristische Person, 1983, S. 21f.

模式的选择应当遵循如下原则:以体系瑕疵较少的构造模式为首选。"瑕疵较少"意味着规范群整体的评价更为融贯,逻辑更为严密。相较之下,法人拟制说的体系瑕疵较多,其所主张的"代理说"存在一些难以自圆其说之处。

【深化与拓展】首先,法人拟制说无法解释法人机关如何获得对法人的代理权。如果说法人机关对法人的代理是意定代理①,则需要法人将代理权授予法人机关,但法人却没有行为能力自己实施授权行为。即便认为法人机关对法人的代理是法定代理,也须以法人机关与法人之间的职务关系为基础推导出法定代理权。此项职务关系的产生离不开委任,而委任恰恰是一项法律行为。法人拟制说既然不承认法人具有行为能力,则法人在尚未有法定代理人的情况下,如何实施委任行为? 由此可见,法人拟制说本身包含一个悖论。通过将法人比作无行为能力的自然人并辅之以代理制度,无法完全解决法人的法律行为实施问题。

其次,法人拟制说无法解释法人如何终止自己。法人终止的方式主要包括法人解散与被宣告破产,解散的原因包括法人章程规定的存续期间届满或者章程规定的其他解散事由出现、法人被吊销营业执照、法人被责令关闭或者被撤销、法人权力机关决议解散等。存在疑问的是法人权力机关决议解散。决议解散在本质上是法人通过一项私法上的行为进行自我终止。按照法人拟制说,法人没有行为能力,只能通过代理人实施行为,但依代理的本质,代理人只能代理本人与第三人实施法律行为,不能代理本人终止本人的民事主体资格。因此,实证法上规定的法人权力机关决议解散不能被解释为法人权力机关以法定代理人的身份终止法人。

最后,法人拟制说无法圆满地解释法定代表人更换对法人主观状态的影响问题。例如,A 公司的法定代表人甲与 B 公司的代理人乙进行缔约磋商,在此过程中甲知道了 B 公司对乙的

---

① 参见殷秋实:《法定代表人的内涵界定与制度定位》,载《法学》2017 年第 2 期。

授权无效。此后,甲不再担任 A 公司的法定代表人,由丙继任,甲将业务移交给丙,丙在继续磋商后代表 A 公司与乙签订合同。关于乙欠缺代理权,丙不知情。在法人拟制说下,甲、丙仅为 A 公司的代理人。依代理法上的原则,法律行为当事人是否具有意思瑕疵以及对交易重要事实知悉与否,以代理人为准,由于在订立合同时 A 公司的代理人是丙,甲对于乙欠缺代理权的知悉不影响丙的主观状态,A 公司并非明知道乙系无权代理人。此种以代理法为基础的"知悉归属"难以正当化。① 为何法人通过更换法定代表人可以使自己在同一项交易中由恶意相对人变为善意相对人? 作为一个组织体,法人不应当因机关成员的变化而使自己前后判若两人。

法人拟制说面临上述困境的主要原因是,一方面承认法人具有权利能力,另一方面否认法人具有行为能力,权利能力与行为能力的非对称结构导致法人必须求助于外部力量才能参与私法活动,对外发生法律关系。在法人与第三人之间介入作为外部力量的法人机关,正所谓"节外生枝",需要予以解释与构造的不仅仅是法人与第三人之间的法律关系,还有法人与法人机关之间的法律关系以及法人机关与第三人之间的法律关系。私法上的问题,只要涉及三方关系,通常都十分复杂,教义学构造的难度较大。

我国《民法典》第 59 条规定法人具有民事行为能力,这是法人实在说在我国的实证法基础。② 因法人有权利能力而无行为能力之内在矛盾带来的诸多教义学难题在法人实在说下迎刃而解。法人行为能力的载体是法人机关。机关是法人的组成部分,为法人实施法律上的各种行为。这些行为直接构成法人行为,无须借助于代理规则。机关对于法律行为相关事实的认知构成法人的认知,无须借助于代理法上的知悉归属规则。机关为法人承载意思与认知,使法人对外部事实具备辨识与选择的能力,法人因此具有过错能力,可以成为过错致害行为的主体,并为此承担

---

① Vgl. Karsten Schmidt, Gesellschaftsrecht, 4. Aufl., 2002, S. 286.
② 参见王利明:《民法总则研究》(第 3 版),中国人民大学出版社 2018 年版,第 290 页。

责任。此项过错责任是法人为自己行为承担的责任,而非为他人行为承担的替代责任。

【案例解析】在教学案例中,甲是 A 公司的执行董事和法定代表人,虽仅有 1 人,但仍为 A 公司的法人机关,并非 A 公司的代理人。甲以 A 公司的名义与 B 公司实施的法律行为直接构成 A 公司的行为,无须借助于代理规则归属于 A 公司。

第二节 法人的分类

教学案例: 富豪孙某笃信佛教,捐资 5000 万元建造一座寺庙,名曰雷音寺,归 A 市宗教局管理。雷音寺有僧 30 人,住持为慧觉禅师,寺务处主任为澄观法师。雷音寺香火颇旺,每日出售香烛收入约 5000 元,获得香客捐款约 3000 元。此类收入归谁所有?捐助人孙某或者 A 市宗教局是否有权每日指示慧觉禅师如何处置雷音寺的收入?

一、学理上的分类

学理上依据不同标准对法人作若干分类。这些分类尽管未被我国现行法完全采纳,但对于理解法人概念以及对于相关法律规则的解释与适用有所助益。

(一) 公法人与私法人

一般认为,公法人与私法人的划分有三个标准。一是设立行为,公法人依据公权行为(如行政行为或者颁行法律)而设立,私法人依据法律行为(如设立合同或者捐助行为)而设立。二是设立目的,公法人设立目的是执行国家公共任务,私法人不以执行国家公共任务为目的。三是行动手段,公法人通常以公法上的强制手段执行任务,私法人本身不享有强制手段。①

典型的公法人如国家机关、国库、妇联、残联、中国法学会、公立大学等。典型的私法人如有限责任公司、股份有限公司、私立学校、具备法人

---

① Vgl. Dieter Medicus, Allgemeiner Teil des BGB, 10. Aufl., 2010, S. 447.

资格的社会团体等。公法人也可以从事私法上的行为,享有私法上的权利,承担私法上的义务。比如,国家机关向商店购买办公用品或者与企业订立建设工程施工合同。

(二) 社团法人与财团法人

法人有两种构造形式,一是人的集合体,二是财产的集合体。由人的集合体构成的法人是社团法人,由财产的集合体构成的法人是财团法人。社团法人可以定义为:为追求特定目的而设立的拥有团体组织形式并具备法人资格的人的集合体。财团法人可以定义为:为实现特定目的而设立的被赋予法律人格的财产的集合体。①

> **【深化与拓展】**社团法人与财团法人的区别主要在于:①社团法人是人的集合,所以有成员(社员)。财团法人只是纯粹的财产集合,没有成员。尽管财团法人有设立人,但设立人与财团法人相互独立,并非财团法人成员。②社团法人的目的由章程规定,体现了社团成员的共同意志,社团管理遵循章程,在本质上就是遵循自己的意志,所以,社团法人是自治法人。反之,财团法人的目的由设立人确定,设立人是财团法人之外的另一主体,财团法人遵循该目的就是遵循他人的意志,所以,财团法人是他治(heteronom)法人。③在私法上,社团法人的设立行为通常是多方法律行为,而且必须是生前行为。财团法人的设立行为是作为单方法律行为的捐助行为,可以是死因行为。④在组织机构方面,社团法人有社员大会作为权力机关,财团法人没有社员大会,只有理事会之类的管理机关。⑤社团法人可由社员大会决定解散,财团法人不可能以此种方式解散。

社团法人与财团法人之分类不仅适用于私法人,也适用于公法人。② 依弗卢梅的见解,公法人可以分为社团、财团与机构,有些公法人兼具社团与机构因素。③ 据此,存在如下法人类型:①私法上的社团法人,如

---

① 参见〔德〕汉斯·布洛克斯、〔德〕沃尔夫·迪特里希·瓦尔克:《德国民法总论》(第41版),张艳译,中国人民大学出版社 2019 年版,第 321 页。
② 参见朱庆育:《民法总论》(第 2 版),北京大学出版社 2016 年版,第 429 页。
③ Vgl. Werner Flume, Die juristische Person, 1983, S. 95-96.

有限责任公司、股份有限公司;②私法上的财团法人,如私人设立的慈善基金会、文艺基金会、福利院;③公法上的社团法人,如政府组建的法学会;④公法上的财团法人,如政府设立的基金会;⑤公法上的机构,如司法部、教育局。

二、立法上的分类

我国《民法典》将法人分为营利法人、非营利法人与特别法人。

(一) 营利法人

营利法人是指以从事营利性活动并将所得利润分配给成员为目的的法人。如果从事营利活动所得利益仅用于法人自身发展,不以分配给成员为目的,则并非营利法人。① 比如,慈善基金会为了公益资金的保值增值,可以将其投资于营利事业,但不能因此将该基金会视为营利法人。典型的营利法人是有限责任公司、股份有限公司。

(二) 非营利法人

非营利法人是指为公益目的或者其他非营利目的成立,不向设立人或者成员分配所取得利润的法人。非营利法人有些以增进社会不特定多数人利益为目的,学理上通常称之为公益法人。财团法人皆为公益法人②,以从事政治、宗教、环保、慈善等公益事业为目的之社团法人亦然。有些非营利法人以增进特定多数人利益为目的,学理上有时称之为中间法人。③

按照《民法典》第 87 条第 2 款规定,非营利法人包括事业单位、社会团体、基金会、社会服务机构等。

1. 事业单位法人

事业单位法人是我国特有的法人类型。按照《民法典》第 88 条之规定,事业单位是为适应经济社会发展需要、提供公益服务而设立的。更为

---

① 参见梁慧星:《民法总论》(第 5 版),法律出版社 2017 年版,第 124 页。
② 参见王泽鉴:《民法总则》(2022 年重排版),北京大学出版社 2022 年版,第 164 页;梁慧星:《民法总论》(第 5 版),法律出版社 2017 年版,第 124 页。
③ 日本法曾经把法人分为营利法人、公益法人与中间法人,后者即以特定多数人共同利益为目的之非营利法人,比如同学会、体育团体等。2006 年日本法人制度改革之后,法人被分为营利法人、一般法人,后者包括公益法人与其他一般法人。参见〔日〕近江幸治:《民法讲义 I:民法总则》(第 6 版补订),渠涛等译,北京大学出版社 2015 年版,第 87—91 页。

细致的定义是《事业单位登记管理暂行条例》第 2 条,该条第 1 句规定:"本条例所称事业单位,是指国家为了社会公益目的,由国家机关举办或者其他组织利用国有资产举办的,从事教育、科技、文化、卫生等活动的社会服务组织。"公立的学校、科研院所、医院、博物馆、电视台等是事业单位法人。

2. 社会团体法人

按照《民法典》第 90 条之规定,社会团体法人是指基于会员共同意愿,为公益目的或者会员共同利益等非营利目的设立的社会团体。该定义表明,我国民法上的社会团体法人大体上相当于学理上的非营利社团法人。其中,为公益目的设立的社会团体法人属于学理上的公益法人,为会员共同利益设立的社会团体法人相当于学理上所谓的中间法人,例如商会、行业协会、专业合作社、学术团体等。

3. 捐助法人

《民法典》第 92 条将基金会、社会服务机构、宗教活动场所等统称为捐助法人。实际上,此处所谓的捐助法人相当于大陆法系民法中的财团法人[①],依捐助行为而设立,以特定财产为成立与存续基础。

【深化与拓展】按照《基金会管理条例》第 2 条之规定,基金会法人是指利用自然人、法人或者其他组织捐赠的财产,以从事公益事业为目的而成立的非营利性法人。该条例第 3 条将基金会分为面向公众募捐的基金会和不得面向公众募捐的基金会。前者被称为公募基金会,按照募捐的地域范围,又分为全国性公募基金会和地方性公募基金会;后者被称为非公募基金会。

社会服务机构的前身是民办非企业单位(《民办非企业单位登记管理暂行条例》第 2 条)。2016 年制定的《慈善法》以"社会服务机构"取代"民办非企业单位"。该法第 8 条第 2 款规定:"慈善组织可以采取基金会、社会团体、社会服务机构等组织形式。"《民法典》沿用了"社会服务机构"这一概念。非营利性的民办学校、民办医院、民办养老院、民办博物馆等都

---

① 参见石宏主编:《〈中华人民共和国民法总则〉条文说明、立法理由及相关规定》,北京大学出版社 2017 年版,第 209 页。

是社会服务机构。当然,这些民办组织也可以选择设立为营利法人。①

宗教活动场所是指寺院、宫观、教堂、清真寺等用于开展宗教活动的固定场所。实践中,关于宗教活动场所是否具备法人资格存在很多争议。《民法典》第92条第2款明确规定依法设立的宗教活动场所,具备法人条件的,可以申请法人登记,取得捐助法人资格。

【案例解析】在教学案例中,雷音寺可以申请法人登记,取得捐助法人资格。作为法人,雷音寺每日出售香烛收入和捐款收入归自己所有。孙某虽为雷音寺设立人,但其与雷音寺在法律上相互独立,雷音寺有独立的管理机关,慧觉禅师为该机关的负责人,孙某无权指示慧觉禅师如何处置寺庙日常收入。A市宗教局是雷音寺的行政管理机关,并非民法上的法人机关,所以也无权指示慧觉禅师如何处置寺庙日常收入。

(三) 特别法人

按照《民法典》第96条之规定,机关法人、农村集体经济组织法人、城镇农村的合作经济组织法人、基层群众性自治组织法人为特别法人。这几种法人在设立、变更、终止等方面具有特殊性,难以纳入营利法人与非营利法人的范围,所以在营利法人与非营利法人这两种法人基本类型之外,单设一类"特别法人"。

【深化与拓展】机关法人基于公权行为而成立的,无须登记即可取得法人资格。在我国,机关包括立法机关、行政机关、司法机关、军事机关、政党机关(县级以上各级中国共产党机关)。机关的职能是代表国家行使公共管理权力,但为了维持机关的日常运转,机关也需要从事购买办公用品、租用车辆、定作证书、发包工程等民事活动。在此过程中,机关法人也是民事主体。机关法人的内部职能部门不具有独立性,不是法人,比如教育

---

① 按照《民办教育促进法》第19条之规定,民办学校的举办者可以自主选择设立非营利性或者营利性民办学校,但不得设立实施义务教育的营利性民办学校。

部、司法部内设的各司、局。与此不同,地方政府下设的厅、局具有法人资格。值得注意的是,《民法典》第97条除了规定有独立经费的机关具有机关法人资格之外,还规定承担行政职能的法定机构也具有机关法人资格。后者是指证监会、银保监会之类的单位,目前属于国务院授权从事社会公共管理的事业单位,承担行政职能。各级社保管理机构也是承担行政职能的法定机构。

农村集体经济组织是20世纪50年代在我国出现的一种组织体。最初是初级合作社、高级合作社,后来形成公社、生产大队、生产队。在20世纪80年代之前,我国农村实行村社合一,在集体经济组织之外,并未另行设置村委会之类的基层自治或者管理组织。20世纪80年代之后,农村实行村社分离。在集体经济组织之外,另行成立了村委会,负责村庄社会事务的治理。公社、生产大队、生产队"三级所有"的旧集体经济组织形式被废除,代之以新形式的集体经济组织,如乡、村经济联合社或者农业合作社。近年来在某些地区农村又出现了社区股份合作型集体经济组织,将集体土地等资产以股份形式量化到集体成员手上。

城镇农村合作经济组织是指城镇或者农村供销合作社之类的经济组织。计划经济时期,供销合作社为政府职能部门,执行国家统购统销政策。改革开放之后,供销合作社继续存在,协助政府发挥市场调节、平稳物价以及促进农业现代化的作用。主体形式包括基层供销合作社、县级供销联合社、市级供销联合社、省级供销联合社、中华全国供销合作总社。①

基层群众性自治组织包括村民委员会与居民委员会,二者是社区群众自我管理、自我教育、自我服务的自治组织。《民法典》第101条明确赋予其法人资格。

---

① 参见石宏主编:《〈中华人民共和国民法总则〉条文说明、立法理由及相关规定》,北京大学出版社2017年版,第240页。

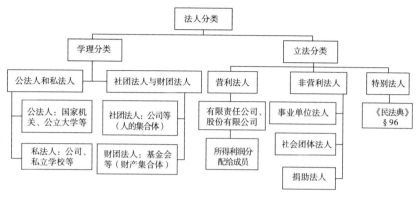

图 5-1　法人分类

第三节　法人目的范围与法人民事能力的关系

教学案例：A 市的甲公司工商登记的经营范围是五金制品销售。某年某月，与 A 市毗邻的 B 市因疫情肆虐而封城，食品匮乏。甲公司法定代表人王某觉得这是重大商机，遂分别与 A 市的乙农业发展公司及 B 市的丙贸易公司订立《买卖合同》与《合作协议》，从乙公司购进蔬菜、水果等食品，由丙公司联系 B 市各小区居民团购负责人，将食品销售给居民。上述合同是否有效？

法人的民事能力在范围上是否受到限制，不无疑问。学理与实践上争议最大的问题是法人目的范围与其民事能力的关系。法人目的范围亦称法人目的事业范围，是由法人性质决定的法人活动范围。在我国，企业法人目的范围即其经营范围。

一、比较法上的学说与制度考察

关于法人目的范围与法人民事能力的关系，大陆法系私法学上存在如下几种主要学说：

（一）权利能力限制说

该说认为，法人权利能力范围由法人目的范围决定，法人目的外行为当然无效,且无补正的余地。传统的英美法采用该说。

【深化与拓展】英美公司法自19世纪中期开始实行越权原则①(doctrine of ultra vires,权限外无能力原则),即为该说之体现。德国民法对于公法人也采用权利能力限制说。②我国台湾地区也有一些判例对于公法人采权利能力限制说。学者对此见解不一,有赞成公法人权利能力限制说的③,也有反对该说的。④ 对于私法人,我国台湾地区大多数学者认为其权利能力不受目的范围限制。⑤

(二) 行为能力限制说

该说认为,法人行为能力范围由法人目的范围决定。法人的目的外行为类似无行为能力自然人的行为。日本民法学者北川善太郎⑥、近江幸治⑦等持这种观点。

(三) 民事能力不受限制说

该说认为,法人的民事能力不受目的范围限制,法人目的范围之功能或者在于限制法人机关的代表权,或者在于确定法人机关的内部责任。

【深化与拓展】民事能力不受限制说可以细分为代表权限制说与内部责任说。

1. 代表权限制说

该说认为,法人目的范围限定的是法人机关的对外代表权。

---

① 参见许明月:《企业法人目的范围外行为研究》,载梁慧星主编:《民商法论丛》(第6卷),法律出版社1997年版,第159页。
② Vgl. Enneccerus/Nipperdey, Allgemeiner Teil des Bürgerlichen Rechts, 15. Aufl., 1960, S. 625.
③ 参见王泽鉴:《民法总则》(2022年重排版),北京大学出版社2022年版,第177页。
④ 参见黄茂荣:《民法总则》(植根法学丛书之判解评释部分),1982年自版,第151、160页。
⑤ 参见史尚宽:《民法总论》,中国政法大学出版社2000年版,第155页;黄立:《民法总则》,中国政法大学出版社2002年版,第123页;林诚二:《民法总则》(上册),法律出版社2008年版,第192页。
⑥ 参见[日]山本敬三:《民法讲义I:总则》(第3版),解亘译,北京大学出版社2012年版,第387页。
⑦ 参见[日]近江幸治:《民法讲义I:民法总则》(第6版补订),渠涛等译,北京大学出版社2015年版,第113、114页。

法人的目的外行为属于超越代表权的行为,应为效力待定,存在依无权代理规则予以追认的可能性,也有适用表见代理的余地,在这两种场合,该行为对法人有约束力。德国当代民法通说对于私法人即采代表权限制说。① 日本民法学者川岛武宜、星野英一、内田贵等也采该说。②

2. 内部责任说

该说认为,法人目的范围的功能在于决定法人机关的内部责任,实施目的外行为构成在法人内部追究法人机关责任的一个理由,法人的权利能力、行为能力、法人机关的代表权均不受目的范围的限制,法人的目的外行为有效。日本商法学界主流观点对于营利法人即采内部责任说。③ 德国商法学界也是如此。尽管德国民法学界通说认为私法人的目的范围限制了法人机关的代表权,但这一原则不适用于商法上的社团法人。公司章程中规定的公司目的范围之限制,业务执行人或者董事会有义务予以遵守,否则可能需要对因此给公司造成的损害负赔偿责任。④

二、我国法律的规定及学说

我国原《民法通则》第42条规定:"企业法人应当在核准登记的经营范围内从事经营。"对于该条规定,我国民法学界以往大都依权利能力限制说解释该条。⑤ 不过,近年来,我国民法学者普遍对权利能力限制说提出质疑。《最高人民法院关于适用〈合同法〉若干问题的解释(一)》(已失效,以下简称原《合同法解释(一)》)第10条规定:"当事人超越经营范围

---

① Vgl. Harm Peter Westermann, in: Erman Kommentar BGB, 15. Aufl., 2017, §26 Rn. 4; Dieter Reuter, in; Münchener Kommentar BGB, 5. Aufl., 2006, Vor §21 Rn. 14.
② 参见〔日〕山本敬三:《民法讲义I:总则》(第3版),解亘译,北京大学出版社2012年版,第387页。
③ 同上注,第388页。
④ 参见〔德〕温德比西勒、〔德〕怀克:《德国公司法》(第21版),殷盛译,法律出版社2010年版,第482页。
⑤ 参见佟柔主编:《民法原理》(修订本),法律出版社1986年版,第72页;彭万林主编:《民法学》,中国政法大学出版社1994年版,第84页;江平主编:《法人制度论》,中国政法大学出版社1994年版,第39页。

订立合同,人民法院不因此认定合同无效。但违反国家限制经营、特许经营以及法律、行政法规禁止经营规定的除外。"

值得注意的是,《民法典》中并无类似于原《民法通则》第 42 条那样的规定。

三、法人目的范围不影响其民事能力

法人的民事权利能力和民事行为能力不受其目的范围限制,无论私法人还是公法人,皆为如此。

(一) 法人的民事权利能力不受目的范围限制

首先,就营利法人而言,如果法人民事权利能力受目的范围限制,意味着营利法人无法享有目的范围外权利,无法在目的范围外进行经营。现代经济复杂多变,在快节奏的激烈竞争中,企业必须具有很强的应变能力,适时调整经营策略和经营方向以应对市场需求。将营利法人的民事权利能力限制在事先确定的目的范围之内,无异于使其自缚手脚。

其次,法人目的范围限制民事权利能力,不利于保护其他人的利益。民事权利能力既包括享有民事权利的资格,也包括承担民事义务的资格。民事权利能力受目的范围限制,意味着私法人或者公法人在此范围之外从事民事活动导致他人遭受损害的,不需要承担赔偿责任,因为赔偿责任在性质上是一种民事义务。

最后,从比较法角度考察,目前各国(地区)民法对于私法人已经普遍放弃权利能力限制说,对于公法人亦有不少学者质疑权利能力限制说。英美法系已在 20 世纪中后期逐渐放弃越权原则。[①]

(二) 法人的民事行为能力不受目的范围限制

民事行为能力以意思能力为基础,具备健全的意思能力,就具备完全民事行为能力。法人通过其机关形成并表达意思,只要机关成员具备健全意思能力,法人必然具备健全的意思能力,不是无民事行为能力或者限制民事行为能力人。目的范围与法人意思能力并无关联。

---

① 参见许明月:《企业法人目的范围外行为研究》,梁慧星主编:《民商法论丛》(第 6 卷),法律出版社 1997 年版,第 159—161 页。

四、法人目的范围的法律意义

法人目的范围的法律意义在于限制法人代表机关的代表权或者作为确定内部责任的依据。对此,需要对各种类型的法人予以区别对待,分述如下:

其一,营利法人。营利法人主要是公司法人。章程虽然规定了公司的目的范围,但往往使用比较抽象的词语,比如"化工产品",双方当事人交易的物品究竟是否在其范围之内,有时不易判断。如果采用代表权限制说,相对人为了确保合同有效,需要付出大量精力去求证该合同是否超出对方公司目的范围,徒增交易成本。鉴于此,对于营利法人的目的范围,应当采用内部责任说。营利法人代表机关的代表权不受目的范围限制,代表机关的目的范围外行为有效,但如果构成代表权滥用(应谨慎认定!),则在行为效果上应当比照越权代表处理。

其二,非营利私法人。营利法人以外的私法人不以从事经营活动为目的,所以在交易安全保护方面没有那么迫切。在法价值层面上应当更多地关照法人利益以及法人设立人的意志,更少地考虑相对人利益。据此,对于非营利私法人的目的范围,宜采代表权限制说。代表机关的代表权受法人目的范围限制,除非该行为事先获得成员大会等权力机关的授权,否则,超出该范围的法律行为属于越权代表,效力待定。

其三,公法人。在私法上,公法人只能从事为了行使其职权以及维持其正常运转所必需的民事活动。这是公法人目的范围在私法层面上的延伸。与非营利私法人相同,公法人的目的范围也限制了其法定代表人(负责人)在私法领域内的代表权。公法人超越目的范围实施的法律行为也应按照越权代表处理。

【**案例解析**】在教学案例中,甲公司登记的经营范围虽为五金制品销售,但其为营利法人,所以其民事权利能力、行为能力、法定代表人之代表权皆不受该经营范围的限制。王某代表甲公司与乙公司、丙公司订立的涉及蔬菜水果的《买卖合同》《合作协议》不应认定为越权代表,此等交易给甲公司带来丰厚利润,所以也不应认定为代表权滥用。合同不存在效力障碍,应为有效。

第四节　法人的民事权利能力

教学案例1：甲、乙、丙作为发起人，准备设立 A 股份有限公司，从事石化产品贸易。三个发起人推举甲为筹备工作负责人。随后，甲以"A 股份有限公司筹备处"名义与 B 公司订立租赁合同，向 B 公司承租办公场所；甲又以自己名义向 C 公司购买3台电脑和1台打印机，供筹备处工作人员使用；此外，甲因预期石化材料价格即将大涨，还以"A 股份有限公司筹备处"名义向 D 公司购进一批聚丙烯。上述合同是否有效？如果 A 股份有限公司最终成立，合同权利义务由何人享有和承担？如果 A 股份有限公司最终未成立，合同权利义务由何人享有和承担？

教学案例2：甲公司为了便于开展交易和控制风险，设立全资子公司乙公司以及80%控股的子公司丙公司。丙公司与甲公司共用一个办公场所，员工大部分相同，虽有独立账户，但甲公司多次通过派驻丙公司的高管从丙公司账户划走款项。乙公司有债权人丁公司，丙公司有债权人 G 银行。在乙公司、丙公司偿债能力不足的情况下，丁公司和 G 银行是否有权请求甲公司清偿债务？如果丙公司在负债后分立为丙公司和 K 公司，那么 G 银行是否有权请求 K 公司清偿全部债务？

一、法人民事权利能力的范围

法人民事权利能力虽不受目的范围之限制，但并非毫无边界。一般认为，法人仅享有限制（部分）权利能力[1]，不能享有或者负担专属于自然人的权利义务。包括以自然人之身体存在为前提的人格权，如生命权、身体权、健康权等；以自然人之特定身份为前提的权利，如继承权[2]、扶养请求权等。当然，法人也能享有某些人格权与身份权，如名称权、名誉权、信用权、社员权等，在我国民法中，居委会、村委会、民政部门等法人还可以作为监护人享有监护权。

---

[1] 参见〔德〕卡尔·拉伦茨：《德国民法通论》，王晓晔等译，法律出版社2003年版，第182页；王泽鉴：《民法总则》（2022年重排版），北京大学出版社2022年版，第174页。

[2] 但法人可以成为受遗赠人，取得遗产（《民法典》第1133条第3款）。

【深化与拓展】学说上还认为,法人民事权利能力除了上述性质限制外,还可能受法令限制,比如某些法人不具有保证能力,不能成为保证人。①《民法典》第 683 条确实规定,以公益为目的之法人不得为保证人,机关法人原则上也不得为保证人。不过,对于此种法令限制,未必需要解释为法人民事权利能力受限制。法律体系中存在诸多禁止性规范,其中不乏关于人之资格的禁止性规范。此类资格既可能涉及法人,也可能涉及自然人。例如,按照《保险法》第 6 条之规定,自然人不得作为保险人。如果将《民法典》第 683 条视为对机关法人及以公益为目的之法人民事权利能力的法令限制,则也应将《保险法》第 6 条视为对自然人民事权利能力的法令限制。但恐怕没有任何人愿意承认自然人为限制民事权利能力人。此类法令限制并非针对自然人或者法人的民事权利能力,而是针对其民事活动范围。一旦其民事活动逾越法令划定的禁区,一方面,民事法律行为因违反禁止性法律规定而无效;另一方面,可能因此发生公法上的责任。

二、法人民事权利能力的起始

法人自成立时起享有民事权利能力。因此,关于法人民事权利能力的起始,须探究法人如何成立及何时成立。

(一) 法人的设立原则

法人的设立原则主要有如下几种:

1. 特许设立主义

特许设立主义,即法人的设立须经特别立法或者国家元首的许可,基于一部法律或者一项命令设立一个法人。② 此项主义对法人设立的管制过于严苛,因此,在现代法中很少适用。

2. 强制设立主义

强制设立主义,即国家强制规定必须设立某种法人。某些特殊的行

---

① 参见王泽鉴:《民法总则》(2022 年重排版),北京大学出版社 2022 年版,第 175 页。
② 参见史尚宽:《民法总论》,中国政法大学出版社 2000 年版,第 151 页;〔日〕近江幸治:《民法讲义I:民法总则》(第 6 版补订),渠涛等译,北京大学出版社 2015 年版,第 92 页。

业协会采用强制设立主义。例如,按照我国《律师法》第 43 条第 2 款的规定,律师行业必须设立中华全国律师协会,省、自治区、直辖市必须设立地方律师协会。《公证法》第 4 条第 1 款、《仲裁法》第 15 条第 1 款也分别规定必须设立公证协会与仲裁协会。机关法人的设立,有学者认为采用特许设立主义①,其实不然。特许设立主义体现了国家对于某个法人设立的特别许可,而机关法人的设立体现的通常并非国家许可,而是国家的强制要求。《宪法》《人民法院组织法》等强行法要求必须设立各种国家机关,行政机关、司法机关等机关法人的设立是为了满足这种强制要求。因此,机关法人的设立通常遵循强制设立主义。当然,有些机关法人的设立也涉及更高级别国家机关的批准,所以具备许可主义的因素。例如,地方人民政府设立派出机关的,须经上一级地方人民政府批准。②

3. 许可主义

依据许可主义,法人的设立须经主管的行政机关许可。在我国,社会团体法人、事业单位法人等非营利法人采用许可主义。对于某些特殊类型的营利法人,也采用许可主义,如商业银行、证券公司、保险公司、管理公开募集基金的基金管理公司、营利性民办学校、中外合资经营企业等。

4. 准则主义

准则主义也称登记主义,是指符合法律规定设立条件的,无须行政机关许可,只须经登记机关登记,即可设立法人。在我国,大多数营利法人的设立采用准则主义,如普通的有限责任公司和股份有限公司。非营利法人中的基金会法人和社会服务机构法人也采用准则主义。

5. 放任主义

放任主义也称自由设立主义,是指对于设立法人,国家不加以任何干预,只要具备法人的规范要件,法人即告成立,既不需要行政许可,也不需要登记。鉴于其过度偏向自由主义,忽略社会秩序,现代法已经基本放弃此种主义。

(二) 法人的设立方式与设立行为

法人的设立原则体现了国家对于法人设立的立场,法人的设立方式

---

① 参见梁慧星:《民法总论》(第 5 版),法律出版社 2017 年版,第 137 页;李宇:《民法总则要义:规范释论与判解集注》,法律出版社 2017 年版,第 152 页。

② 参见《地方各级人民代表大会和地方各级人民政府组织法》第 85 条。

是指在某项设立原则下,法人的设立需要借助于何种具体行为。法人的设立方式主要有如下几种:

1. 命令或者组建设立

此种设立方式适用于机关法人。有些机关法人依据法律规定通过一定的程序组建而成,如国家监察委员会。有些机关法人直接基于政府的命令而设立,比如地方人民政府设立职能部门或者派出机关。此类法人的设立行为都是公法上的行为。

2. 发起设立

发起设立是指通过若干发起人的设立行为设立法人。此种设立方式适用于某些社团法人,比如股份有限公司。按照《公司法》第77条第2款之规定,股份有限公司采用发起设立方式的,由发起人认购公司应发行的全部股份。有限责任公司的设立在性质上也是发起设立。此外,社会团体法人也采用发起设立的方式。① 发起人的设立行为通常表现为订立发起人协议、合资协议等协议以及制定章程。比较特殊的是社团章程。如果章程由全体发起人以合意的方式制定,无须其他人的参与即可生效,则章程显然也是合同。我国《公司法》第23、25条规定的有限责任公司章程以及第76条第4项前半句规定的采用发起设立方式的股份有限公司章程即为如此。与此不同,按照《公司法》第76条第4项后半句以及第90条的规定,采用募集设立方式的股份有限公司,章程由发起人制订,但须在公司创立大会上由出席会议的认股人所持表决权过半数通过。这表明,此类股份有限公司章程的生效并非采用合意原则,而是采用多数决原则,所以,其在本质上属于决议的内容,而非合同。

3. 募集设立

募集设立是指在设立法人时,发起人仅负担部分出资,其余出资向他人募集。《公司法》第77条第1款规定股份有限公司可以采用募集设立的方式。

4. 捐助设立

财团法人采用捐助设立的方式设立,设立人须实施一项捐助行为(Stiftungsgeschäft)。所谓捐助行为,是指为设立财团法人而捐出财产的法律行为。捐助行为在性质上是通过一项无须受领的意思表示而实施的单

---

① 参见朱庆育:《民法总论》(第2版),北京大学出版社2016年版,第437页。

方法律行为,因为在实施该法律行为时,财团法人尚未成立,不可能存在受领人。① 捐助行为既可以是生前行为,也可以是死因行为,即遗嘱捐助。在许可主义下,除了捐助行为,还需要获得主管机关的许可,才可以成立财团法人。死因捐助行为通过遗嘱实施,所以在捐助人死亡之前,其当然可以依据关于遗嘱的法律规则撤销遗嘱。若未被撤销,则捐助人死亡后,由其继承人或者遗嘱执行人向主管机关提交许可申请。捐助行为并非处分行为,而是创立行为和负担行为。② 一方面,捐助人借此创立财团法人,一如发起人通过订立协议、章程等行为创立社团法人;另一方面,捐助人(或其继承人)据此负担一项债务,在财团法人成立后,有义务向财团法人移转捐助的财产。处分行为仅发生于财产移转过程中。

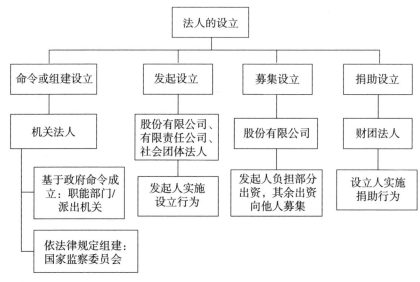

图 5-2 法人的设立

(三) 法人的设立登记

法人的设立,有些以登记为法人成立要件,有些不以登记为法人成立

---

① 参见〔德〕迪特尔·梅迪库斯:《德国民法总论》,邵建东译,法律出版社 2000 年版,第 866 页。
② 参见〔德〕卡尔·拉伦茨:《德国民法通论》,王晓晔等译,法律出版社 2003 年版,第 250 页。

要件。不以登记为成立要件的主要是机关法人、农村集体经济组织、居民委员会、村民委员会等特别法人以及某些事业单位(《民法典》第88条)、社会团体法人(《民法典》第90条)。以登记为成立要件的法人,登记具有创设效力。① 登记使此类法人取得民事权利能力,一如在物权法上,登记使不动产受让人取得物权,在两种情形中,登记皆为法律状态变动的形式要件。

三、关于设立中法人

设立中法人,是指自设立人订立章程时起至法人成立之前存在的组织体。

（一）设立中法人的法律地位

1.设立中法人是否具有权利能力?

在我国现行法框架下,设立中法人不能取得类似于法人那样的法律地位。实际上,如果有数个设立人,则设立中法人在某些方面类似于合伙,数个设立人协力推进一个共同事业,即设立法人。

> **【深化与拓展】** 从比较法看,目前德国通说承认设立中法人可以广泛参与法律交往。比如,就设立中的有限责任公司而言,可以以自己的名义在银行开立账户,可以实施票据行为,为了修建营业场所可以购买土地并被登记为土地所有权人,可以与建筑承揽人签订合同,可以订立不动产租赁合同,可以购买办公设备,可以继续经营被投资进来或者由其购得的企业,具有诉讼法上的当事人能力,甚至具有破产能力。② 有学者据此认为,设立中法人享有暂时的权利能力。③
>
> 我国台湾地区有学者认为,设立中法人以将来登记成立为条件,在设立法人所必要的行为范围内具备权利能力,将来不能

---

① Vgl. Brox/Walker, Allgemeiner Teil des BGB., 44. Aufl., 2020, S. 311.
② 参见〔德〕温德比西勒、〔德〕怀克:《德国公司法》(第21版),殷盛译,法律出版社2010年版,第310页。
③ 参见〔德〕托马斯·莱塞尔、〔德〕吕迪格·法伊尔:《德国资合公司法》(第3版),高旭军等译,法律出版社2005年版,第435页。

成立时,其权利能力溯及地消灭,类似于胎儿在民法上的地位。① 另有学者认为,设立中法人不具备权利能力,在地位上相当于无权利能力社团,在设立阶段由设立人取得权利,负担义务,成立后法人虽然需要承受设立过程中产生的债务,但设立人仍须对该债务与法人承担连带责任。②

日本有不少学者与判例认为,设立中法人,属于无权利能力社团或者无权利能力财团,可以成为诉讼当事人,可以以团体的身份或者共同共有的方式拥有财产权。③

2. 设立中法人与成立后法人的关系

关于设立中法人的另一个重要争议是,登记前后的组织体是否同一。对此,同体说认为,设立中法人与成立后法人具有同一性,因此,设立中法人发生的权利义务关系,按照法定概括继受的方式自动移转给成立后的法人,不需要依特别的法律行为予以移转。分离说则认为,在法人成立后,设立中法人作为共同共有体继续存在,一直到其权利义务依法律行为或者其他特别方式全部移转给成立后法人之时,设立中法人才归于消灭。据此,设立中法人取得的不动产必须依所有权让与合意并办理过户登记才能移转给成立后的法人,设立中法人的债务需要由成立后法人与债权人达成债务承担合意或者由成立后法人与设立中法人达成合意并经债权人同意。④

【深化与拓展】从比较法看,德国判例长期采用有限同体说,认为设立中法人实施的法律行为产生的法律关系并非都能当然移转给成立后法人,能够当然移转的仅限于那些以法人的成立为目的并且为实现该目的所必需的法律行为产生的法律关

---

① 参见曾世雄:《民法总则之现在与未来》,中国政法大学出版社 2001 年版,第 105 页。
② 参见王泽鉴:《民法总则》(2022 年重排版),北京大学出版社 2022 年版,第 188—190 页。
③ 参见〔日〕山本敬三:《民法讲义 I:总则》(第 3 版),解亘译,北京大学出版社 2012 年版,第 327 页;〔日〕我妻荣:《我妻荣民法讲义 I:新订民法总则》,于敏译,中国法制出版社 2008 年版,第 138 页。
④ Vgl. Enneccerus/Nipperdey, Allgemeiner Teil des Bürgerlichen Rechts, 15. Aufl., 1960, S. 649-650; Dieter Reuter, in; Münchener Kommentar BGB, 5. Aufl., 2006, §§ 21,22 Rn. 80.

系。① 不过,自 1981 年之后,判例的立场有所变化,转而采用绝对同体说。权利义务关系只要归属于设立中公司,就全部自动移转于成立后公司,那些不能移转于成立后公司的权利义务是因超出业务执行人代表权范围之行为而产生的②,本来就不能归属于设立中公司,自然不能依同体说移转给成立后公司。

就我国而言,《最高人民法院关于适用〈公司法〉若干问题的规定(三)》(2020 年修正,以下简称《公司法解释(三)》)第 3 条第 1 款规定:"发起人以设立中公司名义对外签订合同,公司成立后合同相对人请求公司承担合同责任的,人民法院应予支持。"第 2 款规定:"公司成立后有证据证明发起人利用设立中公司的名义为自己的利益与相对人签订合同,公司以此为由主张不承担合同责任的,人民法院应予支持,但相对人为善意的除外。"该条规定表明,最高人民法院对于设立中公司与成立后公司之关系采用同体说,而且似乎是绝对同体说,因为该条第 1 款并未限定发起人对外签订合同的范围,而第 2 款的反面解释表明,只要发起人是为设立中公司的利益以设立中公司名义对外签订合同,成立后公司就应当承受合同效果,易言之,成立后公司必须继受所有属于设立中公司的行为产生的法律效果。按照《民法典》第 75 条第 1 款第 1 分句的规定,设立人为设立法人从事的民事活动,其法律后果由法人承受;按照该条第 2 款的规定,设立人为设立法人以自己名义从事民事活动产生的民事责任,第三人有权选择请求法人或者设立人承担。相较之下,《公司法解释(三)》上述规定更强调设立人实施法律行为的名义,而《民法典》上述规定则更强调行为目的,即"为设立法人"。尽管《公司法解释(三)》第 3 条第 2 款原则上也排除了设立人为自己利益实施的法律行为,但并未排除为设立中公司利益实施而并非成立公司所必需的法律行为。

(二) 设立中法人的外部关系

1. 代表权及其范围

如果承认设立中法人可以实施法律行为并且采用绝对同体说处理其

---

① Vgl. Werner Flume, Die juristische Person, 1983, S. 150-152.
② 参见〔德〕温德比西勒、〔德〕怀克:《德国公司法》(第 21 版),殷盛译,法律出版社 2010 年版,第 317 页。

与成立后法人的关系,那么行为人代表权的范围就是一个重要问题,它直接决定了哪些行为属于设立中法人的行为,进而决定了哪些行为产生的权利义务自动移转给成立后法人。

设立中法人通常有自己的组织机构。以设立中公司法人为例,按照我国《公司法》第 79 条的规定,股份有限公司发起人承担公司筹办事务。按照该法第 83 条第 3 款规定,发起人首次缴纳出资后,应当选举董事会和监事会。一旦选举出董事会,则董事会就是设立中公司的执行机关,对外行使代表权。在此之前,发起人如果人数较多,往往也会推举负责人,此时,负责人即为设立中法人的执行机关与代表机关。如果因发起人数量较少而没有推举负责人,则全体发起人作为设立中法人的执行机关与代表机关。① 设立中有限责任公司的情况与此类似。

代表权范围首先包括代表机关为完成公司设立阶段的任务而实施的所有行为,如接收股东的出资、提出登记申请及其准备行为、租用或者购买公司经营场所、管理股东缴付的实物出资等。公司设立合同可以将代表权扩及于其他事项。法定和约定职责以外的其他行为必须由全体设立人授权,比如提前开始公司的经营活动。②

2. 对外责任的承担

(1)设立中法人或者成立后法人承担责任。

对于代表机关在代表权范围内所为的法律行为产生的债务、代表人及雇员在执行职务过程中实施侵权行为产生的赔偿债务及其他法定债务,首先应当以设立中法人自身的财产(已缴纳的出资、依法律行为取得的财产等)承担责任。这是理所当然的,既然承认设立中法人有资格拥有财产并且有资格实施一定的行为,那就应当承认其有资格首先以自己拥有的财产承担责任。按照同体说,在法人成立后,这些债务即移转给法人。因此,如果债权人在法人成立后才起诉或者虽在此前起诉但诉讼持续到法人成立之后,则应当由成立后法人以其财产承担责任。

2020 年修正前的《公司法解释(三)》第 2 条第 1 款规定:"发起人为设立公司以自己名义对外签订合同,合同相对人请求该发起人承担合同责任的,人民法院应予支持。"第 2 款规定:"公司成立后对前款规定的合同予以确认,或

---

① 参见施天涛:《公司法论》(第 3 版),法律出版社 2014 年版,第 114—116 页。
② 参见〔德〕温德比西勒、〔德〕怀克:《德国公司法》(第 21 版),殷盛译,法律出版社 2010 年版,第 311 页。

者已经实际享有合同权利或者履行合同义务,合同相对人请求公司承担合同责任的,人民法院应予支持。"据此,公司发起人实施法律行为的名义具有决定性意义。发起人以自己的名义实施的法律行为原则上只能由其自己承担责任,只有在符合该条第2款的条件下,才由成立后公司承担责任。该条规定表明最高人民法院在认定设立中法人之行为时的谨慎态度,不过,其处理方式仍然存在值得商榷之处。公司发起人为设立公司以自己的名义签订合同是一种间接代表,应当比照关于间接代理的法律规则处理。①

《民法典》第75条第2款弥补了《公司法解释(三)》的上述缺陷,在设立人为设立法人以自己的名义从事民事活动的情况下,赋予第三人选择请求法人或者设立人承担责任的权利。2020年修正后的《公司法解释(三)》第2条第2分句亦规定公司成立后合同相对人有权请求公司承担合同责任。

(2)设立人承担责任。

《公司法》第94条第1项、《公司法解释(三)》第4、5条以及《民法典》第75条第1款第2分句仅规定设立人在法人未能成立的情况下对外承担连带责任,未规定在公司能否成立尚不确定的情况下,设立人应否对外承担责任。本书认为,在法人能否成立尚不确定的情况下,应当由设立中法人对外承担责任,设立人仅对内承担亏损填补责任。如果由设立人对外承担责任,将会面临一个逻辑难题。具体言之,法院一旦在法人设立前判令设立人对外承担责任就意味着设立人成为债务人,在法人成立之时,该债务如果尚未清偿,就不能合乎逻辑地由法人继受,因为它属于设立人的个人债务,但这样做不符合同体说的原理。

(3)行为人的责任。

只要以设立中法人名义实施法律行为的那个设立人是在代表权范围内行事,其就不需要独自承担责任,只有在超越代表权或者根本不存在代表权的情形中,才成立行为人责任。不过,对于设立人为设立法人以自己名义从事民事活动产生的民事责任,第三人选择请求该设立人(行为人)承担责任的,该设立人应承担责任。

【案例解析】在教学案例1中,办公场所租赁合同显然未超出甲的代表权范围,该合同归属于设立中的A股份有限公司,在

---

① 详见杨代雄:《民法总论专题》,清华大学出版社2012年版,第116页。

该公司成立后,合同权利义务当然由该公司承受。电脑和打印机买卖合同亦未超出甲的代表权范围,鉴于甲系以自己名义订立合同,如果价款义务在A股份有限公司成立后尚未履行,则C公司有权选择请求A股份有限公司或者甲履行义务。至于甲订立聚丙烯买卖合同,系提前开始公司经营活动,须经乙、丙授权,否则构成越权代表,合同可否对设立中的或者成立后的A股份有限公司发生效力,取决于是否获得乙、丙的追认。在A股份有限公司最终未成立的情况下,租赁合同以及经乙、丙追认的聚丙烯买卖合同产生的权利义务关系由甲、乙、丙共同承受。电脑和打印机买卖合同究竟由甲承受抑或由甲、乙、丙共同承受,取决于C公司的选择。

四、法人民事权利能力的消灭

(一) 法人民事权利能力消灭的时点

按照《民法典》第59条的规定,法人民事权利能力于法人终止时消灭。至于法人终止的原因,按照《民法典》第68条的规定,包括如下几种:①法人解散。解散的具体事由包括章程规定的存续期间届满或者其他解散事由出现、法人权力机构决议解散、法人被吊销营业执照或者登记证书、法人被责令关闭或者被撤销等。②法人被宣告破产。③法律规定的其他原因。

【深化与拓展】发生上述法人终止原因的,法人民事权利能力究竟于哪个具体时点终止,学理上不无疑问。从比较法看,在德国法上,社团法人权利能力通常于法人清算或者破产程序结束时终止,如果法人剩余财产依法应归属于国库,则法人解散无需清算,法人权利能力立即终止。① 在我国台湾地区"民法"上,社团法人与财团法人的权利能力也于清算结束时终止。② 我国也有学者主张社团法人应于清算完成后终止。③ 不过,《民法

---

① Vgl. Jürgen Ellenberger, in: Palandt Kommentar BGB, 79. Aufl., 2020, §41, Rn. 1-3.
② 参见王泽鉴:《民法总则》(2022年重排版),北京大学出版社2022年版,第171页;陈聪富:《民法总则》,元照出版有限公司2016年版,第127、147页。
③ 参见朱庆育:《民法总论》(第2版),北京大学出版社2016年版,第441页。

典》第 72、73 条已经明确规定法人于清算结束并完成法人注销登记时才终止。此项规定是否妥当,有待斟酌。清算结束后,法人债权债务已被了结,剩余财产已被分配,若发生债务,已无任何责任财产,没必要使其延续民事权利能力。如果在清算结束后法定代表人或者其授权的职员仍然以法人名义实施法律行为,该行为不应归属于法人,应由法定代表人个人承担义务或者责任。

不以登记作为成立要件的法人,民事权利能力的消灭当然也不以注销登记为要件,《民法典》第 72、73 条对其没有适用余地。此类法人于清算结束时丧失民事权利能力。如果不需要清算,则自终止原因发生时丧失民事权利能力。例如,按照《民法典》第 98 条的规定,机关法人被撤销的,法人终止。其民事权利和义务由继任的机关法人享有和承担;没有继任的机关法人的,由作出撤销决定的机关法人享有和承担。机关法人终止后,之所以采用权利义务关系概括承受而不采用清算方式,是因为其经费来源于国家财政预算划拨,在财产上无法做到完全独立,不宜按照"自负盈亏"的原则予以清算。

(二) 法人的清算

大多数法人在民事权利能力消灭之前都需要清算。清算的功能是清理法人的债权债务关系,对其财产予以处理和分配。清算可以分为破产清算和普通清算。破产清算适用于企业法人被宣告破产之情形。普通清算适用于法人因其他原因而终止。以下主要涉及普通清算。

1. 清算人与清算义务人

所谓清算人,即执行法人清算事务的人。在我国民法上,清算人被称为清算组(《民法典》第 70 条)。应当注意的是,清算人不同于清算义务人。后者是指有义务启动法人清算程序的人。启动清算程序包括确定哪些人成为清算人。按照《民法典》第 70 条的规定,法人的董事、理事等执行机构或者决策机构的成员为清算义务人,但法律、行政法规另有规定的,依照其规定。[①]《公司法》第 183 条规定有限责任公司的清算组由股

---

① 《商业银行法》第 70 条、《保险法》第 149 条、《证券公司风险处置条例》第 21 条、《民办教育促进法》第 58 条等规定商业银行、保险公司、证券公司、民办学校被行政机关撤销的,由该行政机关组织清算。此即所谓行政清算。

东组成,股份有限公司的清算组由董事或者股东大会确定的人员组成。该条是关于公司清算人的规定,未明确规定何人为公司的清算义务人。对此,《最高人民法院关于适用〈公司法〉若干问题的规定(二)》(以下简称《公司法解释(二)》)第18条规定,有限责任公司的股东、股份有限公司的董事和控股股东是清算义务人,有义务在法定期限内成立清算组进行清算。清算义务人违反清算义务造成损害的,应向公司债权人承担损害赔偿责任或者连带清偿责任。《民法典》第70条第3款对此予以一般规定。

清算义务人自行组建清算组开始清算的,称为自行清算。清算组成员可以包括清算义务人自己,也可以包括其他人。除此之外,在若干情形中适用强制清算,即由人民法院组建清算组进行清算。首先,按照《民法典》第70条第3款规定,清算义务人未及时履行清算义务的,主管机关或者利害关系人可以申请人民法院指定有关人员组成清算组进行清算。其次,按照《慈善法》第18条的规定,慈善组织终止后,慈善组织的决策机构应当成立清算组进行清算,不成立清算组或者清算组不履行职责的,民政部门可以申请人民法院指定有关人员组成清算组进行清算。这一方面表明民政部门作为慈善组织的主管机关有权启动强制清算程序,另一方面表明"清算组不履行职责"是适用强制清算的另一种情形。最后,按照《公司法解释(二)》第7条第2款的规定,公司清算组违法清算可能严重损害债权人或者股东利益的,债权人、公司股东有权启动强制清算程序。此处债权人、公司股东皆为《民法典》第70条第3款所谓的利害关系人。

清算人的地位相当于法人的执行机关,如董事会,对外代表法人。① 我国《公司法》第184条第7项规定在公司清算期间由清算组代表公司参与民事诉讼活动②,该条其余几项规定的清算组负责清理公司债权债务、清理公司财产、处理与清算有关的公司未了结业务等职权也属于董事会本来享有的业务执行权与代表权。

2. 清算中法人

按照《民法典》第72条第1款的规定,清算期间法人存续,但是不得

---

① 参见〔德〕卡尔·拉伦茨:《德国民法通论》,王晓晔等译,法律出版社2003年版,第235页。
② 《公司法解释(二)》第10条第2款规定由清算组负责人代表公司参加诉讼。这表明,清算组负责人具有相当于公司法定代表人的地位。

从事与清算无关的活动。这表明,清算中法人仍然具有民事权利能力。至于其民事权利能力究竟是限制权利能力抑或完全权利能力,不无疑问。从比较法看,德国以往的学说一般认为,清算中法人仅具有限制权利能力。① 不过,近年来的通说则认为,清算中法人具有完全权利能力。② 本书认为,清算中法人的权利能力不受清算目的之限制。如果说清算中法人仅具有清算目的范围内的限制民事权利能力③,则难以解释如下问题:清算中法人是否继续享有人格权,清算中法人的不动产、工业设施、机动车等物件致人损害的应否由其承担侵权责任,法人租用他人不动产或者动产在清算期间是否继续发生租金债务,等等。既然法人目的事业范围不限制法人民事权利能力,则清算目的也不应限制法人民事权利能力。清算目的限制的只是清算人的代表权④,清算人仅有权代表清算中法人从事与清算有关的活动。我国《公司法》第184条对公司清算组的职权予以列举,划定了清算组代表权的具体范围。依据《民法典》第71条的规定,公司法人以外的其他法人清算组的代表权范围可以参照《公司法》第184条予以确定。

3. 清算的结果

在破产清算情形中,清算结束后,法人并无剩余财产。反之,在普通清算情形中,法人可能有剩余财产。剩余财产如何处理,取决于法人的类型。按照《民法典》第95条的规定,公益法人终止时,不得向出资人、设立人或者会员分配剩余财产。剩余财产应当按照法人章程的规定或者权力机构的决议用于公益目的;无法按照法人章程的规定或者权力机构的决议处理的,由主管机关主持转给宗旨相同或者相近的法人,并向社会公告。与此不同,如果章程没有相反规定,则营利法人清算结束后的剩余财产应向法人的设立人或者成员分配。

---

① Vgl. Jürgen Ellenberger, in: Palandt Kommentar BGB, 79. Aufl., 2020, §49, Rn. 2; Harm Peter Westermann, in: Erman Kommentar BGB, 15. Aufl., 2017, §49, Rn. 4.

② Vgl. Dieter Reuter, in; Münchener Kommentar BGB, 5. Aufl., 2006, §49, Rn 11.

③ 我国民法学界采用清算中法人民事权利能力限制说的有王利明:《民法总则研究》(第3版),中国人民大学出版社2018年版,第301页。

④ 这是德国目前的通说。但有一种新观点认为清算目的不限制清算人的代表权,仅具有内部限制效力,超越该内部限制的法律行为仅在构成代表权滥用时才不能归属于清算中法人。Vgl. Dieter Reuter, in; Münchener Kommentar BGB, 5. Aufl., 2006, §49, Rn 15。

五、法人的变更

(一) 法人变更的概念

法人变更包括法人存续状态变更与其他变更。存续状态变更包括法人合并、分立、类型变更。其他变更包括法人目的范围变更、法定代表人变更、注册资本变更(增资或者减资)、股东变更等。法人存续状态变更中的法人合并、分立导致法人民事权利能力变动。

法人合并包括吸收合并与新设合并。吸收合并亦称兼并,是指两个以上法人合并,其中一个法人吸收其余法人,其余法人归于消灭。按照《民法典》第69条第3项的规定,被吸收的法人应当解散。新设合并是指两个以上法人合并后组成一个新法人,原法人均归于消灭。因合并而消灭的法人无须清算,因为其权利义务关系由合并后存续或者创设的法人概括承受。

法人分立包括派生分立与新设分立。派生分立亦称存续分立①,是指从原法人中分离出一个新法人,原法人与新法人并存。新设分立,是指原法人分立为若干新法人,原法人归于消灭。按照《民法典》第67条第2款的规定,法人分立的,其权利和义务由分立后的法人享有连带债权,承担连带债务,但债权人和债务人另有约定的除外。该款规定仅涉及债权债务的承担。如果法人分立时对于物权、知识产权等财产权的归属未作约定,应认定为分立后的各法人共有。

法人类型变更,是指由一种类型的法人变更为另一种类型的法人。例如,由有限责任公司变更为股份有限公司。变更前法人的权利义务由变更后的法人继续享有和承担。

【案例解析】在教学案例2中,丙公司对G银行负担债务后,分立为丙公司和K公司,应由分立后的丙公司和K公司向G银行承担连带债务。依《民法典》第518条第1款,G银行有权请求连带债务人K公司清偿全部债务。

---

① 参见朱庆育:《民法总论》(第2版),北京大学出版社2016年版,第446页。

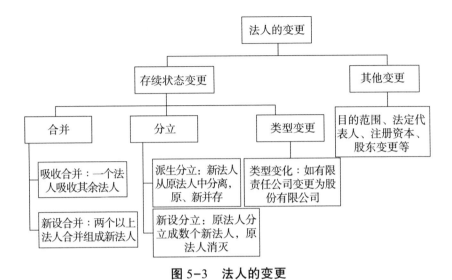

图 5-3 法人的变更

(二) 法人变更的登记

按照《民法典》第 64 条的规定,法人存续期间登记事项发生变化的,应当依法向登记机关申请变更登记。这是关于法人变更登记的一般规定。除此之外,《公司法》第 179 条、《公司登记管理条例》第 26 条以下、《社会团体登记管理条例》第 18 条等也对法人变更登记予以规定。按照《民法典》第 65 条的规定,法人的实际情况与登记的事项不一致的,不得对抗善意相对人。该条规定表明,法人登记具有公信力。法人登记状况与真实状况不一致的,构成登记错误,善意相对人对登记状况的信赖受法律保护。登记错误可能发生于法人设立登记时,也可能发生于法人变更时。例如,法定代表人由甲变为乙,但法人对此没有及时办理变更登记。

六、法人人格否认

(一) 法人人格否认的概念

法人人格否认是指在特定条件下为了保护债权人的利益,否认法人的独立人格,使出资人就法人的债务直接对外承担无限责任。《民法典》第 83 条第 2 款规定了法人人格否认。此外,《公司法》第 20 条第 3 款、63 条也规定了公司法人人格否认。

有限责任是法人制度的基石。出资人无须承担出资额之外的债务责任,是法人人格独立的当然之义。由于法人本身并不能实施行为,必须通过法人机关与相对人交易。一旦出资人通过法人机关控制法人的意思,法人的独立性名存实亡,法人将完全被出资人掌控,甚至沦为出资人滥用权利的工具。① 法人被架空,往往影响法人债权人之债权实现。此时,受损害的债权人可以向法院请求否认法人的独立人格,使滥用法人独立地位与有限责任的出资人就法人债务与法人一并承担连带责任。

(二) 法人人格否认的构成要件②

1. 主体要件

首先,法人人格否认适用于营利法人。无论《民法典》第 83 条第 2 款还是《公司法》第 20 条第 3 款、第 63 条中的法人人格否认,都仅适用于营利法人。

其次,承担责任的主体是滥用法人独立地位和有限责任的出资人。其他出资人无须承担责任。

最后,请求人应当为法人的债权人。法人的出资人、执行机关成员、监督机关成员及其他高级管理人员,不得提出法人人格否认。③

2. 行为要件

出资人实施了滥用法人独立地位和有限责任的行为。其在实践中主要表现为两种情形:一是过度控制,即出资人完全操纵法人意思,法人彻底沦为相关出资人的工具或者躯壳,出资人通过滥用控制权进行利益输送或者财产转移等行为来逃避债务。二是人格混同,即出资人与法人的财产或者人员等无法区分,在债权人看来,无论是从组织形式上,还是从交易手续上,都无法分辨交易相对人。此外,学说上有观点认为资本不足亦可导致法人人格否认。所谓资本不足即认缴资本显著低于应对一般运营风险所需的资本额。此处认缴资本包括实缴资本与待缴资本。④

应当注意的是,一人有限责任公司的人格否认标准较低。按照《公司

---

① 参见施天涛:《商法学》(第 6 版),法律出版社 2020 年版,第 109 页。
② 详见杨代雄主编:《袖珍民法典评注》,第 83 条边码 6—12(潘运华执笔),中国民主法制出版社 2022 年版,第 52、53 页。
③ 参见石少侠:《公司人格否认制度的司法适用》,载《当代法学》2006 年第 5 期。
④ 参见胡改蓉:《"资本显著不足"情形下公司法人格否认制度的适用》,载《法学评论》2015 年第 3 期。

法》第 63 条的规定,只要股东不能证明公司财产独立于股东自己的财产,其就应当对公司债务承担连带责任。

3. 目的要件

出资人须为了逃避现实的或者潜在的债务,而故意滥用法人人格独立地位和有限责任。例如出资人设立空壳公司进行交易,以达逃避债务之目的。

4. 损害后果要件

债权人利益必须受损,且达到严重损害的程度。"严重损害"是指法人没有足够的财产清偿债务,债权人的债权无法实现。法人以其全部财产对外独立承担责任,即使法人的注册资本过低或者存在其他情形,但法人通过其他方式募集了足够财产,此时法人的责任财产充足,能以自身财产完全偿付债务,就不应适用人格否认。就个别债权而言,如果债权存在特别担保(如抵押权),即使法人责任财产减少,因不足以危害债权实现,所以也无须进行人格否认。

5. 因果关系要件

法人债权人的利益严重损害与出资人的滥用行为之间必须存在相当因果关系。依一般交易观念,出资人滥用行为通常会严重损害债权人利益的,应认定成立因果关系。①

(三) 法人人格否认的法律效果

法人人格否认的法律效果是由滥用法人独立地位和有限责任的出资人与法人共同对法人债权人承担连带责任。这一效果仅限于个案,适用于法人人格否认之诉的各方当事人,不当然适用于该法人的其他出资人及其他债权人,且并非对法人人格的永久否认。

【案例解析】在教学案例 2 中,乙公司只有一个股东,即甲公司,所以属于一人公司,其人格否认适用特殊规则。在乙公司偿债能力不足的情况下,丁公司可以诉请甲公司清偿债务,甲公司在诉讼中如果不能证明乙公司的财产独立于自己的财产,就必须向丁公司清偿债务。从办公场所、员工等方面看,丙公司与甲公司人格混同,从财务管理方面看,甲公司滥用对丙公司的控制权。因此,丙公司符合法人人格否认的要件,G 银行有权诉请否

---

① 参见赵旭东:《法人人格否认的构成要件分析》,载《人民司法》2011 年第 17 期。

认丙公司的法人人格并请求甲公司清偿丙公司的债务。

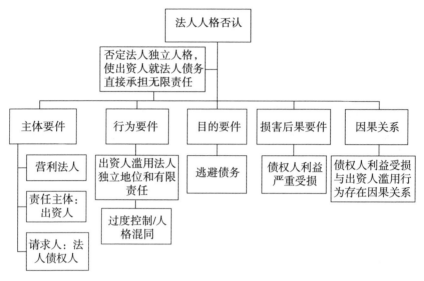

图5-4 法人人格否认

第五节 法人的民事行为能力与过错能力

教学案例1：A公司没有董事会,只有一个执行董事赵某,赵某为法定代表人。赵某任职一段时间后,因事业压力巨大且感情失败,患精神分裂症,意识混乱。在此期间,赵某以A公司名义与B公司订立一份《合作协议》。此外,A公司的门店营业员向消费者出售若干商品。《合作协议》是否有效？门店订立的商品买卖合同是否有效？

教学案例2：在上例中,赵某未患精神疾病,其超越代表权范围,以A公司名义与C银行订立担保合同,C银行对此未尽必要注意。在担保合同对A公司不发生效力的情况下,C银行是否有权请求A公司承担损害赔偿责任？

一、法人的民事行为能力

法人无疑具有民事行为能力,可以通过法人机关实施民事法律行为。

目前学理上一般认为,法人民事行为能力范围与民事权利能力范围重合。① 不过,这种意义上的法人民事行为能力限制对于法律实践并无影响,因为真正发挥限制作用的是法人民事权利能力范围:使法人之行为在该范围之外不能发生法律效果的原因是法人在该领域不享有民事权利能力,所谓法人民事行为能力范围只不过是其民事权利能力范围的投射而已。

真正有意义的问题是,法人机关的缺位或者法人机关成员民事行为能力的欠缺是否影响法人的民事行为能力。例如,有限责任公司的执行董事暨法定代表人被股东会解任,虽然新选任了执行董事,但该选任行为无效,公司陷入无代表机关的状态。有学说认为,此种情形中,公司暂时无民事行为能力。② 本书认为,更为恰当的解释是:如果公司暂时处于无代表机关的状态,或者公司的执行董事暨法定代表人因心智障碍成为无民事行为能力人,则应认定公司陷入暂时无意识状态,如同自然人陷入严重醉酒或者被催眠状态。就丧失民事行为能力的法定代表人以公司名义对外实施的法律行为而论,应当类推自然人的法律行为能力规则,认定法律行为无效。当然,就过错能力而论,由于公司尚存在其他机关(如股东会),所以不应一概否定公司的过错能力。在其他机关对上述法律行为的发生未尽必要注意的情况下,公司须向相对人承担损害赔偿责任。

【案例解析】在教学案例1中,A公司的法定代表人赵某丧失民事行为能力,应当类推适用《民法典》第144条,认定赵某以A公司名义与B公司订立的《合作协议》不发生效力。与此不同,A公司门店营业员在赵某丧失民事行为能力之前就已经取得对A公司的代理权,该代理权不因赵某丧失民事行为能力而消灭,所以营业员与消费者订立的商品买卖合同有效。

二、法人的过错能力

(一) 法人过错能力的概念

法人过错能力要解决的问题是法人对其机关实施的过错行为承担民

---

① 参见朱庆育:《民法总论》(第2版),北京大学出版社2016年版,第465页;Günter Weick, in: Staudinger Kommentar BGB, 2005, Einleitung zu §§21ff., Rn. 56。
② Vgl. Karsten Schmidt, Gesellschaftsrecht, 4. Aufl., 2002, S. 249.

事责任的理论基础。法律一旦承认法人的过错能力,就等于认可法人机关实施的不法行为可以构成法人的过错行为,从而由法人对自己的过错行为承担责任。反之,如果不承认法人的过错能力,则法人机关实施的不法行为不构成法人自己的过错行为,法人即便对外承担责任,亦属于为他人行为承担替代责任。

法人是否具有过错能力取决于法人的本质理论。如果采用法人拟制说,那就必然推导出法人不具有过错能力的结论。因为作为一个拟制出来的人,法人没有行为能力,只能由其负责人以代理的方式实施法律行为,连行为能力都没有,自然也就不会有过错能力了。① 反之,如果采用法人实在说,则法人具备行为能力,可以通过法人机关形成并表达意思,机关的行为就是法人的行为。就加害行为而言,法人机关作为法人意思和意识的载体,其故意或者过失构成法人过错。

原《民法通则》第 106 条第 2 款明确规定法人应当对其过错行为承担民事责任,承认了法人的过错能力。《民法典》虽无类似规定,但其第 1165 条中的"行为人"应解释为既包括自然人,也包括法人和非法人组织,亦即法人也可以成为过错侵权行为的主体。此外,《民法典》第 62 条第 1 款关于法定代表人职务致害行为由法人承担责任的规定也体现了法人的过错能力。

(二) 法人的过错行为

1. 法人过错的载体

法人具有过错能力意味着法人具有为自己过错承担责任的可能性。法人的过错体现于法人机关的行为之中。法人过错的承载者主要是法人的执行机关与代表机关,个别情况下也包括法人的权力机关。② 执行机关与代表机关皆为法人的行为机关。执行机关为法人实施法律行为以外的其他行为,包括内部管理行为,也包括实施具有外部效应的其他行为,如缔约准备、安排人员履行合同等。在此过程中,执行机关可能存在过错并导致他人遭受损害,如因管理疏漏导致法人的生产经营活动损害第三人权益,此种过错亦为法人过错。

---

① 参见史尚宽:《民法总论》,中国政法大学出版社 2000 年版,第 160 页。
② 冯·图尔持反对观点,认为社团法人的社员大会不可能存在过错,只有社员个人才可能存在过错。Vgl. Andreas von Tuhr, Der Allgemeine Teil des Deutschen Bürgerlichen Rechts, Bd.1, 1910, S. 539.

《民法典》第62条仅规定法定代表人因执行职务造成他人损害的,由法人承担民事责任,对于法人过错能力载体的规定不够全面。

2. 权限外的机关行为是否构成法人的过错行为

学理上争论比较大的问题是,行为机关在其权限范围外实施行为致人损害是否构成法人侵权行为或者其他违法行为。与法律行为不同,权限外的侵权行为及其他违法行为之法律后果应否由法人承担,并非取决于私法自治,因为不涉及行为的意定效果,仅涉及行为的法定效果。因此,不能简单地依行为机关的权限范围划定法人违法行为的界限,应当细致分析权限外违法行为的表现形态,考察其与行为机关之身份、地位及所掌握法人资源之关联性,据此决定该违法行为应否构成法人行为。《民法典》第62条第1款中的"因执行职务"不应解释为"在权限范围内"。此项立法表述旨在区分法定代表人为法人实施的行为与其为自己实施的行为,前者为法人行为,后者为个人行为。其重心在于强调损害与执行职务的关联性,不在于区分权限范围内与权限范围外。①

【案例解析】在教学案例2中,赵某与C银行订立的担保合同虽然超越其代表权范围,该越权代表行为系赵某利用法定代表人的地位实施,C银行的损害系赵某"因执行职务"造成,所以,越权代表行为构成A公司的法人过错行为。鉴于C银行对此亦有过失,所以应适用过失相抵规则,C银行仅有权请求A公司承担部分赔偿责任。

3. 雇主责任是否为法人的过错责任

另一个值得探讨的问题是,法人机关以外的雇员因执行职务致人损害的,法人对此承担损害赔偿责任,究竟是为自己的过错行为承担责任抑或是为雇员的过错行为承担替代责任。

【深化与拓展】从比较法看,对于雇主责任,《德国民法典》第831条、《日本民法典》第715条、《瑞士债务法》第55条以及我国台湾地区"民法"第188条均规定,法人可以以自己在雇员的选任与监督上的无过失而免责。事实上,这种意义上的雇主

---

① 参见杨代雄:《越权代表中的法人责任》,载《比较法研究》2020年第4期。

责任也是法人为自己的过错承担责任①,并非替代责任。与此不同,法国、奥地利、荷兰(《荷兰民法典》第6编第170条)等国的民法对于雇主责任采用无过错责任原则。此外,英国法与美国法对于雇主责任也采用无过错责任原则。② 由于过错责任原则对受害人非常不利,因此,近几十年来,那些采用过错责任原则的民法通过各种方式加强对受害人的救济,如对"法人机关及其他有代表权之人"作扩张解释以扩大法人机关致害责任的适用范围,把雇员致害行为认定为法人机关组织上的过失从而适用法人机关致害责任,对雇主在选任或者监督雇员上的过失实行过错推定等。

本书认为,对于雇主责任,与其在过错责任原则下通过各种迂回的方式强化对受害人的保护,不如直接采用无过错责任原则。只要雇员因执行职务过错地侵害他人权益,雇主就必须承担损害赔偿责任。雇主皆不能通过证明自己不存在选任或者监督上的过失而免除责任。理由如下:雇主利用雇员开展事业获取利益,扩大了自己的活动范围,如同一个人延长了手脚,其致人损害的危险自然就增加了,一旦这种危险转变为损害事实,无论从利益与风险相一致原则看,还是从风险控制以及分散损失的角度看,理应由雇主承受损害后果。从这个意义上说,法人承担的雇主责任在性质上属于一种危险责任,并非法人为自己的过错行为承担责任。事实上,我国《民法典》第1191条在规定用人单位和用工单位责任时,并未规定以单位的过错为要件,也未规定用人单位和用工单位可以通过证明自己不存在选任或者监督上的过失而免除责任。所以,无过错责任说在我国具有实证法基础。

第六节 法人的机关

教学案例:某地30家旅游企业成立互助会,注册登记为社团法

---

① 参见〔德〕迪特尔·梅迪库斯:《德国债法分论》,杜景林、卢谌译,法律出版社2007年版,第692页。

② 参见〔荷〕施皮尔主编:《侵权法的统一:对他人造成的损害的责任》,梅夏英、高圣平译,法律出版社2009年版,第81、371页。

人。社团章程规定设置社员大会、理事会与监事会;每家企业为一个社员,社员大会的会议需由三分之二以上社员参与才能作出决议;每个社员每年须缴纳3万元会费,不缴纳或者逾期缴纳会费的社员,由理事会决定予以开除。该社团法人成立3年后,18个社员参与召开了第四次社员大会,作出决议,决定吸纳5家企业加入社团。A公司为该社团法人的社员,对纳新之事颇有微词,社团理事长知道后,指示会务组不通知A公司参加社员大会会议。此外,社团理事会以A公司迟延7天缴纳会费为由,决定开除A公司。上述社员大会决议是否有效?理事会开除A公司的决定是否有效?理事会不通知A公司参会,侵害了A公司何种权利?

一、法人机关概述

法人作为民法上的人,并非抽象之存在,而是具有一定组织结构的具体存在。法人的组织结构即由若干机关组成的体系。只有通过这些机关,法人才能维持日常运转,也才能参与民事生活,实现其民事权利能力。

法人包括哪些机关,因法人类型的不同而有所区别。就社团法人而论,社团成员大会(社员大会)[①]、董事会(理事会)或者执行董事是必要机关[②],某些社团法人还有监督机关,如公司的监事会或者监事。就捐助(财团)法人而论,必须设置理事会之类的管理机关及监事会之类的监督机关。[③] 就特别法人而论,农村集体经济组织法人必须有社员大会或者社员代表大会,从这个意义上说,农村集体经济组织法人实际上是特殊的社团法人。村民委员会法人、居民委员会法人以及机关法人则不存在社员大会之类的机关。

[①] 德文Mitglieder直译应为"成员",Mitgliederversammlung直译应为"成员大会"。就社团法人而言,社团成员可称为社员,故其成员大会可称为社员大会,目前中译本德国民商法著作通常采用此译法。

[②] 例外情况是,一人公司及国有独资公司按照《公司法》规定无须设置股东会之类的社员大会。此外,某些规模较大的社团法人可以设置社员代表大会,行使社员大会的职权。

[③] 按照《民法典》第93条第2款的规定,捐助法人应当设立理事会、民主管理组织等决策机构,并设执行机构。至于何谓执行机构,不无疑问。如果捐助法人在理事会之外没有另设秘书处之类的执行机构,则理事会本身即为执行机构。关于秘书处的执行机构地位,参见石宏主编:《〈中华人民共和国民法总则〉:条文说明、立法理由及相关规定》,北京大学出版社2017年版,第219页。

二、法人的权力机关

所谓权力机关是指在法人机关体系中处于最高地位、行使最高权力的机关。权力机关也被称为法人的最高机关①、意思机关②。有社员大会或者社员代表大会的法人,以社员大会或者社员代表大会为权力机关。作为捐助(财团)法人之决策机关的理事会等机关行使类似于权力机关的部分职权,未被此部分职权涵盖的重大事项由法人章程决定。从这个意义上说,捐助(财团)法人的章程扮演了比社团法人章程更为重要的角色,不能参与法人管理的捐助人通过章程对捐助(财团)法人施加影响。以下仅阐述社员大会。

(一) 社员大会的组成及社员资格

1. 社员大会的组成

社员大会由法人的全体社员组成。社团法人及农村集体经济组织均为人的联合体,组成该联合体的每个人均为社员。就公司法人而言,社员即股东,社员大会即股东会或者股东大会。股东可以是自然人,也可以是法人。就社会团体法人而言,社员即会员,一般是自然人,但也可以是法人(单位会员)。就农村集体经济组织而言,社员即属于该集体经济组织的村民,社员大会即《农村土地承包法》第19、20条规定的"集体经济组织成员的村民会议"。

2. 社员资格的取得与丧失

只有取得社员资格的人才能成为社员。社员资格的取得以社员章程为依据。社员资格的取得可能发生于社团法人成立之时,也可能发生于社团法人成立之后。以公司为例,出资设立公司的投资人在公司法人成立时即成为股东,取得社员资格。此后,其他投资人可以通过增资扩股或者股权转让的方式取得公司股权,加入公司成为社员。此为社员资格的意定取得。无论公司设立合同还是增资扩股合同、股权转让合同,皆为民事法律行为。就农村集体经济组织而言,在该组织成立时加入其中的村

---

① Vgl. Günter Weick, in: Staudinger Kommentar BGB, 2005, §32,Rn. 1;〔德〕卡尔·拉伦茨:《德国民法通论》,王晓晔等译,法律出版社2003年版,第209页。
② 参见王泽鉴:《民法总则》(2022年重排版),北京大学出版社2022年版,第191页;〔日〕山本敬三:《民法讲义I:总则》(第3版),解亘译,北京大学出版社2012年版,第370页。

民取得社员资格。此后,社员所生的子女当然取得社员资格。与社员结婚且户口迁入的人也可以取得社员资格,当然,其必须放弃在原集体经济组织曾经享有的社员资格。此类通过出生、结婚等事由取得社员资格属于法定取得。

就社员资格的意定取得而言,通常遵循契约自由原则,但个别情况下,需要限制社团法人的缔约自由,使其有义务接受申请人的入社申请。这主要适用于处于垄断地位的行业协会。[①] 接纳义务意味着此类特殊社团法人适用强制缔约原则。在我国,至少律师协会、公证员协会等采用强制设立主义的社团法人应当适用强制缔约原则。按照《律师法》第45条的规定,律师和律师事务所应当加入所在地的律师协会。既然律师和律师事务所应当加入律师协会,则当其申请加入时,律师协会就有义务接纳。

社员资格丧失的原因主要包括社员死亡、消灭、退社、被社团开除、丧失社员资格所需的特殊身份。社员是否享有退社自由,不可一概而论。公司的股东原则上不能退股,这主要因为公司法上为了保护公司债权人而采用资本维持原则,退股意味着股东撤回出资,导致作为责任财产的公司资本减少。当然,我国《公司法》第74条例外地允许股东在若干情形中请求公司回购股权,从而退出公司。采用强制设立主义的社团法人的社员有入社义务,自然不允许任意退社。农村集体经济组织的社员也没有退社自由。除此之外,其他社团法人遵循退社自由原则,社员有权退社,社团章程不得剥夺退社的权利。学理上一般认为,退社是一种单方法律行为,社员单方面向社团法人作出退社意思表示即可。

社员是自然人的,其死亡当然导致社员资格的丧失。社员是法人的,其消灭也当然导致丧失社员资格。某些社团法人的社员资格以特殊身份为前提,社员丧失该特殊身份将导致其丧失社员资格。例如,农村集体经济组织的社员户口迁出转变为非农户口的,自动丧失社员资格。律师协会会员离开原执业地转到其他地方执业的,或者丧失律师执业资格的,自动丧失该律师协会的会员资格。

开除社员是社团的单方法律行为。仅在章程规定的情形中或者社员

[①] 参见〔德〕卡尔·拉伦茨:《德国民法通论》,王晓晔等译,法律出版社2003年版,第225页。

自身存在重大问题(如故意违反重要义务)时,社团法人才有权开除社员。① 农村集体经济组织法人无权开除社员。

3. 基于社员资格的权利义务

社员资格是一种法律地位,从中产生社员对社团的权利,当然也产生社员的若干义务。

(1)社员的权利。

社员的权利即社员权,包括一般社员权与特别社员权。一般社员权包括三种权利。一是机关参与权(Organschaftsrecht),如出席社员大会的权利、表决权、被选举权等。社员行使此类权利并非为了自己获得利益,所以在本质上不是以请求特定给付为内容的债权,而是参与管理权。二是受益权,包括使用社团设施的权利、享用社团服务的权利、分取社团盈利的权利、分取社团剩余财产的权利等。此类权利以特定给付为内容,类似于债权,但又不是可以分别转让的独立债权,而是与社员资格不可分离的非独立权限。例外情况是已经确定的红利支付请求权,可以单独转让。② 三是辅助性权利,如社员的知情权,其本身虽无独立价值,但可以辅助实现其他社员权。

特别社员权是指社团章程赋予个别社员某些特别的权利,其他社员没有此类权利。依据社团自治原则,只要严格依法制定或者修改章程,章程关于此类特别权利的规定有效。特别社员权如扩大的表决权、扩大的分红权、优先使用社团设施的权利。

(2)社员的义务。

社员义务包括一般社员义务与特别社员义务。一般社员义务包括出资或者缴纳会费义务、对社团的忠实义务等。忠实义务要求社员不得从事损害社团目的与利益的行为。特别社员义务通常与特别社员权相匹配,享有特别社员权的社员可能需要承担特别社员义务。比如有权优先使用社团设施的社员可能有义务多缴纳会费。

(3)对社员的处罚:社团罚。

社团章程或者其他规范可能规定对社员的处罚措施,如罚款、扣奖

---

① 参见〔德〕汉斯·布洛克斯、〔德〕沃尔夫·迪特里希·瓦尔克:《德国民法总论》(第41版),张艳译,中国人民大学出版社2019年版,第331页。
② 参见〔德〕卡尔·拉伦茨:《德国民法通论》,王晓晔等译,法律出版社2003年版,第222页。

金、通报批评、开除等,此为社团罚。① 是否允许社团罚?其性质如何?在多大限度内可以对其予以司法审查?不无疑问。弗卢梅不承认社团的处罚权,认为开除只能视为社团终止其与社员的法律关系,罚款只能视为违约金,名誉处罚则完全不合法。② 德国通说则承认社团具有处罚权,认为社团罚并非针对违法行为的处罚,而是纪律罚,其目的是维护社团的秩序。社团罚体现了私法自治,社员加入社团就表明其须受合乎章程规定的纪律约束。③ 此种学说值得借鉴。

当然,社团罚不能超出合理的限度。在社员与社团因处罚而发生纠纷时,法院应审查该处罚的内容与程序是否以章程规定为依据,处罚所针对的事实是否存在,处罚是否违反禁止性法律规定或者违背公序良俗,处罚是否符合比例原则等。尤其对于开除、名誉处罚等严厉措施,应当严格审查其妥当性。

【案例解析】在教学案例中,社团理事会故意不通知A公司参加第四次社员大会,侵害了A公司的机关参与权。A公司迟延缴纳会费,违反了社员义务。不过,A公司仅迟延7天,情节轻微,未对社团造成太大的损害,社团理事会虽依据章程作出开除决定,但该决定欠妥。一则,章程规定由理事会而非社员大会即可作出开除决定,使某社员因此丧失社员身份,程序上过于随意,所以此项规定有违背公序良俗之嫌;二则,即便此项规定有效,理事会在A公司仅迟延7天缴纳会费的情况下,就作出开除决定,不符合比例原则,对章程条款的解释不够严谨。据此,理事会的开除决定应为无效。

(二) 社员大会的职权

作为社团法人的权力机关,社员大会对社团重要事务行使最高决定权,同时,对董事会的工作进行监督并给予必要的指示。至于何谓社团重要事务,各种社团法人不尽相同。一般而言,修改章程、选任或者更换执

---

① 参见王泽鉴:《民法总则》(2022年重排版),北京大学出版社2022年版,第198页。
② 参见〔德〕迪特尔·梅迪库斯:《德国民法总论》,邵建东译,法律出版社2000年版,第838页。
③ 参见〔德〕卡尔·拉伦茨:《德国民法通论》,王晓晔等译,法律出版社2003年版,第230、231页。

行机关及监督机关的成员、决定法人合并或者分立、决定法人解散、审议批准法人的年度财务预决算方案等都属于各种社团法人之社员大会的职权。就公司法人而论,除了上述职权外,社员大会(股东会)的职权还包括审议批准董事会报告及监事会报告、审议批准公司利润分配方案和亏损弥补方案、决定公司的增资或者减资、决定发行公司债券、决定公司的经营方针和投资计划、决定公司为股东或者实际控制人的债务提供担保等。

(三) 社员大会的召集与主持

社员大会一般由法人的执行机关召集,由执行机关负责人(如董事长)主持。特殊情况下,一定数量的社员可以自行召集并主持社员大会(《公司法》第39、40条)。社员大会召开会议之前,召集人应当依据法律或者章程规定的期限与方式通知全体社员。

(四) 社员大会的决议

社员大会行使职权的方式是对相关事项作出决议。作出决议时,社员大会必须具有决议能力。如果法人章程对于出席社员大会的最低人数或者表决权数有要求,则仅当出席人数或者表决权数符合该要求时,社员大会才具有决议能力。

决议以出席大会的社员进行投票的方式形成。通说认为,投票是一项需受领的意思表示。至于何人为该意思表示的受领人,则存在争议。德国法多数说认为,投票意思表示的受领人是社团法人,在社员大会召开期间,由大会主席代理社团法人受领意思表示,在闭会期间,则由董事会代理社团法人受领意思表示。[①] 当然,投票类似于向机关作出的意思表示,其受领人仅具有形式意义,不宜据此决定法律关系的实质内容,如受领人是否知道投票人真意保留或者是否与其达成虚伪表示合意等。[②]

除非社团法人章程允许仅由一个社员投票形成决议,否则,决议需由数个投票形成。

---

① Vgl. Dieter Reuter, in: Münchener Kommentar BGB, 5. Aufl., 2006, §32, Rn. 40; Günter Weick, in: Staudinger Kommentar BGB, 2005, §32, Rn. 30.

② Vgl. Reinhard Singer, in: Staudinger Kommentar BGB, 2017, §116 Rn. 12, §117 Rn. 3.

【深化与拓展】有疑问的是,出席会议但投弃权票的,在认定是否多数通过决议时应当如何处理。有学说认为,弃权票不应当计入总票数,因为这符合投弃权票社员的本意,其应当与未出席的社员同样对待。① 有学说认为,弃权票应当按照赞成票处理,因为投弃权票意味着社员不想反对决议事项。② 相较之下,第一种学说更为可取。投弃权票意味着社员放弃通过投票参与形成共同意思的机会。如果将弃权票计入总票数,则其实际上发挥了反对票的作用,加大了决议通过的难度,结果是弃权者也参与形成共同意思,违背弃权者的本意。当然,如果法人章程对于弃权票的效果有规定,则依其规定。

决议通常在社员大会的会议上作出,但法律上也允许不经过会议即形成决议。例如,按照我国《公司法》第 37 条的规定,股东对于决议事项以书面形式一致表示同意的,可以不召开股东会会议,直接作出决定,并由全体股东在决定文件上签章。这就是学理上所谓的书面表决。③

【案例解析】在教学案例中,社团章程规定需由三分之二以上的社员参加会议,才能作出社员大会决议。第四次社员大会会议的参加人数只有 18 个,不足社员总数的三分之二,所以在本次会议上,社团大会不具有决议能力,其所作出的纳新决议不成立。

---

① 参见〔德〕汉斯·布洛克斯、〔德〕沃尔夫·迪特里希·瓦尔克:《德国民法总论》(第41 版),张艳译,中国人民大学出版社 2019 年版,第 325 页;Günter Weick, in: Staudinger Kommentar BGB, 2005, §32, Rn. 30。

② 参见〔德〕迪特尔·梅迪库斯:《德国民法总论》,邵建东译,法律出版社 2000 年版,第 842 页。

③ 参见〔德〕卡尔·拉伦茨:《德国民法通论》,王晓晔等译,法律出版社 2003 年版,第 210 页。

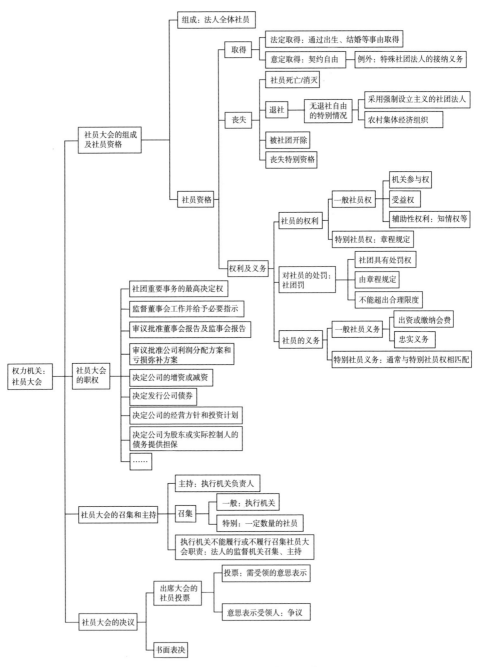

图 5-5 权力机关:社员大会

三、法人的执行机关与代表机关

(一) 执行机关

法人的执行机关(机构)是负责依法律规定、章程及法人权力机关决议执行法人管理、经营事务的机关。按照《民法典》第81条的规定,营利法人的执行机关为董事会或者执行董事,未设董事会或者执行董事的,法人章程规定的主要负责人为执行机关。依据该法第91条的规定,社会团体法人的执行机关是理事会等机构。依据该法第93条的规定,捐助法人应在理事会、民主管理组织等决策机关之外另设执行机构(如秘书处)。

执行机关通常由数个成员组成,但也可以仅由一人组成,如执行董事。由数个成员组成的,执行机关对于职权范围内的重要事项应当以决议的方式作出决定。此项决议是执行机关成员的共同意思,与权力机关的决议并无本质区别。

执行机关的职权范围依据法律规定或者章程予以确定。原则上,法律或者章程未规定须由权力机关决定的事项,执行机关皆有权处置。当然,执行机关无须事必躬亲,实践中,执行机关通常设置层级化的内部管理机构体系,授权各级管理机构负责人(经理、部门经理、财务总监等)处理法人日常事务。

(二) 代表机关

1. 代表机关与执行机关的关系

从比较法看,法人的执行机关通常也是法人的代表机关。譬如,在德国法上,社团法人的董事会既享有业务执行权,也行使代表权。业务执行权是对内的,着眼于法人的内部关系;代表权是对外的,着眼于法人的外部关系。

按照《民法典》第61条的规定,代表法人从事民事活动的负责人为法定代表人。与德国等国家采用的数人代表制不同,我国法律采用独任代表制,仅由一人代表法人对外实施民事法律行为。至于具体由哪一个人担任法定代表人,不可一概而论。就营利法人而言,法人章程可以规定董事长或者执行董事担任法定代表人,也可以规定经理担任法定代表人。某些国有企业或者集体企业未设董事会或者执行董事,则以厂长、经理等主要负责人为法定代表人。就社会团体法人而言,由理事长、会长等负人按照章程规定担任法定代表人。就事业单位法人而言,由校长、院长、所长等负责人担任法定代表人。就捐助法人而言,由理事长、住持等负责人担任法定代表人。就机关法人而言,由县长、市长、局长等主要领导依法担任法定代表人。

显然,在我国法律中,法人代表机关与法人执行机关经常并不重合。以公司法人为例,设置董事会的,董事会为执行机关,但如果公司章程规定由总经理担任法定代表人,则总经理一人即为法人的代表机关(独任机关),代表机关与执行机关明显分离。即便章程规定由董事长担任法定代表人,董事长虽为董事会这一执行机关的成员,但其本身单独构成代表机关,该代表机关与执行机关亦为两个机关。再如,捐助法人可以设置秘书处为执行机关,但其法定代表人却是理事长,代表机关显然也不同于执行机关。

2. 代表权的范围

法定代表人享有概括代表权,原则上在法人权利能力范围内有权代表法人实施一切民事法律行为。当然,代表权也可能存在一定限制,包括法定限制与意定限制。法定限制如《公司法》第16条规定,公司向其他企业投资或者为他人债务提供担保的,须依章程规定经股东会或者董事会决议;《公司法》第37条规定,公司合并、分立、增减资、发行债券等重大事项须经股东会决议。此类规定表明,法定代表人在股东会或者董事会作出决议前,无权代表公司订立转投资合同、为他人担保合同、合并合同、增资合同以及签发债券。股东会决议与董事会决议是对法定代表人的特别授权,仅当获得该项特别授权后,法定代表人才有权代表法人对外实施此类特殊法律行为。意定限制如法人章程对法定代表人的代表权范围予以限制,或者法人权力机关作出决议对法定代表人的代表权范围予以限制。为保护交易安全,《民法典》第61条第3款规定,代表权的意定限制不得对抗善意第三人。该规定体现了私法上的信赖保护。

3. 代表权的行使

在我国的独任代表制下,代表权的行使比较简单。法定代表人一人对外以法人名义实施民事法律行为即为代表权的行使。

【深化与拓展】实践中经常发生此类争议:法定代表人在合同书上签字,但未加盖法人公章或者加盖了伪造的公章,合同是否成立？按照《民法典》第490条第1款的规定，采用合同书形式订立合同的，自各方当事人均签字、盖章或者按指印时合同成立。据此，盖章并非合同订立的必要环节。如果合同书上的相关信息或者条款表明法定代表人系代表法人订立合同，则其在合同书上签字即足以使合同成立。当然，如果双方明确约定合同书须加盖法人公章，或者合同书落款处除了签字栏目外，还专门留有加盖法人公章这一栏目，则表明法定代表人有所保留，其签字时尚未作出终局性的缔约决定，直至加盖公章时合同才成立。法定代表人在合同上加盖伪造的公章，可能意味着其真意保留，对方当事人无从知晓，所以不影响合同成立。

法定代表人以法人名义作出意思表示时，意思的形成与表达皆由其完成。即便对于某项法律行为先由股东会或者董事会作出决议，也不能说该法律行为的意思由股东会或者董事会形成，法定代表人仅作出表示。因为，股东会或者董事会决议只是对法定代表人的特别授权或者表明肯定态度而已，法律行为的细节仍然需要由法定代表人进行考虑与决定，唯有此项决定才构成法律行为中的意思。学理上有时将股东会称为公司法人的意思机关，此处所谓的意思并非某一项具体意思表示中的意思，而是指关于公司法人经营方略、存续大计的最高意志。

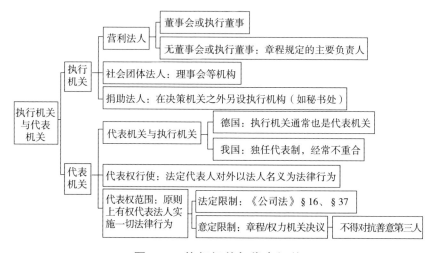

图 5-6　执行机关与代表机关

四、法人的监督机关

有些类型的法人除了权力机关、执行机关与代表机关之外,还设置监督机关。监督机关的职权主要是对执行机关、代表机关及高级管理人员的活动进行监督,并向权力机关报告。按照《民法典》第 82 条的规定,营利法人必须设置监事会或者监事等监督机关。按照《公司法》第 51 条的规定,有限责任公司的监事会应当包括股东代表和适当比例的职工代表,董事、高级管理人员不得兼任监事。监事可以列席董事会会议,并对董事会决议事项提出质询或者建议。

第七节　法人的住所

与自然人一样,法人也有住所。按照《民法典》第 63 条的规定,法人以其主要办事机构所在地为住所,依法需要办理法人登记的,应当将主要办事机构所在地登记为住所。实践中存在这样的情况:法人事实上将次要办事机构所在地登记为住所,或者登记住所曾经是法人的主要办事机构所在地,但后来法人重心转移,登记的住所变成次要办事机构所在地。此时,究竟以登记住所为准抑或以事实上的主要办事机构所在地为准,不无疑问。有观点认为,登记住所与主要办事机构所在地不一致的,应当按照《民法典》第 65 条关于"法人的实际情况与登记的事项不一致的,不得对抗善意相对人"之规定处理。①

---

① 参见石宏主编:《〈中华人民共和国民法总则〉条文说明、立法理由及相关规定》,北京大学出版社 2017 年版,第 135 页。

第六章 非法人组织

第一节 非法人组织概述

教学案例:吴某投资设立A食品厂,注册登记为个人独资企业,并担任厂长。A食品厂向B商店销售糖果,B商店累计拖欠10万元货款。应由何人向B商店行使货款支付请求权?

一、非法人组织的类型

非法人组织,亦称非法人团体,是既非自然人亦非法人的第三类民事主体。《民法典》第102条规定合伙企业①、个人独资企业、不具有法人资格的专业服务机构是非法人组织。个人独资企业仅由一个自然人投资经营,所以,严格地说并非联合体。不具有法人资格的专业服务机构包括律师事务所、会计师事务所、审计师事务所等。此类机构如果由数人共同设立,本质上也是合伙组织。按照《合伙企业法》第55条的规定,数人共同设立的专业服务机构是特殊的普通合伙企业。

至于《民法典》第102条明确列举的这三种非法人组织之外,我国法律是否还承认其他类型的非法人组织,不无疑问。按照全国人大常委会法工委参与起草原《民法总则》人士的解释,原《民法总则》第102条第2款对于非法人组织类型的列举并非封闭性的,在实践中需要根据具体情况判断其他组织体是否属于具有民事主体资格的非法人组织。比如,不具有法人资格的乡镇企业或者街道企业、不具有法人资格的中外合作经

---

① 从比较法看,我国民法上的普通合伙企业相当于德国法上的无限公司,有限合伙企业相当于德国法上的两合公司,特殊的普通合伙企业则类似于德国法上的自由职业人员合伙公司。这三种人合公司在德国法上都不是法人,但都具有权利能力。从这个意义上说,我国民法上的有权利能力非法人组织类似于德国法上的有权利能力人合公司。

营企业或者外资企业也是非法人组织。① 此外,某些不具有法人资格但按照《民办非企业单位登记管理暂行条例》予以登记的社会服务机构(合伙型或者个体型)也可以被认定为有权利能力非法人组织。②

关于中外合作经营企业与外资企业,按照《外商投资法》第31条的规定,外商投资企业的组织形式、组织机构及其活动准则,适用《公司法》《合伙企业法》等法律的规定。据此,我国对外商投资企业原则上不再实行特殊管理,转而采用内外资一致原则。今后新设立的外商投资企业,要么采用公司法人形式,要么采用合伙企业或者个人独资企业形式。后两种企业无疑也是非法人组织。

按照《民法典》第103条的规定,非法人组织应当依照法律的规定登记。据此,只有经过登记,才能成为《民法典》总则编第四章规定的具有民事权利能力的非法人组织。

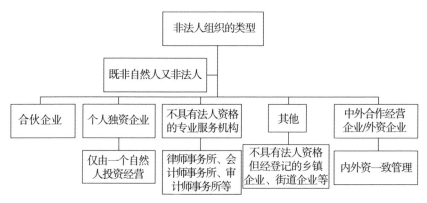

图6-1 非法人组织的类型

二、非法人组织的民事权利能力

关于非法人组织是否具有民事权利能力,在民法学上存在争议。从立法史看,原《合同法》第2条第1款规定非法人组织可以成为合同主体,原《担保法》第7条规定非法人组织可以作为保证人,《著作权法》第2

---

① 参见石宏主编:《〈中华人民共和国民法总则〉条文说明、立法理由及相关规定》,北京大学出版社2017年版,第246页。

② 参见梁慧星:《民法总论》(第5版),法律出版社2017年版,第148页。

条规定非法人组织可以成为著作权人,《商标法》第4条规定非法人组织可以成为商标权人。《民事诉讼法》第51条及《民事诉讼法解释》第52条规定非法人组织具有民事诉讼当事人能力。

《民法典》一般性地承认非法人组织具有民事权利能力。应当注意的是,非法人组织的民事权利能力与法人的民事权利能力不尽相同。法人的民事权利能力意味着法人具有完全独立的法律人格。法人的财产归法人自己所有。原则上,法人以其财产对其债务独立地承担责任,法人的设立人或者社员无需对此承担个人责任。与此不同,非法人组织的法律人格只有相对独立性。按照《民法典》第104条的规定,非法人组织的财产不足以清偿债务的,其出资人或者设立人承担无限责任。这表明,非法人组织并不能完全独立地为其债务承担责任。实际上,非法人组织的民事权利能力仅仅意味着非法人组织可以成为民事权利义务的归属载体而已,其形式意义大于实质意义。① 作为权利义务归属载体,非法人组织可以名正言顺地以自己名义缔结合同、取得权利、承担义务并参与诉讼。

【案例解析】在教学案例中,A食品厂虽然只有吴某一个出资人,但在我国民法上,其注册登记为个人独资企业后,成为非法人组织,取得民事权利能力。A食品厂与B商店订立糖果买卖合同,A食品厂享有合同债权。B商店不履行债务,A食品厂可以作为原告向法院起诉,请求B商店支付货款。

第二节 非法人组织的设立

教学案例:上例中的A食品厂,生产"小笨蛋"牌棒棒糖,小有名气,引起从事食品制造的C公司(国有独资公司)关注。C公司打算出资与A食品厂合作设立一家合伙企业D食品厂,A食品厂以糖果制造的独特技术作为出资,投入D食品厂,推出一款奶糖。该合伙企业可否设立?

一、设立人

关于设立人,《合伙企业法》第2条、第14条规定,可以设立合伙企业

---

① 如果说法人是实质民事主体,则非法人组织就是形式民事主体。

的合伙人包括具有完全民事行为能力的自然人、法人与非法人组织。当然,并非任何法人都可以成为合伙人,比如,机关法人不能成为合伙人。此外,按照《合伙企业法》第3条的规定,国有独资公司、国有企业、上市公司以及公益性的事业单位、社会团体不得成为普通合伙人。同时,合伙企业的设立人须为二人以上。按照《合伙企业法》第61条的规定,有限合伙企业的合伙人为二人以上五十人以下,其中至少应有一个普通合伙人。之所以将有限合伙企业的合伙人数量限定在五十人以下,大概是为了与有限责任公司的股东人数上限保持一致。

按照《个人独资企业法》第8条的规定,个人独资企业的设立人为一个自然人。该自然人也应具备完全民事行为能力。

【案例解析】在教学案例中,A食品厂是非法人组织,具有民事权利能力,可以成为合伙企业的合伙人。C公司是国有独资公司,不得成为普通合伙人,只能成为有限合伙人。因此,C公司可以与A食品厂合伙设立D食品厂,但D食品厂应当采用有限合伙的方式,C公司作为有限合伙人,A食品厂作为普通合伙人。

二、设立行为

不同类型的非法人组织的设立程序不尽相同。设立联合体型非法人组织的,须由数人订立旨在设立联合体的合同,如合伙合同。此种合同与公司设立合同并无本质区别,都是组织设立行为。按照《合伙企业法》第4条的规定,合伙合同应当采用书面形式。设立个体型非法人组织的,如个人独资企业,无需订立也无法订立设立合同,因为只有一个设立人。另一方面,由于个体型非法人组织不像财团法人那样在人格上完全独立于设立人,所以也不需要一项能够在设立人与非法人组织之间产生债权债务关系的单方法律行为。

三、设立登记及主管机关的批准

有些非法人组织的设立采用准则主义,而有些非法人组织的设立则采用许可主义。采用准则主义的有合伙企业、个人独资企业。设立此类非法人组织,须由设立人向登记机关申请登记。当然,按照《合伙企业法》

第9条第2款的规定,合伙企业的经营范围中有属于法律、行政法规规定在登记前须经批准的项目的,该项经营业务应当依法经过批准。《个人独资企业法》第9条第2款也有类似规定。

采用许可主义的有不具备法人资格的专业服务机构、社会服务机构。例如,按照《律师法》第18条的规定,设立律师事务所的,由省、自治区、直辖市的司法行政部门批准;按照《注册会计师法》第25条第1款的规定,设立会计师事务所的,由省、自治区、直辖市的财政部门批准。自2020年1月1日《外商投资法》施行之后,在"负面清单"以外的领域设立不具备法人资格的外商投资企业,与内资企业的设立遵循相同原则,仅当企业经营范围中有属于法律、行政法规规定在登记前须经批准的项目时,才需要获得批准。在"负面清单"所涉领域设立不具备法人资格的外资企业,需要经主管机关批准。

无论采用准则主义抑或许可主义,设立非法人组织均须办理登记。登记完成后,非法人组织成立,取得民事权利能力。按照《合伙企业法》第66条的规定,有限合伙企业登记事项中应当载明有限合伙人的姓名或者名称及认缴的出资数额。

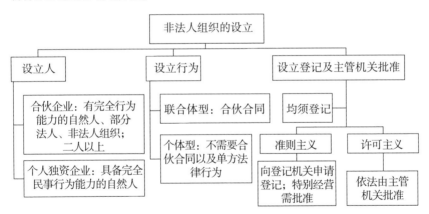

图6-2 非法人组织的设立

第三节 非法人组织的内部关系

教学案例:上例中,A食品厂与C公司设立了有限合伙企业

D食品厂。C公司为有限合伙人,吴某代表A食品厂执行D食品厂的合伙事务。A食品厂仅向D食品厂移交一部分承诺出资的技术。此后,C公司与E公司设立了另一家生产奶糖的合伙企业。A食品厂与D食品厂订立合同,向D食品厂出售一批原材料。C公司是否有权以自己名义诉请A食品厂向D食品厂移交剩余部分技术?原材料买卖合同的效力如何?C公司另设合伙企业的行为是否违反合伙人义务?

一、非法人组织成员的义务

如前所述,非法人组织主要有两种类型。一是联合体型,二是个体型。前者以合伙企业为代表,后者以个人独资企业为代表。联合体型非法人组织有数个成员,成员之间以及成员与联合体之间的权利义务关系即为内部关系。个体型非法人组织只有一个设立人,所以不存在成员之间的内部关系。因此,此处仅以合伙企业为范例,阐明联合体型非法人组织的内部关系。

(一)出资义务

合伙合同生效后,设立人有义务向合伙企业缴纳出资。按照《合伙企业法》第16条的规定,合伙人可以用货币、实物、知识产权、土地使用权或者其他财产权利出资,也可以用劳务出资。合伙人以实物、知识产权、土地使用权或者其他财产权利出资,需要评估作价的,可以由全体合伙人协商确定,也可以由全体合伙人委托法定评估机构评估。合伙人以劳务出资的,其评估办法由全体合伙人协商确定,并在合伙协议中载明。不过,按照该法第64条第2款的规定,有限合伙人不得以劳务出资。

【深化与拓展】有疑问的是,某个合伙人未依合同约定履行出资义务的,其他合伙人是否享有履行抗辩权。这涉及合伙合同是否双务合同之问题。从比较法看,德国法学界对此观点不一。目前主流观点采否定说,认为双务合同规则通常不适用于合伙合同,仅在某些情形中可以准用关于双务合同的法律规则,因为与其说各合伙人的给付义务存在交换关系,毋宁说,各合伙人的义务指向一致,均旨在促进共同目的之实现。① 如果只有两个合伙人,一个合伙人未履行出资义务的,另一个合伙人可以行使同时履行抗辩权,因为此时合伙合同非常接近于买卖合同等以给付交换关系为内容的双务合同。② 如果有三个以上合伙人,则履行抗辩权没有适用余地。合伙人甲、乙未履行出资义务,合伙人丙已履行出资义务。乙、丙请求甲履行出资义务时,甲不得主张同时履行抗辩权,因为甲并非仅相对于乙负担出资义务。③ 不过,如果丙也没有履行出资义务,则乙、丙请求甲履行出资义务时,理应允许甲行使同时履行抗辩权,否则对甲显然不公平。

合伙人迟延履行出资义务的,须依债务不履行责任的一般规则承担损害赔偿责任。合伙人以实物或者财产权利出资的,如果该物或者权利归于消灭或者合伙人对其丧失处分权,则构成给付不能。除非合伙合同另有约定,合伙人的出资义务免除。④ 经其他合伙人同意的,该合伙人可以用货币或者其他实物、财产权利继续履行出资义务。其他合伙人不同意的,对该合伙人应按退伙处理。该合伙人对于给付不能具有可归责性的,应承担损害赔偿责任。合伙人出资存在瑕疵的,应承担瑕疵担保责任。

依据《合伙企业法》第 34 条的规定,按照合伙协议的约定或者经全体合伙人决定,合伙人可以追加出资。

(二) 忠实义务

合伙人结成共同体,为了实现共同目的,需要全体合伙人共同协力,每个合伙人都应忠实于合伙,以合伙的共同利益为行动指针。合伙人的忠实义务包括积极方面与消极方面。积极意义上的忠实义务是指合伙人在参与管理合伙企业事务时,应当尽可能维护、促进合伙企业的利益;在知悉合伙企业面临某种危险时,应当及时告知其他合伙人。消

---

① Vgl. Stefan Habermeier, in: Staudinger Kommentar BGB, 2003, §706, Rn. 16.
② Vgl. Peter Ulmer, in: Münchener Kommentar BGB, 4. Aufl., 2004, §705, Rn. 169.
③ 参见〔德〕温德比西勒、〔德〕怀克:《德国公司法》(第 21 版),殷盛译,法律出版社 2010 年版,第82页。
④ Vgl. Stefan Habermeier, in: Staudinger Kommentar BGB, 2003, §706, Rn. 20-21.

极意义上的忠实义务包括:合伙人不得向他人泄露合伙企业的商业秘密与技术秘密;合伙人不得向他人告知有损合伙企业声誉或者信用的消息,即便该信息是真实的,亦然,但合伙人接受国家机关调查或者为了维护自己合法权益向律师、法院或者仲裁庭告知的除外;合伙人不得为自己或者亲友利用合伙企业的业务机会,不得自营或者同他人合作经营与本合伙企业相竞争的业务(有限合伙人除外);除非合伙合同另有约定或者经全体合伙人一致同意,合伙人不得同本合伙企业进行交易(有限合伙人除外)。

【案例解析】在教学案例中,A食品厂作为D食品厂的普通合伙人,未经全体合伙人一致同意,与D食品厂订立原材料买卖合同,违反《合伙企业法》第32条第2款,除非经C公司追认,否则合同不发生效力。C公司与E公司设立另一家合伙企业,虽与D食品厂存在业务竞争,但由于C公司是有限合伙人,依《合伙企业法》第71条,C公司并不违反合伙人的忠实义务。

(三) 勤谨义务

合伙人在参与管理合伙企业事务时,应当勤勉、谨慎。罗马法为此确立的标准是:合伙人应当尽到与处理自己事务相同的注意。《德国民法典》第708条也有类似规定,可资借鉴。

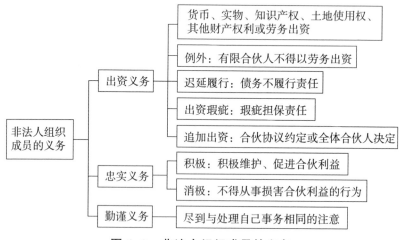

图6-3 非法人组织成员的义务

二、非法人组织成员的权利

(一) 成员的参与份额

就个人独资企业而论,企业归一人所有,所以不存在参与份额问题。与此不同,合伙企业存在数个成员,每个成员对于合伙企业按照一定比例享有参与份额,此即所谓合伙份额(Gesellschaftsanteil)。在学理上存在三个相关概念:合伙份额、合伙财产份额、对具体标的物之共有份额。合伙份额即合伙成员资格,是指合伙人在合伙企业中的整体地位,包含了人法上的、财产法上的以及组织法上的各种权利义务。合伙财产份额(Anteil am Gesellschaftsvermögen)是合伙成员身份的财产权部分,即合伙人对合伙企业财产整体(总财产)享有的份额。① 其并非对合伙企业中各具体物享有的共有份额。

> **【深化与拓展】** 依民法原理上的通说,合伙中的具体物由全体合伙人共同共有,根本不存在共有份额。② 但应当注意的是,我国《民法典》既然承认合伙企业具有民事权利能力,则合伙企业中的具体物应当归合伙企业所有。否则无法解释为何执行事务合伙人有权独自决定将合伙财产中的动产所有权转让给第三人,因为按照《民法典》第301条的规定,处分共同共有物须经全体合伙人一致同意。对于普通合伙企业,固然可以将《合伙企业法》第26条第2款中其他合伙人的委托解释为包含授予执行事务合伙人对合伙财物的处分权。但对于有限合伙企业,由于不存在有限合伙人对于普通合伙人的此种委托,所以无从解释为有限合伙人授权普通合伙人处分合伙财物,如果仍将合伙财物认定为共同共有,则根本无法突破《民法典》第301条的障碍。因此,共同共有说仅适用于合伙企业以外的普通民事合伙中的具体物。

事实上,合伙财产份额这个概念并无太大实践意义,因为按照团体法

---

① Vgl. Hartwig Sprau, in: Palandt Kommentar BGB, 79. Aufl., 2020, §717, Rn. 1.
② 参见〔德〕温德比西勒、〔德〕怀克:《德国公司法》(第21版),殷盛译,法律出版社2010年版,第49页。

上的禁止拆分原则(Abspaltungsverbot),基于成员资格的具体权利不得与成员资格分离①,据此,合伙财产份额不得被单独处分,只能与合伙份额一并处分。应当注意的是,我国《合伙企业法》第22、25、42条等条款规定合伙人在合伙企业中的财产份额可以转让、质押、强制执行,此处"财产份额"用语不准,应当解释为合伙份额。

合伙份额在本质上与有限责任公司的股权相同,都表示成员对于联合体的参与份额。② 合伙份额原则上依据各合伙人的出资比例确定,但允许合伙人对此达成特别约定,依其他标准确定合伙份额。

(二) 参与管理权

合伙人有权参与合伙企业的管理。参与的方式包括执行合伙事务与行使表决权。

1. 合伙事务执行权

就普通合伙企业而论,每个合伙人都享有合伙事务执行权。法人、非法人组织作为合伙人的,由其委派的代表执行合伙企业事务。当然,合伙合同可以约定将合伙事务执行权授予部分合伙人,在合伙企业成立之后,也可以由全体合伙人一致决定将合伙事务执行权授予部分合伙人。授权之后,其他合伙人不再享有合伙事务执行权,被授权的合伙人成为执行事务合伙人。

> 【深化与拓展】享有事务执行权的全体或者部分合伙人构成合伙企业的执行机关。由于机关成员皆由合伙成员(合伙人)自己担任,所以在学理上被称为自营机关(Selbstorganschaft)。与之不同的是公司法人,采用第三人机关原则(Drittorganschaft),执行机关成员无需皆为法人成员本身。按照私法自治原则,合伙人可以约定不同的事务执行模式。譬如,可以约定数个合伙事务执行人采用多数决的方式决定合伙事务的执行,或者约定每个合伙人就任何合伙事务都有权单独执行(单独事务执行),还可以约定每

---

① Vgl. Peter Ulmer, in: Münchener Kommentar BGB, 4. Aufl., 2004, §717, Rn. 5-7.
② Vgl. Peter Ulmer, in: Münchener Kommentar BGB, 4. Aufl., 2004, §705, Rn. 180, §719, Rn. 22.

个合伙人分管一个领域的合伙事务执行(分工制)。① 若无特别约定,则每个合伙人都享有单独事务执行权。

按照《合伙企业法》第 67 条及第 68 条第 1 款的规定,有限合伙企业由普通合伙人执行合伙事务,有限合伙人不享有合伙事务执行权。

2. 表决权

合伙人无论是否享有合伙事务执行权,均享有表决权。合伙人表决权大小不取决于合伙份额,原则上一人一票。与此不同,有限责任公司原则上按照持股份额分配股东表决权。之所以如此,主要因为合伙企业具有更强的人合性,更注重人对于企业经营的作用,有限责任公司具有资合性,更注重资本对于企业经营的作用。

【深化与拓展】合伙合同可以约定哪些事务须经全体合伙人作出决议。对于这些事务,未经全体合伙人作出决议,合伙事务执行人不得执行。此时,全体合伙人构成合伙企业的权力机关,其保留的权力限制了执行机关的事务执行权。除非合伙合同另有约定或者法律另有规定,决议须经全体合伙人过半数通过。按照《合伙企业法》第 31 条的规定,除非另有约定,合伙企业的下列事项须经全体合伙人一致同意:①改变合伙企业的名称;②改变合伙企业的经营范围、主要经营场所的地点;③处分合伙企业的不动产;④转让或者处分合伙企业的知识产权和其他财产权利;⑤以合伙企业名义为他人提供担保;⑥聘任合伙人以外的人担任合伙企业的经营管理人员。此外,按照《合伙企业法》第 32 条第 2 款、第 70 条的规定,除非另有约定,普通合伙人同本合伙企业进行交易的,须经全体合伙人一致同意。按照该法第 34 条的规定,经全体合伙人决定,可以增加或者减少对合伙企业的出资。按照该法第 43 条的规定,入伙须经全体合伙人一致同意。按照该法第 19 条第 2 款的规定,修改或者补充合伙合同的,须经全体合伙人一致同意。

---

① 参见〔德〕温德比西勒、〔德〕怀克:《德国公司法》(第 21 版),殷盛译,法律出版社 2010 年版,第 98、99 页。

法律并未规定合伙人的表决方式,因此,合伙人的表决是不要式的。合伙人既可以召集全体合伙人会议作出决议,也可以通过书面或者口头方式形成共同意思。

(三) 知情权与监督权

1. 知情权

任何一个合伙人都享有知情权。合伙人为了解合伙企业的经营状况和财务状况,有权查阅合伙企业会计账簿等财务资料。由部分合伙人执行合伙事务的,执行事务合伙人应当定期向其他合伙人报告事务执行情况以及合伙企业的经营和财务状况。①

2. 监督权

不执行合伙事务的合伙人有权监督执行事务合伙人执行合伙事务的情况。此外,按照《合伙企业法》第29条的规定,合伙人分别执行合伙事务的,执行事务合伙人可以对其他合伙人执行的事务提出异议。提出异议时,应当暂停该项事务的执行。如果发生争议,应由全体合伙人对该事项进行表决。被授权执行合伙事务的合伙人不按照合伙协议或者全体合伙人的决定执行事务的,其他合伙人可以决定撤销该授权。

(四) 合伙人诉权

合伙人诉权(actio pro socio)是指在合伙人违反出资义务、忠实义务等情形中,其他任何一个合伙人以自己名义起诉请求该合伙人向合伙企业履行出资义务或者承担损害赔偿责任的权利。此项权利具有从属性地位,仅当无法通过执行事务合伙人实现合伙企业之请求权(公共请求权)的情况下,才允许个别合伙人行使该权利。其具有保护少数派合伙人的功能。② 按照《合伙企业法》第68条第2款第7项的规定,执行事务合伙人怠于行使权利时,有限合伙人有权督促其行使权利或者为了本企业的利益以自己的名义提起诉讼。其中的"怠于行使权利"应当解释为既包括怠于行使合伙企业对第三人的权

---

① 关于有限合伙人在这方面的权利,《合伙企业法》第68条第2款另有规定。
② 参见〔德〕温德比西勒、〔德〕怀克:《德国公司法》(第21版),殷盛译,法律出版社2010年版,第91、92页。

利,也包括怠于行使合伙企业对其他合伙人的权利。有限合伙人为合伙企业利益行使第二种权利的诉权,即合伙人诉权。除此之外,《合伙企业法》未对合伙人诉权予以一般规定。

【案例解析】在教学案例中,A食品厂以糖果制造技术出资,该出资义务未完全履行,D食品厂有权请求其继续履行义务。吴某代表A食品厂执行合伙企业事务,但其怠于行使出资请求权,所以有限合伙人C公司有权以自己名义诉请A食品厂继续履行出资义务,向D食品厂移交剩余部分技术。

(五) 财产性权利

合伙人的财产性权利包括盈利分配请求权与清算结余分配请求权。请求权的相对人皆为合伙企业。按照《合伙企业法》第33条的规定,合伙企业的利润分配,按照合伙协议的约定办理;合伙协议未约定或者约定不明确的,由合伙人协商决定;协商不成的,由合伙人按照实缴出资比例分配;无法确定出资比例的,由合伙人平均分配。合伙协议不得约定将全部利润分配给部分合伙人,也不得约定由部分合伙人承担全部亏损。否则,该协议不构成合伙协议。之所以如此,是因为此类约定与合伙"共享收益、共担风险"之本质相悖。

清算结余分配请求权是指合伙企业因解散而清算的,在支付清算费用、缴纳税款、清偿各种债务之后尚有剩余财产的,合伙人有权请求分配剩余财产。分配比例与盈余分配比例相同。

【深化与拓展】合伙人除对合伙企业享有上述财产性权利之外,还对其他合伙人享有财产性权利,主要包括:其他合伙人违反合伙合同的,合伙人享有违约损害赔偿请求权;合伙企业债权人请求合伙人对合伙债务承担清偿责任的,该合伙人清偿数额超出其本应分担数额的,就超额部分对其他合伙人享有追偿权。分担数额取决于合伙亏损分担比例,亏损分担比例与盈余分配比例相同。

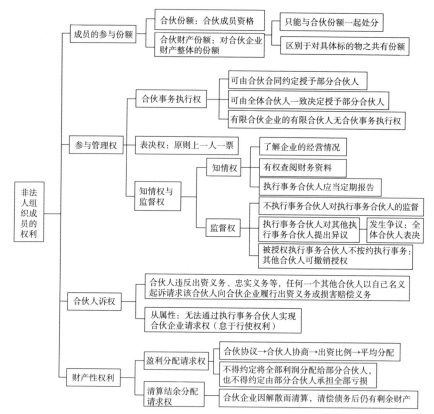

图 6-4 非法人组织成员的权利

第四节 非法人组织的外部关系

教学案例：A 股权投资基金（有限合伙）的有限合伙人为 B 公司，普通合伙人为 C 有限责任公司、陆某。三个合伙人分别出资 7000 万元、2000 万元、1000 万元。合伙人一致推举 C 公司的董事长（大股东）吕某担任 A 基金的执行事务合伙人，但约定交易额超过 1000 万元的合同须经陆某同意。在经营过程中，吕某未经陆某同意即以 A 基金名义与 D 公司订立一份交易额为 2000 万元的股权转让合同。由于经营不善，A 基金多个投资项目失败,负债累累。债权人E银行发现A基金的资产显然不足以清偿到期债务。E银行是否有权请求B公司清偿A基金的债务? E银行是否有权请求C公司和陆某清偿A基金的债务? E银行是否有权请求吕某清偿A基金的债务? A基金与D公司的股权转让合同是否有效?

非法人组织的外部关系主要涉及非法人组织的代表、债务及责任承担等问题。

一、非法人组织的代表

(一) 代表人

非法人组织的代表与事务执行是两个概念。事务执行是对内的,代表是对外的;事务执行涉及的行为不限于民事法律行为,也可能是组织生产、制定经营计划、编制企业账册之类的事实行为,而代表行为则是民事法律行为。合伙人订立一份买卖合同,从内部关系视角看,是其在执行合伙事务,履行对合伙企业的职责;从外部关系视角看,是其在行使代表权,代表合伙企业对外实施民事法律行为,与第三人缔结法律关系。

个人独资企业由设立人独自享有代表权。与合伙事务执行权类似,合伙人也可以约定采用多数决的方式行使代表权,或者约定采用各合伙人单独代表制、分工制等。按照《合伙企业法》第26条第2款的规定,全体合伙人可以约定或者决定仅由部分合伙人作为合伙企业代表人,其他合伙人不再享有代表权,这种做法在实践中是常态。《民法典》第105条针对各种非法人组织有类似规定。不过,若无特别约定或者决定,则各合伙人都享有单独代表权。

有限合伙企业比较特殊,按照《合伙企业法》第68条的规定,有限合伙人不享有代表权。

(二) 代表权的限制

代表人以非法人组织名义对外实施民事法律行为,该法律行为归属于非法人组织。按照《合伙企业法》第37条的规定,合伙企业对合伙人对外代表合伙企业权利的限制,不得对抗善意第三人。这表明,我国民法允许对合伙人的代表权进行意定限制,即基于全体合伙人共同意思限制代表权。代表权的限制既包括代表事项、代表行为标的额之限制,也包括合伙人按照《合伙企业法》第 26 条授权部分合伙人作为代表人,导致其他合伙人不再享有代表权。不得对抗善意第三人意味着第三人如果善意地以为合伙人的代表权未受限制,基于此种信赖与该合伙人缔结的民事法律行为仍然归属于合伙企业。此为表见代表。

【案例解析】在教学案例中,吕某被各合伙人授权单独执行合伙事务,获得 A 基金的单独代表权。各合伙人虽通过约定将吕某的代表权限定在 1000 万元的交易额之内,但如果 D 公司不知道且不应当知道此项限制,则其为善意第三人,其与吕某订立的股权转让合同对 A 基金发生效力。

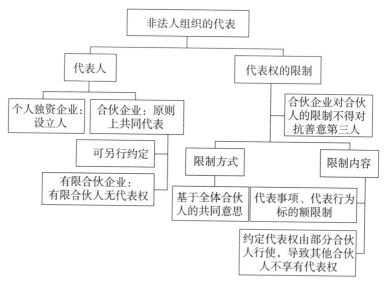

图 6-5 非法人组织的代表

二、非法人组织的债务

非法人组织的债务包括意定债务与法定债务。意定债务是指非法人组织的代表人以非法人组织的名义与第三人缔结民事法律行为发生的债务,也包括因表见代表发生的债务。法定债务包括不当得利债务、无因管理债务、缔约过失损害赔偿债务与侵权损害赔偿债务。

侵权损害赔偿债务包括非法人组织的雇员致人损害时由非法人组织承担雇主责任,也包括非法人组织的事务执行人致人损害时由非法人组织承担责任。就后者而论,在合伙法理论上存在争议。有学说认为,某个合伙人因执行合伙事务侵害第三人权益的,该合伙人对此承担个人责任,其他合伙人仅以合伙财产对此承担责任。① 另有学说认为,对于此种侵权损害赔偿债务,除以合伙财产承担责任之外,全体合伙人均应承担无限责任。② 第二种学说是目前德国的通说。该说值得借鉴。该说认为,合伙企业的侵权损害赔偿债务与不当得利债务、合同债务等债务相比,并无本质区别,均为合伙企业经营活动中发生的债务,作为合伙企业经营活动共同受益人的合伙人理应承担无限连带责任。

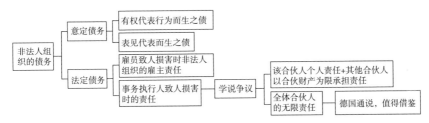

图 6-6 非法人组织的债务

三、非法人组织的债务与责任的相对独立性

非法人组织的债务与责任具有相对独立性,其独立性表现在如下方面:

(一) 非法人组织的财产是其债务的第一顺位责任财产

按照《民法典》第 104 条的规定,非法人组织的财产不足以清偿债务的,其出资人或者设立人承担无限责任。《合伙企业法》第 38、39 条亦规定,合伙企业对其债务,应先以其全部财产进行清偿,合伙企业不能清偿到期债务的,合伙人承担无限连带责任。③ 这表明,非法人组织自己的财

---

① Vgl. Werner Flume, Allgemeiner Teil des bürgerlichen Rechts, Bd. 1: Personengesellschaft, 1977, S. 344.
② Vgl. Peter Ulmer, in: Münchener Kommentar BGB, 4. Aufl., 2004, §714, Rn. 34–38; Hopt, in: Baumbach Kommentar HGB, 36. Aufl., 2014, §128, Rn. 2.
③ 《个人独资企业法》第 31 条也有类似规定。

产是其债务的第一顺位责任财产,其设立人或者成员(合伙人)的财产是其债务的第二顺位责任财产。仅当第一顺位责任财产不足以清偿债务时,才能以第二顺位责任财产清偿债务。此为双层责任财产制。

有限合伙企业债务的责任承担存在特殊性。按照《合伙企业法》第2条第3款的规定,有限合伙人以其认缴的出资额为限对合伙企业债务承担责任。据此,有限合伙人对合伙企业的债务仅承担有限责任,其个人财产不充当第二顺位责任财产,只有普通合伙人的财产才充当第二顺位责任财产。此为双层责任财产与单层责任财产相结合的两合责任财产制。如果有限合伙人未实际缴纳其认缴的出资额,合伙企业对其享有出资缴纳请求权。该请求权作为合伙企业财产的一部分,也是合伙企业债务的第一顺位责任财产,可以成为强制执行的标的,应当按照对债权的强制执行程序处理。此外,对于该请求权,有限合伙企业的债权人也可以行使债权人代位权。

关于特殊的普通合伙企业的债务,按照《合伙企业法》第57条的规定,合伙人在执业活动中因故意或者重大过失造成合伙企业债务的,该合伙人对此应承担无限责任,其他合伙人以其在合伙企业中的财产份额为限承担责任。合伙人在执业活动中非因故意或者重大过失造成的合伙企业债务以及合伙企业的其他债务,由全体合伙人承担无限连带责任。这表明,特殊的普通合伙企业的债务原则上也适用普通合伙企业的双层责任财产制,例外情形下采用有限合伙企业的两合责任财产制。

非法人组织的财产由设立人或者成员的出资、以非法人组织名义取得的收益和依法取得的其他财产组成。

【案例解析】在教学案例中,由于B公司是有限合伙人,所以E银行无权请求其清偿A基金的债务。C公司与陆某是普通合伙人,须对A基金的债务承担无限连带责任,所以,在A基金的财产不足以清偿债务的情况下,就剩余债务,E银行有权请求C公司与陆某承担连带清偿责任。C公司是有限责任公司,仅以其自有财产对合伙债务承担责任,所以,E银行无权越过C公司请求其股东吕某清偿合伙债务。吕某虽担任A基金的事务执行人与代表人,但其本身并非A基金的合伙人,所以无需承担合伙人责任。

（二）区分非法人组织的债务与其设立人或者成员的债务

非法人组织的债务与其设立人或者成员的债务在法律上被明确区分。主要表现在：

首先，非法人组织设立人或者成员的债务以设立人或者成员的自有财产为责任财产，债权人不得强制执行属于非法人组织的财产。按照《合伙企业法》第42条的规定，合伙人的自有财产不足以清偿其与合伙企业无关的债务的，该合伙人可以以其从合伙企业中分取的收益用于清偿；债权人也可以依法请求人民法院强制执行该合伙人在合伙企业中的财产份额用于清偿。据此，可以被强制执行的只有合伙人对合伙企业享有的合伙份额以及已确定分配的盈利支付请求权。

其次，按照《合伙企业法》第41条的规定，合伙人发生与合伙企业无关的债务，相关债权人不得以其债权抵销其对合伙企业的债务。

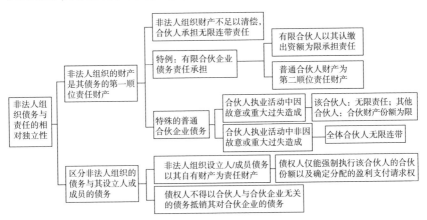

图6-7 非法人组织债务与责任的相对独立性

第五节 非法人组织的变更

教学案例：K投资基金（有限合伙）的有限合伙人是甲，普通合伙人是乙、丙。丙受托执行合伙事务。经营一段时间后，丁向丙表示愿意加入K基金，丙遂代表K基金与丁订立《入伙协议》。乙在第三年将合伙份额全部转让给戊。此后，甲因精神疾病丧失民事行为能力。丁是否成为K基金的合伙人？甲是否因丧失民事行为能力而退伙？戊受让份额后，应否对K基金在第一、二经营年度发生的债务承担责任？

非法人组织的变更包括目的范围变更、组织形式变更、负责人变更、成员变更、住所变更以及合并、分立等。此类变更应当在企业登记机关办理变更登记。就合伙企业而论，最重要的是成员变更与组织形式变更。分述如下：

一、成员变更

合伙企业是典型的人合组织，合伙人的身份对于合伙企业的信用具有重要影响，因此，《合伙企业法》对于合伙企业成员变更设置了若干具体规则。成员变更有三种情形：入伙、退伙与合伙份额继受（转让与继承）。

（一）入伙

所谓入伙，是指新合伙人加入合伙企业，取得合伙企业成员资格。由于入伙改变了合伙这一联合体的构成，入伙人与全体原合伙人形成法律关系，所以，入伙人须与全体原合伙人订立入伙合同（接纳合同）。按照《合伙企业法》第43条的规定，入伙合同应当采用书面形式，且入伙应当经原全体合伙人一致同意。所谓一致同意系针对合伙人内部共同意思的形成而言，即全体合伙人以全票通过的方式作出关于接纳新合伙人的决议。合伙合同也可以约定，在决定入伙时，合伙人内部采用多数决的方式形成共同意思。无论如何，在形成决议后，均应由全体原合伙人出面与入伙人订立入伙合同。全体原合伙人在入伙合同上签字的，足以表明其内部已经形成入伙决议。在全体原合伙人已经形成决议的情况下，也可以特别授权部分合伙人出面订立入伙合同。

订立入伙合同前，原合伙人应当向新合伙人如实告知原合伙企业的经营状况和财务状况。入伙后，新合伙人取得一定的合伙份额。新合伙人应当按照约定履行出资义务。新合伙人与原合伙人享有同等权利，承担同等责任，包括对入伙前合伙企业的债务承担无限连带责任，但新入伙的有限合伙人对入伙前有限合伙企业的债务，以其认缴的出资额为限承担责任。

【案例解析】在教学案例中,丁入伙时必须经甲、乙、丙一致同意并与三者订立书面入伙协议,但丙未征求甲、乙意见,独自与丁订立入伙协议,不符合入伙要件,所以丁并未成为 K 基金的合伙人。

(二) 退伙

退伙是指某个合伙人退出合伙企业,丧失合伙人资格。合伙人退伙,其他合伙人应当与退伙人按照退伙时的合伙企业财产状况进行结算。退伙时有未了结的合伙企业事务的,待该事务了结后进行结算。结算后,合伙企业财产数额多于合伙企业债务的,应当依据合伙份额比例向退伙人偿还相应数额的财产结存。① 合伙企业财产数额少于合伙企业债务的,退伙人应当分担亏损。在外部关系上,尽管已经退出合伙企业,退伙人对基于其退伙前的原因发生的合伙企业债务,仍然承担无限连带责任;有限合伙人退伙的,以其退伙时从有限合伙企业中取回的财产结存对此承担责任。

退伙包括自愿退伙、强制退伙与当然退伙。

1. 自愿退伙

自愿退伙也可称为声明退伙,是指合伙人自愿作出退伙的意思表示,发生退伙法律效果。又可以细分为单方退伙与合意退伙。单方退伙是指合伙人在特定条件下享有退伙权②,从而仅需作出单方意思表示即可发生退伙法律效果。合意退伙是指合伙人与其他合伙人达成退伙合意,发生退伙法律效果。

在我国《合伙企业法》中,退伙权有三种情形:①任意退伙权。合伙协议未约定合伙期限的,合伙人享有任意退伙权,但退伙不应当给合伙企业事务执行造成不利影响,且应当提前三十日通知其他合伙人。②约定退伙权。合伙协议约定退伙事由的,在该退伙事由出现时,合伙人取得退伙权,可以通过单方意思表示退伙。③法定退伙权。按照《合伙企业法》第 45 条第 3 项、第 4 项的规定,发生合伙人难以继续参加合伙的事由或者其

---

① 退伙后,退伙人的合伙份额丧失,其他合伙人的合伙份额自动扩张。退伙人对合伙企业享有一项债权性的财产偿还请求权。

② 退伙权在性质上是一种形成权,实际上是合伙合同的部分终止权;退伙人有权终止合伙合同,但终止的效力仅及于合伙关系之一部分,即退伙人与其他合伙人之间的合伙关系,而其他合伙人相互之间的合伙关系不受影响,合伙在此范围内继续存在。

他合伙人严重违反合伙协议约定义务的,合伙人有权退伙。前者如合伙人伤病严重需要长期治疗或者合伙人出国定居,后者如其他合伙人侵吞合伙财产。

按照《合伙企业法》第45条第2项的规定,合伙协议约定合伙期限的,在合伙企业存续期间,经全体合伙人一致同意,合伙人可以退伙。此为合意退伙。

2. 强制退伙

强制退伙是指合伙企业在特定条件下以除名的方式强制某个合伙人退出合伙。按照《合伙企业法》第49条的规定,合伙人有下列情形之一的,经其他合伙人一致同意,可以决议将其除名:①未履行出资义务;②因故意或者重大过失给合伙企业造成损失;③执行合伙事务时有不正当行为;④发生合伙协议约定的事由。对合伙人的除名决议应当书面通知被除名人。被除名人接到除名通知之日,除名生效,被除名人退伙。被除名人对除名决议有异议的,可以自接到除名通知之日起三十日内,向人民法院起诉。

3. 当然退伙

当然退伙也可称为自动退伙,是指在特定条件下,合伙人自动退出合伙,无需任何一方作出意思表示,退伙事由实际发生之日为退伙生效日。按照《合伙企业法》第48条的规定,合伙人有下列情形之一的,当然退伙:①作为普通合伙人的自然人死亡或者被依法宣告死亡,但依据该法第50条规定继承人成为合伙人的除外;②个人丧失偿债能力;③作为合伙人的法人或者其他组织依法被吊销营业执照、责令关闭、撤销,或者被宣告破产;④法律规定或者合伙协议约定合伙人必须具有相关资格而丧失该资格;⑤合伙人的全部合伙份额被人民法院强制执行。此外,普通合伙人被依法认定为无民事行为能力人或者限制民事行为能力人的,经其他合伙人一致同意,可以依法转为有限合伙人,普通合伙企业依法转为有限合伙企业。其他合伙人未能一致同意的,该无民事行为能力或者限制民事行为能力的合伙人退伙。反之,作为有限合伙人的自然人在有限合伙企业存续期间丧失民事行为能力的,其他合伙人不得因此要求其退伙。

按照《合伙企业法》第42条第2款的规定,人民法院强制执行合伙人的合伙份额时,应当通知全体合伙人,其他合伙人有优先购买权;其他合伙人未购买,又不同意将该合伙份额转让给他人的,应当为该合伙人办理退伙结算,或者办理削减该合伙人相应合伙份额的结算。这表明,在合伙份额被全部强制执行的情形中,仅当合伙人的合伙份额未被其他合伙人购买且未被第三人购买的前提下,合伙人才当然退伙。

【案例解析】在教学案例中,甲为有限合伙人,无需参与合伙事务执行,虽丧失民事行为能力,但其并不当然退伙。

(三) 合伙份额继受

合伙份额继受包括合伙份额的概括继受与转让。

1. 合伙份额的概括继受

合伙份额的概括继受首先指的是继承。按照《合伙企业法》第 50 条的规定,普通合伙人死亡或者被依法宣告死亡的,对该合伙人在合伙企业中的财产份额享有合法继承权的继承人,按照合伙协议的约定或者经全体合伙人一致同意,从继承开始之日起,取得该合伙企业的合伙人资格。但有下列情形之一的,合伙企业应当向合伙人的继承人退还被继承合伙人的财产份额:①继承人不愿意成为合伙人;②法律规定或者合伙协议约定合伙人必须具有相关资格,而该继承人未取得该资格;③合伙协议约定不能成为合伙人的其他情形;④合伙人的继承人为无民事行为能力人或者限制民事行为能力人,且全体合伙人未能一致同意其转为有限合伙人。实际上,在这四种例外情形中,按照退伙处理,继承人继承取得的并非合伙份额,而是退伙后的合伙财产结存偿还请求权。除此例外情形之外,继承人才继承取得合伙份额。

按照《合伙企业法》第 80 条的规定,作为有限合伙人的自然人死亡、被依法宣告死亡或者作为有限合伙人的法人及其他组织终止时,其继承人或者权利承受人可以依法取得该有限合伙人在有限合伙企业中的资格。

2. 合伙份额转让

(1) 合伙份额处分权的限制。

合伙人可以转让其合伙份额,转让行为是处分行为。当然,合伙人对合伙份额的处分权受到限制。按照《合伙企业法》第 22 条的规定,除合伙协议另有约定外,合伙人向合伙人以外的人转让其在合伙企业中的全部或者部分合伙份额时,须经其他合伙人一致同意。未经一致同意的转让行为效力待定。在同等条件下,其他合伙人有优先购买权,但合伙合同另有约定的除外。合伙人之间转让在合伙企业中的全部或者部分合伙份额时,无需其他合伙人同意,但应当通知其他合伙人。

(2)合伙份额处分的效果。

合伙人以外的人依法受让合伙人在合伙企业中的合伙份额的,经修改合伙合同即成为合伙企业的合伙人,依照《合伙企业法》和修改后的合伙协议享有权利,履行义务。如果受让该合伙人的全部合伙份额,则该合伙人退出合伙企业,其成员资格移转给受让人;如果仅受让其部分合伙份额,则其不退出合伙企业,受让人加入合伙企业成为新合伙人,与入伙类似。《合伙企业法》未明确规定受让人应否对合伙份额转让前发生的合伙企业债务承担无限连带责任。应当运用"举轻以明重"的当然解释方法对《合伙企业法》第44条第2款进行解释:入伙人与此前合伙企业的经营活动毫无关系,尚且需要对此前的合伙企业债务承担无限连带责任,受让人继受取得的合伙份额参与了此前合伙企业的经营活动,所以其更应当对此前合伙企业债务承担无限连带责任。此项解释结论也适用于上述合伙份额继承。

合伙人以其合伙份额出质的,须经其他合伙人一致同意;未经其他合伙人一致同意,其行为无效①,由此给善意第三人造成损失的,由行为人依法承担赔偿责任(《合伙企业法》第25条)。合伙份额出质虽未导致合伙人变更,但在实现质权时可能导致合伙人变更。

【案例解析】在教学案例中,戊虽在K基金设立后的第三年才受让合伙份额,但仍应对K基金在第一、二经营年度发生的债务承担无限连带责任。

(3)有限合伙人处分合伙份额的特殊规则。

有限合伙人处分合伙份额存在特殊规则。按照《合伙企业法》第73条的规定,有限合伙人可以按照合伙协议的约定向合伙人以外的人转让其在有限合伙企业中的财产份额,但应当提前三十日通知其他合伙人。该条未明确规定其他合伙人的同意权与优先购买权。按照《合伙企业法》

---

① 实际上质押行为先是效力待定,最终未能获得其他合伙人一致同意,则确定无效。

第 60 条的规定,关于有限合伙企业,该法第三章未作规定的,适用该法第二章关于普通合伙企业的规定。因此,有限合伙人向合伙人以外的人转让合伙份额的,其他合伙人应当享有该法第 23 条规定的优先购买权。

至于其他合伙人的同意权,应当将该法第 73 条解释为该法第 22 条的特别规定。特殊之处在于,在第 22 条中,合伙份额转让原则上须经其他合伙人一致同意,例外者,合伙协议约定无须经其他合伙人一致同意的,从其约定;在第 73 条中,合伙协议约定须经其他合伙人同意的,从其约定,合伙协议未约定的,依立法本意,无须经其他合伙人同意。当然,这是主观目的论解释,若采用其他解释方法,则结论未必如此。《公司法》第 71 条第 2 款规定向股东以外的人转让股权时,须经其他股东过半数同意。有限合伙企业的人合性强于有限责任公司,所以,依当然解释,有限合伙人向合伙人以外的人转让合伙份额时,也应当经其他合伙人过半数同意。

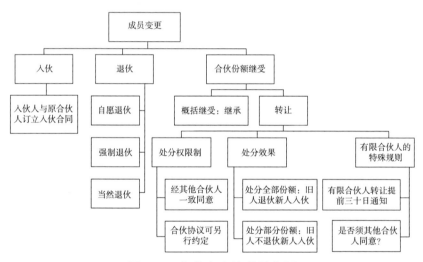

图 6-8 合伙企业的成员变更

二、组织形式变更

非法人组织的组织形式变更主要包括:普通合伙企业转变为有限合伙企业,或者相反,有限合伙企业转变为普通合伙企业;个人独资企业转变为合伙企业。

除合伙协议另有约定外,普通合伙人转变为有限合伙人,或者有限合伙人转变为普通合伙人的,应当经全体合伙人一致同意。有限合伙人转变为普通合伙人的,对其作为有限合伙人期间有限合伙企业发生的债务承担无限连带责任。普通合伙人转变为有限合伙人的,对其作为普通合伙人期间合伙企业发生的债务承担无限连带责任。

第六节 非法人组织的终止

一、非法人组织终止的原因

非法人组织终止的主要原因是解散。合伙企业终止的原因除解散之外,还有破产。按照《合伙企业法》第92条第1款的规定,合伙企业不能清偿到期债务的,债权人可以依法向人民法院提出破产清算申请,也可以要求普通合伙人清偿。如果债权人提出破产清算申请,则破产清算完毕后,合伙企业应办理注销登记,归于终止。当然,终止后,普通合伙人对合伙企业债务仍应承担无限连带责任。在这方面,合伙企业破产与公司法人破产不可同日而语。

按照《民法典》第106条的规定,非法人组织解散事由包括:①章程规定的存续期间届满;①②章程规定的其他解散事由出现;③出资人或设立人决定解散;④法律规定的其他情形。其中,前三项事由是各种非法人组织共同的解散事由,第四项事由则因不同类型的非法人组织而异。

就合伙企业而论,按照《合伙企业法》第85条的规定,解散事由还包括:①合伙人已不具备法定人数满三十天;②合伙协议约定的合伙目的已经实现或者无法实现;③依法被吊销营业执照、责令关闭或者被撤销。此外,《合伙企业法》第75条还规定,有限合伙企业仅剩有限合伙人的,应当解散。就个人独资企业而论,按照《个人独资企业法》第26条的规定,解散事由还包括:①投资人死亡或者被宣告死亡,无继承人或者继承人决定放弃继承;②被依法吊销营业执照。

---

① 就合伙企业而论,合伙合同即为章程。按照《合伙企业法》第85条第1项的规定,合伙期限届满,合伙人决定不再经营的,合伙企业应当解散。这表明,合伙期限届满并不导致合伙企业自动解散,是否解散,取决于合伙人的决定。此项规定未必合理,合伙期限届满,合伙企业理应自动解散,除非合伙人一致同意继续经营。易言之,合伙期限届满后,合伙人的决定不应为合伙企业解散的要件,而应为合伙企业不解散的要件。在《民法典》已经施行的情况下,对此应适用《民法典》第106条第1项之规定。

二、非法人组织的清算

非法人组织解散或者破产的,应当进行清算。合伙企业的清算人由全体合伙人担任;经全体合伙人过半数同意,可以自合伙企业解散事由出现后十五日内指定一个或者数个合伙人,或者委托第三人,担任清算人。自合伙企业解散事由出现之日起十五日内未确定清算人的,合伙人或者其他利害关系人可以申请人民法院指定清算人。个人独资企业的清算人是投资人自己,也可以由债权人申请人民法院指定清算人。

合伙企业的清算人应当自被确定之日起十日内将合伙企业解散事项通知债权人,并于六十日内在报纸上公告。债权人应当自接到通知书之日起三十日内,未接到通知书的自公告之日起四十五日内,向清算人申报债权。个人独资企业的投资人自行清算的,应当在清算前十五日内书面通知债权人,无法通知的,应当予以公告。债权人应当在接到通知之日起三十日内,未接到通知的应当在公告之日起六十日内,向投资人申报债权。

清算时,个人独资企业的财产应当按照下列顺序清偿:①所欠职工工资和社会保险费用;②所欠税款;③其他债务。按照《合伙企业法》第89条的规定,合伙企业财产在支付清算费用和职工工资、社会保险费用、法定补偿金以及缴纳所欠税款、清偿债务后的剩余财产分配给各合伙人。

清算结束,清算人应当编制清算报告,在十五日内向登记机关报送清算报告,申请办理合伙企业或者个人独资企业注销登记。

三、非法人组织终止后的债务清偿责任

合伙企业终止后,原普通合伙人对合伙企业存续期间的债务仍应承担无限连带责任。按照《个人独资企业法》第28条的规定,个人独资企业解散后,原投资人对个人独资企业存续期间的债务仍应承担偿还责任,但债权人在五年内未向债务人提出偿债请求的,该责任消灭。此项期间在性质上与保证期间相同,并非诉讼时效期间,而是一种特殊的权利保护期间。债权人在五年内只要曾经向债务人提出偿债请求,五年保护期间即丧失效力,《民法典》规定的三年诉讼时效期间随即启动。

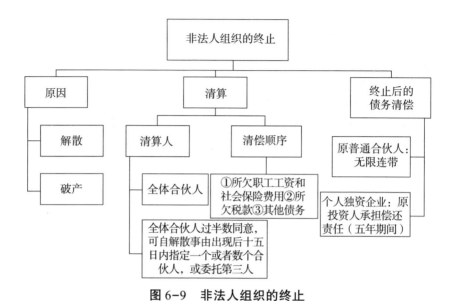

图 6-9 非法人组织的终止

第三编

民 法 总 论

权利客体

第七章 物和其他权利客体

教学案例1:甲在乙诊所定作了一副假牙。三天后,乙诊所的牙医将假牙植入甲的口腔。甲回家途中,被丙骑电动车撞倒,口中的假牙落于地上,略有破损。丁养的小狗路过此地,误认假牙为骨头,一口将其咬坏。牙医将假牙植入甲的口腔之前,假牙是否为甲的权利客体?丙将假牙撞落于地,侵害了甲的什么权利?丁侵害了甲的什么权利?

教学案例2:A将某果园出租与B,租期3年。盛夏时节,园中的桃树结满黄桃,有200颗黄桃被风刮落于地。B与C订立合同,将该200颗黄桃出售与C。D对B享有10万元债权。落地的200颗黄桃归谁所有?B转让给C几个所有权?树上的黄桃归谁所有?为了实现债权,D是否有权向法院申请扣押树上的黄桃?

第一节 民法上的物

一、物的概念

(一)有体物与无体物

罗马法上的物分为有体物与无体物。有体物是指占据一定空间、可被感官感知到的物体,即动产与不动产。无体物是指财产权利,如债权。现代法上的物通常指有体物,但亦承认某些权利可为权利客体。《民法典》第115条规定:"物包括不动产和动产。法律规定权利作为物权客体的,依照其规定。"此外,《民法典》第395条第1款规定建设用地使用权、海域使用权可以成为抵押权的客体,《民法典》第440条规定债权、股权、专利权等财产权利可以成为质权的客体。由此可见,在我国民法上,物权客体意义上的物主要是指动产、不动产等有体物,但例外地亦承认权利

(无体物)可为物权客体。

值得注意的是,若不局限于物权客体,则现代法上的无体物不仅包括权利,还包括作为知识产权客体的智力成果以及数据、网络虚拟财产等。《民法典》第 123、127 条对此已有规定。《民法典》第 252 条甚至规定无线电频谱资源可以成为物权客体。关于电力、热能等能源,学理上通说认为不是物,不能成为物权客体。①

当然,若无特别说明,民法文献(包括本书)中所称的物系指有体物。

(二) 物的法律属性

1. 物的可支配性

即便采用有体物概念,民法上的物与自然意义上的物也不尽相同。自然界中的物,如果不能被人力支配,就不构成民法上的物。如火星、雪花、空气、灰尘、海浪等,均欠缺可支配性,不是民法上的物。

2. 物的独立性

除可支配性之外,民法上的物还需具有独立性。无论是固体、液体,还是气体,皆须独立存在,才能成为权利客体,使一项权利区别于另一项权利。固体物依其本身占据的空间范围而获得独立性。液体物和气体物通常借助由固体物构筑的空间单位而获得独立性,如某一个塑料瓶中的矿泉水、某一金属罐中的石油液化气。

物的重要成分(wesentlicher Bestandteil)因欠缺独立性,不能成为权利客体。成分即物的组成部分,可以分为重要成分与非重要成分(一般成分)。所谓重要成分,是指若不毁灭或者不在本质上改变物的成分中的一个或者另一个就不能彼此分离的成分。② 如房屋的墙壁、书的封面等。一般成分是指除重要成分之外的物的组成部分。如房屋墙壁上安装的挂式空调机、自行车的车铃等。一般成分可以成为特别权利的客体,亦即在特殊情况下可以与物的其他部分分属于两个权利主体。例如,在作为一般成分的零部件上可以保留出卖人的所有权。反之,重要成分不能成为特别权利的客体,在法律上只能与物的整体共命运,以维持物的功能整体性。

---

① 参见〔德〕汉斯·布洛克斯、〔德〕沃尔夫·迪特里希·瓦尔克:《德国民法总论》(第 41 版),张艳译,中国人民大学出版社 2019 年版,第 343 页。

② 参见〔德〕汉斯·布洛克斯、〔德〕沃尔夫·迪特里希·瓦尔克:《德国民法总论》(第 41 版),张艳译,中国人民大学出版社 2019 年版,第 346 页。

【案例解析】在教学案例 2 中,果园中桃树上的黄桃是桃树的重要成分。桃树的所有权人是果园出租人 A,所以树上的黄桃亦归 A 所有。

【深化与拓展】应当注意的是,重要成分未必决定物的本质。通说认为,认定重要成分时,同样不具有决定意义的是一个成分被分离出来后,物的整体是否被毁坏或者本质上被改变。法律上关注的是物的成分本身是否因分离而被毁坏或者本质上被改变。据此,批量生产的汽车发动机并非汽车的重要成分,只是一般成分,因为将发动机拆下来后,发动机不会损坏,可以安装到同型号的其他汽车上继续使用,拆除了发动机的汽车也可以装上同型号的其他发动机继续使用。汽车的轮胎同样也不是重要成分。① 这种定性为发动机的所有权保留买卖提供了便利。在我国的实践中,存在如下做法:甲公司向乙公司出售污水处理设备,约定在价款付清之前,甲公司保留设备所有权。在此种情形中,虽然污水处理设备安装在乙公司所有的厂房里,但考虑到该设备可被拆卸且不因拆卸而被毁损,即便拆卸后乙公司厂房的生产功能受到影响,仍应认定该设备不因附合而成为厂房的重要成分,从而甲公司保留的设备所有权不因附合而消灭。

从另一方面看,一般成分并非对于物之效用的发挥不重要。发动机、轮胎对于汽车的重要性毋庸置疑。钥匙对于锁而言不可或缺,没有钥匙,锁就无法使用。②

有时,一个物虽然与另一个物紧密结合,但只是表见成分(Scheinbestandteil)而非重要成分。所谓表见成分,是指仅为临时使用目的或者为行使用益物权而附着于他人不动产上的物。依民法原理,典型的表见成分是地役权人为行使地役权在他人不动产上安装的管道或者设备。不动产承租人将动产附着于不

---

① 参见〔德〕卡尔·拉伦茨:《德国民法通论》,王晓晔等译,法律出版社 2003 年版,第 388、389 页。
② 尽管钥匙并未被固定在锁上,二者在空间上分离是常态,但钥匙仍为锁的一般成分。在锁被安装到房门上之后,钥匙成为房屋的一般成分,并非独立的动产。这表明,个别情况下,在物理空间上独立的物体并非民法上独立的物。

动产上,如装修房屋时安装的内嵌式柜子、架子,通常也应认定为表见成分,但如果紧密附着于不动产上的动产价值昂贵且使用寿命显然超过租赁期限,则与"临时使用目的"不符,应认定为发生附合,该动产成为不动产的重要成分。① 应当注意的是,我国《最高人民法院关于审理城镇房屋租赁合同纠纷案件具体应用法律若干问题的解释》(法释〔2020〕17号,以下简称《城镇房屋租赁合同解释》)第7—10条规定承租人的装饰装修物与房屋可以发生附合。

在罗马法中,建筑物是土地的重要成分,归土地所有权人所有。德国法亦然,只是其例外承认在有地上权时,建筑物为地上权的重要成分,归地上权人所有。与此不同,在我国民法上,建筑物并非土地的重要成分,建筑物与土地各自成立独立的所有权,只是在处分上遵循"房地一体"原则。

3. 物是人体以外的存在体

人体及其组成部分不是物。器官、毛发等人体组成部分与人体分离后可以成为物,如剪掉的头发、抽取的血液、为了移植而被取出的器官、为了人工生殖而被取出的卵子等。人格权主体对此类存在体享有所有权,但其行使所有权须遵循公序良俗。人造的身体组成部分(假牙、假肢、心脏起搏器)一旦安装到人体中,即成为人体的组成部分,不是物。仅当与人体分离之后,才再度成为物。

【案例解析】在教学案例1中,假牙植入甲的口腔之前,是物(动产),植入甲的口腔之后,则成为人体的一部分,不再是物,而是甲的人格权客体。丙将甲的假牙撞落于地,略有破损,侵害了甲的人格权。假牙落地后,与人体分离,再度成为物,丁的小狗将其咬坏,侵害了甲的物权。

【深化与拓展】尸体是否属于物,学理上存在争议。有学说认为,尸体不构成物,死者的家属对尸体不享有所有权,仅享有

---

① 参见〔德〕鲍尔、〔德〕施蒂尔纳:《德国物权法》(上册),张双根译,法律出版社2004年版,第26、27页。

习惯法上的后事料理权,只有木乃伊和骷髅才成为物。① 另有学说认为,尸体构成物,但属于特殊物,不能成为法律交易的客体。② 第二种学说更为合理。

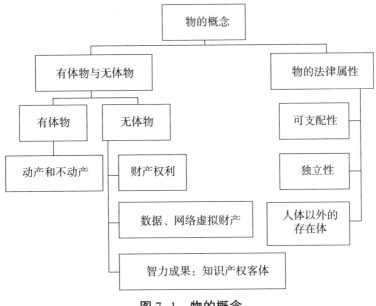

图 7-1 物的概念

二、物与财产

(一) 财产的概念

除物之外,在日常生活、法律实践以及法学文献中,财产这个概念也经常被使用。在日常语言中,财产往往被当作物的近义词,但在法学文献中,二者却存在根本区别。通常而言,财产是指一个人所有的具有金钱价值的各种权利的总和。③ 作为权利客体的动产、不动产等并非财产的组成部分,对动产、不动产的所有权或者其他物权才是财产的组成部分。财产

---

① 参见〔德〕汉斯·布洛克斯、〔德〕沃尔夫·迪特里希·瓦尔克:《德国民法总论》(第41版),张艳译,中国人民大学出版社 2019 年版,第 338 页。
② Vgl. Reinhard Bork, Allgemeiner Teil des Bürgerlichen Gesetzbuchs, 4. Aufl., 2016, S. 104-105.
③ Vgl. Jörg Neuner, Allgemeiner Teil des bürgerlichen Rechts, 12. Aufl., 2020, S. 318.

是权利的集合,不是物的集合。①

(二) 一般财产与特别财产

有时,财产也指特别财产,即与权利主体的其他财产在法律上被分离并予以特别处理的财产。特别财产同样也是权利的集合。一个人享有的特别财产以外的其他财产构成一般财产。例如,甲作为唯一继承人取得了乙的遗产,这笔遗产成为甲的特别财产,而甲自有的财产则为一般财产。将这笔遗产作为特别财产的意义在于,遗产债务仅以该特别财产为责任财产,遗产债权人不得对甲的自有财产(一般财产)进行强制执行。易言之,继承人仅以特别财产对遗产债务承担有限责任。信托财产亦为特别财产。按照《信托法》第15、16条的规定,信托财产既区别于委托人未设立信托的其他财产,也区别于受托人的自有财产。作为特别财产,在破产、强制执行、抵销等程序中,信托财产都具有独立性。

共同共有体的财产亦为特别财产。例如,夫妻共有财产、数人共同继承的遗产、合伙财产(合伙企业的财产除外)。② 此类特别财产区别于各共有人的自有财产,在管理与处分上遵循特殊规范。在责任承担上,此类特别财产原则上仅作为共同共有体之债务的责任财产,各共有人的债权人不得对属于此类特别财产中的具体权利予以强制执行,只能对各共有人享有的财产份额、盈利支付请求权、清算结余请求权等予以强制执行。③

特别财产可能发生物上代位。因属于特别财产的权利(如债权)而取得的财产,或者因特别财产某个部分的灭失、被侵害而取得的保险金或者赔偿金、补偿物,或者利用特别财产通过法律行为取得的财产,构成特别财产的一部分。④ 正因如此,《信托法》第14条第2款规定:"受托人因信托财产的管理运用、处分或者其他情形而取得的财产,也归入信托财产。"同理,夫妻一方个人财产的补偿物或者通过交易换取的财产仍为其个人财产的一部分,不因在婚后取得而成为夫妻共同财产。

---

① 参见〔德〕汉斯·布洛克斯、〔德〕沃尔夫·迪特里希·瓦尔克:《德国民法总论》(第41版),张艳译,中国人民大学出版社2019年版,第341页。
② Vgl. Jörg Neuner, Allgemeiner Teil des bürgerlichen Rechts, 12. Aufl., 2020, S. 318.
③ Vgl. Jörg Neuner, Allgemeiner Teil des bürgerlichen Rechts, 12. Aufl., 2020, S. 324.
④ 参见〔德〕卡尔·拉伦茨:《德国民法通论》,王晓晔等译,法律出版社2003年版,第420页。

（三）财产的法律意义

通说认为,财产并非权利客体,不存在对于作为权利集合的财产的"总权利",仅存在作为财产组成部分的各项具体权利,如物权、债权、股权等。与此相应,财产亦非处分行为的客体。不能以一个处分行为转让一般财产或者特别财产,只能就财产中的每项权利分别实施一个处分行为。① 不过,当事人可以就财产达成一个负担行为,比如订立一份合同将继承而来的遗产一并出售与他人。

财产的法律意义主要在于其为责任客体。② 此处所谓责任是指债务的担保。以财产为债务承担责任在学理上被称为财产责任,以区别于古代法中的人身责任,后者允许债权人对债务人的人身予以强制执行。财产责任分为无限责任与有限责任。无限责任是指某人以其全部财产向债权人负责。有限责任是指某人仅以财产的某个部分或者仅以特别财产向债权人负责。

【**案例解析**】在教学案例2中,B是D的债务人,B的财产是责任财产。B享有果园租赁权,不享有桃树(含树上的黄桃)所有权,租赁权是债权,其为B的责任财产的一部分,桃树(含树上的黄桃)所有权并非B的责任财产,所以D无权申请扣押树上的黄桃,只能申请扣押B享有的租赁权。

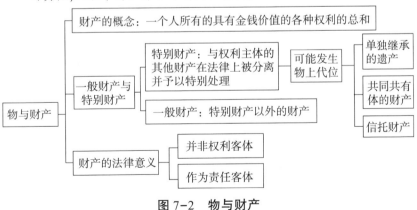

图7-2 物与财产

---

① Vgl. Jörg Neuner, Allgemeiner Teil des bürgerlichen Rechts, 12. Aufl., 2020, S. 320.
② 参见[德]卡尔·拉伦茨:《德国民法通论》,王晓晔等译,法律出版社2003年版,第383页。

三、物的分类

(一) 动产与不动产

不动产是指土地及地上附着物。动产是指不动产之外的物。动产可以移动且不因移动而毁损、改变性质或者严重贬值。不动产中的地上附着物包括房屋、其他建筑物、林木等。与罗马法及德国法不同,在我国法上,建筑物、林木等地上附着物并非土地的重要成分,而是独立的不动产,可以单独成立所有权。

动产与不动产的区分并非完全取决于物理标准,有时须兼顾社会一般观念以及法政策。在目前的技术条件下,房屋可以适当移动,比如在街道拓宽时借助滑轮将一栋房屋后移5米。尽管如此,房屋仍然是不动产,因为依社会一般观念,房屋通常不能移动。从另一个角度看,个别情况下,房屋只能被定性为动产。例如,违法建筑不能被赋予不动产所有权(《民法典》第231条),该不动产所有权与法律规定相违背。但该建筑物毕竟实实在在由若干建筑材料组合而成,其客观存在,既非他人所有,亦非无主物,只能由建造人将其作为动产取得所有权,该动产依法必须从土地上移除。

动产与不动产划分的法律意义在于,二者的物权公示方法不一样。动产物权通常以占有为公示方法,不动产物权通常以登记为公示方法。公示方法的区别决定了动产物权与不动产物权遵循不同的物权变动规则。此外,动产与不动产的划分对于确定债务履行地、履行方式、案件管辖等问题亦有法律意义。

(二) 可替代物与不可替代物

可替代物是指交易时通常按照品种、型号、数量、重量、质量等级加以确定的动产。如大米、汽油、批量生产的工业品、金钱等。此类动产在交易上可被同种类的其他动产替代,所以通常也被称为种类物。

可替代物之外的其他物皆为不可替代物。如土地、房屋、牲畜、二手车等。这些动产或者不动产具有独一无二的特性,不能以其他物替代。不可替代物通常也被称为特定物,包括本来意义上的特定物和特定化的种类物(如经过顾客选定的一张新桌子)。

可替代物与不可替代物的划分对于区分合同类型具有意义。只有可替代物才能成为消费借贷合同的标的物。不可替代物只能成为借用合同或者租赁合同的标的物。此种分类对种类之债和特定之债的区分亦有意义。当然,学说上有认为可替代物/不可替代物之分类与种类之债/特定之债之分类并非完全对应①;亦有认为可替代物不等同于种类物,前者依交易观念判断,后者依当事人意思判断。②

(三) 消费物与非消费物

消费物是指其通常使用方法在于消费或者转让的物。所谓消费即在使用过程中使物归于消灭或者改变性质。食品、煤炭、矿泉水、金钱等皆为消费物。金钱之所以属于消费物,是因为其使用方法就是将其转让给他人,经一次转让后,所有权人不可能对其再次转让。消费物之外的物皆为非消费物,如服装、家具、汽车、机器等。消费物可以成为消费借贷合同的标的物,非消费物可以成为使用借贷或者租赁合同的标的物。

(四) 可分物与不可分物

可分物是指在不减少其价值的情况下可以被分割为同种类的数个部分的物。如粮食、汽油、金条、金钱等。可分物以外的其他物皆为不可分物。如一台电器、一套衣服、一头牛、一套住房。共有物为可分物的,在分割共有物时可以进行实物分割;共有物为不可分物的,在分割共有物时只能进行价值分割。

(五) 单一物、合成物与集合物

单一物是指自成一体的单个物。如一个馒头、一个陶瓷杯、一枚黄金戒指、一只兔子。合成物是指由若干单一物组合而成的物。③ 如汽车由发动机、车身、车轮、方向盘、车灯、车载电子设备等组成,这些零部件在组装之前都是独立的物,组装之后成为汽车的重要成分或者一般成分。大多数工业品皆为合成物,如机器、电脑、手机、钻戒、手表、背包等。合成物与单一物的区别在于,合成物的一般成分可以成为特别权利(如保留所有权)的客体,而单一物的任何部分都不可能成为特别权利的客体;合成物

---

① 参见〔德〕迪尔克·罗歇尔德斯:《德国债法总论》(第7版),沈小军、张金海译,中国人民大学出版社2014年版,第105页。
② Vgl. Helmut Köhler, BGB Allgemeiner Teil., 44. Aufl., 2020, S. 306.
③ 在德国法的理论上,仅区分单一物与集合物,合成物被视为(广义的)单一物的一种。Vgl. Helmut Köhler, BGB Allgemeiner Teil., 44. Aufl., 2020, S. 307.

可以通过分解使其成分重新成为单一物,而单一物即便被分割,分割出来的各部分亦无法"重新成为单一物"。

集合物是指交易上被一并处理的数个单一物或者合成物。集合物与合成物的区别在于,集合物所涉及的数个物在物权法上并未丧失独立性,没有成为一个物的组成部分,而合成物所涉及的数个单一物则丧失独立性,成为一个物的组成部分。由于集合物在本质上仍为数个物,所以在处分上必须就每个物实施一个处分行为。当然,当事人可以就数个物(集合物)达成一个负担行为。例如,甲可以通过一份买卖合同向乙出售100本图书,但必须就图书所有权让与达成100个处分行为。例外的是,依《民法典》第396条,企业可以就现有以及将有的众多动产设立一个抵押权(浮动抵押权),为此仅须实施一个处分行为。

应当注意的是,某些物虽然由众多在物理上相互独立的部分组成,看起来似乎是集合物,但实际上并非集合物。例如,一袋大米由众多的米粒组成,每个米粒在物理上都是一个物,但其并无独立的经济价值,所以每个米粒在民法上并非一个物,一袋大米才是一个物。

【案例解析】在教学案例 2 中,B 将落地的 200 颗黄桃作为集合物出售与 C,买卖合同仅须订立一份,但在物权关系上,每个黄桃均为独立的物,其上成立一个所有权,所以 B 须向 C 转让 200 个所有权。

(六) 流通物、限制流通物与禁止流通物

禁止流通物依法不得流通。如非法出版物、假币、海洛因等。限制流通物是指依法只能在特定范围内流通的物。如枪支、弹药、外币、麻醉药品等。禁止流通物与限制流通物以外的物皆为流通物。

(七) 原物与孳息

孳息是原物产生的收益。原物亦称母物(Muttersache),是指孳息所由产生的那个物。孳息的上位概念是收益(Nutzung),其包括孳息与使用利益(Gebrauchsvorteil)。使用利益是指从物的使用或者权利的行使中享受到的好处。如从汽车驾驶或者房屋居住中享受到的好处,在行使股权过程中获得的投票权。①

原物可能是有体物,也可能是作为无体物的权利。因此,孳息可以分为物的孳息和权利孳息。物的孳息包括直接孳息(天然孳息)与间接孳息(法定孳息)。物的直接孳息是指物的出产物或者依物的用途得到的其他收获物。出产物包括动植物的出产物,如奶牛挤出的牛奶、母鸡下的蛋、动物生出的幼崽、果树上摘取的果实等;也包括土地的出产物,如土地上长出的庄稼、花草树木等。树木上掉落或者剪切下来的枝叶也是直接孳息。"其他收获物"主要是指依土地的用途取出的土地组成部分,如从地里挖取的沙子、石头、泥土等。上述出产物和其他收获物仅在与原物分离后才成为孳息,分离前是原物的重要成分。物的间接孳息是指基于一个法律关系获取的物的收益,它表现为相对人为取得对物的利用而支付的报酬。租金是租赁物的间接孳息,或者说法定孳息。

权利的孳息亦分为直接孳息与间接孳息。权利的直接孳息是指直接从权利的行使中获取的收益。如承租人行使租赁权从土地或者果树上获取的出产物。该出产物如果由土地或者果树所有权人获取,则为物的直接孳息;如果由承租人获取,则为权利(租赁权)的直接孳息。股东从公司分取的利润是股权的直接孳息。② 利息是贷款债权的直接孳息。权利的间接孳息是指基于一个法律关系从权利中获取的收益。如专利权人基于专利许可使用合同获取的使用费、承租人基于转租合同获取的租金。

【案例解析】在教学案例 2 中,落地的 200 颗黄桃已经与桃树分离,成为孳息。B 是果园的用益承租人,其租赁权包含了收益权,因此,B 可以取得从桃树上分离出来的黄桃的所有权,200 颗黄桃是其租赁权的直接孳息。

(八) 主物与从物

从物是指持续辅助主物发挥效用并与其处于一定空间关系之中的物。从物与主物存在功能关联性与空间关联性。就功能关联性而论,如果某物只是临时辅助其他物发挥效用,则其并非从物。例如,某人驾车时用手机导航,下车时将手机拿走,则即便每次驾车都这么做,其手机亦非

---

① Vgl. Ralph Weber, Sachenrecht Ⅰ, Bewegliche Sachen, 2. Aufl., 2010, S. 42-43.
② Vgl. Jörg Neuner, Allgemeiner Teil des bürgerlichen Rechts, 12. Aufl., 2020, S. 326.

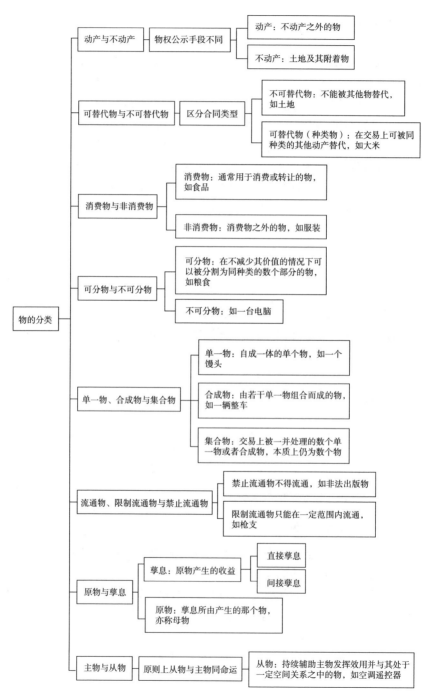

图 7-3 物的分类

汽车的从物。就空间关联性而论,从物可能处于主物所构筑的空间之中,也可能位于主物的旁边,甚至可能主物处于从物所构筑的空间之中。第一种情形如置于汽车后备厢下的备胎、房屋里的立式空调机,第二种情形如电视机的遥控器、便携式电脑的鼠标,第三种情形如用于放置眼镜、球拍的眼镜盒、拍套。从物偶尔在空间上与主物分离,不导致其丧失从物的属性。从物对主物的辅助功能有两种:一是促进功能,如遥控器;二是保护功能,如眼镜盒。

从物虽与物的成分不同,为独立的物,但原则上,从物与主物在法律上共命运。按照《民法典》第 320 条的规定,除非另有约定,主物转让的,从物随主物转让。该条应解释为关于主物的负担行为与处分行为的效力均及于从物。据此,甲与乙订立汽车买卖合同,虽未提及备胎是否一并转让,乙亦有权请求甲向其转让备胎所有权。甲若不想将备胎一并出售与乙,必须与乙达成特别约定。就处分行为而论,甲依明示或者默示合意将汽车所有权转让给乙时,若无相反约定,备胎所有权亦移转与乙。从物所有权的随同移转不以交付从物为要件。因此,不动产所有权依登记移转与受让人的,作为该不动产之从物的动产虽未交付受让人,其所有权亦已随同移转与受让人。① 此外,担保物权的效力及于权利设立时担保物的从物[《最高人民法院关于适用〈民法典〉有关担保制度的解释》(法释〔2020〕28 号,以下简称《民法典担保制度解释》)第 40 条第 1 款]。

第二节　其他权利客体

一、知识产权与债权的客体

物是物权的客体。知识产权的客体是智力成果,包括作品、专利、商标、技术秘密等。

债权的客体是给付,即债务人的某种行为,包括作为(如交付买卖物或者租赁物),也包括不作为(如不泄露秘密或者不参与竞争)。应当注意的是,与物权的客体不同,债权的客体并不受权利主体的支配。由于债权仅以请求权为核心内容,所以权利主体只能通过"请求"使其债权的效

---

① Vgl. Markus Artz, in: Erman Kommentar BGB, 15. Aufl., 2017, §926 Rn. 3.

力作用于债务人的给付,即促使债务人作出给付。主体与客体之间的关系表现为支配关系以外的一种效用关系。

【案例解析】在教学案例1中,甲与乙诊所存在定作合同。鉴于原材料由乙诊所提供,假牙被牙医植入甲的口腔之前,所有权归属于乙诊所,甲仅对乙诊所享有合同债权。该债权的客体是乙诊所的给付,不是假牙,所以,假牙此时并非甲任何权利的客体。

二、关于人格权、身份权与继承权的客体

学理上争议较大的是人格权、身份权、继承权的客体问题。

【深化与拓展】目前德国主流观点认为,只有支配权才有客体。据此,人格权没有客体,因为人格权并非人对自己的人格进行支配的权利,而是一种人格受尊重、不受他人侵害的权利。配偶权、父母照顾权等身份权(亲属权)亦非支配权。人只能成为权利主体,不能成为人格权或者身份权的客体。[1] 我国台湾地区亦有学者持类似观点。[2] 与此不同,我国大陆多数学者认为人格权与身份权属于支配权,有权利客体。[3] 人格权的客体是人格利益,身份权的客体是身份利益。[4]

需要指出的是,并非只有支配权才有客体,任何权利皆有客体。[5] 无论将权利定性为法律上的力抑或定性为法律保护的利益,其均有法律上的某种作用,这种作用需要指向某个对象,该对象即为权利客体。人格权指向人格利益,如肖像、名誉、隐私、生命、健康、身体的完整性等利益。人格权对人格利益施加作用的主要方式并非处分或者利用人格利益(如消

---

[1] 参见〔德〕汉斯·布洛克斯、〔德〕沃尔夫·迪特里希·瓦尔克:《德国民法总论》(第41版),张艳译,中国人民大学出版社2019年版,第338页;〔德〕卡尔·拉伦茨:《德国民法通论》,王晓晔等译,法律出版社2003年版,第379、380页。
[2] 参见王泽鉴:《民法总则》(2022年重排版),北京大学出版社2022年版,第208页。
[3] 倾向于认为人格权并非支配权的观点,参见朱虎:《人格权何以成为民事权利》,载《法学评论》2021年第5期。
[4] 参见王利明:《民法总则研究》(第3版),中国人民大学出版社2018年版,第422页;梁慧星:《民法总论》(第5版),法律出版社2017年版,第151页。
[5] 参见李永军:《民法总则》,中国法制出版社2018年版,第535页。

灭生命、转让隐私),而是维护人格利益,权利主体有权维护作为权利客体的人格利益,使其不受他人侵害。在这方面,人格权与物权不同,人格利益的利用与处分面临公序良俗的严格限制。人格利益虽为权利主体所具备的属性之一,但这并非其构成权利客体的障碍。从一般语言用法看,主体自身所具备的东西可以成为客体,如"自治","治"的主体与客体都是"自己",再如"自我批评","批评"的主体与客体都是"自己"。行为主体可以对自己实施行为,同理,权利主体也可以对自己享有权利。"主体"与"客体"只是观察角度不同而已。

与人格权类似,身份权对作为权利客体的身份利益施加作用的主要方式也是维护身份利益,而非利用或者处分身份利益。

同样难以解释的是继承权的客体。问题的根源在于继承权的性质。我国学界多将继承权分为两个阶段,被继承人死亡前的继承权被定性为继承期待权,被继承人死亡后的继承权被定性为继承既得权。① 不过,有学说对这种二分法提出质疑,认为被继承人死亡前的继承期望不构成期待权②,被继承人死亡后,依当然继承原则,继承人就遗产各部分直接取得物权、债权等权利,不存在对遗产本身的支配权。③

被继承人死亡后,遗产构成一笔特别财产。如果只有一个继承人,则该继承人对该特别财产显然并不享有一项"总权利",仅享有构成该特别财产各部分的具体权利,如某个不动产的所有权、某项股权、某项债权等。如果有数个继承人,则数个继承人对这些具体权利共同共有,对作为特别财产的遗产整体则享有份额(继承份额)。除非将该财产份额视为一项权利,否则数个继承人对遗产整体也不享有一项"总权利"。④

被继承人死亡前,继承人与之存在身份关系,如配偶关系、父母子女关系。基于此类身份关系,继承人具有在被继承人死亡时取得遗产的法律上的可能性。《民法典》第1061条规定的夫妻相互继承遗产的权利以

---

① 参见史尚宽:《继承法论》,中国政法大学出版社2000年版,第92、93页;郭明瑞、房绍坤:《继承法》(第2版),法律出版社2004年版,第56页。
② 参见朱庆育:《民法总论》(第2版),北京大学出版社2016年版,第509页。
③ 参见谢怀栻:《谢怀栻法学文选》,中国法制出版社2002年版,第353页。
④ 德国学者虽有认为继承权是继承人对遗产的支配权,但又普遍认为继承权并非对遗产整体的统一的支配权,而是对遗产中的各项具体权利(如所有权、债权)和义务的统称(Sammelbezeichnung)。Vgl. Brox/Walker, Erbrecht, 23. Aufl., 2009, S. 2; Jan Lieder, in: Erman Kommentar BGB, 15. Aufl., 2017, Einleitung §1922 Rn. 5.

及第 1070 条规定的父母子女相互继承遗产的权利指的就是此种法律上的可能性。从比较法看,德国法目前通说认为此种可能性只是一种继承期望(Erbaussicht),尚不构成一项权利,甚至连期待权都不算。因为,期待权向完整权的发展过程不得因义务人的单方行为而被破坏,否则即构成对期待权的侵害,而被继承人在其死亡前可以自由处分财产(未来遗产)中的各项具体权利,此举不构成对继承期望的侵害,况且,继承期望不像期待权那样可以被转让或者扣押。①

当然,被继承人死亡之前继承人的地位虽然不符合期待权的特征,但不能仅以此为由否定其构成一项权利。所谓的继承期望绝非单纯事实上的期望,其在法律上具有一定的效力。某人死亡时,若无遗嘱,之所以由其配偶、父母、子女而非由其他人取得其遗产,显然不是因为此类近亲属比其他人更加期望取得遗产,而是因为法律预先赋予此类近亲属一种取得遗产的资格,此项资格排除了其他人对遗产的取得。此项资格虽然在被继承人死亡前不能百分之百保证继承人将来取得遗产,但在被继承人死亡的瞬间却实实在在地导致继承人取得在同一瞬间变成遗产的被继承人之财产。从"被继承人的财产"到"继承人的财产",此项资格发挥了承上启下的作用。没有它的媒介,继承人无从取得被继承人的财产。对于此项资格,没有理由不将其视为权利。该权利即继承权。

与其他权利一样,继承权也体现为法律上的力。这种力既不是对尚未死亡的被继承人的财产的支配力,也不是对被继承人的请求力,而是一种归属力,也就是使被继承人死亡时的财产立即归属于继承人的力。与之类似的归属力是使原物所有权人取得孳息的法律上的力。从这个意义上说,继承权是一种"归属权"。② 继承权的归属力作用的对象是被继承人死亡时留下的财产,即遗产。该遗产就是继承权的客体。

---

① Vgl. Jan Lieder, in: Erman Kommentar BGB, 15. Aufl., 2017, Einleitung §1922 Rn. 6.
② Vgl. Larenz/Wolf, Allgemeiner Teil des bürgerlichen Rechts, 9. Aufl., 2004, S. 275.

第四编

民法总论

权利变动

第八章　权利变动概述

第一节　权利变动的样态

一、权利的静态与动态

私法上的权利有其静态的一面,也有其动态的一面。静态者,注重权利的归属、内容与救济。动态者,注重权利的变动。权利变动包括权利的取得(发生)、变更与丧失,合称为权利的得失变更。一如人的生老病死构成人的生命史,权利的得失变更也构成权利的生命史。就财产权而言,权利变动具有重要的实践意义。无论物权、债权,抑或股权、知识产权,很多纠纷皆发生于权利变动过程中。因此,物权变动、债权变动、股权变动、知识产权变动在物权法、债权法、公司法、知识产权法等私法领域中皆为重要问题。各种权利变动既有个性,也有共性。涉及其共性的原理即为权利变动一般理论,它是私权一般理论的核心部分。

二、权利的取得

权利的取得是指权利与特定人相结合,亦称权利的发生。权利的取得可以分为权利的原始取得与继受取得。权利的原始取得亦称权利的绝对发生,是指非基于他人既存的权利而独立取得新权利。权利的继受取得亦称权利的相对发生或者传来取得,是指基于他人既存的权利而取得权利。原始取得如通过加工取得新物所有权,买受人通过买卖合同取得对出卖人的债权,投资人通过合资设立公司取得股权,作者通过创作一部作品取得著作权。

【**深化与拓展**】继受取得可以分为移转继受取得与创设继受取得。前者是指权利依其原状从原权利人手中移转于取得人手中,如甲从乙处受让不动产所有权。后者是指依权能分离的方式从他人的权利中创设一项新的权利,如甲在其所有的不动产上为乙创设一项地役权或者抵押权,乙取得地役权或者抵押权就是创设继受取得。尽管在乙取得抵押权之前,此项抵押权尚不存在,看起来抵押权是从无到有"原始地"发生的,但实际上抵押权是从甲的所有权派生出来的,抵押权的内容源于所有权的部分内容,抵押权的取得以甲的既存所有权为基础,所以,这种权利取得方式也是继受取得。

继受取得还可以分为特定继受取得与概括继受取得。前者是指继受取得单个权利,后者是指将众多权利作为整体财产予以继受取得。特定继受取得通常基于法律行为,如所有权让与行为、债权让与行为,皆为意定的特定继受取得,但也可能直接依法发生,如债权让与时保证权利或者担保物权依法随同移转于受让人,保证人履行担保责任后主债权法定移转于保证人,皆为法定的特定继受取得。[①] 概括继受取得最常见的是财产继承,此外还有公司合并时的财产取得、夫妻约定将全部个人财产转变为共同共有财产等。

由于继受取得是对他人既存权利的承受,所以要求前手是该权利的享有者,正所谓"任何人不得转让大于自己所有之权利"是也。仅当例外地符合善意取得的要件时,才能从非权利人手中取得权利。此时,权利取得究竟是原始取得抑或继受取得,颇有争议。传统民法理论多数说认为善意取得是原始取得。[②] 不过,晚近以来,很多学者认为善意取得是继受取得[③],因为善意受让人也是依有效的处分行为取得权利,而且标的物上原有的负担在一定条件下随同移转于善意受让人,这些都符合继受取得的特征。这种新观点有成为多数说的趋势。

---

① Vgl. Reinhard Bork, Allgemeiner Teil des Bürgerlichen Gesetzbuchs, 4. Aufl., 2016, S. 125.

② 在19世纪末20世纪初,就已经出现原始取得说与继受取得说之分歧。原始取得说的代表包括温德沙伊德、贝克尔、恩内克策鲁斯、索姆等人,继受取得说的代表包括冯·图尔、基尔克、沃尔夫、赫尔维希、科若默等人。Vgl. Andreas von Tuhr, Der Allgemeine Teil des Deutschen Bürgerlichen Rechts, zweiter Band, erste Hälfte, 1914, S. 52-57.

③ Vgl. Larenz/Wolf, Allgemeiner Teil des bürgerlichen Rechts, 9. Aufl., 2004, S. 246; Friedrich Quack, in: Münchener Kommentar BGB, 5. Aufl., 2006, §932, Rn. 59.

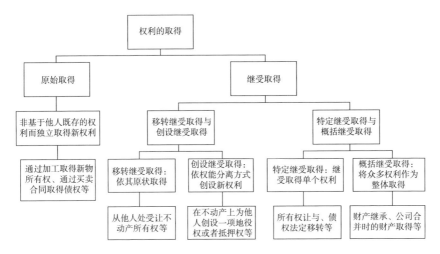

图 8-1 权利的取得

三、权利的变更

权利的变更是指在权利本体保持同一性的前提下,权利的属性发生变化。具体而言,权利的变更可以分为:

(1)主体变更,包括权利主体变更与义务主体变更。权利主体变更实际上就是权利移转,即权利从一方移转至另一方,也包括权利由一人单独所有变为由其与他人共有。从新权利人的角度看,权利主体变更意味着权利的取得。义务主体变更如一项债权的债务人变更,涉及免责的债务承担或者并存的债务承担(债务加入)。物上设立居住权、地役权等他物权的,如果该物所有权移转于他人,则新所有权人成为他物权的义务人,此亦为义务主体变更。

(2)客体变更。权利客体可能增加,如动产附合于不动产,使不动产所有权的客体扩张;也可能减少,如债务部分清偿,使债权的客体缩减;还可能发生其他变化,如特定物债权因给付不能致使原给付请求权转变为次给付请求权(损害赔偿请求权)。① 有学说认为,在最后一种情形中,尽管请求权的客体由给付特定物变成给付金钱,但作为这些请求权之共同

---

① 参见王泽鉴:《民法总则》(2022年重排版),北京大学出版社2022年版,第236页。

基础的债权保持了同一性,所以,担保的效力、诉讼时效、权利发生时间的认定以及归属于破产财产的认定等不受影响。① 就诉讼时效等细节问题而言,此种学说妥当与否,有待探讨。

(3)内容变更。权利内容变更,如抵押权担保的债权数额增加或者减少、地役权人对供役地利用方式的变更、用益物权存续期限变更、债务履行地点变更、解除权的行使条件变更等。

(4)效力变更。权利的效力可能强化,如抵押权由第二顺位提升为第一顺位、动产抵押权发生后经过登记可以对抗第三人、债务人给付迟延致使其责任加重;权利的效力也可能弱化,如抵押权由第一顺位变为第二顺位、债权人受领迟延致使债务人的责任减轻。

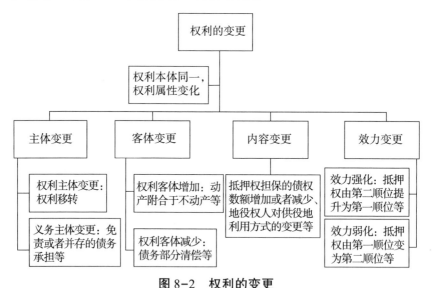

图 8-2　权利的变更

四、权利的丧失

权利的丧失,亦称权利的消灭,包括权利的绝对消灭与相对消灭。权利的绝对消灭是指权利与其主体分离后不复存在,如所有权的客体灭失

---

① Vgl. Andreas von Tuhr, Der Allgemeine Teil des Deutschen Bürgerlichen Rechts, zweiter Band, erste Hälfte, 1914, S. 100.

导致所有权消灭,抛弃导致所有权消灭(所有权的客体成为无主物),债权因清偿而消灭。权利的相对消灭是指权利与其主体分离后又与另一主体结合,所以仅相对于原主体消灭。权利的相对消灭实际上就是权利主体变更,即权利移转。

第二节 权利变动的原因

教学案例:甲在乙网店购物,选中一套运动服之后,点击了"提交订单"。次日,乙网店委托顺丰快递送货。两天后,快递员吴某将运动服送交甲,甲签收快递。当天晚上,甲打开包裹查看运动服,发现上衣的拉链不太顺畅,遂与乙网店联系,告知该情况。本案存在哪几个法律事实?

一、作为权利变动原因的法律事实

万物皆有因果,权利变动亦然。法律规范将特定法律效果与构成要件联系起来,这些构成要件之整体被称为事实构成(Tatbestand)。在事实构成与法律效果之间存在因果关系,前者是后者的原因。权利变动是法律效果的一种[1],所以,事实构成是权利变动的原因。通常而论,私法上的事实构成就是法律事实。从这个意义上说,法律事实是权利变动的原因。

二、法律事实的分类

(一) 通说关于法律事实的分类

一般认为,私法上的法律事实可以分为人的行为及其他事实。后者亦称自然事实[2],包括事件与状态。状态如下落不明、精神障碍、时间的经过、善意、知悉、设施造成的妨害状态或者危险状态、遗失物无人认领状态、不动产位置相邻、雇佣关系的存续等。事件如出生、死亡、自然原因导致的火灾、自然原因导致的动产混合等。有些事件与人的行为相关,但从系争法律关系的视角看,其仍为事件。例如,甲杀害乙,致乙死亡,丙因此

---

[1] 法律效果是法律上的某种变化,除权利义务变动之外,还包括自然人权利能力与行为能力的取得、法人的成立与终止、法律地位(如预告登记地位)的取得等。
[2] 参见史尚宽:《民法总论》,中国政法大学出版社2000年版,第301页。

继承乙的遗产。从继承这一法律效果的视角看,乙的死亡尽管由甲的加害行为造成,但仍为事件(因第三人的行为引发的事件)。此时,继承法仅关注乙死亡这一结果,不关注导致乙死亡的加害行为。反之,从甲的损害赔偿责任的视角看,"甲杀死乙"则是行为,不是事件,因为损害赔偿法不仅仅关注乙死亡这一结果,而且还关注该结果是否由赔偿义务人甲的行为导致。

在各种法律事实中,最重要的是行为,即法律上的行为(juristische Handlung, Rechtshandlung)。① 依通说,行为可以分为适法行为(rechtmäßige Rechtshandlung)与违法行为。适法行为又可以细分为表示行为与非表示行为,后者即事实行为。表示行为包括意思表示与其他表示行为,后者被称为准法律行为。意思表示是法律行为的要素,单方法律行为仅包含一个意思表示,多方法律行为则包含多个意思表示。违法行为包括侵权行为、债务不履行行为与其他违法行为。②

法律行为的根本特征在于,之所以发生特定法律效果,是因为行为人想要发生该法律效果并且将其意愿表达于外部(意思表示),法律在行为人的意愿与法律效果之间建立了因果关联。与此形成鲜明对比的是,事实行为导致的法律效果不取决于行为人的意愿,即便行为人不想发生该法律效果,也会依法发生该法律效果。可以将事实行为定义如下:以发生某种事实效果为本旨但依法发生特定法律效果的适法行为。事实行为如先占、占有之取得或者放弃、交付、加工、建造房屋、创作学术或者文艺作品、无因管理、导致补偿责任的紧急避险等。

介于意思表示与事实行为之间的是准法律行为。与事实行为不同,准法律行为包含了一项表示(在这方面与法律行为类似),行为人借此表达了一项意愿、观念、感情等心理活动。不过,即便行为人表达了一项意愿,法律效果的发生也并非因为行为人想使其发生,而是因为法律的直

---

① 在德国法学文献中,Rechtshandlung 有最广义、广义与狭义之分。详见朱庆育:《民法总论》(第2版),北京大学出版社2016年版,第109页。

② 缔约过失也是违法行为,但目前通说认为其亦属于债务不履行行为,因为行为人违反的先合同义务也是债务。侵权行为与债务不履行行为之外的其他违法行为还包括:违反身份法义务的行为,如有配偶者与他人同居,违反夫妻忠实义务;某些导致丧失权利的行为,如伪造、篡改遗嘱的行为,情节严重的,导致行为人丧失继承权(《民法典》第1125条)。后一种行为在某些文献中被称为"失权行为"(Verwirkung)。Vgl. Enneccerus/Nipperdey, Allgemeiner Teil des Bürgerlichen Rechts, 15. Aufl., 1960, S. 869.

接规定(在这方面与事实行为类似)。所以,此类表示行为与法律行为不尽相同,只能称为准法律行为。

准法律行为包括意思通知、观念通知与感情表示(Gefühlsäußerung)。意思通知最典型者如债务履行之催告。在我国民法中,此项催告发生诉讼时效中断之效果,债权人在催告时是否希望或者意识到该效果的发生,在所不问。属于意思通知的还有:追认权行使之催告、要约之拒绝①、给付之拒绝、给付受领之拒绝、债务承担同意之拒绝、债务人同意履行等。观念通知也称事实通知,是指当事人将其对某项事实的认识告知对方当事人。债权让与通知、买卖物瑕疵告知、授权通知、债权申报、股东会的会议通知、货物签收、在告知单上签字确认、在催款单上签字承认债务等皆为观念通知。感情表示即宥恕。② 按照《民法典》第1125条第1款第3项的规定,继承人遗弃被继承人或者虐待被继承人情节严重的,丧失继承权。按照该条第2款的规定,如果继承人事后确有悔改表现且被继承人生前表示宽恕的,可不确认其丧失继承权。此处所谓宽恕即民法原理上的宥恕(Verzeihung),其具备阻却继承权丧失之效力。③

准法律行为依其与法律行为的共同点以及利益状况,可以准用法律行为制度中关于行为能力、代理、意思瑕疵、可撤销、同意、追认、无效、意思表示解释等规则。

> **【案例解析】**在教学案例中,甲在乙网店页面上点击"提交订单",此为向乙网店作出购买运动服的意思表示,该意思表示与乙网店的意思表示一并构成一项法律行为。乙网店委托顺丰快递送货,双方订立合同,此亦为法律行为。快递员将运动服交给甲,等同于乙网店将运动服交付于甲,构成物权法上的交付,此为事实行为。快递员作为乙网店的履行辅助人,将运动服交给甲,构成债权法上的履行,依通说,此亦为事实行为。甲接收快递,构成给付之受领,依通说,此亦为事实行为。甲在快递单收货栏签字,此为观念通知,即通知"已经收取快递"之事实。

---

① 参见史尚宽:《民法总论》,中国政法大学出版社2000年版,第303页。
② 参见王泽鉴:《民法总则》(2022年重排版),北京大学出版社2022年版,第253页。
③ 我国台湾地区"民法"第1053条规定,夫妻宥恕对方通奸行为的,不得再以对方通奸为由请求离婚。

甲打电话告知乙网店运动服有瑕疵,此亦为观念通知。

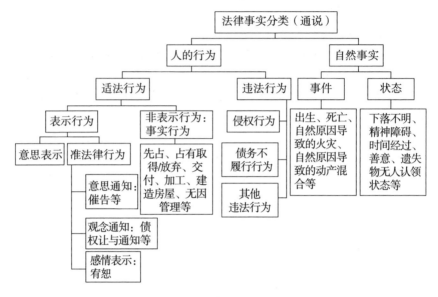

图 8-3　法律事实分类(通说)

(二) 关于法律事实的另一种分类

部分学者把违法行为视为事实行为的一种。① 这样,人的行为就被划分如下:①表示行为,包括意思表示与准法律行为;②事实行为,包括合法的事实行为与违法的事实行为,后者如侵权行为、债务不履行行为等。这种分类并非毫无道理。将表示行为与事实行为统称为适法(合法)行为且将其与违法行为并列,面临一些逻辑问题。例如,甲擅自将乙所有的木料加工成桌子,此举侵害乙的木料所有权,具有违法性,但依前述通说,甲的加工行为属于事实行为,而事实行为属于适法行为,结果是:甲的违法加工行为属于适法行为。同理,某人违法在土地上建造房屋的行为也属于适法行为中的事实行为。两种情形皆产生自相矛盾的结论。

---

① 参见〔德〕迪特尔·梅迪库斯:《德国民法总论》,邵建东译,法律出版社 2000 年版,第 160 页;李永军:《民法总论》(第 2 版),中国政法大学出版社 2012 年版,第 166 页;马俊驹、余延满:《民法原论》,法律出版社 2010 年版,第 74 页;王利明:《民法总则研究》(第 3 版),中国人民大学出版社 2018 年版,第 160 页。

【深化与拓展】为克服此种"违法行为构成适法行为"的逻辑困境,有学者提出如下解释:此乃一项自然行为受数重法律评价因而对应数项规范行为之问题。具体而言,违法建造行为的违法性存在于公法领域,在私法领域则属于合法行为(事实行为),可以使建造人取得房屋所有权;加工他人之物分别对应侵权规范与所有权取得规范,就前者而论,此举属于违法行为(侵权行为),就后者而论,此举属于合法行为(事实行为)。[①] 此种观点虽有一定解释力,但不能令人完全信服。一项自然行为确实可受数重法律评价,比如,甲将乙打成重伤,此举一方面在刑法上被评价为犯罪,须判处刑罚,另一方面在民法上被评价为侵权,须承担损害赔偿责任。不过,法律评价不限于将某项行为评价为违法或者合法,大多数情况下,法律评价的内容是某项行为应当产生何种法律效果。就违法建造行为而论,公法(行政法)评价的内容是违法建造应当产生何种公法上的责任,私法评价的内容是违法建造可否使建造人取得房屋所有权。至于该建造行为的违法性问题,一旦认定其违反公法规定,则其即具备违法性。不能说该违法性仅涉及公法视角下的建造行为,不涉及私法视角下的建造行为。公法上的违法性与私法上的违法性不能人为割裂,在侵权法上,违反保护性法律的侵权行为之违法性恰恰表现为违反公法(如刑法)规范。公法上的违法性给一项行为留下的印记在私法上不可能消失,无论从公法视角看还是从私法视角看,该行为都是违法行为。当然,违法性对于该行为在公法上的评价与在私法上的评价可能具有不同意义。在公法上,违法性导致行为人承担某种公法上的责任。在私法上,违法性可能对该行为的法律评价产生负面影响,也可能不产生负面影响。是否产生负面影响,取决于价值衡量。违法性只是对一项行为进行私法评价需要考量的因素之一,如果其他更强有力的因素要求赋予该行为一种有利于行为人的法律效果,则在法律评价时应当忽略违法性,使该行为发生此种法律效果。违反强行法的法律行为并非当然无效,表明违法性在私法上未必

---

① 参见朱庆育:《民法总论》(第2版),北京大学出版社2016年版,第84页。

皆导致否定性法律评价。具备违法性的行为也可能使行为人取得私法上的权利,如合同债权、所有权等。

综上,在对法律事实进行分类时,没必要先将行为划分为适法(合法)行为与违法行为。在私法上,违法性与合法性对于行为效果未必具有决定意义。以合法性作为表示行为与事实行为的共同属性,实属勉强。相对而言,二者的个性强于共性,没必要将二者并置于"适法行为"这一抽象概念之下。反之,事实行为与侵权行为、债务不履行行为的共性更多,三者均不包含心理活动的外部表示,与表示行为形成鲜明反差。这种差别对于行为在私法上的评价具有更为重要的意义。据此,更为可取的做法是:首先将行为划分为表示行为与非表示行为(事实行为),至于合法行为与违法行为之划分,只能处于第二层级。这种分类不仅可以更好地解决违法建造、加工他人之物等行为之定性问题,而且可以解决违法的法律行为之定性问题:一如违法建造行为可以定性为事实行为,违法的法律行为可以定性为表示行为,因为事实行为与表示行为不再是"适法行为"的下位概念,如此定性不至于出现"违法行为是适法(合法)行为"的尴尬结论。

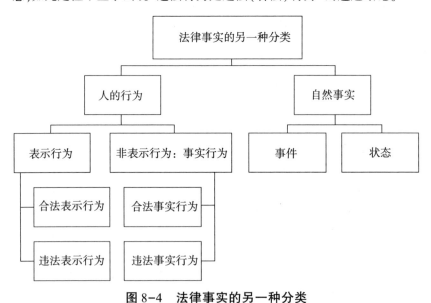

图8-4　法律事实的另一种分类

第九章 法律行为与意思表示的一般原理

第一节 法律行为的概念与分类

教学案例1：甲请朋友乙到饭店吃饭，花了1000元钱。一个月后，二人因某事发生矛盾，甲对于请吃饭一事颇感后悔。甲是否有权请求乙向其支付500元餐费？

教学案例2：在上例中，如果甲、乙吃饭采用AA制，吃饭过程中一起饮酒，推杯换盏，甲未醉，乙醉酒严重。乙独自回家，途中因意识不清摔伤了腿。乙的妻子丙责怪甲未尽照顾义务。乙是否有权请求甲赔偿医疗费损失？

教学案例3：A公司是B公司的母公司。B公司向C信托公司借款5000万元，A公司向C公司发函，称"B公司资力充足，本公司完全信任其偿债能力"。借款合同到期后，B公司无力还债。C公司是否有权请求A公司承担保证责任？

教学案例4：在上例中，C公司与D公司订立《不良资产处置合同》，约定将5000万元债权以2000万元价格转让给D公司，并约定债权自价款支付完毕时起移转。C公司向B公司发出了债权转让通知。本案存在哪几项法律行为？

一、法律行为的概念

（一）法律行为的定义

在德国民法文献中，法律行为通常被定义为：基于法秩序，依当事人意愿发生所表示之法律效果的行为。① 或者被定义为：旨在发生当事人所

---

① Vgl. Reinhard Bork, Allgemeiner Teil des Bürgerlichen Gesetzbuchs, 4. Aufl., 2016, S. 161(Rn. 395).

欲之法律效果的行为。① 我国《民法典》第 133 条将法律行为定义为：民事主体通过意思表示设立、变更、终止民事法律关系的行为。上述法律行为定义皆强调法律效果与意思的关联性。法律行为的根本特征就在于：法律效果由意思表示的内容决定。从这个意义上说，法律行为是私法自治的工具。当事人通过意思表示创设规则，此项规则决定了权利义务关系的内容及其变动，在当事人之间如同法律规则那样发生效力，当事人据此实现私人事务的自我治理。

为了全面理解法律行为概念，需要厘清如下问题：法律行为与其他部门法上行为的关系问题；法律行为与其他社会交往行为的关系问题；法律行为与意思表示的关系问题。

（二）法律行为与其他部门法上行为的关系

行为是法学上的基本概念。除民法上有行为之外，刑法、行政法、经济法等部门法上也有行为。各部门法上行为的共同点是都能成为法律事实，引发一定的法律效果。作为民法上行为的最重要类型，法律行为在本质上是民事主体的自治行为，民事主体通过意思表示创设规则，据此处置其相互间的利益关系。在这方面，法律行为不仅区别于民法上的其他行为，也区别于其他部门法上的行为。刑法上的犯罪行为、行政法上应受处罚的违法行为、经济法上的垄断行为等，要么与意思表示毫无关系，要么虽涉及意思表示（如合同中涉及垄断的条款），但行为的法律效果不受意思表示决定。

【深化与拓展】与法律行为比较接近的是行政行为，如行政许可、行政处罚。与法律行为类似，行政行为也是由行为人（行政机关）表达一项意思，据此发生、变更或者消灭某一法律关系。法律关系的变动由行政机关单方面决定，无需相对人的参与，所以，行政行为类似于民法上行使形成权的单方法律行为。不过，行政行为与法律行为终究存在根本区别。法律行为是利益主体处置自己利益的自治行为，行政行为则否，行政机关并非利

---

① 参见〔德〕卡尔·拉伦茨：《德国民法通论》，王晓晔等译，法律出版社 2003 年版第 426 页；〔德〕迪特尔·梅迪库斯：《德国民法总论》，邵建东译，法律出版社 2000 年版，第 142 页。

益主体,其实施的行政行为是旨在维护社会公共利益的管制行为。因此,行政行为虽然也有意思因素,但起主导作用的并非意思因素,而是合法性。① 行政机关必须依据法定条件与程序实施行政行为,与法律行为的当事人不同,其意思决定并非自由决定,而是依法决定。事实上,行政行为所引发的法律效果(如罚款、吊销执照、取得实施某种活动的权利)通常已由法律明确规定,符合法定条件即应发生此项法律效果,只是需要由行政机关通过行政行为将法律规则中的抽象效果转变为由特定相对人承担的具体效果而已。这与法律行为当事人通过意思表示自由创设法律效果截然不同。

如果将所谓行政合同定性为行政行为,则该行政行为与民法上的法律行为存在诸多共性。区别主要在于,行政合同涉及公共利益,当事人至少有一方是公法主体,民事合同通常不涉及公共利益,当事人是私法主体——也包括作为私法主体参与法律关系的国家机关。就法律效果与双方当事人表示内容的关联性而论,行政合同与民事合同并无区别。从这个角度看,将行政合同与民事合同一并纳入法律行为概念,未尝不可。若不存在关于行政合同的特别规定,则可以将民法上的法律行为规则准用于行政合同。

与法律行为相关的还有国际条约。国际条约在本质上是国家与国家之间订立的合同(契约),只不过在缔约主体、所涉利益、争议解决等方面与民事合同存在差异而已。条约的法律效果与缔约方表示内容之间亦存在关联性,作为意定的规则创设行为,其亦具备法律行为的本质属性。

总之,从概念史的视角看,"法律行为"一词自其诞生之日起就专指民法上通过意思表示创设法律效果的行为。时至今日,其用法仍未发生根本变化。将法律行为用于统称各部门法上各种具有法律意义的行为,显然不妥。否则,一方面导致法律行为概念的空壳化,变成"法律上的行为";另一方面导致在民法领域先占、加工、无因管理等行为以及侵权行为

---

① 参见[德]维尔纳·弗卢梅:《法律行为论》,迟颖译,法律出版社2013年版,第48—51页。

也应被称为法律行为,因为它们都是具有法律意义的行为。尽管国际条约与行政合同也具备法律行为的本质属性,将其纳入法律行为概念合乎逻辑,但只为了两种特殊情形而改变约定俗成的概念,并无太大必要。尤其是国际条约,将其纳入法律行为概念毫无实践意义。① 因此,使用"法律行为"一词时,应当仅指民法上的法律行为。

(三) 法律行为与一般社会交往行为的关系

法律行为只是人与人社会交往行为的一种特殊类型。从概念上看,法律行为与一般社会交往行为的根本区别在于,法律行为以意思表示为要素,一般社会交往行为则欠缺意思表示。不过,在现实生活中,一般社会交往行为通常也涉及一方当事人向另一方当事人作出某种许诺或者类似的意向表达,此类表达并非都能轻而易举地与意思表示区分开来,所以,法律行为与一般社会交往行为有时容易混淆。

1. 法律行为与情谊行为

情谊行为,也称好意施惠②,有广义与狭义之分。狭义情谊行为仅指无偿向他人提供好处且不构成法律行为的行为。广义情谊行为泛指一切无偿向他人提供好处的行为,既包括狭义情谊行为,也包括构成法律行为的情谊合同(Gefälligkeitsvertrag)。③ 情谊合同即赠与合同、无偿委托合同、无偿保管合同、借用合同等无偿合同。④ 有学说将狭义情谊行为进一步划分为纯粹情谊行为(日常情谊行为)和附保护义务情谊行为。附保护义务情谊行为介于纯粹情谊行为与情谊合同之间。纯粹情谊行为既不产生给付义务,也不产生保护义务(附随义务);情谊合同既产生给付义务,也产生保护义务;附保护义务情谊行为地位居中,虽不产生给付义务,但施惠者对受惠者负担保护义务。⑤

狭义情谊行为虽不产生给付义务,但一方基于情谊行为从另一方那

---

① 萨维尼虽然认为国际条约也是契约,但又强调其特殊性,主张应避免将私法规则随意适用于国际条约。Vgl. Friedrich Carl von Savigny, System des heutigen Römischen Rechts, Bd.3, 1840, S. 310.
② 参见王泽鉴:《债法原理》(2022年重排版),北京大学出版社2022年版,第186页。
③ 本书中的"情谊行为"如无特别说明,指的是狭义情谊行为。
④ Vgl. Ernst A. Kramer, in: Münchener Kommentar BGB, 5. Aufl., 2007, Einleitung zum Buch 2, Rn. 32.
⑤ Vgl. Dennnis Spallino, Haftungsmaßstab bei Gefälligkeit, 2016, S. 8–11; Klaus Schreiber, Haftung bei Gefälligkeiten, Jura 2001, S. 810–815.

里得到利益却不构成不当得利,因为情谊行为构成保有给付的合法原因。① 就此而论,狭义情谊行为具有不当得利阻却效力。此外,情谊行为还阻却无因管理的成立,情谊行为不构成无因管理。②

从事实层面看,狭义情谊行为与法律行为的根本区别在于:前者不具备约束意义(意思),后者具备。对此,应依表示受领人视角判定,关键是在个案情形中依诚实信用并考虑交易习惯,受领人可否推断出对方当事人具备约束意思。③ 需要考虑的相关具体因素包括:恩惠的种类、其动机或者目的、其对于受领人的经济和法律意义、该意义得以体现的情境、双方当事人的利益状况、所托付物品的价值、受益人对给付产生的信赖、给付方因瑕疵给付而陷入的责任风险,等等。④ 至于行为的无偿性和利他性,并非决定性因素,因为赠与合同、无偿委托合同、无偿保管合同、借用合同等"情谊合同"也是无偿和利他的。无偿给予他人一项好处,可能是情谊行为,但也可能构成无偿的情谊合同。实践中应综合考虑上述因素予以判定。

【深化与拓展】学理上一般认为构成情谊行为的是:邀请参加宴会、好意同乘、火车过站叫醒⑤、在邻居外出度假期间照看其房子、为邻居照管小孩⑥、汽车销售商允许他人将汽车停放在其场地上、在他人汽车电瓶出现故障时无偿为其提供启动辅助、为他人免费提供食宿(即便受惠者为此向施惠者提供辅助性劳务亦然),等等。此外,为问路者指路、为亲友高考填志愿提供咨询⑦、私人之间无偿帮忙干活等也应认定为情谊行为。

【案例解析】在教学案例1中,甲宴请朋友乙吃饭,构成情谊

---

① Vgl. Christian Grüneberg in: Palandt Kommentar BGB, 79. Aufl., 2020, Einl. v § 241 Rn. 8.
② Vgl. Christian Grüneberg in: Palandt Kommentar BGB, 79. Aufl., 2020, Einf. v § 677 Rn. 2.
③ 参见王泽鉴:《债法原理》(2022年重排版),北京大学出版社2022年版,第186页。
④ 参见王洪亮:《债法总论》,北京大学出版社2016年版,第16页。
⑤ 参见王泽鉴:《债法原理》(2022年重排版),北京大学出版社2022年版,第186页。
⑥ 参见谢鸿飞:《论创设法律关系的意图:法律介入社会生活的限度》,载《环球法律评论》2012年第3期。
⑦ 参见王雷:《论情谊行为与民事法律行为的区分》,载《清华法学》2013年第6期。

行为。乙虽从中获取利益,但情谊行为阻却不当得利的构成,所以甲对乙不享有不当得利返还请求权。情谊行为不构成合同,所以甲对乙亦不享有合同请求权。其他请求权的要件亦不符合,所以,甲无权请求乙支付500元餐费。

2. 法律行为与人际关系约定

情谊行为只是一般社会交往行为的一种类型,其特点是一方当事人给予另一方当事人某种恩惠。在日常社会交往中,有时当事人之间并无恩惠授受,仅达成某种以人际交往为内容的约定。① 与情谊行为一样,此类人际关系约定也不具有法律约束力。例如,同学聚餐,约定采用"AA制";朋友相约一起逛街;"驴友"相约共同旅游,各自负担费用;同学相约共同报考某个学校。此类约定不创设法律上的权利义务关系,当事人并未因该约定取得给付(协力实现特定目标)请求权。

当然,与情谊行为类似,人际关系约定在一定前提下也能产生保护义务。数人相约共同旅游,虽各自负担费用,但一人遭遇危险时,其他人在力所能及的范围内有义务提供援助。如果在能够帮助的情况下未加援助,则受害方享有损害赔偿请求权。② 数人依"AA制"聚餐时共同饮酒,其中一人醉酒不能自理,则其他人在自己比较清醒的情况下有义务将其送回住处。在上述情形中,违反保护义务的损害赔偿责任应以义务人具有故意或者重大过失为前提,否则对义务人过于严苛,毕竟保护义务并非因为有对价的行为而发生。

【案例解析】在教学案例2中,甲、乙相约共同吃饭和饮酒,采用AA制,二人之间仅存在人际关系约定,不发生法律行为和情谊行为。在甲未醉而乙严重醉酒的情况下,甲对乙有保护义务,要么陪同乙回家,要么叫车送乙回家或者请乙的家人来接乙回家。甲违反保护义务导致乙途中摔伤,鉴于乙在自我保护方面亦有过错,应由甲适当赔偿乙的损害。

---

① 区分情谊行为与家庭协议等其他社会交往行为的观点参见谢鸿飞:《论创设法律关系的意图:法律介入社会生活的限度》,载《环球法律评论》2012年第3期。
② 参见〔德〕维尔纳·弗卢梅:《法律行为论》,迟颖译,法律出版社2013年版,第100页。

3. 法律行为与无约束力的交易约定

在交易实践中,存在很多不具有约束力的交易约定。此类约定虽无法律约束力,但从经济功能的角度看,其对于交易的开展也发挥某种作用。在法律上需要辨别某项交易约定究竟属于法律行为抑或属于无约束力的交易约定。需要重点考察的是君子协议、交易意向、备忘录。

(1) 法律行为与君子协议。

君子协议是指当事人虽然就某项给付达成约定,但欠缺法律上的约束意思,所以不发生法律约束力。君子协议不构成民法上的合同。之所以达成君子协议,通常是因为当事人知道法律不会承认其约定的效力,比如约定的内容违反禁止性法律规定,也可能是因为当事人相信无约束力的允诺也会被遵守,所以法律约束是不必要的,① 或者当事人根本不愿意让法律介入,有意识地将协议的执行力限制在道德层面。②

这种约定不能产生可诉请履行的原给付义务,也就是说其欠缺"正常的合同效力",但不可否认的是,当事人经常出于社会、经济或者道德原因事实上履行了约定。究竟是否存在约束意思,需要在个案中通过解释予以确定,至于是否使用"君子协议"这一用语,则并非唯一的决定性因素。③ 即便当事人没有将自己的约定称为"君子协议",但如果明确表示"本协议无法律效力",或者虽无明确表示,但依客观标准,通常情况下一般人不认为当事人具有受法律约束的意思,也应认定该约定属于君子协议。④

(2) 法律行为与交易意向。

在交易实践中,缔约当事人有时向对方表达交易意向,比如发送意向函(letter of intent),或者当场在一份交易意向书上签字。一般而言,意向函欠缺约束意思,不构成要约。它只是一种意图表示,当事人借此表示进行认真的缔约谈判。当事人也经常明确表示相关条款没有约束力。此时,它充其量只是一项要约邀请。但这种信函可以导致信赖,并成为缔约过失责任的基础,比如后来情况表明,当事人根本没有打算进行认真的谈

---

① Vgl. Reinhard Bork, in: Staudinger Kommentar BGB, 2003, Vor §§ 145-156, Rn. 3.
② 参见朱广新:《合同法总则》(第 2 版),中国人民大学出版社 2012 年版,第 158 页。
③ Vgl. Ernst A. Kramer, in: Münchener Kommentar BGB, 5. Aufl., 2007, Einleitung zum Buch 2, Rn. 44.
④ 参见张平华:《君子协定的法律分析》,载《比较法研究》2006 年第 6 期。

判。随着谈判的进展,意向函中包含的意图表示可能获得相对人的同意,从而形成一项预备协议(Vorfeldvereinbarung),对谈判费用、告知义务、保密义务、独占协商等事项进行约定。① 此项协议具备法律约束力。当然,拟订立的合同本身尚未成立。

如果双方当事人经过磋商之后达成初步共识并据此订立一份交易意向书,其效力如何,不无疑问。意向书可能不具备法律约束力,也可能构成预约,甚至个别情况下还可能构成本约。② 对此,需要根据意向书中的表述,通过解释予以判定。③

(3)法律行为与备忘录。

备忘录是指双方当事人对于在合同谈判过程中就合同要点达成的共识所作的记录。某些情形中的备忘录,依据通过解释而确定的当事人意思,也能产生约束力,前提是其内容比较完备,通过合同漏洞填补即可以确定其未达成合意的内容。

我国《民法典》未规定备忘录的效力问题,原《最高人民法院关于审理买卖合同纠纷案件适用法律问题的解释》(法释〔2012〕8号,现已由法释〔2020〕17号修正)第2条规定,当事人签订备忘录,约定在将来一定期限内订立买卖合同,构成预约。据此,备忘录可能构成预约。实际上,在实践中,备忘录有多种类型。有些备忘录纯粹为了记录谈判的阶段性成果,作为下一步谈判的基础,因此没有法律约束力;有些备忘录构成预约,具有法律约束力;有些备忘录内容完备且包含约束意义,构成本约。此外,实践中比较常见的还有当事人在合同履行过程中发生纠纷,为了解决纠纷达成关于和解或者债务承认的谈判备忘录,法院通常也认定其具备法律效力。④

(4)法律行为与"安慰函"。

安慰函(letter of comfort),也称保护人声明(Patronatserklärung),是指对于债权人与债务人之间的交易具有利益关系的第三人为促成或者维持

---

① 有学者将此类约定称为意向书程序性条款,并认为其具备法律效力,违反者需要承担损害赔偿责任。参见许德风:《意向书的法律效力问题》,载《法学》2007年第10期。
② 参见崔建远主编:《合同法》(第6版),法律出版社2016年版,第26页。
③ 详见杨代雄:《法律行为论》,北京大学出版社2021年版,第62页。
④ 参见中铁二十二局集团第四工程有限公司与安徽瑞讯交通开发有限公司、安徽省高速公路控股集团有限公司建设工程施工合同纠纷案,最高人民法院(2014)民一终字第56号民事判决书。

该交易向债权人表示将对债务的履行提供必要支持。① 该第三人即为保护人,可能是政府,但更常见的是债务人的母公司或者关联企业。安慰函究竟是否构成法律行为,不可一概而论,须通过解释予以判定。② 从比较法看,德国民法理论区分了"刚性"保护人声明与"柔性"保护人声明。前者构成法律行为,后者不构成法律行为。

"刚性"保护人声明如母公司向子公司的债权人(贷款人)表示"将配备足够资金供子公司还贷"或者"确保子公司具备还债能力"。此种声明产生一项保护人对债权人的合同义务。"柔性"保护人声明如母公司向子公司的债权人表示"维持子公司的信誉符合我公司的经营政策"或者"我公司完全信任子公司的偿债能力"。依规范性解释,此种声明显然欠缺约束意义,所以不发生合同义务,充其量只能发生保护义务。③ 违反该义务的,须承担损害赔偿责任。比如,保护人知道债务人经营状况恶化却依然声明"完全信任子公司的偿债能力"④。

【案例解析】在教学案例3中,A公司发给C公司的函件措辞委婉,欠缺约束意义,不构成保证意思表示和"刚性"保护人声明,仅为"柔性"保护人声明。因此,在B公司无力偿债的情况下,C公司无权请求A公司承担保证责任。

(四) 法律行为与意思表示的关系

1. 意思表示与法律行为的概念区分

意思表示不等同于法律行为。单方法律行为仅由一个意思表示构成,意思表示与法律行为看似没有实质区别,但仍应区分。个别单方法律行为除一个意思表示之外,还要求其他构成要件。例如代书遗嘱、打印遗嘱、录音录像遗嘱等单方法律行为除需要遗嘱人作出意思表示之外,还需要两个以上见证人在场见证,其见证行为是遗嘱的特别成立要件。这与自书遗嘱不同,自书遗嘱的遗嘱人采用书面形式作出意思表示,"采用书面形式"是其表示行为的组成部分而不是表示行为之外的要素。反之,见

---

① 参见〔德〕迪特尔·梅迪库斯:《德国债法分论》,杜景林、卢谌译,法律出版社2007年版,第429页。
② 参见杨良宜:《合约的解释:规则与应用》,法律出版社2015年版,第70页。
③ Vgl. Christian Grüneberg in: Palandt Kommentar BGB, 79. Aufl., 2020, §311 Rn. 24.
④ Vgl. Larenz/Canaris, Lehrbuch des Schuldrechts, Bd. II/2, 13. Aufl., 1994, S. 83-84.

证人的见证行为无法纳入表示行为,只能是表示行为之外的要素,与遗嘱人的表示行为共同构成一项单方法律行为。

多方法律行为由数个意思表示构成,是数个意思表示的结合体,意思表示与法律行为的区别比较明显。与单方法律行为类似,某些多方法律行为的构成要件不限于数个意思表示,还包括事实行为或者官方行为。例如,婚姻登记是官方行为,与结婚合意共同构成结婚之法律行为;交付是保管合同的成立要件,仅有合意不足以构成保管合同。

综上,在大多数情况下,法律行为仅由一个或者数个意思表示构成。尽管如此,考虑到某些法律行为除意思表示之外,尚有其他构成要件,所以,在概念上仍应区分意思表示与法律行为。

2. 意思表示与法律行为的效力区分

意思表示与法律行为的区分不仅体现在概念层面上,也体现在法律效力层面上。意思表示的效力包括两个方面。一是形式效力,即所谓的意思表示形式约(拘)束力。据此,意思表示一旦生效,表意人就不得任意撤回、撤销或者变更。就要约而论,形式效力就是要约的形式约(拘)束力。二是实质效力,也可称之为意思表示的形成力,即意思表示生效后,可以与其他意思表示共同形成一项法律行为,或者其本身就可以形成一项单方法律行为。就要约而论,有些文献将此种效力称为要约的实质约(拘)束力。① 意思表示不发生效力的,法律行为因欠缺构成要素而不成立。无论单方法律行为还是多方法律行为,皆为如此。意思表示发生效力的,并不意味着法律行为必然发生效力。就单方法律行为而论,一个意思表示生效即导致法律行为成立。就合同而论,须多个意思表示皆生效且达成一致,法律行为才成立。如果某种法律行为有特别成立要件,则还须符合该要件才能成立。至于成立后的法律行为是否生效,则是另一个问题,需要依据法律行为本身的生效要件予以判断。

意思表示存在错误、欺诈、胁迫等事由的,意思表示成立,可依意思表示生效规则发生效力,但属于有瑕疵的意思表示。此类瑕疵究竟导致意思表示可撤销抑或导致法律行为可撤销,是立法选择问题。无论立法上如何选择,理论上皆可予以合理解释。具体而言,如果立法上规定此类瑕

---

① 参见陈自强:《民法讲义Ⅰ:契约之成立与生效》,法律出版社2002年版,第62页;韩世远:《合同法总论》(第4版),法律出版社2018年版,第129页。

疵导致意思表示可撤销,则撤销后意思表示丧失效力,法律行为因欠缺构成要件不成立。反之,如果立法上规定此类瑕疵导致法律行为可撤销,其理论基础在于:意思表示是法律行为的构成要件,意思表示的瑕疵导致法律行为有瑕疵,单方法律行为自不待言,多方法律行为虽然只有一个意思表示存在瑕疵,但该瑕疵导致该意思表示与其他意思表示的结合存在瑕疵,作为法律行为当事人的表意人有权撤销法律行为。从这个意义上说,我国民法规定错误、欺诈、胁迫等事由导致法律行为可撤销,未尝不可。

综上,在法律行为可撤销模式下,意思表示与法律行为之关系的逻辑序列是:意思表示成立→意思表示生效→法律行为成立→法律行为生效。法律行为生效是终极目标,在通往终极目标的道路上,每个环节都可能出现障碍。第一个环节的障碍是意思表示欠缺构成要件,第二个环节的障碍如意思表示未到达或者意思表示(要约)的有效期届满,第三个环节的障碍如欠缺合意、欠缺特别成立要件,第四个环节的障碍更多,包括法律行为因违法或者背俗而无效、法律行为欠缺特别生效要件、法律行为可撤销、法律行为效力待定等。

二、法律行为的分类

(一) 单方法律行为、合同与决议

依据法律行为当事人的数量及其意思表示的相互关系,可以将法律行为分为单方法律行为、合同与决议。单方法律行为是指仅依一方当事人的意思表示即可发生特定效果的法律行为,如遗嘱、所有权抛弃、捐助行为、一人有限责任公司的设立行为以及形成权的行使行为(解除、抵销等)。合同与决议统称为多方法律行为。① 合同有时也被称为契约、协议,此类用语的含义并无本质区别。② 民法文献中经常把合同称为双方法律行为。③ 大多数情况下,这种说法没什么问题。当然,合同并非一概只

---

① 参见〔德〕卡尔·拉伦茨:《德国民法通论》,王晓晔等译,法律出版社2003年版,第432、433页。
② 我国台湾地区有些文献区分了契约与合同行为,其所谓合同行为指的是由两个以上同向平行、内容一致的意思表示构成的法律行为,如社团法人之设立行为。此种区分实无必要。概念区分参见史尚宽:《民法总论》,中国政法大学出版社2000年版,第310页。
③ 参见朱庆育:《民法总论》(第2版),北京大学出版社2016年版,第137页。

有双方当事人。有些合同存在三个以上当事人,如三个以上当事人订立合伙合同、公司设立合同①、公司增资合同等。此类合同并非双方法律行为,而是多方法律行为。② 据此,合同应当定义为:由数个达成一致的意思表示构成的多方法律行为。至于合同中的数个意思表示究竟是同向关系(如公司设立合同)抑或相向关系(如买卖合同),则在所不问。我国《民法典》第134条第1款中的"民事法律行为可以基于双方或者多方的意思表示一致成立"表明合同是多方法律行为,既包括双方合同,也包括三方以上当事人订立的合同。

通说认为,决议在性质上既非单方法律行为,亦非合同,而是一种独立类型的法律行为。我国《民法典》第134条第2款明确规定决议是一种法律行为,与第1款规定的单方法律行为、合同并列。与合同相比,决议的特殊之处在于采用多数决原则,不需要全部意思表示达成一致,仅需多数意思表示达成一致即可;决议一旦生效,对于投反对票的成员以及未参与表决的成员也有约束力。③ 决议多见于公司法及其他社团法人制度,如公司股东(大)会决议、董事会决议、社会团体法人成员大会决议。除此之外,合伙、集体经济组织、建筑物区分所有权人大会(业主大会)、破产债权人会议甚至共有人等共同体也以决议方式决定共同事务。《民法典》第134条第2款虽仅规定法人、非法人组织的决议,但不能据此将其他共同体的类似共同决定排除在决议概念之外。

【深化与拓展】民法理论上还存在共同法律行为这一概念,也有人称之为共同行为(Gesamtakt)。有时,法律行为一方当事人并非只有一个人,而是由数个人组成。数个人共同作出内容一致的意思表示,由此成立的法律行为即为共同法律行为。

---

① Vgl. Reinhard Bork, Allgemeiner Teil des Bürgerlichen Gesetzbuchs, 4. Aufl., 2016, S. 172.
② 我国民法文献中有一种观点将多方法律行为理解为由内容相同且平行(同向)的数个意思表示构成的法律行为,如合伙协议、社团设立行为。参见王利明:《民法总则研究》(第3版),中国人民大学出版社2018年版,第493、494页;梁慧星:《民法总论》(第5版),法律出版社2017年版,第165、166页。
③ 参见〔德〕汉斯·布洛克斯、〔德〕沃尔夫·迪特里希·瓦尔克:《德国民法总论》(第41版),张艳译,中国人民大学出版社2019年版,第53页。

以此种方式达成的法律行为可能是合同,也可能是单方法律行为。① 前者如两个人共同与出租人订立一份租赁合同,后者如享有终止权的两个共同承租人共同作出终止合同的意思表示。显然,共同法律行为并非与单方法律行为、合同并列的另一种法律行为,只是在行为主体构成方面存在特殊性的单方法律行为或者合同。部分学者认为,共同法律行为是一种独立类型的多方法律行为,其与合同的区别在于:在合同中,数个意思表示相互作出,存在交换关系,反之,在共同法律行为中,数个人作出内容一致且平行的意思表示。② 此种学说不合逻辑。就合同而论,所谓"相互""交换"着眼于双方当事人之间数个意思表示的相互关系,这些意思表示构成一个法律行为。反之,就共同法律行为而论,所谓"平行"着眼于处于一方当事人地位的数个人作出的数个意思表示的相互关系。在订立合同的情况下,这些平行的意思表示本身并未构成一个法律行为(合同),而是与对方当事人的意思表示共同构成一个法律行为。在实施单方法律行为的情况下,这些平行的意思表示虽构成一个法律行为,但并非在数个表意人之间成立法律行为,法律行为的效力并非指向数个表意人的内部关系,而是指向数个表意人(如承租人)与其他人(如出租人)的外部关系。所以,法律行为仍是单方法律行为,不是在数个表意人之间成立的多方法律行为。

(二) 财产行为与身份行为

财产行为即以财产关系变动为效果的法律行为。财产关系变动可能是物权关系变动,此时财产行为即物权行为;也可能是债权关系变动,此时财产行为多为债权行为,但也可为在性质上与物权行为相同的处分行为,如债权让与。除此之外,以股权、专利权、商标权等财产权变动为效果的法律行为也是财产行为。

身份行为即以身份关系变动为效果的法律行为。如结婚行为成立夫

---

① Vgl. Andreas von Tuhr, Der Allgemeine Teil des Deutschen Bürgerlichen Rechts, zweiter Band, erste Hälfte, 1914, S. 229-230.
② 参见〔德〕汉斯·布洛克斯、〔德〕沃尔夫·迪特里希·瓦尔克:《德国民法总论》(第41版),张艳译,中国人民大学出版社2019年版,第53页。

妻关系,离婚行为终止夫妻关系,收养行为成立亲子关系。此外,协议监护中的协议、设立成年人意定监护的协议等也是身份行为。应当注意的是,身份行为有时引发财产法上的效果,如结婚行为所成立的夫妻关系包括夫妻财产关系,离婚行为引发夫妻共有财产分割。身份行为涉及基本的伦理秩序,所以通常需要具备特定的形式,通常不得附条件,当事人决定法律关系内容的自由受严格限制,而且只能由本人实施法律行为,不适用代理。① 此外,结婚、协议离婚、收养等法律行为不适用意思表示错误、真意保留、通谋虚伪表示规则。②

(三) 负担行为与处分行为

1. 负担行为与处分行为的概念

负担行为是指使当事人负担给付义务的行为。处分行为是指直接使一项既存财产权利得以变动的法律行为,所谓变动包括权利移转、被设定负担、变更或者消灭。二者是对财产行为的进一步划分。

负担行为的效果是在当事人之间创设债权债务关系,因此,也被称为债权行为。③ 通常而言,负担行为是合同,如买卖合同、租赁合同、赠与合同等。仅在例外情况下,单方法律行为可以成为负担行为,如捐助行为。④

处分行为的处分客体包括物权、债权、股权、知识产权等财产权。以物权为处分客体的处分行为被称为物权行为,如所有权让与、他物权设立。以债权等其他财产权为处分客体的处分行为被称为准物权行为。⑤ 债权让与虽为债权法上的法律行为,但导致一项既存的债权移转,所以是处分行为,不是债权行为。债务免除、免责的债务承担亦然。处分行为可以是双方法律行为,即处分合同;也可以是单方法律行为,如所有权抛弃。有学者认为,处分行为的处分客体除权利之外,还包括法律关系。例如,当事人通过一项法律行为终止合同、解除合同、撤销合同、撤回合同。⑥ 鲁道夫·佐姆将通过行使形成权处分一项法律关系的行为称

---

① 参见〔德〕卡尔·拉伦茨:《德国民法通论》,王晓晔等译,法律出版社 2003 年版,第 435 页。
② Vgl. Dieter Schwab, Familienrecht, 28. Aufl., 2020, S. 31.
③ 参见王泽鉴:《民法总则》(2022 年重排版),北京大学出版社 2022 年版,第 258 页。
④ 在德国法上,悬赏广告也是单方法律行为和负担行为。我国《民法典》第 499 条对于悬赏广告采契约说。
⑤ 参见王泽鉴:《民法总则》(2022 年重排版),北京大学出版社 2022 年版,第 258 页。
⑥ Vgl. Karl-Heinz Schramm, in: Münchener Kommentar BGB, 5. Aufl., 2006, §185 Rn. 7.

为"处分性形成行为"①。大多数情况下,行使形成权的法律行为都以变动一项既存的法律关系为效果②,将其纳入处分行为概念未尝不可。这是广义的处分行为,除所谓处分性形成行为之外,其还包括当事人就一项既存法律关系的变动达成的合意,如关于抵销的合意③、关于合同解除的合意、关于合同变更的合意、关于合同转让(合同债权债务关系概括移转)的合意等。④ 广义处分行为概念甚至还包括双方当事人通过单纯合意让与"开放占有",此项合意也是法律行为⑤,占有人据此处分其占有之法律地位。

2. 负担行为与处分行为区分的必然性

只要区分了物权与债权,则负担行为与处分行为的区分就是民法理论逻辑的必然要求,与民事立法是否明文规定该区分无关。即便立法上未作规定,理论及实践上也应区分负担行为与处分行为。

在基于法律行为的物权变动情形中,物权变动与债权发生是两个法律效果。当事人先订立动产买卖合同,后进行交付,在交付生效主义下,买卖合同不可能立即导致动产所有权移转,只能在买卖双方之间发生债权债务关系,它是债的发生原因。动产所有权移转之法律效果的发生必须另有其因。事实行为意义上的交付本身不可能成为动产所有权移转的原因,否则该动产所有权移转就不是基于法律行为的物权变动,而是基于事实行为的物权变动。这个问题不可能通过如下方式得以解决:把"基于法律行为的物权变动"中的法律行为理解为买卖合同,并把买卖合同与交付视为物权变动的共同原因。如果说买卖合同是物权变动的原因,就必然意味着买卖合同的法律效果除债权效果之外,还包括物权效果。因为,基于法律行为的物权变动是因法律行为而发生的物权效果,在所谓的

---

① Vgl. Rudolf Sohm, Der Gegenstand : Ein Grundbegriff des Bürgerlichen Gesetzbuches, 1905, S. 12.
② 个别行使形成权的行为仅以创设债权债务关系为效果,并非处分行为。如行使优先购买权或者买回权的法律行为,其效果是使双方当事人负担给付义务。
③ 《民法典》第569条中的"经协商一致,也可以抵销"指的就是基于合意的抵销,即约定抵销。
④ Vgl. Christian Grüneberg in: Palandt Kommentar BGB, 79. Aufl., 2020, Überbl v §311, Rn. 6.
⑤ 参见〔德〕鲍尔、〔德〕施蒂尔纳:《德国物权法》(上册),张双根译,法律出版社2004年版,第119页。

"共同原因"之中,属于法律行为的只有买卖合同,基于法律行为的物权效果只能解释为基于买卖合同的物权效果。一旦承认买卖合同既发生债权效果,也发生物权效果,则其就不再是单纯的债权行为,因为债权行为只能成为债权发生的原因。同时成为债权发生与物权变动之原因的买卖合同必须解释为既包含债权合意,也包含物权合意,两项合意共存于一个交易事实之中。物权行为与债权行为之区分依然不可避免。显然,将买卖合同视为"基于法律行为的物权变动"中的法律行为,并不能给物权行为否定说提供实质帮助。只要物权变动的原因是法律行为,该法律行为就只能是物权行为,债权行为只能发生债权效果,不能发生物权效果。这是逻辑上的必然。

【深化与拓展】在无权处分情形中,负担行为与处分行为的区分体现得尤为明显。如果出卖人并非标的物所有权人,买卖合同依然有效(《民法典》第597条第1款规定出卖人须承担违约责任),但买受人却不能取得标的物所有权,除非构成善意取得。不区分负担行为与处分行为,就无法解释上述现象。如果认为此时只存在一项法律行为,则为了避免无权处分导致买受人取得所有权,必须否定该法律行为之效力。结果是,买受人不仅得不到所有权,而且也不能取得合同债权,无法享受债权法上的保护。试图不否定法律行为效力,仅以欠缺处分权为由阻却买受人取得所有权,并不能令人信服。在物权法上,处分权是指有权通过一项法律行为改变物权的归属或者其他状态的权利。享有处分权就可以实施该法律行为,欠缺处分权就不能实施该法律行为。如果实际上实施了该法律行为,其效力即存在障碍。因此,以欠缺处分权为由阻却物权变动实际上就是通过否定法律行为效力阻却物权变动。不可能把处分权与法律行为割裂,在无权处分情形中,法律行为效力问题无可回避。欲阻却买受人从无权处分人手中取得所有权,必然要否定法律行为的效力。只有承认存在两项法律行为,才能仅否定其中一项法律行为的效力,保留另一项法律行为的效力,一方面阻却买受人取得所有权,另一方面使买受人享受债权法保护。被否定效力的法律行为就是处分行为,保留效力的法律行为就是负担行为。

在若干特殊交易类型中,显然存在专门针对权利变动的合意。例如,按照《民法典》第403条的规定,动产抵押权自抵押合同生效时设立。动产抵押权设立是物权变动,抵押合同直接发生该物权变动效果,显然包含了物权合意。土地承包经营权转让、土地经营权设立、地役权设立等采用登记对抗主义(意思主义)的不动产物权变动合同也都包含了物权合意。如果仅将此类合同解释为债权合同,就会出现"以物权变动为内容的债权合同"之悖论。

股权让与、债权让与等权利变动在我国也采用意思主义,以此类权利变动为内容的合同显然也是处分合同。值得注意的是,《公司法解释(三)》(法释〔2020〕18号修正)第25条第1款和第27条第1款中的"请求认定处分股权行为无效""参照民法典第三百一十一条"之表述意味着法院需要判定股权处分行为是否有效而非判定股权转让之负担行为(股权买卖)是否有效,后者的效力判断显然与《民法典》第311条的无权处分和善意取得规则无关。此项于《民法典》制定后修订的司法解释已经承认了处分行为是一项独立的法律行为,需要进行独立的效力判断。这是负担行为与处分行为之区分在我国的实证法基础。

3. 负担行为与处分行为区分的法律意义

区分负担行为与处分行为有如下意义:

首先,在理论上承认负担行为独立于处分行为,使得实践中对二者的法律效力予以分别判断具备了可能性。处分行为因某种事由(如欠缺处分权)不发生法律效力的,不影响负担行为的法律效力。负担行为的效果仅为产生双方当事人之间的债权债务关系,债务的履行可能需要实施一项处分行为。该处分行为可否实施,实施后可否发生效力,属于债务的履行障碍问题,不涉及作为债务发生原因的负担行为之效力判断。负担行为的效果具有相对性,对第三人的权利没有影响,所以,当事人缔结一项负担行为之后,就同一标的物仍然可以与其他相对人缔结一项负担行为,每一项负担行为都有效,两个相对人都取得债权,两项债权不相排斥。

其次,处分行为与负担行为不同,其有效性以处分人对处分客体享有处分权为前提。以一项财产权为处分客体的,享有处分权的通常是该财产权的权利人,如所有权人、股权人、债权人。不过,在某些情形中,权利人的处分权被剥夺或者限制。例如,破产程序开始后,破产债务人对破产财产不再享有处分权,处分权被赋予破产管理人。此外,权利人可以将处分权授予他人。被授权人以自己名义实施处分行为,处分行为对授权人发生效力。在这方面,授权处分与代理不同,代理人须以被代理人名义实施法律行为。权利人将处分权授予他人,并不导致自己丧失处分权,其本人仍然可以行使处分权。①

最后,处分行为适用客体特定原则。最迟于处分行为生效时,处分客体须特定,而且须就一个客体达成一项处分行为,不能就数个客体达成一项处分行为。② 反之,负担行为不适用客体特定原则,订立买卖合同时,即便买卖物尚不存在或者尚未特定化,也不影响合同生效。

4. 处分行为的有因与无因

区分负担行为与处分行为,必然要回答处分行为与负担行为在效力判断上是何关系之问题。该问题在民法文献中经常被表述为:处分行为究竟是有因行为抑或无因行为?有因行为亦称要因行为,无因行为亦称不要因行为、抽象行为。在抽象(无因)原则下,处分行为的效力独立于负担行为,即便负担行为无效、被撤销,处分行为的效力亦不受影响。

【深化与拓展】在德国民法理论上,有因行为与无因行为是对财产给予行为(Zuwendungsgeschäft)的分类。财产给予行为是指一方当事人向另一方当事人或者第三人给予一定财产的行为,包括给予一项权利,也包括通过免除债务、代为清偿债务、债务承担等方式给予某种财产利益。财产给予行为可以是处分行为③,也可以是负担行为。财产给予须有法律原因(causa),否则

---

① 参见〔德〕卡尔·拉伦茨:《德国民法通论》,王晓晔等译,法律出版社2003年版,第438页。
② 参见王泽鉴:《民法总则》(2022年重排版),北京大学出版社2022年版,第259页。
③ 当然,并非任何处分行为都是财产给予行为,例如,所有权抛弃是处分行为,但不是财产给予行为。

取得财产即欠缺正当性,构成不当得利。原因就是使财产给予具备正当性的理由。原因可能存在于法律行为内部,作为法律行为的组成部分,也可能存在于法律行为外部。第一种情形中,法律行为本身包含了原因,是为有因行为。第二种情形中,法律行为本身不包含原因,需要从外部寻求财产给予的正当原因,是为无因行为。①

绝大多数负担行为被认为是有因行为,最典型的是买卖合同。出卖人负担将标的物所有权移转给买受人的义务,原因是买受人负担向其支付价款的义务。给付义务与对待给付义务互为原因,该原因是买卖合同的组成部分。当然,也存在无因负担行为,如票据行为旨在使出票人或者承兑人负担债务,是负担行为,原因存在于基础关系(如买卖合同、借贷合同)中,并非票据行为的组成部分,所以是无因行为。

从法价值看,抽象原则未必妥当。就负担行为与处分行为之关系而论,在负担行为不发生效力的情况下,处分行为依然有效显然不符合当事人的本意。一方面,通常而言,出卖人作出向买受人让与买卖物所有权之意思表示时,是以买卖合同有效为前提的,反之,买受人向出卖人让与价金所有权时,亦然。另一方面,买卖双方在受让买卖物或者价金所有权时也以买卖合同有效为前提:买受人不可能一方面以买卖合同有效为前提让与价金所有权,另一方面不以买卖合同有效为前提受让买卖物所有权。既然以负担行为之有效为处分行为发生效力之前提通常符合双方当事人之本意②,则在法律上将处分行为之效力与负担行为之效力挂钩,未尝不可。

【案例解析】在教学案例4中,《不良资产处置合同》中关于C公司将5000万元债权以2000万元价格转让给D公司的约定是负担行为。据此,C公司负担一项把债权转让给D公司的给付义务,D公司负担一项支付2000万元价款的给付义务。合同中关于债权自

---

① Vgl. Brox/Walker, Allgemeiner Teil des BGB, 44. Aufl., 2020, S. 55.
② 如果当事人明确约定处分行为的效力不以负担行为的有效为前提,则另当别论。此时,处分行为具备意定的抽象性。

价款支付完毕时起移转的约定则是处分行为(附停止条件的处分合意),该约定直接处分了一项既存权利。C公司向B公司发出的债权转让通知不是法律行为,而是准法律行为(观念通知)。

(四) 生前行为与死因行为

死因行为,是指当事人对其死亡后的法律关系予以处置从而于其死亡后才发生效力的法律行为。遗嘱、遗赠皆为死因行为。当事人通过遗嘱既可以对其死亡后的财产关系予以处置,借此发生遗嘱继承、遗嘱信托、捐助等法律效果,也可以对身份关系予以安排,譬如父母通过遗嘱为子女指定监护人。死因行为之外的法律行为皆为生前行为。

【深化与拓展】某些法律行为虽以死亡为条件,却非死因行为。例如,人寿保险合同以被保险人的死亡为给付保险金的条件,但显然不能将其视为死因行为,因为保险合同在被保险人死亡前已经生效,投保人的保险费缴纳义务已经发生。比较容易混淆的是以死亡为条件的赠与,其本质上属于赠与合同,即生前行为,但却以赠与人在受赠人之前死亡为生效条件,看起来十分接近遗赠。与遗赠的区别在于,以死亡为条件的赠与需要赠与人在生前和受赠人达成赠与合意,赠与人死亡后,如果受赠人依然生存,则赠与合同即刻发生效力,无需受赠人另行表示接受赠与。

(五) 其他分类

1. 诺成行为与实践行为

诺成行为是指当事人达成意思表示一致即可成立的法律行为。实践行为亦称要物行为,是指在合意之外,还以物的交付为特别成立要件的法律行为。在我国民法上,绝大多数法律行为是诺成行为,仅保管合同、定金合同以及自然人之间的借贷合同等少数合同是实践行为。

【深化与拓展】实践行为源于罗马法。罗马市民法上的合同类型法定主义导致受诉权保护的合同类型十分有限,为了满足实践需要,罗马法逐渐承认借贷、寄存、质押等法定类型之外的合同在已经交付标的物的情况下可以使交付方取得以返还标的物为内容的诉权。交付之事实是当事人取得诉权的前提。现代民法理论将实践合同的功能定位为赋予当事人在交付前慎重斟酌的机会①,交付推迟了合同请求权发生的时间,是对当事人的保护手段。

2. 有偿行为与无偿行为

有偿行为是指一方当事人负担给付义务以对方当事人负担对待给付义务为前提的法律行为。无偿行为是指一方当事人负担给付义务不以对方当事人负担对待给付义务为前提的法律行为。有偿行为如买卖合同、租赁合同、承揽合同等。无偿行为如赠与合同、借用合同、无偿委托合同。

鉴于无偿行为中的给付义务没有对价,法律上通常优待给付义务人,减轻其注意义务与损害赔偿责任,譬如,无偿受托人或者无偿保管人仅就故意或者重大过失承担损害赔偿责任。此外,就普通赠与合同而言,《民法典》第658条第1款还规定赠与人在赠与财产权利移转之前享有任意撤销权。

3. 要式行为与不要式行为

要式行为是指法律规定或者当事人约定须采用特定形式的法律行为。前者是法定要式行为,后者是意定要式行为。不要式行为是指无需采用特定形式的法律行为。从古代民法到现代民法经历了从法律行为形式强制主义到形式自由主义的演进过程。现代民法中的法律行为以不要式为原则,以要式为例外。我国《民法典》第135条原则上亦采用形式自由主义,除非法律、行政法规特别规定某种法律行为须采用特定形式或者当事人约定法律行为须采用特定形式。所谓形式主要是书面形式,如保证合同、融资租赁合同、保理合同等须采用书面形式。此外,公证、见证也是某些法律行为的形式,如代书遗嘱需要两个以上见证人在场见证(《民法典》第1135条)。

---

① 参见王泽鉴:《债法原理》(2022年重排版),北京大学出版社2022年版,第117页。

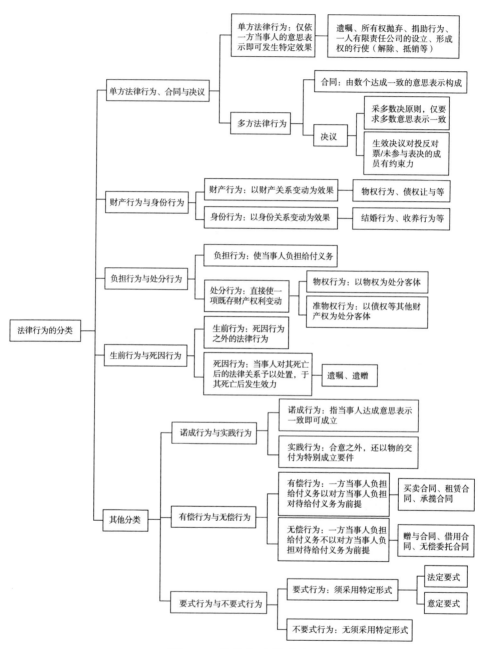

图 9-1　法律行为的分类

第二节　意思表示的构成

教学案例 1：小狒狒饲养员陈某用手机在 A 网店准备购物，选了若干商品放入购物车，其手机开通了小额免密支付功能。陈某将手机放在桌上后离开去处理其他事务，小狒狒随即拿起手机把玩，一通乱点之后帮主人清空了购物车。两日后，商品寄到陈某手中，陈某莫名其妙。陈某与 A 网店之间是否成立买卖合同？

教学案例 2：朱某到银行取款，银行的营业员李某称账户信息需要完善，拿出几张表格让朱某填写，以补充个人信息并且签署知情确认书。李某误在这叠材料中混入一张理财产品申购表，朱某没有细看，在该表格上签名。此后，该表格流转到银行负责理财产品销售的张某手中。朱某是否作出了购买理财产品的意思表示？

教学案例 3：甲把一套房屋出租于乙，租期一年，每月租金 8000 元。一年期满后，乙继续居住，甲未提出异议。甲、乙是否达成续租合意？

教学案例 4：小明进入某"回转寿司"店，就座后，选取了传送带上的 9 盘寿司，吃了 8 盘，放回去 1 盘。小明何时作出了何种意思表示？

教学案例 5：H 大学在教学楼前划定若干自行车停车位，K 同学将自行车停在其中一个停车位上，晚自习结束后发现自行车不翼而飞。K 同学是否有权以 H 大学违反保管合同为由请求其承担损害赔偿责任？

通说认为，意思表示是指表意人将发生特定法律效果的意思表达于外部的行为。意思表示包含主观构成要件（主观要素）与客观构成要件（客观要素）。客观构成要件即表示，至于主观构成要件为何，则存在争议。

一、意思表示的主观构成要件

(一) 学说考察

在19世纪末20世纪初,学界对于意思表示的主观构成要件众说纷纭,为此创造了各种术语。[1] 20世纪早期,德国法学家海因里希·雷曼将意思表示的主观方面划分为行为意思(Handlungswille)、表示意识(Erklärungsbewußtsein)、效果意思(Geschäftswille)。在他看来,行为意思对于意思表示的成立而言不可或缺[2],效果意思则并非不可或缺,因欠缺与表示客观意义一致的效果意思并不导致意思表示不成立,仅使得表意人取得一项撤销权。

所谓行为意思是指决定实施某种行为的意思。欠缺行为意思者,包括无意识状态下的动作,如条件反射引起的肢体动作、梦游中的动作、催眠状态中的言语,也包括身体强制(vis absoluta)下的动作,如被他人强行抓住手在合同书上按指印。表示意识是指关于行为具有表示价值的意识。只要表意人一般性地认识到其行为具有表示价值即可,无需指向特定的表示价值。欠缺表示意识者,如某人以为自己签署的是一封慰问信,但实际上签署的是一份合同。效果意思是指关于发生特定法律效果的意愿。特定法律效果如买卖合同关系的发生、债务的免除。

【深化与拓展】自从赫尔曼·伊塞(Isay)对"特里尔葡萄酒拍卖案"进行探讨之后,表示意识对于意思表示的意义就成为学界争论的焦点。在该教学案例中,一个异乡人在特里尔的一个市场中看见熟人,遂举手打招呼,碰巧此时市场内正举行一场葡萄酒拍卖会,按照拍卖规则,举手意味着提出比上一个报价高100马克的报价,当拍卖师宣布成交时,一无所知的异乡人觉得莫名其妙。赫尔曼·伊塞认为,该案中异乡人的动作应被解释为发出意思表示,理由是:只要表意人意识到或者因过失未意识

---

[1] 详见杨代雄:《法律行为论》,北京大学出版社2021年版,第106页。
[2] Vgl. Heinrich Lehmann, Allgemeiner Teil des Bürgerlichen Gesetzbuches, 2. Aufl., 1922, S. 107.

到从其行为中可以推断出一个特定的意思,即足以构成意思表示。① 也就是说,表示意识并非意思表示的构成要件,有时表意人的过失可以替代表示意识。

对于赫尔曼·伊塞的观点,学界褒贬不一。在20世纪中期的德国民法学界,表示意识肯定说略占上风。在1981年著名的"储蓄所保证案"(BGHZ91,324)中,德国联邦最高法院明确承认在欠缺表示意识时,如果意思表示可归责于表意人,则其成立,因为"意思表示法不仅植基于自决,它还保护表意受领人的信赖以及交易安全"。储蓄所保证案判决对学说产生重要影响,自此以后,表示意识否定说逐渐占据上风,最终成为德国的通说。当代大多数德国民法学者认为表示意识不是意思表示的构成要件,欠缺表示意识时仍可能成立意思表示,但构成错误。②

关于行为意思是否为意思表示的构成要件,目前德国的通说认为行为意思是意思表示的构成要件。不过,也有个别学者认为行为意思不是意思表示的构成要件。按照这种学说,意思表示不需要任何主观要件,在效果意思、表示意识和行为意思都欠缺的情况下,仍有可能构成一项意思表示③,这是意思表示构成问题上的绝对客观说。

在我国台湾地区,目前尚未发现持行为意思否定说者。至于表示意识,持否定说者也未占多数,仅有少数学者主张表示意识并非意思表示不可或缺的要件。④

---

① Vgl. Hans-Joachim Musielak, Zum Verhältnis von Wille und Erklärung, AcP211(2011), S. 782.

② Vgl. Ulf Werba, Die Willenserklärung ohne Willen, 2005, S. 31.

③ Vgl. Ulf Werba, Die Willenserklärung ohne Willen, 2005, S. 164; Detlef Leenen, Ist das so richtig? -Typen von Defiziten der Zivilrechtsdogmatik, JuS 2008, S. 579-580; Nikolaus Brehmer, Wille und Erklärung, 1992, S. 65; Martin Josef Schermaier, in: HKK BGB, vor § § 116-124 Rn. 14; Christof Kellmann, Grundprobleme der Willenserklärung, JuS 1971, S. 614.

④ 表示意识否定说的主要代表包括黄立(参见黄立:《民法总则》,中国政法大学出版社2002年版,第235页)、王泽鉴[参见王泽鉴:《民法总则》(2022年重排版),北京大学出版社2022年版,第341页]、洪逊欣[参见洪逊欣:《中国民法总则》(增订版),1997年自版,第357页]、陈自强(参见陈自强:《民法讲义I:契约之成立与生效》,法律出版社2002年版,第217、218页)。

在我国大陆,已有部分学者持表示意识否定说。① 至于行为意思,我国大陆目前仅有个别学者认为其并非意思表示不可或缺的要件。②

(二) 本书观点

本书认为,意思表示没有不可或缺的主观构成要件。行为意思与表示意识对于意思表示的构成仅具有如下意义:常态意思表示包括行为意思与表示意识这两个主观因素。如果表意人具备行为意思和表示意识,即可判定成立意思表示,这是常态意思表示。如果不具备,则须审查表意人是否因过失作出欠缺行为意思或者表示意识的表示。表意人无过失的,不成立意思表示;表意人有过失的,成立意思表示,这是病态意思表示。如果非要把行为意思与表示意识视为构成要件,那也只能说是常态意思表示的构成要件,而病态意思表示的主观构成要件是表意人的过失。但这三种因素都不是作为属概念的意思表示本身的构成要件,因为它们都是可以欠缺的。

在这种视角下,"意思"之于意思表示概念不再具有以往那样显而易见的重要性,其在意思表示构成上的基石地位被"意义"取代。意思表示归根结底是具备效果意义的表示。与效果意思相比,效果意义是一个更为宽泛的概念。它与效果意思时而重合,时而相悖。无论是否重合,只要存在可归责于表意人的效果意义(表示意义),就构成意思表示,这是效果意义的初步归责。重合与否,只影响效果意义的最终归责:当效果意思与效果意义不一致时,为了维护表意人的意思自决,原则上给其一个消除效果意义的机会,即撤销意思表示的权利,但如果表意人具有很强的可归责性,则为了保护相对人的信赖,可以不给予表意人这样的机会,使与效果意思相悖的效果意义终局性地归责于表意人。

【案例解析】在教学案例 1 中,小狒狒在手机上一通乱点之

---

① 参见朱庆育:《民法总论》(第 2 版),北京大学出版社 2016 年版,第 198 页;梁慧星:《民法总论》(第 5 版),法律出版社 2017 年版,第 176 页;邵建东:《表示意识是否意思表示的要素——德国联邦最高法院储蓄所错误担保案判决评析》,载梁慧星主编:《民商法论丛》(第 17 卷),金桥文化出版(香港)有限公司 2000 年版,第 354—358 页;纪海龙:《走下神坛的"意思"——论意思表示与风险归责》,载《中外法学》2016 年第 3 期。

② 参见纪海龙:《走下神坛的"意思"——论意思表示与风险归责》,载《中外法学》2016 年第 3 期;杨代雄:《意思表示中的意思与意义——重新认识意思表示概念》,载《中外法学》2017 年第 1 期。

后,产生了以陈某名义作出的表意符号(在线订单),该表意符号具有效果意义,但该效果意义与陈某产生联系的过程不受陈某意思的控制,所以属于欠缺行为意思之情形。小狒狒通过手机提交订单是极其罕见的情况,一般人无法预见,所以陈某对此无过失。购买商品的意思表示因欠缺行为意思与可归责性而不成立。当然,如果此前小狒狒已有类似举动,则陈某理应提高警惕,加以防范。否则,其虽欠缺行为意思,但基于其可归责性,仍然成立意思表示。与此不同,如果以行为意思为意思表示的必备主观要件,则本案中小狒狒用手机发出的订单因陈某欠缺行为意思,不成立意思表示。

在教学案例 2 中,朱某以为自己填写和签署的材料都是个人信息采集表和知情确认书。此类材料的填写和签署并非作出意思表示,而是作出观念通知,因此,当朱某签署混入这些材料中的理财产品申购表时,其不知道自己的举动具有表示价值(效果意义),欠缺表示意识。产生具有表示价值的表意符号,是因为银行营业员李某的工作失误,朱某不具有可归责性,所以购买理财产品的意思表示不成立。

二、意思表示的客观构成要件

(一) 表示的概念

意思表示的客观要件是表示。表示并非仅指表意人自愿实施的表示行为,还指任何可以传达意义的符号,包括语言、文字、数字、图形、身体动作、信号、沉默以及智能设备运行等。其中有些符号是当事人自愿行为的产物,包括直接产物,如自愿说出来的话、写出来的字、自愿保持沉默,也包括间接产物,如当事人通过自愿行为给智能设备安装程序,该程序在特定条件下可以运转,向相对人发出某种信号或者作出某种回应。有些符号则是不受当事人意志控制的身体运动、程序运转或者其他因素的产物,比如教学案例 1 中的小狒狒点击手机发出订单。对于表示的构成而言,重要的并非这些符号究竟是否源于表意人的自愿行为,而是在相对人的眼中它们是否表现为表意人自愿行为的产物。一份包含了交易条款和签章的合同书,一份通过互联网传递的电子订单,拍卖会上合乎拍卖规则的举手,依社会一般观念通常会被人们理解为一项自愿行为的产物,除非其明知实际情况并非如此。因此,它们理应被视为构成一项表示,尽管有时它们仅由不受表意人意志控制的举动导致。

作为意思表示的客观要件,表示必须具备特定的效果意义,其中包含约束意义,即从相对人视角看,表意符号具备"表意人愿意受表示内容约束"之意义。约束意义在传统民法理论中被称为约束意思(Bindungswille),有些学者将其视为一个独立的构成要件①,但目前大多数学者则将其包含于效果意思之中。② 相较之下,第二种观点更为可取。完整的效果意思不仅包含表意人关于特定法律关系内容的想法,还包含使该内容(效果)发生法律约束力的决定。欠缺该决定的,意味着表意人的意愿并非终局性的。依受领人视角,只要从外观上看表意人的表示包含了该决定即可。因此,传统民法理论中所谓的约束意思在客观—信赖主义下就是约束意义,它是效果意义的组成部分。是否具备约束意义,是意思表示与很多其他行为的区别所在。

【案例解析】在教学案例5中,H大学在教学楼前划定若干自行车停车位,此项举动并不包含欲订立一项保管合同或者其他合同之意,而只是为了对公用空间进行规划与管理,不构成具备特定效果意义的表示。对于该公用空间,K同学基于其与学校的关系本来就可以合理使用,无需另行订立合同。因此,K同学在停车位上丢失自行车后,无权基于保管合同请求H大学承担违约损害赔偿责任。

(二) 明示表示与默示表示

1. 概念

《民法典》第140条第1款规定:"行为人可以明示或者默示作出意思表示。"这表明,表示既可以是明示的,也可以是默示的。明示的表示是指表意人以语言、文字或者其他符号明确表达特定效果意义。默示的表示,亦称"可推断意思表示"(konkludente Willenserklärung),是指从表意人的某种行为推断出特定效果意义的意思表示。可据以推断出特定效果意

---

① Vgl. Rudolf Leonhard, Der Allgemeine Theil des Bürgerlichen Gesetzbuchs, 1900, S. 456.
② Vgl. Ernst A. Kramer, in: Münchener Kommentar BGB, 5. Aufl., 2007.

义的行为既包括积极的行为(作为),也包括消极的行为(不作为)。前者如顾客在超市收银台出示货物(默示要约)、无权代理情形中被代理人向相对人作出给付(默示追认)、合同转让未经相对人同意但相对人受领了受让人的给付(默示追认)①等。后者即沉默,沉默在某些情形中也具有可推断性。据此,默示意思表示可以分为沉默意思表示与其他可推断意思表示。前者又可以称为消极可推断意思表示,后者可以称为积极可推断意思表示。处分行为一般通过积极可推断意思表示达成。比如让与人将动产交付给受让人,从中可以推断其有意将动产所有权立即移转于受让人。

2. 沉默的意思表示

《民法典》第140条第2款规定:"沉默只有在有法律规定、当事人约定或者符合当事人之间的交易习惯时,才可以视为意思表示。"在《民法典》第140条第2款所承认的沉默意思表示诸类型中,最重要的是法定沉默意思表示。具体包括如下法律规定:

其一,《民法典》第638条第1款。按照该款规定,试用买卖的买受人在试用期内可以购买标的物,也可以拒绝购买,试用期限届满,买受人对是否购买标的物未作表示的,视为购买。

【深化与拓展】试用买卖是一种特殊的买卖。其特殊之处在于:双方当事人虽然已经就买卖合同的基本内容达成合意,但最终可否发生买卖合同的效力,取决于买受人在试用期届满前是否对标的物表示认可(Billigung)。在德国民法上,试用买卖通常被定性为附停止条件法律行为。其条件就是买受人对标的物的认可。② 不过,这种定性未必适当。实际上,试用买卖合同的订立分为两步。买卖双方在第一步达成一项具有约束力的合意,其效力不在于发生买卖合同本身的给付义务,而在于发生与标的物试用相关的权利义务。此项合意是预备性的,其功能是

---

① 参见裕达建工集团有限公司与耒阳市金桥房地产开发有限公司建设工程施工合同纠纷案,最高人民法院(2020)最高法民终724号民事判决书。
② Vgl. Walter Weidenkaff, in: Palandt Kommentar BGB, 79. Aufl., 2020, §454, Rn. 1;〔德〕扬·冯·海因、〔德〕莉迪亚·贝伊:《要约通知与单纯沉默》,王蒙译,载《华东政法大学学报》2016年第2期。

为买卖合同的生效做铺垫。买受人对试用标的物的认可是买卖合同订立过程的第二步,实际上就是关于买卖合同本身的承诺。尽管此前可能已经商定买卖合同的基本内容,出卖人已经通过提供买卖物作出了愿意以特定价格出卖该物的意思表示(要约),但买受人对于是否购买尚未作出终局性的决定,而这种决定恰恰是意思表示的本质属性。买受人的认可具备这种属性,是意思表示,在性质上是一项承诺。该意思表示可以是明示的,也可以是可推断的表示,比如买受人试用之后将货款汇给出卖人。如果买受人在试用期内未作任何积极的表示,按照法律规定,视为认可(购买)。此项沉默的认可具备意思表示的效力。

其二,《民法典》第 685 条第 2 款。按照该款规定,第三人单方以书面形式向债权人作出保证表示,债权人接收且未提出异议的,保证合同成立。其中"未提出异议"即为沉默,法律将此种沉默规定为默示承诺。

其三,《民法典》第 734 条第 1 款。按照该款规定,租赁期限届满后,承租人的"继续使用"与出租人的"没有提出异议"共同导致租赁合同不定期地延续。"继续使用"构成一项基于积极行为的可推断意思表示。"没有提出异议"则是沉默,它与承租人的可推断意思表示相结合,构成"租赁合同续期"这一法律效果的发生原因。

其四,《民法典》第 1124 条第 2 款、《公司法》第 71 条第 2 款第 2 句与《企业破产法》第 18 条第 1 款第 2 句。依《民法典》第 1124 条第 2 款的规定,受遗赠人应当在知道受遗赠后 60 日内,作出接受或者放弃受遗赠的表示,到期没有表示的,视为放弃受遗赠。依《公司法》第 71 条第 2 款第 2 句的规定,股东向股东以外的人转让股权,其他股东自接到书面通知之日起满 30 日未表示是否同意转让的,视为同意转让。此处"视为放弃""视为同意"也是法律明确规定的沉默意思表示。《企业破产法》第 18 条第 1 款第 2 句亦然。

【案例解析】在教学案例 3 中,乙在租期届满后继续居住甲的房屋,据此作出了租赁合同续期的可推断意思表示,甲未提出异议,以沉默的方式作出同意续期的可推断意思表示。因此,甲、乙达成租赁合同续期合意。

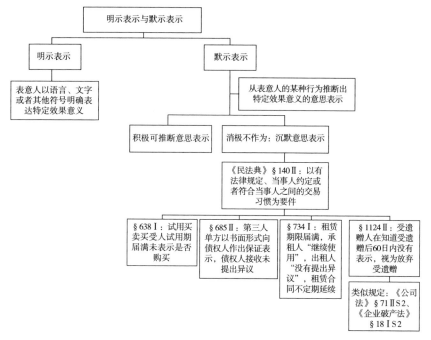

图 9-2 明示表示与默示表示

(三) 关于意思实现与"事实合同"

1. 意思实现

(1) 实证法基础。

意思实现(Willensbetätigung),是一种特殊的意思表示,表意人无需按照意思表示到达规则向相对人作出表示,仅须作出足以表明特定效果意思的行为即可成立意思表示。

按照我国《民法典》第 480 条但书的规定,根据交易习惯或者要约表明可以通过行为作出承诺的,承诺无需以通知的方式作出。按照《民法典》第 484 条第 2 款的规定,此种情形中,受要约人作出相应行为时,承诺生效。此种无需通知、仅须作出相应行为即可生效的承诺在性质上就是意思实现。从比较法看,该款规定类似于《德国民法典》第 151 条。学理上有观点认为,除此种承诺之外,意思实现还适用于其他领域,如所有权抛弃行为。① 据此而论,我国《民法典》第 152 条第 1 款第 3 项中的"以自己的行为表明放弃撤销权"也包含不构成承诺的意思实现。比如,甲因表示错误与乙订立买卖合同,在知道错误之后,甲仍然对乙交付的买卖物进行使用或者处分,即为通过意思实现放弃撤销权。此外,《民法典》第 1142 条第 2 款规定的遗嘱撤回之行为也是意思实现。比如,立遗嘱后,遗嘱人将遗嘱所涉的财产转让给第三人,此项行为构成意思实现,遗嘱因此被撤回。当然,民法理论关注的主要是构成承诺的意思实现。

(2)意思实现的性质。

意思实现在学理上曾被视为与意思表示不同的另一种法律行为。不过,20 世纪中期之后,认为意思实现也是一种意思表示的观点逐渐取得主导地位,最终成为通说。②

通说值得肯定。意思实现在本质上也是一种意思表示,一种无需受领的意思表示。某学者出于赠与意图向学界友人寄送其新出版的一本书,友人收到书后进行阅读并在页面上划线标注,此举足以表明其接受赠与之意,构成意思实现,该意思无需向赠书者表达。没有人会否认秘密订立的遗嘱是一项意思表示,同理,也不应否认撕毁遗嘱、在赠书上划线标注等意思实现构成一项意思表示。二者的共性在于无需向他人表示效果意思。此项属性只能使二者被定性为无需受领的意思表示,不能使二者被"降格"为意思表示之外的法律行为。

(3)意思实现的构成。

构成意思实现,需要符合一定前提。就构成单方法律行为的意思实现而言,仅须依据社会一般观念、交易习惯甚至表意人的个人习惯可以从其行为中推断出具有此类法律行为所需的效果意思,即可将该行为认定为意思实现。就构成承诺的意思实现而言,除上述前提之外,还需要符合如下前提:依据要约人的意思或者交易习惯,承诺无需通知要约人,或者说承诺无需以要约人为指向而发出,当然也无需到达要约人。要约人的意思即放弃"向其作出承诺通知"的意思。要约人既可以在要约中表示该意思,也可以在要约之外另行表示该意思;该意思的表示既可以是明示的,也可以是默示的。例如,在日式"回转寿司"饭店,按照交易习惯,饭店

---

① Vgl. Enneccerus/Nipperdey, Allgemeiner Teil des Bürgerlichen Rechts, 15. Aufl., 1960, S. 899;〔德〕维尔纳·弗卢梅:《法律行为论》,迟颖译,法律出版社 2013 年版,第 89 页。

② Vgl. Medicus/Petersen, Allgemeiner Teil des BGB, 11. Aufl., 2016, S. 167.

将不同价位的寿司装在不同颜色的盘子里自动循环传送到每个饭桌旁,此为饭店的要约。顾客根据需要自取寿司食用,其食用行为构成承诺,此项承诺无需向饭店作出表示,属于意思实现。就餐结束前,饭店根本不关心哪个顾客在什么时刻拿取了哪个盘子。就餐结束后,饭店有权依据已经成立生效的合同请求顾客按照空盘的数量和颜色支付价款。除使用行为之外,构成意思实现的行为还包括对合同标的物予以处分,寄送或者运送合同标的物,支付全部或者部分价款,为履行合同做必要准备,等等。

【案例解析】在教学案例 4 中,小明从回转寿司传送带上取下 9 盘寿司,其食用 8 盘寿司之行为属于意思实现,借此向寿司店作出承诺,双方就 8 盘寿司成立合同。有 1 盘寿司被小明放回传送带,小明没有食用,所以并未以意思实现方式向寿司店作出承诺。

2. "事实合同"

德国法学家京特·豪普特(Haupt)在 1941 年提出"事实合同"理论。此后,西伯特(Siebert)、西米蒂斯(Simitis)、拉伦茨(Larenz)等学者先后发表论著支持"事实合同"理论。该理论认为,在公共交通、能源供应等公共服务领域,当事人之间仅存在事实上的给付提供与给付受领关系,双方并未作出意思表示,没有达成合意。因此,此类关系不应适用意思瑕疵、行为能力等法律行为规则。①

时至今日,"事实合同"理论已被德国法学界放弃。拉伦茨虽曾支持该理论,但在其后期著作中也不再支持。"事实合同"关系已被重新定位。公共交通等领域的给付关系被重新建立在合同的基础上,公共服务提供方与顾客之间通过要约、承诺订立合同,意思表示仍然不可或缺,只是经常采用默示意思表示或者意思实现的方式。② "事实合同"理论实属多余,不足采纳。

---

① 具体内容详见〔德〕维尔纳·弗卢梅:《法律行为论》,迟颖译,法律出版社 2013 年版,第 111—113 页。
② Vgl. Christian Armbrüster, in: Erman Kommentar BGB, 15. Aufl., 2017, Vor § 145 Rn. 42.

第三节　意思表示的发出与到达

教学案例1：甲到市场购鱼，在乙的摊位前询问了带鱼的价格，恰巧听到隔壁摊位老板丙向顾客丁告知带鱼报价。甲顿觉物美价廉，随即转身对丙高声宣称购买两条带鱼。埋头干活的乙也听到甲的言语，以为甲欲向其购买带鱼，答应了一声"好嘞"。甲、乙间是否成立合同？甲、丙间是否成立合同？

教学案例2：A公司与B公司磋商订立合同，A公司在合同上签章后将其寄送给B公司被授权负责此项交易的王经理，收件地址为B公司总部。8月5日晚上7点半，快递员将合同书送至B公司总部，门卫签收快件。B公司的下班时间为下午5点。当晚9点，A公司被授权负责此项交易的肖经理通过微信以文字告知王经理，称A公司暂时不想订立此项合同，所以当天寄给B公司的合同书作废。A公司与B公司之间的此项合同是否成立？

教学案例3：甲将房屋出租给乙，租期1年，自3月1日起算。乙居住3个月后，发现房屋下水道经常堵塞，电路也频出故障，多次要求甲维修，但一直未能彻底解决问题。双方为此争吵不休。乙于6月15日给甲留了一条微信语音，前半段基本上在发泄情绪，其中包含几句辱骂，后半段表明立场，宣布依法终止租赁合同，一星期后就搬走。甲当天看到了该条语音，但听了一半后感觉不堪入耳，遂中断语音播放，所以没听到乙宣布终止合同。租赁合同是否因乙行使解除权而终止？

一项表示符合意思表示构成要件的，意思表示即告成立。至于该意思表示何时生效，则是另一个问题。意思表示的成立时点与生效时点可能重合，也可能分离。从意思表示成立到为他人所知悉，通常存在时间差。究竟以哪个时点作为意思表示的生效时点，涉及风险分配，包括意思表示丢失、延误或者错误等风险的分配。通常而论，生效时点越靠近成立时点，表意人的风险越小；反之，生效时点越靠近知悉时点，表意人的风险越大。不同类型的意思表示，当事人的利益状况有所不同，所以，意思表示生效的时点应区别对待。

一、有相对人的意思表示与无相对人的意思表示

意思表示可以分为有相对人的意思表示与无相对人的意思表示。前者是指向相对人作出的意思表示,在民法文献中经常被称为需受领的意思表示(empfangsbedürftige Willenserklärung);后者是指并非向某个相对人作出的意思表示,在民法文献中经常被称为无需受领的意思表示。① 有相对人的意思表示造就了一种可能影响相对人利益的法律状态,因此,必须给予相对人知悉的机会,以便有所应对。受领即意味着获得知悉意思表示之机会。要约、追认、解除合同之表示皆为有相对人的意思表示。无相对人的意思表示不存在需要了解该意思表示的相对人,所以无需受领。遗嘱、捐助表示、抛弃动产所有权之表示皆为无相对人的意思表示。如果将悬赏广告定性为单方法律行为,则其亦属于无相对人的意思表示。② 反之,如果将悬赏广告定性为要约,则其属于有相对人的意思表示。我国《民法典》采要约说。

有相对人的意思表示可以分为对话的意思表示与非对话的意思表示。对话的意思表示亦称对在场人的意思表示,是指以面谈、电话、网络语音或者视频通话等即时交流方式作出的意思表示。非对话意思表示亦称对不在场人的意思表示,是指以书面文件、信函、电子邮件、手机短信、微信留言等非即时交流方式作出的意思表示。

区分有相对人的意思表示与无相对人的意思表示之意义在于,两种意思表示在是否需要到达、发出的认定标准、可否被撤回以及解释原则等方面存在差别。

二、意思表示的发出

(一)无相对人的意思表示的发出

无相对人的意思表示不需要向相对人作出,只要表意人完成表示,意思表示即已发出。《民法典》第138条对此予以明文规定。此处所谓完成

---

① Vgl. Jörg Neuner, Allgemeiner Teil des Bürgerlichen Rechts,12. Aufl., 2020, S. 375.
② 参见〔德〕迪特尔·梅迪库斯:《德国民法总论》,邵建东译,法律出版社2000年版,第204页。

表示,是指表意人形成效果意思并将其以口头、书面等形式终局性地表达于外部。例如,被继承人起草一份书面遗嘱并在其上签名。

无相对人的意思表示一经发出,即发生效力。意思表示的成立、发出与生效在时点上重合。

(二) 有相对人的意思表示的发出

就有相对人的意思表示而论,表意人仅将效果意思表达于外部,尚不构成意思表示的发出。实际上,此项表达也不构成作为意思表示客观要件的表示,仅有此项表达不足以成立意思表示。有相对人的意思表示是向相对人作出的意思表示,其在本质上是表意人与他人进行法律交往的手段。因此,作为意思表示客观要件的表示不能仅仅是"将效果意思表达出来",还必须具有指向性,即"向某人表示"。惟其如是,意思表示才有对他人发生作用的可能性,成为法律交往的媒介。将效果意思以文字方式输入电脑或者写在纸上,尚不构成有相对人意思表示之表示,直至表意人将此类文本向相对人发出之时,才构成表示,意思表示于此时成立。从这个意义上说,完成表示、意思表示的成立与意思表示的发出是同一个法律事实。[①]

与无相对人的意思表示相比,有相对人的意思表示之特殊性并不在于区分完成表示与意思表示的发出,而是在于何时完成表示之认定标准。总的来说,有相对人的意思表示之发出(完成)是指表意人将其效果意思表达于外部并使该表达以通常可到达受领人的方式向受领人方向运动。

1. 对话的意思表示

对话的意思表示采用"面对面"或者"口对耳"的即时交流方式,表意人使用的表意符号是语音、动作、信号等。只要表意人向相对人发出在交流情境中可被相对人的听觉、视角或者其他感官功能立即识别的表意符号,即构成意思表示的发出。甲在十分嘈杂的环境中用手机打电话通知乙解除合同,乙听不清楚,则甲的解除表示未被发出。

【案例解析】在教学案例 1 中,丙的报价不构成对甲的要约,因为丙未向甲发出意思表示。同理,甲的购买表示并非向乙

---

① 梅迪库斯与佩特森认为,意思表示发出之功能在于成立意思表示。Vgl. Medicus/Petersen, Allgemeiner Teil des BGB, 11. Aufl., 2016, S. 120.

发出,不构成对乙的要约。即便采用规范性解释,埋头干活的乙在当时情境中也没有理由仅凭声音将甲的言语理解为向其发出购买表示,所以甲、乙之间不成立合同。甲的购买表示构成对丙的要约,由于丙未向甲作出承诺,所以甲、丙间不成立合同。

【深化与拓展】有疑问的是,表意人向在场者直接递交包含效果意思的纸条,是否为对话的意思表示。学理上对此存在肯定说①与否定说②之分歧。此项争论的主要意义在于,如果将此种情形定性为对话的意思表示,则在其构成要约的情况下,相对人必须即时作出承诺;反之,如果将其定性为非对话的意思表示,则相对人的承诺须在合理期限内到达表意人。就此,不可一概而论,如果表意人直接递交给相对人的纸条呈打开状态,相对人接收之后直接就能看到纸条内容,可以即时作出回应,则与表意人向相对人说话并无本质区别,理应将此种情形视为对话意思表示。如果递交的纸条被折叠甚至装在信封之中,则纸条内容未必可被相对人的视觉立即识别,在相对人忙于处理其他事务的情况下,尤为如此。此时,将递交纸条视为非对话意思表示更为妥当。若纸条内容构成要约,承诺到达的合理期限可以根据个案具体情况予以裁量。

2. 非对话的意思表示

非对话的意思表示需要通过某种信息渠道传递,从意思表示的发出到其被相对人知悉需要经过一段时间。表意人将意思表示送上信息传递渠道,即为发出意思表示。就口头表示而论,可以通过传达人(使者)进行传达,也可以通过手机语音信箱留言、微信语音留言等现代电子传媒手段传递口头表示。以传达为例,表意人向传达人表达了其效果意思并指示传达人将该意思传达给相对人,即为发出意思表示。③ 微信语音留言时手指按住说话框说完话后松手即为发出意思表示。就通过信函作出意思表

---

① Vgl. Brox/Walker, Allgemeiner Teil des BGB, 44. Aufl., 2020, S. 73(§7 Rn. 6);参见朱庆育:《民法总论》(第2版),北京大学出版社2016年版,第201页。
② 参见王泽鉴:《民法总则》(2022年重排版),北京大学出版社2022年版,第349页。
③ Vgl. Reinhard Bork, Allgemeiner Teil des Bürgerlichen Gesetzbuchs, 4. Aufl., 2016, S. 238.

示而论,表意人将贴好邮票的信函投入邮筒或者交给邮局窗口工作人员即为发出意思表示。表意人委托亲友传递或者寄送信函,也构成意思表示的发出。① 如果通过电子邮件作出意思表示,则写完邮件内容及收件人邮箱地址后点击发送按钮即为发出意思表示。

【深化与拓展】脱手的意思表示是否构成意思表示的发出,从而是否成立意思表示,不无疑问。例如,甲拟了一份书面要约,置于桌面上,但尚未决定是否向乙发出,甲之秘书以为甲已经决定发出,遂将该要约寄送给乙。目前德国主流学说认为,脱手的意思表示应与欠缺表示意识作相同处理,在表意人具有可归责性的情况下,意思表示成立,但表意人有权撤销意思表示。② 当然,也有不少学者持反对说。比如,诺依纳认为,脱手的意思表示的表意人根本不想启动与他人的社会交往过程,意思表示因欠缺交流意思而不成立。③

究其本质,在脱手的意思表示到达相对人的情形中,从相对人的视角看,其收到的函件具备特定的效果意义,符合意思表示的客观要件。此项效果意义的产生并非表意人自由意志支配的行为所致。在上例中,甲之秘书擅自寄送函件的举动如同甲自身无意识的肢体动作,甲对此欠缺行为意思。因此,所谓脱手的意思表示实际上是在欠缺行为意思的情况下作出表示,而非在欠缺表示意识的情况下作出表示。如果表意人对此具有可归责性,则意思表示成立,但属于错误的意思表示,表意人享有撤销权;否则,意思表示不成立。

(三) 意思表示发出的法律意义

无相对人的意思表示以发出为生效时点,已如前述。就有相对人的意思表示而言,意思表示的发出也有一定的法律意义。有时意思表示的效力判断以其发出的时点为准。例如,意思表示发出后,表意人死亡或者丧失行为能力,不影响意思表示的效力,因为在意思表示发出时,表意人

---

① 参见王泽鉴:《民法总则》(2022年重排版),北京大学出版社2022年版,第346页。
② Vgl. Reinhard Singer, in: Staudinger Kommentar BGB, 2017, Vor §§116-144 Rn. 49.
③ Vgl. Jörg Neuner, Allgemeiner Teil des Bürgerlichen Rechts,12. Aufl., 2020, S. 367-368.

已经完成意思决定,此时表意人尚未死亡且具有行为能力,有资格作出意思决定。

此外,表意人是否存在意思瑕疵,也以意思表示发出之时为判断时点。例如,甲向乙寄出书面承诺后,乙的销售员丙在与甲电话沟通时称甲所采购的设备将会获得政府补贴,而实际上根本不存在此类补贴政策。即便甲当时信以为真,事后也无权以受欺诈为由撤销合同,因为其发出意思表示时并未因欺诈而陷于错误,丙虚构的信息并未对甲的意思决定造成影响。

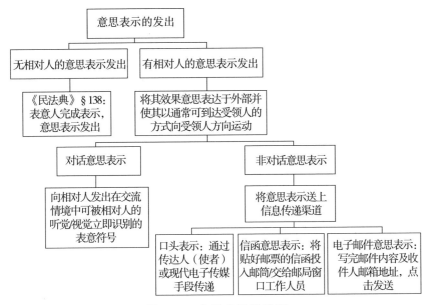

图 9-3 意思表示的发出

三、意思表示的到达

（一）意思表示生效的时点:到达主义与了解主义

有相对人的意思表示究竟于何时生效,理论上有不同选择。发出主义显然不符合有相对人的意思表示之本质,仅发出尚不足以给相对人了解意思表示的机会,所以意思表示不应在此时即发生效力从而给相对人的利益状况造成影响。了解主义(知悉主义)以相对人了解意思表示的内容时为意思表示生效时点,其缺陷比较明显。一方面,相对人究竟何时了解意思表示的内容,通常难以查明,导致意思表示生效时点具有很大的不确定性。另一方面,就非对话意思表示而言,从意思表示发出到相对人了解其内容,需要经过多个环节,存在意思表示到达失败、到达迟延、未被了解、了解迟延等风险。其中有些风险处于相对人支配领域之内,了解主义使此类风险也由表意人承担,显然有失公平。

因此,着眼于风险的合理分配,非对话意思表示应当以意思表示的发出与了解之间的一个时点为其生效时点,此即意思表示到达相对人之时。到达之前的风险被称为意思表示的传递风险或者运送风险,鉴于意思表示的传递方式与途径由表意人选择,所以由表意人承担传递风险比较合理。到达之后的风险可称为了解风险,鉴于意思表示已经进入相对人的支配领域,所以了解风险理应由相对人承担。

我国《民法典》第 137 条第 2 款对于非对话意思表示采用到达主义,意思表示自到达相对人时发生效力。《民法典》第 474 条、第 484 条第 1 款、第 565 条第 1 款第 2 句、第 568 条第 2 款关于要约、承诺、解除表示、抵销表示等意思表示也明确规定采用到达主义。

【深化与拓展】比较特殊的是对话意思表示。当事人采用即时交流方式作出意思表示,从意思表示的发出到了解,几乎没有中间环节,不存在运送风险。实际上,交流过程中的风险集中于意思表示的了解环节。表意人发出意思表示后,表意符号立即呈现在相对人的感官之前。相对人可能全面、正确地理解表意符号的意义,也可能忽视某个表意符号或者不理解、不正确理解其意义。法律上必须对此类了解风险予以合理分配,据此决定对话意思表示的生效时点。主流学说对此采用了解主义,认为对话意思表示自其被相对人通过感官了解时起生效。[1] 不过,很多学者主张对了解主义予以限制,认为在因表意人不可知晓的事由(如相对人注意力不集中)导致相对人未了解或者未正确了解意思表示的情况下,不应当由表意人承担风险。根据此种相对了解主义,对话意思表示在表意人可以合理地相信其已被相

---

[1] Vgl. Jörg Neuner, Allgemeiner Teil des Bürgerlichen Rechts, 12. Aufl., 2020, S. 381.

对人正确了解时生效。① 如果对话的时候相对人明显已经处于因严重醉酒等原因导致的暂时无意识状态,则表意人不能合理地相信意思表示已被相对人正确了解,意思表示未生效。

从文义上看,我国《民法典》第137条第1款对于对话意思表示采用了解主义。鉴于了解主义对表意人过于苛刻,应当基于法律目的考量,将该款中的"相对人知道其内容"解释为表意人在当时情境中可以合理地相信相对人已经知道意思表示的内容。易言之,此处所谓"知道"与其说是事实上的知道,毋宁说是规范性的知道,与意思表示的规范性解释异曲同工。

(二) 意思表示到达的认定标准

到达是指意思表示进入相对人(受领人)的支配领域,且通常可被相对人知悉。

1. 意思表示必须进入相对人的支配领域

支配领域通常是空间意义上的,如相对人的住宅、经营场所、信箱等专属空间。通过现代通信手段传递意思表示的,电子邮箱、手机短信列表、语音信箱、微信账户等虚拟空间也是相对人的支配领域。

支配领域也包括相对人的社会关系。有时意思表示被传递给与相对人具有特殊关系的人,也被视为进入相对人的支配领域。此处所谓具有特殊关系的人是指受领代理人、受领使者(受领传达人)等中间人,他们被视为相对人的"活信箱"。受领代理人包括法人的法定代表人、自然人的法定代理人、意定代理人。他们享有意思表示的受领代理权,对意思表示受领的效果当然归属于被代理人。因此,意思表示进入公司法定代表人的信箱或者电子邮箱等同于进入公司的支配领域。受领使者包括相对人授权受领意思表示的人,也包括依据交易观念通常可被视为有权受领意思表示的人。实践中,后者更为常见。究竟可否将某人视为有权受领意思表示的人,需要考量意思表示的形式、重要性、机密性以及该人的年龄、与相对人的关系远近等因素。

【深化与拓展】书面意思表示被递交给相对人的办公室职

---

① Vgl. Jürgen Ellenberger, in: Palandt Kommentar BGB, 79. Aufl., 2020, § 130 Rn. 14.

员、成年家庭成员、长期雇用的佣人,接收地点是相对人的营业场所或者住宅的,从空间的视角看意思表示即已进入相对人的支配领域。接收地点是相对人的营业场所或者住宅以外其他地方的,上述人员通常可被视为书面意思表示的受领使者。至于上述人员可否被视为口头意思表示的受领使者,主要取决于意思表示的重要性。如果非对话的口头意思表示涉及十分重要的事务,原则上应当由表意人的传达人向相对人本人传达,除非情况急迫,才可以向与相对人关系至为密切的人传达。

如果意思表示被递交给不能被视为受领代理人或者受领使者的中间人(如邻居、临时干活的工匠),则该中间人应视为表意人的传达人,即表示使者。表示使者接收意思表示时,该意思表示并未到达,直至被传达给相对人时,才构成到达。因此,表意人须承担意思表示的传递风险。反之,如果中间人是受领使者,则由相对人承担意思表示到达后的内部传递风险。

2. 意思表示通常可被相对人知悉

意思表示进入相对人支配领域仅使相对人获得知悉的抽象可能性,此种可能性尚不足以构成意思表示到达。认定意思表示到达也需要在一定程度上考虑相对人的利益,因此,仅在通常可以期待相对人当时知悉意思表示的情况下,才构成到达。记载意思表示的信件被扔进相对人住宅的院子里,尽管此处属于相对人的支配领域,但除非相对人或者其家人恰巧看到该信件,否则不能合理地期待相对人知道该信件已进入其住宅。因此,在该信件事实上被发现之前,意思表示并未到达。书面意思表示在下午较晚的时候才被投入相对人的家庭信箱,原则上应以次日早晨为到达时间。书面意思表示被投入相对人的工作信箱,但当时相对人已经下班,意思表示到达的时间应为下一个工作日。

意思表示由受领使者接收的,在通常可期待受领使者将意思表示传递给相对人时,意思表示到达。例如,相对人下班回到家时,其家属通常应将意思表示传递给他。

【深化与拓展】意思表示的到达也涉及语言风险问题:进入相对人支配领域的意思表示如果使用了相对人尚未掌握的语

言,是否影响意思表示的到达？如果意思表示使用的语言是谈判中或者合同中使用的语言,则应由相对人承担语言风险,表意人可以期待相对人能够理解以此种语言作出的意思表示。双方当事人之间事先没有合同而且也没有谈判的,语言风险由谁承担取决于可否合理期待相对人掌握此种语言。表意人与相对人身处两个国家的,如果意思表示使用相对人所在国的通用语言,则可以合理期待相对人能够理解意思表示,无需为其留出翻译时间;反之,如果意思表示使用表意人所在国的通用语言或者第三国语言,则通常不可合理期待相对人能够理解意思表示,在认定意思表示到达时须为其留出翻译时间。

按照《民法典》第137条第2款的规定,以非对话方式作出的采用数据电文形式的意思表示,相对人指定特定系统接收数据电文的,该数据电文进入该特定系统时生效;未指定特定系统的,相对人知道或者应当知道该数据电文进入其系统时生效。当事人对采用数据电文形式的意思表示的生效时间另有约定的,按照其约定。其中所谓数据电文包括电子邮件、微信留言、传真等。该款对于相对人是否指定接收系统予以区别对待,值得肯定。不过,即便相对人指定接收系统,也不应一概以数据电文进入该系统的时间作为意思表示到达时间。如果相对人是法人或者非法人组织,数据电文在营业时间结束后才进入指定系统,则不能合理期待相对人知悉意思表示,不应以此时为准认定意思表示到达,而应以下一个工作日为到达时间。在相对人未指定接收系统的情况下,其何时应当知道数据电文进入其系统,需要依据社会一般观念、交易习惯并结合个案情形予以判断。①

无论何种形式的非对话意思表示,如果相对人实际知悉意思表示的时间早于其通常可以知悉意思表示的时间,则应以前者为意思表示的到达时间。② 例如,相对人半夜醒来时看到了以手机短信、微信、电子邮件等方式发来的意思表示,应以此时为到达时间。

【案例解析】在教学案例2中,B公司的门卫是B公司的受

---

① 详见杨代雄:《法律行为论》,北京大学出版社2021年版,第187页。
② Vgl. Jürgen Ellenberger, in: Palandt Kommentar BGB, 79. Aufl., 2020, §130 Rn. 5.

领使者。其在8月5日晚上7点半签收快件时,A公司订立合同的意思表示进入B公司的支配领域,但当时B公司已经结束营业,只能合理期待其于次日上班时将快件转交给王经理,所以应以次日开始营业的时间为意思表示到达时间。肖经理当晚9点给王经理微信留言,意在撤回缔约意思表示,该撤回表示(撤回通知)立即进入王经理(B公司的代理人)的支配领域。如果王经理次日上班前已经看到该微信留言的内容,则其看到时撤回表示到达B公司。否则,撤回表示于次日营业时间开始时到达B公司。因此,A公司撤回表示先于缔约意思表示或者与其同时到达B公司,缔约意思表示不发生效力,双方合同不成立。

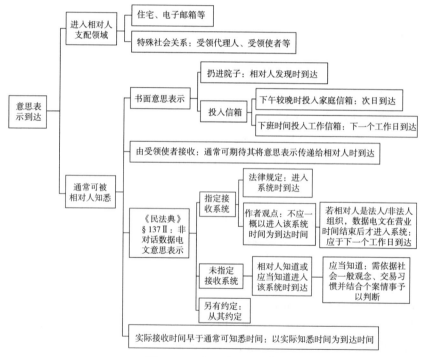

图9-4 意思表示到达

(三) 意思表示到达障碍

所谓到达障碍,是指意思表示因相对人的行为或者其支配领域内的其他原因而没有到达或者迟延到达。

1. 相对人拒绝受领

有时相对人会拒绝接收书面意思表示或者拒绝倾听口头意思表示。对此,需要区分两种情形。

其一,相对人有权拒绝,即有正当理由拒绝受领的,意思表示未到达。例如,表意人采用邮资到付的方式寄送书面意思表示,但依法律规定、合同约定或者交易习惯本应由表意人承担意思表示到达费用的,相对人有权拒绝接收邮件;口头意思表示包含侮辱性语言,所以相对人中断播放语音留言。在此类情形中,表意人须重新尝试使意思表示到达相对人。

其二,相对人无权拒绝,即无正当理由拒绝受领的,意思表示视为已经到达。到达时间是未发生拒绝受领的情况下意思表示本应到达的时间。此为意思表示的拟制到达,表意人无需重新寄送或者发送意思表示,相对人须为其无理拒绝承担不利后果。

【案例解析】在教学案例3中,甲出租给乙的房屋存在瑕疵且修复未果,乙享有解除权。乙通过微信语音留言向甲发出解除表示,该表示立即进入甲的支配领域,但由于语音前半段包含辱骂语句,甲有权拒绝受领。甲中断语音播放即为拒绝受领,乙的解除表示因此未到达,租赁合同未被解除。

2. 其他到达障碍

除拒绝受领之外,相对人方面还可能由于缺乏适当的受领设施而导致意思表示未能到达或者未能及时到达。例如,表意人正确填写了相对人的邮寄地址,但相对人当时没有信箱且邮递员无法直接将信件投入相对人住所;相对人搬离原住所但未及时告知表意人住址变更,导致邮递员未能及时将信件交给相对人;相对人的电子邮箱、微信等收件系统故障或者被限制使用,导致包含意思表示的数据电文未能进入该收件系统。

依通说[1],存在上述到达障碍时,表意人须重新尝试寄送或者发送意思表示,否则,意思表示未到达。在表意人重新尝试寄送或者发送意思表示后,意思表示进入相对人支配领域的,该意思表示视为在如下时

---

[1] Vgl. Arnd Arnold, in: Erman Kommentar BGB, 15. Aufl., 2017, §130 Rn. 30.

间到达；如果第一次寄送或者发送成功，其本应到达的时间。相对人须为其支配领域内的到达障碍承担风险，即便意思表示迟延进入其支配领域，亦不构成到达迟延。

(四) 意思表示到达的特殊情形

1. 向不完全民事行为能力人作出意思表示的到达

(1) 相对人为无民事行为能力人。

无民事行为能力的相对人不具备知悉意思表示的能力，不能够依据意思表示的内容作出合理的回应和安排，所以，其本身无受领能力，必须由法定代理人为其受领意思表示。意思表示自到达法定代理人时发生效力，到达之效果归属于无民事行为能力的相对人。无民事行为能力人虽无受领能力，但可被法定代理人指定为受领使者。

(2) 相对人为限制民事行为能力人。

相对人为限制民事行为能力人的，其具备限制受领能力，可以受领使其纯获法律上利益的意思表示以及与其意思能力相应的意思表示。对于超出其意思能力范围的意思表示，经法定代理人同意的，亦可受领。除此之外，意思表示应由法定代理人受领。

2. 向登记机关作出意思表示的到达

抛弃不动产所有权须由所有权人向不动产登记机关作出抛弃意思表示。不动产登记机关虽非相对人，但抛弃意思表示亦须到达登记机关才发生效力。到达的细节问题准用关于有相对人意思表示到达之规则。

3. 意思表示到达的替代

个别情形中，可以借助法院的行为实现意思表示到达之效果。例如，一方当事人欲行使解除权，但不知道合同相对人的确切地址，无法以私人方式传递解除合同的意思表示，可以向法院诉请解除合同，由法院依据《民事诉讼法》第95条的规定公告送达诉讼文书，在实体法效果上相当于解除意思表示到达相对人。

(五) 意思表示的到达与撤回

意思表示可以撤回，但撤回表示必须在意思表示到达之前或者与其同时到达相对人。由于此时相对人尚未对意思表示产生信赖，所以意思表示因撤回而不发生效力。

第四节　意思表示的解释

教学案例 1：某网店在脐橙销售页面上显示"4500 斤脐橙 26 元",引来众多网购者疯狂下单,累计接收 3 万多个订单后,网店中止销售并声明价格标示错误,本意为"4500g 脐橙 26 元"。该网店与网购者是否因 3 万多个订单成立买卖合同？合同价格几何？

教学案例 2：甲、乙订立的合同约定,甲方不交付标的物或者交付标的物有瑕疵拒不整改的,须向乙方支付 200 万元违约金。事后,甲虽交付标的物,但迟延了一个月。合同未针对迟延交付约定违约金。乙是否有权请求甲支付 200 万元违约金？

一、意思表示解释的概念与功能

(一) 意思表示解释的概念

意思表示解释包括狭义意思表示解释与补充性意思表示解释。狭义意思表示解释亦称简单解释(einfache Auslegung)或者阐明性解释,是指通过文义解释、体系解释等方法确定表意符号的意义。补充性意思表示解释是指在意思表示存在漏洞的情况下基于法律行为目的、诚信原则等对其进行漏洞填补。

(二) 意思表示解释的功能

(狭义)意思表示解释的功能不仅在于通过解释确定一项意思表示的内容,还包括通过解释判定一个符号(言语、文字、图形、动作、沉默)是否构成意思表示。我国《民法典》第 142 条第 1 款规定有相对人意思表示的解释目标是"确定意思表示的含义"。仅从文义上看,该款所谓的意思表示解释似乎仅限于对一项已经成立的意思表示,通过解释确定其内容。不过,如果将意思表示解释的功能限定于此,显然不能满足法律实践的需要。在一个涉及法律行为的案件(通常是合同案件)中,裁判者首先需要判断当事人是否作出意思表示,这是案件处理的第一步。在认定意思表示成立之后,才能通过解释确定该意思表示的内容,这是案件处理的第二步。在第一步中,裁判者关于意思表示是否成立的判断实际上也是一项解释工作。此项判断无非是审查当事人积极或者消极的举动是否符合意思表示的构成要件。

二、意思表示解释与合同解释的关系

合同解释在本质上是对合同中的意思表示进行解释。如果说合同解释存在特殊性,则其特殊之处在于:其一,合同解释的对象是数项意思表示,所以存在数个解释;其二,作为合同解释对象的意思表示是有相对人的意思表示,而且大多数合同涉及利益交换关系,所以解释时侧重于相对人视角,以信赖保护为导向;其三,就目的解释而论,合同解释通常依据各方当事人的共同目的而非一方当事人的目的。以上特殊性并不意味着合同解释区别于意思表示解释,而是意味着其区别于单方法律行为中的意思表示解释。在理论上只应区分单方法律行为中的意思表示解释与多方法律行为中的意思表示解释,不应区分合同解释与意思表示解释,二者不构成对称关系。

《民法典》第466条第1款规定:"当事人对合同条款的理解有争议的,应当依据本法第一百四十二条第一款的规定,确定争议条款的含义。"这表明《民法典》立法者未区分合同解释与意思表示解释,将二者视为一个问题。

三、意思表示解释的原则

(一) 无相对人的意思表示解释原则

无相对人的意思表示采用主观解释原则,仅以表意符号的主观意义为准。因为此类意思表示既无相对人,则不涉及信赖保护,当然应贯彻私法自治原则,以表意人赋予表意符号的主观意义作为意思表示的内容,使法律行为的效果完全取决于表意人的意愿。《民法典》第142条第2款中的"确定行为人的真实意思"即为主观主义的体现。主观解释也被称为自然解释。

(二) 有相对人的意思表示解释原则

1. 《民法典》第142条第1款解读

按照《民法典》第142条第1款的规定,有相对人的意思表示的解释,应当按照所使用的词句,结合相关条款、行为的性质和目的、习惯以及诚信原则,确定意思表示的含义。可以肯定,主观解释原则与客观解释原则共同构成《民法典》第142条第1款的规范内核。首先,该款仅规定意思表示解释的目标是确定意思表示的含义。从逻辑上看,意思表示的含义既包括表意符号的客观意义,也包括表意人所理解的意义,即主观意义。其次,该款中的"习惯以及诚信原则"并不能表明有相对人的意思表示解释仅以客观意义为准。在解释有相对人的意思表示时,出于对相对人信赖保护的考虑,固然应优先考虑表意符号的客观意义,但在特定前提下,表意人赋予表意符号的主观意义仍然可以成为意思表示的内容。比如,尽管表意符号的客观意义与表意人所赋予的主观意义不同,但相对人也赋予该表意符号相同的意义,或者基于其他线索知道该主观意义的,应以该主观意义作为意思表示的内容(自然解释)。在传统民法理论上,双方当事人一致赋予表意符号不同于客观意义的主观意义,被称为"误载无害真意",亦称"错误表示无害"。

2. 规范性解释

客观解释通常被称为规范性解释(normative Auslegung)、受领人(相对人)视角解释。在很多文献中,这种解释也被称为客观—规范性解释。[1] 之所以如此,是因为客观解释的目标是探究相对人对表示意义的应有理解。"应有"意味着包含评价因素的应然判断,相对人应有的理解是一种标准理解。相应地,以这种理解为准所确定的表示意义就是一种标准意义或者说规范性意义。[2]

所谓标准理解,通常被描述为理性人对表意符号的理解。因此,规范性解释通常也被称为理性人视角下的解释。准确地说,应当称之为具体情境中的理性人视角。所谓理性人是指一个具备中等程度心智能力、知识和经验的人。他是一个假想的标准人,或者说是一个常规的人的模型。"理性人"前面应当加上具体限定。首先,必须是某种类型的理性人,比如理性的商人、理性的特殊行业从业者、理性的消费者。各种类型的理性人具备该类型人士的中等能力与智识。其次,无论何种类型的理性人,均应被置于实施法律行为的具体情境之中。理性人对该具体情境的认知构成其理解表意符号的视域。因此,从理性人视角探究表意符号的应有意义,必须考察个案中相对人在实施法律行为时究竟处于什么样的具体情境之中。只有将理性人置于与特定相对人同样的位置,二者才具有可比性,解释意思表示时才能正当地以前者为标准衡量后者。考虑具体情境

---

[1] Vgl. Reinhard Singer, in: Staudinger Kommentar BGB, 2017, §133 Rn. 3.
[2] 有疑问的是,意思表示的规范性解释是否仅限于客观解释,或者说,其是否具有比客观解释更为宽泛的含义。认为规范性解释包括客观相对人视角与主观相对人视角(例外)的观点详见杨代雄:《法律行为论》,北京大学出版社2021年版,第220页。

并不否定解释视角的客观性,因为作为解释标尺的仍然是具有一定抽象性的理性人的能力与智识,而非特定相对人个别化的能力与智识。

理性人是一个虚拟的主体,因此,理性人对表意符号的理解是一种拟制的理解。完成这种拟制一方面需要描述被选定的理性人究竟是一个什么样的人,其具备什么样的能力与智识,另一方面需要考察具备此种特性的理性人究竟在什么样的情境下理解表意符号。

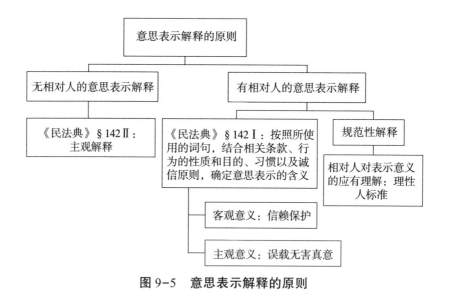

图 9-5 意思表示解释的原则

【**深化与拓展**】理性人标准的相关考量因素如下:

(1)涉及理性人主体特性的因素。

理性人通常属于某一群体类型,因此,描述其特性需要重点考察如下因素:

其一,该群体类型对系争交易类型的熟悉程度。如果系争交易的专业性比较强,涉及诸多技术问题和专业术语,理性人所属群体类型在总体上对此比较陌生,则该理性人的理解能力不应被高估。

其二,该群体类型在一般交易领域的沟通、理解能力。如果系争交易并非特殊行业中的专业性较强的交易,则只须考察理性人所属群体类型在一般交易领域的沟通、理解能力之平均水准。具备此种水准的理性人在从事各种普通交易时足以对表意符号形成正确理解。

其三,该群体类型对于交易所用语言的掌握程度。相对人是外国人的,意思表示所用语言通常不是相对人的母语,规范性解释的理性人标准应当考虑境内外国人通常具备的语言能力。个别外国人的语言能力达不到平均水准的,不应以其实际具备的语言能力为准解释意思表示,其须承担意思表示解释上的语言风险。

(2) 交易情境中的一般因素。

交易情境由诸多因素构成,比较一般的因素主要包括以下四个方面。

其一,交易习惯。当事人身处交易习惯之中,潜移默化受其影响。就此而论,交易习惯可谓表意符号的密码本。进行规范性解释时,取代特定相对人的理性人也应受对该相对人有效的交易习惯之约束。

其二,当事人的宗教与文化背景。与交易习惯类似,宗教与文化背景对于意思表示的形成、表达及理解也会产生潜移默化的影响。当然,一方的宗教或者文化背景过于隐秘,以至于理性人不得而知的,不构成规范性解释的交易情境。

其三,市场行情。通常而言,个案中的交易是市场中的一个片段,理性的交易参与者对市场行情有必要的认识,在价格等要素上,市场行情或多或少会影响其对表意符号的理解。

其四,法律与政策背景。法律与政策背景亦为交易情境中比较一般的因素。

(3) 交易情境中的特殊因素。

交易情境中比较特殊的因素主要包括:其一,在合同订立前的缔约阶段当事人所作的相关陈述、说明、展示、考察、口头沟通等信息交流;其二,双方当事人在合同订立前达成的交易意向、谈判纪要、合同草案、往来函件、数据电文等交易材料;其三,系列交易中的其他合同,可能构成交易情境,对意思表示的规范性解释具有参考价值;其四,已被对方了解的当事人身份、缔约动机等个别化因素;其五,双方当事人之间的社会关系,如亲属关系、情侣关系、朋友关系等比较密切的社会关系,有助于判断一方向另一方作出的表示究竟属于认真的意思表示抑或属于情谊行为、戏谑表示之类的表示;其六,合同中的其他条款,也构成规范性解释的交易情境,解释时需要探究理性人在结合合同其他条款的情况下对系争条款应如何理解。

【案例解析】在教学案例1中,应当对网店的意思表示予以规范性解释。考虑到市场行情,"4500斤脐橙26元"这一表意符号无论如何不应按照字面意义理解,理性购物者应当将其理解为"4500g脐橙26元",这样的价格在当时市场行情下已经足够划算了。因此,系争橙子买卖合同的价格条款应以理性购物者的理解为准,解释为"4500g脐橙26元"。如果买受人当时误以为捡到便宜,觉得网店愿意以"4500斤脐橙26元"的超级优惠价出售橙子,则买受人作出的购买橙子的意思表示构成意思与表示无意的不一致,即错误,其可以行使撤销权。

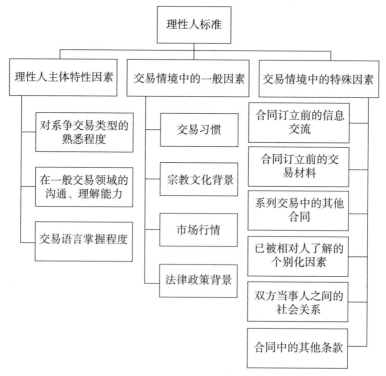

图9-6 理性人标准

四、补充性意思表示解释的一般问题

(一) 补充性意思表示解释与狭义意思表示解释的关系

在现实生活中,当事人的意思表示内容往往并未覆盖交易的所有细节。其原因可能是当事人在作出意思表示时忽略了该细节问题;也可能是一方当事人在作出意思表示时虽然意识到该细节问题,但认为其不言自明,无需特别约定;还可能是在作出意思表示时尚不存在该细节问题,直至履行阶段才出现该问题。无论如何,当事人的意思表示皆存在漏洞,需要予以填补。意思表示漏洞填补的方式包括通过适用任意性法律规范填补漏洞以及通过补充性解释填补漏洞。

补充性意思表示解释与狭义意思表示解释的界限在于表意符号可能的意义范围之边界。在大多数情形中,表意符号是语言文字,可能的意义范围即可能的文义范围。在该范围之内,无论采用文义解释抑或采用体系解释、目的解释等方法确定表示意义,皆为狭义意思表示解释。超出该范围扩展、添加表示意义的,皆为补充性意思表示解释。补充性意思表示解释虽然也是广义意思表示解释的一种,但其毕竟为意思表示增加了意义内容,所以裁判者在决定进行补充性解释时应当谨慎考量,根据行为目的及相关情事判断表意符号意义范围未能涵盖的事项究竟构成意思表示漏洞抑或当事人有意对其不加规定。仅在前一种情形中,才可以进行补充性意思表示解释。

(二) 补充性意思表示解释与任意性法律规范适用的关系

在发现意思表示存在漏洞时,裁判者究竟应当先适用任意性法律规范填补漏洞抑或先进行补充性意思表示解释?通说认为,任意性法律规范的适用原则上优先于补充性意思表示解释,仅当欠缺可资适用的任意性法律规范时,才能进行补充性意思表示解释。[①] 之所以如此,原因有二。其一,几乎任何合同都不可能就所有交易细节予以全面规定,实际上也没必要这么做,很多时候当事人知道除合同条款之外,还有法律规范可以解决纠纷,其对某个事项未作约定可能就是因为考虑到在发生纠纷时可以直接适用任意性法律规范,优先适用任意性

---

① Vgl. Jürgen Ellenberger, in: Palandt Kommentar BGB, 79. Aufl., 2020, §157 Rn. 4;崔建远:《意思表示的解释规则论》,载《法学家》2016年第5期。

法律规范填补漏洞符合当事人的本意。其二,补充性意思表示解释与任意性法律规范的适用皆由裁判者操作,但相较之下,由制定法明确规定的任意性法律规范显然更为清晰和确定,所以优先适用任意性法律规范更为稳妥。

当然,任意性法律规范适用的优先性也有例外。首先,如果当事人约定,合同即便有遗漏事项,亦不适用任意性法律规范,则在合同有漏洞的情况下,应直接进行补充性意思表示解释。其次,如果相关的任意性法律规范显然背离系争合同的利益状况从而不适合用于填补该合同的漏洞,则应直接进行补充性意思表示解释。最后,如果相关的任意性法律规范显然过于陈旧,不适合用于填补系争类型合同的漏洞,则应直接进行补充性意思表示解释。①

【案例解析】在教学案例 2 中,甲、乙的合同虽未针对迟延交付约定违约金或者违约损害赔偿责任,但《民法典》第 583、584 条针对包括迟延履行在内的违约行为规定了损害赔偿责任。此时,理应适用《民法典》第 583、584 条的任意性规范,判令甲承担违约损害赔偿责任,不宜进行补充性解释,即通过对合同中的违约金条款予以目的论扩张或者类推适用判令甲支付 200 万元违约金。

五、意思表示解释的方法

(一) 概述

意思表示解释的方法,是指解释意思表示所依据的具体标准或者所采用的具体手段。意思表示解释与法律解释存在类似之处,就书面意思表示的解释而论,与法律解释一样,都是从特定文本中获取意义。因此,法律解释的方法通常对于意思表示解释也有适用余地。当然,与法律解释相比,意思表示解释存在一些特殊性,比如,反面解释与当然解释适用的空间不大,历史解释与主观目的论解释不完全重合。以下仅就文义解释、体系解释、历史解释、目的解释予以专门阐述。

---

① 参见杨代雄:《法律行为论》,北京大学出版社 2021 年版,第 239 页。

（二）狭义意思表示解释的方法

1. 意思表示的文义解释

法律解释始于文义解释，意思表示解释亦然。与法律解释不同，意思表示解释中的"文义"不限于文字的意义，还包括书面意思表示中使用的各种图形或者特殊符号的意义、口头意思表示中的词语意义。此外，表意人使用点头、眨眼、举手、伸手指等动作甚至以沉默方式或者以意思实现方式作出意思表示的，依据特别约定、法律规定、交易习惯或者社会一般观念确定此类动作或者态度之意义，也属于意思表示的文义解释。总之，对于表意人使用的各种表意符号，都应首先尝试文义解释。通过文义解释能够得出确定的解释结论的，通常不需要再求助于其他解释方法。

2. 意思表示的体系解释

意思表示通常也由若干条款组成，各条款之间存在一定的逻辑关联，依据此种逻辑关联可以确定某个条款的含义。有时，一项交易由数个合同组合而成，则数个合同中的条款亦构成体系，可据此进行体系解释。[①] 我国《民法典》第142条第1款与第2款均规定意思表示解释应当"结合相关条款"，这是意思表示的体系解释方法在我国民法中的规范基础。例如，甲、乙、A公司订立合同，甲将其持有的A公司股权转让给乙。合同第4条约定："公司移交时的资产少于财务报表所列资产的，甲方应当按照市场价格予以赔偿。"究竟应当向乙赔偿还是向A公司（标的公司）赔偿，该条语焉不详。合同第5条约定："公司移交前的负债由甲方负责清偿，如因该负债给乙方造成损失，甲方应向乙方全额赔偿。"将第4条与第5条相联系，可知在该股权转让合同中，甲方向乙方负担标的公司资产保值义务，违反该义务的，乙方对甲方有损害赔偿请求权。因此，第4条与第5条属于同一系列，应作相同解释，其中的赔偿权利人为乙方。

3. 意思表示的历史解释

意思表示的历史解释可资参考的资料首先是指合同书的草案。企业间的重大交易往往就合同书草案中的某些条款反复磋商、修改，因此产生

[①] 参见中金产权交易有限公司与黑龙江东方学院合同纠纷案，最高人民法院（2020）最高法民终368号民事判决书。

若干不同版本的合同书草案。在解释合同书最终版本中的有争议条款时,可以查阅合同书草案,根据条款删改演变情况查明或者推断条款的意义。此外,合同书草案之外的交易文件如谈判纪要、备忘录、交易意向书等,即便不构成合同,也可以作为对合同条款进行历史解释时予以参考的资料。甚至缔约磋商过程中发生的可被证明的口头交流也可以作为意思表示历史解释的参考。如果当事人采用信函或者数据电文形式订立合同,则最终达成合意之前相互发送的信函或者数据电文可以作为意思表示历史解释的参考资料。

4. 意思表示的目的解释

(1) 主观目的论解释与客观目的论解释。

意思表示的目的解释包括主观目的论解释与客观目的论解释。前者是指通过考察表意人拟实现的目标确定其表示的意义,后者是指基于价值评判或者利益考量确定表示的应有意义。对于有相对人的意思表示,适用主观目的论解释的前提是:相对人知道表意人的主观目的,或者各方当事人具有共同的主观目的。就合同而言,主观目的通常体现在缔约交流或者缔约背景之中。各方当事人共同的主观目的还可能体现在交易事项或者合作项目的功能、属性之中,甚至可能被约定于合同之中。

意思表示的客观目的论解释首先是指在有若干解释可能性的情况下,选择可以同时满足各方当事人利益的解释结论。这种共赢解释是最理想的解释。在各方利益存在冲突从而不能兼顾的情况下,应当基于价值评判对各方利益予以取舍,选择合乎公平、诚信原则的解释结论。此外,客观目的论解释还包括合理解释。在有多种解释可能性的情况下,应当从法秩序的视角选择最为合理的解释。

(2) 客观目的论解释的若干规则。

从上述客观目的论解释之合理解释中可以归纳出意思表示解释的若干规则,包括合法(有效)解释规则、无矛盾解释规则、免责或者弃权条款的严格解释规则等。

【深化与拓展】合法解释规则,是指存在多种解释的可能性时,原则上应选择可以避免法律行为无效的那种解释。[①] 因为通

---

① Vgl. Jürgen Ellenberger, in: Palandt Kommentar BGB, 79. Aufl., 2020, §133 Rn. 25.

常而言,采用法律上有效的手段追求合法结果符合当事人的利益。合法解释规则在比较法上被广泛承认①,《国际商事合同通则》(PICC)第4.5条对此亦有明确规定。

与合法解释规则不同的是所谓"效力维持限缩",即对无效法律行为进行限缩解释,使其缩减后的内容既不违法也不背俗。关于应否承认此种意思表示解释规则,德国法上存在肯定说与否定说之争,后者是通说。② 通常而言,"效力维持限缩"拟解决的问题可以通过法律行为部分无效、无效法律行为转换等规则来解决。对于这些其他规则无法解决的问题,通过"效力维持限缩"获得合理的结果,在性质上亦非狭义意思表示解释,而是补充性意思表示解释(隐性漏洞填补)。当然,考虑到我国民法没有专门规定无效法律行为转换,"效力维持限缩"具有更大的适用空间。

无矛盾解释规则是指存在多种解释的可能性时,应选择可以避免意思表示的内容自相矛盾的那种解释。无矛盾解释规则一方面有助于避免合同的履行陷入不必要的障碍,另一方面在大多数情况下也符合当事人的本意,因为,理性的当事人通常不愿意在合同中设置两个相互矛盾的条款。

免责或者弃权条款严格解释规则,是指对于免责条款或者限制一方当事人重要权利的条款,有疑义时应当采取不利于受益方的解释。此项规则适用的前提是免责或者弃权条款表述不清,存在歧义。在英美法上,与此相当的解释规则被称为"针对规则"(contra proferentem),即"反对获利方的解释"规则。③ 免责或者弃权条款之所以应作严格解释,主要是因为此类条款违背常理,进行严格解释更有可能符合当事人的本意。一方当事人欲在合同中加入此类违背常理的条款并从中获利,必须清晰明确地予以表述,否则应承担对自己不利的后果。

---

① 参见杨良宜:《合约的解释:规则与应用》,法律出版社2015年版,第255页。
② Vgl. Reinhard Singer, in: Staudinger Kommentar BGB, 2017, §133 Rn. 62.
③ 参见杨良宜:《合约的解释:规则与应用》,法律出版社2015年版,第243—246页。

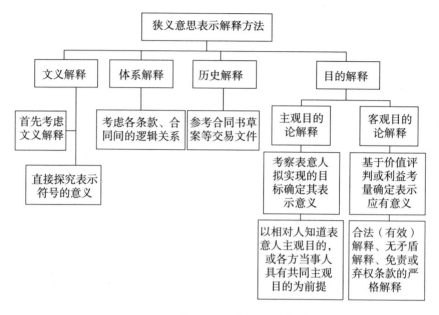

图 9-7　狭义意思表示解释方法

(三) 补充性意思表示解释的方法

1. 意思表示漏洞的确定

补充性意思表示解释旨在填补意思表示的漏洞。在进行补充性意思表示解释之前,首先必须确定法律行为已经成立,其次必须确定意思表示存在漏洞。需要通过补充性解释予以填补的意思表示漏洞是指意思表示存在违反计划的不圆满性,亦即表意人在意思表示中对于本应规范的事项未予规范。此类事项未被规范虽不导致法律行为不成立,但导致法律行为的目的不能完全实现。

如果意思表示的内容十分明确,只是有失公平,则不构成意思表示漏洞,不能通过补充性意思表示解释矫正不公平的内容。单纯的公平考量不能排除基于合同的风险分配。此外,如果通过解释可以确定(各方)当事人有意使既有意思表示内容形成封闭性的,则也不能认定存在意思表示漏洞。

2. 基于假定的当事人意思进行漏洞填补

补充性意思表示解释应当以假定的当事人意思(hypothetischer Parteiwille)为基础。假定的当事人意思未必等同于真实的当事人意思。就合同而论,裁判者应当探究,假如各方当事人订约时考虑到被遗漏的事项以及对该事项予以规范的必要性,则其作为正直的合同当事人在依据诚信原则合理考量双方利益的情况下将会达成何种约定。① 此种情形中假定的当事人意思显然具有规范性因素。就单方法律行为而论,裁判者应当探究,假如表意人作出意思表示时考虑到被遗漏的事项以及对该事项予以规范的必要性,其在合理考量相关利益的情况下将会如何对此予以规范。

对于某一事项,合同未明确约定,但合同条款对类似事项存在约定的,可以采用类推的方法填补合同漏洞,将类似事项的合同条款类推适用于合同遗漏事项。此时,类似事项的合同条款中蕴含了假定的当事人意思。

3. 其他考量因素

除依据法律行为目的、诚信原则等因素确立的假定的当事人意思之外,补充性意思表示解释还可以依据交易习惯、公平原则等客观标准。《民法典》第 142 条明确规定了交易习惯可以作为意思表示解释的标准,《民法典》第 510 条第 2 分句亦然。相较之下,假定的当事人意思应被优先考虑。在无法依据法律行为目的、诚信原则等因素确立假定的当事人意思时,裁判者可以直接依据交易习惯、公平原则填补意思表示漏洞。

六、格式条款解释的特殊规则

格式条款在现代经济活动中被广泛使用。鉴于当事人之间地位不均衡以及缔约过程的特殊性,现代民法普遍对格式条款的解释提出若干特殊规则。我国《民法典》第 498 条对此设有明文规定。

按照《民法典》第 498 条第 1 句的规定,格式条款应当按照通常理解予以解释。之所以如此规定,是因为格式条款面向社会公众,解释时理应采用客观视角,无需考虑公众无从得知的格式条款制定者的真实意思及其特殊背景。尤其是网络交易平台拟定的平台服务协议以及银行、电信、能源供应企业等制定的格式条款,从制定流程、适用范围等方面看非常接近于规范性法律文件,解释方法上也应更多地借鉴法律规范的解释方法。

按照《民法典》第 498 条第 2 句的规定,格式条款有多种解释的,应作不利于格式条款提供方的解释。此为"针对规则"在格式条款解释上的体

---

① 参见〔德〕汉斯·布洛克斯、〔德〕沃尔夫·迪特里希·瓦尔克:《德国民法总论》(第41版),张艳译,中国人民大学出版社 2019 年版,第 70 页。

现。格式条款提供方自己制定合同条款,掌握缔约主动权,在拟定合同条款时有机会按照有利于自己的方式设计条款内容,是格式条款的受益方,所以,当格式条款存在歧义时,不应作有利于格式条款提供方的解释,否则对于相对人而言显然不公平。

按照《民法典》第498条第3句的规定,格式条款和非格式条款不一致的,应采用非格式条款。之所以如此,是因为非格式条款在缔约时经过双方当事人个别磋商,显然更能体现双方当事人的真实意思。尽管非格式条款的解释未必都采用主观解释原则,但毕竟更有可能使解释结论符合当事人的真实意思。

第五节 意思与表示不一致

教学案例1:甲公司在网店出售空气能热水器,每台价值15000元,但甲公司将价格标示为每台1元,目的是以刷单方式制造虚假销量数据,由甲公司的工作人员自行寻找客户多次刷单。某日,乙提交订单购买4台并在线付款4元,网店显示一个月后发货,但后来甲公司拒绝发货。乙是否有权请求甲公司交货?

教学案例2:A公司为了获得融资,假装与B公司订立设备买卖合同,合同记载A公司对B公司享有1000万元价款债权。随后,A公司找到C保理公司,订立有追索权保理合同,约定A公司将上述价款债权转让给C公司,C公司向其支付700万元保理融资款。保理期满后,B公司拒绝向C公司付款。C公司是否有权请求B公司清偿1000万元债务?

教学案例3:甲欲向乙公司购房,查看了某栋楼的301房与302房,当时打算购买302房,但数日后记忆混淆,误以为该房的编号是301,导致签订买卖合同时写成"购买301房"。该买卖合同的效力如何?

教学案例4:A公司持有B公司20%股权,B公司为煤矿公司。A公司将股权转让给C公司。受让股权前,C公司派员工考察了B公司的煤矿,员工报告称该矿出产优质煤。受让后,C公司发现该矿出产的并非全为优质煤,自己支付的股权转让对价过高。C公司是否有权撤销股权转让合同?

一、意思表示瑕疵概述

意思表示是私法自治的工具，因此，理想状态是，表意人通过自由、真实的意思对其利益关系予以处置和安排。此处所谓自由是指表意人在不受外部因素干扰的状态下作出意思表示，所谓真实是指表意人的表示内容符合其内心的需求或者意图。世间之事，常有不如意者。意思表示亦然，诸多因素皆可能使其偏离理想状态。在意思形成阶段，表意人可能对某一事实产生错误认识，并以此为由形成效果意思。造成此种错误认识的原因既可能是表意人本身的信息不充分，也可能是相对人或者第三人误导。表意人还可能因受他人胁迫而形成效果意思。误导与胁迫使表意人陷于不自由状态。在表示阶段，表意人可能使用了不能准确体现其效果意思的表意符号，导致表示意义背离效果意思。表意人甚至可能在欠缺效果意思或者其他主观因素的情况下作出表示。凡此种种，皆为有瑕疵的意思表示，亦称不健全的意思表示。①

关于意思表示瑕疵，目前最为常见的学理分类是将其划分为意思与表示不一致和意思表示不自由。前者包括故意的意思与表示不一致及无意的意思与表示不一致，即意思表示错误。后者包括欺诈与胁迫。

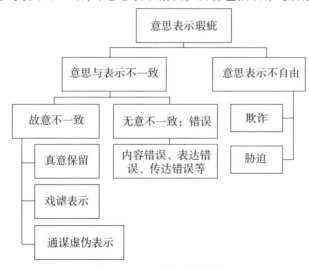

图 9-8 意思表示瑕疵

---

① 参见王泽鉴：《民法总则》（2022 年重排版），北京大学出版社 2022 年版，第 356 页。

二、故意的意思与表示不一致

故意的意思与表示不一致是指表意人明知道自己欠缺与表示内容一致的效果意思而仍然作出表示。依通说,故意的意思与表示不一致包括戏谑表示、真意保留与通谋虚伪表示。[1] 当然,戏谑表示与通谋虚伪表示究竟是否属于故意的意思与表示不一致,尚有斟酌余地。

(一) 真意保留

1. 真意保留的概念

真意保留,亦称内心保留、单方虚伪表示,是指表意人虽作出意思表示,但内心有所保留,不希望依表示内容发生法律效果。真意保留的动机可能是欺骗他人、激怒他人、博取美名,也可能是宽慰他人或者为他人暂时解困。动机对于真意保留法律行为的效力判断并无影响。

2. 真意保留的构成要件

通说认为,真意保留须符合如下要件:①存在一项意思表示。真意保留时的表示具备特定的表示意义(效果意义),表意人具有行为意思和表示意识,意思表示成立。②表示意义与表意人的真实意思不一致。表意人虽然认识到其表示内容指向特定法律效果,但不希望受该法律效果的约束,内心对该法律效果持否定(保留)态度。易言之,表意人的真实意思是"不发生该法律效果",表示意义是"发生该法律效果",二者相互背离。③表意人知道其意思与表示意义不一致。④表意人当时认为他人不知道其内心真意。[2]

3. 真意保留的法律效果

在德国民法及我国台湾地区"民法"中,相对人不知道真意保留的,意思表示有效;相对人知道真意保留的,意思表示无效。我国《民法典》对于真意保留未作专门规定,可依民法原理及民法解释解决此类问题。

---

[1] 参见〔德〕汉斯·布洛克斯、〔德〕沃尔夫·迪特里希·瓦尔克:《德国民法总论》(第41版),张艳译,中国人民大学出版社2019年版,第178页。

[2] 参见〔德〕汉斯·布洛克斯、〔德〕沃尔夫·迪特里希·瓦尔克:《德国民法总论》(第41版),张艳译,中国人民大学出版社2019年版,第178页。

具体而言,在真意保留情形中,表意符号客观上具备效果意义,但表意人赋予表意符号的意义却是"不应发生此种法律效果"。在相对人不知道真意保留的情况下,依规范性解释,表意符号具备效果意义,意思表示成立且因到达而生效。鉴于表意人具有高度的可归责性,为保护相对人的信赖,法律行为理应有效。在解释论上,我国民法既然未明确规定真意保留的法律行为无效,则在法律行为成立的情况下,没有理由认定其无效。在相对人知道真意保留的情况下,不论其对此赞同与否,依自然解释(主观解释),表意符号欠缺效果意义,不存在作为意思表示客观要件的表示,意思表示不成立(与前述通说不同!),所以法律行为也不成立,从而也不能发生效力。解释论上,在意思表示因相对人知道真意保留而不成立的情况下,依据《民法典》第134条第1款认定法律行为不成立,并依据《民法典》第136条第1款认定法律行为因不成立而不生效。

【深化与拓展】唯一有疑问的是,无相对人意思表示应否受真意保留影响。从比较法看,《德国民法典》第116条第1句关于意思表示不因真意保留而无效之规定既适用于需受领(有相对人)的意思表示,也适用于无需受领(无相对人)的意思表示。[①] 据此,就遗嘱、所有权抛弃等法律行为而言,即便表意人真意保留,其意思表示仍然发生效力。不过,此种规范模式是否具有充分的正当性,值得推敲。既然涉及真意保留的是无相对人意思表示,就不存在需要保护的相对人信赖,而且后续交易中的第三人信赖可以借助善意取得制度予以保护,看起来没有理由认为意思表示不受真意保留的影响。无相对人意思表示采用自然解释,以表意人的真意(主观意义)为准解释其表意符号,在已经证明存在真意保留的情况下,理应认定意思表示因欠缺具备效果意义的表示而不成立。

---

① Vgl. Jürgen Ellenberger, in: Palandt Kommentar BGB, 79. Aufl., 2020, §116 Rn. 3.

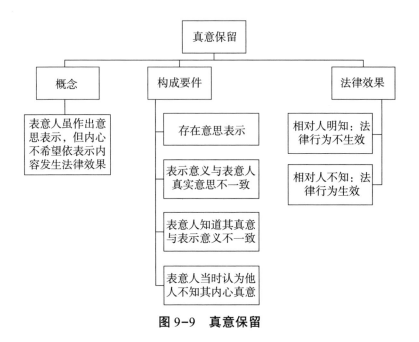

图 9-9 真意保留

(二) 戏谑表示

学理上通常将戏谑表示(Scherzerklärung)定义为：非出于真意且预期真意的欠缺不至于被人误解而作出的意思表示。典型的戏谑表示如玩笑、吹牛、夸张广告、赌气等。

在戏谑表示情形中，表意人虽欠缺效果意思中的约束意思且预期相对人不至于误认其具有约束意思，但相对人未必知道其欠缺约束意思。究竟是否构成意思表示，需要依据意思表示构成要件理论予以判断。如果相对人知道或者应当知道表意人欠缺约束意思，则依自然解释或者依规范性解释，戏谑表示不具备效果意义，意思表示不成立。由于相对人没有值得保护的信赖，所以表意人无需对其承担损害赔偿责任。反之，如果相对人不知道且不应当知道表意人欠缺约束意思，对戏谑表示的有效性产生善意信赖，则依规范性解释，戏谑表示具备效果意义。对于"戏谑失败"，表意人具有可归责性，其选用了可以被人合理地理解为包含效果意义的表意符号，这属于过于自信的过失。因此，意思表示成立且因到达而生效，与相对人的意思表示达成合意的，法律行为成立。有疑问的是，该法律行为应否有效。

从本质上看,戏谑表示与真意保留都属于非真诚表示。区别在于,前者是"善意戏谑"(gute Scherz),表意人预期相对人可以认识到其表示欠缺真诚;后者是"恶意戏谑"(böse Scherz),表意人未期望相对人认识到其表示欠缺真诚,反而希望相对人未能识别其真意之保留。[①] 真意保留之所以原则上不导致法律行为效力障碍,正是因为表意人对于表示意义之产生具有恶意,须为其较强的可归责性承担不利后果。戏谑表示之表意人的可归责性相对较弱,其对于表示意义的产生并非故意,为避免评价矛盾,表意人承担的不利后果理应轻于真意保留之表意人。尽管"戏谑失败"时的意思表示成立且导致法律行为成立,但该法律行为并非确定有效,表意人未必皆须承受法律行为的效果。

【深化与拓展】严格地说,戏谑表示并非真正意义上的故意的意思与表示不一致。如果"戏谑成功",相对人知道或者应当知道戏谑性,从而未产生效果意义,则根本不存在作为意思表示客观要件的表示,无所谓意思与表示不一致。如果"戏谑失败",产生效果意义,存在作为意思表示客观要件的表示,即便该表示与表意人的意思不一致,亦非表意人故意所致。表意人故意为戏谑(无效果意义之表示!)而非故意为具备效果意义之表示。表意人的言语虽具备特定的效果意义,但表意人不知道其具备表示价值,与"特里尔葡萄酒拍卖案"中的异乡人举手打招呼被解释为报价并无本质区别。因此,"戏谑失败"时的表示应当定性为欠缺表示意识且表意人具有可归责性的表示,这是无意的意思与表示不一致,即错误的意思表示。由于意思表示存在错误,所以因该意思表示而达成的法律行为可撤销,戏谑的表意人有权在除斥期间届满前撤销该法律行为。

我国民法虽未专门规定戏谑表示,但并不构成法律漏洞。《德国民法典》第118条之类的戏谑表示规则实属多余。戏谑表示要么不构成意思表示,本就无从发生效力;要么构成错误的意思表示,适用民法上关于意

[①] Vgl. Reinhard Bork, Allgemeiner Teil des Bürgerlichen Gesetzbuchs, 4. Aufl., 2016, S. 311.

思表示错误之规则即可。无论如何,均无需对其专门规定。

(三) 通谋虚伪表示

1. 通谋虚伪表示的概念

通谋虚伪表示是指在作出意思表示时双方当事人一致认为客观表示内容不应该发生效力。若为双方法律行为,则行为的双方当事人都欠缺约束意思。通谋虚伪表示与真意保留在学理上被统称为虚伪表示。① 判断是否构成通谋虚伪表示,首先取决于当事人是否认为为了实现其追求的结果,只需要一个虚假的行为就够了,抑或认为需要一个认真的法律行为。这就是所谓主观的虚伪概念。如果借助一项法律行为想实现的结果只能在其有效的情况下才能实现,则该行为一般不是虚伪表示。②

通谋虚伪表示规则仅适用于有相对人的意思表示。《民法典》第146条第1款中的"与相对人"表明该条规定不适用于无相对人的意思表示。据此,遗嘱、动产所有权抛弃等不适用该条规定。反之,双方法律行为以及解除、追认等由需受领意思表示构成的单方法律行为可以适用该条规定。

2. 通谋虚伪表示的构成要件

(1) 表示内容与主观意思不一致。

通谋虚伪表示是虚伪表示的一种,所以,仅当表意人的主观意思与其表示内容不一致时,才可能构成通谋虚伪表示。

(2) 表意人与受领人一致认为表示内容不应发生效力。

所谓"通谋"是指表意人与受领人就表示内容的虚伪性达成一项合意,该合意即虚伪表示约定。此项合意体现了双方当事人的真实意愿,其内容是"表示无效"。从私法自治的消极方面(自主地排除行为之效力)看,既然当事人不想发生法律效果,就不应使其行为发生该项法律效果。因此,基于通谋行为表示的法律行为无效。③

---

① 参见王泽鉴:《民法总则》(2022年重排版),北京大学出版社2022年版,第359页。
② Vgl. Reinhard Singer, in: Staudinger Kommentar BGB, 2017, §117 Rn. 10.
③ 从意思表示解释的角度看,严格地说,通谋虚伪表示不构成意思表示。既然双方当事人都欠缺约束意思,而且对此相互都知道,则理应采用自然解释方法,依真意确定表示意义,将双方表面上的表意行为解释为欠缺效果意义,不存在具备效果意义的表示,不符合意思表示的客观要件。由于双方当事人的意思表示都不成立,所以法律行为也不成立,无从发生效力。

虚伪性合意使通谋虚伪表示区别于真意保留。表意人单方面故意作出与其主观意思不一致的表示，即便受领人知道不一致，也不构成通谋虚伪表示，仍然是真意保留。虚伪性合意不仅要求受领人知道表意人的真实意思，而且要求其同意表意人的真实意思。应当注意的是，如果表意人以为已经与相对人达成了虚伪性合意，但实际上未达成，即通谋失败，则应当按照戏谑表示而非真意保留处理。因为，通谋失败情形中的表意人在作出表示时预期相对人能够知悉其欠缺真诚，属于"善意戏谑"，不符合真意保留的特征。

【案例解析】在教学案例1中，甲公司误以为乙是其事先联系的虚假客户，导致甲公司以通谋虚伪表示为目的向乙作出非真诚的表示。甲公司当时预期相对人能够知悉其表示欠缺真诚，所以不符合真意保留的特征。该案中的买卖合同属于通谋失败，构成戏谑表示。依规范性解释，该戏谑表示具有效果意义，且可归责于甲公司，所以成立"以每台1元的价格出售4台热水器"的意思表示。该意思表示与乙的意思表示达成一致，成立合同，但甲公司可主张重大误解（错误），撤销该合同。

【深化与拓展】虚伪性合意所欲排除的仅仅是法律行为的法律效果，并非其经济效果或者其他事实上的效果。因此，信托行为、借名协议、脱法行为通常不构成通谋虚伪表示。此类行为的当事人恰恰需要追求表示内容所包含的法律效果，以实现其特殊目的，其所欲排除或者限制的仅仅是该表示带来的经济效果或者其他事实上的效果。比如，无论管理信托还是担保信托（让与担保），委托人都超出其经济目的将法律上的权利转让给受托人，但此项权利转让确实体现当事人的真实意思，因为使受托人取得权利便于信托事务的处理或者便于担保权利的设立与实现，而且为了制约受托人的权利双方在合同中已经作了其他安排。

当事人达成通谋虚伪表示的动机多样，不限于规避禁止性法律规定。除此之外，还包括避税，即为了降低纳税额，在公开合同中约定较低的转让价款,同时另行订立一份约定较高转让价款的合同(阴阳合同)。① 有时,通谋虚伪表示旨在欺骗第三人。

3. 通谋虚伪表示的法律效果

(1)虚伪行为的效力。

基于通谋虚伪表示达成的法律行为(虚伪行为)无效。

> 【深化与拓展】从比较法看,通谋虚伪表示的效力有两种规范模式,一是绝对无效,二是相对无效。② 在德国法上,通谋虚伪表示的无效是绝对的,可以对抗第三人。如果第三人对虚伪表示的有效性产生信赖,不能主张其有效,只能求助于包含于其他条款中的交易——信赖保护的一般规范。比如,虚伪表示行为中的受让人将标的物让与第三人,第三人可以依《德国民法典》第932条以下各条或者第892条主张善意取得。第三人对虚伪的授权表示产生信赖,可以依《德国民法典》第172条主张代理权表象责任。虚伪的债权让与如果已经通知了债务人,善意的债务人可以依《德国民法典》第409条获得保护。最后,基于虚伪表示而发生且已被作成证书的债权依《德国民法典》第405条可以善意取得,前提是该债权在出示证书的情况下被让与。《瑞士债务法》第18条通过意思表示解释规则解决通谋虚伪表示问题,其第2款将第三人的善意保护限制于如下情形:第三人基于对债务文书的信赖而取得一项债权。③ 这也属于德国模式。

值得注意的是,依据《民法典》第763条的规定,应收账款债权人与债务人虚构应收账款作为转让标的,与保理人订立保理合同,债务人不得以应收账款不存在为由对抗不知情的保理人。该条规定在保理合同领域明确承认了"通谋虚伪表示无效不得对抗善意第三人"规则。在其他领域,必要时可以类推适用该条规定。

---

① 参见陈某某、姜某某所有权确认纠纷案,最高人民法院(2019)最高法民申6763号民事裁定书。

② 参见杨代雄:《恶意串通行为的立法取舍——以恶意串通、脱法行为与通谋虚伪表示的关系为视角》,载《比较法研究》2014年第4期。

③ Vgl. Wolfgang Wiegand, in: Basler Kommentar OR I, 4. Aufl., 2007, §18 Rn. 127.

【案例解析】在教学案例 2 中,A 公司与 B 公司基于通谋虚伪表示达成买卖合同,该合同无效,A 公司未取得 1000 万元的债权。如果 C 公司不知道该合同系通谋虚伪表示,则 B 公司不得以合同无效对抗 C 公司,C 公司有权请求 B 公司清偿 1000 万元债务。

(2)隐藏行为的效力。

通谋虚伪表示隐藏其他法律行为的,隐藏行为并非当然无效。按照《民法典》第 146 条第 2 款之规定,隐藏行为是否有效,应当依据与之相关的法律规定处理。如果隐藏行为构成脱法行为,则变相地违反了其所欲规避的强制性(禁止性)法律规定,应依《民法典》第 153 条第 1 款认定为无效。

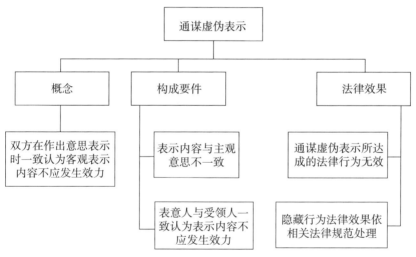

图 9-10 通谋虚伪表示

三、无意的意思与表示不一致:意思表示错误

(一) 概念:错误与误解

无意的意思与表示不一致,在学理上被称为意思表示错误。《民法典》第 147 条规定重大误解的法律行为可撤销。其中所谓的重大误解即民法理论上的意思表示错误。但实际上,"误解"(Missverstand)这个术语

在民法学上有其特定的含义,其本来指的是相对人对表意人的意思表示理解错误,不包括表意人本身的认识错误。① 如果抛开这种约定俗成的特定含义,按照"误解"这个词语的通常含义或者说在生活中的一般用法,其也可以包括表意人自己对意思表示内容的认识错误(认识错误相当于理解错误)。我国的民事立法者即在此种通常意义上使用"误解"一词。此种立法表述似乎受苏俄民法的影响。

【深化与拓展】不过,应当注意的是,"误解"一词在逻辑上显然无法涵盖"表达错误",比如把10万元误写为1万元,无论如何也不能称为误解,那是纯粹操作上的失误,而不是心中对某个事物的理解错误,任何人都不可能把10万元误解为1万元。如此看来,我国民法使用重大误解这个术语,不甚贴切。以下一般使用"意思表示错误"之表述。

(二) 意思表示错误的构成要件

一般认为,意思表示错误(重大误解)须符合如下构成要件:

1. 存在一项意思表示

意思表示错误(重大误解)的前提是当事人的表示构成一项意思表示。仅当意思表示已经成立时,才需要判断当事人是否发生错误并据此决定法律行为是否可撤销。意思表示的构成判断先于法律行为的效力判断。

2. 表示内容与表意人的意思不一致

在判定意思表示成立之后,需要通过意思表示解释确定意思表示的内容。如前所述,有相对人的意思表示之解释通常采用规范性解释,仅在例外情况下才以主观意思为准。据此,解释者必须探究,从尽到必要注意的相对人(受领人)视角看,一项表示应该具备何种意义。此项意义即为意思表示的内容,其可能与表意人的主观意思一致,也可能不一致。如果不一致,则意思表示存在瑕疵,意思表示错误就是瑕疵的一种类型。因此,在处理流程上,解释先于错误(撤销),只有先通过解释确定表示内容,才能据此判断是否构成错误。

---

① 参见史尚宽:《民法总论》,中国政法大学出版社2000年版,第395页;〔德〕迪特尔·梅迪库斯:《德国民法总论》,邵建东译,法律出版社2000年版,第566页。

3. 表意人并非故意导致表示内容与其意思不一致

如果表示内容与表意人的意思不一致是由表意人故意造成的,则不构成意思表示错误,而是构成虚伪表示。意思表示错误在本质上是无意的意思与表示不一致。至于意思与表示不一致究竟是表意人造成的还是相对人或者第三人造成的,如果是表意人造成的,其究竟是否具有过失,在《民法典》第 147 条框架内,对于意思表示错误的构成并无决定性意义。

> **【深化与拓展】** 如果意思与表示不一致由相对人故意造成,则相对人构成欺诈;如果由第三人故意造成且相对人对此知道或者应当知道,则构成第三人欺诈。构成欺诈的,表意人可以依据《民法典》第 148 条或者第 149 条撤销法律行为。有时,表意人很难证明相对人或者第三人是故意造成意思与表示不一致,因此,在有欺诈嫌疑的案件中,为使表意人得到保护,应当允许其仅以意思表示错误为由撤销法律行为。实践中,法院也经常如此处理。从理论上看,意思表示错误与欺诈存在交叉之处,二者可以发生竞合①,所以竞合之规则有适用余地。

4. 表示内容与意思不一致的显著性

无意的意思与表示不一致并非一律都构成意思表示错误。如果只是轻微的不一致,不应导致法律行为可撤销,否则不利于保障交易安全。仅当意思与表示不一致如此显著,以至于表意人假如当初知道真实情况就不会作出此种内容的表示时,才允许以意思表示错误为由撤销法律行为。

> **【深化与拓展】**《民法典》第 147 条未要求意思与表示不一致给表意人造成较大损失,原《民通意见(试行)》第 71 条曾要求造成较大损失才能认定为重大误解。实践中,法院在判定是否构成意思表示错误(重大误解)时经常也考虑表意人的损失

---

① Vgl. Ernst A. Kramer, in: Münchener Kommentar BGB, 5. Aufl., 2006, §123 Rn. 31.

是否严重。① 此项要求是否妥当,存在争议。②

(三) 意思表示错误的类型

古罗马法学家曾经尝试对错误予以类型化,其中动机错误是否影响法律行为效力,颇有争议。③ 德国民法理论明确区分动机错误与表示错误(Erklärungsirrtum),后者被进一步划分为表示行为上的错误(Irrtum in der Erklärungshandlung)、误传与表示内容上的错误(Irrtum über den Inhalt der Erklärung)。④ 这种概念体系被广泛接受。

1. 动机错误与表示错误的二分

动机错误,即意思形成阶段的错误,也就是关于为什么作出这样的意思表示的理由方面的错误。比如,某人作出以 900 万元购买一处住房的意思表示,在决策时是以其有足够的资金为基础的,但后来事实表明,其并无足够的资金。或者,某个商人以为其库存货物已经售完,所以订购了一批货物,但后来发现其存货实际上很充足。

【深化与拓展】从比较法看,德国民法并未将动机错误的意思表示规定为可撤销的意思表示。理由主要是:意思表示相对人通常无法知悉表意人作出意思表示的理由,所以不应该让其承担关于这些理由之错误的风险(即允许表意人撤销意思表示),这种错误处于表意人的风险范围之内,如果允许表意人以动机错误为由撤销意思表示,将导致法律行为几乎完全丧失确定性。⑤ 例外的是,按照《德国民法典》第 119 条第 2 款的规定,交易上重要的人之资格或者物之性质的认识错误(统称为性质错误),也导致意思表示可撤销。

日本传统理论通说亦采二元论,把错误划分为表示错误与

---

① 参见邵某某、郑州裕惠置业有限公司与漯河市金汇房地产开发有限责任公司等合同纠纷案,最高人民法院(2019)最高法民申 6482 号民事裁定书。
② 认为撤销权的行使不必以错误给表意人造成较大损失为要件的观点参见朱庆育:《民法总论》(第 2 版),北京大学出版社 2016 年版,第 276 页。
③ D.18.1.10; D.18.1.14; D.35.1.17.1; D.35.1.17.2; D.5.2.28.
④ Vgl. Enneccerus/Nipperdey, Allgemeiner Teil des Bürgerlichen Rechts, 15. Aufl., 1960, S. 1030-1035; Werner Flume, Allgemeiner Teil des bürgerlichen Rechts, Bd.2: Das Rechtsgeschäft, 4. Aufl., 1992, S. 449-458.
⑤ Vgl. Larenz/Wolf, Allgemeiner Teil des bürgerlichen Rechts, 9. Aufl., 2004, S. 652.

动机错误两种类型,认为《日本民法典》第 95 条中的错误仅限于表示错误,即关于法律行为要素(比如标的物、对方当事人的身份、价格)的错误。仅在例外情况下,动机错误才可以影响意思表示的效力,条件是该动机被明确表示出来并且成为意思表示的内容。① 最近几十年来日本有不少学者提出一元论,认为不需要区分动机错误与表示错误,应采用统一基准认定意思表示的效力。在设计判断基准时应以信赖主义为理论基础,如果相对人对意思表示产生正当的信赖,则不应否定错误的意思表示之效力。至于相对人是否具有正当的信赖,应考察他对于表意人的错误(包括所谓的动机错误)是否具有认识的可能性。近年来,在一元论与传统的二元论之外,有些学者又提出了新二元论与新一元论。②

我国学者关于应否区分动机错误与表示错误存在争论。肯定说的理由与德国通说大体相同。③ 否定说认为,错误应否影响合意的效力,需要综合考虑多种要素,并非简单的分类就可以解决。尤其是动机错误与表示错误的区分,在逻辑上及价值上均不足以作为影响法律效果的基础。④ 此外,以表示错误与动机错误的区分为基础的"错误二元论"难以实现简化法律适用的目标。德国民法将错误区分为表示错误与动机错误,并同时将动机错误原则上予以排斥,但是又将人或者物的性质错误作为动机错误不能获得救济的例外,这样的分类势必增加法律适用的困难。⑤ 错误二元论是意思主义的产物,在表示主义占主导的今

---

① 参见〔日〕山本敬三:《民法讲义 I:总则》(第 3 版),解亘译,北京大学出版社 2012 年版,第 148 页。

② 学说介绍详见〔日〕山本敬三:《民法讲义 I:总则》(第 3 版),解亘译,北京大学出版社 2012 年版,第 149—163 页。

③ 详见朱庆育:《民法总论》(第 2 版),北京大学出版社 2016 年版,第 271 页;梅伟:《民法中意思表示错误的构造》,载《环球法律评论》2015 年第 3 期;王天凡:《网络购物标价错误的法律规制》,载《环球法律评论》2017 年第 2 期;潘运华、张中成:《论意思表示错误的法律行为之效力》,载《西南交通大学学报(社会科学版)》2016 年第 2 期。

④ 参见叶金强:《私法效果的弹性化机制——以不合意、错误与合同解释为例》,载《法学研究》2006 年第 1 期。

⑤ 参见冉克平:《民法典总则视野下意思表示错误制度的构建》,载《法学》2016 年第 2 期。

天早已与现代社会格格不入。我国并不存在二元论的传统,未来没有必要走上这条弯路。①

之所以允许表意人以重大误解(错误)为由撤销法律行为,是为了贯彻意思自治。表意人基于某些因素的考量,进行决策,形成一项以处置私人利益为内容的意思。如果在将该意思表达于外部的过程中发生错误,导致受领人从表意符号中获取的意义与表意人的意思不一致,则应当赋予表意人一项矫正的权利,即撤销权。否则,表意人将受制于背离其主观意思的表示意义,违背意思自治原则。反之,如果表示意义与主观意思一致,则没有理由赋予表意人撤销权。即便在形成该主观意思的过程中,表意人对于作为其决策依据的某项因素发生认识错误,原则上也不应导致法律行为可撤销。构成意思表示动机的因素五花八门,很多因素极具个性化,如果每一因素的认识错误都能导致法律行为可撤销,必将使法律行为形同儿戏,交易安全无从保障。即便表意人对于此类错误的发生并无过错,从风险分配的视角看,也应划定一条合理的界线。界线的一边是完全处于表意人控制范围内的错误,即动机错误,其风险基本上都由表意人承担;界线的另一边是意思表达于外部过程中发生的错误,其风险由表意人与相对人分担,表意人在合理期间内可以撤销意思表示,但应赔偿相对人的消极利益损失。总之,着眼于法的确定性与正当性的平衡以及意思自治与信赖保护的平衡,仍然应当区分动机错误与表示错误,动机错误原则上不产生撤销权。

当然,某些情形中的动机错误也可以产生撤销权,对此,应当设置比较严格的条件。比如,交易上重要的性质错误、双方动机错误也应导致法律行为可撤销。

2. 内容错误

内容错误即表意人对其表示内容产生错误的认识,或者说,表意人赋予其所选择的表意符号与受领人的理解不相同的意义。内容错误包括标的物同一性、相对人同一性、价款、数量、重量、合同类型等因素的认识错误。

【案例解析】在教学案例3中,甲对表意符号"301房"的意义发生错误认识,导致表示内容"购买301房"与其主观意思"购

---

① 参见龙俊:《论意思表示错误的理论构造》,载《清华法学》2016年第5期。

买 302 房"相悖,此为标的物同一性错误。甲有权以错误为由撤销房屋买卖合同。

3. 表达错误

表达错误,即表示行为上的错误,也经常被称为弄错(Irrung),是指表意人实际使用的表意符号与其本来想使用的表意符号不一致。最典型的表达错误是写错字和说错话。比如在草拟合同书的时候多写了一个零,把 2000 公斤误写成 20000 公斤。在网络交易过程中误击鼠标也属于表达错误,比如本来想买商品 A,但却因疏忽误点了商品 B,或者本来想购买第二天的电影票,但却误点了当天的电影票。在这些情形中,表意人对其使用的表意符号并未产生错误的认识。表意人只是在客观上使用了一个其根本就没有意识到的表意符号,这是一种在意思表达过程中的操作失误而不是认识错误,表意人在无意识的状态中误用了表意符号。与此不同,在内容错误情形中,表意人是在有意识的状态中使用了一个被其错误理解的表意符号。要而言之,内容错误属于观念上的错误,而表达错误属于动作上的失误。

4. 传达错误①

有的时候,意思表示需要由某人或者某个机构传达给受领人,在传达的过程中有可能发生错误,受领人收到的可能是一种不同于表意人想使用的表意符号。例如,甲托乙向丙商店传达一份要约,乙记错了,向丁商店传达了该要约。

传达错误不包括代理人发生的错误,因为代理人不同于传达人,代理人在其权限范围内独立地作出意思表示而不是传达他人的意思表示。代理人的意思表示是否存在错误,应当以代理人的意思为准予以判定,而传达错误则是以委托人(表意人)的意思为准予以判定。

【深化与拓展】如果表意人的传达人故意更改意思表示的内容并向受领人传达(故意误传),是否构成传达错误?从比较法看,德国法通说认为,这种情形不适用《德国民法典》第 120 条关于传达错误之规定。② 对此问题,我国有部分学者主张故意误传

---

① 《民法典总则编若干问题的解释》第 20 条将传达错误称为"转达错误"。
② 参见杨代雄:《法律行为论》,北京大学出版社 2021 年版,第 290 页。

不构成传达错误,表示内容对表意人不发生效力,无需撤销。① 但也有学者认为故意误传构成传达错误。② 究其实质,在故意误传情形中,依规范性解释,亦存在具备特定效果意义的表示。此项表示并非基于表意人的意思作出,与脱手的意思表示类似,进入交往领域的表意符号与表意人的意思之间没有关联性,是否构成表意人的意思表示,取决于表意人是否具有可归责性。一般而言,表意人对此不具有可归责性,所以不构成表意人的意思表示。个别情况下,表意人在传达人的选任上存在过错,比如选任一贯品行不端的人传达意思表示,则表意人存在可归责性,故意误传的意思表示构成表意人的意思表示,但存在错误,表意人享有撤销权。

5. 性质错误

所谓性质错误即关于交易上重要的人之资格或者物之性质的认识错误。就其本质而论,性质错误是动机错误的一种,因为严格地说,性质错误并未导致意思与表示不一致,只是由于此项"意思"存在重大瑕疵,才例外地赋予表意人一项撤销权。所谓"物之性质"不仅指物的自然属性,也包括一些事实关系或者法律关系,其性质或者持续对物的使用或者价值有影响。③

> **【深化与拓展】**如下因素可以被认定为交易上重要的物之性质:①土地的面积、可否作为建筑用地、是否存在建筑法上的限制、可否用于工商业经营、土地上的负担(地役权、抵押权)等;②探矿权、采矿权转让时,权利的行使是否受到限制,比如探矿区域内存在国家森林公园,依法不允许开展探矿活动;③艺术品是否原件、二手车或者机械的使用年数等;④产品的材质、设备的性能;⑤债权让与时,该债权的数额、利率、是否有担保、担保权利的顺位;⑥债务承担时,该债务的数额、利率。

---

① 参见朱庆育:《民法总论》(第2版),北京大学出版社2016年版,第277页;陈华彬:《论意思表示错误及我国民法典对其的借镜》,载《法学杂志》2017年第9期。
② 参见纪海龙:《〈合同法〉第48条(无权代理规则)评注》,载《法学家》2017年第4期。
③ Vgl. Ernst A. Kramer, in: Münchener Kommentar BGB, 5. Aufl., 2006, §119 Rn. 131.

以下几种因素通常不属于交易上重要的物之性质：①标的物的市场价值，此为正常商业风险范围内的因素，交易参与者应自担风险；②对标的物予以经济利用的可能性或者转售的可能性；③就企业股权转让而言，企业的盈利能力不是股权本身的性质①；④关于标的物的法律或者政策在未来发生变化，比如，以炒房为目的购买房屋，成交后因楼市政策发生变化导致炒房目的落空。

所谓"人之资格"主要包括人的良好信用、支付能力、人品上的可信度、是否受过刑事处罚、专业资格、性别、年龄、健康状况等。这些因素在交易上是否具有重要性，取决于法律行为的类型。比如，对于那些具有人身因素的法律行为(区别于财物交易行为)而言，当事人在人品上的可信度是交易上重要的人的资格，尤其是以长期给付为标的或者需要当事人长期密切协作的法律行为，比如合伙合同、劳动合同、长期租赁合同等。

【案例解析】在教学案例4中，A公司与C公司交易的标的是其对B公司的股权，而非煤矿，股权与煤矿之间仅有间接关系。可能构成性质错误的只是股权的属性，如股权是否被质押，股权是否附回购请求权等。目标公司(B公司)出产煤炭的质量如何，并非股权的性质。C公司对此发生认识错误，不导致股权转让合同可撤销。

6. 双方动机错误

双方动机错误是指双方当事人在缔结法律行为时都以某种共同设想为出发点，如果其知道这种设想是不正确的，就不会缔结或者不会以此种内容缔结该法律行为，但后来事实表明，这种设想是错误的。易言之，双方当事人在意思形成阶段都对某一因素发生认识错误。

【深化与拓展】从比较法看，在德国民法上，双方动机错误被归入法律行为基础障碍制度之中，即主观行为基础障碍。据

---

① 参见吴某与蒲某股权转让纠纷案，最高人民法院(2019)最高法民终1110号民事判决书。

此,存在基础障碍的法律行为可被变更或者解除、终止。① 在效果上与意思表示错误之可撤销模式略有不同。2002年1月1日生效的《德国债法现代化法》对《德国民法典》债法编以及总则编的很多内容作了修改增删,其中比较引人注目的是增设第313条,专门规定法律行为基础障碍。该条第1款规定法律行为基础嗣后丧失,即客观行为基础障碍,第2款规定主观行为基础自始欠缺。②

就我国民法而言,《民法典》第533条规定了情势变更原则,确立了客观行为基础障碍制度。关于主观行为基础障碍,我国《民法典》未作专门规定。最高人民法院《关于审理商品房买卖合同纠纷案件适用法律若干问题的解释》(法释〔2003〕7号/法释〔2020〕17号修正)第19条第2句规定:"因不可归责于当事人双方的事由未能订立商品房担保贷款合同并导致商品房买卖合同不能继续履行的,当事人可以请求解除合同,出卖人应当将收受的购房款本金及其利息或者定金返还买受人。"第20条规定:"因商品房买卖合同被确认无效或者被撤销、解除,致使商品房担保贷款合同的目的无法实现,当事人请求解除商品房担保贷款合同的,应予支持。"这两条司法解释规定的理论基础实际上就是法律行为基础障碍理论:商品房买卖合同以能够订立商品房担保贷款合同之预期为基础,商品房担保贷款合同以商品房买卖合同有效之设想或者预期为基础,这些预期与设想未能变为现实,构成主观行为基础障碍。

对于其他情形中的主观行为基础障碍,在个案中可以适用《民法典》第147条,认定为双方动机错误,例外地判定法律行为可撤销。事实上,近年来我国司法实践中不乏这样的判例③,尽管法院并未使用"双方动机错误"或者"主观行为基础瑕疵"之类的概念。当然,应当慎重认定双方动机错误。

---

① 参见杨代雄:《法律行为基础瑕疵制度——德国法的经验及其对我国民法典的借鉴意义》,载《当代法学》2006年第6期。
② 参见朱岩编译:《德国新债法:条文及官方解释》,法律出版社2003年版,第138—144页。
③ 参见谭某与陈某某、许某某、胡某合同纠纷案,重庆市高级人民法院(2015)渝高法民终字第00527号民事判决书(订立股份互易合同时误以为一方已经全部缴纳出资)。

（四）若干存在疑问的错误类型

1. 签名错误

所谓签名错误，即某人在一份未经阅读或者没有正确阅读的文件上签名，使该文件产生了行为人不想发生的法律效果。签名错误的后果不可一概而论，需要区别对待。

【深化与拓展】首先，双方当事人已经就交易事项达成口头合意，后来又将该合意作成书面文件，而该文件的内容与口头合意的内容不一致，当事人未经阅读或者未正确阅读就在文件上签名。如果双方当事人都发生了错误，则毫无疑问应当以口头合意为准确定法律行为的内容，对此可以适用"误载无害真意"规则。比如，甲乙双方就租赁合同达成口头合意，后来双方却错误地在一份买卖合同书上签名。

其次，表意人未经阅读就签署了一份交易文件，当时根本没有意识到自己在作出一个意思表示。例如，秘书交给公司董事长一叠涉及公司内部管理的文件，提请董事长签字批准，但其中混入一份合同延期承诺函，董事长未予辨别全部签了字。这是典型的欠缺表示意识之情形。董事长在签名时只要稍加注意即可避免误签，具有可归责性，应认定构成董事长所代表公司的意思表示，但存在意思表示错误。

再次，表意人未经阅读就签署了一份交易文件，其对该文件的内容没有任何观念，而且知道自己欠缺此种观念。此种情形中，鉴于表意人过分随意的态度，应加重其责任，不适用意思表示错误规则，其无权撤销法律行为。

最后，表意人未经阅读就签署了一份交易文件，在签署前其对该文件的内容已经有某种具体的观念，但该观念是错误的。比如，表意人口述并由他人书写合同条款，其中某个条款书写有误，表意人未经检查就在合同书上签名。此时，签名错误不妨碍意思表示成立，但意思表示存在内容错误或者表达错误，表意人享有撤销权。

2. 计算错误

所谓计算错误,是指表意人在计算价款时发生错误。要么是计算过程中的算术错误,要么是在计算依据上发生错误。计算错误可以划分为内部计算错误与外部计算错误,予以区别对待。分述如下:

(1)内部计算错误。

如果表意人仅将计算的结果告知相对人,没有将计算基础或者计算过程告知相对人,其计算错误即属于内部计算错误。通说认为,这种计算错误属于无关紧要的动机错误,表意人不得据此行使撤销权。①

(2)外部计算错误。

依通说,应当将外部计算错误细分为三种情形,予以区别对待。②

【深化与拓展】第一种情形是双方当事人都将价款的计算作为合同的基础,而该计算过程存在错误。比如表意人在要约中对各项给付都列出了相应价款,但在将这些价款相加时算错了,得出一个错误的总价款。此时,应当通过意思表示解释来确定价款。具体言之,双方当事人不仅就总价款达成合意,而且对各项给付的价款也达成合意,意思表示发生内在矛盾,依据"误载无害真意"规则,通常应当以各项给付的价款经正确相加之和为合同价款。

第二种情形是双方当事人都将价款的计算依据作为合同的内容或者基础,计算过程本身虽无错误,但计算依据的是某种错误因素,或者遗漏了某一个因素。此时,要么通过补充性意思表示解释确定合同内容,要么按照双方动机错误处理。③

第三种情形是双方当事人既未共同地将价款计算作为合同的内容也未将其视为合同的基础。比如,出卖人为了显示其产品的售价很便宜,告知买受人该产品的进价或制造成本,但他在据此计算售价时发生了错误。对此,应该认定为无关紧要的动

---

① Vgl. Astrid Stadler, Allgemeiner Teil des BGB, 20. Aufl., 2020, S. 357.
② Vgl. Larenz/Wolf, Allgemeiner Teil des bürgerlichen Rechts, 9. Aufl., 2004, S. 667-671.
③ 我国判例参见朴某某等与钟某某委托合同纠纷案,吉林省高级人民法院(2014)吉民二终字第89号民事判决书(转让不动产征收补偿权利时对补偿数额计算依据的认识错误)。

机错误,因为没有理由要求买受人去仔细研究产品的进价或者制造成本。

3. 法律后果错误

有时,表意人对于意思表示的法律后果发生错误的认识或者没有预料到会发生某种法律后果,学理上称之为法律后果错误。对此,应当区分意思表示直接决定的法律后果与间接的法律后果。前者是指意思表示本身包含的法律后果,该法律后果发生的依据就在于意思表示。后者是指因法律规定或者补充性的合同解释而发生的法律后果,其是否发生不取决于当事人的意思。对于间接法律后果错误,只能认定为无关紧要的动机错误,表意人没有撤销权。比如,甲向乙出售一处房屋,该房屋此前已经出租给丙,当乙后来知道依据买卖不破租赁规则,自己需要承受租赁合同关系时,要求撤销买卖合同,其撤销没有合法依据。对于意思表示直接决定的法律后果之错误,应认定为内容错误,表意人享有撤销权。比如,某人表示将某物"出借"给他人,误以为"出借"是指将该物有偿提供给他人使用。①

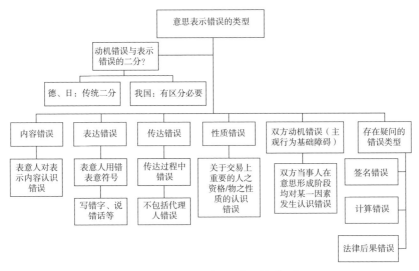

图 9-11 意思表示错误的类型

---

① Vgl. Arnd Arnold, in: Erman Kommentar BGB, 15. Aufl., 2017, §119 Rn. 29.

(五) 意思表示错误的法律后果

与原《民法通则》及原《合同法》相比,《民法典》第147条的一个显著变化是将重大误解的后果由"可变更、可撤销"改为"可撤销"。之所以如此,主要是因为由法院或者仲裁机构对民事法律行为进行变更时,变更后的内容未必同时符合表意人与受领人的意愿。为贯彻意思自治原则,《民法典》取消了变更权。实践中,如果发生重大误解的表意人不打算撤销法律行为,可以与受领人协商变更法律行为的相应内容。协商未果的,表意人可以行使撤销权。

依《民法典》第147条,享有撤销权的是"行为人"。此处"行为人"应解释为发生重大误解(错误)的一方当事人。

第六节 意思表示不自由

教学案例1:姜某到A公司应聘会计。签订劳动合同时,A公司让姜某填写一份承诺书,其中有一个栏目为"是否患有比较严重疾病",姜某当时勾选"无",但实际上姜某患有糖尿病。姜某的行为是否构成欺诈?劳动合同效力是否受到影响?

教学案例2:卢某打算买房,找到T房产中介公司,该公司派周某带卢某去看房子。周某在介绍魏某的房子时谎称该房对口重点小学,卢某对房子比较满意,遂与魏某订立房屋买卖合同。卢某事后发现该房子并非对口重点小学。卢某是否有权以受欺诈为由撤销合同?

教学案例3:甲违反了与乙签订的合同,乙要求甲赔偿100万元,但甲不愿意赔那么多。在双方交涉的过程中,乙得知甲前不久实施了一项商业贿赂行为,乙遂以告发罪行威胁甲订立赔偿协议。此后,甲的罪行因为其他原因败露,甲是否有权撤销赔偿协议?

私法自治要求表意人在自由状态下作出意思表示,决定法律关系的变动。在不自由状态下作出的意思表示就是有瑕疵的意思表示。对表意人自由状态的妨碍方式包括欺诈与胁迫。

一、欺诈

欺诈是指以虚构或者隐瞒的方式使表意人陷于错误、维持错误、加深错误并基于该错误作出意思表示。依私法自治原则,在受欺诈状态下达成的法律行为存在效力障碍。因受欺诈而实施观念通知等准法律行为的,可以准用欺诈规则。① 按照《民法典》第 148 条、第 149 条的规定,欺诈包括相对人欺诈与第三人欺诈。

(一) 相对人欺诈

相对人欺诈须符合如下要件:

1. 存在欺诈行为

欺诈行为包括故意告知对方虚假情况和故意隐瞒真实情况,要而言之,包括虚构事实与隐瞒事实。前者可称为积极欺诈,后者可称为消极欺诈、沉默欺诈。欺诈行为须发生于缔结法律行为之时,如果在缔结法律行为之后,一方当事人虚构或者隐瞒事实,以便在履行过程中获取不正当利益(比如以次充好)或者达到其他目的,则不构成法律行为缔结中的欺诈,不影响法律行为的效力。

(1)积极欺诈。

就积极欺诈而论,欺诈者要么捏造根本不存在的事实,要么对客观事实进行变造。捏造事实比如:订立股权转让协议时,转让方的法定代表人谎称目标公司已经取得某一重要地块的一级土地开发权并且谎称自己曾经担任干部故而在项目审批方面拥有诸多便利②;股权转让前,该股权存在抽逃出资现象,但订立股权转让协议时转让方却承诺该股权出资真实;甲、乙订立的挖掘机买卖合同中约定出售的挖掘机是"全新的",但实际上此前甲已经将该挖掘机卖给丙,丙使用 30 个小时后退还给甲,甲未告知乙此种情况。

变造的方式可能是夸大事实,可能是淡化事实中的不利因素。夸大事实比如,甲、乙订立特许经营合同时,甲方声称已经有 10 家直营店和加

---

① 参见兖矿铝业国际贸易有限公司与重庆市电煤储运集团华东有限公司买卖合同纠纷案,最高人民法院(2019)最高法民申 5016 号民事判决书。
② 参见北京然自中医药科技发展中心与广东黄河实业集团有限公司一般股权转让侵权纠纷案,最高人民法院(2008)民二终字第 62 号民事判决书。

盟店,但实际上此前已经开设的直营店仅有 1 家。应当注意的是,如果只是稍微夸大或者稍微淡化,通常不足以构成欺诈行为。①

(2)消极欺诈(沉默欺诈)。

沉默是否构成欺诈,取决于沉默者是否有告知或者提醒义务。这种义务可能是法律明确规定的,但这并不多见,更常见的是基于诚实信用原则或者交易习惯而认定当事人具有此种义务。无论如何,也不能得出"当事人对于与法律行为相关的任何因素都有义务主动予以说明"的结论。一般认为,鉴于某些因素对表意人的决策具有重要意义,如果表意人依诚实信用原则与法律交往的一般观念在个案中可以期待相对人向其告知这些因素,即可认为相对人负有告知义务。② 不过,如果表意人只要尽到其自身利益所要求的注意即可获取这些信息,那么他就无权期待相对人予以告知。③

【深化与拓展】告知义务的成立需要符合以下几个条件:

其一,该因素必须是影响表意人决策的重要因素,即如果表意人当时掌握了关于该因素的正确信息肯定不会作出这样的意思表示。如果某个因素对于表意人的决策而言显然是无关紧要的,那么相对人就没有义务明确告知。比如,甲向乙公司购买一辆新车,该车的左前门下方有一处极其轻微的漆面损伤,乙公司予以抛光打蜡后肉眼看不出任何异样,乙公司即便未将此种情况告知甲,亦不构成欺诈。④

其二,相对人知道该因素对于表意人决策的重要性。如果某种因素对于绝大多数处于表意人位置的人而言显然都是重要因素,那么就可以推定相对人知道其重要性。有的时候,某种因素并不具有如此明显而普遍的重要性,只有像表意人这样的比较特殊的人认为它是重要因素,那么表意人必须提出证据证明相对人当时对此知情,否则不得主张相对人构成欺诈。比如出

---

① 参见王泽鉴:《民法总则》(2022 年重排版),北京大学出版社 2022 年版,第 397 页。
② 类似观点参见朱广新:《欺诈在法律行为范畴中的规范意义——对〈合同法〉第 52 条、第 54 条解释之检讨》,载《学习与探索》2009 年第 2 期。
③ Vgl. Arnd Arnold, in: Erman Kommentar BGB, 15. Aufl., 2017, §123 Rn. 13.
④ 参见贵州新贵兴汽车销售服务有限责任公司与杨某某买卖合同纠纷案,最高人民法院(2018)最高法民终 12 号民事判决书。

售的房屋周围种植了导致买受人过敏的花卉,出卖人通常不知道买受人对此过敏。

其三,表意人将该因素作为实施法律行为的条件不违反法律和公序良俗。有些因素虽然确实被表意人当作重要因素,相对人可能也知道表意人有这样的心理,但表意人将这些因素作为其实施法律行为的条件却是不合法或者违背公序良俗的。比如,受雇人在缔结劳动合同时未主动告知其已经怀孕之事实,不构成恶意欺诈,因为雇主以应聘者未怀孕作为聘用条件的做法不具有正当性。

其四,诚实信用原则或者交易习惯要求相对人对该因素予以告知。在符合以上三个条件的情况下,还必须考察相对人未对该因素进行说明是否违背诚实信用原则或者交易习惯。订立汽车(新车)销售合同前,该车已经被4S店出售给其他人,退货后,4S店将其作为新车再度出售,向买受人隐瞒了该情况。4S店未予告知显然违背诚实信用原则。

2. 欺诈行为与意思表示的作出之间存在因果关系

欺诈行为须导致表意人陷于错误、维持错误或者加深错误并因此作出意思表示。仅当存在此种因果关系时,表意人才有权撤销法律行为。虽有欺诈行为,但表意人并未上当,没有陷于错误、维持错误或者加深错误,则不得以受欺诈为由撤销法律行为。即便表意人因欺诈行为陷于错误、维持错误或加深错误,但其并非基于该错误而作出意思表示的,亦然。此种情形中,发生错误的事项对表意人并无决定性意义。例如,甲从乙网店购买1台某品牌电冰箱,因网店搞促销推出特惠价,甲节省了500元,网页上宣传"三天一度电",但收货后,甲发现实际耗电量是三天1.2度电,遂以受欺诈为由诉请退货。在本案中,网店的"三天一度电"虽属虚假宣传,但导致甲决定购买电冰箱的并非此项虚假宣传,而是特惠价,虚假宣传与甲的意思表示之间欠缺因果关系,所以不构成欺诈。

【深化与拓展】在因果关系方面,有疑问的是,知假买假者是否有权主张经营者构成欺诈从而依《消费者权益保护法》第55条承担价款或者费用的三倍赔偿责任?司法实践中见解不一。

最高人民法院指导案例23号①虽然认为知假买假者有权主张《食品安全法》规定的十倍赔偿,最高人民法院《关于审理食品药品纠纷案件适用法律若干问题的规定》(法释〔2013〕28号/法释〔2021〕17号修正)第3条亦规定知假买假者享有惩罚性赔偿请求权,但在2017年5月19日《对十二届全国人大五次会议第5990号建议的答复意见》(法办函〔2017〕181号)中,最高人民法院认为不宜将食药纠纷的特殊政策推广适用到所有消费者保护领域,在食品、药品以外的普通消费领域,知假买假不符合《消费者权益保护法》第55条以及民法上的欺诈要件(欠缺因果关系)。

3. 存在欺诈故意

(1)"过失欺诈"不构成欺诈。

实施欺诈行为的当事人须为故意,即明知道自己的陈述不正确或者明知道自己未告知对方本应告知的事项。如果当事人因过失提供不实信息,不构成欺诈。② 比如,高某从银泰百货购买一个女包,合格证上标注材质为牛革,但实际上材质仅为牛剖层革,之所以如此,是因为案涉女包进口货物报关单所记载的商品规格为100%牛皮,经营者未经仔细查验就据此将女包标注为牛革,其对此仅存在过失,而无故意,所以不构成欺诈。当然,此种情形中,表意人在作出意思表示时由于受到不实信息的误导,也处于意思表示不自由状态。对此,表意人要么依据意思表示错误规则撤销法律行为,要么主张缔约过失责任,请求过失提供不实信息(过失误导)的相对人废止法律行为或者赔偿损失。

(2)关于欺诈恶意。

我国《民法典》第148条未明确提到欺诈的恶意性,从比较法看,各国(地区)民法大都要求欺诈是恶意的。至于"恶意"究竟指的是"故意"还是"具有卑劣的意图",则存在一定的争议。在德国民法学中,通说认为所谓恶意仅指故意,不要求欺诈人具有"卑劣的意图",因为依据法律规范之

---

① 参见孙银山与南京欧尚超市有限公司江宁店买卖合同纠纷案,江苏省南京市江宁区人民法院(2012)江宁开民初字第646号(指导案例23号)民事判决书。

② 相反观点(承认"过失欺诈")参见刘勇:《缔约过失与欺诈的制度竞合——以欺诈的"故意"要件为中心》,载《法学研究》2015年第5期。

目的,重要的不是欺诈人的意图,而是表意人的决定自由受到干扰。① 这样,好意的欺诈,甚至纯粹为了表意人的利益而实施的欺诈,也是"恶意"的。同样,也不要求欺诈人具有损害表意人或者使自己获得不正当利益的意图。我国民法学界有学者认为好意欺诈不产生撤销权。② 从欺诈制度的规范目的看,为保护表意人的决定自由,不宜承认好意欺诈可以排除撤销权。③

(3)关于欺诈之目的指向。

欺诈之故意要求欺诈方为了使表意人陷于错误、维持错误或者加深错误并据此作出意思表示,该意思表示恰好是欺诈方追求的目标。例如,甲、乙订立资产并购协议时,甲以夸大其持股企业资产价值、隐瞒债务的方式欺诈乙,6个月后,甲、乙、丙三方又订立债务承担协议,约定乙承担甲欠丙的5000万元债务。乙不得以订立第一份协议时受到欺诈为由撤销第二份协议,因为甲实施欺诈行为之目的是订立第一份协议而不是订立第二份协议,即便乙订立第二份协议时在心理上受到第一次缔约行为良好印象的影响,亦然,除非甲当时明知道乙受到该错误印象的影响而未予以纠正。

(4)关于合法的故意欺诈。

应予注意的是,在某些情形中,一方当事人虽然作了虚假陈述,但其行为却并不具有违法性,对方当事人不得以受恶意欺诈为由撤销法律行为。④ 最典型的是在劳动合同领域,如果雇主向应聘者提出一个不合法、不正当的问题,应聘者在这个问题上撒了谎并且得到了工作,则雇主不得主张适用恶意欺诈规则,除非这个问题在客观上对于拟聘用职务的特性而言是必需的。例如,对于已经治愈的疾病,雇主不得询问;对于尚未治愈的疾病或者身体残障,只有在其可能妨碍履行工作职责的情况下,才允许雇主询问。⑤ 就此而论,应承认当事人在一定条件下享有"撒谎权"。

---

① Vgl. Arnd Arnold, in: Erman Kommentar BGB, 15. Aufl., 2017, §123 Rn. 29.
② 参见史尚宽:《民法总论》,中国政法大学出版社2000年版,第425页;刘勇:《缔约过失与欺诈的制度竞合——以欺诈的"故意"要件为中心》,载《法学研究》2015年第5期。
③ 类似观点参见朱广新:《欺诈在法律行为范畴中的规范意义——对〈合同法〉第52条、第54条解释之检讨》,载《学习与探索》2009年第2期;郑玉波:《民法总则》,中国政法大学出版社2003年版,第355页。
④ 参见王泽鉴:《民法总则》(2022年重排版),北京大学出版社2022年版,第398页。
⑤ Vgl. Arnd Arnold, in: Erman Kommentar BGB, 15. Aufl., 2017, §123 Rn. 20-21.

【案例解析】在教学案例 1 中,姜某应聘时虽谎称未患比较严重的疾病,但其所患糖尿病对其拟从事的会计工作并无不利影响。面对 A 公司的不正当询问,姜某不必如实告知,所以其填表格时的行为不构成民法上的欺诈,劳动合同效力不受影响。

(二) 第三人欺诈

实施欺诈行为的既可能是表意人的相对人,也可能是第三人。无论相对人欺诈还是第三人欺诈,都导致表意人受到误导,在不自由状态下作出意思表示。《民法典》第 149 条明确规定了第三人欺诈也可以导致法律行为可撤销。

1. 第三人欺诈的特别构成要件

第三人欺诈也是欺诈,所以也需要符合欺诈的一般构成要件。除此之外,第三人欺诈还需要符合一个特别构成要件:相对人知道或者应当知道第三人欺诈。与第三人胁迫相比,第三人欺诈情形中撤销权的取得要件更为严格。之所以如此,主要是因为在胁迫情形中,表意人更值得保护。一方面,在受胁迫时,表意人决策的自由受到更严重的妨害,外在因素直接限制了他的选择自由,而在受欺诈时,表意人的决策只是受到外在因素的干扰,表意人仍有较大的自由度;另一方面,在胁迫情形中,表意人基本上是不可归责的,而在受欺诈情形中,表意人可能在一定程度上是可归责的,他可能没有积极地去搜集或者印证相关的信息。[①]

【深化与拓展】应当注意的是,德国[②]以及我国台湾地区[③]民法理论一般认为,如果表意人的意思表示是无相对人的意思表示,则不论何人实施欺诈,意思表示均为可撤销,其撤销的条件并无差别。也就是说,第三人欺诈之特别构成要件仅对有相对人的意思表示有意义。我国《民法典》第 149 条也应作类似解释。

---

① 参见〔日〕山本敬三:《民法讲义Ⅰ:总则》(第 3 版),解亘译,北京大学出版社 2012 年版,第 190 页;〔德〕卡尔·拉伦茨:《德国民法通论》,王晓晔等译,法律出版社 2003 年版,第 542 页。
② Vgl. Arnd Arnold, in: Erman Kommentar BGB, 15. Aufl., 2017, § 123 Rn. 30.
③ 参见王泽鉴:《民法总则》(2022 年重排版),北京大学出版社 2022 年版,第 399 页。

2. 第三人的范围

就有相对人的意思表示而言,由于第三人实施欺诈与相对人实施欺诈在构成要件上有所不同,所以在实践中如何界定"第三人"就显得特别重要。一般认为,第三人欺诈是指由未参与交易的人实施欺诈,而且其行为不能归属于意思表示的相对人。至于欺诈人的行为究竟是否可以归属于相对人,则需要对个案的所有情势进行整体考量后予以判定,尤其需要考虑公平以及双方当事人的利益状况。一般认为,相对人的代理人、雇员、交易事务的辅助人(没有代理权但受委托参与谈判的助手)不是第三人,①其欺诈行为归属于相对人,等同于相对人在欺诈,因为他们是相对人"阵营"中的人。② 此外,产品的广告人、代言人或者扮演类似角色的人实施欺诈也应当认定为相对人本身的欺诈。反之,中介人在媒介缔约过程中欺诈一方当事人、主债务人欺诈担保人使其与债权人订立担保合同,应认定为第三人欺诈。

【案例解析】在教学案例2中,周某是房产中介,为卢某和魏某媒介缔约,在此过程中谎称系争房子为学区房,属于第三人欺诈。如果魏某当时听到了周某的谎言而未予以纠正,则卢某有权以受欺诈为由撤销房屋买卖合同。反之,如果魏某当时不在现场,则其不知道且不应当知道第三人欺诈,卢某无权以受欺诈为由撤销买卖合同。

(三) 欺诈的法律效果

无论相对人欺诈还是第三人欺诈,都导致法律行为可撤销,因受欺诈而作出意思表示的一方当事人享有撤销权。不过,依据《民法典》第1143条第2款之规定,受欺诈所立的遗嘱无效。依据《劳动合同法》第26条第1款第1项之规定,因欺诈而订立的劳动合同无效,这是民事特别法对欺诈法律效果作出的特别规定。依《保险法》第16条第2款之规定,投保人故意或者因重大过失未履行如实告知义务,足以影响保险人决定是否同意承保或者提高保险费率的,保险人有权解除合同。此项解除权不应影

---

① 参见冉克平:《论因第三人欺诈或胁迫而订立合同的效力》,载《法学论坛》2012年第4期。

② Vgl. Arnd Arnold, in: Erman Kommentar BGB, 15. Aufl., 2017, §123 Rn. 33-34.

响保险人的撤销权,如果投保人故意违反如实告知义务,构成欺诈,保险人有权撤销合同。按照《消费者权益保护法》第 55 条的规定,经营者提供商品或者服务有欺诈行为的,应当按照消费者的要求增加赔偿其受到的损失,增加赔偿的金额为消费者购买商品的价款或者接受服务的费用的三倍,增加赔偿的金额不足五百元的,为五百元。

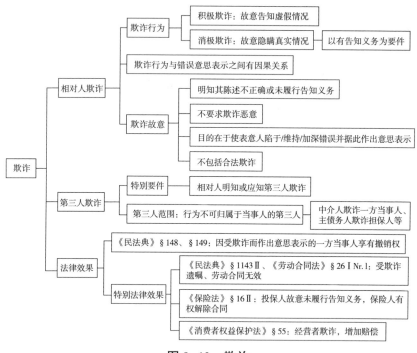

图 9-12 欺诈

二、胁迫

意思表示不自由的第二种原因是胁迫。《民法典》第 150 条规定了胁迫,包括相对人胁迫与第三人胁迫。

(一) 胁迫的构成要件

1. 存在胁迫行为

胁迫行为是指表示给他人施加某种不利益,以迫使该他人作出违背真实意愿的意思表示。胁迫是心理强制(vis compulsiva),与身体强制不同。前者是外在力量作用于当事人的心理,借助于心理压力促使其作出一项表示。后者是外在力量直接作用于当事人的肢体,使之身不由己地作出貌似表示的举动。此时当事人根本不具备行为意思,也无可归责性,而且对方当事人明知道其欠缺行为意思,所以不成立意思表示。以此种方式缔结的合同应判定为不成立,而非可撤销。

胁迫尽管只是心理强制,但并不意味着胁迫行为人必定未使用暴力。如果行为人对表意人进行了殴打,使表意人产生心理恐惧,担心继续遭受殴打,从而作出意思表示,也构成胁迫,不构成身体强制。即便行为人殴打完之后,未明确表示还要继续殴打,亦然。此时,"表示施加不利益"体现为默示的表示,即从先前的暴力行为中可以推断出如果不照办的话,行为人将会继续殴打。如果尚未开始殴打,只是扬言不签合同的话,就要殴打或者实施其他加害行为,则为明示的表示。

胁迫行为有多种表现形式。既包括表示给表意人本身施加不利益,也包括给其亲友施加不利益;既包括对人身施加不利益,也包括对财产施加不利益;既包括对自然人施加不利益,也包括对法人施加不利益,实际上还应包括对合伙企业等非法人组织施加不利益。

2. 胁迫行为具有违法性

大陆法系的很多国家或者地区的民法都要求胁迫必须具备违法性才能导致法律行为效力障碍。比如《德国民法典》第123条第1款规定,因受恶意欺诈或者不法胁迫而作出意思表示的人可能撤销该意思表示。《瑞士债务法》第29条第1款也明确要求胁迫具备违法性。有些国家或者地区民法虽未明确规定胁迫应具有违法性,但在解释上都要求违法性,如日本民法、我国台湾地区"民法"。我国《民法典》第150条虽未规定胁迫的违法性,也应作类似解释。

如何认定胁迫的违法性,学理上存在一定的争议。借鉴当代德国民法学界以及我国台湾地区民法学界的通说,胁迫是否具有违法性,需要考察胁迫的目的、手段以及二者之联系这三个因素。

(1)目的违法或者不正当。

如果胁迫人的目的是让被胁迫人同意实施某种违法行为,那么该胁迫显然属于违法胁迫,比如以胁迫方式订立涉及走私物品的运输合同。事实上,以这种方式达成的法律行为本身就是违反禁止性法律规定的法律行为,属于无效的法律行为。

真正需要探讨的是这种情况,胁迫人所追求之目的本身并未被法律禁止,但其在法律上也没有权利要求被胁迫人通过一个法律行为使其实现该目的。比如,甲丢了东西,被乙捡到,乙打电话要求甲支付一万元酬金(并非悬赏之酬金),否则别想找回东西,甲被迫同意支付一万元酬金。按照我国《民法典》第317条的规定,拾得人仅有权请求失主支付保管遗失物等支出的必要费用,而在本案中,乙要求甲支付一万元酬金,显然超出了必要费用,对超出的部分本无请求权,强行索要,属于追求不正当目的,构成违法胁迫。

(2)手段违法。

如果胁迫所用的手段是违法的,即便胁迫人追求的是正当目的,一般都应认定为违法胁迫。比如,甲损害乙,乙要求甲支付赔偿金,甲不同意,乙遂威胁要找人教训甲,甲怕惹麻烦,遂与乙达成一个协议,同意支付乙所要求的赔偿金。该赔偿协议可撤销。如果以违法手段追求不正当目的,则更应认定为违法胁迫。比如,甲与乙相约到某宾馆协商股权转让事宜,乙不愿意受让股权,甲不让乙离开房间,其间数次发生争吵,一直持续到凌晨5点,乙害怕继续被限制自由,不得已在甲草拟的股权转让协议上签字。

以违约相威胁,迫使一方当事人作出一项意思表示,也应认定为违法胁迫。比如,A公司以"不照办就不让上岗"相要挟,迫使员工甲与B银行订立借款合同,所借款项由A公司使用。无故不让员工上岗,属于违反劳动合同之行为,以之为胁迫手段,构成违法胁迫。

(3)目的与手段之结合不正当。

有时,胁迫人的目的正当,所用的手段本来也是正当的,但以这样的手段实现这样的目的却是不正当或者说不适宜的,亦构成违法胁迫。比如,公安机关为调查案件对犯罪嫌疑人采取强制措施,随后以继续采取强制措施为手段,促使嫌疑人为本案所涉合同纠纷订立还款协议,即便协议约定的债务数额与实际数额一致,该手段与目的之结合亦欠缺正当性。公安机关的职权是刑事侦查,不应借助该职权干预当事人之间的民事法律关系,否则,其行为难谓合法。[①]

[①] 参见程某某等与马某某等抵押借款合同纠纷案,最高人民法院(2013)民提字第24号民事判决书。

【案例解析】在教学案例 3 中,乙的目的是索赔,如果索赔数额与实际损失大体相符,则为正当目的。乙所用手段是向有关部门告发甲的犯罪行为,这本身也是合法的。然而,以这样的手段去追求与该犯罪行为毫无关联的目的,则是不适宜的。因此,乙的行为构成违法胁迫,甲有权撤销赔偿协议。至于甲应否赔偿,则应依法律规定或者合同约定处理。

3. 胁迫与意思表示之间存在因果关系

胁迫与意思表示之间应该具有因果关系,即正是因为胁迫使得表意人陷入恐惧并且在恐惧状态下作出意思表示。即便胁迫只是若干原因中的一个,也满足因果关系的要求。至于胁迫情节在客观上的严重性,并非因果关系的必备要件。表意人当时是否有机会通过公力救济避免遭受不利益,通常也不应影响胁迫之因果关系的认定。在这个问题上不应苛求表意人凡事皆求助于公力救济,否则大多数情形都不构成违法胁迫。

因果关系的判定应以表意人的视角为准(主观主义),只要表意人认为胁迫人欲对其施加的不利益足够严重以至于使其心生恐惧即可。① 即便此种不利益只是臆想出来的(比如巫蛊之害),具备相当理智的其他人很可能对此不予理会,也不妨碍因果关系的成立。② 当然,从事实证明的角度看,如果仅以鸡毛蒜皮的小事相要挟,则很难证明存在因果关系。比如,位于某市郊区的甲公司与乙公司订立合同,约定甲公司将土地使用权及厂房转让给乙公司。此后,由于付款期限约定不明,双方在履行过程中发生争议,甲公司拒不移转不动产,乙公司派若干员工在甲公司门口抗议。一段时期之后,双方订立《终止合同书》,约定终止不动产转让合同,甲公司向乙公司返还已经支付的价款并赔偿 600 万元。鉴于乙公司员工在甲公司门口抗议一般不会给甲公司带来太大的不利益,很难认定甲公司系因受胁迫而同意订立《终止合同书》。

4. 胁迫人故意实施胁迫行为

胁迫人须故意实施胁迫行为,这是不言自明的。胁迫人必须有意识地通过表示施加不利益将表意人置于迫不得已状态,胁迫人希望表意人

---

① Vgl. Reinhard Singer/Barbara von Finckenstein, in: Staudinger Kommentar BGB, 2004, § 123 Rn. 66.

② 参见朱庆育:《民法总论》(第 2 版),北京大学出版社 2016 年版,第 285 页。

在这种状态下依"两害相权取其轻"原则作出意思表示。①

(二) 第三人胁迫

第三人胁迫也属于违法胁迫,导致法律行为效力障碍,不论表意人的相对人是否知道该胁迫的存在。民法关注的是表意人在作出意思表示的过程中是否处于自由状态。尽管胁迫行为并非由相对人实施,而且相对人对此一无所知,但表意人确实因为第三人的胁迫而陷入意志不自由状态,在这样的状态下产生的意思表示是有瑕疵的,按照意思自治原则,表意人不应受其拘束。

> 【深化与拓展】近年来有些学者认为,传统民法对第三人胁迫与第三人欺诈予以区别对待,对于第三人胁迫,赋予表意人无条件的撤销权,这种区分模式在利益衡量上对善意相对人过于苛刻。② 在现代社会,交易安全保护的要求日益强烈,从利益衡量的角度考虑,交易安全应当优先于财产权保护。在第三人胁迫情形中,不论相对人是否善意均赋予表意人撤销权不利于保护交易安全。③《民法典》第150条未采纳上述观点,而是采用区分模式。

由于第三人胁迫与相对人胁迫在法律效果上没有区别,所以在实践中辨别第三人胁迫与相对人胁迫并无实际意义。在这方面,胁迫规则与欺诈规则的适用存在重大差别。

(三) 胁迫的法律效果

《民法典》第150条规定胁迫导致民事法律行为可撤销。当然,在《民法典》分则以及民事特别法上依然存在例外。例如,《民法典》第1143条第2款规定受胁迫所立的遗嘱无效;《劳动合同法》第26条第1款第1项规定因胁迫而订立的劳动合同无效。

如果表意人因受胁迫而陷入困境并因此与胁迫人达成对价明显失衡

---

① 关于胁迫的目的性以及行为人对胁迫之违法性的认识错误问题,参见杨代雄:《法律行为论》,北京大学出版社2021年版,第346、347页。
② 参见薛军:《第三人欺诈与第三人胁迫》,载《法学研究》2011年第1期。
③ 参见冉克平:《论因第三人欺诈或胁迫而订立合同的效力》,载《法学论坛》2012年第4期。

的法律行为,则也符合显失公平的构成要件。此时发生撤销权竞合。

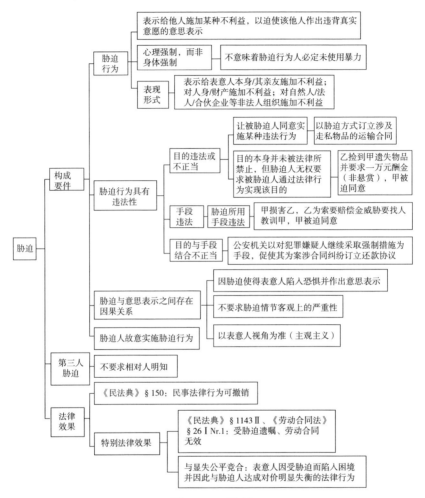

图 9-13 胁迫

第十章 法律行为的成立与生效

第一节 法律行为的成立

教学案例1:姚某与冯某订立合同,约定姚某借给冯某30万元钱用于购房首付,5天内支付。5天过后,姚某未支付。冯某是否有权请求姚某支付30万元借款?

教学案例2:甲、乙达成口头合意,约定甲将一幅国画质押给乙,担保乙对丙的债权。3天后,甲将国画交付给乙。交付后,乙是否取得质权?交付前,乙是否有权请求甲交付?

教学案例3:A与B订立买卖合同。此后,A发现自己缔约时发生错误(重大误解),遂与B沟通解决方案,但尚未诉请撤销合同。B觉得此项交易比较麻烦,可否解除买卖合同?

一、为何区分法律行为的成立与生效

19世纪以及更早的民法文献并未在概念上刻意区分法律行为的成立与生效。20世纪以来,德国、日本、我国台湾地区等的民法文献逐渐强调此种概念区分。① 我国大陆民法总论著作亦普遍作此区分。

从概念层面看,无疑需要区分法律行为的成立与生效。因为,法律行为是一种法律事实,与侵权行为、加工行为、无因管理等法律事实一样,法律行为也需要符合一定要件才能构成。法律行为的构成要件就是其成立要件,可据以判断是否存在法律行为这一法律事实,一如需要依据侵权行为的构成要件判断是否存在一项侵权行为。与侵权行为之类的法律事实不同的是,判断存在一项侵权行为的,可依法发生相应的法律效果,即侵

---

① 参见〔德〕汉斯·布洛克斯、〔德〕沃尔夫·迪特里希·瓦尔克:《德国民法总论》(第41版),张艳译,中国人民大学出版社2019年版,第52页、第125页以下。

权责任;而判断存在一项法律行为的,则不能依法当然发生相应的法律效果,还须判断该法律行为是否生效,才能决定其是否发生当事人所欲的法律效果。侵权行为等法律事实仅涉及是否成立(构成)之问题,不涉及有效无效之问题,唯独法律行为涉及有效无效之问题。

从实践层面看,区分法律行为的成立与生效的意义主要在于:首先,法律行为的效力瑕疵有时可以治愈,而法律行为的构成瑕疵则通常不能治愈。① 其次,在请求权基础检索中,法律行为的成立是请求权发生事实,通常应由请求人(原告)对该事实之存在承担证明责任;反之,法律行为无效则是权利阻却抗辩,应由被请求人(被告)就无效事由之存在承担证明责任。相较之下,上述第二项实践意义更为重要。假如没有这项实践意义,则可以说区分法律行为的成立与生效基本上仅具有理论阐述上的意义。从司法裁判看,判定法律行为不成立与判定法律行为无效在结果上并无实质区别,因为法律行为既然不成立,当然也不能发生效力。

二、法律行为的一般成立要件

法律行为的一般成立要件即任何法律行为都应具备的成立要件。我国台湾地区民法学者多认为,法律行为的一般成立要件包括法律行为的主体、标的(目的)与意思表示。所谓标的,即法律行为的内容。② 我国大陆③以及日本④也有民法学者采用此种观点,但未成为通说。与此不同,德国民法学者通常认为法律行为的一般成立要件仅包括意思表示或者意思表示的一致。

上述三要件说中,首先应予否定的要件是标的。标的既然被定义为法律行为的内容,必为意思表示所包含,因为法律行为的内容就是意思表示的内容。意思表示旨在发生特定法律效果,该法律效果即为法律行为的标的。既然已经承认意思表示是法律行为的成立要件,则无需再将标的视为法律行为的成立要件。其次,主体是否为法律行为独立的构成要

---

① Vgl. Helmut Köhler, BGB Allgemeiner Teil, 44. Aufl., 2020, S. 38 (§ 5 Rn. 6).
② 参见王泽鉴:《民法总则》(2022年重排版),北京大学出版社2022年版,第249页;陈聪富:《民法总则》,元照出版有限公司2016年版,第217、218页。
③ 参见梁慧星:《民法总论》(第5版),法律出版社2017年版,第173页。
④ 参见〔日〕我妻荣:《我妻荣民法讲义Ⅰ:新订民法总则》,于敏译,中国法制出版社2008年版,第228页。

件,也有争论的余地。① 毫无疑问,多方法律行为只能在主体与主体之间成立,单方法律行为也只能说是某个主体的法律行为。从这个意义上说,主体对于法律行为的成立不可或缺,但这并不意味着在讨论法律行为的成立时必须将主体作为一个成立要件。因为,主体是任何行为的成立要件。无论侵权行为、违约行为还是先占行为、加工行为、无因管理行为,皆须存在行为主体,否则行为不能成立,但在民法理论上讨论这些行为的成立要件时,一般均未将主体作为其成立要件。法律行为也不应例外。如果说意思表示是法律行为的一般成立要件,主体则是民法上各种行为的一般成立要件。

综上,法律行为的一般成立要件只有一个:意思表示或者意思表示的集合。所谓意思表示的集合,就合同而论,即合意;就决议而论,即依多数决原则形成的成员意思集合体或者说集体意思。

三、法律行为的特别成立要件

(一) 概述

某些法律行为除了须满足一般成立要件之外,还须具备特别成立要件。如实践(要物)合同,以交付为特别成立要件。依据《民法典》第890条、第679条、第586条之规定,保管合同自保管物交付时成立,自然人之间的借款合同自借款交付时成立,定金合同自定金交付时成立。此外,结婚行为,以婚姻登记之官方行为为特别成立要件。

> **【案例解析】**在教学案例1中,姚某、冯某为自然人,所以其订立的借款合同自借款交付时成立。姚某尚未支付借款,借款合同未成立,不发生债权债务,所以冯某无权请求姚某支付30万元借款。

(二) 要式法律行为的特别成立要件

要式法律行为的形式究竟是法律行为的特别成立要件抑或特别生效要件,学理上存在争议。我国台湾地区民法学界通说认为形式是法律行

---

① 我国学界持否定说的,参见王利明:《民法总则研究》(第3版),中国人民大学出版社2018年版,第483页;朱庆育:《民法总论》(第2版),北京大学出版社2016年版,第121页。

为的特别成立要件。① 日本也有学者采特别成立要件说。② 德国通说则认为形式是法律行为的特别生效要件,欠缺形式原则上导致要式法律行为无效。③ 我国大陆学者对此问题曾有三种观点:特别成立要件说、特别生效要件说、证据效力说。④

按照法律解释学的原理,《民法典》第 490 条第 2 款既然使用了"该合同成立"而不是"该合同生效"这一表述,那么,通过反面解释就只能将该条解释为书面形式是法定或者约定应采用书面形式的合同的特别成立要件,而不是特别生效要件。此外,从《民法典》第 135 条关于法律行为形式要件之规定所处的位置看,第 134 条规定法律行为的一般成立要件,即意思表示或者意思表示的集合(合意、决议),第 136 条规定法律行为自成立时生效,着眼于三个条文的逻辑关系,依体系解释也可以确定第 135 条系关于法律行为特别成立要件之规定。

(三) 法律行为形式瑕疵的补正

法律行为形式瑕疵的补正,亦称法律行为形式瑕疵的治愈。《民法典》第 490 条第 2 款规定合同的形式瑕疵可以因履行而补正,从而使形式瑕疵的合同能够例外地成立,克服了形式强制主义过于僵化、限制交易自由的弊端。法律行为的法定形式主要有如下功能:①警示功能。法定形式可以防止当事人过于草率地缔结重要或者有风险的法律行为。在我国民法上最典型的是关于保证合同应当采用书面形式之规定(《民法典》第 685 条)。②明确化—证明功能。在绝大多数情况下,法定形式都有明确化—证明功能,使法律行为的内容清晰确定,当发生争议时,可以证明法律行为的存在及其内容。③咨询—说明功能。公证形式以及在国家机关面前作出意思表示具有咨询与说明功能,公证人有义务向法律行为的当事人提供法律咨询,向其说明该法律行为的意义与效果,有关的国家机关

---

① 参见王泽鉴:《民法总则》(2022 年重排版),北京大学出版社 2022 年版,第 249 页;林诚二:《民法总则》(下册),法律出版社 2008 年版,第 295 页。
② 参见〔日〕山本敬三:《民法讲义Ⅰ:总则》(第 3 版),解亘译,北京大学出版社 2012 年版,第 95 页。
③ Vgl. Christian Hertel, in: Staudinger Kommentar BGB, 2004, §125 Rn. 99.
④ 参见杨代雄:《法律行为论》,北京大学出版社 2021 年版,第 357—359 页。

也有此种义务。①

就书面形式而言,当事人虽然没有采用书面形式订立合同,但已经履行了合同债务,其实际履行之行为通常表明其已经对此项交易予以慎重考虑,并非基于一时冲动而作出决定,因此,履行之事实已经发挥了与书面形式类似的警示功能。另一方面,在有证据证明当事人已经履行债务的情况下,通常即可以认定双方当事人之间存在合同关系,有争议的一般只是合同的一些细节问题。此时,合同虽未采用书面形式,但若有其他证据证明合同的主要内容,没有理由再以欠缺书面形式为由将合同判定为不成立。否则,让当事人返还已经受领的给付,徒增成本,且有损于交易安全,实无必要。

【深化与拓展】 在解释《民法典》第490条第2款时,应当注意如下几个要点:首先,只有一方当事人已经履行义务的,该义务必须是主给付义务,而且已经全部履行。其次,双方当事人已经履行义务的,则不需要全部履行主给付义务,只需要其已经履行大部分主给付义务。比如,土地承包经营权的受让人已经支付大部分转让款,而且转让人已经交付土地,这些事实足以表明双方当事人是慎重地达成交易的,与法定形式具备类似的功能。再次,合同形式瑕疵因履行而补正不具有溯及力,合同只能从履行被接受时成立。如果是双方履行大部分主给付义务,合同从后履行方的给付被对方接受时成立。因为,当事人的意思表示直至其实际履行义务或者接受对方的履行时才能被认定为慎重、认真的意思表示,从而具备法律意义。如此处理的实践意义在于,当事人无需依据当初约定的履行期承担迟延履行责任,在一方当事人实际履行前,无论其本身还是对方当事人都不构成履行迟延,义务的履行期需要以形式瑕疵补正的时间为起点予以重新确定。② 最后,对于继续性合同,形式瑕疵补正的效力范围应该受到限定。欠缺法定形式的继续性合同因履行而成立

---

① Vgl. Dorothee Einsele, in: Münchener Kommentar BGB, 5. Aufl., 2006, §125 Rn. 9, Rn. 70-72.

② 参见杨代雄:《合同的形式瑕疵及其补正——〈合同法〉第36条的解释与完善》,载《上海财经大学学报》2011年第6期。

的,其效力仅限于实际履行所对应的期间。不过,当事人对于合同按照约定的期限执行已经产生合理信赖并为此进行了某种投入或者安排的,为避免其遭受重大损失,合同应当按照约定的期限发生效力。

【案例解析】在教学案例2中,依据《民法典》第427条,动产质押合同须采用书面形式,甲、乙达成口头合意时,质押合同并未成立。在甲交付国画前,乙无权请求其交付。不过,3天后,甲将国画交付给乙,实际履行了其在质押合同中的主给付义务(通过交付质物设立质权),质押合同的形式瑕疵得以补正,于此时成立。因此,乙取得质权。

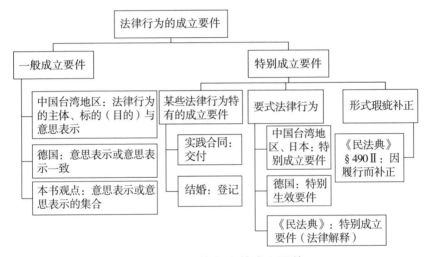

图10-1 法律行为的成立要件

四、法律行为的约束力

法律行为成立后,即发生约束力(Bindung)。此处所谓约束力是指当事人不得单方面任意以撤销、撤回或者解除等方式使法律行为消灭。与之不同的是法律行为的效力(Geltung)。效力是指法律行为欲发生的具体法律效果,如债权债务关系的发生、所有权移转等。有学者把法律行为的约束力称为形式约(拘)束力,把效力称为实质约(拘)束力。① 此项用语之区分有助于避免混淆,可资推广。《民法典》第 136 条第 2 款承认了法律行为的形式约束力。

通常,一项存在效力障碍的法律行为依然具有形式约束力,但法律行为因违反禁止性法律规范或者违背公序良俗而确定无效的除外。② 附停止条件法律行为、附始期法律行为在成立后虽未生效,但已经产生形式约束力。③ 须经批准的法律行为在获得批准前也具有形式约束力。④

【深化与拓展】当然,有些特殊法律行为不具有形式约束力或者仅具有不完全形式约束力。前者如遗嘱,遗嘱人在死亡前可以任意撤销或者变更遗嘱;普通赠与合同的赠与人在赠与财产的权利移转前有权撤销合同(《民法典》第 658 条),法律虽未规定受赠人有无撤销权,但谈论受赠人是否受合同约束本就没有实质意义,故此类赠与合同在履行前可谓没有形式约束力;动产物权变动中的物权合意在交付前不具有约束力。⑤ 后者如消费者订立的远程购物合同,消费者享有七天无理由退货权,可以退货方式任意废止合同,该合同在七天内仅对经营者有约束力;⑥效力待定法律行为的善意相对人享有撤销权,法律行为被追认前,既不能约束善意相对人,也不能约束被代理人或者限制行为能力人;可撤销的多方法律行为在撤销权除斥期间届满前也仅对一方当事人具有形式约束力,对撤销权人没有形式约束力。

【案例解析】在教学案例 3 中,A 对于买卖合同享有撤销

---

① 参见金可可:《〈民法总则〉与法律行为成立之一般形式拘束力》,载《中外法学》2017 年第 3 期。
② 参见中铁十五局集团第五工程有限公司与乌江铁路建设运营有限公司建设工程合同纠纷案,最高人民法院(2019)最高法民终 1799 号民事判决书。
③ 参见〔德〕维尔纳·弗卢梅:《法律行为论》,迟颖译,法律出版社 2013 年版,第 725 页。
④ 《最高人民法院关于印发〈全国法院民商事审判工作会议纪要〉的通知》(法〔2019〕254 号,以下简称《九民纪要》)第 37 条。
⑤ Vgl. Walter Bayer, in: Erman Kommentar BGB, 15. Aufl., 2017, §929 Rn. 4.
⑥ 拉伦茨与沃尔夫认为,消费者享有撤回权的合同在撤回权除斥期间内没有约束力。Vgl. Larenz/Wolf, Allgemeiner Teil des bürgerlichen Rechts, 9. Aufl., 2004, S. 925.

权,但在 A 行使撤销权之前,买卖合同对于 B 仍有形式约束力,所以 B 无权任意解除合同。

第二节 法律行为的生效

一、法律行为的一般生效要件

法律行为的生效要件也分一般生效要件与特别生效要件。[①] 一般生效要件是指任何法律行为完全、确定地发生效力应具备的要件。具体包括:

1. 当事人具备相应行为能力

无行为能力人没有意思能力,在作出表示时欠缺行为意思与表示意识,且无可归责性,所以不成立意思表示,自然也不能成立法律行为。因此,严格地说,无行为能力人实施的法律行为不成立。不过,现行法将其规定为无效法律行为,未尝不可。法律行为既然不成立,则不可能发生效力。限制行为能力人的意思能力可以使其具备行为意思与表示意识,其也具备一定的过错能力,所以其作出的表示可以构成意思表示。不过,借此达成的法律行为可能超出其意思能力范围,须由其法定代理人的意思能力予以补足。所以,该法律行为不能确定地发生效力。现行法规定该法律行为效力待定,即法律行为未生效,最终可否生效取决于法定代理人是否追认。

2. 意思表示健全

所谓意思表示健全是指意思表示无瑕疵,即意思表示须真实且自由。意思表示真实即意思与表示一致,或者说表意人赋予表意符号的主观意义与通过解释确定的表示意义一致;意思表示自由即表意人未受欺诈、胁迫。意思表示不健全通常导致法律行为可撤销,即法律行为暂时发生效力,最终可否确定地发生效力取决于表意人是否在除斥期间届满前撤销法律行为。

3. 法律行为内容不违反强制性法律规范且不违背公序良俗

法律行为是实现私法自治的工具,私法自治有其禁区。此项禁区由强

[①] 参见王泽鉴:《民法总则》(2022 年重排版),北京大学出版社 2022 年版,第 249 页。

制性法律规范与公序良俗划定。禁区外的法律行为获得法律的肯定性评价,可以发生效力。反之,禁区内的法律行为受到法律的否定性评价,不能发生效力。

二、法律行为的特别生效要件

某些法律行为除须符合一般生效要件之外,还须符合特别生效要件才能发生效力。具体言之,附停止条件法律行为以条件成就为特别生效要件;附始期法律行为以始期届至为特别生效要件;遗嘱以遗嘱人死亡为特别生效要件;须经批准的法律行为以主管机关的批准为特别生效要件。①

处分行为在生效要件上亦存在特殊性,处分权是处分行为的特别生效要件。② 以他人财产权利为处分客体的,须经权利人授予处分权。处分人实施的处分行为归属于自己,是其自己的法律行为。该法律行为已经成立,但在未被授予处分权的情况下,该法律行为未发生效力,最终可否发生效力取决于权利人是否追认。虽处分自己的权利,但处分权受限制的,处分行为效力也受影响,有时,处分行为相对于受限制性规定保护的第三人不发生效力。

以代理方式实施的法律行为,代理权本非法律行为的特别生效要件。从逻辑上看,该法律行为归属于被代理人,代理人并非法律行为主体③,其作出的意思表示与相对人的意思表示合致并不当然导致法律行为成立,仅在代理人享有代理权的情况下,法律行为才在被代理人与相对人之间成立。由此可见,作为法律行为归属依据的代理权是法律行为的特别成立要件,不是特别生效要件。无权代理之法律行为本应为成立待定之法律行为,而非效力待定之法律行为。当然,实证法普遍将无权代理之法律行为规定为效力待定之法律行为,约定俗成,所以本书在具体阐述时仍遵循实证法规定。

---

① 参见朱庆育:《民法总论》(第2版),北京大学出版社2016年版,第121页;〔德〕维尔纳·弗卢梅:《法律行为论》,迟颖译,法律出版社2013年版,第1071页。
② 参见王泽鉴:《民法总则》(2022年重排版),北京大学出版社2022年版,第249页;张谷:《对当前民法典编纂的反思》,载《华东政法大学学报》2016年第1期。
③ 参见〔德〕维尔纳·弗卢梅:《法律行为论》,迟颖译,法律出版社2013年版,第1082页。

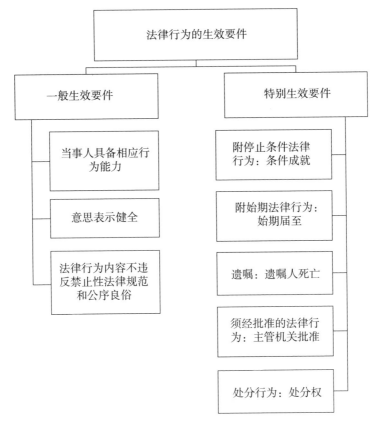

图 10-2　法律行为的生效要件

三、法律行为的效力状态

以上分析表明,法律行为须符合全部生效要件才能完全、确定地发生效力。此种效力状态通常被称为"有效的"(gültig)或者"生效的"(wirksam)①,也有人称之为"完全有效"②。一旦欠缺某一生效要件,法律行为即为"不生效的"(unwirksam)。不生效不等于确定无效,不生效是一个上位概念。

---

① 参见〔德〕卡尔·拉伦茨:《德国民法通论》,王晓晔等译,法律出版社 2003 年版,第 627 页;王泽鉴:《民法总则》(2022 年重排版),北京大学出版社 2022 年版,第 493 页。
② 郑玉波:《民法总则》,中国政法大学出版社 2003 年版,第 438 页。

一般认为,不生效包括如下类型:①无效(nichtig),即法律行为当然、确定无效,与完全有效处于两个极端;②效力待定,即法律行为最初不发生效力,将来可能因为某人(如法定代理人)的追认而溯及发生效力;③可撤销,即法律行为最初发生效力,但一方当事人享有撤销权,撤销权的行使导致法律行为溯及丧失效力;④相对不生效,即法律行为相对于受保护的特定人不发生效力,但相对于其他人都已发生效力,如预告登记期间的不动产处分行为相对于预告登记权利人不发生效力①,查封物的处分行为相对于申请执行人不发生效力。

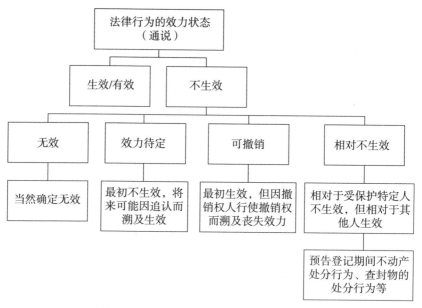

图 10-3 法律行为的效力状态(通说)

应当注意的是,效力待定亦称"未定的不生效"(schwebend unwirksam),若从广义上理解,也包括如下情形:须经批准的法律行为,在获得主管机关批准之前,不发生效力,将来获得批准的,发生效力;附停止条件法律行为在条件成就前,不发生效力,条件成就时,发生效力。与之相对的概念是"未定的生效"(schwebend wirksam),除了可撤销之外,这

---

① 参见〔德〕卡尔·拉伦茨:《德国民法通论》,王晓晔等译,法律出版社 2003 年版,第 627 页。

种效力状态还包括如下情形:附解除条件法律行为,最初发生效力,但将来可能因解除条件成就而丧失效力。① 学理上尚未被归类的是附期限法律行为与死因行为。附始期法律行为在始期届至前,不发生效力,但必然于始期届至时发生效力,所以不能称之为"未定的不生效",因为不存在不确定状态,只能称之为"延迟生效";附终期法律行为在终期届至前,已发生效力,但必然于终期届至时丧失效力,不妨称之为"有期限生效"。死因行为与附始期法律行为类似,在行为人死亡前亦为"延迟生效",特殊之处在于,行为人可能撤销死因行为,所以法律行为并非必然于行为人死亡时生效。

综上,除了完全有效之外,其他情形中的法律行为皆有效力障碍。障碍最严重者,法律行为无效;障碍较严重者,法律行为未定的不生效;障碍较轻者,法律行为相对不生效或未定的生效;障碍最轻者,法律行为效力的发生与丧失没有疑问,仅受确定的期限制约。传统理论中用于统称法律行为不生效诸情形的概念是法律行为效力瑕疵。此概念的不足之处在于,从逻辑上看,法律行为无效意味着不存在任何效力,既无效力,何以谓之"效力瑕疵"?"瑕疵"的前提是存在被描述的事物,比如,买卖合同中的物有瑕疵,前提是物存在,否则构成给付不能而非给付瑕疵。由此可见,"效力瑕疵"在外延上难以涵盖法律行为无效。此外,将附停止条件法律行为、附始期法律行为称为"效力瑕疵的法律行为"也比较牵强,因为此类法律行为不存在缺陷。反之,称之为"效力障碍的法律行为"更为贴切,停止条件与始期均导致法律行为生效遇到障碍。此种效力障碍是当事人有意识设定的,可谓法律行为的意定效力障碍。可撤销法律行为、附解除条件法律行为尽管已经发生效力,但其效力中隐藏"炸弹",一旦触发即导致效力丧失,可谓法律行为的隐藏效力障碍。

---

① 参见〔德〕迪特尔·梅迪库斯:《德国民法总论》,邵建东译,法律出版社2000年版,第374页。

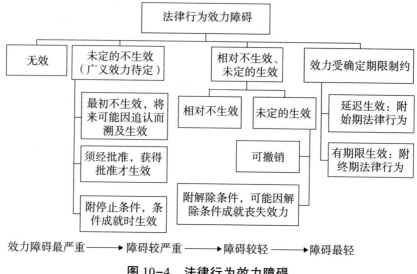

图 10-4　法律行为效力障碍

第十一章 法律行为的效力障碍

第一节 法律行为无效

教学案例 1：甲公司委托乙公司协助办理采矿权许可证事宜，约定委托服务费 1000 万元，其中包括公关费、招待费、礼品费。该委托合同的效力如何？

教学案例 2：甲公司对乙公司享有 1500 万元债权。依甲公司申请，法院查封了乙公司的一批货物。此后，乙公司订立买卖合同将该批货物卖给丙公司并交付了一半货物。乙公司与丙公司之间的法律行为效力如何？

教学案例 3：A 公司是一家矿业公司。某日，A 公司与 B 公司订立《合作协议》，约定 A 公司以某铜矿的采矿权作为出资，B 公司现金出资 1 亿元，共同设立 C 公司，从事铜矿开采。该《合作协议》尚未获得矿产资源主管机关批准，是否有效？

教学案例 4：A 公司从 B 银行以及众多自然人处获得大量资金，随后将资金以年利率 15% 出借给其他公司与个体户。此类借贷合同是否有效？

教学案例 5：陆某在街道旁边摆摊卖水果，沈某买了 3 斤草莓，每斤 10 元。陆某将草莓交给沈某，正待收款，城管过来执法，准备处罚路边违法摆摊行为。陆某慌忙收摊撤离。事后，陆某是否有权基于买卖合同请求沈某支付价款？

教学案例 6：甲男与乙女结婚 7 年后协议离婚，对财产分割、子女抚养等问题进行约定。离婚 1 个月后，双方订立补充协议，约定甲方保证将来不带新配偶进入离婚前双方共同居住的房屋(该房已被分给甲方)。

教学案例 7：富商 A 与美女 B 达成合同，约定 A 秘密"包养"B一年,A须向B提供生活补贴等费用80万元,按季度支付。合同履行6个月后的某日,双方的亲密举动被A的前雇员C窥见。为避免引发风波,A许诺给C 10万元"封口费",当场支付了5万元,C同意保密。A与B的合同是否有效?C是否有权请求A支付"封口费"?

一、法律行为无效的概念与事由

(一) 法律行为无效的一般形态

法律行为无效的一般形态是当然无效、确定无效、自始(溯及)无效、绝对无效、全部无效。当然无效是指法律行为的无效不需要任何人主张,也不需要通过任何特别行为使其无效。① 即便当事人没有在诉讼中主张法律行为无效,只要主张给付请求权的原告自认的事实或者被告提出且证明的事实表明法律行为存在无效事由,法院即须依职权审查并认定法律行为无效。② 法院认定法律行为无效的判决仅具有宣示或者确认效力,并无形成效力。与其说法律行为因为该判决才变成无效,毋宁说,该法律行为本就无效,法院判决只是对此予以确认而已。当然无效使法律行为无效区别于可撤销,因为可撤销法律行为只有通过撤销行为才能使法律行为丧失效力。

确定无效是指法律行为终局性地不发生效力,不会因为此后的追认、批准等行为而变成有效。确定无效使法律行为无效区别于效力待定。

自始无效是指无效法律行为自其成立时起就不具备法律效力,或者说,是溯及无效。即便后来才被法院或者仲裁机构认定无效,亦然。

绝对无效是指法律行为在当事人之间以及相对于任何第三人都没有效力。原则上,法律行为无效都是绝对无效,在例外情形中,法律行为相对无效。

全部无效是指法律行为的全部内容无效。与之不同的是部分无效,即法律行为只有部分内容无效,其他内容有效。

---

① Vgl. Larenz/Wolf, Allgemeiner Teil des bürgerlichen Rechts, 9. Aufl., 2004, S. 796.
② 参见凤凰县国土资源局与湖南德夯电力有限责任公司建设用地使用权出让合同纠纷案,最高人民法院(2014)民一终字第277号民事判决书。

（二）部分无效

某些法律行为虽存在无效事由，但无效事由仅涉及法律行为部分内容，不应一概认定法律行为全部无效，应考量法律行为当事人之意图及其他因素决定其是否全部无效。《民法典》第156条规定："民事法律行为部分无效，不影响其他部分效力的，其他部分仍然有效。"

1. 部分无效规则的适用前提

适用《民法典》第156条规定的第一个前提是系争法律行为已经成立，否则就无须判断其究竟是部分无效抑或全部无效。该法律行为可以是单方法律行为，也可以是合同、决议。无论如何，系争法律行为必须是一个法律行为，不是数个独立法律行为的组合，否则不适用法律行为部分无效之规则，应独立判断各个法律行为之效力。

第二个前提是系争法律行为部分内容存在无效事由。如果无效事由涉及法律行为的全部内容，则不适用本条规定。无效事由的具体类型如何，在所不问。既包括违反禁止性法律规定、违背公序良俗、通谋虚伪表示、无民事行为能力等，也包括法律行为被撤销或者需追认而未被追认。

第三个前提是系争法律行为具有可分性。所谓可分性包括客观可分性、主观可分性、量的可分性。

【深化与拓展】客观可分性最典型的是合同部分条款存在无效事由，比如合同中的免责条款违反《民法典》第506条之规定，买卖合同中的价格约束条款违反《反垄断法》第18条之规定。如果合同标的由数个给付组成，约定一个总价格，该合同也具有客观可分性，比如出售店面加上一辆微型货车，或者将数个动产一并出售。就双务合同而言，客观可分性不仅要求给付本身是可分的，而且要求对待给付也是可分的[①]，这样才能确保合同剩余部分仍然由给付与对待给付构成。主观可分性是指法律行为的一方或者双方当事人有数个，无效事由涉及其中一个人。量的可分性（quantitative Teilbarkeit）是指法律行为中的期限、数

[①] Vgl. Werner Flume, Allgemeiner Teil des bürgerlichen Rechts, Bd.2: Das Rechtsgeschäft, 4. Aufl., 1992, S. 574.

额、范围等超出法律允许的限度,超额部分存在无效事由。① 比如民间借贷合同约定的年利率超过法律允许的利率标准,则超标准的部分利息与未超标准的部分利息是可分的。② 实际上,量的可分性也属于客观可分性。

2. 部分无效与全部无效的判别

一项法律行为的部分内容存在无效事由,究竟导致该法律行为全部无效抑或部分无效,主要取决于假定的当事人意思。关键是,依诚实信用原则并且理性考量双方利益,当事人如果知道真实情况,将会作出什么样的决定。此项决定就是假定的当事人意思,当事人被设想为一个遵循诚实信用原则的理性人,对其意思的确定包含了评价因素。如果以此种方式可以确定,除去无效部分,当事人仍然愿意缔结仅包含剩余部分内容的法律行为,则应判定该法律行为部分无效、部分有效。

如果可以查明当事人在缔结法律行为时关于该法律行为可否仅部分有效的真实意思,则以该真实意思为准。此时真实意思优先于假定的当事人意思。当然,这种情况不太常见。某些合同本身包含部分无效不影响其他条款效力的约定,该约定即为真实的当事人意思。无论假定的当事人意思还是真实的当事人意思,都以法律行为缔结之时为时间标准予以确定。

在多数情况下,依据假定的当事人意思(以价值衡量为基础),法律行为部分无效不应影响其他部分之效力。典型情形如:①合同中的免责条款无效不影响其他条款的效力;担保合同中的流质(流押)条款无效不影响其他条款的效力。②关于从给付义务的条款无效通常不影响其他条款的效力。③超出法律允许范围的利息约定无效不影响合同其他部分的效力。④约定的租赁期限超过《民法典》第 705 条第 1 款规定的 20 年最长期限或者超过临时建筑的使用期限,超过部分无效,但不影响合同其他部分效力。⑤关于履行时间的条款无效不影响合同其他条款的效力。⑥《法律服务合同》中的刑事风险代理条款无效,不影响基本服务费条款及

---

① Vgl. Herbert Roth, in: Staudinger Kommentar BGB, 2004, § 139, Rn. 64-70.
② 参见石宏主编:《〈中华人民共和国民法总则〉条文说明、立法理由及相关规定》,北京大学出版社 2017 年版,第 371 页。

其他条款的效力。①

涉及主给付义务的合同条款无效时,合同全部无效。无论是涉及一方主给付义务的条款无效,还是涉及双方主给付义务的条款都无效,皆为如此。比如,买卖合同中出卖人移转标的物所有权的义务违反禁止性法律规定,即便买受人的价款义务不违反禁止性法律规定,其本身也不构成一项独立的合同,无从发生效力。

【案例解析】在教学案例1中,甲公司与乙公司的委托合同应认定为全部无效。尽管从表面上看只有公关费、招待费、礼品费条款因违反禁止性法律规定(《刑法》第389—393条关于行贿罪之规定)而无效,但既然约定了公关费、招待费、礼品费,就意味着受托人乙公司有义务办理的委托事项是以行贿的方式取得采矿许可证,其中的行贿活动与填写表格、准备材料、提交材料、领取证书等活动不可分割,至少按照当事人的意图,两种活动互相配合才能办好委托事项,受托人的主给付义务条款整体违法。因此,不能仅认定公关费、招待费、礼品费条款以及此类费用所涉及的给付(代为行贿)之约定无效,应认定委托合同整体无效。

(三) 关于非溯及无效

按照《民法典》第155条的规定,法律行为无效意味着其自始无效,因撤销而丧失效力亦然。不过,在民法理论上有一种颇具影响力的学说认为,对于旨在创设继续性债务关系的法律行为,有时应当判定非溯及无效(Nichtigkeit ex nunc)。比如违反强制性(禁止性)法律规定的劳动合同、合伙合同,已经履行的那段期间有效,双方不必依据不当得利规则返还给付,应按照有效合同关系处理,这样可能更符合强制性(禁止性)法律规定之目的,该规定可能只想禁止将来的履行行为。②

【深化与拓展】我国《劳动合同法》第28条规定:"劳动合同被确认无效,劳动者已付出劳动的,用人单位应当向劳动者支付

---

① 参见上海市丁纪铁律师事务所与林某某法律服务合同纠纷案,最高人民法院(2018)最高法民申1649号民事裁定书。
② Vgl. Rolf Sack, in: Staudinger Kommentar BGB, 2003, §134 Rn. 102.

劳动报酬。劳动报酬的数额,参照本单位相同或者相近岗位劳动者的劳动报酬确定。"《城镇房屋租赁合同解释》第 4 条第 1 款规定:"房屋租赁合同无效,当事人请求参照合同约定的租金标准支付房屋占有使用费的,人民法院一般应予支持。"从本质上看,这两个条文中规定的参照相关标准支付劳动报酬或者房屋占有使用费并不意味着将已经履行的那段期间的合同视为有效,而是合同无效后的不当得利返还具体方式。当然,在实际效果上,如此处理与非溯及无效没有太大区别。

我国《民法典》第 1054 条第 1 款第 1 句规定:"无效的或者被撤销的婚姻自始没有法律约束力,当事人不具有夫妻的权利和义务。"此项规定与《民法典》第 155 条如出一辙。有学者主张身份行为的撤销不应该具有溯及力[1],立法机关相关人士则认为应坚持无效及撤销具有溯及力之传统[2]。

(四) 相对无效(相对不生效)

法律行为相对无效之概念存在多种含义。[3] 从比较法看,在德国法上,法律行为相对无效是指法律行为相对于某个特定的人不发生效力,而相对于所有其他人则为有效。[4] 之所以相对无效而不是绝对无效,是因为法律在这种情形中认为需要保护的只是某个特定的人,没必要彻底否定其法律效力。《德国民法典》第 135、136 条规定违反相对处分禁止的处分行为相对于受保护的特定人不发生效力。此外,按照《德国民法典》第 883 条第 2 款的规定,在预告登记后就土地或者权利所作出的处分,在其会妨害或者侵害被登记之请求权的限度内不发生效力。比如,A 与 B 订立不动产买卖合同,并且为 B 办理了预告登记,后来,A 把不动产所有权让与给 C,并且办理了所有权移转登记。此时,相对于 B 而言,A 与 C 之间的所有权让与不发生效力,A 仍被视为不动产所有权人,B 可以向 A 请求并强制其为所有权让与合意。由于 C 已经被登记为所有权人,为了使

---

[1] 参见李宇:《民法总则要义:规范释论与判解集注》,法律出版社 2017 年版,第 731 页。
[2] 参见石宏主编:《〈中华人民共和国民法总则〉条文说明、立法理由及相关规定》,北京大学出版社 2017 年版,第 369 页。
[3] 详见杨代雄:《法律行为论》,北京大学出版社 2021 年版,第 385 页。
[4] 参见〔德〕迪特尔·梅迪库斯:《德国民法总论》,邵建东译,法律出版社 2000 年版,第 375 页。

B能够办理正式登记,C负有登记同意之义务,该登记同意可由法院判决来替代。如果不考虑B的权利,则C已取得不动产所有权,可以向其他人主张所有权的效力。① 该不动产被他人侵占,C可对侵占人主张所有物返还请求权;该不动产被损坏的,C可向加害人行使侵权损害赔偿请求权。由于在德国法上,法律行为相对无效仅适用于处分行为,所以也被称为处分行为相对无效。

此种法律行为相对无效概念对于解释我国民法的某些规则具有重要意义。除预告登记期间的不动产处分行为之外,被查封、扣押之物的处分行为、未通知物权性先买权人行使先买权的处分行为等法律行为也有适用相对无效的余地。此类情形的共性在于,为保护特定人的利益,财产权利人的处分权均受到一定限制,包括实体性限制(可否处分)与程序性限制(须等待他人决定是否行使先买权)。此外,按照我国《民法典》第546条第1款的规定,债权让与未通知债务人的,对债务人不发生效力。此亦为法律行为相对无效。

法律行为相对无效只能由受保护的特定第三人主张。例如,被查封、扣押物的处分行为只能由申请执行或者申请保全的债权人主张无效,处分行为双方当事人不得主张无效。再如,债权让与未通知债务人的,只能由债务人主张债权让与无效。如果债务人在接到让与通知前向受让人为清偿(通过其他途径得知债权让与事实),该清偿有效,债权消灭。让与人不得主张:债权让与因未通知债务人而"相对于债务人无效",从债务人角度看,受让人不是债权人,所以向受让人所为的清偿无效,债权未消灭。

【案例解析】 在教学案例2中,乙公司卖给丙公司的货物是查封物,其处分权受到限制,但买卖合同作为负担行为仍然有效。乙公司交付一半货物给丙公司,这部分货物的处分行为相对无效。甲公司可以主张处分行为无效,乙公司与丙公司则不可主张处分行为无效。若甲公司的债权此后得以实现,则其无保护必要,乙公司与丙公司的处分行为发生绝对效力,双方无须重新实施处分行为。

---

① 参见〔德〕鲍尔、〔德〕施蒂尔纳:《德国物权法》(上册),张双根译,法律出版社2004年版,第431、432页。

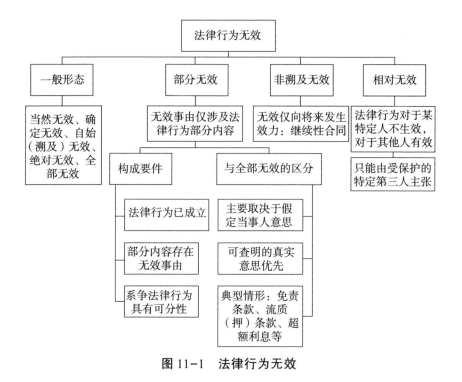

图 11-1　法律行为无效

(五) 法律行为无效的事由

《民法典》总则编规定法律行为的一般无效事由包括：行为人无行为能力、通谋虚伪表示、法律行为违反禁止性(强制性)规定、法律行为违背公序良俗、恶意串通。此外，《民法典》分则以及特别法上还规定法律行为的若干特殊无效事由，如《民法典》第506条规定某些免责条款无效、《民法典》第1051条规定的结婚行为无效事由(重婚等)、《民法典》第1143条规定的遗嘱无效事由(限制行为能力、欺诈、胁迫等)、《保险法》第34条规定的人寿保险合同无效事由(未经被保险人同意并认可保险金额)、《劳动合同法》第26条第1款第1项规定的劳动合同无效事由(欺诈、胁迫、乘人之危)。

在法律行为的上述一般无效事由中，行为人无行为能力实际上导致法律行为不成立，已如前述；通谋虚伪表示的法律行为也是不成立。这两种情形中，如果说法律行为无效，则系因"不成立"而"无效"，并非真正意义上的无效。鉴于此,以下对这两种无效事由不予阐述。

二、违反禁止性(强制性)规定的法律行为

(一) 自治与强制

依私法自治原则,当事人可以通过作出意思表示、缔结法律行为对其在社会生活中的私人关系予以安排,借此形成的规范在当事人之间如同法律规则,具有约束力。从这个意义上说,缔结法律行为是私人立法行为,法律行为是私人为实现自治而创设的法(作为规范的法律行为)。对于此种私人之法,原则上应承认其效力。当然,如果其突破了禁区,则应否定其效力。划定禁区的法律规定就是禁止性(强制性)法律规定。

按照《民法典》第153条第1款的规定,违反法律、行政法规的强制性规定的民事法律行为无效,但是,该强制性规定不导致该民事法律行为无效的除外。此项但书旨在表达如下立法意图:违反法律、行政法规的强制性规定的法律行为并非一律无效。从比较法看,《民法典》第153条第1款与《德国民法典》第134条以及我国台湾地区"民法"第71条颇为相似。

(二) 禁止性(强制性)法律规定的范围

1. 概念辨析

《民法典》第153条第1款使用的术语是强制性规定。所谓强制性规定实际上指的是强行性规范,既包括要求当事人必须实施或者必须以特定方式、内容实施某种行为之规范,也包括禁止当事人实施或者以特定方式、内容实施某种行为之规范。在我国台湾地区民法理论中,第一种规范被称为强制性规范,第二种规范被称为禁止性规范。[1] 也就是说,强行性规范是强制性规范与禁止性规范的上位概念。一般来说,能够导致法律行为无效的是禁止性规范[2],因为禁止性规范是否定性的,对某种行为持

---

[1] 参见史尚宽:《民法总论》,中国政法大学出版社2000年版,第329页;陈自强:《民法讲义Ⅰ:契约之成立与生效》,法律出版社2002年版,第146页。

[2] 类似观点参见朱庆育:《〈合同法〉第52条第5项评注》,载《法学家》2016年第3期;许中缘:《禁止性规范对民事法律行为效力的影响》,载《法学》2010年第5期。王轶教授认为,原《合同法》第52条第5项所谓的强制性规范实际上指的就是禁止性规范,参见王轶:《民法原理与民法学方法》,法律出版社2009年版,第288页。

否定态度,其中可能包括法律行为,而强制性规范是肯定性的,它要求当事人去实施某种行为,通常无从否定该行为的法律效果。① 因此,对于《民法典》第153条第1款中所谓的"强制性规定",应当不拘泥于文字,将其理解为禁止性规定。

2. 应被排除于本款适用范围之外的禁止性(强制性)规定

(1)已经对无效后果作了明确规定的禁止性(强制性)规定。

某些禁止性(强制性)规定已经对法律行为无效予以明确规定,比如《民法典》第506条、第705条第1款、第850条。法律行为违反此类规定的,直接据此判定无效即可,无须适用《民法典》第153条第1款,因为该款是一般规范或者说"空白证书规范"(Blankettvorschrift)②,旨在授权裁判者在个案中援引相关强制性规定并依据该款之要件判定法律行为无效,一旦某项特别的强制性规范已经明确规定法律行为无效,裁判者即无须动用该款之授权。

(2)关于某种法律行为需要经过准许的法律规定。

此处所谓准许,包括私法上的准许和公法上的准许(即批准)。③ 关于公法上准许之规范即我国《民法典》第502条第2款所提到的关于特定合同须经批准的法律与行政法规规定,如《商标法》第42条、《企业国有资产法》第53条、《矿产资源法》第6条、《商业银行法》第28条等。

【深化与拓展】当事人订立此类合同未经批准的,效力如何?

从合同审批制度的立法目的看,法律之所以规定某些类型的合同必须经过行政机关的批准,是因为此类合同可能影响社会公共利益或者国家利益,立法者授权行政机关代表国家予以审查,如果合同符合社会公共利益或者国家利益,则予以批准,合同生效;否则,决定不予批准,合同确定不生效力。某一份合同

---

① 某些强制性规范要求当事人只能以特定内容实施法律行为,比如按照物权法定原则,当事人只能通过法律行为设立具备法定内容的物权。如果当事人实施的法律行为包含了与法定内容不同的内容,则该法律行为无效。此时,仅须依据"强制性规范不得通过特别约定予以排除或者更改"原则即可认定法律行为无效,无须适用《民法典》第153条第1款。参见金可可:《强行规定与禁止规定》,载王洪亮等主编:《中德私法研究》(第13卷),北京大学出版社2016年版,第12页。

② Vgl. Rolf Sack, in: Staudinger Kommentar BGB, 2003, §134 Rn. 194; Christian Armbrüster, in: Münchener Kommentar BGB, 5. Aufl., 2006, §134 Rn. 3.

③ Vgl. Arnd Arnold, in: Erman Kommentar BGB, 15. Aufl., 2017, §134 Rn. 5; Christian Armbrüster, in: Münchener Kommentar BGB, 5. Aufl., 2006, §134 Rn. 7.

订立后尚未获得批准,其是否符合社会公共利益或者国家利益尚不确定,所以暂不能确定合同究竟有效还是无效。此时发生纠纷的,法官如果依据《民法典》第153条第1款径行判定合同无效,显然不符合合同审批制度的立法目的,相当于司法机关代替行政机关对合同是否符合社会公共利益或者国家利益作出判断,这是一种越权行为,欠缺正当性。恰当的处理应该是认定合同目前尚未生效,将来可否生效,取决于最终是否取得行政机关的批准,此为合同效力待定。

私法上的准许包括同意、决议等形式。比如,按照《民法典》第19条、第22条之规定,限制民事行为能力人必须经过法定代理人的同意才能独立实施超出其心智能力范围的非纯获益法律行为;按照《农村土地承包法》第34条之规定,转让农村土地承包经营权的,应当经过发包方同意。此类规定虽然也是强制性的,但显然并非《民法典》第153条第1款意义上的强制性规定。类似情形还有《公司法》第16条第2款。

【案例解析】在教学案例3中,A公司以采矿权出资设立C公司,并非将采矿权"倒卖牟利",所以不违反《矿产资源法》第6条第3款的禁止性规定,《合作协议》不因此而无效。当然,依据该条第1款的规定,此类合同须经主管机关批准。在得到主管机关批准之前,合同并非无效,而是效力待定。

(3)行政规章与地方性法规。

从规范性法律文件的层级看,行政规章与地方性法规不属于《民法典》第153条第1款中的法律、行政法规,因此,不能据之认定法律行为无效。之所以将行政规章与地方性法规排除在外,主要是为了防止过度的行政管制导致法律行为无效现象泛滥,危害交易安全。① 实践中,如果某一项法律行为违反行政规章或者地方性法规,综合考虑个案相关情势,可能构成违背公序良俗②,依《民法典》第153条第2款,亦为无效。对

---

① 参见王利明:《论无效合同的判断标准》,载《法律适用》2012年第7期。
② 参见重庆悦诚律师事务所与肖某某、田某诉讼、仲裁、人民调解代理合同纠纷案,最高人民法院(2012)民再申字第318号民事裁定书。

此,2019年最高人民法院《九民纪要》第31条已有规定。

3. 关于效力性强制性规定与管理性强制性规定的区分

因《最高人民法院关于适用〈合同法〉若干问题的解释(二)》(已失效,以下简称原《合同法解释(二)》)第14条之规定,效力性强制性规定与管理性强制性规定之区分曾经是司法实践中判别违法合同是否有效的主要标准。① 效力性强制性规定与管理性强制性规定之区分的直接来源是我国台湾地区的民法理论。我国台湾地区在这个问题上,从史尚宽开始,把强制与禁止规定(统称为强行法)划分为效力规范与取缔规范。效力规范注重违法行为的法律行为价值,以否定其法律效力为目的,取缔规范注重违法行为的事实行为价值,以禁止其行为为目的。违反效力规范的法律行为无效,而违反取缔规范的法律行为有效。②从比较法看,效力性强制性规定与管理性强制性规定之区分接近于德国早期的规范性质说。

【深化与拓展】德国的规范性质说认为,如果禁止性规范只是单纯的秩序(管理)规定或者营业警察法规,违反该规范虽然应当受到公法上的制裁,但法律行为在私法上不具有违法性,所以其效力不受影响。当时被认为是单纯秩序(管理)规定的包括《防制黑工法》《营业管制法》等。后来,德国的民法学说与判例又提出规范对象说。该说认为,如果禁止性规范针对的是法律行为的所有当事人,则违反该规范的法律行为是无效的,否则,原则上是有效的。从20世纪50年代开始,德国出现了一种比较流行的学说,即规范重心说,认为如果禁止性规范针对私法行为本身,则违反该规范的法律行为无效,如果只是针对时间、地点、人物等外部环境,则违反该规范的法律行为原则上是有效的。最后出现的规范目的说则认为应当依据禁止性规范的目的来确定法律行为是否有效,如果令其有效,将与该禁止性规范所包含的目的相抵触,应当否定其效力。③

---

① 关于原《合同法解释(二)》第14条在裁判实践中的适用概况,详见姚明斌:《"效力性"强制规范裁判之考察与检讨——以〈合同法解释二〉第14条的实务进展为中心》,载《中外法学》2016年第5期。
② 参见史尚宽:《民法总论》,中国政法大学出版社2000年版,第330页。
③ 关于德国民法学说与判例的演变历程,详见苏永钦:《私法自治中的经济理性》,中国人民大学出版社2004年版,第36、37页。

在当前德国民法学上,规范性质说尽管并未被完全摒弃,文献中有时仍被提及①,但终究已非主导性学说,我国司法解释却依然以之为判定法律行为效力的主要标准,似乎不妥。尽管实践中裁判者用起来比较方便,但也逐渐体现出诸多弊端,因而备受诟病。该理论的缺陷一方面在于缺乏关于效力性强制性规定与管理性强制性规定的具体识别标准。绝大多数强制性规定都没有明确规定违反该规定之法律行为的效力,一条强制性规定究竟是否属于效力性强制性规定,从该规定的文义中通常得不到答案。实践中,裁判者难免先入为主地预判系争法律行为应否生效,然后根据需要给相关的强制性规定贴上管理性强制性规定或者效力性强制性规定之标签。另一方面,所谓管理性强制性规定并非与法律行为的效力毫无关系,尽管此类规定的本旨在于通过行政管理维护公共秩序,但有时法律行为的效力判定何尝不是维护公共秩序的手段之一。实际上,"效力性"这个表述空洞无物,以之为标准认定法律行为效力将陷入同语反复:此项法律行为之所以无效,是因为其违反了效力性强制性规定,此项规定之所以是效力性强制性规定,是因为其否定相关法律行为的效力!

具有决定性意义的并非相关强制性规定的性质,而是其规范目的和规范重心。对于系争法律行为所涉及的强制性法律规定,应着重探寻其规范目的、考察其规范重心,以确定是否据之认定法律行为的效力。

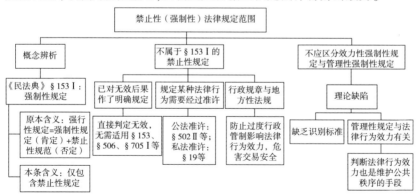

图 11-2　禁止性(强制性)法律规定范围

---

① Vgl. Christian Armbrüster, in: Münchener Kommentar BGB, 5. Aufl., 2006, §134 Rn. 42, 46.

(三) 禁止性(强制性)法律规定的规范目的与规范重心

《民法典》第153条第1款但书与《德国民法典》第134条"除基于法律发生其他效果外"之立法表述乃异曲同工。二者均可以解释为规范目的保留,即违反禁止性(强制性)法律规定并不必然导致法律行为无效,法律行为是否有效,取决于该规定之目的。规范重心与规范目的密切相关。判断强制性(禁止性)法律规定的规范重心经常需要先探究其规范目的。有时,依强制性(禁止性)法律规定的内容、出处等因素固然可以确定其规范重心,但仍需结合规范目的才能对法律行为的效力作出妥当的判定。

【深化与拓展】 综合考虑规范目的与规范重心,可以归结出如下几项规则:

(1)如果禁止性(强制性)法律规定针对的是法律行为的内容,则违反该规定的法律行为无效。比如以权钱交易为内容的合同、委托他人进行权钱交易的合同①、毒品买卖合同、人体器官买卖合同、私人间的枪支买卖合同、非法传销合同、买卖他人之个人信息的合同、建设工程违法转包或者分包合同等。此类交易本身为法律所禁止,所以在民法上当然应否定其效力。如果法律行为的履行行为违反强制性(禁止性)法律规定,则等同于内容违法。②

(2)如果禁止性(强制性)法律规定针对的是法律行为的一些外部条件,如行为的时间、地点等,原则上不应将法律行为认定为无效。比如,在街道两侧摆摊售货,违反《城市市容和环境卫生管理条例》第14条以及《城市道路管理条例》第32条,但不宜因此将摊贩与顾客之间订立的买卖合同认定为无效。

(3)如果禁止性(强制性)法律规定针对的是一方当事人的资格,需要区分三种情况。其一,该规范涉及特定的职业资格,比如禁止没有医生资格的人行医,禁止没有律师资格的人提

---

① 参见辽阳县塔子岭乡大西沟钾长石矿与北京前程锦绣科技发展有限公司委托合同纠纷申请再审案,最高人民法院(2015)民申字第2995号民事裁定书。

② Vgl. Rolf Sack, in: Staudinger Kommentar BGB, 2003, §134 Rn. 1.

供职业性的法律服务。违反此种禁止性规范的合同原则上无效,否则将导致顾客接受不符合专业水准的服务并深受其害。其二,该规范涉及劳动者资格,比如禁止雇佣未成年人。违反此类规定的合同无效,但该无效不应具有溯及力。其三,该规范涉及企业经营资格。违反此种规范的合同是否有效,不可一概而论。如果该机构从事特殊领域内需要特别许可或者明显涉及公众利益保护的经营活动,则违反相关规范的合同应认定无效。比如,依据我国《商业银行法》第 11 条第 2 款之规定,未经批准,不得从事金融业务活动。据此,某公司未经批准从事放贷营业,与客户订立的借款合同应认定为无效。① 关于违反特许经营规定订立的合同,2019 年最高人民法院《九民纪要》第 30 条明确规定应认定为无效。

(4)如果禁止性(强制性)法律规定之目的在于对法律行为的一方当事人进行保护,不能一概判定法律行为无效,否则可能事与愿违。比如,一方当事人为骗取对方钱财与之订立合同,虽违反《刑法》第 224 条、第 266 条,但不应判定合同无效,该合同依《民法典》第 148 条为可撤销合同。

(5)如果禁止性(强制性)法律规定之目的主要在于规制一方当事人的行为,以维护社会公共秩序,则违反该规定的法律行为是否无效,须考察通过行政或者刑事制裁是否足以保证法律目的之实现,抑或同时需要借助于民事制裁(判定法律行为无效)实现该目的。比如,商店向顾客销售不符合食品安全标准的食品,仅对该行为予以行政处罚尚不足以实现该条法律规定之目的。如果使相关食品买卖合同有效,意味着允许不合格的食品流通、被食用,危害公众健康,因此,应当认定买卖合同无效。

(6)如果禁止性(强制性)法律规定针对的是法律行为的后续行为,则后续行为违反该规定通常并不导致法律行为本身无效。比如,甲、乙订立买卖合同,依据客观情况,买卖标的物只能通过进口获得,而其进口违反了强制性(禁止性)法律规定,但国

---

① 参见日照港集团有限公司煤炭运销部与山西焦煤集团国际发展股份有限公司借款合同纠纷案,最高人民法院(2015)民提字第 74 号民事判决书。

内的买卖合同本身并未违反该法律规定,所以并非无效。①

【案例解析】在教学案例4中,A公司并非金融企业,把从银行和众多自然人处获得的资金转贷给其他公司与个体户,从中牟利,违反了《商业银行法》第11条第2款的禁止性规定,借贷合同无效。在教学案例5中,陆某在路边摆摊卖水果,违反的只是涉及法律行为外部条件的行政法规,所以,水果买卖合同仍然有效。陆某已经交付水果,所以有权请求沈某支付30元价款。

(四) 规避禁止性(强制性)法律规定的行为:脱法行为

脱法行为,是指当事人为了躲避法律障碍、禁止性法律规范或者负担,试图借助其他法律构造形式实现同样的法律或者经济效果,也称为规避法律的行为。学说上受到关注的主要是规避禁止性法律规范的脱法行为。这种脱法行为在本质上也是违反禁止性法律规范的法律行为,其特殊之处在于是以迂回而不是直接的方式违法。因此,在实践中一般通过对相关的禁止性法律规范予以解释,将系争的脱法行为纳入其适用范围,判定为无效。

我国原《民法通则》第58条第1款第6项及原《合同法》第52条第3项曾规定"以合法形式掩盖非法目的"的民事行为无效。司法实践中,对"以合法形式掩盖非法目的"存在不同的理解,包括脱法行为、通谋虚伪表示、犯罪(如诈骗罪)行为采用的手段等。

《民法典》未专门规定"以合法形式掩盖非法目的"。司法实践中曾经被定性为"以合法形式掩盖非法目的"的法律行为应分门别类。涉及通谋虚伪表示的,应适用《民法典》第146条。涉及作为犯罪手段之合同的,在民法上要么构成因欺诈而订立的合同,要么构成无权代理,如一方当事人的员工或者第三人谎称已获得授权代签合同。涉及脱法行为的,应适用《民法典》第153条第1款,认定为违反强制性法律规定的法律行为,使其归于无效。

---

① Vgl. Rolf Sack, in: Staudinger Kommentar BGB, 2003, §134 Rn. 161.

三、违背公序良俗的法律行为

(一) 公序良俗与法律行为效力的关系

私法自治的禁区不仅由强制性法律规定划定,公序良俗也是私法自治的界限。实际上,强制性法律规定只是以实证法的方式体现了公序良俗而已,对于那些尚未被表述为实证法具体规则的公序良俗,当然也需要予以维护。因此,不但违反强制性法律规定的法律行为无效,违背公序良俗的法律行为也应被否定评价。《民法典》第153条第2款明确规定违背公序良俗的民事法律行为无效。

(二) 违背公序良俗的方式

法律行为违背公序良俗有两种方式。其一,内容背俗,即法律行为的内容违背公序良俗,比如甲、乙约定,甲以金钱若干包养乙一年。其二,情势背俗(Umstandssittenwidrigkeit),即法律行为的客观内容本身并不违背公序良俗,但当事人实施该法律行为的方式、目的、动机违背公序良俗。

【深化与拓展】从规范意旨看,导致法律行为无效的主要方式应该是内容背俗。情势背俗并不必然导致法律行为无效。有时,虽然当事人实施法律行为的动机或者方式违背公序良俗,但不应据此认定该法律行为无效。比如,一方为了谋取不正当利益,以欺诈的方式促使对方作出意思表示,达成法律行为,其实施法律行为的动机与方式违背公序良俗,但该法律行为却并非无效,而是可撤销。反之,当事人实施法律行为的动机是正当的,该法律行为仍有可能因内容背俗而无效。比如某人为了维持家庭稳定,与其儿子达成一份合同,约定将一处房产赠与儿子,儿子承诺终生不离婚。此项约定的内容严重限制了一方当事人的基本自由,当属无效。从这个意义上说,情势背俗对于法律行为有效与否的判定并不具有决定性意义。当然,也并非毫无意义。在情势背俗的情况下,应当将行为的动机、目的、方式等因素与法律行为内容结合起来予以整体考量,决定是否以违背公序良俗为由判定该法律行为无效。就双方法律行为而言,如果只有一方当事人的动机背俗,内容本身并不背俗,则通常不应将该法律行为认定为违背公序良俗;如果该法律行为损害了应受保护的第三人利益或者公共利益,则动机背俗会导致法律行为违背公序良俗。①

(三) 关于违背公序良俗的主观要件

关于违背公序良俗是否应具备主观要件,学理上存在争议。当前多数说认为,应具备主观要件。不过,不需要当事人知道法律行为的背俗性,只要其知道或者因重大过失不知道导致该法律行为背俗的事实情况即可。② 然而,部分学者认为,在内容背俗的情形中,根本不需要主观要件,而如果因情势背俗需要对行为动机、目的、方式与内容进行整体评价(基于法律行为整体特征的背俗),则应考虑主观要件,仅在当事人知道或者因重大过失不知道导致法律行为背俗的事实时,才能因背俗而判定该法律行为无效。③ 少数学者干脆采客观说,认为违背公序良俗不需要主观要件,除非个案中背俗性建立在实现某种背俗目标的基础上。④

相较之下,少数说更为合理。之所以将违背公序良俗的法律行为判定为无效,是为了维护法与伦理的基本秩序。某一项法律行为只要在客观上违背了法与伦理的基本秩序,就是有害的行为,必须予以否定评价。至于当事人是否知道背俗性或者导致背俗之事实,并非决定性因素。一如违反禁止性法律规范的法律行为,判定其无效不取决于当事人是否知道行为的违法性。对背俗性的无知与对违法性的无知一样,都不能阻却法律行为的无效。

(四) 违背公序良俗的主要情形

1. 违背性道德

涉及性关系的法律行为如果与强行法或者性道德相违背,对其效力须予以否定评价。其中很多法律行为可以因违反强行法而依据《民法典》第 153 条第 1 款认定无效,如卖淫合同、卖淫中介合同、卖淫雇佣合同、淫秽表演合同等。某些涉及性关系的法律行为未违反强行法,或者是否违

---

① Vgl. Christian Armbrüster, in: Münchener Kommentar BGB, 5. Aufl., 2006, § 138 Rn. 9.
② Vgl. Schmidt-Räntsch, in: Erman Kommentar BGB, 15. Aufl., 2017, § 138 Rn. 19.
③ Vgl. Helmut Köhler, BGB Allgemeiner Teil, 44. Aufl., 2020, S. 209.
④ Vgl. Rolf Sack, in: Staudinger Kommentar BGB, 2003, § 138 Rn. 62–63.

反强行法尚有疑问,但违背性道德,应以违背公序良俗为由认定无效。例如,仅以维持性伴侣关系为目的给予情人一笔财产。

【案例解析】在教学案例 7 中,A 与 B 订立的"包养"合同以有偿维持性伴侣关系为内容,显然违背公序良俗,应认定为无效。

2. 违背家庭伦理

与婚姻家庭的本质和一般观念相冲突的法律行为是背俗的,应认定无效。典型的情形如代孕合同①,一方面颠覆关于亲子关系的伦理观,另一方面将孕母的生殖功能商业化,有损人的基本尊严。排除离婚可能性或者通过约定高额离婚赔偿金为离婚设置重大障碍的合同也应当因背俗而无效。丈夫临终前将全部财产遗赠给情人,导致妻子和子女得不到任何遗产,此项遗嘱不符合基本的家庭伦理,违背公序良俗,应认定为无效。代表性案例是号称"中国公序良俗第一案"的"泸州遗赠案"②。

3. 违背职业道德

各行各业通常都有职业道德,此类道德规范或者信念也是公序良俗的一部分,法律行为与之相背离的,无效。例如,有偿为某律师介绍客户的合同违背律师职业道德,有偿为某医师介绍患者的合同违背医生职业道德。此外,律师就刑事诉讼案件、行政诉讼案件、国家赔偿案件以及群体性诉讼案件订立的风险代理合同也违背律师职业道德。③

4. 服务于犯罪或者违法行为的法律行为

某些法律行为对某种违法行为或者犯罪行为起促进作用,也可能因违背公序良俗而无效。如果该法律行为所约定的给付已经构成共同犯罪行为,则其违反刑法上的禁止性规范,可依《民法典》第 153 条第 1 款认定其无效。如果该法律行为所约定的给付不构成共同犯罪行为,则本条第 2

---

① 相同观点参见李宇:《民法总则要义:规范释论与判解集注》,法律出版社 2017 年版,第 680 页。
② 参见张某某与蒋某某遗赠纠纷案,四川省泸州市纳溪区人民法院(2001)纳溪民初字第 561 号民事判决书(认定遗嘱无效)以及四川省泸州市中级人民法院对该案作出的二审判决(维持原判)。
③ 参见上海市丁纪铁律师事务所与林某某法律服务合同纠纷案,最高人民法院(2018)最高法民申 1649 号民事裁定书。

款有适用余地。比如,甲在赌博现场从乙处借了5万元钱作为赌资,约定利息,该借贷合同服务于违法行为,违背公序良俗,无效。对于此种借贷合同的效力,《最高人民法院关于审理民间借贷案件适用法律若干问题的规定》(法释〔2015〕18号/〔2020〕17号修正)第13条第4项作了明确规定。

5. 过度限制自由

例如,民事诉讼案件风险代理合同约定,若委托人自行与被告和解、放弃诉讼或终止代理,则仍按原约定计算风险代理费。此项约定过度限制委托人在诉讼中的自由决定权,违背公序良俗,应认定无效。丈夫临终前立遗嘱,表示由其妻子继承其全部遗产,但如果其妻子再婚,则遗产中的一处不动产改由其侄子继承。此项遗嘱实际上是附解除条件的遗嘱,但所附的解除条件"妻子再婚"限制了继承人的婚姻自由,而婚姻自由是我国宪法与婚姻法上的基本原则,构成公序良俗的一部分,所以,该解除条件违背公序良俗,无效。

【案例解析】在教学案例6中,甲、乙离婚时已通过协议将某房屋确定归甲所有,甲应当有权在该房屋自由行动。随后双方订立的补充协议过度限制甲在离婚后的行动自由,且干预甲将来的婚姻关系,违背公序良俗,应认定为无效。

6. 以高度人身性给付为标的之交易

以出卖人格尊严或者自由为内容的合同违背公序良俗,无效。比如,约定一方给另一方金钱,另一方在一定期限内不得结婚,或者另一方必须或者不得与某人结婚,该约定无效。因为婚姻事宜具有高度人身性,以之为交易标的违背现代社会基本伦理。约定一方给另一方金钱(封口费),另一方不得检举、泄露其实施的违法、违纪或者失德行为,该约定也违背公序良俗。

【案例解析】在教学案例7中,A与C达成的"封口费"合同以C的言论自由为交易对象,追求不正当目的,违背公序良俗,应认定为无效。因此,C无权请求A支付"封口费"。

7. 旨在干扰公权力行使或者破坏公平竞争秩序之交易

公权力行使涉及社会公共利益,不应受到私人意志的干扰。当事人订立委托合同,约定一方以重金委托另一方为其被逮捕的近亲属找关系沟通、运作,争取获得取保候审或者缓刑等有利结果。该合同旨在干扰公权力行使,妨害司法秩序,违背公序良俗,应认定为无效。

8. 违背行政规章、地方性法规中蕴含的公序良俗

行政规章、地方性法规通常是为了维护某一领域的社会公共利益而制定的,法律行为违反其中某项规定的,可能因违背公序良俗而无效。从最高人民法院《九民纪要》第31条的规定看,规章的内容涉及金融安全、市场秩序、国家宏观政策等公序良俗的,应当认定合同无效。至于该条未明确列举的情形是否构成违背公序良俗,须考量使法律行为有效是否与规章所欲维护的社会公共利益相冲突。① 如果对当事人施加行政处罚足以维护社会公共利益,则无须认定法律行为无效。反之,如果法律行为的生效及履行显然有损于社会公共利益,则应认定其违背公序良俗,无效。有时,甚至某些政策也体现公序良俗,比如房地产领域的限购令。因此,当事人为规避限购令而订立旨在购房的借名协议应认定为违背公序良俗。② 应当注意的是,认定地方性法规或者地方性政策构成公序良俗时,应当慎重。

(五) 关于处分行为违背公序良俗

传统理论认为,处分行为在伦理(价值)上为中性,所以不至于因违背公序良俗而无效。不过,此种观点是否妥当,有待推敲。弗卢梅指出,关键的问题是,处分行为旨在引起的权利变动是否因违背善良风俗而不能得到认可,如果该权利变动涉及第三人利益或者公众利益,则处分行为因违反善良风俗而无效。③ 这种新观点值得肯定。

主张处分行为不因违背公序良俗而无效的学说主要基于两个理由。一是处分行为的无因原则,负担行为违背公序良俗而无效的,不影响处分

---

① 参见饶某某与江西省监狱管理局物资供应站房屋租赁合同纠纷案,最高人民法院(2019)最高法民再97号民事判决书(违反《商品房屋租赁管理办法》的租赁合同因违背公序良俗而无效)。
② 参见杨代雄:《借名购房及借名登记中的物权变动》,载《法学》2016年第8期。
③ 参见〔德〕维尔纳·弗卢梅:《法律行为论》,迟颖译,法律出版社2013年版,第455、456页。

行为的效力。① 二是在双方背俗的情况下给付不当得利请求权被排除,如果认定处分行为因违背公序良俗而无效,则给付方对受领方享有所有物返还请求权,不当得利请求权排除规则将因此被架空。② 这两个理由都不充分。首先,应否采用无因原则,尚有疑问。如果不采用无因原则,则第一个理由显然不成立,负担行为因违背公序良俗而无效导致处分行为也无效。即便采用无因原则,也不当然意味着处分行为不可能因违背公序良俗而无效。无论负担行为还是处分行为,都属于法律行为,具有伦理性,都可能因为损害基本的伦理秩序而被认定为无效。比如,丈夫将贵重财物赠与情人,不但作为负担行为的赠与合同违背公序良俗,而且贵重财物所有权转让给情人本身也违背公序良俗。无论如何,不能说"丈夫不能把财物赠与情人但可以把财物所有权给情人"。其次,双方背俗情况下给付不当得利请求权排除规则本身充满争议,其正当性备受质疑③,因此,以该规则为逻辑前提否认处分行为可以因违背公序良俗而无效,也欠缺说服力。

综上,所谓"处分行为在伦理上为中性"之规则过于绝对,应予放弃。从比较法看,德国已有很多判例认定违背公序良俗的处分行为无效④,目前学界主流观点亦认为处分行为虽然遵循无因原则,但其本身可能违背公序良俗。⑤

---

① Vgl. Andreas von Tuhr, Der Allgemeine Teil des Deutschen Bürgerlichen Rechts, Bd.Ⅱ/2, 1918, S. 43-44.
② Vgl. Enneccerus/Nipperdey, Allgemeiner Teil des Bürgerlichen Rechts, 15. Aufl., 1960, S. 1168.
③ 参见〔德〕迪特尔·梅迪库斯:《德国债法分论》,杜景林、卢谌译,法律出版社 2007 年版,第 541 页。
④ 参见〔德〕迪特尔·梅迪库斯:《德国民法总论》,邵建东译,法律出版社 2000 年版,第 546 页;〔德〕鲍尔、〔德〕施蒂尔纳:《德国物权法》(上册),张双根译,法律出版社 2004 年版,第 97 页。
⑤ Vgl. Schmidt-Räntsch, in: Erman Kommentar BGB, 15. Aufl., 2017, § 138 Rn. 27.

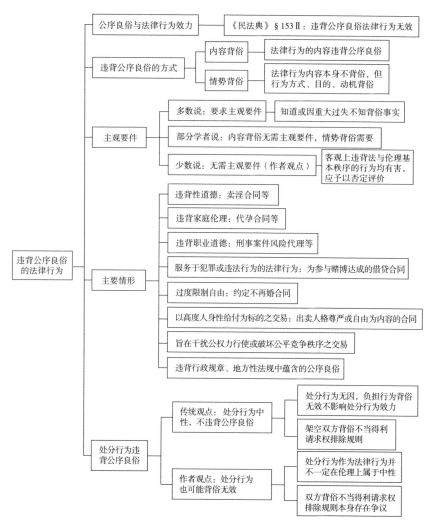

图 11-3　违背公序良俗的法律行为

四、关于恶意串通的法律行为

《民法典》第 154 条规定："行为人与相对人恶意串通,损害他人合法权益的民事法律行为无效。"与原《民法通则》以及原《合同法》的相关规定相比,《民法典》第 154 条的变化主要在于删除了"国家、集体"。从民法原理上看,恶意串通法律行为这一概念并不清晰,在传统民法理论中找不到与此直接对应的概念。我国民法对此予以专门规定,是否妥当,不无疑问。

【深化与拓展】在我国早期民法资料中,恶意串通法律行为主要指的是一方当事人与相对人的代理人恶意串通,实施损害相对人利益的法律行为。① 不过,20世纪90年代后期以来的民法文献中,学者在阐述恶意串通行为的概念时并未将其限定于上述情形。

自原《民法通则》实施以来,司法实践中法院对恶意串通行为的理解可谓五花八门。归结起来,司法实践中对这一概念有如下几种理解:其一,代理人或者代表人与相对人恶意串通,实施对被代理人或者所代表的法人不利的法律行为;其二,双方代理行为中的恶意串通;其三,恶意串通逃避债务;其四,恶意串通实施无权处分;其五,恶意串通实施财产权的多重转让;其六,恶意串通实施共同欺诈,如借款人与贷款人恶意串通,骗取第三人提供担保;其七,恶意串通规避法律。

事实上,司法实践中判定的七种恶意串通行为绝大多数可以用其他规则予以调整,如《民法典》第153条第1款、第168条第2款、第311条、第538—539条、第597条等。余下的只有第一种情形。《民法典》第164条第2款对此种情形予以规定,但未明确规定法律行为的效力。《民法典》第154条之恶意串通法律行为规则的用武之地在于解决代理(表)人与相对人恶意串通之法律行为的效力问题。不过,为了解决代理关系中的特殊问题而设置一条关于法律行为效力的一般规则,可谓"牛刀杀鸡"。

如果说在恶意串通代理之外,实践中还有一些问题无法被现行法规则涵盖,则可以依据公序良俗条款处理,因为恶意串通损害他人利益的行为可能违背了善良风俗。实际上,从比较法看,在德国的判例与学说中,恶意串通损害他人利益的行为本来就是《德国民法典》第138条适用的重要领域,依该条之规定,违

---

① 参见何勤华、李秀清、陈颐编:《新中国民法典草案总览》(下卷),法律出版社2003年版,第377、442页。

背善良风俗的法律行为无效。比如,第三人与债务人订立合同,刻意引诱债务人违约。① 就我国民法而论,《民法典》第 153 条第 2 款已经规定违背公序良俗的法律行为无效。对于实践中可能存在的其他类型恶意串通法律行为而言,完全可以适用该款规定。

《民法典》第 154 条关于恶意串通法律行为的一般规则实属多余。解释论上,应将该条解释为《民法典》第 153 条第 2 款的特别规定。② 从本质上看,恶意串通法律行为就是违背公序良俗之法律行为的一个类型。因此,实践中适用《民法典》第 154 条判定法律行为无效时,必须兼顾第 153 条第 2 款中违背公序良俗之法律行为的要件。

五、无效法律行为转换

(一) 无效法律行为转换的概念

所谓无效法律行为转换是指一项无效法律行为符合另一项有效法律行为的要件,使其发生后者之效力。之所以如此,是因为第一项法律行为的预期效果在范围上包含了第二项法律行为(替代行为)的效果,导致第一项法律行为无效的恰恰是其超出第二项法律行为的那部分预期效果。如果去除这部分预期效果,则第一项法律行为即被缩减为第二项法律行为,在不违背各方当事人假想意思的前提下,按照缩减后的法律行为发生法律效果,对于公共利益与私人利益均无害处。鉴于此,很多国家民法都规定了无效法律行为转换制度,如德国民法、意大利民法、葡萄牙民法等。

我国民法虽然没有明文规定无效法律行为转换,但在实践中,最高人民法院及地方人民法院在个别案例中已经尝试运用无效法律行为转换的法理对争议问题作出裁判。③ 此外,我国某些司法解释之规定也体现了无

---

① Vgl. Christian Armbrüster, in: Münchener Kommentar BGB, 5. Aufl., 2006, § 138 Rn. 96.
② 类似观点参见李宇:《新桃换旧符:民法总则上的恶意串通行为无效规范》,载《学术月刊》2017 年第 12 期;李永军:《法律行为无效原因之规范适用》,载《华东政法大学学报》2017 年第 6 期;朱广新:《恶意串通行为无效规定的体系地位与规范构造》,载《法学》2018 年第 7 期;龙卫球、刘保玉主编:《中华人民共和国民法总则释义与适用指导》,中国法制出版社 2017 年版,第 549 页。
③ 代表性判例参见刘某与新疆石河子农村合作银行、步某借款合同纠纷案,最高人民法院(2015)民申字第 2354 号民事裁定书。

效法律行为转换的法理。例如,最高人民法院《关于审理涉及国有土地使用权合同纠纷案件适用法律问题的解释》(法释〔2005〕5 号/〔2020〕17 号修正)第 10—11 条中,当事人订立的划拨土地使用权转让合同本身不发生效力,但可以转换为以受让方补偿转让方相关费用支出为内容的补偿合同。该规定尽管未使用"转换"之类的表述,但实际上已在个别领域以司法解释的方式确立了无效法律行为转换规则。

(二) 无效法律行为转换的前提

无效法律行为转换的前提有三。第一个前提是系争法律行为本应无效。此处所谓无效既包括狭义无效,比如法律行为违反禁止性法律规定①,也包括法律行为被撤销或者变成确定无效,但不包括可撤销而尚未被撤销的法律行为以及尚处于效力待定状态的法律行为。因为无效法律行为转换旨在使法律行为"起死回生",可撤销与效力待定法律行为尚未"死亡",自然无须"回生"。

无效法律行为转换的第二个前提是替代行为在效果上不能超越无效法律行为拟发生之效果,即前者的效果应当弱于后者的效果。因此,从比较法看,在德国法中,无效的不动产买卖合同可以转换为设立终身用益权的合同,设立无限公司的合同可以转换为民法典上的合伙合同,用益权转让合同可以转换为用益权托付使用合同。②

【深化与拓展】在最高人民法院(2015)民申字第 2354 号民事裁定中,未经抵押登记的抵押合同被转换为连带责任保证合同。其实这并不符合无效法律行为转换的前提。且不说未经抵押登记的抵押合同并非确定无效,即便忽略这一点,其也不具备转换的第二个前提。因为,保证是人保,保证人以全部财产为责任财产,承担无限责任,债务人不履行债务的,债权人可以对保证人的任何财产(涉及生存保障的财产除外)予以强制执行。与此不同,抵押是物保,抵押人仅以某一特定财产为责任财产,承担有限责任,如果此项财产因不可归责于抵押人的事由灭失或

---

① 关于违背公序良俗的法律行为可否转换之学说争议,参见杨代雄:《法律行为论》,北京大学出版社 2021 年版,第 433 页。

② Vgl. Jürgen Ellenberger, in: Palandt Kommentar BGB, 79. Aufl., 2020, §140 Rn. 9.

者贬值,导致债权无法完全实现,抵押人无须以其他财产补充清偿主债务。相较之下,绝不能说保证责任轻于抵押责任。保证合同不适合作为抵押合同的替代行为,将未经抵押登记的抵押合同转换为保证合同欠缺正当性。①

无效法律行为转换的第三个前提是:假如各方当事人在缔结法律行为时知道原定法律行为无效,则其应该愿意缔结替代行为并使其发生效力。此项假定意思可以说是无效法律行为转换的主观要件,它确保了转换之后发生的法律效果依然符合私法自治原则。欠缺此项假定意思,不得进行无效法律行为转换,应当判定法律行为确定无效。

(三) 无效法律行为转换与法律行为解释、法律行为部分无效的关系

1. 无效法律行为转换与法律行为解释的关系

无效法律行为转换与意思表示解释之间的基本关系可以表述如下:无效法律行为转换以意思表示解释为前提,只有先通过解释确定法律行为的内容,才能判断其是否无效,进而决定可否进行转换。解释与转换分属于两个阶段,解释的尽头就是转换的起点。

> **【深化与拓展】**不过,意思表示解释与无效法律行为转换虽有区别,但二者之间存在一个模糊区域,其界限可以根据实践需要左右滑动。鉴于无效法律行为转换在我国民法中欠缺一般性的明文规定,该界限可以往无效法律行为转换这一侧推移,适当扩大意思表示解释的空间,使之承担无效法律行为转换的部分功能。② 例如,甲、乙订立合同,约定甲将其承包的一块土地出卖给乙,土地在此后归属于乙,甲不得索回。对此,如果解释为土地买卖合同,则显然无效。应当解释为甲将其土地承包经营权转让给乙。

2. 无效法律行为转换与法律行为部分无效的关系

无效法律行为转换与法律行为部分无效也存在交叉之处。无效法律

---

① 参见杨代雄:《抵押合同作为负担行为的双重效果》,载《中外法学》2019 年第 3 期。
② 借助意思表示解释实现无效法律行为转换的代表性判例参见郑某春与莆田市中医院等建设用地使用权纠纷案,最高人民法院(2014)民提字第 125 号民事判决书。

行为转换意味着对拟发生的法律效果予以"扣减",使其发生较弱的法律效果。此种"扣减"有时也可以借助于法律行为部分无效规则实现。例如,甲、乙达成让与担保合同,约定为担保甲欠乙的债务,甲将某项股权让与乙,逾期未清偿债务的,股权终局性地归属于乙,乙无须偿还股权价值与债权数额的差额。对该合同,既可以通过无效法律行为转换规则使其发生股权质押的效力,也可以适用《民法典》第 156 条,仅判定合同中的流担保条款无效,其他条款有效。二者在经济效果上大同小异。最高人民法院《九民纪要》第 71 条以及《民法典担保制度解释》第 68 条第 2 款关于让与担保法律行为的规定,就是按照法律行为部分无效处理的。

既然无效法律行为转换与法律行为部分无效在功能上有相近之处,那么,在《民法典》未专门规定无效法律行为转换的情况下,实践中可以借助法律行为部分无效规则解决一些无效法律行为转换问题。

六、法律行为无效的后果

(一) 概述

法律行为无效、被撤销或者确定不发生效力,虽然不能发生当事人预期的权利义务关系,但当事人可能已经作出给付,受领给付的一方当事人需要将该给付或者其价值返还给付方。此外,法律行为无效还可能使当事人遭受损失,由此发生损害赔偿责任。《民法典》第 157 条规定了此类返还义务与损害赔偿责任,处理法律行为无效的善后事宜。① 从规范内容上看,该条涉及多种请求权:不当得利返还请求权、物权请求权、所有人—占有人关系中的其他请求权、基于缔约过失的损害赔偿请求权等。

比较法上,各国(地区)民法通常并未对法律行为无效后的返还与赔偿责任予以专门的统一规定,而是分别适用各种请求权的相应规范。我国《民法典》第 157 条别出心裁对此予以专门规定,难免有些负面效应,导致该条规定与缔约过失责任(《民法典》第 500 条)、所有物返还请求权(《民法典》第 235 条)、所有人—占有人关系中的其他请求权(《民法典》第 459—461 条)、不当得利返还请求权(《民法典》第 985—988 条)等规则的关系混乱。

---

① 按照《民法典总则编若干问题的解释》第 23 条的规定,民事法律行为不成立,当事人请求返还财产、折价补偿或者赔偿损失的,参照适用《民法典》第 157 条的规定。

(二) 法律行为无效情形中的物权请求权

以让与物权为给付内容的法律行为无效的,如果物权让与行为已经实施完毕,发生何种法律后果,取决于民法上采用何种物权变动规范模式。如果民法采用物权行为无因原则,仅负担行为无效,处分行为有效的,受让人取得物权,让与人只能向受让人请求返还不当得利,即请求受让人将所取得的物权依处分行为再转让给让与人。返还的客体是物权。反之,如果民法不采用物权行为无因原则,法律行为无效的,受让人未取得物权,让与人仍然是物权人。如果让与的是不动产物权,受让人被登记为物权人,但实际上其并非物权人,构成错误登记,让与人享有更正登记请求权。受让人不仅被登记为物权人,而且已经占有不动产的,构成无权占有,仍然享有物权的让与人对受让人享有所有物返还请求权或者类似的物权请求权。如果让与的是动产物权,受让人已经取得占有,构成无权占有,让与人对受让人享有所有物返还请求权或者类似的物权请求权。

我国民法未规定物权行为无因原则,学界通说认为我国民法未采用物权行为无因原则。① 据此,以让与物权为给付内容的法律行为无效的,如果已经交付标的物且该标的物依然存在,让与人对受让人享有的返还请求权在性质上是物权请求权。让与的物权是所有权的,让与人对受让人享有所有物返还请求权。如果让与的物权是需要移转占有的他物权,则让与人对受让人享有基于他物权的占有返还请求权,比如基于建设用地使用权或者质权的占有返还请求权。此外,与所有物返还请求权相关的还有所有人—占有人关系中的请求权,涉及收益返还、费用偿还以及损害赔偿等问题。

(三) 法律行为无效情形中的不当得利返还请求权

在法律行为无效情形中,如果一方当事人已经作出的给付是提供劳务或者容忍对方当事人使用标的物,则对方当事人无法依原状返还该给付,只能返还不当得利。这也属于《民法典》第157条第1句第2分句"不能返还或者没有必要返还"之情形。如果一方当事人已经作出的给付是支付金钱,则对方当事人通常也仅负担不当得利返还义务。如果一方当

---

① 参见梁慧星、陈华彬:《物权法》(第6版),法律出版社2016年版,第97页;王利明:《物权法研究(上卷)》(第3版),中国人民大学出版社2013年版,第252页;崔建远:《物权法》,中国人民大学出版社2009年版,第49页。

事人已经作出的给付是交付普通动产,对方当事人已经消费了该动产,从中获得利益,则对方当事人也负担不当得利返还义务。

(四) 法律行为无效情形中的缔约过失责任

依据《民法典》第 157 条第 2 句之规定,法律行为无效的,有过错的一方应当赔偿对方由此所受到的损失。此处损害赔偿责任包括缔约过失责任。① 在缔约过程中,基于诚实信用原则,当事人负担先合同义务,因过错违反先合同义务导致法律行为无效并使对方当事人遭受损失的,须赔偿损失。赔偿的损失是当事人因信赖合同有效而支出的缔约费用、履约费用。该句规定与《民法典》第 500 条之规定存在重叠之处。相较之下,《民法典》第 500 条的适用范围更为广泛,既适用于合同无效之情形,也适用于合同不成立之情形,甚至还可以适用于合同有效之情形。《民法典》第 157 条第 2 句仅适用于法律行为无效之情形。因此,就缔约过失责任而言,《民法典》第 157 条第 2 句与《民法典》第 500 条是特别法与一般法的关系。②

从逻辑上看,《民法典》第 157 条中的法律行为既包括合同,也包括单方法律行为。单方法律行为无效也可能造成对方当事人损失。比如,买受人享有合同解除权,向出卖人作出解除合同的意思表示。出卖人以为合同已经丧失效力,遂将标的物另行出售给第三人。如果买受人在行使解除权时发生重大误解,本欲解除合同 A,但却表示解除合同 B,事后将解除之意思表示撤销,并请求出卖人继续履行合同,出卖人因重新准备履行合同而发生额外费用的,有权请求买受人赔偿损失。此项损害赔偿责任并非缔约过失责任,不能为《民法典》第 500 条所涵盖,只能适用《民法典》第 157 条第 2 句之规定。

---

① 有学说认为该损害赔偿责任并非缔约过失责任,而是侵权责任。参见李宇:《民法总则要义:规范释论与判解集注》,法律出版社 2017 年版,第 740 页。
② 相同观点参见孙维飞:《〈合同法〉第 42 条(缔约过失责任)评注》,载《法学家》2018 年第 1 期。

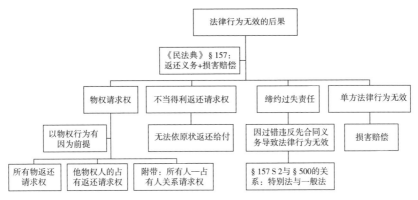

图 11-4 法律行为无效的后果

第二节 法律行为效力待定

教学案例：甲 13 岁，有自行车 A。乙 13 岁，有自行车 B。某日，甲、乙达成互易合同，约定交换自行车，已交付。三日后，甲的父母发现其自行车有变化，经询问后向甲表示认可其做法。此后，甲是否有权请求乙返还自行车？乙是否有权请求甲返还自行车？

一、法律行为效力待定的事由

(一) 传统意义上的效力待定

《民法典》总则编规定的法律行为效力待定的事由包括：限制行为能力、无权代理、自己代理、双方代理、未经被代理人同意的"转委托代理"。就限制行为能力而论，依《民法典》第 145 条的规定，限制行为能力人可以独立实施纯获利益法律行为或者与其年龄、智力、精神健康状况相适应的法律行为，实施其他法律行为经法定代理人同意或者追认后有效。

依《民法典》合同编、民事特别法相关规定结合民法原理，以下法律行为也应视为效力待定：无权处分、须经批准而未批准的法律行为、未经债权人同意的债务承担合意、未经发包方同意的农村土地承包经营权转让合同。这些法律行为的共性在于，法律行为的实施本来需要第三人事先同意(私人同意或者官方同意),但事实上尚未获得同意,因此,法律行为尚未生效,最终是否生效取决于第三人是否予以追认(事后同意)。官方对法律行为的事后批准本质上也是一种追认,导致合同溯及发生效力。①

(二)"反向"效力待定

按照《民法典》第575条的规定,债权人免除债务的,债务消灭,但债务人在合理期限内拒绝的除外。该条规定对于债务免除采用修正的单方法律行为说。②"修正"是指免除效果的发生并非完全取决于债权人的意思表示,因为债务人享有拒绝权。债权人免除的意思表示到达债务人时,债务消灭,但并非确定消灭。债务人在合理期限内表示拒绝的,债务不消灭。所谓拒绝,也包括默示拒绝,如债务人收到免除表示后仍然履行债务。拒绝权在性质上是一种形成权,其效力是使已经发生的债务免除效果(债务消灭)归于消灭,结果是债务溯及地不消灭,如同没有发生免除行为。从这个意义上说,债务免除是效力待定的单方法律行为,其特殊性在于:其他效力待定法律行为是暂时不发生效力,经追认后溯及发生效力;债务免除行为则是暂时发生效力,经拒绝后溯及不发生效力,此为"反向"效力待定。

同样采用"反向"效力待定模式的有《民法典》第552条。依据该条规定,第三人与债务人达成债务加入约定并通知债权人的,或者第三人向债权人作出债务加入意思表示的,债务加入发生效力,但债权人享有拒绝权。债权人在合理期限内行使拒绝权的,债务加入溯及丧失效力。《民法典》第522条第2款规定利他合同中的第三人享有拒绝权,这表明,就合同效力中的涉他效力而言,也处于"反向"效力待定状态。第三人在合理期限内行使拒绝权的,其从合同中取得的给付请求权溯及消灭。此种情形的特殊之处在于,仅法律行为的部分内容效力待定。

二、效力待定法律行为当事人的权利配置

因欠缺私人同意而效力待定的法律行为,在效力待定期间,虽不发生法律行为预定的法律效果,但也依法发生一定的权利义务关系,包括追认

---

① Vgl. Larenz/Wolf, Allgemeiner Teil des bürgerlichen Rechts, 9. Aufl., 2004, S. 807.
② 参见黄薇主编:《中华人民共和国民法典合同编解读》(上册),中国法制出版社2020年版,第396页。

权、催告权、撤销权等。以下主要围绕限制行为能力人实施的法律行为与无权代理,阐述当事人之间的权利配置。

(一) 追认权

1. 追认权的主体

限制行为能力人实施的法律行为,其法定代理人享有追认权。无权代理行为,被代理人享有追认权。追认是对已经实施的法律行为事后表示同意。追认权在性质上属于形成权,因追认权人单方的追认意思表示即可使效力待定的法律行为发生效力。此外,追认权人也可以通过拒绝追认使法律行为确定不发生效力。[1]

在德国、日本民法及我国台湾地区"民法"上,均规定限制民事行为能力人取得完全民事行为能力之后享有追认权。我国《民法典》第145条对此未作规定,在解释上应承认此项追认权。从法律目的上看,法定代理人的追认权旨在弥补限制民事行为能力人意思能力的不足,在限制民事行为能力人取得完全民事行为能力后,其本身已经具备足够的意思能力,无须法定代理人的弥补。实际上,法定代理人此时已经丧失法定代理权(《民法典》第175条),不可能再对限制民事行为能力人此前实施的法律行为予以追认。由于该法律行为尚未被追认,所以仍处于效力待定状态,此时有资格通过追认或者拒绝追认终结待定状态的只有已经取得完全民事行为能力的行为人本身。就规范基础而言,依《民法典》第18条之规定,完全民事行为能力人可以独立实施法律行为,追认是一项法律行为,已经成为完全民事行为能力人的行为人当然可以实施。

2. 追认的方式

追认是一项单方法律行为,通过意思表示实施。就限制民事行为能力人实施的法律行为而言,追认可以向相对人作出,也可以向限制民事行为能力人作出。就无权代理而言,追认可以向相对人作出,也可以向代理人作出。[2]

追认表示是不要式意思表示。追认可以是默示的,但必须存在积极

---

[1] 参见〔德〕汉斯·布洛克斯、〔德〕沃尔夫·迪特里希·瓦尔克:《德国民法总论》(第41版),张艳译,中国人民大学出版社2019年版,第136页。

[2] 参见〔德〕汉斯·布洛克斯、〔德〕沃尔夫·迪特里希·瓦尔克:《德国民法总论》(第41版),张艳译,中国人民大学出版社2019年版,第264页。

的可推断行为。比如,对于未成年人购买的东西,其父母予以管理和使用,该行为构成追认。追认权人请求相对人履行合同义务,包括以提起诉讼或者申请仲裁的方式请求履行合同义务,亦构成追认表示。① 按照《民法典》第503条的规定,在无权代理情形中,被代理人已经开始履行合同义务或者接受相对人履行的,视为对合同的追认。此即为默示追认的一种法定情形。

应当注意的是,单纯的沉默不构成追认。依据《民法典》第145条第2款第2句以及第171条第2款第2句,如果相对人催告法定代理人或者被代理人在30日内予以追认,法定代理人或者被代理人未作表示的,视为拒绝追认。很多学者认为,法律在此种情形中将法定代理人或者被代理人的沉默拟制为追认意思表示,但其实这是除斥期间届满的法律后果:30日除斥期间届满后,追认权消灭,而追认权恰恰是法律行为效力待定状态存续的前提,其消灭自然导致效力待定状态终结,法律行为确定不生效力。②

3. 追认的内容

追认权人虽对效力待定的法律行为表示同意,但对其内容予以变更的,不构成追认。此项同意表示仅构成由追认权人发出的新要约,相对人须对此作出承诺,才成立合同。当然,例外情况下,对法律行为的内容予以变更的同意表示构成部分追认。前提是,即便不存在未被追认的法律行为部分,当事人也会实施该法律行为的其余部分。③

4. 追认的效力

追认具有溯及力,使法律行为自其本应发生效力的那一刻发生效力。若无相反规定或者约定,即从法律行为成立时发生效力。应当注意的是,追认的溯及力不应损害第三人的利益。追认人在效力待定阶段就法律行为标的物与第三人实施的处分行为,不因追认而丧失效力。在效力待定阶段对法律行为标的物采取强制执行措施的债权人也应得到类似保护。对此,我国《民法典》虽无类似于《德国民法典》第184条第2款之规定,但在解释追认规则时,应当进行漏洞填补,限制追认的效力。

---

① 参见营口经济技术开发区津成科技经贸有限公司与大连忠意建设集团有限公司建设工程施工合同纠纷案,最高人民法院(2019)最高法民再66号民事判决书。
② 参见杨代雄:《意思表示理论中的沉默与拟制》,载《比较法研究》2016年第6期。
③ Vgl. Jochem Schmitt, in: Münchener Kommentar BGB, 5. Aufl., 2006, §108 Rn. 13.

【案例解析】在教学案例中,甲、乙皆为限制民事行为能力人,年龄仅为13岁,自行车互易合同超出其心智能力,所以合同效力待定。甲的父母为其法定代理人,对其做法表示认可,构成对互易合同的追认。由于乙亦为限制民事行为能力人,所以仅有甲的父母追认,尚不足以使互易合同确定生效,合同依然效力待定。合同最终是否生效,取决于乙的父母(法定代理人)是否追认。乙的父母如果表示不追认或者追认权因除斥期间届满而消灭,则合同确定不发生效力,甲、乙相互享有自行车返还请求权。

(二) 催告权

1. 催告的方式

无论相对人是否催告,法定代理人或者被代理人都可以追认。法定代理人或者被代理人虽有追认权,但如果其迟迟未作表态,则法律行为的效力长期处于悬而未决状态,对相对人极其不利。因此,《民法典》第145条第2款、第171条第2款赋予相对人一项催告权,使其可以尽早从未决状态中解脱出来。催告在性质上是一项意思通知,不是意思表示,但必要时应准用法律上关于意思表示的规定,比如关于意思表示到达的规定。催告必须向法定代理人或者被代理人作出,向限制民事行为能力人或者无权代理人作出的催告无效。在限制民事行为能力人死亡的情况下,只能向其继承人作出催告,不能向法定代理人作出催告,因为法定代理关系已经终止(《民法典》第175条)。

2. 催告的效果

在相对人催告的情况下,追认权适用除斥期间。依《民法典》第145条第2款之规定,相对人可以催告法定代理人自收到通知之日起30日内予以追认。此处"30日"即为除斥期间。30日期间是法定的,无须在催告中特别指明。当然,所谓"法定"并非强制性的。相对人在催告中可以单方面指定长于30日的除斥期间,因为这样对法定代理人更有利。反之,相对人不能在催告中单方面指定短于30日的除斥期间,因为这样就缩短了法定代理人作出决断的时间。短于法定期间的除斥期间只能通过相对人与法定代理人达成合意予以确定。

除斥期间的启动是催告的第一个法律效果。催告的第二个法律效果是使相对人取得追认或拒绝追认意思表示的排他性受领人地位。① 在催告之前,追认或者拒绝追认的意思表示既可以向相对人作出,也可以向限制民事行为能力人作出。在催告之后,此项意思表示只能向相对人作出,因为既然相对人发出催告,法定代理人就应该向相对人作出回应,如果仅向限制民事行为能力人表示是否追认,相对人对此无从得知,不能实现尽快使法律关系清晰明确之目的。我国《民法典》第145条未明确规定催告的第二个法律效果,应当予以漏洞填补。

(三) 善意相对人的撤销权

1. 撤销权的正当基础

依《民法典》第145条第2款之规定,在法律行为被追认之前,善意相对人享有撤销权,不受法律行为的约束。《民法典》第171条第2款对无权代理也有类似规定。

善意相对人的撤销权具备正当基础。撤销权可以使善意相对人迅速摆脱不确定状态。法律行为效力待定制度归根结底是利益衡量的产物。为了保护限制民事行为能力人或者被代理人的利益,法律给予法定代理人或者被代理人决定是否追认的机会,代价是使相对人陷入等待状态,催告权只是对一般相对人的保护手段,善意相对人理应获得更有力的保护,有权随时结束等待状态。实际上,撤销权的功能除了使善意相对人可以提前结束不确定状态,还给予其一个机会,重新决定是否与具备意料之外的特殊情况(行为能力不完全、未授予他人代理权)的对方当事人缔结法律行为,因为,假如当初知道此类特殊情况,善意相对人未必会决定实施该法律行为,善意相对人的交易伙伴选择自由应当得到尊重。

2. 撤销权的要件

(1) 相对人为善意。

《民法典》第145条第2款第3句仅规定"善意相对人"享有撤销权,至于何为"善意",则未作详细规定。考虑到撤销权仅使相对人可以"退出"法律行为,并未导致限制民事行为能力人遭受明显不利益,所以撤销权的行使门槛不宜过高。在解释上,只要相对人在缔结法律行为时不知道对方当事人欠缺民事行为能力或者因对方当事人的不实陈述而不知道其未经法定代理人允许,即可以认定为《民法典》第145条第2款第3

---

① Vgl. Hans-Georg Knothe, in: Staudinger Kommentar BGB, 2004, §108 Rn. 16.

句中的"善意相对人",享有撤销权。就无权代理而言,《民法典》第171条第2款中的"善意相对人"应解释为在与代理人实施法律行为时不知道其欠缺代理权的相对人。相对人对此是否存在过失,在所不问。

(2)法定代理人或者被代理人尚未追认。

仅当法定代理人或者被代理人尚未追认时,善意相对人才可以行使撤销权。效力待定的法律行为一旦经过法定代理人或者被代理人追认,即发生效力,法律行为的效力待定状态既已终结,自然不得再予以撤销。

(3)催告对撤销权行使的影响。

有疑问的是,善意相对人作出催告之后,是否仍可以行使撤销权。我国台湾地区有学者认为,此种情形中,相对人行使撤回权(撤销权)应受诚实信用原则的限制。① 此种观点可资借鉴。善意相对人既然已经催告法定代理人或者被代理人在除斥期间内作出是否追认的表示,就意味着其愿意给予法定代理人或者被代理人一段时间进行权衡。善意相对人如果在该期间届满前又行使撤销权,出尔反尔,显然有悖诚信。鉴于此,应当对《民法典》第145条第2款第3句以及第171条第2款第3句予以目的论限缩,在善意相对人作出催告的情况下,排除其撤销权。

【案例解析】在教学案例中,订立互易合同时,乙的父母(法定代理人)不知道甲为限制民事行为能力人,其善意等同于乙善意,所以,在甲的父母尚未追认的情况下,乙的父母可以代理乙行使撤销权。撤销后,甲、乙相互享有自行车返还请求权。不过,在甲的父母已经追认的情况下,乙的父母不能行使撤销权。

3. 撤销的方式

撤销是一项需受领的意思表示,善意相对人须以"通知"的方式向特定受领人作出撤销的意思表示。此项意思表示是不要式的。有受领权限的既包括法定代理人或者被代理人,也包括限制民事行为能力人本身或者无权代理人,这样便于善意相对人行使撤销权。②

4. 撤销的效果

善意相对人的撤销导致法律行为终局性地不发生效力,效力待定状

---

① 参见王泽鉴:《民法总则》(2022年重排版),北京大学出版社2022年版,第337页。
② 参见朱庆育:《民法总论》(第2版),北京大学出版社2016年版,第259页。

态终结,法定代理人或者被代理人此后不能再进行追认。

第三节　法律行为可撤销

教学案例1:开发商A公司为被拆迁的B小学临时安置办学场所,为此,A公司向C公司承租了一栋楼。二年租期届满后,A公司给B小学建造的新校舍尚未竣工,遂与C公司协商续租。C公司将续租的年租金从100万元提高至500万元,因周边没有其他合适场所,A公司表示同意。双方的续租合同效力如何?

教学案例2:甲公司的老板系某地黑恶势力头目,以暴力相威胁,迫使彭某向甲公司低价转让一处商铺。交易完成三年后,甲公司的老板在扫黑行动中被抓捕。彭某闻讯后,诉请撤销商铺买卖合同。法院应否支持彭某的诉请?

一、撤销事由:关于显失公平

撤销事由除了欺诈、胁迫、意思表示错误(重大误解),还包括显失公平。此处仅述及显失公平的法律行为。

(一)显失公平规则的正当基础与历史源流

显失公平规则旨在维护契约正义。一般而言,双方当事人在磋商基础上订立合同可以产生公平的交易结果,因此,法律原则上承认合同有效,对其内容不加以干预。不过,有时双方当事人的对话能力不对等,导致所订立的合同对价明显失衡,法律需要介入合同权利义务关系,对其予以矫正。在罗马法中,存在非常损失规则(laesio enormis)。如果买卖合同价格失衡,则买受人须支付约定价格与实际价值的差额,否则,合同将被判定无效(C.4.44.2)。按照《德国民法典》第138条第2款,一方利用对方的急迫、无经验、无判断力、意志薄弱等情形,达成对价关系明显失衡的法律行为无效,此即所谓的暴利行为,它是违背善良风俗之法律行为的特殊情形。概而观之,从罗马法到现代的德国法、瑞士法,显失公平制度经历了从纯粹客观主义(对价失衡)到主客观相结合主义的演变过程。①

我国《民法典》第151条对于显失公平的法律行为亦采用主客观相结合主义。

(二) 显失公平的客观要件

显失公平法律行为的客观要件是双方当事人的给付对价关系明显失衡。从这个意义上说,显失公平规则仅适用于有偿法律行为,不适用于诸如赠与合同之类的无偿法律行为,因为无偿法律行为本就没有对价关系,自然无所谓是否公平交换。合伙合同、旨在设立公司的合资(作)合同,虽与买卖合同等典型有偿法律行为不同,但考虑到其在合作中亦有利益交换,所以仍可适用显失公平规则。②

【深化与拓展】给付对价关系在何种情况下可以认定为明显失衡？我国《民法典》并未明确规定。罗马法中的合同价格失衡是指约定的价格不足买卖物实际价值的一半(C.4.44.8.)。在德国法上,如果合同约定的给付价值不足正常市场价的一半,则一般构成对价失衡。当然,价值比例并非唯一标准。在个案中需要综合考虑所有相关情况,包括当事人在该法律行为中的风险(己方受损害、对方丧失支付能力、担保物价值不足、标的物价格波动等)、拟处理事务的难度、标的物在特殊时期的稀缺性等。正常市场价越是难以确定,越应当全面考量这些因素。③

《民法典》施行前,有时法院参照原《合同法解释(二)》第19条,认为约定的价格超出正常价格30%的,应认定为显失公平。此种观点是否妥当,不无疑问。④ 原《合同法解释(二)》第19条是关于原《合同法》第74条债权人撤销权行使要件的司法解释,债务人与第三人实施的系争法律行为损害了债权人的利益,债权人并非该法律行为的当事人,未参与磋商谈判。与此不

---

① 法律史考察参见徐涤宇：《非常损失规则的比较研究——兼评中国民事法律行为制度中的乘人之危和显失公平》,载《法律科学》2001年第3期。
② 参见贵阳华宇石化产品有限公司与茂名市穗深发展有限公司联营合同纠纷案,最高人民法院(2012)民申字第1561号民事裁定书。
③ Vgl. Rolf Sack, in: Staudinger Kommentar BGB, 2004, §138 Rn. 177-179.
④ 赞同此种观点的如贺剑：《〈合同法〉第5条第1款第2项(显失公平制度)评注》,载《法学家》2017年第1期。

同,显失公平法律行为的撤销权人本身即为系争法律行为的当事人,参与了该法律行为的磋商谈判,因此,在对价失衡的判断标准上应当与债务人的诈害行为有所区别。

应当注意的是,对价是否明显失衡,应以系争法律行为订立时给付的价值为准予以判定。如果法律行为订立后才出现对价明显失衡之情形,不适用显失公平规则,至于是否构成客观行为基础障碍(情势变更),则须依个案情势具体判断。此外,如果系争法律行为只是交易的一个环节,与其他法律行为组合而成一个整体交易,则不能孤立地评判系争法律行为是否显失公平,应当综合考察全部法律行为中的对价关系。

(三) 显失公平的主观要件

显失公平法律行为的主观要件是一方利用对方处于危困状态、缺乏判断能力等情形。欠缺主观要件时,即便合同对价失衡,也不构成显失公平。比如甲、乙是朋友,基于友情,甲以正常价值的1/3价格向乙出售某物,事后甲不得主张买卖合同显失公平。事实上,这不是一般的买卖,而是介于买卖和赠与之间的法律行为,学理上称之为混合赠与,俗语则称之为半卖半送。主观要件包括两个方面:其一,一方当事人处于危困状态、缺乏判断能力等情形;其二,另一方当事人故意利用此类情形。

1. 危困状态

所谓危困状态是指当事人处于某种危急、困难状态,以至于迫切需要获得金钱或者其他给付,如果得不到这些给付,当事人就会遭受重大不利益。大多数情况下涉及的是经济上的危困状态。例如:当事人因贫困急需金钱,否则难以生存;因自己或者家属患病急需金钱住院治疗;急需金钱偿还房贷以避免按揭购买的唯一住房被变卖偿债;公司急需周转资金以避免陷于破产。有时,精神上的急迫状态也应认定为危困状态,比如某人面临名誉危机,为了维护名誉以明显不合理对价采取措施平息事态。当事人虽无经济困难,但急需处理某一突发事件或者急需完成某项重要任务,也处于危困状态。

【案例解析】在教学案例1中,A公司续租时负担500万元年租金义务,比原租金高出4倍,给付对价关系明显失衡。由于A公司有义务为B小学继续临时安置办学场所,而当时在周边难以找到其他合适的临时校舍,处于危困状态,所以续租合同应认定为显失公平,A公司享有撤销权。

2. 缺乏判断能力

缺乏判断能力并非指当事人缺乏行为能力。行为能力涉及一般的辨识能力,而此处所谓判断能力仅指当事人针对某项具体法律行为进行判断的能力,即正确地对其予以利弊衡量的能力。因此,一个具备完全民事行为能力的当事人在实施某一项复杂的法律行为时仍有可能欠缺判断能力。① 缺乏与此类法律行为相关的信息或者没有能力利用这些信息都属于欠缺判断能力。年老、文化程度过低是欠缺判断能力的重要原因。有学者认为,行为人具有一定程度的智力障碍但尚不属于限制民事行为能力人是缺乏判断能力的主要情形。② 限制民事行为能力人虽经法定代理人允许独自实施超出其行为能力范围的法律行为,但仍欠缺足够的判断能力,如果相对人利用其此项缺陷达成对价明显失衡的法律行为,则显失公平规则有适用之余地。

3. 其他类似情形

《民法典》第151条中的"等情形"意味着除了危困状态、缺乏判断能力,其他导致当事人不能完全自由、理性地作出决断的情形也可以适用显失公平规则。从《民法典》制定前的法律状况看,原《民通意见(试行)》第72条规定的相关情形是"一方当事人利用优势或者利用对方没有经验"。尽管《民法典》第151条并未明确列举这两种情形,但在解释上仍应将二者纳入其中。"利用优势"主要指利用社会关系或者经济地位上的优势,比如职场关系中的上级地位、行政关系中的掌权者地位等。有时,信息明显不对称也导致一方具备优势地位。"对方没有经验"是指对方欠缺社会生活经验或者生意上的知识,包括欠缺一般的经验和某一具体交易领域的经验。③ 比如一个初来乍到的异乡人或者外国人往往缺乏经验,一个普通人首次从事特殊领域的交易(比如古玩

---

① Vgl. Rolf Sack, in: Staudinger Kommentar BGB, 2004, §138 Rn. 209.
② 参见武腾:《显失公平规定的解释论构造——基于相关裁判经验的实证考察》,载《法学》2018年第1期。
③ 参见王利明:《合同法研究(第1卷)》(第3版),中国人民大学出版社2015年版,第708页。

交易)。

此外,一方当事人利用对方当事人严重的意志薄弱达成的对价明显失衡之法律行为也应适用显失公平规则。所谓严重的意志薄弱是指当事人虽然知道法律行为的内容及所带来的不利益,但因其心理抵抗力较弱以至于不能抵制该法律行为的缔结。比如少年、老人、酗酒者或者沉迷于游戏者有时就处于严重的意志薄弱状态。

4. 故意利用

对于一方当事人的危困状态、缺乏判断能力等状况,对方当事人在缔结法律行为时如果知道并据此达成对价明显失衡的法律行为,即为"故意利用"。

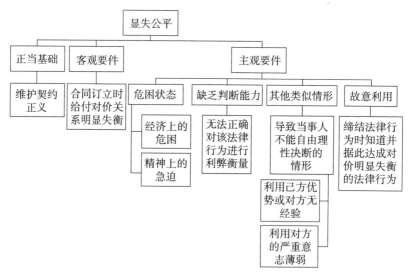

图 11-5 显失公平的构成要件

二、撤销权的行使

(一) 行使方式

撤销权在本质上是一种形成权,但与其他形成权仅须权利人单方作出意思表示不同,可撤销法律行为的撤销必须由撤销权人通过起诉或者申请仲裁的方式请求人民法院或者仲裁机构予以撤销。人民法院判决或者仲裁机构裁决撤销法律行为的,才发生撤销之法律后果。

(二) 行使范围:部分撤销

与原《民法通则》及原《合同法》相比,《民法典》的一个显著变化是将重大误解、欺诈、胁迫、显失公平的后果由"可变更、可撤销"改为"可撤销"。实践中,可撤销法律行为的表意人有时不愿意通过撤销使法律行为完全丧失效力,因为法律行为的部分效果仍然符合其意愿。在变更权已被《民法典》取消的情况下,如何实现表意人此种意愿?民法理论上存在"部分撤销"之概念,据此,如果法律行为的内容可分,则撤销权人可以仅撤销法律行为的部分内容,法律行为的其余内容仍然有效。此时,在撤销之效果上应依据法律行为部分无效规则处理。① 我国《民法典》虽无专门条款规定法律行为的部分撤销,但《民法典》第156条规定的法律行为部分无效可以解释为既包括狭义无效中的部分无效,也包括因部分撤销导致的部分无效。如此,则法律行为部分撤销在我国民法中具有规范基础。

(三) 行使的效果

撤销权行使的效果是使法律行为溯及地丧失效力,在结果上与法律行为无效没有本质区别。

三、撤销权的消灭

(一) 概述

撤销权之目的在于保护权利人的意志自由。不过,撤销权导致法律行为最终可否生效处于不确定状态,这种状态的长期持续危及财产秩序,所以,应当对撤销权的行使施加期间上的限制。《民法典》第152条规定了撤销权的除斥期间,期间届满仍未行使撤销权的,撤销权消灭。此外,该条还规定了撤销权的放弃也是撤销权消灭原因。

《民法典》第152条与原《合同法》第55条相比,有三点变化。一是缩短重大误解情形中的除斥期间,由一年变为九十日。此项变化值得肯定,因为重大误解通常是由表意人自己造成的,而欺诈、胁迫则通常是由相对人造成的,相较之下,在除斥期间问题上,重大误解情形中的相对人

---

① Vgl. Werner Flume, Allgemeiner Teil des bürgerlichen Rechts, Bd.2: Das Rechtsgeschäft, 4. Aufl., 1992, S. 562.

更值得保护,所以除斥期间应该更短一些。① 二是对胁迫情形中的撤销权除斥期间起算点作出特殊规定,该期间自胁迫行为终止之日起算而不是自知道或者应当知道胁迫之日起算。三是规定了五年的最长除斥期间,自民事法律行为发生之日起算。这是为了避免因起算点不确定导致撤销权无限期存续。

(二) 撤销权因除斥期间届满而消灭的要件

1. 除斥期间届满

撤销权的除斥期间通常为一年,重大误解情形中的撤销权除斥期间为九十日。除斥期间为不变期间,不可中断或者中止,自起算点开始,经过法定的时间,除斥期间即告届满。除胁迫情形之外,普通除斥期间的起算点均为"知道或者应当知道撤销事由之日"。就欺诈而言,所谓"知道"是指知道自己陷于错误并且知道该错误是因对方故意不真实陈述造成的,当然,不要求知道不真实陈述的所有细节,关键是整体印象。"应当知道"是指考虑到个案具体情况,按照常理,处于表意人位置的普通人能够知道自己已经被欺诈。重大误解与显失公平情形中的"知道或者应当知道"应作类似解释。

在胁迫情形中,普通除斥期间的起算点是"胁迫行为终止之日"。之所以不是从"知道或者应当知道胁迫之日"起算,主要是考虑表意人都知道被胁迫,但有时胁迫造成的困境持续时间较长,表意人不敢轻易行使撤销权,如果除斥期间即刻起算,显然不利于保护被胁迫的表意人。不过,应当注意的是,以"胁迫行为终止之日"为除斥期间起算点未必妥当。有时,胁迫行为(如扬言施加暴力)虽然已经终止,但表意人因胁迫行为而订立合同之后,鉴于对方当地黑恶势力,仍然处于恐惧状态,不敢诉请撤销合同。如果认定其撤销权因一年期间届满而消灭,有失公允。因此,宜将本条中的"胁迫行为终止之日"解释为"胁迫行为的后果(恐惧状态)终止之日"。

最长除斥期间(五年)的起算点为民事法律行为发生之日。所谓民事

---

① 类似观点参见李宇:《民法总则要义:规范释论与判解集注》,法律出版社2017年版,第628页;薛军:《论意思表示错误的撤销权存续期间——以中国民法典编纂为背景的分析》,载《比较法研究》2016年第3期。持质疑态度的观点参见陈甦主编:《民法总则评注》(下册),法律出版社2017年版,第1091页(朱晓喆执笔)。

法律行为发生之日即为民事法律行为成立之日。

【案例解析】在教学案例2中，黑恶势力对彭某的暴力威胁行为本身虽已结束三年，但因黑恶势力的持续存在，彭某一直处于恐惧状态，所以不应认定商铺买卖合同订立一年后，彭某的撤销权因除斥期间届满而消灭。三年后，彭某仍然有权撤销合同。

2. 撤销权未行使

撤销权人在除斥期间届满前未行使撤销权的，撤销权消灭。撤销权的行使方式为通过起诉、申请仲裁向人民法院或者仲裁机构请求撤销系争法律行为。只要起诉或者申请仲裁之日除斥期间尚未届满，撤销权就不消灭。

(三) 撤销权因放弃而消灭的要件

撤销权的放弃是单方法律行为，由撤销权人单方作出放弃权利的意思表示。该意思表示可以是明示的，也可以是默示的。明示的放弃意思表示为不要式意思表示，既可以书面表示，也可以口头表示。即便可撤销法律行为本身为要式法律行为，亦然。

放弃意思表示须在撤销权人知道撤销事由之后作出。这一点对于默示放弃尤其重要。仅当撤销权人知道撤销事由的，才可以从其行为中推断出放弃之意思。此处之行为包括撤销权人全部或者部分履行合同义务、受领对方给付、请求对方履行、转让合同权利或者已经取得的标的物等，但不包括单纯的沉默(不作为)。在胁迫情形中，如果明示或者默示的放弃意思表示仍然是在受胁迫状态下作出，则不发生放弃之效力。① 同理，在显失公平情形中，如果明示或者默示的放弃意思表示仍然是在危困状态下作出的，亦不发生放弃之效力。

(四) 撤销权消灭的法律效果

撤销权因除斥期间届满或者撤销权人放弃而消灭。消灭后，因撤销事由遭受不利益的表意人不得再撤销法律行为。不过，如果撤销权系因除斥期间届满而消灭，表意人虽不得再行使撤销权，但相对人的欺

---

① Vgl. Arnd Arnold, in: Erman Kommentar BGB, 15. Aufl., 2017, §144 Rn. 3.

诈、胁迫行为构成侵权或者缔约过失的,表意人可以向其主张侵权责任或者缔约过失责任。责任形式包括金钱损害赔偿(《民法典》第 179 条第 1 款第 8 项)与恢复原状(《民法典》第 179 条第 1 款第 5 项)。就恢复原状而言,表意人有权请求相对人废止系争法律行为①,比如通过解除使合同丧失效力。侵权责任与缔约过失责任适用诉讼时效相关规定。

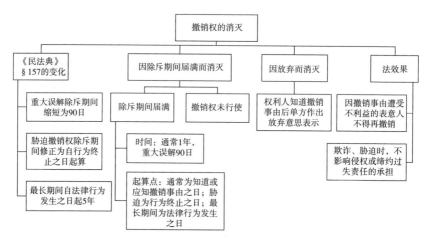

图 11-6　撤销权的消灭

第四节　法律行为附条件与附期限

教学案例 1:若甲把某处房屋出租给乙。在租期剩余三个月时,双方约定,甲若下个月不回国,租期延长一年。此项约定是否为附条件法律行为?如果甲为了避免租期延长一年,刻意更改计划,在达成上述约定后的次月提前回国,则租期应否延长一年?

教学案例 2:A 与 B 订立合同,约定 A 将一辆小轿车卖给 B,若一年内 A 持有的股票解套,则买卖合同解除。当天,A 将

---

① Vgl. Reinhard Singer/Barbara von Finckenstein, in: Staudinger Kommentar BGB, 2004, §124 Rn. 10.

车交付于B,B每日驾车上班。八个月后,股市回暖,A持有的股票解套,并从中挣了一笔数目可观的钱。若A打算借机换一辆新车,其是否可以选择不解除与B的汽车买卖合同?若A请求B返还汽车,其是否有权请求B返还八个月的汽车使用利益?

一、一般问题

(一) 附条件与附期限的功能

法律行为是私法自治的工具,当事人借助法律行为安排自己的法律关系。自治一方面意味着自己决定法律行为的内容,另一方面也意味着自己决定法律行为何时以及在何种条件下发生效力。后者通过法律行为附条件与附期限实现。因此,附条件与附期限是当事人对法律行为效力进行自我控制的手段。无论负担行为抑或处分行为①,皆可附条件或者附期限。

附条件与附期限皆为法律行为的附款(Nebenbestimmung)。除此之外,学理上还认为法律行为的附款尚包括负担(modus),如附负担(义务)赠与,约定受赠人负担一定义务。② 负担与条件不同,一方面,负担本身不决定法律行为的生效或者失效,所以不具备法律行为的效力控制功能,仅意味着当事人在获得财产利益之后有义务为或者不为特定行为;另一方面,条件所涉行为不构成当事人的义务,所以对方不得诉请履行。例如,甲赠与乙一部手机,约定若乙将手机用于玩游戏,则赠与失效。此为附解除条件赠与合同,"将手机用于玩游戏"这一事实影响合同效力。如果甲赠与乙一栋房屋,约定乙应当留出其中一层房屋由甲终身居住,则为附负担赠与合同,甲有权诉请乙履行所负担的义务。

(二) 附条件与附期限的限制

法律行为通常皆可附条件或者附期限,但某些法律行为不得附条件或者附期限,学理上称此类法律行为之附条件或者附期限不具备容许性(Zulässigkeit)。不具备容许性的原因主要有两种。

---

① 参见邓某与海南碧桂园房地产开发有限公司合同纠纷案,最高人民法院(2020)最高法民终207号民事判决书(附条件的债务承担)。

② 参见〔意〕彼德罗·彭梵得:《罗马法教科书》,黄风译,中国政法大学出版社2018年版,第53页;王泽鉴:《民法总则》(2022年重排版),北京大学出版社2022年版,第431页。

其一，维护公共秩序。比如，为维护伦理秩序，结婚、离婚不得附条件或者附期限。婚姻关系事关基本伦理秩序，非同儿戏，要求当事人严肃、认真，附条件或者附期限意味着有所保留或者摇摆不定，与婚姻关系的本质相悖。身份法上的其他法律行为原则上亦然，如收养。财产法上的某些法律行为也不得附条件或者附期限，如不动产所有权的处分行为，为确保不动产登记簿记载的清晰度以及不动产物权关系的确定性，不允许附条件或者附期限。继承的放弃、遗赠的接受或拒绝也不得附条件或者附期限，否则影响遗产的处理以及遗产分配后的财产归属秩序。按照我国《票据法》第43条之规定，汇票的承兑行为不得附条件。此外，票据背书、票据保证也不得附条件。

其二，保护相对人。介入他人财产关系的单方法律行为通常不得附条件或者附期限。此类行为主要指行使形成权的法律行为。由于形成权使权利人可以不经过相对人的同意即可单方面改变其法律关系，允许法律行为附条件或者附期限意味着权利人可以将不确定状态强加给相对人，于理不合。据此，抵销权（《民法典》第568条第2款）、解除权、追认权、买回权、优先购买权、选择权的行使等法律行为原则上皆不可附条件或者附期限。例外者，继续性合同的终止行为可以附期限，比如，出租人通知承租人"三个月后合同终止"，此种期限反而有利于承租人，使其有机会安排替代交易。另一个例外是《民法典》第565条第1款第2句规定的合同附条件解除行为，所附条件为"债务人在一定期限内不履行债务"。此外，由于行使形成权的法律行为不得附条件或者附期限只是为了保护相对人的利益，所以，如果双方当事人事先已就附条件、附期限的容许性达成合意，则依私法自治原则，此类法律行为可以附条件或者附期限。

法律行为之附条件或者附期限欠缺容许性的，法律行为效力如何，不无疑问。主流观点认为，欠缺容许性原则上导致法律行为本身无效，例外情况下，法律行为视为未附条件或者期限而发生效力。[①] 我国《票据法》第33条第1款规定："背书不得附有条件。背书时附有条件的，所附条件不具有汇票上的效力。"该法第48条规定："保证不得附有条件；附有条件的，不影响对汇票的保证责任。"在以上规定中，附条件欠缺容许性仅导致条件无效，法律行为本身的效力不受影响。此为例外。实际上，附条件与附期限作为法律行为的附款，其欠缺容许性是否影响法律行为的整体效

---

① Vgl. Medicus/Petersen, Allgemeiner Teil des BGB, 11. Aufl., 2016, S. 367.

力,应当依据《民法典》第156条处理。

二、条件的构成要件

附条件法律行为中的条件是一种事实,但并非任何一种事实都构成条件。通说认为,条件须符合如下构成要件。

(一) 条件是未来的不确定事实

如果当事人将达成法律行为时已经发生的事实或者已经确定不发生的事实作为条件,即便当事人对此并不知情,该事实也不构成条件。此即学理上所谓既成条件(已定条件),由于欠缺不确定性,所以并非真正意义上的条件。[①] 法律行为的效力与该事实无关。如果所附"条件"在达成法律行为时已经发生,以之为"停止条件"的,法律行为应视为无条件,自成立时生效;以之为"解除条件"的,法律行为应视为无效。反之,如果所附"条件"在达成法律行为时已经确定不发生,以之为"停止条件"的,法律行为无效;以之为"解除条件"的,法律行为应视为无条件。《民法典总则编若干问题的解释》第24条对此予以规定。此外,虽为未来事实,但其发生是必然的,只是发生时间或早或晚,也不构成条件。此即学理上所谓必成条件。[②] 法律行为包含必成条件的,应解释为附始期法律行为,自所约定的未来事实发生时生效。

(二) 条件具有意定性

条件是通过意思表示被设定为法律行为效力发生或者丧失之前提的事实。如果法律规定法律行为的生效以特定事实为前提,则不构成条件。此即学理上所谓的法定条件。即便当事人将法定条件当作法律行为的内容予以约定,依然不构成附条件法律行为。例如,某些法律行为须经主管机关批准才能生效,此为法定生效要件。当然,如果当事人在法定条件的基础上附加了其他不确定因素,则可能构成附条件法律行为。比如,对于须经批准的法律行为,约定应当在一个月内获得批准,否则无效。"获得批准"是法定条件。反之,"一个月内获得批准"则附加了意定的不确定因素,构成法律行为条件。如果该法律行为未在一个月内获得批准,则法

[①] 参见王泽鉴:《民法总则》(2022年重排版),北京大学出版社2022年版,第435页。
[②] 参见郑玉波:《民法总则》,中国政法大学出版社2003年版,第382页。

律行为因条件不成就而确定不发生效力,即便一个月之后主管机关予以批准,也不能使之生效。

(三) 构成条件的事实不包括一方当事人的意思表示

将一方当事人的意思表示约定为法律行为之条件者,属于学理上所谓意愿条件(Wollensbedingung)。意愿条件究竟是否构成法律行为条件,不无疑问。通说持否定立场[1],少数学者主张意愿条件构成法律行为条件。[2] 通说可资赞同。甲、乙约定,甲以20万元价格向乙购买一辆汽车,但同时又附加约定"合同自甲三天内最终同意购买时生效"。该约定在本质上并非附条件汽车买卖合同,因为附加约定表明甲尚未终局性地决定以此等价格向乙购买该辆汽车,其所谓购车表示只是一个交易意向而已,欠缺效果意义,不构成意思表示。即便乙的售车表示构成意思表示,也因无法构成合意而尚未成立汽车买卖合同。既然汽车买卖合同不成立,就不可能附条件。如果意愿条件决定法律行为效力的丧失,则包含意愿条件的约定可以定性为附解除权的法律行为,如设备买卖合同约定"买方在合同订立后三十日内表示不购买的,本合同失效"。此类法律行为已经成立生效,但赋予一方当事人解除权。买方"表示不购买"并非买卖合同的解除条件,而是作出解除合同的意思表示。

(四) 法律行为条件须为法律行为生效与否的前提

一方面,条件所决定的是法律行为的效力而非法律行为是否成立。附条件法律行为必须是已经成立的法律行为。如果双方当事人约定"本合同自双方签字盖章时生效",则不构成附生效(停止)条件法律行为。因为,按照《民法典》第490条第1款的规定,当事人采用合同书形式订立合同的,自当事人均签名、盖章或者按指印时合同成立,签章前合同尚未成立,不能附生效(停止)条件。[3] 另一方面,条件影响的是法律行为本身的效力,这使条件区别于某一项义务的履行条件。后者如股权转让合同约定,受让人支付尾款的条件是让与人已通过工商变更登记将股权登记

---

[1] Vgl. Medicus/Petersen, Allgemeiner Teil des BGB, 11. Aufl., 2016, S. 361; Larenz/Wolf, Allgemeiner Teil des bürgerlichen Rechts, 9. Aufl., 2004, S. 917.

[2] Vgl. Enneccerus/Nipperdey, Allgemeiner Teil des Bürgerlichen Rechts, 15. Aufl., 1960, S. 1190; Wolfgang Brehm, Allgemeiner Teil des BGB, 6. Aufl., 2008, S. 228-229.

[3] 参见北京居然之家投资控股集团有限公司与马鞍山市煜凯丰房地产开发有限公司房屋租赁合同纠纷案,最高人民法院(2020)最高法民申6019号民事裁定书。

于受让人名下。股权移转登记仅为受让人付款义务的履行条件,并非股权转让合同的条件。① 当然,合同为某种义务所附的条件也可能具备法律行为条件的属性。比如,股权转让合同约定,受让人取得股权后,股权收益率连续两年低于10%的,让与人有义务以一定价格回购股权。此时,"股权收益率连续两年低于10%"这项条件决定的是回购义务之发生而非其履行,所以与前述付款义务的履行条件不同。回购义务是股权转让合同效力内容之一,因此,回购义务的发生条件对股权转让合同效力具有部分控制力。可以说,该合同的部分内容(股权回购条款)附条件,不妨称之为部分附条件法律行为。

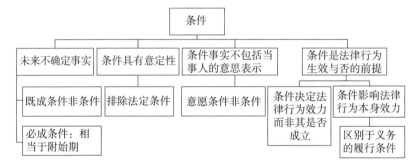

图11-7　附条件法律行为中条件的构成要件

三、条件的种类

(一) 生效条件与解除条件

法律行为之条件首先可以分为生效条件与解除条件,这是立法上的分类(《民法典》第158条),至为重要。所谓生效条件,亦称停止条件、延缓条件,是指使法律行为的生效取决于未来不确定事实之发生的条件。在该事实发生前,法律行为虽已成立,但尚未生效,其效力之发生被所附条件延缓,可否生效处于悬而未决状态。例如,甲、乙订立合同,约定甲将自己所有的一辆轿车卖给乙,条件是甲在三个月内获得移民签证。该买

---

① 义务的履行条件有时也可以类推适用附条件法律行为规则,比如义务人恶意阻止履行条件成就,应当类推适用《民法典》第159条拟制条件成就。参见中国建筑一局(集团)有限公司与沈阳祺越市政工程有限公司建设工程施工合同纠纷案,最高人民法院(2020)最高法民终106号民事判决书。

卖合同即为附生效条件法律行为。所有权保留买卖中的买卖物处分行为也是附生效条件法律行为。

解除条件是指使法律行为效力的存续取决于未来不确定事实之不发生的条件。在该事实发生前，法律行为已经生效，但该事实的发生导致法律行为丧失效力。

【深化与拓展】解除条件与合同的解除事由不同。无论法定解除事由抑或意定解除事由，解除事由的出现均不导致合同自动丧失效力，而仅导致一方当事人取得解除权，在行使该解除权之后，合同才因解除行为而丧失效力。反之，附解除条件的合同在解除条件成就时自动丧失效力，无须当事人另行作出解除表示。有时，意定解除事由在合同中也被称为解除条件。对此，应当通过意思表示解释判定合同究竟属于附解除条件合同抑或附意定解除事由合同。例如，甲、乙订立房屋租赁合同，约定甲将某处房屋出租于乙，租期三年，期满前甲回国居住的，租赁合同终止。该合同通常应解释为附解除条件法律行为。反之，如果合同约定"期满前甲回国居住的，甲有权解除(终止)合同"，则为附意定解除事由合同。

【案例解析】在教学案例2中，A与B订立的汽车买卖合同是附解除条件法律行为。八个月后，A持有的股票解套时，条件成就，该合同自动解除，无须A作出解除合同的意思表示，所以，A无权选择不解除合同。

(二) 积极条件与消极条件

如果法律行为所附条件表现为某种状况发生变化(如"货物售出")，则为积极条件。反之，如果所附条件表现为某种状况不发生变化(如"货物未售出")，则为消极条件。此种分类仅为学理上的分类，并无实践意义。

(三) 偶成条件、任意条件与混合条件

偶成条件，是指其成就与否取决于当事人意思之外的偶然事实之条件。例如，出生、股价涨跌等。任意条件(condicio potestativa)是指使法律行为效力取决于一方当事人之自由行为的条件。① 例如,所有权保留买卖中买受人的付款行为。混合条件,是指使法律行为效力取决于一方当事人之自由意志与其他因素相结合的条件。例如,以一方当事人与第三人结婚为条件,以一方当事人考试合格为条件,无论结婚还是考试合格均非一方当事人自由意志所能单独决定,还需要与第三人的同意或者评价相结合。

【案例解析】在教学案例 1 中,甲"下个月不回国"是一项自由行为。甲、乙双方以此作为租期延长一年的条件,达成了一项附生效条件的租赁合同变更合意,所附条件为任意条件。

四、条件的成就与不成就

(一) 条件的成就

1. 条件成就的分类

条件成就可以分为自然成就与拟制成就。自然成就,是指条件在当事人未加不当干预的情况下依事物的自然进程而成就。拟制成就,是指在因一方当事人的不当干预导致条件未能自然成就的情况下,法律直接规定条件视为已成就。我国《民法典》第 159 条第 1 分句规定:"……当事人为自己的利益不正当地阻止条件成就的,视为条件已成就;"其中的当事人是指因条件成就而受不利益之当事人,其阻止条件成就之行为违背诚实信用原则,所以应通过拟制成就使其承担不利后果。通说认为,拟制成就不适用于任意条件。② 构成任意条件的事实是否发生本就取决于一方当事人的自由决定,因此,该方当事人即便故意拖延、懈怠以至于该事实未能发生,也是其自由选择的结果,不违背诚实信用原则。

【案例解析】在教学案例 1 中,变更合意附任意条件,甲是否于下个月回国,本取决于其自由决定。因此,甲刻意更改计划,提前回国,导致"下个月不回国"之条件不成就,不应拟制该

---

① 有学者称之为"随意条件",参见朱庆育:《民法总论》(第 2 版),北京大学出版社 2016 年版,第 129 页。

② 参见[德]迪特尔·梅迪库斯:《德国民法总论》,邵建东译,法律出版社 2000 年版,第 632 页。

条件成就,租期不应延长一年。

2. 条件成就的法律效果
(1)条件成就的法律效果原则上无溯及力。

条件成就的法律效果在于,附生效条件法律行为于条件成就时发生效力,附解除条件法律行为于条件成就时丧失效力。条件成就没有溯及力,不能导致附生效条件法律行为自成立时发生效力,也不能导致附解除条件法律行为自始无效。对《民法典》第158条中的"自条件成就时生效""自条件成就时失效"等立法表述进行文义解释即可得出上述结论。①

【深化与拓展】当然,依私法自治原则,当事人可以达成溯及力特约,约定条件成就的效果发生于条件成就之前,既可以是法律行为成立之时,也可以是法律行为成立之后条件成就之前的某一时点。此项溯及力特约是否具有物权效力,不无疑问。德国法通说认为,溯及力特约仅具有债权效力,没有物权效力,对于条件成就前物权的归属没有影响。② 我国台湾地区有学者主张债权效力说③,也有学者主张物权效力说。④ 日本学者我妻荣也认为溯及力特约对第三人有效。⑤ 本书认为,承认条件成就的溯及力特约具有物权效力,未尝不可。⑥

(2)当事人能力等因素的判断时点。

尽管附生效条件法律行为自条件成就时才发生效力,但当事人的权利能力、行为能力、法定代理人的同意、善意与否以及对某一事实是否知

---

① 从比较法看,《法国民法典》第1179条、《意大利民法典》第1360条均规定条件成就的法律效果具有溯及力。《德国民法典》第158条、《日本民法典》第127条、《瑞士债务法》第151条均规定条件成就的法律效果没有溯及力。
② Vgl. Harm Peter Westermann, in: Münchener Kommentar BGB, 5. Aufl., 2006, §159 Rn. 1-3;〔德〕汉斯·布洛克斯、〔德〕沃尔夫·迪特里希·瓦尔克:《德国民法总论》(第41版),张艳译,中国人民大学出版社2019年版,第220页。
③ 参见王泽鉴:《民法总则》(2022年重排版),北京大学出版社2022年版,第439页。
④ 参见史尚宽:《民法总论》,中国政法大学出版社2000年版,第500页;陈聪富:《民法总则》,元照出版有限公司2016年版,第316页。
⑤ 参见〔日〕我妻荣:《我妻荣民法讲义Ⅰ:新订民法总则》,于敏译,中国法制出版社2008年版,第387页。
⑥ 详细论证参见杨代雄:《法律行为论》,北京大学出版社2021年版,第482页。

情等影响法律行为成立或者生效的人格因素仍以法律行为缔结之时而非以条件成就之时为判断时点。

(3)解除条件成就的具体效果。

附生效条件法律行为的条件成就导致法律行为生效,生效的内容即法律行为拟发生的具体效果,不涉及更多细节问题。与此不同,解除条件成就后的权利义务关系比较复杂。解除条件成就时,法律行为丧失效力。当事人之间的关系如何了断,需要区别对待。如果基于法律行为形成了继续性债务关系,则解除条件成就导致继续性债务关系终止。以附解除条件租赁合同为例,解除条件成就后,出租人的容忍使用等给付义务归于消灭,承租人的租金义务也归于消灭。当然,给付义务消灭这一效果仅向将来发生,解除条件成就前的给付义务不受影响。因此,租赁合同效力存续期间内,出租人收取的租金无须返还,承租人欠缴的租金仍须支付。此外,一如租期届满,承租人有义务向出租人返还租赁物。

如果基于法律行为形成了非继续性债务关系,则解除条件成就时,债务关系消灭,同时发生清算关系。以买卖合同为例,债务已经履行的,买受人保有买卖物之占有以及所有权的合法原因不再存续,应向出卖人返还不当得利,将占有以及所有权返还出卖人。反之,出卖人保有价款的合法原因不再存续,应向买受人返还不当得利。由于条件成就的法律效果没有溯及力,所以买受人无须返还条件成就前买卖物产生的收益,出卖人也无须支付价款的利息。① 债务尚未履行的,无须履行。

【案例解析】在教学案例 2 中,汽车买卖合同订立 8 个月后,因条件成就而自动解除,买卖债权债务关系于此时消灭。B 虽因交付取得汽车所有权,但自买卖合同自动解除时起,A 对 B 享有不当得利返还请求权,有权请求 B(通过转让)返还汽车所有权。至于 8 个月期间内 B 取得的汽车使用利益和孳息,由于 B 当时为汽车所有权人,有权取得收益,所以 A 无权请求 B 返还。

(二) 条件的不成就

条件的不成就也分为自然不成就与拟制不成就。拟制不成就,是指

---

① Vgl. Larenz/Wolf, Allgemeiner Teil des bürgerlichen Rechts, 9. Aufl., 2004, S. 922-923.

在因一方当事人的不当干预导致条件成就的情况下,法律直接规定条件视为不成就。其中的当事人是因条件成就而获益的当事人,其促成条件成就的不当干预行为违背诚实信用原则。自然不成就,是指条件在当事人未加不当干预的情况下依事物的自然进程而确定不能成就。所谓确定不能成就,须依自然规律或者社会一般观念判断。最关键的是审查"不能成就"是否为终局性的。如果构成条件的事实按照约定必须在特定期限内发生,则期限届满时仍未发生的,显然条件不成就。甲、乙订立合同约定,甲将自己的小轿车卖给乙,条件是甲被外地的 A 公司聘用,则当甲收到 A 公司拒绝聘用的通知时,即可断定买卖合同的生效条件不成就。尽管甲通过与 A 公司沟通尚有促使后者"回心转意"的可能性,但依社会一般观念,不能合理期待此种结果的出现。

无论条件自然不成就还是拟制不成就,均导致附生效条件法律行为确定不能生效,或者导致附解除条件法律行为确定继续发生效力。

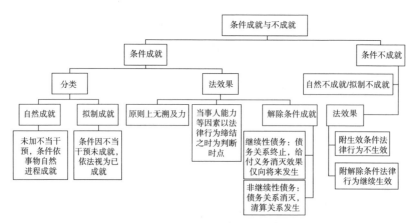

图 11-8　条件成就与不成就

五、条件成否未定期间当事人的法律地位

附条件法律行为从成立起至条件成就或者不成就时,存在一段期间,学理上称之为"条件成否未定期间"(Schwebezeit)。在此期间,条件成就之法律效果虽然尚未发生,但因将来条件成就而受益的一方当事人已经获得法律保护。总的来看,这种受保护的法律地位意味着受益方因条

件成就所能取得或者回复的权利不因对方的行为而受到阻碍或者损害。基于这种保护,受益人可以合法地期待条件成就,从而取得或者回复权利。从这一点出发,学理上将受益人的法律地位称为"期待权"(Anwartschaft)。也有学者将未定期间的法律状态称为附条件法律行为的"预先效力"①。

【深化与拓展】具体而言,条件成否未定期间的法律地位体现在两个方面。

首先,受益人因条件成就所能取得或者回复的权利被相对人在条件成否未定期间之过错行为损害的,受益人在条件成就的情况下享有损害赔偿请求权。例如,甲以附解除条件的方式将设备所有权让与乙,解除条件是"乙迟延支付价款",设备交付于乙之后,因乙过失致使设备局部破损,最终由于乙迟延支付价款,解除条件成就,设备所有权复归于甲。乙损坏设备时,甲并非所有权人,所以,依一般规则,甲难以获得赔偿。反之,依条件成就的预先效力,甲可以在条件成就后向乙请求损害赔偿。② 就此而论,结果上类似于条件成就的法律效果具有溯及力。

其次,附条件处分行为在条件成否未定期间,权利人的处分权受限制。附生效条件处分行为的处分人在条件成就前仍为处分客体之权利人,其将处分客体再次处分给第三人的,该处分被称为"中间处分"。如果条件不成就,中间处分的效力没有问题。如果条件成就,中间处分有害于受益人因条件成就取得之权利的,中间处分不发生效力。但第三人为善意的,中间处分有效,结果如同善意取得。附解除条件处分行为的受让人在条件成就前已经取得处分客体之权利,其与第三人所为的中间处分在条件成就的情况下同样不发生效力。在上例中,乙将设备所有权让与丙,此后因乙迟延支付价款导致甲、乙处分行为解除条件成就,设备所有权复归于甲,除非丙为善意,否则乙、丙之所有

---

① Harm Peter Westermann, in: Münchener Kommentar BGB, 5. Aufl., 2006, §158 Rn. 39.
② Vgl. Astrid Stadler, Allgemeiner Teil des BGB, 19. Aufl., 2017, S. 244.

权让与不发生效力。①

我国民法未明文规定附条件法律行为受益人的上述法律地位,构成法律漏洞,应当予以填补。

六、附期限法律行为

(一) 意义、分类与法律效果

附期限使法律行为效力发生或者消灭的时间取决于将来确定事实。该事实的发生是确定的,但具体何时发生可能确定,也可能不确定。前者如一段预定期间的经过(三个月后)或者某个时点的到来(今年9月1日),可谓确定期限。后者如约定以某人死亡时为法律行为生效时点,死亡是必然的,但具体何时死亡则不确定,可谓不确定期限。

具有法律意义的期限分类是始期与终期。《民法典》第160条将始期称为"生效期限"。附始期法律行为于期限届至时发生效力,如约定"租赁合同自2020年6月1日生效"。附终期法律行为于期限届至时丧失效力,如约定"租赁合同(或租期)至2020年9月30日终止"。

附期限法律行为既适用于负担行为,也适用于处分行为。当然,与附条件法律行为一样,出于公共利益等因素的考虑,某些法律行为也不得附期限。例如,结婚不得附终期,不动产所有权让与不得附终期。

附期限法律行为的当事人在期限届至前也有保护必要,对此,可准用附条件法律行为"预先效力"之规则。

(二) 期限与清偿期的区别

法律行为的期限与债务清偿期不同。附始期法律行为在期限届至前,债务尚未发生。反之,未届清偿期的债务已经发生,只是债权人无权请求履行而已。第一种情形中的债权是未来债权,第二种情形中的债权并非未来债权。二者区分的实践意义在于,债务人清偿了未届清偿期债务的,无权请求债权人返还不当得利;反之,附始期法律行为在期限届至前,"债务人"清偿了债务的,有权请求"债权人"返还不当得利。有时,债权究竟是附始期法律行为中的未来债权还是已发生未届期的债权,存在

---

① 参见〔德〕汉斯·布洛克斯、〔德〕沃尔夫·迪特里希·瓦尔克:《德国民法总论》(第41版),张艳译,中国人民大学出版社2019年版,第221页。

争议。租赁合同约定,租金按月支付,如果三月的时候承租人支付了两个月的租金,就多支付的一个月租金,出租人可否将其作为四月租金债务的提前履行而保留下来?拉伦茨、梅迪库斯等学者认为,四月的租金债权属于附始期法律行为中的未来债权,出租人提前收取租金的,应向承租人返还不当得利。[①] 实际上,此种情形中的四月租金债权即便为未来债权,亦非附始期法律行为中的未来债权,因为租赁合同已经发生效力,只是依据租金分期支付条款,四月租金债权在三月份尚未发生而已。

[①] 参见〔德〕卡尔·拉伦茨:《德国民法通论》,王晓晔等译,法律出版社2003年版,第708页;〔德〕迪特尔·梅迪库斯:《德国民法总论》,邵建东译,法律出版社2000年版,第638页。

第十二章　法律行为的归属

第一节　法律行为归属的一般原理

教学案例：甲公司与乙公司洽谈设备采购事宜，在磋商过程中，乙公司技术部员工童某就设备性能欺诈了甲公司代理人吴某，但乙公司代理人谢某对此一无所知。吴某对设备性能和价格都比较满意，遂代理甲公司与乙公司（谢某代理）订立了设备买卖合同。甲公司是否有权以受乙公司欺诈为由撤销合同？

一、民法上的归属规范

社会生活在本质上就是互相协作，每个人都需要他人辅助，同时，每个人也都是他人的辅助人。辅助人实施行为可产生有利或者不利的效果，此类效果在何种前提下应由被辅助人（事务主人）承受，即为行为归属（Zurechnung）问题①，与此相关的规范即为民法上的归属规范。行为归属是民法上一项重要的法律技术。②

民法上的辅助人主要包括：①代理人，即他人作出或者受领意思表示的辅助人。②传达人，包括表示传达人（表示使者）与受领传达人（受领使者）。表示传达人对意思表示的传递行为归属于表意人，等同于表意人通过自己的行为使意思表示到达受领人（相对人）。受领传达人对意思表示的接收行为归

---

① Vgl. Eberhard Schilken, in: Staudinger Kommentar BGB, 2014, Vor § 164 Rn. 2.

② 在民法文献中经常被提及的是"法律行为的效果归属"。严格地说，"归属"首先发生在事实构成层面（Tatbestandsseite），然后才发生在法律效果层面。法律效果以事实构成的满足为前提。Vgl. Reinhard Bork, Allgemeiner Teil des Bürgerlichen Gesetzbuchs, 4. Aufl., 2016, S. 522-523.

属于受领人,相当于意思表示进入受领人的信箱。① ③缔约辅助人,即虽非代理人但辅助当事人参与缔约磋商的人。缔约辅助人在磋商谈判过程中欺诈相对人的,欺诈行为归属于被辅助人,不构成第三人欺诈②,而是构成相对人欺诈。④履行辅助人,即依债务人的意思在履行债务过程中作为其辅助人从事活动的人。履行辅助人的过错归属于债务人。⑤受领辅助人,即依债权人的意思在受领给付的过程中作为其辅助人从事活动的人。受领辅助人的受领行为及过错归属于债权人。⑥占有辅助人,即基于社会从属关系服从他人指示为其辅助占有的人。占有辅助人对占有物的管领行为归属于被辅助人,所以,在物权法上,被辅助人是占有人,占有辅助人不是占有人。⑦加工辅助人,即服从他人指示辅助其完成物之加工的人。例如,甲公司的工人乙在车间里制作了若干产品,乙是加工辅助人,其加工行为归属于甲公司,甲公司是物权法上的加工人,通过加工取得产品所有权。⑧侵权法上的事务辅助人(Verrichtungsgehilfe)。在雇佣关系中,即雇员,其因执行职务侵害第三人权益的,由雇主承担侵权责任。

民法上的归属规范除了上述辅助人规则之外,还包括基于信赖保护原则的归属规范。属于此类规范的主要有:①债权准占有人规则,善意债务人向债权准占有人所为的清偿导致债权消灭,就债权消灭之法律效果而论,为保护善意债务人的信赖,债权准占有人的受领行为归属于债权人。②债权收据持有人规则,善意债务人向债权收据持有人所为的清偿导致债权消灭③,此时,收据持有人类似于表见代理人,其受领行为归属于债权人。③表见代理规则,欠缺代理权但以被代理人名义实施法律行为,为保护善意相对人的信赖,该法律行为归属于被代理人。④冒名行为与借名行为规则,名义载体与行为实施者之间虽无行为归属之合意,但为了保护善意相对人的信赖,一定条件下也使冒名或者借名实施的法律行为归属于名义载体。

---

① 参见〔德〕汉斯·布洛克斯、〔德〕沃尔夫·迪特里希·瓦尔克:《德国民法总论》(第41版),张艳译,中国人民大学出版社2019年版,第79页。

② 参见〔德〕迪特尔·梅迪库斯:《德国民法总论》,邵建东译,法律出版社2000年版,第604页。

③ 参见〔德〕迪尔克·罗歇尔德斯:《德国债法总论》(第7版),沈小军、张金海译,中国人民大学出版社2014年版,第138页。

【案例解析】在教学案例中,童某虽不享有对乙公司的代理权,但为乙公司的缔约辅助人,其对甲公司代理人吴某实施的欺诈行为归属于乙公司,无须考虑乙公司及其代理人对此是否知情。因此,甲公司有权以受欺诈为由撤销买卖合同。

二、作为法律行为归属规范的代理法

代理制度中的法律规则是法律行为归属规范,在归属规范体系中处于核心地位,很多其他归属规范以之为原型被构造出来。代理适用于法律行为,不适用于事实行为。原因在于:代理要求某人"以他人名义"实施行为,只有作出意思表示时才涉及名义问题,名义的表达本身就是行为归属意思的表示。法律行为以意思表示为要素,所以适用代理,事实行为不以意思表示为要素,所以不适用代理。准法律行为也是表示行为,与法律行为存在类似之处,所以准用代理。

代理法包括有权代理规则与无权代理规则。有权代理情形中,法律行为归属于被代理人的正当基础是代理权。无权代理情形中,法律行为通常不能归属于被代理人,但构成表见代理的,法律行为也归属于被代理人。此时,信赖保护取代代理权,成为法律行为的归属基础。

第二节　代理的基本概念

教学案例:房屋所有权人甲委托朋友乙出租房屋,丙查看了乙持有的房屋所有权证书,遂与乙订立租赁合同。租赁合同中"出租人"栏目仅签署乙的名字。该租赁合同的出租人是甲还是乙?

一、代理的含义

代理是指代理人以被代理人名义作出意思表示或者受领意思表示,其法律效果直接归属于被代理人。

代理中的意思表示如果是需受领意思表示,则代理涉及三方当事人:代理人、被代理人、相对人。代理人既可以是自然人,也可以是法人或者非法人组织。① 被代理人也被称为本人(Geschäftsherr),相对人也被称为第三人。代理关系表现为三角结构,存在三组关系。一是代理人与被代理人之间的关系,即代理权关系,代理人依据法律行为或者法律规定取得对被代理人的代理权,代理人借助代理权将法律行为归属于被代理人,此为代理的内部法律关系。二是被代理人与相对人之间的关系,代理人实施的法律行为在被代理人与相对人之间发生效力,被代理人是法律行为的当事人,由此形成的权利义务关系是代理的外部法律关系。三是代理人与相对人之间的关系,在有权代理的情形中,由于法律行为归属于被代理人,所以代理人与相对人之间通常并未形成以权利义务为内容的法律关系,二者之关系仅为行为实施过程中的事实关系;在无权代理情形中,涉及代理人向相对人承担的责任,所以代理人与相对人之间存在法律关系。

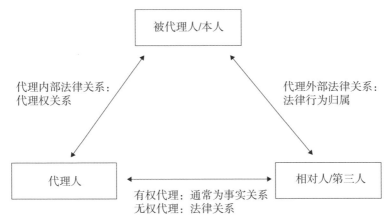

图 12-1 被代理人、代理人与相对人之间的关系

二、代理的构成

代理须符合如下构成要件(成立要件):代理人实施法律行为、代理的

---

① 参见吴某与蒲某等股权转让纠纷案,最高人民法院(2019)最高法民终 1110 号民事判决书以及西藏自治区高级人民法院(2017)藏民初 12 号民事判决书。在该案中,公司代理股东与相对人订立股权转让合同,虽未获得部分股东授权,但事后获得部分股东追认,法院认为发生代理的效果。

公开性、代理事项的容许性。至于代理权,则并非代理的构成要件,而是代理人实施的法律行为归属于被代理人的要件。欠缺代理权亦可成立代理,即无权代理。

(一) 代理人实施法律行为

代理人须独立对外实施法律行为,包括独立对外作出意思表示和独立受领意思表示。就意思表示的作出而论,所谓独立,是指代理人对于代理事项自己形成意思并将其表达于外部。

代理区别于传达。传达人只是将表意人已经形成的意思表示转达于相对人,其对表示内容的形成并无决定自由。学理上甚至把传达人称为表示工具。① 反之,代理人对表示内容的形成有决定自由。例如,甲委托乙到附近的丙商店购买一根 5 米长、口径为 32 毫米的水管,记在甲的账下。乙为甲的代理人,其到丙商店有权根据自己的经验以及当时和丙商店售货员沟通的情况自己决定以何种价格购买何种品牌的水管。与此不同,如果甲委托乙告知丙商店,甲要购买一根 5 米长、口径为 32 毫米、每米 13 元的"皮尔萨"牌 PPR 水管,记在甲的账下,则乙为传达人。

【深化与拓展】在法律上,代理与传达有如下区别:首先,在行为能力方面,由于传达人只是传达他人的意思表示,本身不需要形成意思,所以传达人不需要具备民事行为能力,一个 6 岁的小孩也可以成为传达人。反之,代理人需要形成意思,所以代理人应当具备民事行为能力。无民事行为能力人不能成为代理人,至于限制民事行为能力人可否成为代理人,则有疑问。从比较法看,德国法承认限制民事行为能力人可以成为代理人。一方面是因为代理人在代理权限范围内作出或者受领意思表示的,效果不归属于自己,而是归属于被代理人。如果限制行为能力人实施无权代理,则依据《德国民法典》第 179 条第 3 款第 2 句,其无需承担无权代理人的责任。另一方面是因为如果被代理人将代理权授予限制行为能力人,则表明其认为代理人的意思能力足以应对代理的事项,即便代理人的行为在效果上不利

---

① 参见王泽鉴:《民法总则》(2022 年重排版),北京大学出版社 2022 年版,第 451 页。

于被代理人,其也应当承受。① 我国民法没有明确规定限制民事行为能力人可否成为代理人。我国《民法典》第 27、28、39 条等均规定监护人须具备监护能力,此处所谓监护能力应当解释为至少要求监护人具备完全民事行为能力。② 据此,能够成为监护人从而享有法定代理权的必须是完全民事行为能力人,限制民事行为能力人不能成为法定代理人。不过,限制民事行为能力人获得授权成为意定代理人,并无不可。

其次,就意思表示错误的认定而论,由于代理人独立作出意思表示,所以是否构成错误,应以代理人的意思为准予以判断。反之,传达的意思表示是否构成错误,应以表意人即委托人的意思为准予以判断。具体言之,如果表意人向传达人表达的意思表示内容与其真实意思不一致,且非故意为之,则构成意思表示错误;如果表意人向传达人表达的意思表示内容与其真实意思一致,但传达人错误地向相对人转达,导致传达的内容与表意人表达的内容及其真实意思不一致,也构成意思表示错误。

再次,就意思表示的到达与解释而论,如果意思表示相对人的辅助人是受领代理人,则意思表示到达受领代理人等同于到达相对人(被代理人);意思表示规范性解释中的相对人视角也以受领代理人的立场为准。如果意思表示相对人的辅助人是受领传达人(受领使者),则仅当通常情况下能够预期受领传达人将意思表示转达给相对人时,意思表示才到达相对人;意思表示规范性解释中的相对人视角以相对人本身的立场为准,当然,在受领传达人向相对人错误传达意思表示的情况下,意思表示应以表意人向受领传达人表达的内容为基础予以解释。③

最后,就"知情归属"(Wissenszurechnung)而论,关于特定情况(如动产让与人是否为所有权人)的知道或者应当知道,在代

---

① 参见〔德〕汉斯·布洛克斯、〔德〕沃尔夫·迪特里希·瓦尔克:《德国民法总论》(第 41 版),张艳译,中国人民大学出版社 2019 年版,第 233 页。
② 参见黄薇主编:《中华人民共和国民法典总则编解读》,中国法制出版社 2020 年版,第 80 页。
③ Vgl. Larenz/Wolf, Allgemeiner Teil des bürgerlichen Rechts, 9. Aufl., 2004, S. 655.

理情形中原则上以代理人为准予以认定,在传达情形中则以本人为准予以认定。

(二) 代理的公开性

代理的公开性也可以称为代理的显名性,即代理人必须以被代理人的名义实施法律行为。公开性的要求意味着只有显名代理(直接代理)的法律效果才能直接归属于被代理人,隐名代理(间接代理)的法律效果不能直接归属于被代理人。《民法典》第162条规定:"代理人在代理权限内,以被代理人名义实施的民事法律行为,对被代理人发生效力。"该条规定确立了代理的显名原则。其目的在于公开代理关系,保护相对人,使相对人知道代理人是为被代理人而不是为自己实施法律行为,从而决定是否与之缔结法律行为。

"以他人名义"并不意味着代理人实施法律行为时必须明确地说出或者写出被代理人的名字(名称)。采用这种做法的是明示的显名代理。除此之外,民法也承认默示的显名代理,即行为当时的相关情事表明代理人以另一个人(被代理人)的名义行事,甚至不要求当时即可得知被代理人的名字,只要事后可以确定其名字即可。① "相关情事"包括代理人的社会地位、先前曾经以被代理人的名义作出意思表示②、代理所涉标的物的特殊性,等等。据此,职员在营业活动中通常代理老板为法律行为。《民法典》第925条规定的"第三人在订立合同时知道受托人与委托人之间的代理关系的,该合同直接约束委托人和第三人"实际上就是默示的显名代理。《民法典》第926条规定的"受托人以自己的名义与第三人订立合同时,第三人不知道受托人与委托人之间的代理关系"才是真正的隐名代理(间接代理)。③ 依据该条规定,隐名代理中的委托人只有通过自己行使介入权或者通过相对人行使选择权才能被纳入受托人借助合同创设的法律关系。

显名原则的一个例外是所谓"为相关人实施法律行为"(Geschäft für den, den es angeht)。在日常生活的现金交易中,行为人未向相对人说明

---

① Vgl. Karl Heinz Schramm, in: Münchener Kommentar BGB, 5. Aufl., 2006, § 164 Rn. 18.
② 参见招银金融租赁有限公司与郭某等融资租赁合同纠纷案,最高人民法院(2017)最高法民申391号民事判决书。
③ 参见杨代雄:《〈民法总则〉中的代理制度重大争议问题》,载《学术月刊》2017年第12期。

究竟为自己还是为他人实施法律行为,但相对人根本不关心谁是"交易对方",因为每天都发生大量的此类交易,而且合同在订立的同时即被履行完毕。例如,乙代甲到商场购买一支钢笔,或者到面包店购买一袋吐司。通说认为,以此种方式实施法律行为也发生代理的法律效果,法律行为对"不知名的相关人"发生效力。①

【案例解析】在教学案例中,尽管租赁合同中"出租人"栏目仅签署乙的名字,但乙在磋商过程中向丙出示房屋所有权证书,丙据此得知甲为该房屋的所有权人,可以合理推断乙系代理甲订立租赁合同,所以乙的缔约行为构成默示的显名代理,应认定甲为出租人。

(三) 代理事项的容许性

绝大多数法律行为都可以适用代理,但个别类型的法律行为不适用代理,只能由当事人自己为之。按照《民法典》第161条第2款的规定,不适用代理的情形包括法定不得代理、约定不得代理以及依行为性质不得代理。法定不得代理如按照《民法典》第1049条的规定,结婚应由男女双方亲自到婚姻登记机关申请结婚登记,显然不适用代理。《民法典》第1076条第1款之规定表明协议离婚也不适用代理。关于遗嘱,《民法典》第1134条要求自书遗嘱应由遗嘱人亲笔签名,第1137条规定的录音录像遗嘱以及第1138条规定的口头遗嘱显然也应由遗嘱人亲自为之。《民法典》第1135条规定的代书遗嘱、第1136条规定的打印遗嘱、第1139条规定的公证遗嘱虽未明确要求"亲笔签名",但依遗嘱行为的性质,也不应适用代理。代书遗嘱的代书人只是代为书写遗嘱而已,遗嘱的内容仍然由被继承人自己形成,仍然是被继承人自己订立遗嘱而不是由他人代理订立遗嘱。依行为性质不得代理的法律行为都是具有较强人身属性的法律行为,除了遗嘱之外,还包括收养、解除收养、成年人意定监护协议等。

---

① 参见〔德〕汉斯·布洛克斯、〔德〕沃尔夫·迪特里希·瓦尔克:《德国民法总论》(第41版),张艳译,中国人民大学出版社2019年版,第235页;王泽鉴:《民法总则》(2022年重排版),北京大学出版社2022年版,第459页。

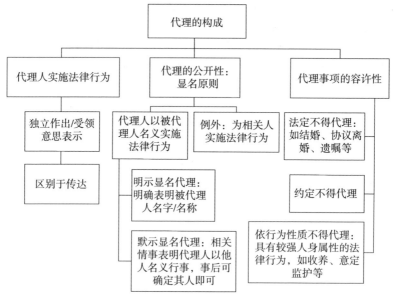

图 12-2 代理的构成

三、代理的本质

在民法学说史上,关于代理的本质,主要有三种学说:本人行为说、代理人行为说、共同行为说。

(一) 本人行为说

本人行为说认为,法律行为上的意思由本人(被代理人)形成,代理人只是作为本人的法律器官或者意思载体将本人意思向外表达而已。与传达人相比,代理人只是可以在本人已经形成的若干决定中选择一个而已,但这一点并未构成代理人与传达人的本质区别。与此相应,意思表示的有效性仅以本人的状况为准予以判断。该说由萨维尼创立。[1] 其缺陷在于混淆了代理与传达,而且无法解释为何法定代理人实施的法律行为可以对欠缺行为能力的被代理人发生效力以及为何有行为能力的被代理

---

[1] Vgl. Friedrich Carl von Savigny, Das Obligationenrecht als Theil des heutigen Römischen Rechts, 1853, Bd.2, S. 59.

人不能通过无行为能力的代理人实施法律行为。

（二）代理人行为说

代理人行为说亦称代表说,认为法律行为上的意思由代理人形成并予以表示,代理人是该法律行为的行为人。代理人实施的法律行为之所以归属于被代理人,是因为其享有代理权。意思表示的有效性应以代理人的状况为准予以判断。该说由布林茨(Brinz)创立并且得到温德沙伊德强力支持,逐渐成为通说。[1]

（三）共同行为说

共同行为说亦称折中说,认为通过被代理人的授权行为与代理人实施的法律行为,共同创设了法律行为的法律效果。二者是法律行为上的整体事实构成。因此,意思表示的有效性部分取决于代理人的状况,部分取决于被代理人的状况。该说由米泰斯(Mitteis)创立。[2] 该说的缺陷在于无法解释法定代理,而且无法解释为何无权代理行为也构成法律行为。

相较之下,代理人行为说更为合理。代理行为在本质上确实是代理人的行为,代理人独立地形成意思并将其表达于外部。被代理人之所以被视为法律行为以及由此产生的法律关系的当事人,是行为归属的结果。此项归属是一种法律上的拟制,以法律效果的承担为着眼点。至于意思表示是否存在瑕疵、是否善意等问题的判定,原则上仍应以作为"行为人"的代理人为准。

四、代理的分类

（一）法定代理与意定代理

以代理权的发生原因为准,可以将代理划分为法定代理与意定代理。法定代理是指直接基于法律规定而取得代理权的代理。意定代理是指基于法律行为而取得代理权的代理。《民法典》第163条区分了委托代理与法定代理,其中委托代理就是意定代理。法定代理如监护人对被监护人的代理。

---

[1] Vgl. Eberhard Schilken, in: Staudinger Kommentar BGB, 2014, Vor § § 164 ff, Rn. 11.
[2] Vgl. Ludwig Mitteis, Die Lehre von der Stellvertretung nach römischem Recht mit Berücksichtigung des österreichischen Rechts, 1885, S. 109ff.

【深化与拓展】 配偶一方行使日常家事代理权实施法律行为,如何定性,存在法定代理说①、机关说与家庭法特殊权利说之分歧。机关说认为,配偶形成家庭共同体,一如合伙人形成合伙共同体,任何一方都是家庭共同体的机关,在家事代理权范围内缔结的法律行为当然归属于家庭共同体。家庭法特殊权力说认为,家事代理权是家庭法上特有的权利,包含了一种法定的涉他效力,该效力源于婚姻的一般效力。② 本书认为,配偶一方行使家事代理权并非一概不构成代理。如果配偶一方仅以自己名义与相对人实施法律行为,相对人看不出其在行为当时处于婚姻关系之中,则其行为当然不构成代理。此时,法律行为产生的权利义务关系之所以由配偶另一方共同承担,确实只能在婚姻的一般效力(家庭法特殊权利说)中得到解释。反之,如果配偶一方同时以自己名义及配偶另一方名义对外实施法律行为,包括虽然没有明确使用配偶另一方的名字但相对人知道其处于婚姻关系之中,则将其行为认定为代理行为并无不妥。

他人财产的管理人(破产管理人、遗产管理人、遗嘱执行人)是否为法定代理人,在学理上素有争论。职务说认为,此类管理人是一种机关或者说是私法职务载体,其职权是在特定财产管理与变价方面对互相冲突的利益进行平衡,并非任何一个利益主体的代理人,而是"中立的行为人"③。反之,代理说认为,虽然管理人不仅要维护财产所有人的利益,也要维护其他主体(如债权人)的利益,但这并不妨碍其成为代理人。具有决定意义的是行为的法律效果,管理人实施的法律行为归属于财产所有人。其行为在客观上系为财产所有人实施,满足了默示显名代理的特征。④ 我国有学者认为遗产管理人、失踪人财产代管

---

① Vgl. Reinhard Bork, Allgemeiner Teil des Bürgerlichen Gesetzbuchs, 4. Aufl., 2016, S. 563.
② Vgl. Reinhard Voppel, in: Staudinger Kommentar BGB, 2012, §1357 Rn. 21.
③ Vgl. Jürgen Ellenberger, in: Palandt Kommentar BGB, 79. Aufl., 2020, vor §164, Rn. 9.
④ 参见〔德〕卡尔·拉伦茨:《德国民法通论》,王晓晔等译,法律出版社2003年版,第819页。

人是法定代理人。① 关于财产管理人的法律地位,即便持职务说的学者也多认为某些问题应当准用代理法规则。因此,职务说与代理说在实践效果上差别不大。

我国民法学上曾经有"职务代理"概念。所谓职务代理在性质上也是一种意定代理②,因为职员担任某种包含对外实施法律行为之权利的职务以法人或者非法人组织的任命为前提,此项任命包含了代理权授予行为。与一般的意定代理相比,职务代理的特殊之处在于,代理权在一定期间内持续存在且代理人为处理同类事务需要反复行使代理权。甚至可以说,代理权构成职务本身或者职务的核心内容。《民法典》第170条关于职务代理的规定被置于"委托代理"之下,表明立法者将职务代理定性为意定代理。

(二) 积极代理与消极代理

积极代理亦称主动代理,是指代理他人作出意思表示。消极代理亦称被动代理,是指代理他人受领意思表示。

(三) 有权代理与无权代理

代理人对代理事项享有代理权的,代理行为是有权代理。反之,代理人对代理事项不享有代理权的,代理行为是无权代理。无权代理也符合代理的一般特征,所以在性质上也是代理。

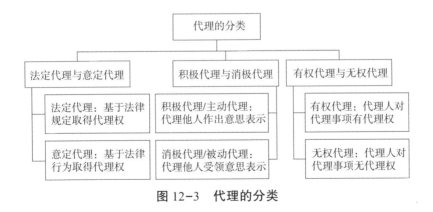

图 12-3 代理的分类

---

① 参见史尚宽:《民法总论》,中国政法大学出版社2000年版,第519、530页;王利明:《民法总则研究》(第3版),中国人民大学出版社2018年版,第615页。

② 参见王利明:《民法总则研究》(第3版),中国人民大学出版社2018年版,第613页。

第三节 代理的法律效果

教学案例1：甲曾在乙处看过一幅书法作品，二人皆以为此系赵佶的真迹。数日后，甲授权善于谈判的朋友丙向乙购买该书法作品。丙与乙谈妥后，以甲的名义与乙订立买卖合同，价格不菲。此后，经权威专家鉴定，该书法作品并非赵佶的真迹。甲是否有权以重大误解为由撤销合同？

教学案例2：如果上述书法作品系真迹，但系丁委托乙保管之物。甲对此不知情，丙在与乙磋商过程中获知实情，但仍以甲的名义与乙缔约并完成书法作品的交付。甲是否取得该书法作品的所有权？

一、代理对于被代理人的法律效果

某人实施的法律行为构成有权代理的，该法律行为归属于被代理人，由被代理人承担有利或者不利的法律效果，结果如同被代理人自己实施法律行为。被代理人承担法律效果的前提是系争法律行为的实施符合代理的构成要件而且代理人在代理权范围内行事。欠缺此类前提的，不发生法律行为归属。例如，代理人无行为能力或者代理事项不具有容许性，被代理人无需承担法律行为效果。

除了法律行为上的权利义务归属之外，代理对于被代理人的另一个法律效果是缔约过失责任的归属。通过代理人与相对人进行缔约磋商，被代理人作为缔约当事人负担了先合同义务，代理人成为履行辅助人，辅助被代理人履行先合同义务。如果代理人违反先合同义务，则其过错归属于被代理人，由被代理人向相对人承担缔约过失责任。①

二、代理对于代理人的法律效果

代理人对所实施的法律行为欠缺代理权的，该法律行为不能归属于被代理人，除非经过被代理人追认或者构成表见代理。代理人须依据《民

---

① 参见〔德〕维尔纳·弗卢梅：《法律行为论》，迟颖译，法律出版社2013年版，第950—952页。

法典》第 171 条第 3 款和第 4 款承担责任。除了无权代理责任之外，即便在有权代理情形中，代理人在特定条件下也可能要承担缔约过失责任。此种缔约过失责任的成立要求代理人的特殊身份引发了相对人的特别信赖并因此对合同的缔结产生重大影响。例如，代理人是一家专业机构，在实施代理行为的过程中就标的物状况作了不真实的陈述，误导相对人订立合同。相对人有权请求代理人赔偿其信赖利益损失。如果代理人对于合同的缔结具有超出正常佣金范围的个人经济利益，则其也须为先合同义务的违反承担缔约过失责任。①

三、意思瑕疵与知情归属问题

关于代理的法律效果，存在两个特殊问题。一是代理人意思瑕疵问题，二是知情归属问题。

（一）代理人意思瑕疵问题

代理人作出的意思表示可能因错误、欺诈、胁迫等原因存在瑕疵。究竟是否存在此类瑕疵，原则上应以代理人为准予以判定。就意思表示错误而论，应当比较代理人的表示内容与其主观意思，据此确定是否存在意思与表示不一致。究竟是否构成真意保留或者通谋虚伪表示，也应以代理人为准予以判定，需要考察的是代理人是否保留真意或者是否就法律行为的虚伪性与相对人达成合意。例外的是，代理人与相对人串通达成虚伪的法律行为以欺骗被代理人的，相对人不得对被代理人主张该法律行为无效。就欺诈与胁迫而论，代理人作出意思表示的，相对人的欺诈或者胁迫行为必须指向代理人。

如果意思瑕疵存在于被代理人身上，则仅在如下两种情形中才可能影响法律行为的效力。一是，被代理人在实施授权行为时存在错误、被欺诈或者被胁迫等情况。授权行为因此存在意思瑕疵，被代理人有权撤销授权行为。撤销导致授权行为丧失效力，代理人实施的法律行为构成无权代理，效力待定。二是，代理人按照被代理人的特定指示实施法律行为，就指示内容，被代理人存在意思瑕疵。通说认为，此时被代理人的意思瑕疵导致法律行为效力障碍。②

---

① Vgl. Dirk Looschelders, Schuldrecht, AT., 18. Aufl., 2020, S. 74-75.
② Vgl. Jürgen Ellenberger, in: Palandt Kommentar BGB, 79. Aufl., 2020, § 166 Rn. 12.

【案例解析】在教学案例1中，甲授予丙代理权。丙购买何物、向何人购买，皆已被甲特定化，所以丙系按照甲的特定指示实施代理行为。关于指示内容是否存在意思瑕疵，甲的主观状态应被考虑。甲对于指示购买的书法作品是否为真迹发生认识错误，构成重大误解，其有权撤销买卖合同。

(二) 知情归属问题

民法上很多情形中行为的效果取决于当事人是否知道或者应当知道某种情况，如动产善意取得要求受让人不知道且不应当知道让与人没有处分权，表见代理的成立要求相对人不知道且不应当知道代理人欠缺代理权。一方当事人采用代理方式实施法律行为的，其是否"知道或者应当知道"，原则上以代理人为准予以判定。此为"知情归属"规则。例如，甲授权乙代理购买一幅油画，乙以甲名义与丙达成买卖合同并且进行油画所有权让与，乙当时不知道且不应当知道丙并非油画所有权人，应以乙的主观状态为准认定构成善意取得。当然，如果甲本身也参与了油画所有权让与行为，如在乙、丙达成所有权让与合意后，丙将油画直接交付给甲，则甲的恶意阻却其取得油画所有权。在代理人的"知道或者应当知道"归属于被代理人的情况下，代理人被称为"知情代理人"（Wissensvertreter）。①

知情归属的例外是代理人按照被代理人的特定指示实施法律行为，此时，被代理人自己的知道或者应当知道也影响法律行为的效果。"特定指示"意味着被代理人自己参与决定法律行为。如果授予代理权时被代理人要求购买某一个特定物，则此项要求构成特定指示。被代理人在授权时知道这个特定物存在瑕疵的，即便代理人在订立买卖合同时不知道该瑕疵，也应以被代理人为准认定买受人明知道买卖物存在瑕疵，从而排除其瑕疵担保请求权。

【案例解析】在教学案例2中，丙受甲的特定指示向乙购买书法作品，所以，无论是丙知道乙并非该书法作品的所有权人抑或甲自己知道该情况，皆导致甲并非善意。本案丙知道乙并非书法作品的所有权人，所以甲不能善意取得其所有权。

---

① Vgl. Larenz/Wolf, Allgemeiner Teil des bürgerlichen Rechts, 9. Aufl., 2004, S. 852.

【深化与拓展】在晚近的民法理论中,出现对"特定指示"规则予以宽泛解释的趋势。即便在授权时被代理人对于特定法律行为并无指示,但其对于代理人即将实施该特定法律行为有具体的认识,本来可以施加干预而未加干预,也被认为其指示代理人实施该特定法律行为。① 例如,甲授权乙代理购买一定数量的某种货物,乙与丙磋商货物买卖的过程中,甲从其他渠道获悉丙仅为拟出售的这批货物的保管人,并无所有权,在交易完成前甲有充分的机会阻止乙代理受让这批货物,但甲却未加干预。从法价值看,当然不能允许甲违背诚信地坐享乙之善意的好处。

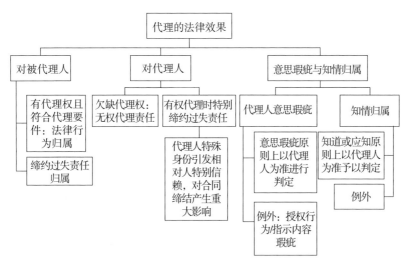

图 12-4 代理的法律效果

第四节 代理权

教学案例 1:甲授权乙、丙作为代理人,负责股权转让事宜,授权书上写明由乙、丙共同代理。经磋商后,丁向乙发送购

---

① Vgl. Maier-Reimer, in: Erman Kommentar BGB, 15. Aufl., 2017, §166 Rn. 38.

买甲的股权的要约。乙收到该要约后,觉得交易条件非常合适,遂以甲名义向丁作出承诺。丁的要约是否对甲发生效力?股权转让合同是否在甲、丁之间发生效力?

教学案例 2:甲公司为了采购设备,授予乙代理权。乙与丙公司磋商一段时间后准备签约,突然患病住院。由于事务紧急,须尽快转托他人签约,但乙一时联系不上甲公司的负责人,遂向丙公司的负责人发送微信表示授权丁代理甲公司签约。数小时后,乙让丁赴丙公司签订了设备买卖合同。该买卖合同是否对甲公司发生效力?

教学案例 3:在案例 2 中,如果由乙代理甲公司,与丙公司的法定代表人签订设备买卖合同,乙持有丙公司 5% 股权,则设备买卖合同是否对甲公司发生效力?

一、代理权的性质

关于代理权的性质,学理上存在不同观点。权利说认为代理权是代理人享有的一种权利,确切地说是一种形成权,代理人据此可以按照自己的意思创设或者变更他人的法律关系。[①] 能力说认为代理权是一种民法上的能力,类似于权利能力或者行为能力。资格说(权力说)认为代理权是一种法律上的资格(Legitimation)或者权力,代理人据此可以以他人名义实施法律行为,为他人创设法律行为上的规则。第三种观点是目前的通说。[②]

权利说的缺陷在于,代理权并非为了代理人的利益而存在,欠缺权利的本质属性。至于能力说,如果将代理权理解为行为能力,必然意味着代理人的行为能力得以扩张,而实际上意定代理权的授予既未改变代理人的行为能力,也未改变被代理人的行为能力,与能力说显然不符。如果将代理权理解为行为能力之外的一种特殊能力,代理人据此可以为他人实施法律行为,则在结果上与资格说没有实质区别,这种意义上的特殊能力就是法律上的资格。就此而论,关于代理权的性质,应当采用资格说(权力说)。

---

① Vgl. Enneccerus/Nipperdey, Allgemeiner Teil des Bürgerlichen Rechts, 15. Aufl., 1960, S. 1129.
② Vgl. Eberhard Schilken, in: Staudinger Kommentar BGB, 2014, Vor §§ 164 ff Rn. 17.

二、代理权的分类

（一）特别代理权、类别代理权与概括代理权

以代理权的范围为准,可以把代理权分为特别代理权、类别代理权（Gattungsvollmacht）与概括代理权。特别代理权是指仅限于实施某一项具体法律行为的代理权,如订立某一辆二手车买卖合同的代理权。类别代理权是指实施某种类型法律行为的代理权,法律行为的类型被限定但数量不限,如银行授权某个职员每日在储蓄所柜台办理存取款业务。概括代理权又称一般代理权[①],是指可以实施所有法律行为的代理权。法定代理权是概括代理权。意定代理权究竟是否为概括代理权,需要通过意思表示解释予以确定。公司法人授权分公司经理在分公司业务范围内订立合同,该经理享有概括代理权。

应该注意的是,概括代理权并非一概毫无限制。被代理人可以在授权时给代理权设定界限,如规定代理行为交易额上限,或者把特定类型的法律行为排除在代理权范围之外,如规定代理权不包括处分不动产。甚至在欠缺此类明确表示的情况下,也可以通过意思表示解释把某些异常行为排除在代理权范围之外。尽管存在此类限制,上述代理权在性质上仍为概括代理权。

（二）单独代理权与共同代理权

单独代理权是指由一个代理人单独享有并单独行使的代理权。共同代理权（Gesamtvollmacht）亦称集体代理权,是指由数个代理人共同享有并共同行使的代理权。共同代理权的目的在于通过各代理人互相监督、互相协力,防止代理人违背诚信或者不合理地行使代理权。在共同代理权情形中,只有一个代理人行使代理权作出意思表示的,不足以使法律行为归属于被代理人。必须由数个代理人共同行使代理权,才能发生法律行为归属。如果被代理人授权数个代理人,但各代理人均有权单独实施代理行为,则不是共同代理权,而是数个单独代理权并存,学理上称之为集合代理。[②]《民法典》第166条之规定表明,数人为同一代理事项意定

[①] 参见梁慧星:《民法总论》(第5版),法律出版社2017年版,第227页;朱庆育:《民法总论》(第2版),北京大学出版社2016年版,第347页。

[②] 参见王泽鉴:《民法总则》(2022年重排版),北京大学出版社2022年版,第460页。

代理人的,原则上各代理人仅享有共同代理权,仅在另有约定的情况下,各代理人才享有单独代理权,构成所谓的集合代理。至于数人享有法定代理权,如父母共同担任未成年子女的法定代理人,法律上虽未明确规定为共同代理权,但为避免各法定代理人意见相左时各行其是,损害被代理人利益,宜解释为共同代理权。①

每个共同代理人作出的意思表示都必须没有瑕疵,欠缺任何一个共同代理人的有效参与,都导致法律行为不能归属于被代理人。为了促进交易便捷,近年来理论上的趋势是简化共同代理权行使流程。可以由一个共同代理人对外作出意思表示,其他共同代理人向相对人甚至向实施行为的那个共同代理人表示同意,包括事先同意与事后追认。如果法律行为需要采用书面形式,则只要一个共同代理人在合同书上签署,其他共同代理人对此表示同意且无须遵循书面形式要求。甚至有学说主张,全体共同代理人可以特别授权一个共同代理人单独实施法律行为,从而使该代理人在该法律行为上的共同代理权变成单独代理权。② 究其实质,被授权单独行事的共同代理人的共同代理权扩张为单独代理权的过程,就是其他共同代理人将其共同代理权范围内的复代理权逐个授予他,这些共同代理权的复代理权(也是对被代理人的代理权)与他自己享有的共同代理权合并为单独代理权。

就受领意思表示而论,任何一个共同代理权人都有权单独受领意思表示,意思表示到达一个共同代理权人的,即发生完全的到达效力。

【案例解析】在教学案例1中,乙、丙为甲的共同代理人。丁向乙发送要约,乙有权单独受领,所以,应认定乙收到要约时,该要约到达甲,对甲发生效力。乙未经丙同意,单独向丁作出承诺,该承诺不能归属于甲。因此,除非经追认,股权转让合同不能在甲、丁之间发生效力。

(三) 本代理权与复代理权

复代理权(Untervollmacht),亦可称为次代理权、下位代理权,是指由代理人授予的代理权。反之,由被代理人(本人)授予的代理权即为本代

---

① 参见朱庆育:《民法总论》(第2版),北京大学出版社2016年版,第347页。
② Vgl. Eberhard Schilken, in: Staudinger Kommentar BGB, 2014, §167 Rn. 54-55.

理权,亦可称为主代理权。由复代理人实施的代理行为被称为复代理。

复代理的效果是法律行为归属于被代理人。发生此项效果的前提是同时存在本代理权与复代理权。二者缺一,复代理人的行为均构成无权代理。复代理权来源于本代理人的授权行为,此项授权行为的生效要求本代理人享有复任权。法定代理人当然享有复任权,因为法定代理权的取得并非基于被代理人对代理人的信任,而且法定代理权的范围广泛,要求每件事务皆由法定代理人亲自处理,不太现实。从比较法看,在德国法上,意定代理人是否享有复任权,取决于被代理人对于由代理人亲自处理事务是否享有明显利益,缺乏此种利益的,意定代理人享有复任权。[①] 我国《民法典》第169条与第923条皆规定意定(委托)代理人原则上应当亲自实施代理行为,转(委托)授权第三人代理的,应当经被代理人同意或者追认。此处所谓同意既包括在本代理人转授权第三人时被代理人表示同意,也包括被代理人在授予本代理权时表示本代理人将来可以转授权第三人。[②] 仅在紧急情况下为了维护被代理人的利益才能不经其同意或者追认而授权第三人代理。据此,在我国民法上,意定代理权原则上不包含复任权,复任权需要由被代理人特别授予。未经特别授权的,仅在例外情况下,意定代理人才享有紧急复任权。如此严格限制意定代理人的复任权是否必要,有待斟酌。

关于复代理权授予的方式,我国民法文献通常认为本代理人应以自己名义授予他人复代理权。[③] 实际上,复代理权授予的方式应为本代理人以被代理人的名义进行授权。因为,复代理权是对于被代理人的代理权,复代理人是被代理人的代理人。复代理权的授予在本质上是本代理人以代理的方式实施授权行为,该授权行为在被代理人与复代理人之间发生效力。复任权也是一种代理权。《民法典》第169条规定转授权原则上须经被代理人同意或者追认,充分表明该授权行为是本代理人对被代理人的代理。也正是因为复代理权是对于被代理人的代理权,所以不但实施授权行为

---

① Vgl. Reinhard Bork, Allgemeiner Teil des Bürgerlichen Gesetzbuchs, 4. Aufl., 2016, S. 570.
② 参见李某刚与李某贵股权转让纠纷案,最高人民法院(2020)最高法民申211号民事裁定书。
③ 参见梁慧星:《民法总论》(第5版),法律出版社2017年版,第227页;王利明:《民法总则研究》(第3版),中国人民大学出版社2018年版,第643页。

的本代理人可以撤回授权,而且被代理人自己也可以撤回复代理权。①

【案例解析】在教学案例2中,乙患病住院,事务紧急且无法与甲公司的负责人取得联系,所以乙享有紧急复任权,可以授予丁复代理权,与丙公司签订合同。

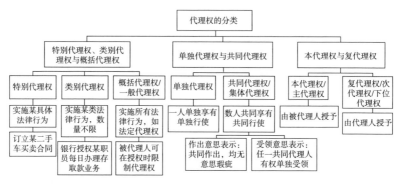

图 12-5　代理权的分类

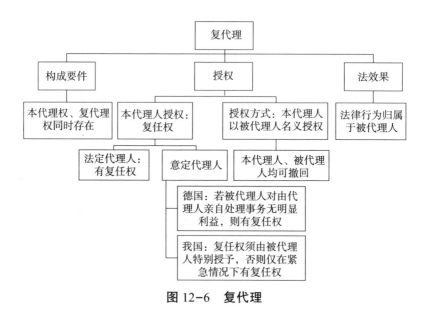

图 12-6　复代理

---

① Vgl. Medicus/Petersen, Allgemeiner Teil des BGB, 11. Aufl., 2016, S. 415.

三、代理权的授予

就意定代理权而言,需要由被代理人将代理权授予代理人。反之,法定代理权直接基于法律规定取得,无须授权。因此,关于代理权的发生,需要重点探讨的是意定代理权的授予。

(一) 代理权授予行为

1. 概念

代理权授予行为是单方法律行为,由被代理人作出授予代理权的意思表示。之所以将代理权授予行为定性为单方法律行为,无须被授权人同意即可成立,是因为该法律行为并未使被授权人负担义务,只是使其取得一种将自己实施的法律行为归属于被代理人的权利。通说认为,代理权授予行为并无排他效力,授权后,授权人仍然可以就授权事项自己实施法律行为。只是在债法层面上,授权人与被授权人可以约定前者不再自己实施法律行为。① 代理权授予行为可以附条件或者附期限。

2. 内部授权与外部授权

代理权授予的方式包括内部授权与外部授权。内部授权即由被代理人向代理人作出授予代理权的意思表示,外部授权即由被代理人向第三人(法律行为的相对人)作出授予某人代理权的意思表示。例如,股权受让人甲向股权让与人乙出具《授权委托书》,载明"本人全权委托丙前来办理股权收购事宜"②。无论内部授权抑或外部授权,授权意思表示皆为需受领的意思表示。内部授权意思表示由代理人受领,外部授权意思表示由第三人受领。因内部授权而取得的代理权在学理上被称为内部代理权,因外部授权而取得的代理权在学理上被称为外部代理权。授权意思表示可以是明示的,也可以是默示的,后者主要适用于内部授权。例如,把包含必要外部接触的业务经营交给某人,或者把某一项通常涉及代理权的任务交给某人。

与外部授权不同的是内部授权的外部告知。所谓内部授权的外部告知是指被代理人以对第三人的特别通知或者以公告的方式发出授予某人代理权的

---

① Vgl. Reinhard Bork, Allgemeiner Teil des Bürgerlichen Gesetzbuchs, 4. Aufl., 2016, S. 571.

② 薛某某与陆某某、江苏苏浙皖边界市场发展有限公司、江苏明恒房地产开发有限公司委托代理合同纠纷案,最高人民法院(2013)民一终字第 138 号民事判决书。

通知,或者代理人向第三人出示被代理人交给他的授权书,该出示行为相当于被代理人的"特别通知"。内部授权的外部告知在性质上是观念通知,授权行为已因被代理人的授权意思表示到达代理人而发生效力,被代理人只是将这一事实告知第三人而已。反之,外部授权之前,尚未发生代理权,代理权因被代理人的授权意思表示到达第三人而发生。如果语言表述足够严谨,则外部授权的语句为"本人**将**某一事项的代理权授予某人",而内部授权的外部告知则应表述为"本人已**将**某一事项的代理权授予某人"。

【案例解析】在教学案例2中,乙向丙公司的负责人发送微信表示授权丁与丙公司签订合同,此为以外部授权的方式授予丁复代理权。丁作为复代理人,以甲公司的名义与丙公司订立设备买卖合同,该合同对甲公司发生效力。

3. 关于形式

代理权授予行为通常属于非要式法律行为,被代理人可以自由决定采用书面形式、口头形式或者其他形式。《民法典》第165条规定授权委托书的基本内容,但并未要求授权必须采用书面形式。在若干例外情形中,法律明确规定代理人必须持有授权委托书,据此,代理权授予行为属于要式法律行为。如《政府采购法》第43条第2款规定政府采购代理机构应当提交授权委托书,《公司法》第106条规定股东的代理人应当向公司提交授权委托书,《企业破产法》第59条第4款规定债权人的代理人出席债权人会议时应当提交授权委托书。

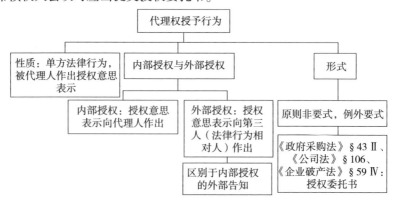

图 12-7 代理权授予行为

(二) 代理权授予行为与原因行为的关系

1. 学说概况

意定代理人与被代理人之间往往存在委托、雇佣或者劳动合同关系。代理权授予行为与此类合同之间在法律上究竟是什么关系？19世纪中期以前，民法学界普遍认为代理是委托（委任）等基础关系的外部层面，应受该基础关系的支配，代理权授予与委托合同属于同一意义，二者同时成立或者消灭。普鲁士普通邦法、奥地利民法及法国民法皆采此传统见解。1866年，德国法学家拉邦德（Laband）发表论文，认为应当区分代理权授予行为与委托合同，二者在发生、权限范围及存续期间等方面不尽相同，是两个互相独立的法律行为。[①] 这一观点对德国民法学界产生重大影响，最终被《德国民法典》所采纳，并且对瑞士、日本、希腊、北欧诸国以及我国台湾地区等大陆法系国家或者地区民法产生广泛的影响力，被誉为"法学上之发现"。[②]

拉邦德所倡导的理论就是所谓的代理权授予行为独立性与无因性理论。与物权行为独立性及无因性理论一样，该理论提出之后，引起民法学界长久的争论。一直到当代民法学，争论仍未平息。德国很多学者认为应该区分代理权授予的方式来决定授权行为与原因行为究竟是何种关系。比如，梅迪库斯认为，在外部代理权以及向外部告知的内部代理权中，代理权独立于原因关系，其效力不受原因关系的影响；相反，对于纯粹的内部代理权，应当采用有因原则。[③]

我国《民法典》第163条第2款"委托代理人按照被代理人的委托行使代理权"以及第169条第1款"代理人需要转委托第三人代理的"等立法表述没有严格区分委托与授权。不过，这仅表明我国民法在术语上未对委托与授权予以精确区分，不等于说未区分委托与授权这两种法律行为。从《民法典》第165条"委托代理授权""授权委托书"等用语看，法律

---

① Vgl. Paul Laband, Die Stellvertretung bei dem Abschluß von Rechtsgeschäften nach dem allgem. Deutsch. Handelsgesetzbuch, in: Zeitschrift für das gesammte Handelsrecht, Bd.10, 1866, S. 203-207.

② 参见〔德〕汉斯·多勒：《法学上之发现》，王泽鉴译，载王泽鉴：《民法学说与判例研究（第4册）》（修订版），中国政法大学出版社2005年版，第4—6页。

③ 参见〔德〕迪特尔·梅迪库斯：《德国民法总论》，邵建东译，法律出版社2000年版，第719、720页。

上已经把授权本身视为一项法律行为。该条规定授权委托书"由被代理人签名或者盖章",表明我国民法把代理权授予行为定性为单方法律行为,只需被代理人就代理权的授予作出单方意思表示即可,无须代理人在授权委托书上签名或者盖章。这使得代理权授予行为区别于作为双方法律行为的委托合同,具有独立性。至于代理权授予行为是否具备无因性,我国民法没有相关规定。在学理上,有不少学者持无因说[1],但也有部分学者持有因说[2]。

2. 理论选择

外部授权行为应当具有无因性(抽象性)[3],理由如下:首先,外部授权行为未必都有原因关系。有时,被代理人与代理人之间并未事先成立委托、雇佣、劳动等合同关系,但被代理人已经向第三人作出授予该代理人一项代理权的意思表示。在这种情形中,代理权授予行为只能是无因的。其次,即便在作出外部授权意思表示之前,被代理人与代理人之间已经缔结委托、雇佣、劳动等合同关系,代理权授予行为的效力也不应当受这些原因关系瑕疵的影响,因为外部授权行为毕竟是被代理人与第三人之间的法律行为,而原因行为则是被代理人与代理人之间的法律行为,两种行为的当事人截然不同,其法律效力怎能互相影响?被代理人既然已经向第三人作出愿意承受法律行为效果的允诺,就应该受此允诺的拘束。原因关系只是被代理人与代理人的内部关系,第三人难以知晓其变动状况。对于已经获得被代理人明确允诺的第三人而言,法律上没有理由要求其负担调查原因关系是否存在瑕疵的注意义务。

在进行外部告知的内部授权情形中,尽管被代理人是向代理人作出授权的意思表示,但其将授权之事实以观念通知的方式告知第三人,第三人对该告知行为产生信赖。在这种情形中,对于第三人的信

---

[1] 参见王利明:《民法总则研究》(第3版),中国人民大学出版社2018年版,第630页;陈甦主编:《民法总则评注》(下册),法律出版社2017年版,第1239页(郝丽燕执笔);郭明瑞主编:《民法》(第2版),高等教育出版社2007年版,第133页;李建华等:《民法总论》,科学出版社2007年版,第192页;迟颖:《意定代理授权行为无因性解析》,载《法学》2017年第1期。

[2] 参见梁慧星:《民法总论》(第5版),法律出版社2017年,第240页(该书第3版之前采用无因说);朱庆育:《民法总论》(第2版),北京大学出版社2016年版,第346页;徐国栋主编:《民法总论》,厦门大学出版社2018年版,第262页。

[3] 相反观点参见许德风:《意思与信赖之间的代理授权行为》,载《清华法学》2020年第3期。

赖,有两种保护方式。一是依表见代理制度保护第三人的信赖,代理权授予行为因委托合同等原因关系的瑕疵而归于无效,但第三人基于对被代理人告知行为之善意信赖,可以主张构成表见代理。二是依无因原则(抽象原则)保护第三人,只要存在符合自身构成要件的授权行为,该行为的效力就不受被代理人与代理人之间的原因关系瑕疵的影响,代理人实施的法律行为就是有权代理。依通说及《民法典总则编若干问题的解释》第28条第2款,表见代理构成要件中"善意"是否成立的证明责任由被代理人承担,即推定第三人是善意的,因此,表见代理制度对第三人信赖的保护力度非常接近于无因原则,因为被代理人举证的成功率很低,绝大多数情况下都构成表见代理。

对于未进行外部告知的内部授权行为,无因原则与表见代理制度的实效存在明显差别。如果采用无因原则,第三人只需证明存在符合自身构成要件的内部授权行为,代理行为即属于有权代理,无论第三人在行为的当时是否知道该授权行为的存在。如果不采用无因原则,第三人在主张表见代理时需要证明其在实施法律行为的过程中对于代理权产生了正当信赖,既包括证明被代理人与代理人之间确实存在一项授权行为,也包括证明其在行为的当时知道该授权行为的存在,否则其就不存在正当信赖,因为信赖的前提是掌握了一定的信息。第二项证明责任对于第三人而言非常困难,因为被代理人并未告知第三人已经授权给代理人,第三人一般而言无从得知授权行为之存在,充其量只是轻信代理人的一面之词而已。相较之下,第三人从无因原则中获得的保护显然多于表见代理制度。问题是,第三人应否得到如此强有力的保护?从法价值看,在未进行外部告知的内部授权情形中,既然第三人通常不存在正当信赖,就没有必要以无因原则对其予以绝对保护,否则显然有失公平。

总之,关于代理权授予行为是否具有无因性之问题,不可一概而论,宜区别对待。外部授权行为应当采用无因原则,未进行外部告知的内部授权行为不应采用无因原则。鉴于表见代理构成要件中"善意"成立与否的证明责任由被代理人承担,本书认为,进行外部告知的内部授权行为也没必要采用无因原则,表见代理规则足以保护交易安全。

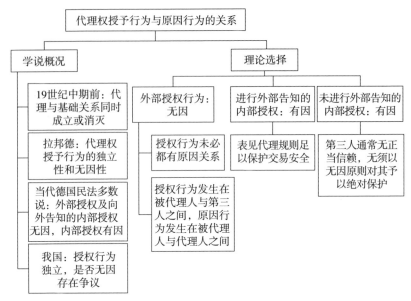

图 12-8 代理权授予行为与原因行为的关系

四、代理权行使的限制

民法上对意定代理权与法定代理权的行使设置了若干限制,包括自己代理与双方代理之禁止、代理权滥用之规制。

(一) 自己代理与双方代理

1. 概念与适用范围

自己代理与双方代理在学理上被统称为自我行为(Insichgeschäft)。其中,自己代理是指代理人自己与被代理人实施法律行为。[①] 此时,代理人一方面为自己实施法律行为,另一方面为被代理人实施代理行为。双方代理是指代理人同时代理双方当事人实施法律行为。无论自己代理还是双方代理,代理人都处于"左右互搏"状态,同时代表双方当事人的利益,从而可能为了自己利益或者一方被代理人的利益损害另一方被代理人的利益,形成利益冲突。因此,《民法典》第 168 条原则上禁止自己代理与双方代理。

---

① 参见王泽鉴:《民法总则》(2022 年重排版),北京大学出版社 2022 年版,第 476 页。

通说认为,自己代理与双方代理之禁止规则既适用于意定代理,也适用于法定代理;既适用于有权代理,也适用于无权代理;既适用于单独代理,也适用于共同代理,共同代理人之一与自己实施法律行为或者与自己代理的第三人实施法律行为,亦构成自我行为;既适用于代理,也可准用于法人机关的代表行为;既适用于多方法律行为,也适用于单方法律行为,如解除表示、同意等;既适用于负担行为,也适用于处分行为;既适用于法律行为,也可准用于准法律行为。①《民法典》第168条虽然处于总则编第七章第二节"委托代理"之下,但应对其予以目的论扩张,使其适用于法定代理,因为法定代理人实施自己代理或者双方代理在导致利益冲突方面与意定代理并无本质区别。

2. 构成要件

自己代理与双方代理适用的前提是代理人同时代表两个当事人作出对向(gegenläufige)的意思表示。如果代理人同时代表两个当事人作出平行的意思表示,则不构成自己代理或者双方代理。② 据此,甲、乙共同向丙租房,甲自己在合同上签名,同时代理乙签名,不构成自己代理;丙将公司股权转让给甲、乙,甲自己签署合同的同时代理乙签署或者由丁同时代理甲、乙订立合同,亦然。此类情形中,由一人作出的两个意思表示平行地指向相对人,在两个意思表示归属主体之间并无利益冲突,因为两个归属主体实际上是法律行为的同一方当事人。反之,甲、乙、丙订立一份公司设立合同,甲自己签署合同的同时代理乙签署,甲、乙的意思表示是对向的,所以构成自己代理。

自己代理与双方代理禁止之规则也适用于如下情形:代理人以被代理人名义与自己授权的代理人实施法律行为,此时,尽管表面上由两个人分别作出意思表示,但代理人之代理人作出的意思表示等同于代理人自己的意思表示,结果上相当于代理人一个人在操纵法律行为。如果代理人授予第三人复代理权,然后代理人以自己名义与复代理人实施法律行为,应类推自己代理禁止之规则。反之,代理人以被代理人名义与自己持有100%股份但由他人代表的公司实施法律行为,不构成自己代理。

【案例解析】在教学案例3中,乙虽为丙公司股东,但并非丙

---

① Vgl. Jürgen Ellenberger, in: Palandt Kommentar BGB, 79. Aufl., 2020, §181 Rn. 3.
② Vgl. Jürgen Ellenberger, in: Palandt Kommentar BGB, 79. Aufl., 2020, §181, Rn. 7.

公司的法定代表人,所以,乙代理甲公司与丙公司订立设备买卖合同,不构成自己代理或者双方代理。该合同可以在甲公司与丙公司之间发生效力。

3. 例外

(1)被代理人同意或者追认。

自己代理与双方代理禁止之规则存在例外。按照《民法典》第168条的规定,被代理人同意或者追认的,自己代理或者双方代理有效。就双方代理而言,需要被代理人双方都表示同意或者追认。被代理人的同意可以包含于代理权授予行为之中,也可以在授权之后另行作出。被代理人的同意也可以是默示的。例如,两个被代理人通过同一份授权书就同一个法律行为将代理权授予同一个代理人;甲、乙都享有表决权的情况下甲授权乙代理行使表决权。此类情形中,从授权的方式和相关情事中可以合理推断出被代理人同意自己代理或者双方代理。

(2)纯获利益的法律行为。

对于被代理人而言纯获利益的法律行为可以进行自己代理或者双方代理,应当通过目的论限缩将此类情形排除在自我行为禁止之规则适用范围之外,因为不存在作为该规则适用前提的利益冲突。① 应当注意的是,在双方代理情形中,法律行为相对于一方被代理人而言纯获利益,相对于另一方被代理人而言并非纯获利益,所以需要另一方被代理人对双方代理表示同意或者追认。我国《民法典》第168条第1款与第2款的但书仅规定"被代理人同意或者追认的除外",未明确规定例外允许纯获利益的法律行为可以进行自己代理或者双方代理。解释上宜对该条予以目的论限缩,将此类法律行为排除于自己代理与双方代理禁止之规则适用范围之外。

(3)专为履行债务而实施的法律行为。

在大陆法系很多国家或者地区的民法中,专为履行债务而实施的法律行为也允许自己代理或者双方代理。之所以如此,是因为此类法律行为只是为了使既存债务消灭,该债务本就应当履行,并未因法律行为的实施增加被代理人的负担,不存在利益冲突。② 允许以自己代理或者双方代

---

① Vgl. Eberhard Schilken, in: Staudinger Kommentar BGB, 2014, §181 Rn. 6-7;王泽鉴:《民法总则》(2022年重排版),北京大学出版社2022年版,第478、479页。

② 参见[德]维尔纳·弗卢梅:《法律行为论》,迟颖译,法律出版社2013年版,第978页;[日]山本敬三:《民法讲义Ⅰ:总则》(第3版),解亘译,北京大学出版社2012年版,第293页。

理的方式履行的债务既包括被代理人对代理人或者第三人的债务,也包括代理人或者第三人对被代理人的债务。被代理人的债务必须已届履行期并且不存在抗辩,否则,自己代理或者双方代理行为将导致被代理人丧失期限利益与抗辩,涉及利益冲突。此处所谓履行也包括提存,但不包括代物清偿,因为代物清偿涉及他种给付与原定给付的交换,存在利益冲突。①

我国《民法典》第 168 条第 1 款与第 2 款的但书未明确规定例外允许专为履行债务以自己代理或者双方代理的方式实施法律行为,解释上宜对该条予以目的论限缩,将此类法律行为排除于自己代理与双方代理禁止之规则适用范围之外。

4. 法律效果

从本质上看,自己代理或者双方代理禁止之规则是对代理权的法定限制,一如《公司法》第 16 条是对公司法定代表人之代表权的法定限制。违反此种限制的代理行为属于越权代理,应当按照无权代理规则处理。《民法典》第 168 条虽未参引第 171 条,但其中的"追认"表明违反该条规定实施自己代理或者双方代理,法律行为并非无效,而是效力待定。无论如何,不应把该条理解为《民法典》第 153 条第 1 款意义上的强制性法律规范。

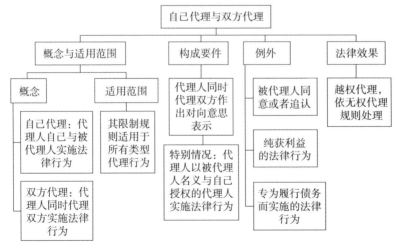

图 12-9 自己代理与双方代理

---

① 参见王泽鉴:《民法总则》(2022 年重排版),北京大学出版社 2022 年版,第 478 页。

(二) 代理权滥用

1. 概念

所谓代理权滥用,是指代理人虽在代理权范围内实施法律行为,但其代理行为违背诚信、善良风俗或者内部关系上的义务,给被代理人造成损害。在采用代理权授予行为无因原则的前提下,代理权滥用规则十分重要。因为,无因原则意味着意定代理权的范围不受代理人与被代理人内部关系(基础关系)中的约束,只要代理人在授权行为所限定的范围内实施法律行为,即便违反了内部关系中的约束,其行为仍属于有权代理,法律效果由被代理人承担,被代理人只能在内部关系中追究代理人的责任。① 被代理人要想在外部关系上摆脱法律行为的效果,只能求助于代理权滥用规则。反之,如果对于代理权授予行为采用有因原则,则代理权滥用规则没有如此重要的意义。因为,有因原则意味着意定代理权的范围受内部关系的限制,代理人虽在授权书描述的代理权范围内或者在其职务通常包含的代理权范围内实施法律行为,但违反内部关系中的约定,其行为属于越权代理,被代理人无需求助于代理权滥用规则。如前所述,外部授权应当采用无因原则,内部授权不必采用无因原则。所以,违背内部约束情形中的代理权滥用仍有探讨的余地。除此之外,代理权滥用还包括串通代理。

2. 串通代理

代理人与相对人恶意串通(Kollusion)实施损害被代理人利益的代理行为,即为串通代理。此种代理行为因违背公序良俗而无效。② 例如,甲授权乙出售汽车,乙收取丙的回扣,以较低价格将甲的汽车出售给丙。《民法典》第154条规定恶意串通实施的法律行为无效,此项规则在本质上是第153条第2款的具体规定,其应解决的主要案型即为串通代理。无论意定代理还是法定代理,都可能发生串通代理。

【案例解析】在教学案例3中,如果乙在代理甲公司订立合同过程中,与丙公司的法定代表人串通,高价采购设备或者采购质量

---

① 参见〔德〕汉斯·布洛克斯、〔德〕沃尔夫·迪特里希·瓦尔克:《德国民法总论》(第41版),张艳译,中国人民大学出版社2019年版,第258页。

② Vgl. Eberhard Schilken, in: Staudinger Kommentar BGB, 2014, §167 Rn. 100.

较差的设备,损害甲公司的利益,则构成串通代理,合同无效。

3. 代理权的行使违反内部约束

就应当采用无因原则的外部授权而论,被代理人与代理人内部关系中的约束不影响代理权的范围。代理人违反内部约束行使代理权,仍为有权代理。不过,如果相对人明知道代理人违反内部约束而仍然与其实施法律行为,则相对人不值得保护,此项法律行为的实施应当认定为代理权滥用。民法原理上通说认为,如果代理人违反内部约束对于相对人而言是显而易见的,则亦可构成代理权滥用。①

与串通代理不同,违反内部约束情形中的代理权滥用并未导致法律行为违背公序良俗,所以法律行为并非无效。此种情形中的代理权滥用应当准用无权代理规则。据此,法律行为效力待定。被代理人追认的,法律行为对其发生效力,否则,对其不发生效力。

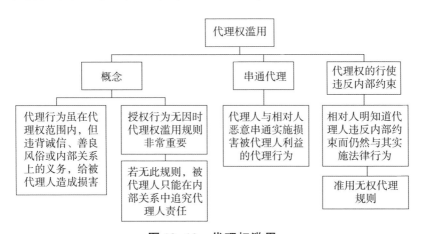

图 12-10 代理权滥用

五、代理权的消灭

（一）意定代理权的消灭原因

意定代理权的消灭原因如下：

1. 代理权的存续期限届满

---

① Vgl. Maier-Reimer, in: Erman Kommentar BGB, 15. Aufl., 2017, §167 Rn. 75.

如果授予代理权时被代理人设定了代理权的存续期限,则该期限届满导致代理权消灭。即便期限届满时代理事务尚未完成,亦然。

【深化与拓展】有疑问的是,委托合同、劳动合同等基础关系存续期限届满且未被续期的,是否导致代理权消灭。对此,应当区别对待。首先,基础关系与代理权都设定存续期限且代理权期限届满日晚于基础关系期限届满日的,若被代理人未能证明其存在相反意思,则应当认定基础关系期限届满后代理权继续存在。其次,基础关系设定存续期限而代理权未设定存续期限的,基础关系期限届满导致内部代理权消灭。从意思表示解释的角度看,应当将被代理人的授权表示解释为以基础关系存续期限来限定内部代理权的存续。从内部授权的有因原则也可以得出此项结论。最后,基础关系设定存续期限而代理权未设定存续期限的,基础关系期限届满不导致外部代理权消灭。因为,外部代理权具有无因性,不受基础关系变动之影响。

2. 代理事务完成

按照《民法典》第173条第1项之规定,代理事务完成导致意定代理权消灭。无论意定代理权是否设定存续期限,代理事务全部完成都意味着代理权已经"用尽",不应继续存在。如果代理人持存续期限尚未届满的授权委托书重复处理代理事务,则构成无权代理,对于善意第三人应依表见代理规则予以保护。

3. 被代理人撤回授权

意定代理权原则上可以被任意撤回。一方面是因为意定代理权的授予以信赖关系为基础,在被代理人觉得信赖基础丧失时,应当允许其撤回代理权;另一方面是因为代理权的存续对于代理人而言通常并无自己的利益,撤回代理权对其并无损害。撤回代理权需要由被代理人作出意思表示。该意思表示既可以向代理人作出,也可以向第三人作出。究竟向谁作出,由被代理人决定,不取决于当初采用内部授权抑或外部授权的方式。①

4. 代理人放弃代理权

代理权是代理人享有的一种私法上的权力,代理人可以放弃该权力,如同放弃一项权利。既然被代理人可以单方面给予代理人一种权力,那么,没有理由不承认代理人也可以单方面放弃这种权力。② 至于代理人放弃代理权是否违反基础关系中的义务,则是另一个问题。《民法典》第173条第2项规定中的"代理人辞去委托"应当解释为既包括代理人放弃代理权,也包括代理人依法解除委托合同。后者导致内部代理权依有因原则而消灭。

5. 代理人丧失民事行为能力

按照《民法典》第173条第3项的规定,代理人丧失民事行为能力的,代理权消灭。有疑问的是,代理人仅部分丧失民事行为能力的,代理权是否消灭。尽管被代理人可以将代理权授予限制民事行为能力人,但这不等于说代理人变成限制民事行为能力人时代理权必定不消灭。将代理权授予限制民事行为能力人体现了被代理人的意思自由,反之,授权时代理人为完全民事行为能力人而嗣后变成限制民事行为能力人则未必符合被代理人的意思。因此,代理人变成限制民事行为能力人原则上导致代理权消灭,除非代理事项对意思能力的要求不高,限制民事行为能力的代理人足以应对。

6. 代理人死亡或者终止

作为自然人的代理人死亡或者作为法人、非法人组织的代理人终止的,其民事主体资格消灭,当然不能再享有代理权。代理权以被代理人对于代理人的信任关系为基础,不能作为遗产移转于代理人的继承人,因为被代理人对于代理人的继承人未必信任。

7. 被代理人死亡或者终止

按照《民法典》第173条第4项、第5项的规定,作为自然人的被代理人死亡或者作为法人、非法人组织的被代理人终止的,意定代理权消灭。同时,按照《民法典》第174条的规定,如下情形中,被代理人死亡或者终止后代理人实施的代理行为有效:①代理人不知道且不应当知道被代理

---

① 参见〔德〕汉斯·布洛克斯、〔德〕沃尔夫·迪特里希·瓦尔克:《德国民法总论》(第41版),张艳译,中国人民大学出版社2019年版,第249页。

② 参见〔德〕维尔纳·弗卢梅:《法律行为论》,迟颖译,法律出版社2013年版,第1010页。

人死亡或者终止;②被代理人的继承人予以承认;③授权中明确代理权在代理事务完成时终止;④被代理人死亡前已经实施,为了被代理人的继承人的利益继续代理。

【深化与拓展】从民法原理看,被代理人死亡后,其法律关系(具有人身属性的除外)被继承,继承人取代被代理人生前的法律地位。如果代理权存在委托合同、雇佣合同等基础关系,继承人成为委托人、雇主,享有合同权利、承担合同义务。同理,代理权关系中被代理人的法律地位也因继承移转于其继承人,后者成为被代理人。此种情形中的代理权即学理上所谓的"生前死后代理权"(transmortale Vollmacht)。① 继承人可以自由决定继续由代理人实施代理行为或者撤回代理权。我国《民法典》第173条、第174条并未采纳上述原理,而是采用如下模式:意定代理权原则上随被代理人死亡而消灭,例外情形中不消灭。

8. 代理权解除条件成就

代理权授予行为可以附解除条件。一旦解除条件成就,代理权归于消灭。

(二) 法定代理权的消灭原因

按照《民法典》第175条的规定,法定代理权的消灭原因包括:①被代理人取得或者恢复完全民事行为能力。法定代理权的功能在于弥补被代理人民事行为能力的不足,一旦被代理人具备完全民事行为能力,法定代理权即无存在必要,应当消灭。②法定代理人丧失民事行为能力。法定代理权是依法产生的概括代理权,比意定代理权对代理人的民事行为能力要求更高,法定代理人一旦完全或者部分丧失民事行为能力,就没有资格继续担任法定代理人。③代理人或者被代理人死亡。

第五节 无权代理

教学案例:高中生傅某16岁,暑期在其远房亲戚开办的甲公司参与社会实践。其间,甲公司法定代表人程某授权傅某到

---

① Vgl. Brox/Walker, Allgemeiner Teil des BGB, 44. Aufl., 2020, S. 253(§25 Rn. 12).

乙公司签订一份货物买卖合同。当晚,程某撤回了对傅某的授权,但未收回授权委托书。傅某不想失去这次宝贵的锻炼机会,遂于5日后持授权委托书至乙公司签订了买卖合同。程某曾向乙公司负责人发送短信告知已撤回授权,但乙公司负责人因忙碌忘记此事。事后,程某以及傅某的父母皆不追认该买卖合同。乙公司对甲公司、傅某或者其父母享有何种请求权?

一、概念

无权代理是指欠缺代理权的情况下实施代理行为。欠缺代理权包括根本不享有代理权、超越代理权范围实施代理行为(越权代理)、代理权消灭后实施代理行为。无权代理人实施的行为也符合代理的特征,代理人也是以他人名义实施法律行为并且表明其为代理人。与有权代理相比,无权代理只是欠缺代理权而已。无权代理可以分为狭义无权代理与表见代理。表见代理虽为无权代理,但基于信赖保护原则使无权代理人实施的法律行为归属于被代理人。不构成表见代理的无权代理即为狭义无权代理。

狭义无权代理的法律效果需要区分三个关系,一是被代理人与相对人之间的关系,二是代理人与相对人之间的关系,三是代理人与被代理人之间的关系。就第一个关系而论,涉及法律行为的归属以及被代理人应否向相对人承担责任的问题。就第二个关系而论,主要涉及无权代理人向相对人承担何种责任的问题。就第三个关系而论,涉及无权代理人与被代理人之间的追偿权问题。

二、被代理人与相对人的关系

狭义无权代理中的法律行为不能归属于被代理人,除非经过被代理人的追认。被代理人的追认权、相对人的催告权以及撤回(撤销)权问题在前述效力待定法律行为部分已经予以阐述,此处不再重复。

(一) 被代理人对于相对人的损害赔偿责任

尽管法律行为不能归属于被代理人,但被代理人可能需要向相对人承担损害赔偿责任。此项损害赔偿责任通常属于缔约过失责任。被代理人向相对人承担缔约过失责任的前提是其过错地违反先合同义务,而被代理人负担先合同义务的前提则是其开启了缔约磋商、缔约准备或者交易接触。① 为此,被代理人必须采取了某种行动。例如,被代理人通知相对人其已授权某人代理缔约;被代理人将代理权凭证交给代理人使之与相对人磋商缔约;被代理人任用没有代理权的职员在经营场所参与业务接洽活动。在上述第一、二种情形中,虽有授权通知或者代理权凭证,但实际上不存在有效的授权行为或者授权生效但代理权嗣后消灭,所以发生无权代理。被代理人的先合同义务内容主要是照顾、保护相对人,提供关于代理权之有无及其范围的真实信息,借此防止发生无权代理。

某人从未被授予代理权且未被委任为缔约辅助人但伪造或者盗用代理权凭证实施无权代理,与相对人磋商并缔结合同,由于缔约磋商与接触并非被代理人有意识地开启,所以并未使被代理人负担先合同义务,被代理人无需为无权代理行为承担缔约过失责任。

在无权代理人与被代理人存在劳动关系或者雇佣关系的情况下,无权代理行为构成侵权行为(如欺诈)的,如果该侵权行为与无权代理人的职务(任务)存在必要关联性,则被代理人应依《民法典》第1191、1192条向相对人承担侵权责任。此时,被代理人的缔约过失责任与侵权责任发生竞合。

【案例解析】在教学案例中,程某撤回授权但却未收回授权委托书,导致傅某实施了无权代理,甲公司违反先合同义务。由于甲公司不追认代理行为,且乙公司亦存在过错,所以买卖合同不因被追认或者表见代理而归属于甲公司。对于乙公司的损失,甲公司应承担缔约过失责任,但可主张过失相抵。

(二) 被代理人的其他义务或者责任

相对人以为法律行为能在其与被代理人之间发生效力从而向被代理人作出给付的,比如向被代理人的银行账户转账,则其对被代理人享有不当得利返还请求权。② 此项请求权不被相对人对无权代理人享有的请求权排除。如果相对人的给付未导致被代理人取得标的物所有权,但使其

---

① Vgl. Johann Kindl, in: Erman Kommentar BGB, 15. Aufl., 2017, §311 Rn. 20-23.
② Vgl. Werner Flume, Allgemeiner Teil des bürgerlichen Rechts, Bd.2: Das Rechtsgeschäft, 4. Aufl., 1992, S. 805.

取得占有,则相对人可以向其行使所有物返还请求权。在无权代理人是被代理人的职员的情况下,相对人将标的物交付给无权代理人时,被代理人取得占有,因为职员是雇主的占有辅助人,可以辅助雇主取得并保持占有。在相对人对被代理人享有所有物返还请求权的情况下,标的物毁损、灭失的赔偿责任适用所有人—占有人关系规则。

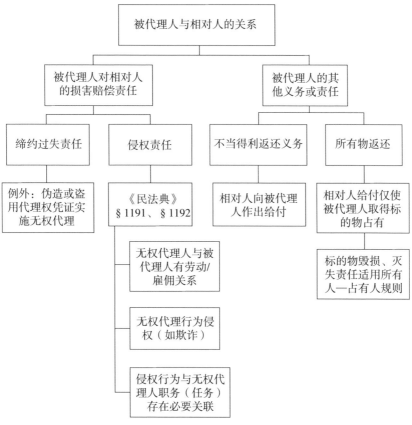

图 12-11　被代理人与相对人的关系

三、无权代理人与相对人的关系

按照《民法典》第 171 条第 3 款的规定,无权代理人须向相对人承担债务履行责任或者损害赔偿责任。

(一) 无权代理人的债务履行责任

1. 债务履行责任的主观要件

只有善意相对人才有权请求无权代理人履行债务。着眼于《民法典》第171条第3款与第4款的体系关联,应将第3款中的善意相对人解释为不知道且不应当知道代理人欠缺代理权①,所谓"不应当知道"是指不存在轻过失②。如此解释并未导致该条第3款与表见代理规则功能重叠从而丧失意义,因为,该款中的善意相对人虽与表见代理中的善意相对人基本相同,但却未必符合表见代理的其他要件。况且,即便构成表见代理,也不意味着无权代理人责任必定没有适用余地。

《民法典》第171条第3款的一个重大缺陷在于,未规定无权代理人承担履行债务之责任以其明知道欠缺代理权为前提。此种责任分配模式显然有失公平。在无权代理人的责任体系中,债务履行责任是一种最严重的责任,在结果上相当于无权代理人实施的法律行为对其自己发生效力。代理人既然不知道自己欠缺代理权,即便因过失而不知道,其过错程度也比较轻微,使其承担债务履行责任不合比例。从比较法看,《德国民法典》第179条虽然赋予善意相对人对于无权代理人的债务履行请求权,但以代理人明知道欠缺代理权为前提。我国《民法典》第171条第3款既然借鉴了《德国民法典》第179条中的债务履行请求权,就应当同时借鉴其限制规定。否则,无权代理人的责任过重,导致利益失衡。因此,在解释《民法典》第171条第3款规定时,理应予以目的论限缩,使不知道欠缺代理权的无权代理人免于承担债务履行责任。

总之,无权代理人的债务履行责任有两个主观要件。一是相对人方面的主观要件,相对人须为善意;二是无权代理人方面的主观要件,无权代理人须明知道欠缺代理权。

【案例解析】在教学案例中,乙公司有过失,并非善意,所以无权请求傅某作为无权代理人履行合同债务。

---

① 参见方新军:《〈民法总则〉第七章"代理"制度的成功与不足》,载《华东政法大学学报》2017年第3期。

② 相同观点参见夏昊晗:《无权代理中相对人善意的判断标准》,载《法学》2018年第6期。

2. 债务履行责任的客观要件

债务履行责任的客观要件有二。第一个客观要件是,被代理人拒绝追认无权代理行为。《民法典》第 171 条第 3 款虽表述为"未被追认",但应当解释为"被拒绝追认",因为无权代理行为尚未被追认但也未被拒绝追认的,最终仍有可能对被代理人发生效力,自然不应当允许善意相对人在效力待定状态下向无权代理人行使债务履行请求权。所谓拒绝追认既包括被代理人明确表示拒绝追认,也包括《民法典》第 171 条第 2 款规定的因催告指定的除斥期间届满而"视为拒绝追认"。

第二个客观要件是,无权代理人实施的法律行为除了欠缺代理权之外不因其他事由而不生效力,因为无权代理情形中善意相对人的待遇不应当优于有权代理情形中的待遇。其他事由如法律行为违反禁止性法律规范或者违背公序良俗。限制民事行为能力的无权代理人实施超出其心智能力范围的法律行为且未经其法定代理人同意或者追认的,无需承担无权代理人责任。① 如果无权代理人实施的法律行为因意思表示瑕疵制度中的撤销权或者消费者合同中的撤回权之行使而丧失效力,则善意相对人的债务履行请求权也被排除。

3. 被代理人的履行能力对于无权代理人债务履行责任的影响

民法原理上有学说认为,如果被代理人本来就欠缺履行能力,那么善意相对人也无权要求无权代理人履行合同的全部债务,因为善意相对人只能向无权代理人请求获得被代理人本来能够履行的给付,否则他就会从代理权的欠缺中获得利益,不符合无权代理人责任之本旨。该责任的目的在于使相对人不至于因未能与被代理人缔结有效的合同而遭受损害,责任范围应以该有效的合同能够给相对人带来的利益为限。② 不过,也有学者对此提出质疑,认为即便被代理人本来就欠缺履行能力,无权代理人也应向相对人履行全部债务。③

相较之下,第一种学说更为可取。相对人与代理人进行缔约磋商的本意是订立一份在自己与被代理人之间生效的合同,该合同以其对被代理人履行能力的预期为基础,此项预期以及据此所为的选择蕴含商业风险。无权代理人责任是对该合同效果的替代,相对人从替代物中获取的

---

① Vgl. Eberhard Schilken, in: Staudinger Kommentar BGB, 2014, §179 Rn. 9.
② Vgl. Karl Heinz Schramm, in: Münchener Kommentar BGB, 5. Aufl., 2006, §179 Rn. 34.
③ Vgl. Helmut Köhler, BGB Allgemeiner Teil, 44. Aufl., 2020, S. 186.

利益当然不应超过从原先预期效果中获得的利益,否则就等于允许相对人将其商业风险转嫁给他人。《民法典》第171条第3款未明确规定无权代理人的债务履行责任受被代理人履行能力的限制,解释上可以考虑基于规范目的及公平、诚信原则对此予以漏洞填补。关于被代理人履行能力的欠缺,应由无权代理人提出抗辩并予以证明。

(二) 无权代理人对于善意相对人的损害赔偿责任

善意相对人除了对无权代理人享有债务履行请求权之外,还享有损害赔偿请求权。善意相对人可以在二者中择一行使,所以,其权利在性质上属于选择之债的债权。选择权由作为债权人的善意相对人享有,这种情况属于《民法典》第515条第1款但书中的"法律另有规定"。限制民事行为能力的无权代理人实施超出其心智能力范围的法律行为且未经其法定代理人同意或者追认的,同样无需承担无权代理人的损害赔偿责任。

《民法典》第171条第3款规定的不超过"被代理人追认时相对人所能获得的利益"的损害赔偿责任存在两种解释的可能性。一是解释为仅指消极利益赔偿责任且赔偿范围不超过履行利益;①二是解释为既包括消极利益赔偿责任也包括履行利益赔偿责任,究竟赔偿什么,取决于无权代理人的主观状态。② 相较之下,第一种解释更为可取。无权代理人向相对人承担的消极利益损害赔偿责任的目标是使相对人的利益恢复到产生信赖之前的状态。消极利益损害赔偿责任在数额上不应超过履行利益。所谓履行利益是指假如法律行为对被代理人发生效力相对人本来可以从法律行为的履行中获得的利益,也就是《民法典》第171条第3款但书中的"被代理人追认时相对人所能获得的利益"。

无权代理人向善意相对人承担消极利益损害赔偿责任不必采用过错原则。一方面,无权代理人的无过错消极利益赔偿责任在比较法上是主

---

① 倾向于此种解释的请参见黄薇主编:《中华人民共和国民法典总则编解读》,中国法制出版社2020年版,第561页。
② 参见陈甦主编:《民法总则评注》(下册),法律出版社2017年版,第1221页(方新军执笔)。

流模式,德国民法、瑞士民法①以及我国台湾地区"民法"②在解释上通说皆为如此。另一方面,从评价的角度看,给善意相对人提供一种比表见代理(积极信赖责任)稍弱一些的无过错消极信赖责任未尝不可,况且《民法典》第 171 条第 3 款本来也没有明确要求过错因素。就责任的客观要件而论,前述无权代理人债务履行责任的两个客观要件也适用于损害赔偿责任。

(三) 无权代理人对于恶意相对人的损害赔偿责任

《民法典》第 171 条第 4 款规定表明,无权代理人对恶意相对人的损害赔偿责任采用过错原则且适用过错相抵,如果无权代理人没有过错,无需向恶意相对人承担赔偿责任,恶意相对人自担损失。在这方面,无权代理人对恶意相对人的赔偿责任与其对善意相对人的赔偿责任不同。后者不以无权代理人的过错为要件,体现了对善意相对人的优待。恶意相对人不能享受此种优待。

【案例解析】在教学案例中,由于傅某是限制民事行为能力人,其订立的货物买卖合同超出其心智能力范围,在其父母(法定代理人)不予追认的情况下,其不能成为无权代理人,所以恶意相对人乙公司无权请求傅某承担无权代理人的损害赔偿责任。当然,在傅某的行为构成侵权行为的情况下,其父母作为监护人应依《民法典》第 1188 条承担侵权责任。

(四) 无权代理人责任与表见代理的关系

在符合表见代理构成要件的情况下,相对人是否仍有权向无权代理人主张责任,德国法上存在选择说与排他说之争。前者主张相对人有权选择适用表见代理或者适用无权代理人责任,后者主张表见代理排斥无权代理人责任。日本法上也存在选择说与排他说(表见代理优先说)之分

---

① Vgl. Watter&Schneller, in: Basler Kommentar OR I, 4. Aufl., 2007, §39 Rn. 1-9.
② 参见林诚二:《民法总则》(下册),法律出版社 2008 年版,第 459 页;黄立:《民法总则》,中国政法大学出版社 2002 年版,第 419 页。

歧,选择说是判例上的通说。① 我国学者大都采用排他说②,但也有人采用选择说③。选择说可以避免相对人在诉讼法上的部分选择风险,至少相对人在选择起诉无权代理人时无需担心裁判者以构成表见代理为由驳回其诉讼请求。因此,从相对人保护的角度看,选择说更为可取。况且,就消极利益损害赔偿责任而论,相对人确实因信赖代理人享有代理权而支付缔约或者履约费用,此项信赖也确实因代理人欠缺代理权而落空。虽然法律上为其提供通过表见代理予以积极信赖保护之机会,但一则最终可否被认定为表见代理尚不确定,二则法律上的利益本就可以自由处分,所以,允许相对人放弃主张表见代理而请求无权代理人赔偿损害,未尝不可。

(五) 善意相对人行使撤销权对无权代理人责任的影响

依据《民法典》第171条第2款的规定,无权代理的法律行为被追认之前,善意相对人享有撤销(撤回)权。问题是,撤销之后,善意相对人是否仍有权主张无权代理人责任? 比较法上,德国民法学对此存在肯定说④与否定说⑤。撤销权旨在使善意相对人可以通过退出法律行为终结法律上的不确定状态,而在退出之前其已经因无权代理遭受一定损害。既然撤销权不能使善意相对人完全避免损害,则没有理由在允许撤销的同时剥夺其对无权代理人的请求权。撤销权与无权代理人责任具有不同的保护目的,善意相对人不可能因行使其中一个权利而完全实现目的,所以二者应当并行不悖。

---

① 参见〔日〕近江幸治:《民法讲义Ⅰ:民法总则》(第6版补订),渠涛等译,北京大学出版社2015年版,第262页。
② 参见王利明主编:《中华人民共和国民法总则详解》(下册),中国法制出版社2017年版,第788页(朱虎执笔);朱庆育:《民法总论》(第2版),北京大学出版社2016年版,第372页;纪海龙:《〈合同法〉第48条(无权代理规则)评注》,载《法学家》2017年第4期。
③ 参见李宇:《民法总则要义:规范释论与判解集注》,法律出版社2017年版,第831、832页;陈聪富:《民法总则》,元照出版公司2016年版,第359页。
④ Vgl. Helmut Köhler, BGB Allgemeiner Teil, 44. Aufl., 2020, S. 187.
⑤ Vgl. Karl Heinz Schramm, in: Münchener Kommentar BGB, 5. Aufl., 2006, §178 Rn. 11.

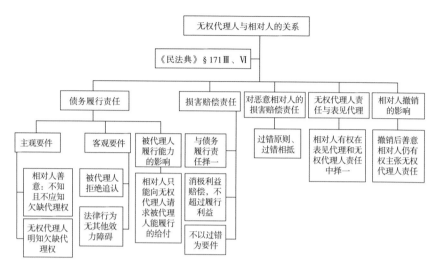

图 12-12 无权代理人与相对人的关系

四、无权代理人与被代理人的关系

（一）无因管理关系

无权代理行为可能构成对被代理人的无因管理。构成正当无因管理的,无权代理人对被代理人享有费用偿还及损失补偿请求权。例如,甲出门在外,其老母乙患病不能自理,丙以甲的名义雇佣丁照顾乙。此举符合甲的利益且通常符合甲的意思,即便丙订立雇佣合同时知道甲不愿意雇人照顾老母,由于甲的意思违背公序良俗,依据《民法典》第979条第1款结合第2款第2分句之规定,仍可认定丙的无权代理行为构成正当无因管理。因甲拒绝追认雇佣合同导致丙向丁履行债务或者赔偿损失的,丙有权依据无因管理规则向甲追偿。

（二）代理权授予行为无效时的损害赔偿责任

如果因代理权授予行为无效或者被撤销导致代理行为构成无权代理,则无权代理人对于被代理人可能享有法律行为(代理权授予行为)无效情形中的损害赔偿请求权。无权代理人的请求权基础是《民法典》第157条。请求损害赔偿的前提是被代理人对于代理权授予行为之无效或者可撤销存在过错。如果无权代理人对此也有过错,则适用过失相抵规则,被代理人仅须承担部分责任。被代理人的损害赔偿责任不以存在委托合同之类的基础关系为必要。无权代理人有权请求赔偿的损害包括因其依据《民法典》第171条向相对人承担损害赔偿责任而遭受的损失。

(三) 被代理人对无权代理人的追偿权

被代理人追认无权代理之法律行为的,无权代理人免于向相对人承担责任。此时,被代理人可能对无权代理人享有追偿权,比如基础关系中的违约损害赔偿请求权、不当无因管理情形中的损害赔偿请求权、侵权损害赔偿请求权。被代理人虽未追认无权代理但构成表见代理,相对人向被代理人主张表见代理法律效果的,被代理人对无权代理人也享有上述请求权。被代理人未追认无权代理且未构成表见代理,如果被代理人向相对人承担缔约过失责任或者侵权责任,则被代理人亦可能对有过错的无权代理人享有追偿权。①

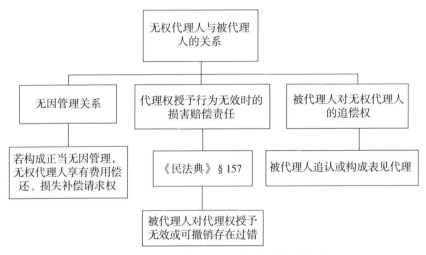

图 12-13　无权代理人与被代理人的关系

第六节　表见代理

教学案例1:甲公司法定代表人于某将公章借给其朋友贺

---

① Vgl. Helmut Köhler, BGB Allgemeiner Teil, 44. Aufl., 2020, S. 189.

某。贺某持该公章,自称受甲公司授权,以甲公司名义与乙公司签订买卖合同。贺某打算以自己工厂的产品冒充甲公司的产品履行该合同。合同可否对甲公司发生效力?

教学案例 2:乔某自称受甲公司所托,与乙公司商谈设备安装工程承包事宜。乙公司在安装工程承包合同书上签章后交给乔某。数日后,乙公司收到寄回的盖有甲公司公章的安装工程承包合同书。乙公司请求甲公司履行合同,甲公司否认双方订立合同。经鉴定,合同书上甲公司的公章真实。合同是否在甲公司与乙公司之间发生效力?

教学案例 3:A 公司为了完成外地某建设工程,设置项目部并任命徐某为经理,负责施工现场管理和建材采购、设备租赁等事宜,但 A 公司规定项目部经理无权订立标的额 60 万元以上的合同。某日,徐某以 A 公司名义与 B 公司订立一份 100 万元的钢材买卖合同。该买卖合同可否对 A 公司发生效力?

教学案例 4:在上例中,B 公司此前曾多次与 A 公司订立钢材买卖合同,知道 A 公司关于代理权限制的规定。在签订系争钢材买卖合同的过程中,A 公司的法定代表人邓某恰好到项目部视察工作,知道徐某正在签订该合同,但未表示反对。该合同可否对 A 公司发生效力?

一、概念

在无权代理情形中,无权代理人的损害赔偿责任固然为相对人提供了保护,但有时相对人具有特别值得保护的信赖,需要在法律上为其提供更强有力的救济。表见代理就是这样的救济手段。所谓表见代理,又称代理权表象责任,是指代理人虽然欠缺代理权,但存在代理权表象,为保护善意相对人的信赖,使代理人实施的法律行为对被代理人发生效力。表见代理在本质上也是一种无权代理[①],但在法律行为归属上发生有权代理的法律效果。《民法典》第 172 条规定了表见代理。

---

① 参见〔日〕山本敬三:《民法讲义 I:总则》(第 3 版),解亘译,北京大学出版社 2012 年版,第 322 页。

二、表见代理的构成要件

由于表见代理也是一种无权代理,所以须具备无权代理的构成要件,即符合代理的所有特征但代理人对所实施的法律行为欠缺代理权。未经授权以他人名义实施准法律行为的,可以准用表见代理规则。除符合无权代理的构成要件之外,构成表见代理还需要符合特别要件。此类特别要件使表见代理区别于狭义无权代理,得以发生不同的法律效果。至于表见代理的特别构成要件包括哪些,在民法学上多有分歧。

【案例解析】在教学案例2中,合同上盖有甲公司的真实公章,如果甲公司不能证明公章系他人所盖,则应认定系其法定代表人所盖,合同由甲公司自己订立,应对甲公司发生效力。如果甲公司证明公章系乔某或者其他人所盖,则构成代理。代理人或者乙公司不能证明代理人具有代理权的,构成无权代理,在此前提下,才需要进一步审查是否构成表见代理。

(一) 表见代理构成要件的争议

1. 学说发展

我国民法学界自20世纪80年代后期开始,关于表见代理的特别构成要件,形成单一要件说与双重要件说之对立。单一要件说认为,表见代理的成立只要求相对人无过失地信赖代理人享有代理权,或者说相对人有充分的理由相信代理人有代理权,不要求被代理人有过失。双重要件说认为,表见代理有两个特别成立要件,一是被代理人的过失行为使相对人确信代理人有代理权,二是相对人不知道且不应知道代理人无代理权,即当时有充分理由相信代理人有代理权。[①] 两种学说的分歧在于是否要求被代理人具有过错。

部分民法学者尝试对双重要件说予以改进。比如,有学者认为,应以本人可归责性为表见代理的构成要件,但本人的可归责性并不限于本人有过错,它有强弱之分,本人惹起代理权外观、过错、制造外观的必要性程度、风险分配等因素决定了可归责性的程度,应该对本人的可归责性与相对人信赖的合理性进行综合考量,以决定是否成立表见代理,较弱的可归

---

① 学说考察参见杨代雄:《表见代理的特别构成要件》,载《法学》2013年第2期。

责性与较强的信赖合理性相结合,或者较强的可归责性与较弱的信赖合理性相结合,均可以成立表见代理。① 另有学者认为,不应以被代理人的过错作为表见代理的构成要件,但表见代理的成立仍应以代理权外观的形成与被代理人具有关联性为要件,即要求代理权外观是因为被代理人的某种行为(不论是否有过错)引起的。② 这些观点可以称之为"新双重要件说"。

近几年,表见代理的成立要求被代理人具有可归责性的观点在我国民法学界已经成为主流。③ 分歧仅仅在于,被代理人的可归责性应当采用何种认定标准。学界对此提出了过错说④、风险说⑤、代理权通知说⑥等不同观点。

2. 实务分歧

最高人民法院的判例在认定表见代理时通常不考虑被代理人的可归责性,代表性判例有最高人民法院"(2000)经终字第 220 号"判决、"(2016)最高法民再 200 号"民事判决等。最高人民法院《审理民商事合同案件指导意见》(法发〔2009〕40 号)第 12—14 条强调代理权的表象(外观)以及相对人的善意且无过失,在表见代理的构成要件上基本上延续了其在"(2000)经终字第 220 号"判决中的立场。不过,在最近几年的若干判例中,最高人民法院明确指出表见代理的构成要件包括被代理人的可归责性。⑦ 此外,以被代理人的可归责性作为表见代理构成要件的立场亦体现

---

① 参见叶金强:《表见代理构成中的本人归责性要件——方法论角度的再思考》,载《法律科学》2010 年第 5 期。
② 参见王利明:《民法总则研究》,中国人民大学出版社 2003 年版,第 674、675 页。
③ 采用"新单一要件说",不以被代理人可归责性作为表见代理独立构成要件的观点,参见冉克平:《表见代理本人归责性要件的反思与重构》,载《法律科学》2016 年第 1 期;主张通过类型化而非可归责性要件来限制表见代理适用的观点,参见迟颖:《〈民法总则〉表见代理的类型化分析》,载《比较法研究》2018 年第 2 期。。
④ 参见杨芳:《〈合同法〉第 49 条(表见代理规则)评注》,载《法学家》2017 年第 6 期。
⑤ 参见杨代雄:《表见代理的特别构成要件》,载《法学》2013 年第 2 期;朱虎:《表见代理中的被代理人可归责性》,载《法学研究》2017 年第 2 期。
⑥ 参见王浩:《表见代理中的本人可归责性问题研究》,载《华东政法大学学报》2014 年第 3 期。
⑦ 参见江西某房地产开发有限责任公司与南昌县某小额贷款股份有限公司企业借贷纠纷案,最高人民法院(2017)最高法民再 209 号民事判决书;山东宝华耐磨钢有限公司、方大特钢科技股份有限公司买卖合同纠纷案,最高人民法院(2018)最高法民终 122 号民事判决书。

在部分地方法院的裁判中。①

《民法典总则编若干问题的解释》第28条第1款规定,在认定《民法典》第172条"相对人有理由相信行为人有代理权"时,须同时符合两个条件,一是存在代理权外观,二是相对人不知道行为人行为时没有代理权,且无过失。该司法解释亦未提及被代理人的可归责性。当然,从逻辑上看,被代理人的可归责性是"相对人有理由相信行为人有代理权"之外的构成要件,所以,其在该司法解释中未被提及,并不必然意味着其并非表见代理的构成要件。

(二) 代理权表象

表见代理应符合三个特别构成要件:存在代理权表象、该代理权表象可归责于被代理人、相对人对该代理权表象产生信赖且不存在过失。其中第二个要件是"被代理人方面的要件"。《民法典》第172条所谓的"相对人有理由相信行为人有代理权"其实包含了上述第一个要件与第三个要件,即,一方面客观上存在使相对人产生信赖的理由,另一方面相对人主观上确实产生了信赖,而由于该信赖是有充分理由的,所以相对人是无过失的。至于第二个要件,并不处于《民法典》第172条的文义范围之内②,只能通过漏洞填补确立该要件。

代理权表象是一种状态,该状态包含如下意义:代理人对正在实施的法律行为享有代理权。尽管代理人实际上不享有代理权,但通过对该意义的理解,相对人可能产生信赖,认为代理人享有代理权。代理权表象以某些事实为基础,比如代理人持有代理权证书(授权委托书)、公司印章等凭证,或者在被代理人为单位的情况下,代理人在其中承担某种通常包含代理权的职务。在此类情形中,即便没有授权行为、授权行为无效、授权被撤回或者代理人已被解除职务,前述事实也可能给人"代理人享有代理权"之印象。如果代理人在被代理人的经营场所实施法律行为,但其既非被代理人的员工亦未持有被代理人的印章、授权书等代理权凭证,则通常不应认定存在代理权表象。

---

① 代表性判例有广东省高级人民法院(2015)粤高法民申字第2724号民事裁定书、江苏省高级人民法院(2015)苏商终字第00275号民事判决书。
② 不同观点参见冉克平:《表见代理本人归责性要件的反思与重构》,载《法律科学》2016年第1期。

【案例解析】在教学案例1中,贺某持有甲公司的公章,所以存在代理权表象。在教学案例3中,徐某被任命为A公司项目部经理,对于通常为执行建设工程项目任务所需的法律行为,即便超出A公司的内部限制,亦存在代理权表象。

(三) 被代理人的可归责性

1. 依风险原则确定被代理人的可归责性

在无权代理情形中,法律需要对发生冲突的被代理人之利益与相对人之利益进行考量,以决定是否由被代理人承受无权代理行为之效果。相对人的正当信赖需要保护,但也不能无条件地予以保护,否则就会走向与绝对意思自治相反的另一个极端。前述单一要件说就是如此,该说单纯依据相对人有正当信赖这一事实就判定应当由被代理人承受无权代理行为的法律效果,不论此种信赖的产生与被代理人之间是否存在关联性,在某些情形中将会使无辜的被代理人承受不应有的不利益。

信赖这一要素只能解决信赖者为何值得保护以及为何赋予其一项请求权之问题,而不能解决为何信赖的后果应由对方当事人承受之问题。① 从比较法看,德国、日本以及我国台湾地区"民法"对于表见代理的成立,均要求相对人信赖的产生与被代理人之间具有某种关联性。表见代理属于私法上的信赖责任的一种,应该基于信赖责任的一般原理确定其构成要件。对此,不应采用所谓的引发原则(诱因原则),该原则实际上是结果责任原则的另一种表述,如果采用该原则,就等于放弃了"可归责性"这一要件,从而使信赖责任丧失了正当基础。另一方面,也不应采用过错原则。比较可取的是依据卡纳里斯倡导的风险原则(Risikoprinzip),在个案中判定代理权表象是否可归责于被代理人。② 该原则可以使被代理人与相对人之间实现价值平衡。

2. 风险分配的具体问题

关于风险原则,需要解决如何划定被代理人风险范围之问题。对此,应当考察信赖责任被请求人是否加大了引发另一方当事人信赖之风险或者其是否比另一方当事人更容易支配该风险,以决定其应否承担信

---

① Vgl. Claus-Wilhelm Canaris, Die Vertrauenshaftung im deutschen Privatrecht, 1971, S. 467-471.

② Vgl. Claus-Wilhelm Canaris, Die Vertrauenshaftung im deutschen Privatrecht, 1971, S. 473-481.

赖责任。可以对此项风险原则予以具体化，针对表见代理问题确立一个风险分配基准体系，即，在无权代理情形中，应当考察如下因素以决定是否由被代理人承担代理权表象之风险：

其一，被代理人是否制造了不必要的风险。

依据这条基准，被代理人出于某种目的将公章借给他人导致该他人实施无权代理行为的，此种做法并非正常经营活动所必需，被代理人由此制造了不必要的风险，应当自己承受该风险，如果符合表见代理的其他构成要件，应当认定表见代理成立。被代理人在空白证书上签章，也制造了证书滥用风险。空白证书补全虽非严格意义上的代理①，但与代理十分接近，所以应类推适用代理规则，包括无权代理与表见代理规则。最高人民法院编写的《九民纪要》释义书指出："空白合同持有人确实具有代理权，或足以使交易相对人相信其有代理权的，在空白合同上添加的合同条款效力及于公司。"②这表明，最高人民法院的司法观点承认由未获授权的人补全空白合同书构成表见代理的可能性。

其二，被代理人与相对人相比，谁更容易控制产生代理权表象之风险。

依据这条基准，如果代理权表象由被代理人作出的有瑕疵的授权意思表示或者授权通知引发，则应由被代理人承受风险，因为只有他才有机会控制这种风险，预防瑕疵的产生。授权意思表示或者授权通知没有瑕疵，但代理权消灭后被代理人未及时通知相对人或者未及时收回代理权凭证造成代理权表象的，也应由被代理人承受风险，成立表见代理③，因为采取此类措施对于被代理人而言通常比较容易。

【深化与拓展】因为被代理人所有的公章、营业执照、身份证等凭据被他人盗用或者不当使用，引发代理权表象，应否由被代理人承担风险，民法学界存在争议。在德国，对于盗用代理权证书订立合同，联邦最高法院认为不构成表见代理。④ 我国台湾地

---

① 详见杨代雄：《法律行为论》，北京大学出版社2021年版，第583页。
② 最高人民法院民事审判第二庭编著：《〈全国法院民商事审判工作会议纪要〉理解与适用》，人民法院出版社2019年版，第291页。
③ 参见中十冶集团有限公司、夏某某建设工程施工合同纠纷案，最高人民法院(2019)最高法民再199号民事判决书(本案最高人民法院虽然依据过错原则认定构成表见代理，但若依据风险原则，也可以得出相同结论)。
④ Vgl. Larenz/Wolf, Allgemeiner Teil des bürgerlichen Rechts, 9. Aufl., 2004, S. 895.

区有判例认为,将印章交由他人保管导致被他人用于实施法律行为的,有适用表见代理之余地。① 我国原《经济合同法解释》第 2 条第 3 款曾规定,盗用单位公章、介绍信、盖有公章的空白合同书等凭证签订合同,不成立表见代理,单位不必承担民事责任。最高人民法院的某些判例在代理人私刻、伪造单位印章的情况下并未排除其行为构成表见代理的可能性。例如,最高人民法院"(2015)民申字第 1902 号"民事裁定、"(2015)民申字第 1620 号"民事裁定、"(2019)最高法民申 288 号"民事裁定。在"(2018)最高法民终 509 号"民事判决中,最高人民法院明确指出,分公司负责人私刻公章对外订立借款合同构成表见代理。②

本书认为,在判定是否构成表见代理时,不能仅依代理人持有公章或者加盖公章的空白合同书之事实即认定相对人具有值得保护的信赖,此类事实仅为代理权的部分表象,但也不能仅以公章系盗用、私刻、伪造为由一概排除表见代理。毋宁说,通常须结合公章使用与个案中的其他事实综合判断是否存在足以产生合理信赖的代理权表象以及该表象应否归责于被代理人。其他事实包括代理人持有其他凭证、代理人与被代理人之间的职务关系、此前持续的行为方式、代理行为实施的场所是否属于被代理人所有的经营场所等。

其三,由哪一方承担风险更符合公平原则。

如果被代理人的雇员利用其特殊身份或者所掌握的某些凭证实施无权代理行为,产生代理权表象,应当由被代理人承担风险,因为其长期以来从雇佣关系中获得利益,按照利益与风险相一致原则,由其承担风险更为公平。即便雇员的本职工作并非掌管代理权凭证,其擅自使用代理权凭证产生的风险也应由被代理人承担。被代理人作为组织体,理应为组织体成员的此类行为承担组织风险。

当然,在上述各种情形中,都需要考察相对人是否确实对代理权表象产生信赖并且对此不存在过失,才能判定是否成立表见代理。

---

① 参见王泽鉴:《债法原理》(2022 年重排版),北京大学出版社 2022 年版,第 279 页。
② 参见韦某、晟元集团有限公司借款合同纠纷案,最高人民法院(2018)最高法民终 509 号民事判决书。

【案例解析】在教学案例 1 中,甲公司将公章借给贺某,制造了不必要的风险,所以具有可归责性。如果乙公司为善意,则合同归属于甲公司,对其发生效力。

(四) 相对人的善意信赖

表见代理的第三个要件是相对人对代理权表象产生信赖且不存在过失,即相对人是善意的。该要件的认定涉及如下具体问题。

1. 相对人"善意"的具体含义

相对人的善意首先指的是相对人对代理权表象产生信赖,以为代理人享有代理权,这一点没什么疑问。有疑问的是,相对人的善意是否还要求其不具备重过失抑或轻过失。① 自罗马法以来,民法上的过失就被划分为重过失与轻过失。重过失是指以非常严重的方式违反法律交往中必要的注意义务,忽视了在特定情形中对任何人都是显而易见的因素。比如,在床上吸烟,在有大雾的情况下超车。轻过失是指"疏于尽交往中必要的注意",采用客观的判定标准,即一个品行端正、勤谨的交往参与者应有的注意。②

动产善意取得中的善意指的是受让人不知道让与人无处分权且没有重过失。《最高人民法院关于适用〈民法典〉物权编的解释(一)》第 14 条对此已有规定。不过,表见代理构成要件中的相对人善意不应作同样的解释,即"相对人不知道代理人无代理权且没有重过失"。尽管表见代理与善意取得都旨在保护第三人的信赖,但保护的力度应该有所区别。就善意取得而言,不动产登记与动产占有具备很强的公信力,一般情况下依据登记或占有足以断定处分人对标的物享有处分权,不会有太多的疑点。只要受让人没有对显而易见的疑点视而不见,即没有重过失,其就是善意、值得保护的。与此不同,在无权代理情形中,作为法律行为实施者的代理人与作为法律行为名义载体的被代理人不是同一个人,在法律行为的实施与法律行为的归属之间多出了一个环节,即代理权。多一个环节就意味着多一分"节外生枝"的风险,这是任何相对人都知道的情况,这种情况本身就足以引起相对人的警觉,在实施法律行为时谨慎地审查代理人是否具备代理权。如果审查得不够仔细,遗漏了一个勤谨、理性的人本来可以发现并予以核实的疑点,其就不是善意的,此时,其过错程度是轻

---

① 在我国民法中,"重过失"被称为"重大过失",如《民法典》第 897 条。
② Vgl. Harm Peter Westermann, in: Erman Kommentar BGB, 15. Aufl., 2017, §276 Rn. 10–15.

过失而不是重过失。

总之,由于无权代理情形中的权利表象通常弱于无权处分情形中的权利表象,所以第三人(相对人)的信赖需要更强的主观因素(无过失)予以正当化。这决定了善意取得应以受让人不具备重过失为主观要件,而表见代理应以相对人不具备轻过失为主观要件。

2. 相对人"善意"的证明责任

从比较法看,大陆法系民法上的表见代理通常要求被代理人就相对人的恶意承担证明责任。① 最高人民法院《民法典总则编若干问题的解释》第28条第2款亦明确规定被代理人应就相对人不符合"善意"要件承担举证责任。

【案例解析】在教学案例3中,A公司内部规定限制项目部经理徐某的代理权范围,该范围小于(设置于外地的)项目部经理代理权的通常范围。如果A公司不能证明B公司知道或者应当知道此项内部限制,则应认定B公司为善意,钢材买卖合同归属于A公司,对其发生效力。

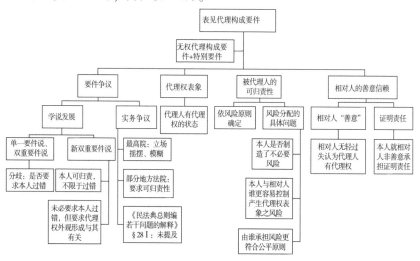

图12-14 表见代理构成要件

---

① 参见〔日〕山本敬三:《民法讲义I:总则》(第3版),解亘译,北京大学出版社2012年版,第326页;王泽鉴:《债法原理》(2022年重排版),北京大学出版社2022年版,第281页。

三、关于容忍代理

(一) 容忍代理与表见代理的关系

容忍代理是指被代理人放任他人作为其代理人出现,相对人依据诚实信用可以而且事实上已经认为该他人被授予代理权,在法律上应当将该他人视为享有代理权。从比较法看,无论德国民法还是我国台湾地区"民法"都将容忍代理视为表见代理的一种。与其他类型的表见代理相比,容忍代理固然有其特殊的表现形式,但其归根到底也是对因代理权表象而引发的信赖予以保护,所以在本质上仍然属于表见代理。

《民法典》第 171 条在规定无权代理时并未将原《民法通则》第 66 条第 1 款第 3 句纳入其中,对于"本人知道他人以本人名义实施民事法律行为而不作否认表示"未作专门规定。实践中对于容忍代理完全可以纳入《民法典》第 172 条关于表见代理的规范框架内予以裁断,将容忍代理视为表见代理的一种类型。①

(二) 容忍代理的构成

容忍代理在本质上是一种表见代理,所以需要符合表见代理的构成要件。当然,在某些构成要件上,容忍代理有特殊的表现形态。比如,"存在代理权表象"这个要件表现为:被代理人知道他人正在实施无权代理行为而不表示反对。也就是说,被代理人单纯的不作为即构成代理权表象。

此外,只要认定存在代理权表象,即可同时认定该表象由被代理人风险范围内的因素导致,因为该表象之成立要求被代理人明知他人正在实施无权代理行为而不表示反对,被代理人当时只要表示反对即可阻止代理权表象之产生,这对其而言是轻而易举的,易言之,代理权表象是否产生完全由被代理人控制,当然应该由其自担风险。

【案例解析】在教学案例 4 中,B 公司虽然知道徐某的代理权被限制在标的额 60 万元以内的合同,但签订系争买卖合同的过程中,恰好在现场视察的 A 公司法定代表人邓某知道徐某正在签订该合同却未表示反对,使 B 公司有理由相信 A 公司已经

---

① 体现此种立场的判例,参见海南陵水宝玉有限公司与李某某股权转让纠纷案,最高人民法院(2019)最高法民终 424 号民事判决书。

更改了代理权限制或者邓某已经特别授权徐某订立此项合同,存在代理权表象,构成容忍代理,合同对 A 公司发生效力。

四、表见代理的法律效果

构成表见代理的,代理人实施的法律行为归属于被代理人,等同于被代理人自己实施法律行为。该法律行为不存在无效事由且未被撤销的,对被代理人发生效力,由被代理人享有权利、承担义务。该法律行为存在无效事由或者因欺诈、重大误解等事由被撤销的,对被代理人不发生效力,被代理人不享有法律行为上的权利,不承担法律行为上的义务,但可能需要承担法律行为无效或者被撤销时的返还义务与损害赔偿责任。[①] 从这个意义上说,表见代理规则是法律行为归属规则,不是法律行为效果(效力)归属规则。因为符合表见代理构成要件的法律行为未必能够发生效果(效力),不发生效力,就不需要效果归属,但需要行为归属,据此决定责任的承担。[②]

第七节　无权代表与表见代表

教学案例: A 公司向 B 银行借款,C 公司为此提供连带责任保证。C 公司的法定代表人关某与 B 银行的负责人订立保证合同时,出具了 C 公司的董事会决议。事后查明,该决议上的部分董事签名系关某伪造。A 公司不是 C 公司的股东和实际控制人。保证合同可否对 C 公司发生效力?

一、代表行为与代理行为的关系

依法人实在说,法人是具备一定组织结构的现实存在的独立主体,法人具备行为能力,可以通过法人的代表机关作出意思表示。此外,按照《民法典》第 105 条之规定,非法人组织也可以确定一个或者数个代表人代表其从事民事活动。因此,代表规则既适用于法人,也适用于非法人组

[①] 参见中十冶集团有限公司、夏某某建设工程施工合同纠纷案,最高人民法院(2019)最高法民再 199 号民事判决书。

[②] 关于表见代理的效果可否因被代理人撤销其造成代理权表象的行为而被消除,参见杨代雄:《法律行为论》,北京大学出版社 2021 年版,第 605—613 页。

织,是团体法上的一般规则。

法定代表人作为法人或者非法人组织的代表机关,其以法人或者非法人组织名义实施的法律行为是代表行为,构成法人或者非法人组织自身的法律行为,并非法人或者非法人组织以外的人代理法人或者非法人组织实施的法律行为。代表行为与代理行为是两个不同的概念。《民法典》第61条对于法定代表人实施代表行为的法律后果承担作了专门规定,《民法典》第504条对于无权代表与表见代表也作了专门规定,此类规定与《民法典》第162条、第170条(职务代理)以及第171条、第172条并列,足以表明实证法对代表行为与代理行为采用区分模式。

当然,代表行为与代理行为也存在某些类似之处:代表权与代理权都可能存在界限,所以二者都涉及越权行为的法律效果问题,处理此类问题的规则也存在某些共同要素。

二、无权代表的法律效果

无权代表有两种情形。其一,法定代表人以外的人无权代表,即某人未被有效委任为法定代表人或者已被解除委任,但却以法定代表人身份代表法人订立合同。尽管《公司法》第13条规定公司法定代表人变更应当办理变更登记,《民法典》第64条也规定法人登记事项发生变化的应当申请变更登记,但这并不表明法定代表人的变更以登记为生效要件。《民法典》第65条中的"不得对抗善意第三人"表明,包括法定代表人在内的法人应登记事项之登记仅具有对抗效力,登记的法定代表人未必是真实的法定代表人。譬如,公司章程规定董事长担任法定代表人,公司股东会选任董事长的决议无效或者被撤销,则被选任者即便已经被登记为法定代表人,其事实上却并非法定代表人。[①] 其二,法定代表人越权代表,即某人被有效委任为法定代表人且未被解任,但代表权受到限制,其超出代表权范围订立合同。

《民法典》第504条仅规定在越权代表情形中相对人为善意时,代表行为有效,未明确规定相对人为恶意时代表行为的效力如何。对此,应解释为效力待定。越权代表行为未必都对被代表人不利,如果被代表人事

---

① 《最高人民法院关于适用〈公司法〉若干问题的规定(四)》第6条之规定表明,只有善意相对人与基于无效或者被撤销决议担任法定代表人之人实施的法律行为才受到法律保护。

后认为代表行为有利可图,理应给予其通过追认使代表行为发生效力的机会,这也符合私法上的鼓励交易原则。因此,相对人为恶意时,越权代表行为的效力应当比照无权代理行为处理。① 以公司为他人担保为例,如果被担保人知道或者因重大过失不知道公司法定代表人越权,则其可以催告公司在 30 日内作出是否追认的表示。关于追认的具体方式,如果系争担保行为的决议权属于股东(大)会,应由股东(大)会事后作出决议;如果系争担保行为的决议权属于董事会,应由董事会事后作出决议。不过,决议毕竟只是公司内部关系中的法律行为,追认则是外部法律行为,所以,尚须由法定代表人依据该决议向被担保人(债权人)表示追认。

法定代表人以外的人实施无权代表行为的,应当准用《民法典》第 504 条和第 171 条之规定。

三、表见代表构成要件的特殊性

表见代表与表见代理的构成要件略有差别。依《民法典》第 61 条第 3 款和第 504 条之规定,表见代表的构成也需要相对人是善意的。所谓相对人善意即相对人不知道行为人对系争合同欠缺代表权,且无过失。如前所述,表见代理中的相对人过失是指轻过失,即没有尽到普通人应有的平均水准的注意。与此不同,对于表见代表的构成应当降低要求②,以满足实践中更高的信赖保护要求,只要相对人并非故意且无重大过失,即可构成表见代表。据此,即便相对人没有尽到平均水准的注意,仍有可能成立表见代表,但如果其没有尽到最低限度的注意,则有重大过失,不成立表见代表。

表见代表在性质上也是信赖保护的法律效果,也需要存在信赖的客体,即权利表象。同时,该权利表象也须可归责于被代表人。在这方面与表见代理一样。只不过,就表见代表而论,代表人的行为满足这两个构成要件通常是显而易见的。在无权代表情形中,只要行为人被登记为法定代表人,即构成代表权表象。《民法典》第 65 条规定:"法人的实际情况与登记的事项不一致的,不得对抗善意相对人。"这表明法人登记簿上关于法定代表人的登记是可资信赖的表象。在越权代表情形中,一般而言,行

---

① 参见朱广新:《法定代表人的越权代表行为》,载《中外法学》2012 年第 3 期。
② 最高人民法院《九民纪要》第 18 条第 2 款关于法定代表人越权担保情形中相对人注意义务"标准不宜太过严苛"之表述已经体现了这种倾向。

为人被登记为法定代表人,也足以构成其对该合同享有代表权之表象,因为代表权通常不受限制。即便法人在事实上通过内部行为对代表权设定限制,该限制也未被登记,外部人通常无从得知,所以形成代表权未受限制之表象。《民法典》第61条第3款关于内部限制不得对抗善意相对人之规定就是这一原理的体现。依风险原则,上述表象显然系由被代表人风险范围内的因素导致,所以应由被代表人承担不利后果。当然,存在特殊情况。如果某种交易的代表权存在法定限制(如《公司法》第16条),则任何人都应当知道此种限制,所以,行为人被登记为法定代表人本身尚不足以表明其对此种交易具有代表权。

【案例解析】按照《公司法》第16条的规定,公司为股东和实际控制人以外的其他人的债务提供担保,须经董事会决议。这表明,公司法定代表人对此类法律行为的代表权受到法定限制。在教学案例中,关某伪造董事会决议,对外订立保证合同,构成越权代表。B银行负责人在订立合同时查看了关某出示的C公司董事会决议,尽到了形式审查义务,如果不能证明其知道该决议系伪造,则应认定其为善意,保证合同构成表见代表,对C公司发生效力。

第八节 使用他人名义实施法律行为

教学案例:甲为了办理手续,把房屋产权证和身份证交给乙,3个月后乙仍未返还证件。乙伪造了一张高仿真的身份证,使用了甲的姓名和自己的照片。乙利用房屋产权证和假身份证,与丙订立合同,把甲的房屋卖给丙,在登记机关完成了房屋过户登记。丙以为乙就是甲本人。丙可否取得房屋所有权?为什么?

一、概念

代理的构成要求代理人"以他人名义实施法律行为"。实践中,除了"以他人名义实施法律行为"之外,还存在另一种情形,即"使用他人名义实施法律行为"。德国民法学者一般将前者称为"Handeln in fremdem Namen",把后者称为"Handeln unter fremdem Namen"。虽然二者仅一字之差,但却被赋予不同的内涵。在代理法上,要求"以他人名义实施法律行为"之目的在于公开代理关系,使代理人的意思表示可以正当地归属于被代理人而不是归属于其自身,从另一方面看,也可以正当地使被代理人而不是代理人成为相对人的交易伙伴,因为相对人知道代理人是为被代理人作出意思表示。① 代理关系公开性之要求在原则上排除了间接(隐名)代理,使得仅以自己名义实施的法律行为原则上不能对他人发生效力。从这个意义上说,"以他人名义实施法律行为"这一要件的主要功能是区分直接代理与间接代理。

一般而言,"以他人名义实施法律行为"意味着行为实施者在行为过程中以文字、言语或者其他方式向相对人表明其自身并非名义载体(Namensträger)而只是名义载体的代理人。② 与此不同,"使用他人名义实施法律行为"表现为:某人在行为过程中未以文字、言语或者其他方式向相对人表明自己并非名义载体,而是努力使自己表现为名义载体本身,即,刻意混淆自己与名义载体之身份,以实现自己的某种利益。

二、使用他人名义实施法律行为的类型

在实践中,使用他人名义实施法律行为有诸多表现形态,大体上可以归结为三种类型,分述如下:

其一,使用未特定化的他人名义实施法律行为。有时,"他人名义"是某个大众化的名字,如张华、王明,甚至是某个纯粹虚构出来的名字,不具有个性化特征。行为实施者在使用该名字时无意将其与某个特定的人联系起来,他只是不想显露自己的真实名字而已。比较典型的是某人到医院做整容手术,为了避免被人知道其做过整容,当时使用了一个虚假的名字,后来整容失败,发生纠纷,医院否认与其存在医疗关系。

其二,借用他人名义实施法律行为,简称借名行为。借名购房、担保物权借名登记、借名持股(代持股)等都属于借名行为。

其三,冒用他人名义实施法律行为,简称冒名行为。如冒名处分不动

---

① Vgl. Hans-Martin Pawlowski, Allgemeiner Teil des BGB, 5. Aufl., 1998, S. 323.
② Vgl. Dieter Medicus, Bürgerliches Recht, 18. Aufl., 1999, S. 53.

产、冒名实施假按揭。

三、使用他人名义实施法律行为效果的判定基准

以上三种使用他人名义实施的法律行为类型在民法上究竟产生何种效果？民法学上对此见解不一，尚未形成清晰的理论架构。①

本书认为，在认定使用他人名义实施法律行为的效果时应当考虑如下因素：其一，相对人的意愿，即相对人是否注重交易伙伴的身份，或者说是否在乎与何人缔结法律行为；其二，名义载体的意愿；其三，相对人是否善意，即其是否知道或者应当知道行为实施者与名义载体并非同一个人；其四，名义载体是否有重大过错，即其是否知道其名义被他人使用；其五，名义被他人使用是否由名义载体控制的风险范围内的因素造成。这五个因素共同构成使用他人名义实施法律行为效果的判定基准体系。

名义载体的意愿与相对人的意愿作为判定基准，其伦理基础在于意思自治原则。如果名义载体愿意与相对人缔结法律行为，而相对人也有此意，则法律行为在双方之间成立并生效。此处所谓"名义载体的意愿"指的是名义载体事后的意愿，即在其知道名义被他人使用后是否愿意对法律行为予以追认。

如果名义载体事后无此意愿，只是相对人单方面有此意愿，则需要考察相对人与名义载体是否善意或者有过错。如果名义载体明知道行为实施者使用其名义实施法律行为而未阻止，那么法律行为应当在名义载体与相对人之间成立并生效，除非相对人当时也是明知道行为实施者与名义载体并非同一个人。因为相对人以为是名义载体向其作出意思表示，而名义载体对该观念的形成有重大过错，理应对此负责，受该意思表示的约束。如果名义载体不知道行为实施者使用其名义实施法律行为，则需要区分两种情况：其一，如果相对人当时知道或者应当知道行为实施者与名义载体并非同一个人，即存在过错，则相对人不受保护，法律行为不能归属于名义载体。其二，如果相对人不知道且不应知道行为实施者与名义载体并非同一个人，即不存在过错，则应当依风险原则决定法律行为应否归属于名义载体。具体言之，如果名义被他人使用是由名义

---

① 学说评析详见杨代雄：《使用他人名义实施法律行为的效果——法律行为主体的"名"与"实"》，载《中国法学》2010年第4期。

载体控制的风险范围内的因素造成的,则法律行为归属于名义载体,因为相对人对使用该名义作出的意思表示产生了值得保护的信赖。否则,该法律行为不能归属于名义载体。

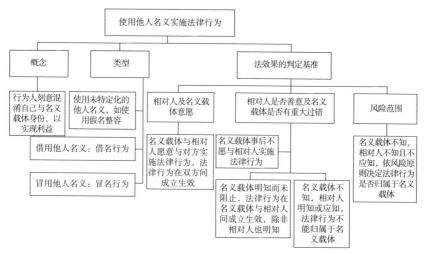

图 12-15　使用他人名义实施法律行为

四、使用他人名义实施法律行为的法律适用

《民法典》并未针对借名行为、冒名行为等设置专门规定。在司法解释层面,《民法典担保制度解释》第 4 条明确规定担保物权借名登记可以使借名人(债权人)取得担保物权。在借名出资(代持股)情形中,《公司法解释(三)》第 24 条第 2 款规定投资权益(而不是股权)归属于借名人,第 3 款则规定借名人请求公司变更股东的须经其他股东半数以上同意(参照《公司法》第 71 条第 2 款股权转让之规定),第 25 条则规定名义股东处分股权的,参照无权处分与善意取得规则处理,第 26 条第 1 款又规定不履行出资义务的责任由名义股东承担。该司法解释究竟是否承认借名出资行为的效果归属于借名人,态度并不明朗。按照最高人民法院《九民纪要》第 28 条的规定,有限责任公司其他股东过半数知道实际出资事实且对其实际行使股东权利未曾提出异议的,对实际出资人向公司提出的登记为股东的请求,人民法院应予支持。该条似乎表明,在一定前提下借名出资行为的效果归属于借名人,借名人相对于公司而言取得股东

权利。

关于冒名出资,《公司法解释(三)》第 28 条规定由冒名人承担股东责任,名义股东不承担责任,这表明冒名出资行为的效果不能归属于名义股东。①

对于司法解释尚未规定的其他类型借名行为或者冒名行为,有的问题可以类推适用《民法典担保制度解释》第 4 条或者《公司法解释(三)》第 28 条,有的问题只能类推《民法典》第 171 条、第 172 条关于无权代理与表见代理的规定。②

> **【案例解析】**在教学案例中,乙实施冒名行为,处分了甲的房屋所有权。相对人丙的意愿是与房屋所有权人甲实施法律行为,甲事前与事后皆无意与丙实施法律行为。丙在交易时查看了乙持有的房屋产权证和身份证,该身份证虽系伪造,但因使用高仿真技术,普通人难以识别真伪,考虑到已经顺利通过登记机关的审查,所以应认定丙没有过失,为善意相对人。甲将产权证和身份证交给乙,虽事出有因,但 3 个月后仍未收回,导致乙有机会从容造假并实施冒名处分行为,依据风险原则,甲具有可归责性。因此,依冒名行为基本原理,乙实施的冒名处分行为归属于甲,应类推表见代理规则,保护丙的信赖,使其取得房屋所有权。之所以不宜适用善意取得规则,是因为在将处分行为归属于甲的情况下,甲对房屋有处分权,并非无权处分,不符合善意取得的前提。即便将处分行为视为乙的法律行为,由于乙并未被登记为房屋所有权人,不发生关于乙享有处分权的登记公信力,所以也不符合善意取得的前提。

---

① 在涂某某等与许某某等股权纠纷案,最高人民法院(2011)民提字第 78 号民事判决书中,最高人民法院认为冒名出资人是股权的权利人,其向第三人转让股权系有权处分。

② 类推适用无权代理与表见代理规则处理冒名行为的判例,参见廖某与上海银行股份有限公司普陀支行储蓄存款合同纠纷案,上海市高级人民法院(2019)沪民申 1281 号民事裁定书。

第五编

民法总论

权利救济

第十三章 权利救济

第一节 救济请求权

教学案例：甲是 A 地块的物权人，乙是 B 地块的物权人。甲种的一棵树的树根延伸到 B 地块里，挤瘪了乙埋在地下的水管。乙对甲享有何种请求权？

一、基于绝对权的请求权

（一）基于绝对权的请求权与民事责任的区分

物权、人格权、知识产权等属于绝对权，权利内容主要体现为权利人以法律允许的各种方式支配权利客体。圆满状态是不受侵害、干扰的支配。当此种圆满状态因他人的侵害、干扰而不复存在时，权利人有权请求该他人为或者不为一定的行为，使权利回复到圆满状态。此项请求权即为基于绝对权的请求权（Ansprüche aus absoluten Rechten）[1]，学理上又称之为绝对权请求权[2]或者支配权请求权[3]。

在民法上，除基于绝对权的请求权之外，救济性请求权还有基于侵权行为或者债务不履行的请求权，从义务人的角度看，即侵权责任与债务不履行责任，我国学说与立法将其统称为民事责任。关于两种请求权的关系，我国民法学界存在"一元说"与"二元说"之争。"一元说"试图把基于绝对权的请求权纳入民事责任范畴，作为民事责任（侵权责任）的一种形

---

[1] Vgl. Jörg Neuner, Allgemeiner Teil des bürgerlichen Rechts, 12. Aufl., 2020, S. 245.
[2] 参见崔建远：《绝对权请求权抑或侵权责任方式》，载《法学》2002 年第 11 期。
[3] 参见马俊驹：《民法上支配权与请求权的不同逻辑构成——兼论人格权请求权之独立性》，载《法学研究》2007 年第 3 期。

式,从而否定了基于绝对权的请求权在民事权利救济制度中的独立性。[①]"二元说"则坚持认为基于绝对权的请求权与民事责任是两种相互独立的权利救济请求权。[②]

本书采"二元说"。基于绝对权的请求权与民事责任(侵权责任)是互不相同的两个概念,二者源于不同的制度传统,而且在适用范围、构成要件等方面都存在差别。

首先,从制度传统看,侵权责任源于罗马法中的私犯(delictum)之债,而基于绝对权的请求权则源于罗马法中的"要求返还所有物诉权"(rei vindicatio)与"排除妨害诉权"(negatoria)。私犯是一种犯罪,其与公犯相对应。公犯科以公共刑罚,私犯科以私刑,其形式包括死刑、同态复仇、鞭笞、罚金、赔偿(由赎罪金演变而来)等。[③] 显然,私犯责任具有很强的制裁性,体现了法律对于行为人的非难、谴责。现代大陆法系民法将罗马法中的私犯改造为侵权责任,只保留了损害赔偿这种责任形式,但"侵权责任"这个概念仍然包含着一定的非难因素,其仍然着眼于对不法行为的否定性评价。"要求返还所有物诉权"与"排除妨害诉权"都属于对物诉权。行使这两种对物诉权时,原告只要证明自己对于标的物享有所有权以及标的物被他人无权占有或者妨害即可胜诉。其着眼点在于保护所有权,而不是对他人行为的非难。19世纪中期,温德沙伊德把罗马法中的诉权改造为请求权。"要求返还所有物诉权"与"排除妨害诉权"被其统称为所有权请求权,是物权请求权的一种。其还特别指出,物的损害赔偿请求权在性质上不属于所有权请求权,因为它的产生以损害赔偿的一般原则为依据而非以所有权为依据。[④]

其次,基于绝对权的请求权与侵权责任的适用范围有所不同。一方面,侵权责任适用于加害行为,而基于绝对权的请求权除适用于加害行为

[①] 参见魏振瀛:《〈民法通则〉规定的民事责任——从物权法到民法典的规定》,载《现代法学》2006年第3期。

[②] 参见崔建远:《绝对权请求权抑或侵权责任方式》,载《法学》2002年第11期;王轶:《物权保护制度的立法选择——评〈物权法草案〉第三章》,载《中外法学》2006年第1期。

[③] 参见〔意〕朱塞佩·格罗索:《罗马法史》,黄风译,中国政法大学出版社1994年版,第129—133页。

[④] Vgl. Bernhard Windscheid, Lehrbuch des Pandektenrechts, Bd. I, 6. Aufl., 1887, S. 662-676.

之外,还适用于造成权利妨害的某个设施或者物品。另一方面,就加害行为而言,侵权责任只适用于已经发生的加害行为,而基于绝对权的请求权还可以适用于即将发生的加害行为,比如消除危险请求权。

最后,基于绝对权的请求权与侵权责任的构成要件不同。侵权责任一般以行为人的主观过错为构成要件,只有一些特殊侵权责任才实行无过错责任原则。与此不同,基于绝对权的请求权不以行为人或者致害设施所有权人的过错为要件。

以上分析表明,基于绝对权的请求权有其独特的品性,其与侵权责任是相互独立的概念,二者同为权利救济方式。从本质上看,基于绝对权的请求权是权利效力的体现或者说外部化。按照请求权概念创造者温德沙伊德的见解,请求权是权利的一个方向,权利人据此可以支配他人的意志,排除他人干扰与无权占有的请求权是所有权的权能,是它的消极方面。① 现代民法学者也持同样的观点,在论述物权的权能时,一般都把排除他人干涉视为物权的消极权能。② 梅迪库斯更是明确指出,物权请求权是物权的实现,而侵权损害赔偿请求权则不是物权的实现。③

《民法典》在这个问题上的立场模棱两可,一方面在物权编规定了返还原物请求权、排除妨害请求权、消除危险请求权等物权请求权(第235、236条),另一方面在总则编的第179条规定民事责任形式包括停止侵害、排除妨碍、消除危险,人格权编的第995条以及侵权责任编的第1167条亦有类似规定。在解释上,应将此类所谓的民事责任形式理解为与《民法典》第235、236条规定的物权请求权具有相同性质的请求权,即基于绝对权的请求权。

---

① Vgl. Bernhard Windscheid, Lehrbuch des Pandektenrechts, Bd.I, 6. Aufl., 1887, S. 560.
② 参见〔德〕曼弗雷德·沃尔夫:《物权法》(第18版),吴越、李大雪译,法律出版社2002年版,第29页。
③ Vgl. Dieter Medicus, Buergerliches Recht, 18. Aufl., 1999, S. 309-310.

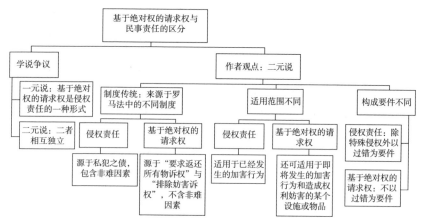

图 13-1　基于绝对权的请求权与民事责任的区分

(二) 基于绝对权的请求权的类型

1. 以原权性质为准的分类

通说认为,物权、知识产权、人格权、身份权皆可产生自我救济请求权,即物权请求权、知识产权请求权、人格权请求权、身份权请求权。股权、社员权等绝对权亦可产生自我救济请求权。至于继承权可否产生此种请求权,则有疑问。从比较法看,大陆法系很多国家或者地区的民法都规定"遗产请求权""继承回复请求权"之类的旨在保护继承权的请求权。学者多认为此种请求权在性质上与物权请求权相同。①

2. 以内容为准的分类

各种原权利受害的方式有所不同,因此,其所产生的基于绝对权的请求权在内容上也有所区别。就物权而言,返还原物、排除妨害、消除危险请求权无疑是物权请求权类型。反之,《民法典》第 234 条规定的确认物权请求权以及第 237 条规定的恢复原状请求权则不属于物权请求权,因为请求确认物权的人未必是真正的物权人,而恢复原状则是本来意义上的损害赔偿。

【深化与拓展】就知识产权而言,我国学者多认为停止侵害

---

① 参见〔日〕近江幸治:《民法讲义Ⅱ:物权法》,王茵译,北京大学出版社 2006 年版,第 22 页;史尚宽:《民法总论》,中国政法大学出版社 2000 年版,第 27 页。

请求权、消除危险请求权是知识产权请求权的类型。① 有疑问的是,消除侵权或者预备侵权的手段是否属于知识产权请求权类型。此类手段如销毁、封存、禁止制造用于生产专利产品的专门工具、模具等,实际上也属于消除危险请求权之内容,因为这些工具、模具的存在已经对他人的知识产权构成威胁,权利人行使消除危险请求权就可以回复知识产权的圆满状态。

就人格权与身份权而言,停止侵害请求权、消除危险请求权显然是基于绝对权的请求权。有疑问的是,恢复名誉、消除影响、赔礼道歉是否属于基于绝对权的请求权。② 恢复名誉、消除影响适用于人格权侵害,应为基于绝对权的请求权之内容,但二者可以纳入排除妨害请求权范畴。加害人发表不真实言论有损于他人的名誉,尽管其发表言论之行为可能已经结束,但其言论在公众精神世界中的继续存在或者传播状态仍然对他人的名誉构成妨害,需由其积极地以公开方式对不实言论予以澄清或者更正,才能终止对名誉的妨害状态。所以,受害人此时可以行使排除妨害请求权,要求加害人澄清事实或者更正言论。如果加害人擅自使用他人姓名、名称、肖像或者泄露他人隐私,给权利人造成不良影响,权利人可以请求收回或者销毁有关的资料、物品、设施,必要时也可请求加害人发布声明,这些措施实际上也属于排除妨害。赔礼道歉并非基于绝对权的请求权,它是在已经造成人格权或者其他权利损害结果的情况下,对受害人予以精神上的慰藉,其适用的前提是加害人存在过错,反映了国家、社会对其不法行为的谴责③,显然属于民事责任的形式。

从术语上看,我国民法中的排除妨害请求权、消除危险请求权、停止侵害请求权之间的关系不是特别清晰。所谓的消除危险请求权实际上相当于《德国民法典》第1004条第1款第2句规定的妨害防止请求权(Unterlassungsanspruch,不作为请求权)。德国民法上的妨害防止请求权既可

---

① 参见吴汉东:《试论知识的"物上请求权"与侵权赔偿请求权——兼论〈知识产权协定〉第45条规定之实质精神》,载《法商研究》2001年第5期。
② 参见杨立新、袁雪石:《论人格权请求权》,载《法学研究》2003年第6期。
③ 参见王利明:《民法总则研究》,中国人民大学出版社2003年版,第299、300页。

以针对已经发生且将继续发生的妨害,也可以针对尚未发生但将来可能发生的妨害。① 我国民法上所谓的停止侵害请求权针对的是正在发生的侵害知识产权、人身权的行为或者状态,从内容看,实际上与排除妨害请求权并无区别。

综上,以内容为准的基于绝对权的请求权应当整合为排除妨害请求权、消除危险请求权(妨害防止请求权)、返还原物请求权。其中前两种请求权适用于各种民事权利,第三种请求权一般适用于物权。

【案例解析】在教学案例中,甲的树根越界,尽管甲对此没有过错,但其树根妨害了乙的土地物权,乙对甲享有排除妨害请求权,可请求甲切除越界的树根。这是基于绝对权的请求权,不以过错为要件。

二、损害赔偿请求权

(一) 类型

物权、知识产权、人格权等绝对权受侵害的,除发生基于绝对权的请求权之外,还可能发生损害赔偿请求权。损害赔偿请求权除用于救济绝对权之外,还可用于救济债权,某些条件下甚至可用于保护占有、法益以及纯粹财产(经济)利益(纯粹经济损失赔偿)。就债权而论,债务人不履行债务的,需向债权人承担损害赔偿责任。据此,损害赔偿请求权有两种基本类型:侵权损害赔偿请求权与债务不履行损害赔偿请求权。

典型的债务不履行责任是违约责任,即合同当事人不履行合同债务而承担的责任。除此之外,侵权损害赔偿债务、不当得利返还债务、无因管理债务等法定债务被违反的,也能产生债务不履行责任。缔约过失责任在本质上也是债务不履行责任,因为作为责任基础的先合同义务也是一种债务。② 情谊行为中的损害赔偿责任要么是侵权责任,要么是债务(保护义务)不履行责任。

除上述两种基本类型之外,私法上还存在某些特别损害赔偿请求权,如所有人—占有人关系(EBV)中的损害赔偿请求权、相对人对无权代

---

① 参见〔德〕鲍尔、〔德〕施蒂尔纳:《德国物权法》(上册),张双根译,法律出版社2004年版,第241页。

② Vgl. Looschelders, Schuldrecht AT., 18. Aufl., 2020, S. 62.

理人的损害赔偿请求权等。

从功能上看,损害赔偿包括填补性损害赔偿与惩罚性损害赔偿。通常意义上的损害赔偿都是填补性损害赔偿,旨在填补受害人遭受的损害,遵循"损失多少赔偿多少"原则。例外情况下,损害赔偿具备一定的惩罚功能,行为人有义务支付高于损失额的赔偿金。《民法典》第1185条、第1232条以及《消费者权益保护法》第55条、《食品安全法》第148条等规定了惩罚性损害赔偿请求权。

从保护的利益上看,损害赔偿包括物质(财产)损害赔偿与精神(非财产)损害赔偿。物质(财产)损害是指能够以金钱计算的损害。无论财产权受侵害还是人格权受侵害,都能产生此种损害。后者如被打伤后的治疗费损失和误工损失。精神(非财产)损害是指不能以金钱计算的损害,即精神或者肉体上的痛苦。[①] 精神损害仅在例外情况下才适用金钱赔偿(《民法典》第996条、第1183条)。

(二) 归责原则

损害赔偿的归责原则包括过错原则与无过错原则。过错原则是指仅当致害人(加害人)具有过错的情况下才需承担损害赔偿责任的原则。无过错原则是指即便致害人没有过错仍需承担损害赔偿责任的原则,易言之,致害人承担严格责任。过错推定责任(《民法典》第1165条第2款)在本质上也是一种过错责任,其特殊之处在于采用证明责任倒置,由致害人负责证明自己无过错,不能证明的,即可认定责任成立。

现代民法中的损害赔偿以过错原则(《民法典》第1165条第1款)为主,以无过错原则(《民法典》第1166条)为辅,个别情况下采用公平责任,即由均无过错的双方当事人分担损失(《民法典》第1186条)。

(三) 赔偿方式

依差额说,损害是指损害事件发生前与损害事件发生后受害人利益状态的负差额(negativer Saldo)。[②] 因此,损害赔偿的目标是使受害人的利益状态恢复到损害事件发生前的状态。通俗地说,受害人原先有什么,赔偿后其也有什么。例如,甲将乙车的油漆刮掉了,应负责将乙的车

[①] 参见王泽鉴:《损害赔偿》,北京大学出版社2017年版,第239页。
[②] Vgl. Looschelders, Schuldrecht AT., 18. Aufl., 2020, S. 369.

漆修补如初;甲将乙的陶瓷杯打碎了,应负责为乙购买一个相同的陶瓷杯;甲将乙的手机偷走,应负责将手机返还给乙(侵权损害赔偿请求权与物权请求权竞合);甲将乙打伤了,应负责将乙的伤治好。此即损害赔偿法上的恢复原状(Naturalrestitution)原则。依该原则,本来意义上的损害赔偿就是恢复原状,具体方式包括修复(也包括健康修复即治疗)与购买替代物。受害人也可以自己修复或者购买替代物并请求致害人赔偿为此支出的费用,此亦符合恢复原状原则。

恢复原状意义上的损害赔偿保护的是受害人的维持利益或者说完整利益(Integritätsinteresse)。此种利益不同于价值利益。价值利益损失是指损害标的之金钱价值减少,比如,一辆旧车在遭受损害前后的评估价之差额。依恢复原状原则,致害人有义务将该旧车修复如初,而非仅支付该旧车在遭受损害前后的评估价之差额。即便修复费用超出评估价之差额,亦然。① 仅当不能恢复原状(如特定物灭失)或者恢复原状费用显然过高时,才例外地适用价值赔偿。

我国《民法典》第1179条关于人身权损害赔偿的规定遵循了恢复原状原则。反之,第1184条关于财产权损害赔偿的规定则倾向于价值赔偿。在解释上,应将该条中的"其他合理方式"解释为包括依修复费用或者重置费用计算损害赔偿额,从而贯彻恢复原状原则。《民法典》第179条第1款第5项以及第237条规定的恢复原状属于本来意义上(广义)的损害赔偿,而《民法典》第179条第1款第8项规定的赔偿损失则应解释为金钱损害赔偿,后者包括恢复原状所需费用的赔偿与价值赔偿。

以上原则主要适用于侵权责任。就债务不履行责任而论,需赔偿的主要是履行利益损失,赔偿目标是使债权人获得其在债务被履行的情况下本应获得的利益,赔偿方式是金钱赔偿。

【案例解析】在教学案例中,甲的树根挤瘪了乙的水管,给乙造成损害,但由于甲对此并无过错,所以乙对甲并无侵权损害赔偿请求权。当然,如果乙此前发现甲的树根越界并请求甲切除,但甲不予理睬,导致树根继续延伸并挤瘪了水管,则甲有过错,须向乙承担侵权损害赔偿责任。

---

① 参见王泽鉴:《损害赔偿》,北京大学出版社2017年版,第115页。

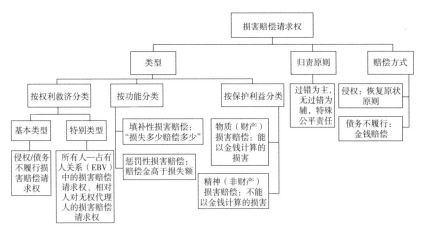

图 13-2　损害赔偿请求权知识脉络

第二节　私力救济

教学案例 1：甲为精神障碍者。某日,甲在小区里的路上突然发作,抬手殴打路过的邻居乙。乙在躲避过程中从地上抓起一块砖头把甲的头砸伤。乙知道甲为精神障碍者。甲对乙是否享有侵权损害赔偿请求权?

教学案例 2：甲的虎斑猫扑向乙挂在门口的一条鲈鱼,乙随手拿起木棍将虎斑猫打成重伤。甲对乙是否享有侵权损害赔偿请求权?

一、概念

权利人通过法院或者仲裁机构主张基于绝对权的请求权或者损害赔偿请求权,此为权利的公力救济。公力救济以国家公权力为后盾,更具确定性,更有利于维护法秩序的安定。当然,在某些紧急情况下,权利人来不及寻求公力救济,法律允许权利人以自己的力量保护权利,此为私力救济(自力救济)。

私力救济包括正当防卫、紧急避险与自助行为。正当防卫与紧急避险旨在保护绝对权或者类似法益,自助行为旨在实现请求权。私力救济具有合法性,因私力救济行为对他人造成损害的,行为人无需承担侵权责任。

二、正当防卫

正当防卫,亦可称为紧急防卫,是指为使自己或者他人免于遭受正在发生的不法侵害而对加害人的人身或者财产施加必要的侵害。

(一) 构成要件

1. 防卫人或者他人的权益正在遭受侵害

遭受侵害的权益包括所有权、他物权、人格权等。占有遭受侵害的,占有人可以进行自力防御,制止侵害行为,此即占有防卫(Besitzwehr),其本质上也是一种正当防卫。遭受侵害的权益可以是防卫人自己的权益,也可以是第三人的权益。为保护第三人的权益而进行正当防卫,在学理上被称为紧急援助(Nothilfe)。[①] 按照《民法典总则编若干问题的解释》第30条的规定,防卫人保护的利益还包括国家利益和社会公共利益。

侵害必须具有现时性,即侵害已经开始且尚未结束。如果只是预感到他人可能要实施侵害,则不得"先发制人",提前进行防卫。例如,甲、乙在争吵过程中,乙转身进屋,甲预判乙打算进屋拿刀砍自己,遂操起木棍将乙打倒,甲的行为不构成正当防卫。如果侵害行为已经结束,则进行防卫无济于事,受害人应当通过公力救济或者自助行为实现救济请求权。侵害行为已经结束,既包括侵害人已经完成侵害行为,也包括侵害行为已经因为受害人或者第三人的正当防卫行为而被制止,不能继续实施。后者如侵害人已被打倒在地且丧失攻击能力。

2. 防卫行为所针对的侵害是不法的

某些侵害具有合法性,譬如警察在抓捕嫌疑犯时与其搏斗、受害人对加害人进行正当防卫。此类合法侵害行为的受害人(如嫌疑犯)或者第三人不得进行防卫。例如,甲正在对乙实施抢劫,乙奋起反抗,路人丙看到乙正在殴打甲,遂"见义勇为",上前与乙搏斗,将乙打伤,丙的行为不构成正当防卫。

[①] 参见〔德〕汉斯·布洛克斯、〔德〕沃尔夫·迪特里希·瓦尔克:《德国民法总论》(第41版),张艳译,中国人民大学出版社2019年版,第305页。

防卫行为所针对的侵害行为不以过错行为为必要。通说认为,对于无过错侵害行为,也适用正当防卫。所以,对于精神病人、小孩、严重醉酒者实施的侵害行为,只要行为人尚有自然的行为意思(natürlicher Handlungswille),受害人也可以进行正当防卫。当然,此种情形中的正当防卫权受到严格限制。如果可以通过躲避或者劝导避免损害,则不得进行正当防卫。① 在不能通过此类措施避免损害的情况下,也应尽量选择比较适当的防卫措施。在完全无意识状态下或者因条件反射做出致害动作的,该动作因欠缺自然的行为意思而不构成行为,所以受害人不得进行正当防卫,只能进行紧急避险。②

【案例解析】在教学案例 1 中,精神障碍者甲在路上殴打乙,乙知道甲为精神障碍者,所以,在能够躲避的情况下,不得进行正当防卫。即便乙当时来不及躲避,也应选择用手抵挡而非用石头砸伤甲。因此,乙在躲避过程中抓起石头砸伤甲的头,不构成正当防卫,甲对乙享有侵权损害赔偿请求权。

3. 防卫行为是必要的

按照《民法典总则编若干问题的解释》第 31 条第 1 款的规定,对于正当防卫是否超过必要的限度,人民法院应当综合不法侵害的性质、手段、强度、危害程度和防卫的时机、手段、强度、损害后果等因素判断。对于轻微或者"舒缓"的侵害,通常无需以剧烈的措施予以防卫。在确定防卫行为是否必要时,原则上无需权衡发生冲突的法益。为了保护较低价值的法益而损害较高价值的法益,并无不可。③ 权利人为了阻止侵害人夺走 100 元钱而将其打伤,亦构成正当防卫,除非当时可以通过程度更轻的防卫措施达到相同的目的。

如果防卫行为欠缺必要性,则该行为不构成正当防卫或者构成防卫过当。按照《民法典总则编若干问题的解释》第 31 条第 3 款的规定,侵害行为人不能证明防卫行为造成不应有的损害,仅以正当防卫人

---

① Vgl. Eberhard Wagner, in: Erman Kommentar BGB, 15. Aufl., 2017, §227 Rn. 14a.
② Vgl. Eberhard Wagner, in: Erman Kommentar BGB, 15. Aufl., 2017, §227 Rn. 4.
③ 参见〔德〕汉斯·布洛克斯、〔德〕沃尔夫·迪特里希·瓦尔克:《德国民法总论》(第 41 版),张艳译,中国人民大学出版社 2019 年版,第 304 页。

采取的反击方式和强度与不法侵害不相当为由主张防卫过当的,人民法院不予支持。

(二) 法律效果

正当防卫具有合法性,所以,无论在刑法上还是在民法上,正当防卫皆为免责事由。构成防卫过当的,应由正当防卫人在造成不应有的损害范围内承担部分责任。此外,对于正当防卫行为不能进行正当防卫,已如前述。反之,在侵害行为不构成正当防卫或者构成防卫过当的情况下,行为人须承担相应的侵权责任。依通说,该侵权责任为过错责任,要求行为人对于其行为是否符合正当防卫的构成要件、是否超出必要限度的判断与掌控存在过错。①

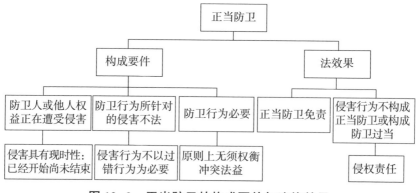

图 13-3　正当防卫的构成要件与法律效果

三、紧急避险

(一) 概念

紧急避险是指为避免自己或者他人的人身、财产权益因急迫危险而遭受损害,在必要限度内对他人权益施加侵害。

紧急避险可以分为防御性紧急避险与攻击性紧急避险。② 前者是指对造成损害危险的物采取避险措施,如甲的狗在独自外出的过程中袭击

---

① Vgl. Reinhard Bork, Allgemeiner Teil des Bürgerlichen Gesetzbuchs, 4. Aufl., 2016, S. 151.

② Vgl. Jörg Neuner, Allgemeiner Teil des bürgerlichen Rechts, 12. Aufl., 2020, S. 272.

乙,乙将狗打伤;后者是指对造成损害危险的物以外的其他权益采取避险措施,如在上例中,乙在躲避狗的过程中将丙的货摊撞倒,致使若干货物摔坏。

紧急避险与正当防卫都旨在避免权益遭受损害,二者的区别在于:首先,正当防卫系针对不法侵害行为,而紧急避险所针对的危险可能因不法侵害行为产生,也可能并非因不法侵害行为产生;其次,在危险因不法侵害行为产生的情况下,紧急避险行为损害的并非不法侵害人的人身或者其侵害所用之物,而是损害其他权益,尤其是第三人的权益,反之,对于不法侵害行为,正当防卫行为损害的是不法侵害人的人身或者其侵害所用之物。譬如,在上例中,若甲故意纵狗袭击乙,乙将狗打伤,乙的行为构成正当防卫;若乙随手拿起一根甲的手杖打狗,打伤狗的同时手杖断裂,则就手杖损坏而言,乙的行为构成紧急避险。

(二) 构成要件

1. 避险人或者第三人面临急迫危险

避险人既可以为保护自己的权益而避险,也可以为保护第三人的权益而避险。按照《民法典总则编若干问题的解释》第32条的规定,避险人保护的利益还包括国家利益和社会公共利益。在实施避险行为时,避险人自己或者第三人须面临急迫危险。所谓急迫危险是指情况紧急,若不立即采取避险措施,则避险人或者第三人的人身、财产权益将遭受损害。危险的来源可能是人的行为,如暴徒追砍行人、司机操作失误导致汽车冲向人行道,也可能是自然原因,如野兽攻击、洪水暴发。

2. 避险行为为防止危险所必要

面临危险时,如果存在其他更为合适的措施可以避免损害,则避险人采取的避险措施不构成紧急避险。当然,鉴于避险人当时处于紧急情况,对其在避险措施选择上的合理性不能要求过高,尤其在防御性紧急避险的情形中,只要不存在显然更为合适的其他措施,即可认定避险行为构成紧急避险。按照《民法典总则编若干问题的解释》第33条第1款的规定,对于紧急避险是否采取措施不当或者超过必要的限度,人民法院应当综合危险的性质、急迫程度、避险行为所保护的权益以及造成的损害后果等因素判断。

紧急避险是一个行为,不包括无意识的身体运动。甲撞击乙,乙的身体失去平衡从而摔倒,倒地时压坏了丙的物品。乙的身体压坏丙的物品并非一个行为,所以不构成紧急避险。乙应否赔偿丙的损失,需要评判乙是否具有过失。

3. 避险造成的损害与危险可能造成的损害合乎比例

避险造成的损害除财产损害之外,可否包括人身损害,不无疑问。从比较法看,《德国民法典》第228条、第904条仅规定紧急避险造成他人之物的损害,紧急避险造成他人的人身损害须符合刑法上的紧急避险之规定(一般避险)。① 我国民法学说有主张紧急避险行为不得以他人的人身权益为侵害对象的②,也有主张可以以他人的人身权益为侵害对象的③。相较之下,第二种观点更为合理。虽然避险人在避险时应当尽量选择牺牲他人的财产利益,但在无可选择或者来不及作出选择的紧急情况下,一概不允许避险人通过牺牲他人的人身利益来保护自己,显然不合情理。例如,甲骑自行车,为躲避闯红灯的汽车,紧急向旁躲闪,撞伤行人乙,应当认定甲的行为构成紧急避险,法律上没有理由要求甲当时为了避免撞伤行人而坐以待毙。

关于避险造成的损害与危险可能造成的损害的比例,需要区分防御性紧急避险与攻击性紧急避险。就防御性紧急避险而论,避险造成的损害可以大于危险可能造成的损害,但不能大得不成比例。反之,就攻击性紧急避险而论,危险可能造成的损害须不成比例地大于避险造成的损害,才构成紧急避险。④ 之所以如此,是因为攻击性紧急避险的危险并非来源于避险行为所针对的物或者人,法律仅允许避险人为了避免比较严重的损害而比较轻微地牺牲无辜者。

【案例解析】在教学案例2中,乙为了保护一条鲈鱼,用木棍把甲的虎斑猫致其重伤,避险造成的损害与危险可能造成的损

---

① Vgl. Jörg Neuner, Allgemeiner Teil des bürgerlichen Rechts, 12. Aufl., 2020, S. 275.
② 参见梁慧星:《民法总论》(第5版),法律出版社2017年版,第288页;李永军:《民法总则》,中国法制出版社2018年版,第516、517页。
③ 参见黄薇主编:《中华人民共和国民法典总则编解读》,中国法制出版社2020年版,第597页;王利明主编:《中华人民共和国民法总则详解》,中国法制出版社2017年版,第841页(黄忠执笔);陈聪富:《民法总则》,元照出版有限公司2016年版,第445页。
④ 参见〔德〕汉斯·布洛克斯、〔德〕沃尔夫·迪特里希·瓦尔克:《德国民法总论》(第41版),张艳译,中国人民大学出版社2019年版,第306页。

害显然不成比例,所以乙的行为不构成紧急避险。对于虎斑猫的伤害,甲对乙享有侵权损害赔偿请求权。

(三) 法律效果

紧急避险阻却避险人侵害行为的违法性,所以避险人无需为其行为承担侵权责任。依据《民法典》第182条第3款的规定,因避险过当造成不应有的损害的,避险人应承担适当的民事责任。按照《民法典总则编若干问题的解释》第33条第2款第2句的规定,紧急避险采取措施不当或者超过必要限度的,人民法院应当根据紧急避险人的过错程度、避险措施造成不应有的损害的原因力大小、紧急避险人是否为受益人等因素,认定紧急避险人在造成的不应有的损害范围内承担相应的责任。

对于紧急避险行为给受害人造成的损害,应由引起险情发生的人承担民事责任。引起险情发生的人可能是避险人自己,也可能是避险行为所保护的第三人,还可能是其他第三人。第一种情形如乙挑逗甲的狗导致该狗对其进行攻击,乙在躲避过程中撞毁丙的蛋糕,乙虽然无需为其紧急避险行为承担侵权责任,但仍须为其险情引发行为向丙承担民事责任。

险情由野兽攻击、山洪暴发等自然原因引起的,避险人对受害人不承担侵权责任。依据《民法典》第182条第2款的规定,避险人可以给予受害人适当补偿。此种情形通常属于攻击性紧急避险,从比较法看,在德国法上,攻击性紧急避险人的侵害行为虽无违法性,但《德国民法典》第904条第2句仍规定受害人对避险人享有损害赔偿请求权。我国《民法典》第182条第2款中的"可以给予适当补偿"若解释为避险人可以自由决定是否给予适当补偿,则受害人对其不享有损害赔偿请求权;反之,若解释为法官可以判决由避险人给予适当补偿,则受害人对避险人享有补偿请求权。此外,在避险行为保护的是避险人自己利益的情况下,避险人以牺牲受害人的利益为代价使自己免于损害,紧急避险虽阻却侵权责任的构成,但不应阻却不当得利的构成,所以受害人对避险人享有不当得利返还请求权。如果避险行为保护的是第三人的利益,则受害人对该受益第三人享有不当得利返还请求权。

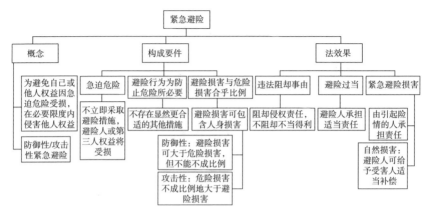

图 13-4 紧急避险的知识脉络

四、自助行为

(一) 概念

自助行为是指在紧急情况下为了保障请求权的实现,权利人对义务人的自由、财产加以拘束、扣留或者毁损之行为。

请求权原则上须通过起诉、申请强制执行等公力救济途径实现。若允许任意借助私力(强掏债务人的腰包或者将其关押)实现请求权,则将导致暴力肆虐,破坏社会秩序,违背法治原则。当然,在紧急情况下,权利人来不及寻求公力救济且其请求权面临难以实现之危险时,应例外允许其借助自己的力量保障请求权的实现。

《民法典》第1177条规定了适用于侵权法领域的自助行为。

(二) 构成要件

1. 存在可行使的请求权

自助行为人须对义务人享有请求权。依文义解释及体系解释,《民法典》第1177条中的自助行为仅适用于侵权请求权。从法价值看,没必要将适用自助行为的请求权限定于侵权请求权,合同请求权、不当得利返还请求权、物权请求权等应类推适用《民法典》第1177条中的自助行为规则。

自助行为人的请求权须可行使。如果请求权因义务人享有诉讼时效抗辩等权利阻碍抗辩而不能行使,则权利人不得通过自助行为实现请求权。

与正当防卫、紧急避险不同,通过自助行为保障其实现的请求权须归属于行为人自己,行为人不得为保障他人请求权的实现而实施自助行为。请求权人临时委托第三人实施自助行为的,该第三人成为请求权人的辅助人,其实施的自助行为归属于请求权人,一如履行辅助人的履行行为归属于债务人。例如,甲的自行车被盗,某日,甲的朋友乙看见丙将该自行车停在商店门口,乙立即电话告知甲,甲委托乙对丙实施自助行为。

2. 权利人来不及寻求公力救济

虽有可行使的请求权,但权利人有充足的时间通过起诉、申请强制执行等手段实现请求权的,不得实施自助行为。

3. 不实施自助行为将导致请求权的实现落空或者变得极其困难

实施自助行为时的情况急迫,若不立即采取措施,义务人将逃脱甚至出境,虽然请求权依然存在,但其无从实现或者难以实现。

4. 行为人采取的措施适当

权利人可以根据情况对义务人采取暂时限制人身自由、扣留财物、取走财物、毁损财物等措施。如果义务人对此类措施进行抵抗,权利人有权以必要的动作制止该抵抗行为,因为义务人对于权利人的自助行为负有容忍义务。自助措施不得超出为保障请求权实现所必要的限度,能够通过损害较小的措施达到目的的,就不得采用损害较大的措施。

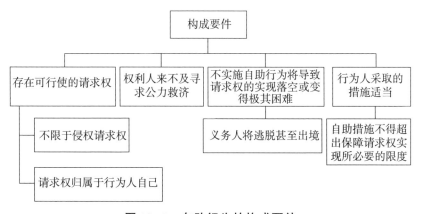

图 13-5 自助行为的构成要件

(三) 法律效果

自助行为具有阻却违法性的效果。对于自助行为,义务人不得进行正当防卫。自助行为造成义务人损害的,权利人无需承担侵权责任。当然,自助行为的阻却违法性效果只是暂时的,其仅为请求权的临时保障手段。按照《民法典》第 1177 条第 1 款第 2 分句的规定,采取自助措施后,权利人应当立即请求有关国家机关处理。据此,如果权利人迟延寻求公力救济,则限制人身自由、扣留财物等自助措施在迟延期间的违法性不能被阻却,所以构成侵权行为,权利人须就此向义务人承担侵权责任。当然,如果在采取自助措施后,义务人于短时间内履行了义务,则权利人无需请求有关国家机关处理,义务人不得以权利人未请求有关国家机关处理为由要求其承担侵权责任。

权利人采取的措施不符合前述自助行为构成要件的,其行为构成侵权行为,须承担侵权责任。权利人误以为符合自助行为构成要件的,即便其对于该错误认识的发生并无过错,仍应承担侵权责任。权利人的无过错责任意味着其应自担自助失误的风险。①

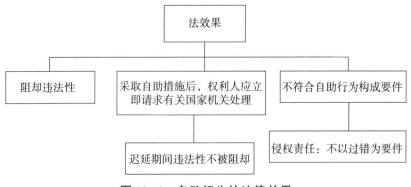

图 13-6 自助行为的法律效果

---

① Vgl. Reinhard Bork, Allgemeiner Teil des Bürgerlichen Gesetzbuchs, 4. Aufl., 2016, S. 159.

第六编

民法总论

权利的
时间维度

第六编
权利的时间维度

民事权利与时间密切相关。权利的行使受时间限制,若权利人在较长的时间内不行使权利,将会丧失权利,或者其权利的效力将受到阻却。此种限制即诉讼时效(消灭时效)与除斥期间。权利也可能因时间的经过而取得,非权利人以权利人的意思行使权利达一定期间的,可取得该权利,此即取得时效。时效、除斥期间以及义务的履行时间、通知的期间、预告登记的有效期、异议登记的有效期、法律行为附期限、宣告失踪(死亡)的期限、离婚的冷静期等均涉及期间的计算问题。对此,民法上有相关规则。

第十四章 民法上的时效

第一节 时效概述

教学案例:甲借给乙30万元钱,借款期间1年,双方在借款合同中约定乙不得主张诉讼时效抗辩。借款期间届满后的3年内,甲一直未请求乙返还借款。此后,甲请求乙返还借款,乙可否主张诉讼时效抗辩?

一、诉讼时效与取得时效

(一) 诉讼时效

从比较法与民法原理看,民法上的时效包括诉讼时效与取得时效。诉讼时效亦称消灭时效①,是请求权行使的一种法定限制,即请求权经一定期间不行使的,相对人取得抗辩权从而阻却请求权的效力。罗马法上即有诉讼时效之规定,现代各国民法亦普遍存在诉讼时效制度。我国《民法典》总则编第九章专门规定了诉讼时效。

事实上,诉讼时效不仅适用于诉讼程序。依据《民法典》第198条的规定,法律对仲裁时效没有规定的,适用诉讼时效的规定。这表明,时效对请求权行使的限制效力既发生于诉讼程序中,也发生于仲裁程序中。

【深化与拓展】诉讼时效与除斥期间(Ausschlussfrist)不同。除斥期间是指法定的权利存续期间,权利因该期间的届满而归于消灭。诉讼时效与除斥期间的区别在于,首先,诉讼时效期间是可变期间,可以中断、中止、延长,除斥期间则是不变期间,不

---

① 关于诉讼时效术语的源流,参见朱庆育:《民法总论》(第2版),北京大学出版社2016年版,第535、536页。

能中断、中止、延长。其次，诉讼时效期间届满导致抗辩权发生，请求权不消灭，除斥期间届满则导致权利消灭。再次，诉讼时效不得由法官主动适用，而除斥期间则应由法官主动审查适用。① 最后，诉讼时效适用于请求权，除斥期间原则上适用于形成权，仅在例外情况下才适用于请求权，如《民法典》第462条第2款规定占有物返还请求权因1年除斥期间届满而消灭。应当注意的是，请求权的实现依赖于义务人的给付行为，如果请求权人在除斥期间届满前积极主张权利但义务人不予配合导致请求权未能实现，则不宜使请求权在除斥期间届满后归于消灭。从比较法看，《德国民法典》第864条第1款规定占有保护请求权因1年除斥期间届满而消灭，但在期间届满前通过诉讼主张该请求权的除外。《德国民法典》第801条第1款第3句(无记名债券请求权)、第977条(遗失人对拾得人或者政府的不当得利返还请求权)、第1002条第1款(占有人的费用偿还请求权)也有类似规定。该法典第382条(债权人的提存物领取请求权)、第651g条第1款(旅客救济请求权)则规定请求权人在除斥期间届满前向义务人主张权利的，其权利不因除斥期间届满而消灭。此类规定系针对请求权的特殊性而设，值得借鉴。

(二) 取得时效

在拉丁语中，取得时效(usucapio)这个词的本义是"因占有而取得"，其法律上的确切含义是持续占有他人之物，经过法定期间而取得该物的所有权。②

【深化与拓展】取得时效是罗马法中的一项古老的制度。在《十二表法》颁布之前，就已经存在取得时效制度。在古罗马早期，抛荒的土地若被他人耕种，所有权人在一定期间内不提出异议的，该土地的所有权即被确定给实际耕种土地的人，这样可以

---

① Vgl. Frank Peters/Florian Jacoby, in: Staudinger Kommentar BGB, 2014, Vor §§ 194-225 Rn. 14.
② 参见〔意〕彼德罗·彭梵得：《罗马法教科书》，黄风译，中国政法大学出版社2018年版，第179页。

确保物尽其用。后来取得时效被用来弥补交易形式主义的缺陷。比如，双方当事人没有以要式买卖或者拟诉弃权方式移转所有权，按当时罗马法的规定，买方尽管已经占有标的物，甚至已经支付价款，仍然不能取得标的物所有权，但是，如果买方持续占有标的物达到一定期间，就可以取得标的物所有权。① 近现代大陆法系各国（地区）民法普遍继受了罗马法上的取得时效制度，但都不同程度地作了修改。②

我国《民法典》未专门规定取得时效。不过，我国现行的某些法规、规章已经在一定程度上承认了不动产取得时效，比如 1995 年原国家土地管理局制定的《确定土地所有权和使用权的若干规定》第 21 条规定："农民集体连续使用其他农民集体所有的土地已满二十年的，应视为现使用者所有；连续使用不满二十年，或者虽满二十年但在二十年期满之前所有者曾向现使用者或有关部门提出归还的，由县级以上人民政府根据具体情况确定土地所有权。"第 29 条规定："因原房屋拆除、改建或自然坍塌等原因，已经变更了实际土地使用者的，经依法审核批准，可将土地使用权确定给实际土地使用者……"上述规定承认占有他人不动产的人经过一定期间可以取得该不动产物权，包含了取得时效的元素。

二、时效的功能

诉讼时效的功能有三。一是督促权利人行使权利。法律不保护在权利上睡眠之人，权利人长期不积极行使权利的，其权利将得不到司法保护，为了避免该后果，权利人须尽快行使权利。其二，节约诉讼成本。权利长期不行使的，年长日久，该权利究竟是否发生、已否消灭、权利主体是谁，查证成本颇高，裁判者依诉讼时效驳回诉讼请求，即可避免此项程序成本的发生。其三，稳定财产秩序。权利是否行使长期悬而未决的，义务人须时刻处于准备履行状态，不敢将财产另作他用，诉讼时效使得义务人在一定期间届满后即可将财产投入其他用途，由此形成的财产秩序不受权利人将来行使权利之影响。

---

① 参见周枏：《罗马法原论》，商务印书馆 1994 年版，第 345 页。
② 关于取得时效的比较法考察，参见杨代雄：《民法总论专题》，清华大学出版社 2011 年版，第 312—319 页。

【深化与拓展】取得时效可以促进物尽其用、维护财产秩序的稳定。此外,其在一定程度上还有助于弥补不动产物权变动登记生效主义的缺陷。依登记生效主义,在未经登记的情况下,受让人即便已经支付了对价也不能取得不动产所有权。如果民法规定取得时效,则受让人在持续占有不动产一定期间后,即可取得其所有权。

三、诉讼时效规范的强制性

《民法典》第 197 条规定表明,诉讼时效具有法定性,其规范具有强制性。按照该条第 1 款的规定,诉讼时效的期间、计算方法以及中止、中断的事由由法律规定,当事人约定无效。之所以如此,是因为诉讼时效的"节约诉讼成本""稳定财产秩序"之功能关乎社会公共利益,不宜由当事人自由约定诉讼时效。

依据《民法典》第 197 条第 2 款,当事人对诉讼时效利益的预先放弃无效。诉讼时效利益是指诉讼时效期间届满后义务人可以拒绝履行的利益,即诉讼时效抗辩。预先放弃诉讼时效利益是指义务人在诉讼时效期间届满前表示放弃诉讼时效抗辩,包括以单方法律行为预先放弃(义务人预先声明不主张诉讼时效抗辩)和以双方法律行为预先放弃(在合同中约定不得主张诉讼时效抗辩)。之所以不允许预先放弃诉讼时效利益,原因在于,如果允许当事人预先放弃时效利益,则可能导致不公平的结果发生。例如,一方利用自己所处的优势地位,迫使另一方同意放弃时效利益。此外,预先放弃时效利益等同于排除诉讼时效规范的适用,既然法律不允许当事人自由约定诉讼时效的内容,则当然也不应允许当事人自由约定不适用诉讼时效规范。

【案例解析】在教学案例中,甲、乙在借款合同中达成的关于乙不得主张诉讼时效抗辩的约定无效,所以,3 年诉讼时效期间届满后,乙仍然可以向甲主张诉讼时效抗辩,拒绝返还借款。

第二节 诉讼时效的客体

教学案例:甲的房屋被乙无权占有,一直未请求乙返还。5

年后,甲请求乙返还房屋,乙可否主张诉讼时效抗辩?

诉讼时效的客体即受诉讼时效限制的权利。诉讼时效的客体范围即诉讼时效的适用范围。

一、比较法考察

大陆法系各国或者地区民法上的诉讼(消灭)时效的客体范围不尽相同。按照《德国民法典》第194条的规定,消灭时效适用于请求权,绝对权、形成权均不适用消灭时效。不过,依据若干特别规定,某些请求权不适用消灭时效,例如基于已登记的物权而产生的请求权、更正登记请求权、相邻关系中的某些请求权、解除共同关系请求权、遗产分割请求权、配偶之间的共同生活请求权以及扶养请求权等。①

在瑞士民法上,消灭时效适用于债权。绝对权一般不适用消灭时效。某些请求权也不适用消灭时效,如姓名权的妨害排除请求权、基于所有权的妨害排除请求权与妨害防止请求权、遗产分割请求权、共有关系解除请求权。②

按照《日本民法典》第166条的规定,消灭时效适用于债权以及所有权之外的财产权。相邻权、共有物分割请求权不适用消灭时效。担保物权仅因主债权的消灭时效而消灭,其本身无独立的消灭时效。③ 主流观点认为,只要物权本身不适用消灭时效,物权请求权也不适用消灭时效,所有权不适用消灭时效,因此,基于所有权的物权请求权不适用消灭时效,而基于他物权的物权请求权则适用消灭时效。④

二、我国民法上的诉讼时效客体

从我国《民法典》第190条、第192条、第194—196条等规定看,诉讼时效的客体是请求权。依据《民法典》第199条,撤销权、解除权等形成权适用除斥期间,不适用诉讼时效。抗辩权是请求权的对立物,若请求权消灭或者罹于时效,则抗辩权(时效抗辩本身除外)丧失意义;若请求权通过

---

① Vgl. Helmut Grothe, in: Münchener Kommentar BGB, 5. Aufl., 2006, §194 Rn. 8.
② Vgl. BSK ORI-Däppen /in, Art.127 N 6; BSK ZGB Ⅱ-Rey /in, Art.679 N 30.
③ 参见〔日〕四宫和夫:《日本民法总则》,唐晖、钱孟姗译,五南图书出版公司1995年版,第307、308页。
④ 参见〔日〕我妻荣:《我妻荣民法讲义Ⅰ:新订民法总则》,于敏译,中国法制出版社2008年版,第459页。

司法程序被主张而相对人未及时主张需主张之抗辩权,则该抗辩权因程序法规定而丧失意义。因此,抗辩权无需适用诉讼时效。物权等支配权仅可能因客体消灭(如所有权)、存续期间届满(如用益物权)或者主权利消灭(如担保物权)而消灭,不可能因诉讼时效届满而消灭。充其量只能说基于支配权的请求权(如物权请求权)可能适用诉讼时效。

诉讼时效的客体是请求权,但并非任何请求权都适用诉讼时效。前述比较法考察表明,大陆法系各国民法均规定某些请求权不适用诉讼时效。我国《民法典》第196条亦规定若干类型的请求权不适用诉讼时效,包括:①停止侵害请求权、排除妨碍请求权、消除危险请求权;②不动产物权和登记的动产物权之权利人的返还原物请求权;③扶养费(包括赡养费和抚养费)请求权;④依法不适用诉讼时效的其他请求权。《民法典》第995条规定人格权人的消除影响、恢复名誉、赔礼道歉请求权不适用诉讼时效。此外,依据《最高人民法院关于审理民事案件适用诉讼时效制度若干问题的规定(法释〔2020〕17号,以下简称《诉讼时效制度解释》)第1条的规定,下列请求权也不适用诉讼时效:①存款本息支付请求权;②兑付国债、金融债券以及向不特定对象发行的企业债券本息请求权;③基于投资关系产生的缴付出资请求权。依据《公司法解释(三)》第19条第1款的规定,股东抽逃出资的,公司或者其他股东对该股东的返还出资请求权不适用诉讼时效。

【深化与拓展】在上述请求权中,扶养费请求权之所以不适用诉讼时效,主要是出于法伦理考量。存款本息、国债等本息支付请求权之所以不适用诉讼时效,一是为了加强保护金融消费者,二是因为此类请求权是否存在、已否消灭通常容易查证,不存在节约诉讼成本之需要。缴付出资、返还出资请求权之所以不适用诉讼时效,主要是为了确保公司具有充足的责任财产,避免因公司怠于行使对股东的缴付出资、返还出资请求权而损害公司债权人的利益。停止侵害请求权、排除妨碍请求权、消除危险请求权之所以不适用诉讼时效,主要是因为侵害、妨碍、危险等状态一直在持续,诉讼时效无从起算。不动产物权和登记的动产物权之权利人的返还原物请求权之所以不适用诉讼时效,一方面是考虑到不动产和登记的动产通常价值较高,对其物权应当给予更强的保护,另一方面是考虑避免诉讼时效与物权登记制度的权威性发生冲突。①

一个值得注意的问题是,未登记的动产物权之权利人的返还原物请求权适用诉讼时效将导致如下困境:返还原物请求权因诉讼时效期间届满而不受保护,所有权人既无法对标的物进行使用、收益,也不能要求占有人返还原物,其重新占有标的物的可能性微乎其微,所有权名存实亡,而占有人并未同时取得所有权,在标的物上出现权利真空。从民法原理层面看,本应以取得时效来保护占有人,使其取得所有权,原所有权人的所有权同时归于消灭。

【案例解析】在教学案例中,由于不动产物权人的返还原物请求权不适用诉讼时效,所以,尽管5年后甲才请求乙返还房屋,乙亦不得主张诉讼时效抗辩。

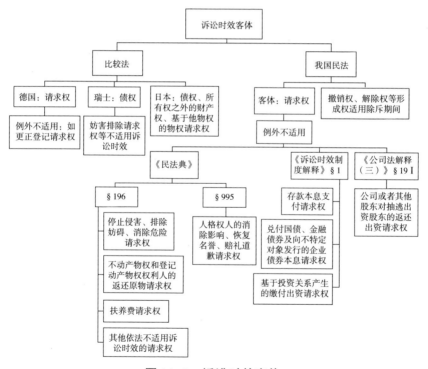

图14-1 诉讼时效客体

---

① 参见黄薇主编:《中华人民共和国民法典总则编解读》,中国法制出版社2020年版,第658、659页。

第三节　诉讼时效的效力

教学案例1：甲对乙享有20万元债权。履行期届满后，甲一直未请求乙履行债务。3年后，甲请求乙履行债务，乙同意还钱。数日后，乙反悔。此时，甲请求乙还钱，乙可否再主张诉讼时效抗辩？

教学案例2：在上例中，甲请求乙履行债务时，乙没有表示同意还钱。次日，乙向甲转账15万元。事后，乙在听民法典宣讲时获悉诉讼时效期间届满后，自己本来可以不还债，后悔不已，立即打电话要求甲退还15万元钱。甲应否退还15万元钱？对于剩余5万元债务，乙可否向甲主张诉讼时效抗辩？

一、规范模式

关于诉讼时效的效力，比较法上主要有三种规范模式，即实体权消灭主义、诉权消灭主义与抗辩权发生主义。

【深化与拓展】 日本民法采用实体权消灭主义，其民法典第166条规定债权或者所有权以外之财产权因时效而消灭。诉权消灭主义认为，因时效期间届满而消灭的并非实体权利，而是诉权。1922年《苏俄民法典》第44条以及1994年《俄罗斯联邦民法典》第195条、第199条皆采用诉权消灭主义。苏俄学界通说将诉权消灭主义解释为胜诉权(实体意义上的诉权)消灭主义。据此，诉讼时效期间届满后，权利人有权起诉，但不能胜诉，法院应当驳回其诉讼请求。[①] 抗辩权发生主义认为，诉讼时效期间届满不导致实体权利和诉权消灭，仅导致义务人取得拒绝履行的抗辩权。《德国民法典》《葡萄牙民法典》、我国台湾地区"民法"等采用抗辩权发生主义。

我国民法在相当长时期里受苏俄民法的影响，采用胜诉权消灭主义。[②] 依据1992年原《民事诉讼法解释》第153条的规定，超过诉讼时效

[①] 参见朱庆育：《民法总论》(第2版)，北京大学出版社2016年版，第541页。
[②] 对胜诉权消灭主义的批评参见霍海红：《胜诉权消灭说的"名"与"实"》，载《中外法学》2012年第2期。

期间起诉的,法院应予受理,受理后查明无中断、中止、延长事由的,判决驳回诉讼请求。2008年《诉讼时效制度解释》第1条、第3条改采抗辩权发生主义。《民法典》第192、193条明确采用抗辩权发生主义。

二、诉讼时效抗辩

(一) 诉讼时效抗辩的性质

依据《民法典》第192条第1款,诉讼时效期间届满的,义务人可以提出不履行义务的抗辩。依据《民法典》第193条,法院不得主动适用诉讼时效。这表明,义务人因诉讼时效期间届满而取得的抗辩在性质上属于需主张的抗辩(Einrede),即需由当事人援引抗辩,法院不得依职权主动适用。按照《诉讼时效制度解释》(2020年修正)第2条的规定,法院在诉讼过程中甚至不得对诉讼时效问题进行释明。据此,在原告的请求权成立且未消灭、未移转的情况下,虽然该请求权的诉讼时效期间已经届满,但如果被告未主张时效抗辩,则法院应当判决原告胜诉。

诉讼时效抗辩是一种永久抗辩,义务人有权永久拒绝履行。

(二) 诉讼时效抗辩的放弃

诉讼时效抗辩虽然不能预先放弃,但在诉讼时效期间届满后,法律允许义务人放弃诉讼时效抗辩。之所以如此,是因为诉讼时效期间届满时,义务人取得了诉讼时效抗辩,诉讼时效规范已经发生作用,不存在"当事人依自由约定排除诉讼时效规范适用"之问题。对于已经依法取得的诉讼时效抗辩,义务人自然可以处分,就像处分权利那样。其原理如同禁止流质约款:主债务履行期届满前不允许当事人约定担保物将来归属于债权人,但主债务履行期届满后允许当事人将担保物折价归属于债权人。

诉讼时效抗辩的放弃包括明示放弃与默示放弃。明示放弃是指义务人明确作出放弃诉讼时效抗辩的意思表示。放弃抗辩是处分行为,放弃行为可以采取与权利人达成合意的方式,也允许义务人以单方法律行为放弃。放弃抗辩之行为无需特别形式。[①] 义务人既可就权利之全部予以放弃,亦可就部分予以放弃。应当注意的是,放弃抗辩仅针对已经完成的诉讼时效,不影响新的诉讼时效的启动与新的诉讼时效抗辩的发生。义务人放弃

---

① Vgl. Jochem Schmitt, in: Münchener Kommentar BGB, 5. Aufl., 2006, § 214 Rn. 5.

诉讼时效抗辩的,诉讼时效期间从弃权之日起重新起算。放弃抗辩时双方约定新的还款期限的,诉讼时效期间从该还款期限届满之日重新起算。①

默示放弃是指从义务人的行为中推断其放弃诉讼时效抗辩。《民法典》第192条第2款第1分句规定诉讼时效期间届满后义务人同意履行的,不得再主张诉讼时效抗辩。最高人民法院《诉讼时效制度解释》第19条第1款将诉讼时效期间届满后义务人同意履行的表示定性为放弃诉讼时效抗辩。② 该条第2款规定当事人就原债务达成新的协议,应认定为义务人放弃诉讼时效抗辩。"同意履行"只是明确表示对于履行的同意,并非明确表示放弃诉讼时效抗辩,但从该行为中可以合理推断义务人有意放弃诉讼时效抗辩。如果义务人在诉讼时效期间届满后仅同意履行部分债务,则只能推断其就该部分债务放弃诉讼时效抗辩。

【案例解析】在教学案例1中,乙在诉讼时效期间届满后表示同意还钱,构成诉讼时效抗辩的放弃。因此,甲再请求乙履行债务时,乙不得主张诉讼时效抗辩。

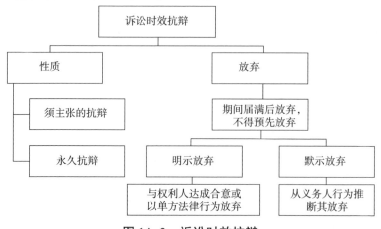

图14-2 诉讼时效抗辩

---

① 参见杨巍:《〈民法典〉第192条、第193条(诉讼时效届满效力、职权禁用规则)评注》,载《法学家》2020年第6期。

② 实际上,将义务人同意履行定性为债务承认更为合理。参见杨代雄主编:《袖珍民法典评注》,第192条边码11(杨代雄、杜生一执笔),中国民主法制出版社2022年版,第176页。

三、诉讼时效期间届满后权利的效力

诉讼时效期间届满后,债权、物权等权利仍然存续,只是基于该权利的请求权之效力受到时效抗辩的阻却。权利的其他效力不受影响。就债权而论,诉讼时效期间届满后的债权具有如下效力:

(一) 罹于时效的债权具有受领力

债权除了具有请求力之外,还具有受领力。时效抗辩仅针对债权的请求力,不涉及债权的受领力。因此,依据《民法典》第192条第2款第2分句的规定,诉讼时效期间届满后,义务人已经自愿履行的,不得请求返还。债权人受领义务人的给付,债权的受领力阻却不当得利的构成①,所以义务人对债权人不享有不当得利返还请求权。

义务人履行义务时是否知道诉讼时效期间已经届满,在所不问。②

【案例解析】在教学案例2中,乙在诉讼时效期间届满后自愿清偿了15万元债务,虽然其当时误以为没有诉讼时效抗辩,但其事后无权请求甲退还15万元钱。至于剩余的5万元债务,不受乙自愿清偿的影响,乙仍可向甲主张诉讼时效抗辩。

(二) 罹于时效的债权可用于抵销

罹于诉讼时效的债权,可以作为被动债权被抵销。因为该债权的债务人主张抵销的,可认为其抛弃了时效利益,相当于债务人自愿履行罹于诉讼时效的债务。罹于诉讼时效的债权可否作为主动债权予以抵销,则不可一概而论。如果在构成抵销适状(Aufrechnungslage)的时刻,主动债权尚未罹于诉讼时效,则其债权人在诉讼时效期间届满后仍可以表示抵销。③ 因为抵销溯及于抵销适状构成的那一刻发生效力,相当于债权人在那一刻表示抵销。反之,如果在被动债权发生的时刻,主动债权已经罹于

---

① Vgl. Harm Peter Westermann, in: Erman Kommentar BGB, 15. Aufl., 2017, §214 Rn. 7a.
② 参见〔德〕汉斯·布洛克斯、〔德〕沃尔夫·迪特里希·瓦尔克:《德国民法总论》(第41版),张艳译,中国人民大学出版社2019年版,第299页;梁慧星:《民法总论》(第5版),法律出版社2017年版,第254页。
③ 参见〔德〕迪尔克·罗歇尔德斯:《德国债法总论》(第7版),沈小军、张金海译,中国人民大学出版社2014年版,第147页;韩世远:《合同法总论》(第4版),法律出版社2018年版,第711页。

诉讼时效,则其债权人不得主张抵销。

(三) 关于罹于时效的债权的担保

主债权诉讼时效期间届满,仅使债务人获得时效抗辩权,主债权不消灭。从学理上看,担保物权从属于主债权,主债权不消灭的,担保物权也不消灭。依大陆法系民法原理[①],担保物权的存续与行使不受主债权诉讼时效的影响,在主债权罹于时效之后,债权人仍然可以实现抵押权等担保权利。[②]

我国民法独树一帜。《最高人民法院关于适用〈担保法〉若干问题的解释》(已失效)第12条第2款规定担保物权人应在主债权诉讼时效结束后的二年内行使担保物权。原《物权法》第202条规定抵押权人应在主债权诉讼时效期间内行使抵押权。《民法典》第419条沿袭了原《物权法》第202条之规定。据此,抵押权受主债权诉讼时效的影响。至于受何种影响,主债权诉讼时效期间届满是否导致抵押权消灭,《民法典》上述规定是否适用于质权等担保物权,不无疑问。

从司法解释和司法政策的规定看,依据《民法典担保制度解释》第44条第1款第1句,主债权诉讼时效期间届满,抵押人可主张不承担担保责任。依据《九民纪要》第59条第1款第2句,主债权诉讼时效期间届满,抵押人可申请涂销抵押权登记。依据《民法典担保制度解释》第44条第2款、第3款之规定,在动产质权、依交付设立之权利质权、留置权的情形中,主债权诉讼时效期间届满后,对于担保财产所有权人(担保人)返还担保财产之请求,法院不予支持,担保财产所有权人(担保人)仅可向人民法院申请对担保财产变价以清偿债务。这表明,此类担保物权并未因主债权诉讼时效届满而消灭。反之,依登记设立之权利质权则适用抵押权的规则。

应当注意的是,在主债权诉讼时效期间届满的情况下,抵押人与抵押权人为实现抵押权依然达成关于折价、拍卖、变卖之协议的,抵押权人仍可据此实现抵押权。抵押人不得再以主债权诉讼时效期间已经届满为由

---

① 在罗马法上,自然债虽然不产生诉权,但仍然具有某些效力,如可以阻却不当得利的构成、可以用于抵销、可以作为担保物权继续存在的基础、可以作为债务更新的基础等。罹于诉讼时效的债权接近于自然债,所以也应具有上述效力。参见[意]彼德罗·彭梵得:《罗马法教科书》,黄风译,中国政法大学出版社2018年版,第248页。

② 参见[德]汉斯·布洛克斯、[德]沃尔夫·迪特里希·瓦尔克:《德国民法总论》(第41版),张艳译,中国人民大学出版社2019年版,第299页。

主张不承担担保责任。否则意味着抵押人享受比诉讼时效期间届满的主债务人更优的待遇。《民法典担保制度解释》第45条规定的担保物权人依约定享有的自行变价权不涉及请求法院保护,所以应解释为不受主债权诉讼时效影响。除非抵押人依据《九民纪要》第59条第1款第2句及时涂销不动产抵押权登记,否则,抵押权人对抵押财产所为变价有效,抵押权人对变价所得可以优先受偿。

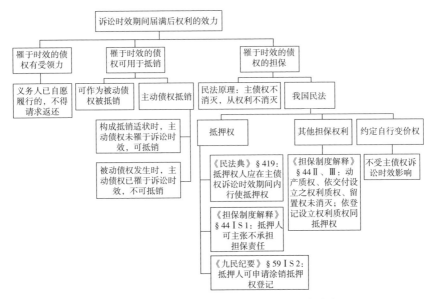

图14-3 诉讼时效期间届满后权利的效力

第四节 诉讼时效的期间

教学案例1:甲将10万元钱借给乙,未约定何时还钱。5年后,甲请求乙还钱,乙可否主张诉讼时效抗辩?

教学案例2:某年深秋,大一学生小明在教室里自习,外出一段时间回来后,发现自己放在桌面上的一本《袖珍民法典评注》不翼而飞,痛惜不已。大四的初春,小明发现学生小亮持有的《袖珍民法典评注》就是自己丢失的那本。此时,小明请求小亮返还原物,小亮可否主张诉讼时效抗辩?

教学案例 3：小图 14 岁，父母双亡，由其近亲属大壮担任监护人。大壮上任数日后，将小图财产中的一幅国画卖给他人，并侵吞了 15 万元价款。小图年满 18 周岁 6 个月后，发现上述财产被大壮侵吞，遂请求大壮返还 15 万元钱。大壮可否主张诉讼时效抗辩？

一、普通诉讼时效期间

原《民法通则》第 135 条规定普通诉讼时效期间为二年。《民法典》第 188 条第 1 款将普通诉讼时效期间定为三年。主要原因在于，近年来司法实践表明，二年的诉讼时效期间太短，不利于保护民事权利。属于诉讼时效客体的权利，若无特别规定，均适用普通诉讼时效期间。

二、特殊诉讼时效期间

《民法典》及民事特别法针对某些权利规定了特殊诉讼时效期间，以区别于《民法典》第 188 条第 1 款规定的三年普通时效期间。例如，《海商法》第 257 条第 1 款第 2 分句规定海上货物运输承运人向当事人追偿权的诉讼时效期间为九十日；《海商法》第 257 条第 1 款规定海上货物运输赔偿请求权诉讼时效期间为一年；《海商法》第 260 条规定海上拖航合同请求权诉讼时效期间为一年；《海商法》第 263 条规定共同海损分摊请求权诉讼时效期间为一年；《保险法》第 26 条规定人寿保险以外的其他保险合同的保险金请求权诉讼时效期间为一年；《民法典》第 594 条规定国际货物买卖合同和技术进出口合同的诉讼时效期间为四年；《保险法》第 26 条规定人寿保险合同的保险金请求权诉讼时效期间为五年；《海商法》第 265 条第 2 分句规定油污损害赔偿请求权的最长诉讼时效期间为六年。

三、最长诉讼时效期间

最长诉讼时效期间是权利得以保护的最长期间。在采主观标准确定诉讼时效期间起算点的情形下，权利人知道或者应当知道其权利受到侵害的时点存在极大的不确定性，时效期间可能延续数十年。若诉讼时效因未能起算而无限期延续，有违诉讼时效制度之本旨。因而须在诉讼时效主观起算标准下设置一个兜底的最长诉讼时效期间以平衡利益。这一期间完全不受权利人主观状态的影响，能够矫正普通诉讼时效期间可能出现的问题。①

《民法典》第 188 条第 2 款第 3 句规定了二十年的最长诉讼时效期间,该期间自权利受到损害之日起计算。最长诉讼时效期间不能中断和中止,但可以延长。

四、诉讼时效期间的起算

(一) 主观标准与客观标准

诉讼时效期间的起算,有主观标准和客观标准两种规范模式。依主观标准,诉讼时效期间从权利人得以行使其请求权时起算,以权利人是否已经知道或者应当知道为准。依客观标准,诉讼时效期间从权利客观成立时起算。② 除最长诉讼时效之外,我国民法上的诉讼时效原则上采用主观标准③,例外情况下采用客观标准。后者如《海商法》第 262 条规定海难救助费用请求权诉讼时效期间自救助作业终止之日起算,第 264 条规定海上保险合同的保险金请求权诉讼时效期间自保险事故发生之日起算。

依主观标准,诉讼时效制度适用的前提是权利人知道或者应当知道其享有请求权而怠于行使其权利。只有当权利人具有这种认识可能性时,才可以期待其积极行使权利。倘若权利人不知道且不应当知道其享有权利而仍开始计算时效期间,显然违背促使权利人及时行使权利的时效目的。

(二) 各种请求权的诉讼时效期间起算点

1. 合同请求权

基于合同的原给付请求权的诉讼时效期间何时起算,取决于是否有确定的履行期限。合同约定了履行期限或者依据《民法典》第 510、511 条可以确定履行期限的,诉讼时效期间从履行期限届满之日起算。没有约定且无法依据上述规定确定履行期限的,诉讼时效期间从债权人请求债务人履行债务的宽限期届满之日起算,但债务人在债权人第一次向其主张权利之时明确拒绝履行的,诉讼时效期间从债务人表示拒绝履行之日

---

① 参见高圣平:《诉讼时效立法中的几个问题》,载《法学论坛》2015 年第 2 期。
② 参见朱庆育:《民法总论》(第 2 版),北京大学出版社 2016 年版,第 552 页。
③ 参见朱晓喆:《诉讼时效制度的立法评论》,载《东方法学》2016 年第 5 期。

起算。

因不履行合同债务而发生的次给付请求权(损害赔偿请求权)的诉讼时效期间从债权人知道或者应当知道债务人违反义务之日起计算。

【案例解析】在教学案例1中,甲、乙在借款合同中未约定何时还钱,按照《民法典》第511条第4项的规定,甲可以随时请求乙还钱。因此,在甲首次请求乙还钱之前,10万元债权诉讼时效期间未起算。5年后,当甲首次请求乙还钱时,乙当然不得主张诉讼时效抗辩。

2. 缔约过失请求权

缔约过失请求权的诉讼时效期间从权利人知道或者应当知道其因相对人违反先合同义务而受到损害之日起算。依据《诉讼时效制度解释》第5条第2款,合同被撤销后的损害赔偿请求权的诉讼时效期间从合同被撤销之日起算。该损害赔偿请求权包括了缔约过失请求权。

3. 无因管理请求权

按照《诉讼时效制度解释》第7条的规定,管理人因无因管理行为产生的给付必要管理费用、赔偿损失请求权的诉讼时效期间,从无因管理行为结束并且管理人知道或者应当知道本人之日起算。本人因不当无因管理行为产生的赔偿损失请求权的诉讼时效期间,从其知道或者应当知道管理人及损害事实之日起算。

4. 物权请求权

依据《民法典》第196条,只有未登记动产物权的权利人的返还原物请求权才适用诉讼时效。该请求权的诉讼时效期间从权利人知道或者应当知道动产被何人无权占有之日起算。

【案例解析】在教学案例2中,小明虽于大一的第一个学期知道其《袖珍民法典评注》被他人无权占有,但却不知道究竟被何人无权占有,所以其返还原物请求权的诉讼时效期间并未于当时起算。大四第二学期,小明知道该书被小亮无权占有,返还原物请求权的诉讼时效期间于此时才起算。因此,小明于此时请求小亮返还该书,小亮不得主张诉讼时效抗辩。

5. 侵权损害赔偿请求权

侵权损害赔偿请求权的诉讼时效期间,从受害人知道或者应当知道权利受到损害以及受何人损害之日起算。就人身损害而论,伤害明显且当时就知道或者应当知道加害人的,诉讼时效期间从受侵害之日起算;伤害当时未曾发现,后经检查确诊且知道或者应当知道由何人造成伤害的,诉讼时效期间从确诊之日起算。

【深化与拓展】持续性侵权行为产生的损害赔偿请求权的诉讼时效期间起算存在特殊之处。按照《最高人民法院关于审理著作权民事纠纷案件适用法律若干问题的解释》第27条的规定,侵害著作权的诉讼时效自著作权人知道或者应当知道权利受到损害以及义务人之日起算,超过三年起诉的,如果侵权行为在起诉时仍在持续,侵权损害赔偿数额应当自权利人向人民法院起诉之日起向前推算三年计算。《最高人民法院关于审理商标民事纠纷案件适用法律若干问题的解释》也有类似规定。此类规定表明,因持续性侵权行为产生的知识产权损害赔偿请求权的三年诉讼时效期间实际上并非一律从权利人最初知道或者应当知道权利受到损害以及义务人之日起算。由于损害赔偿请求权随着侵权行为的不断发生而不断发生(增加),后续发生的损害赔偿请求权的诉讼时效期间起算点相应延后,只要自该起算点到起诉时的间隔未超过三年,该段期间内发生的损害赔偿请求权就不罹于时效。

6. 不当得利返还请求权

不当得利返还请求权的诉讼时效期间,从当事人一方知道或者应当知道不当得利事实及对方当事人之日起算。

(三) 诉讼时效期间起算点的特殊规定

1. 分期履行债务的诉讼时效

按照《民法典》第189条的规定,当事人约定同一债务分期履行的,诉讼时效期间自最后一期履行期限届满之日起计算。此处债务既包括合同债务,也包括损害赔偿债务、不当得利返还债务等法定债务。同一债务分期履行与定期重复给付不同,后者如工资、利息、租金。各期工资、利息、租金等均为独立债务而非同一债务,应独立适用诉讼时效,其诉讼时效期间自每期债务履行期限届满之日起算。①

2. 未成年人遭受性侵害的损害赔偿请求权诉讼时效

未成年人遭受性侵害的,因其年龄原因往往未能及时诉诸法律救济,甚至未告知其监护人。如果依诉讼时效期间起算的一般规则,待未成年人成年之后再诉诸法律救济时,诉讼时效期间往往早已届满,致其不能获得法律保护。为更好地保护未成年人,《民法典》第 191 条规定了未成年人遭受性侵害时的诉讼时效特别起算规则,即未成年人遭受性侵害的损害赔偿请求权的诉讼时效期间,自受害人年满十八周岁之日起算。

3. 不完全民事行为能力人的请求权的诉讼时效

(1) 对法定代理人的请求权。

按照《民法典》第 190 条的规定,无民事行为能力人或者限制民事行为能力人对其法定代理人的请求权的诉讼时效期间,自该法定代理终止之日起计算。之所以如此,是因为不完全民事行为能力人需要通过法定代理人行使权利,法定代理人为义务人的,身份重叠、利益冲突,可能导致权利没有及时得到行使,若适用诉讼时效期间起算的一般规则,对不完全民事行为能力人显然不公平。

应当注意的是,如果请求权产生于法定代理关系开始之前,且当时具有完全民事行为能力的受害人知道或者应当知道权利受到未来法定代理人侵害,则该请求权的诉讼时效期间应当按照一般规则起算,但法定代理存续期间暂不计算,法定代理关系终止后继续计算。② 此外,按照《民法典总则编若干问题的解释》第 37 条的规定,无民事行为能力人、限制民事行为能力人的权利受到原法定代理人损害,且在取得、恢复完全民事行为能力或者在原法定代理终止并确定新的法定代理人后,相应民事主体才知道或者应当知道权利受到损害的,有关请求权诉讼时效期间从该民事主体知道或者应当知道权利受到损害之日起计算,而不是从《民法典》第 190 条规定的"该法定代理终止之日"起计算。

---

① 参见李宇:《民法总则要义:规范释论与判解集注》,法律出版社 2017 年版,第 899、900 页;最高人民法院民法典贯彻实施工作领导小组主编:《中华人民共和国民法典总则编理解与适用》(下册),人民法院出版社 2020 年版,第 953 页。

② 参见最高人民法院民法典贯彻实施工作领导小组主编:《中华人民共和国民法典总则编理解与适用》(下册),人民法院出版社 2020 年版,第 960 页。

(2) 对其他人的请求权。

按照《民法典总则编若干问题的解释》第 36 条的规定，无民事行为能力人或者限制民事行为能力人的权利受到损害的，诉讼时效期间自其法定代理人知道或者应当知道权利受到损害以及义务人之日起计算，但是法律另有规定的除外。

【案例解析】 在教学案例 3 中，小图的财产权利被其法定代理人（监护人）大壮侵害，其救济请求权的诉讼时效期间并非立即起算，而是从小图年满 18 周岁后知道或者应当知道权利受到侵害时起算。由于小图在 18 周岁 6 个月时才知道国画被大壮侵吞，所以其于当时向大壮主张请求权，大壮不得援引诉讼时效抗辩。

第五节　诉讼时效的障碍

教学案例 1：甲借给乙 50 万元钱，约定 2020 年 5 月 31 日还钱。2022 年 5 月 30 日，乙还了 20 万元钱，剩余 30 万元未还。如果此后甲未请求乙返还 30 万元钱，其请求权诉讼时效期间何时届满？

教学案例 2：在上例中，剩余的 30 万元债务诉讼时效期间届满前 3 个月，乙因精神障碍丧失民事行为能力。由于近亲属互相推诿，2 个月后才确定由丙担任乙的监护人。该债务诉讼时效期间何时届满？

一、概述

诉讼时效运行过程中可能遭遇障碍而不能按期完成。其障碍包括诉讼时效中断、中止与延长。诉讼时效中断是指已经经过的时效期间因特定事实的发生而丧失法律意义，时效期间重新起算。诉讼时效中止是指在时效期间即将届满之际，因特定事实导致权利人无法行使权利，所以使时效期间暂停计算，待中止事由消灭后诉讼时效继续进行。导致中断的事实表明权利人已经积极行使权利或者义务人具有积极履行义务的态度，所以诉讼时效的目的已经实现。导致中止的事实表明权利的行使遭遇客观障碍，所以诉讼时效的目的暂时不能实现。

二、诉讼时效中断

（一）中断事由

1. 权利人向义务人提出履行请求

权利人向义务人提出履行请求（催告），表明权利人并未怠于行使其权利。向义务人的法定代理人、财产代管人、清算组等提出履行请求，等同于向义务人本人提出履行请求（《民法典总则编若干问题的解释》第38条第2款）。按照《诉讼时效制度解释》第8条第1款的规定，具有下列情形之一的，应当认定为《民法典》第195条规定的"权利人向义务人提出履行请求"，产生诉讼时效中断的效力：①当事人一方直接向对方当事人送交主张权利文书，对方当事人在文书上签名、盖章、按指印或者虽未签名、盖章、按指印但能够以其他方式证明该文书到达对方当事人的；②当事人一方以发送信件或者数据电文方式主张权利，信件或者数据电文到达或者应当到达对方当事人的；③当事人一方为金融机构，依照法律规定或者当事人约定从对方当事人账户中扣收欠款本息的；④当事人一方下落不明，对方当事人在国家级或者下落不明的当事人一方住所地的省级有影响的媒体上刊登具有主张权利内容的公告的，但法律和司法解释另有特别规定的，适用其规定。

按照《诉讼时效制度解释》第9条的规定，权利人对同一债权中的部分债权主张权利，诉讼时效中断的效力及于剩余债权，但权利人明确表示放弃剩余债权的情形除外。

2. 义务人同意履行

义务人同意履行存在两种情形。一是，权利人未请求义务人履行，义务人主动向权利人表示同意履行。二是，权利人请求义务人履行，义务人收到权利人请求履行的意思通知后，表示同意履行。就第一种情形而言，义务人同意履行的表示到达权利人时，诉讼时效中断。就第二种情形而言，权利人的意思通知到达时，诉讼时效中断。此后，义务人表示同意履行时，诉讼时效再次中断。"同意履行"既包括明示的同意履行，也包括默示的同意履行。按照《诉讼时效制度解释》第14条的规定，义务人作出分期履行、部分履行、提供担保、请求延期履行、制定清偿债务计划等承诺或者行为的，应视为债务人同意履行义务。

3. 权利人提起诉讼或者申请仲裁

权利人提起诉讼或者申请仲裁体现了其积极行使权利的态度,所以导致诉讼时效中断。按照《诉讼时效制度解释》第10条的规定,向人民法院提交起诉状或者口头起诉的,诉讼时效从提交起诉状或者口头起诉之日起中断。同理,申请仲裁的,自提交仲裁申请书之日起时效中断。按照《诉讼时效制度解释》第16条的规定,债权人提起代位权诉讼的,应当认定对债权人的债权和债务人的债权均发生诉讼时效中断的效力。在权利人撤诉或者撤回仲裁申请之情形,诉讼时效是否中断存在争议。《海商法》第267条第1款规定权利人撤诉或者撤回仲裁的,诉讼时效不中断。不过,最高人民法院有判例认为,权利人起诉后又撤诉的,诉讼时效中断。①

4. 与提起诉讼或者申请仲裁具有同等效力的情形

按照《诉讼时效制度解释》第11条的规定,申请支付令、申请破产、申报破产债权、为主张权利而申请宣告义务人失踪或者死亡、申请强制执行、申请诉前财产保全、申请诉前临时禁令等诉前措施、申请追加当事人或者被通知参加诉讼、在诉讼中主张抵销,均与提起诉讼具有同等效力。

5. 司法解释规定的其他中断事由

按照《诉讼时效制度解释》第12条的规定,权利人向人民调解委员会以及其他依法有权解决相关民事纠纷的国家机关、事业单位、社会团体等社会组织提出保护相应民事权利的请求,诉讼时效从提出请求之日起中断。按照该司法解释第13条的规定,权利人向公安机关、人民检察院、人民法院报案或者控告,请求保护其民事权利的,诉讼时效从其报案或者控告之日起中断。

按照《诉讼时效制度解释》第17条的规定,债权转让的,应当认定诉讼时效从债权转让通知到达债务人之日起中断。债务承担情形下,构成原债务人对债务承认的,应当认定诉讼时效从债务承担意思表示到达债权人之日起中断。例如,原债务人、承担人与债权人就债务承担达成三方合意的,其中原债务人的意思表示包含承认债务之意。

---

① 参见陈甦主编:《民法总则评注》(下册),法律出版社2017年版,第1410页(周江洪执笔)。

(二) 诉讼时效中断的效力

诉讼时效中断的效力是导致已经经过的诉讼时效期间归于无效,时效期间重新起算。按照《诉讼时效制度解释》第15条的规定,在连带之债中,一个债权人或者债务人的中断事由对其他债权人或者债务人也发生诉讼时效中断效力。此为多数人之债中诉讼时效中断的绝对效力。

按照《民法典总则编若干问题的解释》第38条第1款的规定,诉讼时效中断后,在新的诉讼时效期间内,再次出现中断事由的,可以认定为诉讼时效再次中断。

(三) 诉讼时效中断的时点与重新起算的时点

依据《民法典》第195条,诉讼时效中断后重新起算的时点分两种情形:其一,中断事由不涉及纠纷解决程序的,自中断事由发生时,重新起算时效期间;其二,中断事由涉及起诉等纠纷解决程序的,自"有关程序终结时",重新起算时效期间。前者如权利人提出履行请求、义务人同意履行、债权转让通知等。后者如起诉、申请仲裁、申请支付令、申请追加当事人等。此类情形之所以自有关程序终结时才重新起算时效期间,是因为纠纷解决程序是一个持续性的过程,对于该过程的进度,权利人通常无法掌控,若时效中断的同时立即重新起算时效期间,显然不合理。

【案例解析】在教学案例1中,2022年5月30日,乙虽然只还了20万元钱,但也导致剩余30万元债务诉讼时效中断。诉讼时效期间于次日重新起算,若此后甲一直未请求乙继续还钱,则诉讼时效期间于3年后(2025年5月30日)届满。

【深化与拓展】所谓纠纷解决程序终结时即相关判决、裁定、裁决、决定或者调解书生效时。依据《民事诉讼法》第246条第1款的规定,对生效的判决、裁定、裁决等申请强制执行的期间为二年。此即所谓执行时效。从该款规定以及《民事诉讼法解释》第481条的规定看,执行时效可以中止、中断且时效期间届满仅产生需主张的抗辩,与诉讼时效无异。[1] 就其本质而论,执行时效是一种特殊的诉讼时效。该诉讼时效运行于裁判文书生

---

[1] 参见梁慧星:《民法总论》(第5版),法律出版社2017年版,第265页。

效之后,其特殊性主要在于,要求权利人必须以申请强制执行的方式在时效期间届满前积极行使权利。之所以如此,是因为经过生效裁判文书确定的请求权,不能再以起诉或者申请仲裁的方式寻求公力救济,公力救济的方式只剩下申请强制执行,相应地,诉讼时效对权利之司法保护的限制也只能体现为对权利人申请强制执行予以时间上的限制。就此而论,诉讼时效因裁判文书生效而重新起算体现为执行时效期间起算。

因申请破产、申报破产债权导致诉讼时效中断的,法院裁定不受理破产申请或者受理后裁定驳回破产申请的,自该裁定生效时重新起算诉讼时效期间。法院裁定认可破产和解协议的,自该裁定生效时重新起算诉讼时效期间。法院宣告破产前,第三人已为债务提供足额担保的,法院作出终结破产程序的裁定,自该裁定生效时重新起算诉讼时效期间。法院作出破产宣告的,适用破产清算程序,不再重新起算诉讼时效期间。对诉前保全措施,法院裁定驳回申请的,从裁定生效时重新起算诉讼时效期间;裁定采取诉前保全措施的,因权利人未依法起诉或者申请仲裁导致解除保全的,从解除保全的裁定生效时重新起算诉讼时效期间。在诉讼中主张抵销的,诉讼程序终结后,如果债权因抵销而全部消灭,则无需重新起算诉讼时效期间;如果抵销后尚有剩余债权,则剩余债权从判决生效时重新起算诉讼时效期间。①

依据《诉讼时效制度解释》第13条的规定,权利人向公安机关、人民检察院、人民法院报案或者控告,请求保护其民事权利的,上述机关决定不立案、撤销案件、不起诉的,诉讼时效期间从权利人知道或者应当知道不立案、撤销案件或者不起诉之日起重新起算;刑事案件进入审理阶段,诉讼时效期间从刑事裁判文书生效之日起重新起算。

---

① 参见戴孟勇:《论因起诉及与起诉类似的事项导致诉讼时效中断的效力》,载《交大法学》2016年第4期。

三、诉讼时效中止

（一）诉讼时效中止的要件

诉讼时效中止应具备的构成要件有：第一，须存在法定的诉讼时效进程障碍；第二，上述障碍须发生在诉讼时效期间的最后六个月内；第三，上述障碍须导致权利人暂时不能行使请求权。①

（二）中止事由

1. 不可抗力

不可抗力是指不能预见、不能避免且不能克服的客观情况，包括自然灾害、国家行为以及社会异常事件等。在责任法上，不可抗力是免责事由，同理，因不可抗力导致权利人暂时不能行使权利的，也应使权利人免于承担诉讼时效上的不利后果，所以诉讼时效期间应暂停计算。

2. 法定代理人欠缺

无民事行为能力人或者限制民事行为能力人因欠缺充分的意思能力，难以独立行使请求权，只能由其监护人作为法定代理人代为行使权利，如果暂时欠缺法定代理人，则构成时效进程中的障碍。反之，义务人为无民事行为能力人或者限制民事行为能力人的，在其欠缺法定代理人的情况下，权利人亦无法对其行使请求权。在这两种情形中，诉讼时效皆应中止。法定代理人欠缺包括自始欠缺与嗣后欠缺。后者即法定代理人死亡或者丧失民事行为能力而尚未确定其他法定代理人。

3. 继承人或者遗产管理人未定

权利人或者义务人死亡后，其继承人或者遗产管理人尚未确定的，权利无人行使或者不知应向何人主张权利，所以权利行使遇到障碍，诉讼时效应当中止。

4. 权利人被义务人或者其他人控制

此处所谓控制既包括被限制自由，也包括以其他方式阻碍权利行使。前者如权利人被义务人或者其他人绑架、非法拘禁、施加精神控制（义务

---

① 参见陈甦主编：《民法总则评注》（下册），法律出版社2017年版，第1397页（周江洪执笔）。

人胁迫权利人不得行使权利)。① 后者如义务人在组织法上控制了权利人,比如义务人是权利人的法定代理人②,所以权利人是否行使权利、何时行使权利依赖于义务人的意志。

5. 其他障碍

例如权利人因患传染病而被隔离,或者义务人被权利人以外的人控制,导致权利人不能及时向其行使请求权。③

(三) 诉讼时效中止的效力

诉讼时效中止事由存续期间,诉讼时效停止进行。自中止事由消除之日起满6个月,诉讼时效期间届满。在此6个月期间内,权利人有足够时间行使权利,以中断诉讼时效。

【案例解析】在教学案例2中,诉讼时效期间届满前3个月乙丧失民事行为能力,暂时欠缺法定代理人,所以诉讼时效中止。2个月后(2025年4月30日),丙被确定为乙的法定代理人。自此时起,诉讼时效期间经6个月(2025年10月30日)而届满。

【深化与拓展】在诉讼时效中止的效力问题上,《民法典》第194条第2款对原《民法通则》第139条进行了修改完善。后者规定自中止事由消除之日起,诉讼时效期间继续计算,无论剩余期间多长。此项规定导致在剩余期间较短的情况下,权利人在中止事由消除后没有足够时间行使权利。鉴于此,《民法典》第194条第2款将中止事由消除之后的诉讼时效剩余期间统一延长至6个月。易言之,中止事由消除后诉讼时效期间并非简单地"继续计算"。从比较法看,该款规定的诉讼时效中止实际上类似于《德国民法典》第210条规定的时效暂不完成(Ablauf-

---

① 关于权利人被羁押或者服刑是否导致诉讼时效中止,实务上存在争议。多数说认为此类情形构成诉讼时效中止事由。参见李宇:《民法总则要义:规范释论与判解集注》,法律出版社2017年版,第920页。

② 参见黄薇主编:《中华人民共和国民法典总则编解读》,中国法制出版社2020年版,第650页。

③ 参见李宇:《民法总则要义:规范释论与判解集注》,法律出版社2017年版,第923页。

hemmung),已经不是真正意义上的诉讼时效中止。原《民法通则》第 139 条规定的诉讼时效中止更接近于德国法上的诉讼时效停止(Hemmung)。

四、诉讼时效期间的延长

诉讼时效期间的延长仅适用于最长诉讼时效期间,不适用于三年诉讼时效期间(《民法典总则编若干问题的解释》第 35 条第 1 句)。① 按照《民法典》第 188 条第 2 款第 3 句的规定,最长诉讼时效期间为二十年。该期间的起算点采用客观标准,而且不能中止和中断(《民法典总则编若干问题的解释》第 35 条第 2 句),所以在极端特殊的情况下,可能导致对权利人保护不周。为此,《民法典》第 188 条第 2 款第 3 句规定,有特殊情况时人民法院可以根据权利人的申请决定延长最长诉讼时效期间。

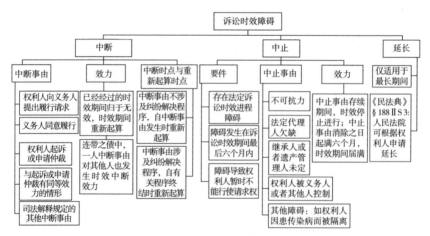

图 14-4　诉讼时效障碍

---

① 参见黄薇主编:《中华人民共和国民法典总则编解读》,中国法制出版社 2020 年版,第 625 页。

第十五章 期间与期日

第一节 期间与期日的概念

民法上的时间分为期间与期日。期日(Termin)是指某个特定的不可分或者视为不可分的时间点。不可分者如"2021年6月1日15时""2021年6月1日15时15分"。视为不可分者如"2021年6月1日",该日实际上持续一段时间,但民法上将其视为不可分的时点。①

期间(Frist)是指期日与期日之间隔。期日是点时间,期间则是段时间。诉讼时效期间、除斥期间、债务履行的"三个月"期间等皆为期间。期间有起点与终点。

第二节 期间的计算

教学案例:甲、乙在某年5月31日订立买卖合同,约定甲应于1个月内交货。甲的交货义务履行期何时届满?

一、期间的计算方法

期间的计算方法包括历法计算法与自然计算法。历法计算法是指依据公历法而为计算的方法。例如,1个月就是从该月的第一日算至日历上的该月最后一日,1年就是从该年的1月1日算至12月31日。月有大小,年有平闰,均依历法确定。自然计算法是指按实际时间精确计算的方法。1日为24小时,1星期为7日,1个月为30日,1年为365日。月不分大小,年不分平闰。②

---

① 参见史尚宽:《民法总论》,中国政法大学出版社2000年版,第610页。
② 参见王泽鉴:《民法总则》(2022年重排版),北京大学出版社2022年版,第528页。

若以日或者星期定期间,则上述两种计算方法在结果上并无不同。若以月或者年定期间,则两种计算方法在结果上有所不同。例如,约定1个月的期间,从2月1日起算,若采用历法计算法,则期间于2月28日(平年)或者2月29日(闰年)届满,若采用自然计算法,则应算足30日,期间至3月2日或者3月1日届满。①

从《民法典》第200条的规定看,我国民法采用历法计算法。依据《民法典》第204条的规定,当事人可以约定采用何种计算法。

二、期间的起点

按照年、月、日计算期间的始期计算方法:依据《民法典》第201条第1款的规定,按照年、月、日计算期间的,均以期间相关法律事实发生的下一日作为起算点。主要原因在于,期间相关法律事实发生的当日通常已经经过一段时间,如果以该日作为期间起算点,可能会使当事人的期限利益遭遇损失。②

以小时作为计算单位的期间长度往往较短,为保障计算期间的精确程度,依据《民法典》第201条第2款的规定,应以法律规定或者当事人约定的具体时刻作为期间的起算点,并据此确定期间的终点。

三、期间的终点

按年、月计算期间的,应算至到期月的对应日为止,但在没有对应日的情形,应以月末日为期间的最后一日。③ 实际上,按星期计算期间的,应依相同原理确定期间终点。所谓对应日是指与期间相关法律事实发生之日名称相同之日。④ 例如,甲、乙在某年6月1日订立买卖合同,约定甲应于1个月内交货,则"订立买卖合同"为与期间相关法律事实,其发生之日

---

① 参见梁慧星:《民法总论》(第5版),法律出版社2017年版,第269页。
② 应当注意的是,在德国以及我国台湾地区,为了保护自然人的权利能力,计算年龄时,自出生日起算,而非自出生的次日起算,以免新生儿在出生日无权利能力。参见王泽鉴:《民法总则》(2022年重排版),北京大学出版社2022年版,第530页;〔德〕迪特尔·梅迪库斯:《德国民法总论》,邵建东译,法律出版社2000年版,第643页。
③ 参见陈甦主编:《民法总则评注》(下册),法律出版社2017年版,第1450页(刘明执笔)。
④ 参见〔德〕汉斯·布洛克斯、〔德〕沃尔夫·迪特里希·瓦尔克:《德国民法总论》(第41版),张艳译,中国人民大学出版社2019年版,第358页。

为6月1日,其1个月后的对应日为7月1日,此为1个月期间的终点。

【案例解析】在教学案例中,甲、乙在5月31日订立合同,1个月后没有对应日(6月并无31日),因此,应以6月30日为期间终点,甲的交货义务履行期于该日届满。

若期间到期日的最后一天遇有法定休假日的情形,以休假日结束的次日为期间最后一日。应当注意的是,《民法典》第203条第1款关于以休假日结束次日为期间末日之规定,仅适用于应为意思表示或者给付的情形,不适用于期间内无须为任何意思表示或者给付的情形,如年龄的计算、宣告死亡期间等,均无适用该条第1款规定的余地。① 期间末日以午夜零点为截止时间,有业务时间者,则以业务活动停止时间为截止时间(《民法典》第203条第2款)。业务时间是指民事主体的业务活动常规时间(营业时间、办公时间等)。

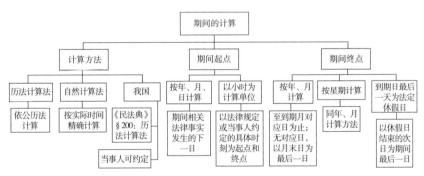

图15-1 期间的计算

---

① 参见李宇:《民法总则要义:规范释论与判解集注》,法律出版社2017年版,第974页。

图书在版编目(CIP)数据

民法总论 / 杨代雄著. —北京：北京大学出版社，2022.10
ISBN 978-7-301-33420-1

Ⅰ. ①民… Ⅱ. ①杨… Ⅲ. ①民法—中国 Ⅳ. ①D923

中国版本图书馆 CIP 数据核字(2022)第 177571 号

书　　　名	民法总论 MINFA ZONGLUN
著作责任者	杨代雄　著
责 任 编 辑	林婉婷　方尔埼
标 准 书 号	ISBN 978-7-301-33420-1
出 版 发 行	北京大学出版社
地　　　址	北京市海淀区成府路 205 号　100871
网　　　址	http://www.pup.cn　http://www.yandayuanzhao.com
电 子 邮 箱	编辑部 yandayuanzhao@pup.cn　总编室 zpup@pup.cn
新 浪 微 博	@北京大学出版社　@北大出版社燕大元照法律图书
电　　　话	邮购部 010-62752015　发行部 010-62750672　编辑部 010-62117788
印 刷 者	大厂回族自治县彩虹印刷有限公司
经 销 者	新华书店
	650 毫米×980 毫米　16 开本　35 印张　569 千字 2022 年 10 月第 1 版　2025 年 4 月第 8 次印刷
定　　　价	98.00 元

未经许可，不得以任何方式复制或抄袭本书之部分或全部内容。
版权所有，侵权必究
举报电话：010-62752024　电子邮箱：fd@pup.cn
图书如有印装质量问题，请与出版部联系，电话：010-62756370